Lehr- und Handbücher der Politikwissenschaft

Herausgegeben von Dr. Arno Mohr

Lieferbare Titel:

Barrios · Stefes, Einführung in die Comparative Politics

Bellers · Kipke, Einführung in die Politikwissenschaft, 4. Auflage

Benz, Der moderne Staat, 2. Auflage

Bierling, Die Außenpolitik der Bundesrepublik Deutschland, 2. Aufl.

Deichmann, Lehrbuch Politikdidaktik

Detjen, Politische Bildung

Detterbeck · Renzsch · Schieren (Hrg.), Förderalismus in Deutschland

Gabriel · Holtmann, Handbuch Politisches System der Bundesrepublik Deutschland, 3. Auflage

Jäger · Haas · Welz, Regierungssystem der USA, 3. Auflage

Kempf, Chinas Außenpolitik

Krumm · Noetzel, Das Regierungssystem Großbritanniens

Lehmkuhl, Theorien Internationaler Politik, 3. Auflage

Lemke, Internationale Beziehungen, 2. Auflage

Lenz · Ruchlak, Kleines Politik-Lexikon

Maier · Rattinger, Methoden der sozialwissenschaftlichen Datenanalyse

Naßmacher, Politikwissenschaft, 6. Auflage

Pilz · Ortwein, Das politische System Deutschlands, 3. Auflage

Reese-Schäfer, Politisches Denken heute, 2. Auflage

Reese-Schäfer, Politische Ideengeschichte

Reese-Schäfer, Politische Theorie heute

Reese-Schäfer, Politische Theorie der Gegenwart in fünfzehn Modellen

Riescher · Ruß · Haas (Hrg.), Zweite Kammern, 2. Auflage

Rupp, Politische Geschichte der Bundesrepublik Deutschland, 3. Aufl.

Schmid, Verbände

Schubert · Bandelow (Hrg.), Lehrbuch der Politikfeldanalyse 2.0

Schumann, Repräsentative Umfrage, 4. Auflage

Tömmel, Das politische System der EU, 3. Auflage

Wagschal, Statistik für Politikwissenschaftler, 2. Auflage

von Westphalen (Hrg.), Deutsches Regierungssystem

Wilhelm, Außenpolitik

Xuewu Gu, Theorien der internationalen Beziehungen · Einführung

Politikwissenschaft

Von
Professor
Dr. Hiltrud Naßmacher

6., überarbeitete und aktualisierte Auflage

Oldenbourg Verlag München

Bibliografische Information der Deutschen Nationalbibliothek

Die Deutsche Nationalbibliothek verzeichnet diese Publikation in der Deutschen Nationalbibliografie; detaillierte bibliografische Daten sind im Internet über <http://dnb.d-nb.de> abrufbar.

Rosenheimer Straße 145, D-81671 München
Telefon: (089) 45051-0
oldenbourg.de

Lektorat: Kristin Beck
Herstellung: Anna Grosser
Coverentwurf: Kochan & Partner, München
Coverbild: iStockphoto.com
Gedruckt auf säure- und chlorfreiem Papier
Gesamtherstellung: Grafik + Druck GmbH, München

ISBN 978-3-486-59759-2

Inhalt

Kapitel I: Grundlagen

Eine wissenschaftliche Beschäftigung mit jenem Bereich menschlichen Handelns, der im Sprachgebrauch des Alltags „Politik“ genannt wird, lässt sich seit dem Altertum nachweisen (vgl. Kap. XIII). Jener eigenständige Wissenschaftszweig, als dessen Name „Politikwissenschaft“ heute weithin akzeptiert wird, ist sehr viel jünger. Lehrstühle für „Politische Wissenschaft“ wurden an westdeutschen Hochschulen erst nach 1950, an ostdeutschen Universitäten erst nach 1990 eingerichtet. Zunächst hatte sich der an den angelsächsischen Sprachgebrauch („Political Science“) angelehnte Begriff „Politische Wissenschaft“ stark ausgebreitet. Die wissenschaftliche Vereinigung der akademischen Lehrer und Lehrerinnen des Faches heißt noch heute „Deutsche Vereinigung für Politische Wissenschaft“ (DVPW). Jüngere Vertreter der Disziplin bevorzugen seit Jahrzehnten die Bezeichnung „Politikwissenschaft“, weil sie den Gegenstand des wissenschaftlichen Bemühens, die Erforschung der Politik, stärker betont. Dieser Begriff wird inzwischen auch an den Universitäten allgemein verwendet.

Seine beiden Bestandteile (Politik, Wissenschaft) erfordern aber noch immer eine weitere Klärung (Definition, Begriffsbestimmung). Unterschiedliche Wissenschaftsprogramme (Schulen – vgl. Kap. XX, B) und verschiedene Dimensionen des Politikbegriffs (Kap. I, A) ergeben sich schon daraus, dass Politik als Gegenstand des Faches ein sehr facettenreiches Betätigungsfeld ist. Das Fach muss unterschiedliche Schwerpunkte, Interessen und Sichtweisen ertragen können, wenn es seinen Gegenstand angemessen erfassen will. Schließlich sind im Rahmen einer orientierenden Einführung auch die Gegenstandsbereiche (Kap. I, C und D) festzulegen und damit das inhaltliche Spektrum des Faches vorzustellen.

A) Dimensionen der Politik

Als wissenschaftliches Fach bildet Politikwissenschaft neben Soziologie und Ökonomie eine Teildisziplin der Sozialwissenschaften, die sich mit den menschlichen Lebensbereichen Gesellschaft, Wirtschaft und Staat beschäftigen. Dabei haben Ökonomie und Politik miteinander gemeinsam, dass hier menschliches Handeln auf bestimmte Zwecke oder Ziele gerichtet ist. Solche können sich darauf beziehen, gesellschaftliche Macht auszuüben. Ziele betreffen aber in der Regel auch bestimmte Politikinhalte: Politik will das menschliche Zusammenleben verbessern, z. B. durch geeignete Familienförderung oder Gleichsetzung der nichtehelichen Gemeinschaft mit der Familie. Diese Ziele und die Wege in diese Richtung werden von den verschiedenen Menschen und Gruppierungen unterschiedlich bewertet, so dass es über die Art und Weise des Vorgehens zu Diskussionen, Auseinandersetzungen oder zu Konflikten kommt. Solche Konflikte sind auch dadurch bedingt, dass es meistens um die Verteilung knapper Güter geht. Die Politikwissenschaft untersucht, wie durch Politik verbindliche Regeln für das gesellschaftliche Zusammenleben erzielt werden.

In Deutschland werden dem Politikbegriff vielfältige Verhaltensweisen zugeordnet, die zwischen der positiven Einschätzung eines Berufspolitikers („Politik ist die Kunst des Möglichen“) und dem negativen Vorurteil vieler Staatsbürger („Politik ist ein schmutziges Geschäft“) anzusiedeln sind. Unter Geschäft wird üblicherweise ein Austausch von Leistung und Gegenleistung verstanden. Ein gutes Geschäft hat derjenige gemacht, für den sich ein gewisser Vorteil der eigenen Seite beim Leistungsaustausch abzeichnet. Das Adjektiv „schmutzig“ beinhaltet ein – negatives – moralisches Urteil über politisches Handeln, das entweder auf das Ergebnis oder auf den Ablauf bezogen werden kann. Unter Umständen besteht auch ein Bezug zum Charakter der handelnden Personen, die in diesem Zusammenhang positiv als „Geschäftspartner“ bezeichnet werden müssten. Bei negativer Betrachtung ist ihnen aber zu unterstellen, dass sie „Geschäfte zu Lasten Dritter“ machen. Nach der Begriffsbestimmung der Politik als „Kunst des Möglichen“ wird auf das Können von Politikern abgehoben. Dies schließt deren Ziele und Interessen sowie das Überwinden von Widerständen ebenso ein wie das Standhalten und Nachgeben bei der Gestaltung und Durchsetzung von Entscheidungen bzw. der Steuerung des Zusammenlebens.

Weil die gesellschaftliche Wirklichkeit sehr komplex ist, können bei der wissenschaftlichen Bearbeitung dieser Prozesse nicht alle Aspekte gleichzeitig berücksichtigt werden. Forscher nehmen normalerweise eine Auswahl zwischen wesentlichen und weniger wesentlichen Aspekten vor. Die wissenschaftliche Betrachtung abstrahiert in unterschiedlicher Weise von der Wirklichkeit. „Es ist deshalb realistisch, davon auszugehen, dass unterschiedliche Politikbegriffe eine unterschiedliche Selektivität besitzen ...“[1] Sie unterscheiden sich charakteristisch darin, welche Aspekte der politischen Wirklichkeit sie besonders hervorkehren und welche sie mehr oder minder ausblenden.

Um verbindliche Entscheidungen über unterschiedlich bewertete Lösungswege herbeizuführen, sind die Institutionen des Staates von Bedeutung. Sie bestimmen den Handlungsrahmen oder die Strukturen. Darin spielen sich politische Prozesse um Macht und Politikinhalte ab. Institutionen, der politische Prozess selbst und die wichtigen Politikinhalte bilden jene umfassende Analyseeinheit der Politikwissenschaft, die als „politisches System“ bezeichnet wird. Dabei ist das Politische durch drei Dimensionen (Form, Prozess, Inhalt – polity, politics, policy) gekennzeichnet. Mit Hilfe dieser drei Dimensionen lässt sich der Politikbegriff näher umschreiben: Politik ist dementsprechend die Verwirklichung von Politikinhalten (im Englischen

1 Rohe, in: Mickel 1983: 350.

„policy") mit Hilfe von Politikprozessen (im Englischen „politics") innerhalb eines Handlungsrahmens von Politikstrukturen (im Englischen „polity").[2]

Der als *„polity"* bezeichnete Handlungsrahmen, in dem Politik abläuft, ist als Verfassung und in entsprechenden Gesetzen, Rechtsverordnungen oder Satzungen fixiert. Diese sind das Ergebnis von politischen Entscheidungen, die als Auseinandersetzungen um die Durchsetzung von Interessen und die Erringung von Macht ablaufen. Die Ergebnisse solcher Auseinandersetzungen spiegeln zugleich gesellschaftliche Machtverhältnisse wider. Der Handlungsrahmen umfasst relativ dauerhafte Vereinbarungen, nach denen Politik in Zukunft ablaufen soll. Eine Änderung ist nicht alltäglich. In einer allgemein akzeptierten politischen Ordnung wird der Handlungsrahmen allenfalls marginal fortgeschrieben. Grundlegende Veränderungen führen in der Regel zu erheblichen Konflikten, wie die Beispiele Kanada und Belgien, aber auch die Debatte zur Ergänzung des Grundgesetzes um direktdemokratische Elemente zeigen. Üblich ist vielmehr, dass der Handlungsrahmen als Verhaltenskodex langfristig akzeptiert wird. Neben dem geschriebenen Handlungsrahmen gibt es eine Fülle von informellen Übereinkünften, die allseits in der Gesellschaft als Verhaltensnormen dem Handeln zugrunde liegen. Die politikwissenschaftliche Forschung bezieht diese informellen Aspekte ein.

Der Handlungsrahmen verschafft den einzelnen Akteuren im politischen Prozess Handlungspotentiale. Dies bedeutet, dass durch ihn Vorkehrungen für das „Politiktreiben" sowie das „Regieren" getroffen werden. Typischerweise ist hier festgelegt, „wer auf welche Weise in der Politik mitreden und mitentscheiden darf bzw. auf wen Rücksicht genommen werden muss".[3] Die Möglichkeiten, politische Willensbildungs- und Entscheidungsprozesse zu beeinflussen, ergeben sich aus den Verfahrensregeln, die dem Einen nutzen können, während Andere in ihren Handlungsmöglichkeiten dadurch behindert werden. Handlungspotentiale können nur dann ausgeschöpft werden, wenn der Handlungsrahmen genau bekannt ist. So muss der Bundestagsabgeordnete das Grundgesetz und die Geschäftsordnung des Bundestages, der Kommunalpolitiker die Gemeindeordnung und die Hauptsatzung seiner Stadt genau kennen. Derjenige, der sich in seinen Einflussmöglichkeiten behindert sieht, muss mit Anderen zusammen darum kämpfen, dass die Bedingungen des Handlungsrahmens zu seinen Gunsten verbessert werden.

Problematisch ist es in der Regel, wenn der Handlungsrahmen einer Gesellschaft aufgesetzt wird und nicht als Ergebnis von langfristigen Entwicklungen zustande kommt. Die Überlebenschance einer solchen „polity" ist meist nicht besonders groß. Zumindest muss ein Handlungsrahmen auf tradierte Werte der Bevölkerung eingehen und sie berücksichtigen. Da dies in der Gründungsphase der Weimarer Republik nicht in ausreichender Weise geschehen ist, gab es von Anfang an Akzeptanzprobleme. Aber viel deutlicher werden solche Probleme in Ländern der Dritten

---

2 Vgl. Rohe [2]1994: 67.

3 Rohe, in: Mickel 1983: 352.

Welt. Der Versuch, westliche politische Ordnungen zu übertragen, scheiterte an den sozialen Besonderheiten (s. Kap. X).

So ist es nicht verwunderlich, dass sich die Handlungsrahmen einzelner politischer Systeme in vielen Aspekten unterscheiden. Dennoch haben sich verschiedene Prinzipien in den einzelnen politischen Systemen über Jahrhunderte herausgebildet und in der Praxis bewährt, so dass sie generell zur Anwendung gelangen. Manche gelten geradezu als grundlegende oder notwendige Bestandteile für einzelne Regierungsformen, z. B. für die Demokratie.

Mit dem Begriff „*politics*" wird die prozessuale Dimension von Politik eingefangen, also das Ringen um die Durchsetzung bestimmter machtpolitischer oder inhaltlicher Ziele. Dabei kommt es zum Kräftemessen zwischen einzelnen Akteuren (Politikern und/oder Gruppierungen, Parteien, Fraktionen, Verbänden). Im politischen Prozess müssen Prioritäten gesetzt werden; teilweise ist dies nur möglich, wenn bestimmte Ziele oder Gruppierungen ausgegrenzt oder deren Artikulation unterdrückt wird. Dabei sind Konflikte unvermeidlich, und die Suche nach Übereinstimmungen bzw. Mehrheiten ist notwendig. Wird das Handeln der Regierung im Mittelpunkt gesehen, so lässt sich „politics" auch als Regieren kennzeichnen.

„*Policy*" kennzeichnet den inhaltlichen Aspekt von Politik. Solche Inhalte können materielle und immaterielle Ziele und Werte sein. Häufig sind beide Aspekte verbunden, z. B. in der Familienpolitik. Von Interesse ist hier, über welche Inhalte wann, warum und wie diskutiert wird und welche Ergebnisse sich dabei abzeichnen. Denn keineswegs wird über alle gesellschaftlichen Probleme dauernd diskutiert, für alle Probleme ständig nach Lösungen gesucht. Daher ist neben der Betrachtung des Entscheidungsprozesses auch interessant, wer die Bearbeitung bestimmter Probleme verhindert und warum dies geschieht. Insgesamt geht es also um die Frage, mit welcher Effizienz und Qualität inhaltliche Leistungen erzeugt werden. Als Ergebnisse sind dabei Gesetze, Programme und Verordnungen anzusehen. Weiterhin wird betrachtet, wie die verbindlichen Entscheidungen der Regierenden in der Praxis umgesetzt werden, wie z. B. Gesetze und Verordnungen gegenüber dem Bürger zur Anwendung kommen, also implementiert werden.

Die drei Dimensionen „polity", „politics" und „policy" stehen gleichzeitig Pate für den unterschiedlichen Zugang der Politikwissenschaftler zur Erforschung von Politik. So gehen Politologen, die an „politics" oder „policy" interessiert sind, von der Analyse von Entscheidungsprozessen aus. Sie untersuchen also die Frage, welche Entscheidungen von wem unter welchen Bedingungen aus welchen Motiven mit welchen Zielsetzungen getroffen wurden oder werden. Hierbei ergeben sich Berührungspunkte mit Forschungsinteressen von Historikern. Der Politologe möchte vor allem wissen, „welche Entscheidungen in einer bestimmten historischen Situation überhaupt möglich waren, ob es reale Alternativen gab und welche Chancen sie, gegebenenfalls, gehabt hätten."[4] Dem Historiker geht es im Gegensatz zum Politikwissenschaftler darum, aus der Rückschau eine bestimmte Entwicklung

4 Roloff 1969: 70.

– mitunter wie eine logische Kausalkette – nachzuzeichnen, deren Resultat offensichtlich ist. Der Politikwissenschaftler sieht dagegen in historischen, gegenwärtigen und möglichen zukünftigen Situationen die offenen Entscheidungen.[5] Das politikwissenschaftliche Erkenntnisinteresse ist also auf die Zukunft gerichtet. Aus der Systematisierung, der Suche nach Regelhaftigkeit bei Offenlegung einzelner Faktoren, die politische Ziele und Abläufe erklären und die der Politikwissenschaftler in den unterschiedlichsten Entscheidungssituationen vergleichend herausdestillieren möchte, will er allgemeingültige Aussagen und Prognosen über zukünftige Politikprozesse ableiten. Diese besagen, dass unter ähnlichen Umständen bestimmte Ereignisse zu erwarten sind. Ziel ist die politikwissenschaftliche Theorie.[6]

Die drei Betrachtungsschwerpunkte „polity“, „politics“ und „policy“ ermöglichen also einen präziseren Zugriff auf den Erkenntnisbereich der Politikwissenschaft. Allerdings unterscheiden sich die dabei verfolgten Ziele der Forschung ebenfalls: Manchen geht es darum, eine bessere Ordnung des menschlichen Zusammenlebens zu ermöglichen oder die Beherrschung der Alltagswirklichkeit zu verbessern, andere wollen Verhaltensnormen für die Zukunft erarbeiten. In diesem Zusammenhang kann zwischen dem technischen, dem praktischen und dem emanzipatorischen Erkenntnisinteresse unterschieden werden. Beim technischen Erkenntnisinteresse geht es um die Sicherung anwendungsbezogenen Wissens und um die Lösung funktioneller Probleme. Zielvorstellung ist eine Sozialtechnologie, wie sie u. a. in der Policy-Forschung und der Implementationsforschung angesteuert wird (s. Kap. VI). Das praktische Erkenntnisinteresse ist zunächst auf Sinnverständnis politischer Zusammenhänge, erst in zweiter Linie auf Anleitungen zum Handeln gerichtet (s. Kap. XX, B, 1). Davon war z. B. die traditionelle Regierungslehre geleitet. Beim emanzipatorischen Erkenntnisinteresse sollen Abhängigkeiten sowie kollektive und individuelle Freiräume untersucht werden. Ein Beispiel dafür ist die Partizipationsforschung (s. Kap. II).

B) Grundbegriffe der Politikwissenschaft

Politikwissenschaft beschäftigt sich, wie die Soziologie, mit dem gesellschaftlichen Zusammenleben der Menschen. Im Unterschied zur Soziologie geht es in der Politikwissenschaft nicht nur darum, wie sich dabei Gruppen von Menschen z. B. in ihren Lebensstilen und Lebenschancen unterscheiden. Vielmehr befasst sich die Politikwissenschaft damit, wie und in welcher Weise das Zusammenleben der Menschen gesichert werden kann, wie und unter welchen Bedingungen es im Hinblick auf bestimmte Ziele zu verändern ist. So steht seit den 1990er Jahren die Frage im Mittelpunkt, wie das Zusammenleben der Menschen so gestaltet werden kann, dass nachfolgende Generationen nicht geschädigt werden. Trotz breiter Ak-

---

5 Ebenda: 71.

6 Sonstige Fächer, die von Bedeutung sind, bei Goodin/Klingemann 1996: 103.

zeptanz der Zielvorstellung „Nachhaltigkeit“ spielen unterschiedliche Interessen eine zentrale Rolle.

Das im Wesentlichen friedvolle Zusammenleben der Menschen verlangt nach der Anerkennung oder der Zustimmung zu einer Ordnung der menschlichen Sozialbeziehungen, einem Konsens. Damit müssen zumindest einzelne gemeinsame Ziele oder Interessen vorhanden sein bzw. Werte oder Normen akzeptiert oder toleriert werden. Erst dann gilt die Ordnung als legitim. Zur Sicherung dieser Ordnung ist es nötig, dass Sanktionen angedroht und ausgeübt werden können, wenn diese in Gefahr gerät. Dazu ist Macht erforderlich. Über die Art und Weise der Machtausübung und die Formen des Zusammenlebens gibt es zwangsläufig Auseinandersetzungen oder Konflikte. Dabei wird in der Regel die Anerkennung oder Legitimität der Ordnung nicht grundsätzlich in Frage gestellt. Solche Konflikte müssen in geeigneter Weise ausgetragen werden. Durch Kommunikation der Menschen untereinander oder durch entsprechende Institutionen der Meinungsbildung wird die Bewertung der politischen Ordnung insgesamt und von Einzelbereichen vorgenommen. In demokratischen Systemen zeigt vor allem die Opposition alternative Vorgehensweisen auf. Schließlich muss im Zuge der Konfliktaustragung, also im Prozess der Willensbildung, eine – meist vorläufige – Lösung gefunden werden.

Interesse, Konflikt, Macht, Konsens, Opposition und Legitimität gelten als politikwissenschaftliche Grundbegriffe. Alle drücken Beziehungen zwischen Individuen, zwischen Individuen und Gruppen oder zwischen verschiedenen Gruppen aus. Normen, die Übergriffe der Individuen oder Gruppen auf andere begrenzen, müssen zusätzlich als grundlegend angesehen werden. Diese werden durch die Begriffe Menschenrechte und Völkerrecht symbolisiert. Einzelne Begriffe lassen sich einander als Gegensatzpaare zuordnen: Konflikt und Konsens, Macht und Opposition. Dies macht zudem deutlich, dass die Begriffe auf einem Kontinuum angesiedelt sind. Als einen Endpunkt eines solchen Kontinuums lässt sich im Hinblick auf Konflikt und Konsens z. B. der totale Konflikt verorten, als weitere Abstufungen in Richtung auf Konsens wären dann beispielsweise der begrenzte Konflikt oder der Konflikt in einzelnen Bereichen denkbar. Dabei kann dann das Interesse in anderen Bereichen übereinstimmen, also Konsens herrschen.

1. Interesse

Unter Interesse ist ein das Handeln bestimmender Faktor zu verstehen, der wie andere Impulse, z. B. Angst und Liebe, wirksam wird. Individuelle Interessen ergeben sich aus Bedürfnissen des Menschen, wie z. B. Freiheit, Solidarität, Stolz, Leistung, Stabilität, Bildung.[7] Interessen unterscheiden sich von ziellosen Wünschen, Meinungen und Empfindungen darin, „dass sie einen bestimmten Zusammenhang zwischen einem Handlungssubjekt und einem bzw. mehreren Objekten bezeichnen. Damit soll deutlich werden, dass das Interesse keine rein psychologische Kategorie darstellt, sondern das Ergebnis einer ... Beziehung ist, sich also nur

7 Vgl. von Alemann 1987: 27 f.

in einem sozialen Kontext konkretisiert.“[8] Interessen sind „verhaltensorientierte Ziele … einzelner und Gruppen in einem sozialen Umfeld.“[9] Auch Staaten oder Regionen können Interessen haben.

Mehrere Handelnde haben gemeinsame oder unterschiedliche Interessen. Auch ein gemeinsames Interesse kann zu ganz unterschiedlichen Verhaltensweisen führen. Das gemeinsame Interesse an Sicherheit in einer Hausgemeinschaft veranlasst den einen, darauf zu vertrauen, dass der Staat die Kriminalität unter Kontrolle hat, während andere möglicherweise einen privaten Wachdienst einschalten. Das gleiche Verhalten muss nicht durch das gleiche Interesse hervorgerufen werden. Ein Fahrer eines sich mit mittlerer Durchschnittsgeschwindigkeit auf der Autobahn bewegenden Autos denkt vielleicht primär an die Umwelt (ideelles Interesse), während ein anderer auch materielle Interessen (Sparen von Benzin) im Auge hat. Das Interesse kann mehr (wie im zweiten Beispiel vorherrschend) individueller Art sein; es kann sich aber auch um ein Interesse handeln, das auf die Erzielung von Nutzen in der Interaktion mit anderen angelegt ist. Das Einzel- oder Partikularinteresse kann zum Gemeinschaftsinteresse werden. Es zeigt sich, dass dabei die Bewertung sozialer Lagen und deren Überspitzung in Ideologien eine wichtige Rolle spielt. Wenn der Nutzen der Gemeinschaft oder der gesamten Menschheit zugute kommt, wird häufig von Gemeinwohlorientierung gesprochen.

Beide Aspekte, nämlich die individuelle und die alle Menschen betreffende Dimension, werden vielfach miteinander verbunden. Derjenige, der individuelle Interessen verfolgt, kann diese besser gegenüber der Allgemeinheit vertreten, wenn das allgemeine Interesse in den Vordergrund gerückt wird. Dies ist z. B. bei höheren Gesundheitskosten und bei höheren Löhnen möglich, mit denen auf eine bessere Gesundheitsversorgung bzw. auf die Verbesserung der Massenkaufkraft verwiesen wird. Schließlich ist auch die These vertreten worden, dass Einzelinteresse und Gesamtinteresse keine Gegensätze sind, sondern die Verfolgung des Einzelinteresses einen wichtigen Motor des Fortschritts darstellt (so z. B. der Nationalökonom Adam Smith).[10] Auch der Erwartung, dass sich das Gemeinwohl zwangsläufig aus dem Kampf der Gruppen um ihre Interessen ergibt, wurde Ausdruck verliehen.[11] Andere Wissenschaftler warnen vor der Gemeinwohlkonzeption, weil sich dahinter eher eine Leerformel verberge.[12] Dabei werde die Vorstellung erzeugt, es handele sich um eine (a priori) vorgegebene Größe, die jeder politischen Entscheidung vorausgehe.[13] Tatsächlich wird das Gemeinwohl je nach fachlicher Ausrichtung und ideologischer Bindung jeweils anders interpretiert. Denn in diesem Begriff werden mehrere Werte zusammengefasst, z. B. „Freiheit, Rationalität,

8 Weber 1977: 31.

9 Ebenda.

10 Heidt, in: Neumann 1996: 231 ff.

11 Bentley 1908; Truman 1951.

12 Anderer Meinung Schütt-Wetschky 1997: insb. 12 ff.; zur Diskussion s. Fuchs, in: Schuppert /Neidhardt 2002: 109 ff.

13 Weber 1977: 34; s. d. auch Rohe ^{2}1994: 92 ff.

Demokratie, subjektive Gleichheit, Sicherheit, Fortschritt, Aufrechterhaltung des Friedens.“[14] Das, was Gemeinwohl sein soll, verlangt also eine Auseinandersetzung, ein Abwägen und Entscheiden unter unterschiedlichen Aspekten: Das, was als Gemeinwohl gilt, ergibt sich im Nachhinein (a posteriori). Die Gemeinwohlargumentation birgt sonst die Gefahr des Missbrauchs in sich: Derjenige, der über die geeigneten Machtmittel verfügt, kann auch eine verbindliche Interpretation des Gemeinwohls vornehmen.[15] Unter dem Deckmantel des Gemeinwohls lassen sich Sonderinteressen als Allgemeininteressen propagieren, möglicherweise sogar eine Ideologie verbreiten, die „die Realität unvollständig oder verzerrt“ wiedergibt, in der sich partielle Wahrheit und Unwahrheit mischen.[16] Dies war z. B. in den sozialistischen Systemen des Ostblocks der Fall. Umgekehrt ist die Verfolgung von Interessen (allein oder in Gruppen) gegenüber Anderen nur dort möglich und legitim, „wo politische Entscheidungen nicht als Ausfluss göttlicher Eingebung, objektiver geschichtlicher Notwendigkeiten oder … Akte derjenigen gelten, die gerade über die Machtmittel im Staat verfügen, …“[17] Der Versuch, Interessen durchzusetzen, verlangt die Anerkennung gemeinsamer, grundsätzlicher Wertvorstellungen, die von den Kommunitaristen angemahnt werden.[18] Es kommt aber auch zwangsläufig zu Konflikten.

2. Konflikt und Konsens

Konflikte sind im menschlichen Zusammenleben unvermeidlich. Da die einzelnen Menschen und deren Gruppierungen (Organisationen oder Staaten) unterschiedliche Bewertungen, Ziele und Prioritäten im Hinblick auf ihre eigene Lebensgestaltung, ihre Bedeutung im übergreifenden Gesamtzusammenhang und insgesamt über das gesellschaftliche Zusammenleben haben, kommt es zu Auseinandersetzungen. Kurzgefasst kann man auch sagen, dass die Einzelnen unterschiedliche Interessen verfolgen und damit Freiheiten nutzen oder zuweilen überdehnen (auf Kosten von sozialer Verantwortung und Bindung). Konflikte werden auch durch ein Verhalten heraufbeschworen, das Regeln missachtet, deren Befolgung von den Handlungspartnern allgemein erwartet wird. Dadurch kann ein Konflikt über die den sozialen Beziehungen zugrunde liegenden Normen oder Vereinbarungen angezeigt werden.[19] Demgegenüber steht ein Verhalten, das an gemeinsam akzeptierten Regeln orientiert ist. Durch eine solche Zustimmung (Konsens) zu grundlegenden, im Handeln zu befolgenden Regeln werden gesellschaftliche Beziehungen unter Menschen überhaupt erst dauerhaft kalkulierbar. Insgesamt ist

14 Von Beyme [5]1980: 16.
15 Weber 1977: 35; von Beyme [5]1980: 18.
16 Neumann, in: Neumann [2]1998:Vorwort.
17 Weber 1977: 38.
18 Schultze, in: Nohlen/Schultze 1995: 142.
19 Schlangen 1977: 17.

aber ein fließender Übergang zwischen grundsätzlicher Zustimmung zu Handlungsnormen und Konflikt gegeben.

Im Hinblick auf den Konsens hat Sartori im Anschluss an Easton drei Konsensebenen unterschieden:

- Konsens auf der Gemeinschaftsebene oder Grundkonsens,
- Konsens auf der Regimeebene oder Verfahrenskonsens und
- Konsens auf der Programmebene oder Programmkonsens.

Von Grundkonsens lässt sich dann sprechen, wenn eine gegebene Gesellschaft als Ganze die gleichen Wertüberzeugungen und Ziele hat. Dies würde einer homogenen politischen Kultur (s. Kap. V) entsprechen. Ist ein solcher Grundkonsens nicht vorhanden, besteht eine segmentierte oder heterogene politische Kultur. Beim Verfahrenskonsens gibt es eine Übereinkunft über die Spielregeln. Am wichtigsten sind diejenigen zur Lösung von Konflikten. Schließlich geht es beim Programmkonsens um Prioritäten in der Politik.[20]

Insgesamt kommt ein Konsens folgendermaßen zustande: Das Zusammenleben verursacht Lernwirkungen dahingehend, dass Konflikte nur begrenzt förderlich sind und nicht alle Lebensbereiche dauernd erfassen sollten. „Von einem ‚institutionalisierten Konsens' lässt sich dann sprechen, wenn sich das in sozialen Interaktionsprozessen herausbildende oder in Sozialisationsprozessen übernommene Einverständnis zu einer – oft kaum mehr bewussten – Selbstverständlichkeit verfestigt hat und wenn Abweichungen von einem solchen Einverständnis missbilligt oder schärfer sanktioniert werden."[21] „Die Frage nach dem gesellschaftlich notwendigen Minimalkonsensus bleibt … ein Grundproblem politikwissenschaftlicher Theoriebildung."[22] Im innerstaatlichen Bereich gilt im Allgemeinen als unterste Schwelle die stillschweigende Übereinkunft, dass Konflikte gewaltfrei geregelt werden müssen. Dies lässt sich auch als Ausdruck der politischen Kultur interpretieren.

Ein Konflikt lässt sich zunächst dadurch beschreiben, dass er das Bestreben der Beteiligten umfasst, durch Einsatz von unterschiedlichen Macht- und Einflussmitteln eine Niederlage des Gegners herbeizuführen, zumindest aber eine eigene Niederlage zu verhindern. Konflikte gelten jedoch nicht als gefährdendes Moment im gesellschaftlichen Zusammenleben, sondern als integrierendes und innovatives Moment, das dem sozialen Zusammenleben entscheidende Impulse verleiht.

In den verschiedenen Gesellschaften werden mehr oder weniger Konflikte tradiert, zeitweise oder ständig aktualisiert. Besonders hervorgehoben und zuweilen überakzentuiert wurde der Klassenkonflikt. Manche Konflikte verblassen im Zeitablauf (z. B. spielen Konflikte zwischen den christlichen Religionen in einigen Staaten – so in Deutschland – eine immer geringere Rolle). Andere Konflikte entstehen neu, wenn Probleme neu entdeckt werden, z. B. die Umweltproblematik. Durch die Auseinandersetzung über diese Konflikte oder einzelne kontroverse Fra-

---

20 Sartori 1992: 98 ff.

21 Behrmann, in: Mickel 1983: 255.

22 Massing, in: Nohlen/Schultze 1985: 458.

gen (issues) kann es dann zu einem neuen Grundkonsens kommen. Über dauerhafte Regelungen zur Austragung von Konflikten wird versucht, das Konfliktpotential zu entschärfen. Dies ist z. B. beim Klassenkonflikt durch die Verständigung zwischen Arbeitgebern und Gewerkschaften in den Arbeitsbeziehungen der Fall. Auch im zwischenstaatlichen Bereich kommt es zu Übereinkünften. Ein Beispiel dafür sind Abrüstungsverhandlungen. Konflikte werden auch dadurch gemildert, dass die einzelnen Mitglieder der Gesellschaft zu unterschiedlichen Gruppierungen Loyalitäten unterhalten und sich somit die Konfliktfronten durch Überschneidungen entschärfen (cross-cutting-cleavages). Besondere Konfliktlösungsstrategien sind in Gesellschaften mit hohen gesellschaftlichen Spannungen nötig, die sich weniger aus sozio-ökonomischen, als vielmehr aus sprachlichen, religiösen, ethnischen und auch ideologischen Differenzen ergeben. Eine Lösung der Konflikte durch Mehrheitsentscheide erscheint hier unangemessen. Bei allen Entscheidungen sind allerdings gewisse Zugeständnisse nötig, z. B. um zu Mehrheiten zu gelangen oder langfristig akzeptable Lösungen zu finden. Als „fauler Kompromiss" gelten Vereinbarungen, durch die das Problem nur verschoben, ein Konflikt nicht für längere Zeit akzeptabel geregelt wird. Ob dies schon der Fall ist, wenn ein kleinster gemeinsamer Nenner nur durch unsachgemäße Verbindung mit anderen Problemen (s. Kap. V, B) zustande kommt, erscheint allerdings fraglich. Kompromisse sind sowohl in der internationalen Politik als auch zwischen vielfältigen Interessen in einer offenen Gesellschaft unverzichtbar.

3. Macht und Opposition

Zur Erhaltung der Ordnung, basierend auf dem Grundkonsens, sowie zur Durchsetzung gesellschaftlicher Interessen und Zielvorstellungen ist in jedem gesellschaftlichen Zusammenhang Macht notwendig. Diese wird vor allem als Autorität, Überlegenheit, Einfluss und als Sanktionsinstrument (Gewalt, Zwang) wahrgenommen. Nach Max Weber ist Macht „die Chance, innerhalb einer sozialen Beziehung den eigenen Willen auch gegen Widerstreben durchzusetzen, gleichviel, worauf diese Chance beruht."[23] Damit wird ausgedrückt, dass Macht nicht eine ein für allemal fixierte Größe ist, sondern dass sie latent als Möglichkeit, als Potential auftreten kann. Macht tritt zudem als potentieller und manifester Einfluss auf.[24] Auch derjenige, auf den bei politischen Entscheidungen Rücksicht genommen wird, übt Macht aus, z. B. das Großunternehmen, gegen dessen Interessen die Entscheidungsträger in einer Stadt sich nicht zu entscheiden trauen.[25]

Der von Weber definierte Machtbegriff ist wertneutral; er lässt sich auch als „realistisch" bezeichnen, weil keinerlei moralische Ansprüche an die Machtausübung und Machtsicherung mitgedacht werden. Prinzipiell erweisen sich dabei physische (z. B. Waffen), materielle (z. B. knappe Güter) und symbolische (z. B.

23 Weber 1964: 28.
24 Dahl 1973: 56 f.
25 Dahl 1973: 58.

Prestige) Machtinstrumente als nützlich, die Anerkennung vermitteln. Die Reichweite der Macht und auch die Wirkungen der Machtausübung sind sehr unterschiedlich.[26] In diesem Zusammenhang sind die Ausführungen von Sartori zum Verhältnis von Macht und Autorität von Bedeutung. Macht ist ohne Autorität entweder unterdrückende Macht oder impotente Macht. „Um Unterdrückung (Zwang) zu minimieren, ohne der Impotenz zu verfallen, braucht die Demokratie Macht, hinter der Autorität steht. Analytisch bedeutet das nicht, dass die Autorität die Macht begleitet, sondern dass sie sie ersetzt. ... Die Demokratie sollte danach streben, Macht ... in Autorität ... zu verwandeln."[27] „Autorität ist also jene Form von Macht oder Einfluss, die spontan entsteht, und ihre Wirksamkeit beruht auf dem Angehörtwerden, der Anerkennung. Man kann auch sagen, Autorität sei eine auf Ansehen, auf Achtung beruhende Macht."[28] Der Machtbegriff von Arendt hebt dagegen auf das Zusammenwirken der Menschen ab. Sie versteht Macht als „die menschliche Fähigkeit, nicht nur zu handeln oder etwas zu tun, sondern sich mit anderen zusammenzuschließen und im Einvernehmen mit ihnen zu handeln."[29] Machtausübung wird hier als Ausdruck des Zusammenhandelns begriffen.

Macht kann sich aus einer entsprechenden Position in der Gesellschaft – auch innerhalb der Gesamtheit aller Staaten – ergeben oder auch individuell begründet sein. Beide Aspekte sind meist nicht voneinander zu trennen. So wird nur derjenige eine Führungsposition in der Gesellschaft erlangen und dann als Autorität akzeptiert werden, der auch als Person gewisse Qualitäten mitbringt. Voraussetzungen sind in der Regel Durchsetzungsvermögen aufgrund von Selbstsicherheit, Kenntnissen und Fähigkeiten im Umgang mit Menschen. Aus der historischen Entwicklung ableitbare individuelle Machtpositionen nehmen in ihrer Bedeutung ab (Adel, Krone). Allenfalls langfristig aufgebaute wirtschaftliche Spitzenstellungen sind für einzelne Handlungsträger, z. B. für Erben aus Unternehmensdynastien, noch bedeutend. Zwischenstaatlich hat dagegen die historisch gewachsene Bedeutung von Staaten nach wie vor einen erheblichen Einfluss auf die Über- und Unterordnung von Staaten, zumal diese Positionen in internationalen Organisationen abgesichert werden konnten, z. B. im Weltsicherheitsrat der UNO (s. Kap. XIX, B, 1).

Neben dem Ausdruck Macht ist der Begriff Herrschaft zur Erfassung ähnlicher Zustände geläufig. Der mit dem Begriff Herrschaft bezeichnete Sachverhalt ist „eindeutiger, strukturierter und berechenbarer. ... Herrschaftsverhältnisse sind stärker standardisiert, verfestigt und beständiger als häufig wechselnde Machtkonstellationen."[30] Inhaber von Macht- und Herrschaftspositionen können Interessenkonflikte zu ihren Gunsten entscheiden. Dies ist immer dann problematisch, wenn sie dauerhaft in ihren Macht- oder Herrschaftspositionen verbleiben. Herrschafts-

26 Vgl. ebenda: 38 ff.
27 Sartori 1992: 190.
28 Ebenda: 189.
29 Arendt 1985: 45.
30 Hanke, in: Holtmann ^{3}2000: 366; s. a. Rohe ^{2}1994: 86.

begrenzung und Machtkontrolle sind also notwendig. Dies wird in den verschiedenen politischen Systemen mehr oder weniger durch Opposition sichergestellt.

Bei der Opposition handelt es sich um jede unorganisierte oder organisierte politische Kraft, die sich den jeweiligen Machthabern widersetzt.[31] Dennoch ist mit dem Begriff Opposition mehr verbunden. Opposition strebt selbst Herrschaft an oder sie will als Minderheit gegenüber einer Mehrheit im Wettbewerb Einfluss auf die Politik gewinnen. In sozialistischen Systemen wurde eine Opposition abgelehnt. Es fehle dafür eine objektive, politische und soziale Grundlage, denn die Arbeiterklasse im Bündnis mit den Werktätigen sei die machtausübende Klasse, deren Grundinteressen mit denen anderer Klassen und Schichten prinzipiell übereinstimmen. Opposition war aber als Abweichung von der „herrschenden Lehre" innerhalb und zwischen kommunistischen Parteien dennoch vorhanden, aber schwer nachweisbar.[32] In nichtdemokratischen Systemen handelt es sich um illegale Opposition, die durch die Machthaber unterdrückt wird. In westlichen Demokratien tritt Opposition in sehr vielfältigen Erscheinungsformen auf, in Form von (konkurrierenden) Oppositionsparteien, die nicht an der Regierung beteiligt sind und daher Regierungsverantwortung anstreben, als Opposition innerhalb von Gruppierungen (z. B. in Parteien, Verbänden) und als Opposition, die sich außerhalb des Parlaments artikuliert (außerparlamentarische Opposition).

Die Art des Verhaltens von Opposition und ihre Erscheinungsformen hängen von den Konflikten in der Gesellschaft ab. „Dehnt sich das Konfliktpotential einer Gesellschaft so aus, dass es sich auf den Basiskonsens erstreckt, handelt es sich bei entsprechend konfliktbereiten Gruppierungen offensichtlich um eine ‚Opposition aus Prinzip' (Kirchheimer) oder um eine Fundamentalopposition."[33] Allerdings erscheint strittig, ob diese Art der Opposition, die die gesamte politische Ordnung in Frage stellt und damit eher revolutionär wirken will, noch als Opposition bezeichnet werden soll oder ob diese nicht besser den revolutionären Bewegungen zuzuordnen ist. So gilt als weit verbreitete Meinung, dass von Opposition nur dann gesprochen werden sollte, wenn Widerspruch auf der Grundlage des Basiskonsenses gesucht wird.[34] Tolerierung und Institutionalisierung der Opposition im politischen Prozess gehören zu den wesentlichen Errungenschaften parlamentarischer Demokratien.[35] Dies hat aber nicht verhindert, dass es neben der systembejahenden Opposition in diesen Systemen zusätzlich zu neuen Formen der Opposition kam, so zur außerparlamentarischen Opposition und zu fundamentaloppositionellen Parteien, die den Verfassungskonsens in Frage stellen und die Legitimität der politischen Ordnung insgesamt bezweifeln.

---

31 Vgl. Euchner, in: Mickel 1983: 322.
32 Klokocka/Ziemer, in: Ziemer 1986: 305 ff.
33 Oberreuter, in: Nohlen/Schultze 1985: 639.
34 Vgl. Euchner, in: Mickel 1983: 322.
35 Kevenhörster 1988: 170.

4. Legitimität und Legalität

Die einer Herrschaft Unterworfenen oder die in einer politischen Ordnung Lebenden sollten diese ausdrücklich oder zumindest stillschweigend anerkennen. Erst dann kann die Herrschaft als legitim angesehen werden. Ist dies nicht der Fall, gerät sie in Gefahr. Ein Beispiel dafür ist die Weimarer Republik. Als legitim gilt eine politische Ordnung, „wenn es eine Übereinstimmung zwischen grundlegenden Vorstellungen … mit den Handlungen, die … vorgenommen werden", gibt.[36] Die grundlegenden Vorstellungen finden in der Verfassung (z. B. im Grundrechtskatalog, den Verfahrensregeln) und in Gesetzen ihren Niederschlag. Über die Beachtung der normativen Positionen im politischen Prozess wacht in demokratischen Systemen ein unabhängiges Verfassungsgericht. Die Regierten halten die Unterwerfung unter die rechtmäßig zustande gekommenen Regeln für vernünftig: es besteht also ein Konsens über die Ordnung.

Eine sich an Gesetzen orientierende Ordnung ist allerdings noch nicht legitim, sie ist aber legal und unterscheidet sich von einer Willkürherrschaft: Der Legalitätsgrundsatz garantiert Rechtssicherheit. Dies zeigt das Beispiel der ehemaligen DDR deutlich, und in Bezug auf das Dritte Reich wurde dieser Aspekt schon früher klar. In der legalen Herrschaft wird aber außer Betracht gelassen, wie die Gesetze zustande gekommen sind. Auch einzelne Machthaber oder Cliquen können solche Verhaltensnormen schaffen, wie der Schießbefehl an der DDR-Grenze zeigte. Daher ist die Legitimität und die Legitimation von der Legalität zu unterscheiden. Bei der Legitimität kommt es darauf an, ob eine politische Ordnung von denen, die ihr angehören, den Regierenden und den Regierten als mit ihren Wertvorstellungen übereinstimmend anerkannt wird oder nicht.[37]

Die Legitimität politischer Systeme wird unterschiedlich begründet. Ältere Rechtfertigungen sind z. B. das Gottesgnadentum und das historisch angestammte Herrschaftsrecht der Dynastien. Neuere lassen nur noch eine vom Volk selbst wahrgenommene oder durch vom Volk gewählte Repräsentanten ausgeübte Ordnung als legitim gelten. Die Legitimitätsauffassung der heutigen westlichen Demokratien stützt sich auf eine Kombination von Werten und Grundnormen (z. B. den allgemeinen Menschenrechten) und in der Verfassung abgesicherten Verfahren zur politischen Entscheidungsbildung. Dazu gehören periodische, allgemeine, freie, gleiche und geheime Wahlen, Gewaltenteilung, Mehrheitsprinzip und Minderheitenschutz. Sie werden als einander ergänzend und nicht gegeneinander aufrechenbar betrachtet.[38] Zwischen Legalität und Legitimität herrscht also eine innere Verknüpfung beider Prinzipien. Die Anerkennung der Verfassungsgrundsätze und Strukturen durch die Bevölkerung erfordert ideelle und materielle Bewährung und umgekehrt bedarf Legitimität der Legalität, um statt Willkür Freiheit und Rechtssicherheit zu gewährleisten.

---

36 Schlangen 1977: 71.

37 Kielmannsegg, in: von Beyme u. a. 1987, I: 5.

38 Westle, in: Holtmann ^{3}2000: 347.

Die Legitimität eines politischen Systems beruht also auf seiner beobachtbaren Anerkennung. Die Zustimmung zu einem politischen System kann aber auch aus den Leistungen des Systems erwachsen, d. h. der effizienten Erfüllung von individuellen Nutzenerwartungen. So wurde in den 1980er Jahren häufig argumentiert, dass sich die sozialistischen Systeme aus den Leistungen für ihre Bürger Anerkennung verschafften. Wie problematisch es ist, wenn sich die Akzeptanz nur auf individuelle Nutzenbefriedigung stützt, zeigt die Überlegung, dass das System dann immer abhängiger von seiner Fähigkeit wird, die Garantie für Lebensstandard und Lebenssicherheit zu bieten. Effizienz und ein Konsens über grundlegende Werte bieten also erst gemeinsam ein sicheres Fundament für eine politische Ordnung.[39]

C) Gliederung des Faches

Die Erörterung von Dimensionen des Politikbegriffs und der Grundbegriffe lässt zwar eine inhaltliche Umschreibung des Gegenstandsbereiches, nicht aber die systematisierende Einordnung verschiedener Themenfelder zu. Vor Eintritt in die inhaltliche Darstellung wichtiger Einzelthemen muss eine Fachsystematik entwickelt werden, die auch dem Studienanfänger eine Einordnung von Einzelproblemen in den fachspezifischen Sinnzusammenhang ermöglicht. Wie andere Wissenschaften ist auch die Politikwissenschaft zur arbeitsteiligen Durchführung ihrer Forschungen übergegangen. Für die Gliederung der Politikwissenschaft in verschiedene Lehr- und Forschungsgebiete besteht zwar ein erheblicher Grad an inhaltlicher Übereinstimmung; jedoch sind die Bezeichnungen häufig unterschiedlich. Bemerkenswert ist freilich, dass die übliche Gliederung in vier Gebiete nicht mit Hilfe eines einheitlichen Kriteriums, sondern durch Überlagerung mehrerer Unterscheidungen zustande kommt.

Orientierung müssten für die Gliederung eigentlich einschlägige Lehrbücher bieten. Hier zeigt sich jedoch, dass nach sechs Jahrzehnten einer zum Teil stürmischen Entwicklung des Faches ein etabliertes Lehrbuch fehlt. Dies gilt trotz zahlreicher neuer Einführungen, die allerdings z. T. nur Teilgebiete des Faches erfassen. Die von Kevenhörster vorgelegte anspruchsvolle Einführung in zwei Bänden ist ein aktueller Versuch, die traditionelle Gliederung des Faches innovativ zu durchbrechen, wobei die Dynamik des Politikprozesses für Band 1 die Hintergrundfolie abgibt, während sich Band 2 mit den Ergebnissen und Wirkungen von Politik befaßt.[40] Viele Lehrbücher bieten nicht mehr als ein Grundverständnis des Faches.[41] Dies gilt auch für die meisten Sammelbände.[42] Wer sich nicht mit einer

---

39 Kielmannsegg, in: von Beyme u. a. 1987, I: 11 ff.

40 Kevenhörster ^{3}2008 bzw. 2006.

41 Patzelt ^{6}2007; Rohe ^{2}1994; von Alemann 1994; Waschkuhn 2002; Pelinka 2004; Adam 2007.

42 Berg-Schlosser/Stammen ^{5}1992; Hartmann 1995; Münkler 2003; Frantz/Schubert 2005.

lexikalischen Stoffdarbietung[43] zufrieden geben will, ist vor allem auf Pipers Wörterbuch zur Politik[44] bzw. das Lexikon der Politik[45] oder mehrbändige Sammelwerke angewiesen. Letzere erfordern schon deshalb eine gewisse Gliederung, weil sie die gesamte Breite des Faches auf mehrere Bände verteilen. Die umfangreichsten Gesamtdarstellungen der Politikwissenschaft versprechen Hinweise auf die Systematik des Faches.

Hier sei zunächst die Buchausgabe der Studienbegleitbriefe zum Funkkolleg „Politik"[46] erwähnt. Die Lehrbuchausgabe in drei Bänden[47] behandelt Theorie und (Regierungs-) Systeme (Band 1), den demokratischen Verfassungsstaat, also das politische System westlicher Demokratie (Institutionen, Mitwirkungsformen, Politikfelder; Band 2) sowie Außenpolitik und Internationale Politik (Band 3). Weiterhin muss der von Mohr herausgegebene Sammelband erwähnt werden, der folgende Gliederung aufweist. Teil I: Politikwissenschaft als Universitätsdisziplin in Deutschland, Teil II: Grundzüge der politikwissenschaftlichen Forschungslogik und Methodenlehre, Teil III: Politische Ideengeschichte, Teil IV: Politische Systeme, Teil V: Mikro- und Mesopolitik, Teil VI: Politische Soziologie; Teil VII: Institutionen und Regierungsprozess, Teil VIII: Policy-Analyse und Teil IX: Internationale Beziehungen. Neu ist hier vor allem Teil V zur Mikro- und Mesopolitik, einem in der Politikwissenschaft bisher nicht etablierten Teilgebiet.[48]

Das Lexikon der Politik trägt den neueren weltpolitischen Entwicklungen Rechnung. Seine sieben Bände befassen sich mit den politischen Theorien (Band 1), den politikwissenschaftlichen Methoden (Band 2), den westlichen Ländern (Band 3), den östlichen und südlichen Ländern (Band 4), der Europäischen Union (Band 5), den internationalen Beziehungen (Band 6) und den politischen Begriffen (Band 7).[49] Das umfangreiche im Erscheinen befindliche elektronische Nachschlagewerk PolitikOn[50] weist eine sehr stringente Systematik auf: Internationale Beziehungen / Außenpolitik; Methoden der Politikwissenschaft; Politische Systeme im Vergleich; Politische Theorie; Politisches System der Bundesrepublik. Diese soll allerdings von über einhundert Autoren mit Inhalt gefüllt werden.

Jede so angelegte „Systematik" setzt bei den Verfassern von Einzelbeiträgen und den Lesern des Gesamtwerkes eine Strukturierung des Gegenstandes voraus, zumal die Autoren dazu neigen, von ihrem Teilbereich in Abhandlungen anderer aus ihrem spezifischen Blickwinkel auszuschweifen. Häufig steht hinter solchen

---

43 Mickel 1983; Holtmann ^{3}2000; Schmidt 1995; Schubert/Klein ^{3}2001.

44 Nohlen 1983 ff.

45 Nohlen 1992 ff.

46 Von Beyme u. a. 1987.

47 Von Beyme u. a. 1987.

48 Mohr ^{2}1997.

49 Nohlen/Schultze 1995 (Band 1), Kriz u. a. 1994 (Band 2), Schmidt 1992 (Band 3), Nohlen u. a. 1997 (Band 4), Kohler-Koch/Woyke 1996 (Band 5), Boeckh 1994 (Band 6), Nohlen u. a. 1997 (Band 7).

50 www.politikon.org.

umfassenden Kompendien auch das Bemühen, der Ausdifferenzierung politikwissenschaftlicher Forschung im Rahmen einer atomisierten Produktion neuen Wissens Rechnung zu tragen und deshalb auf eine fachsystematische Orientierung über die Themenfelder und Gegenstandsbereiche zu verzichten. Bezeichnungen wie „area studies" und „sub-fields" verweisen auf häufig beliebige räumliche oder sachliche Ausdifferenzierungen. Politische Strukturen und Entwicklungen werden in einzelnen Ländern, insbesondere Entwicklungsländern, oder für einzelne Themenbereiche (Politikfelder) als Einzelfallstudien untersucht. Zur Unübersichtlichkeit des Faches und seiner Teilbereiche trägt auch bei, dass neue Begriffe für neue Anwendungsbereiche auf traditionellen Forschungsfeldern verwendet werden: Das wissenschaftliche Interesse an der Sicherung und Erhaltung des Friedens in internationalen Beziehungen und innerstaatlicher Politik schafft mit der „Friedens-" oder neuerdings „Konfliktforschung" einen vermeintlich neuen Untersuchungsbereich. Die nur für traditionelle Politikwissenschaftler überraschende Entdeckung, dass sich auch auf der kommunalen Ebene des politisch-administrativen Systems Politikstrukturen, Politikprozesse und Politikinhalte untersuchen lassen, gab den Anstoß für Arbeiten zur „lokalen Politikforschung", deren systematische Einordnung in ein Gesamtsystem des Faches lange Zeit nicht geleistet wurde. Mit dem Begriff des Mehrebenensystems ist auch die kommunale Ebene erfaßt.

Innerhalb des führenden wissenschaftlichen Fachverbandes, der bereits erwähnten DVPW, bestehen als Unterorganisationen Sektionen, Arbeitskreise und ad hoc Gruppen. Arbeitskreise dienen „der themen-, gegenstands- oder problembezogenen wissenschaftlichen Kommunikation in und zu Politikbereichen, deren politikwissenschaftliche Bearbeitung auf das besondere Interesse von Mitgliedern gestoßen ist."[51] Sie sollen vor allem den interessierten Mitgliedern wissenschaftliche Zusammenarbeit und Auseinandersetzung ermöglichen und werden bei Interesse und Bedarf eingerichtet. Die dort vorübergehend oder auf Dauer bearbeiteten Themen können nicht als Teilgebiete des Faches angesehen werden. Im Gegensatz zu den Arbeitskreisen wird von Sektionen der DVPW „die wissenschaftliche Kommunikation in Querschnittsbereichen, also von Teilbereichen der Politikwissenschaft, erwartet".[52] Mit zum Teil unterschiedlichen Bezeichnungen wurden neun verschiedene Sektionen gebildet. Auch hier scheint ein pragmatischer Mittelweg zwischen systematischer Gliederung des Faches und Fortbestand traditioneller Arbeitszusammenhänge und Sammlungsversuche vorzuherrschen. Derzeit bestehen folgende Sektionen: Politische Theorien und Ideengeschichte, Vergleichende Politikwissenschaft, Regierungssystem und Regieren in der Bundesrepublik Deutschland, Staatslehre und politische Verwaltung, Politische Soziologie, Politik und Ökonomie, Internationale Politik, Entwicklungstheorie und Entwicklungspolitik, Politische Wissenschaft und Politische Bildung.

51 Strukturpapier der DVPW vom September 1983: 2; www.dvpw.de.

52 Ebenda: 1.

Einen ähnlich zusammengesuchten Eindruck vermittelt traditionell die Gliederung des Mitgliederverzeichnisses der amerikanischen Fachvereinigung (APSA): Politische Institutionen und Politisches Verhalten (international vergleichend); Politische Institutionen, Politische Prozesse und Politisches Verhalten (USA); Internationales Recht, Internationale Organisationen und Internationale Politik; Methodologie; Politische Stabilität, Politische Instabilität und politischer Wandel; Politische Theorie; Öffentliche Politik: Formulierung und Inhalt; Öffentliche Verwaltung.[53] Die neuere Systematisierung[54] verzichtet auf eine weitgehende Zusammenfassung und nennt lediglich 37 verschiedene Interessengebiete.[55]

Für studentische Versuche, sich über die innere Differenzierung des eigenen Studienfaches zu informieren, boten sich früher in traditionellen Fächern (wie z. B. Geschichte, Physik, Chemie, Biologie) bereits die Bezeichnungen der Professorenstellen des Faches (früher „Lehrstühle“ genannt) an. Nach der deutlichen Vermehrung der Professorenstellen in den 1970er Jahren, der Einrichtung von „Lehrstühlen“ mit sehr speziellen Ausrichtungen sowie nach dem wahllosen Abbau von freiwerdenden Stellen in den 1990er Jahren hat dieser Zugriff an Treffsicherheit beträchtlich verloren. Heute erschließen sich vielfach nur noch – mehr oder weniger zufällig gewählte – Arbeitsschwerpunkte; eine Fachsystematik ist aus der Zusammenfassung dieser Bezeichnungen nicht mehr zu erkennen.[56]

Einen anderen Zugriff versuchte bereits H. J. Arndt in seiner Streitschrift zur Lage des Faches.[57] Ihm boten die Staatsexamens-Ordnungen Inhaltskataloge für einen Kanon des Faches, die sich stark an die international übliche Gliederung des Faches (und die Lepsius-Denkschrift von 1961)[58] anlehnen. Arndt unterscheidet Politische Theorie/Ideengeschichte, eigenes Regierungssystem, Vergleichende Regierungslehre und Internationale Beziehungen als vier Teilbereiche der Politikwissenschaft. Mehr als 20 Jahre nach den so zusammengefassten Prüfungsordnungen nannte auch Hartwich vier Teilbereiche für „die fachliche Grundstruktur in Prüfungsordnungen und Lehrorganisation“[59]: Politische Theorie und Ideenlehre, Politisches System der Bundesrepublik Deutschland, Vergleichende Politikwissenschaft/Vergleich politischer Systeme, Internationale Beziehungen.

Die Betrachtung von Prüfungsordnungen und Lehrorganisation verspricht auch heute den besten Zugriff für die systematische Bestimmung von Teilbereichen der Politikwissenschaft. Auf Konsens vieler Fachvertreter abzielende Diskussionen in der DVPW und daraus resultierende Empfehlungen einer überregionalen Studienreformkommission der Kultusministerkonferenz rechnen neben den vier bereits erwähnten Teilgebieten nur noch „Methoden der Politikwissenschaft“ zu den „zent-

53 PS Political Science & Politics, March 1991: 58 f.
54 www.apsanet.org; APSA Organized Section List 2006.
55 Den internationalen Stand des Faches erfasst Goodin/Klingemann 1996.
56 www.Politikwissenschaft.de.
57 Arndt 1978: 169 f.
58 Lepsius 1961 – vgl. auch Kap. XX.
59 Hartwich, in: Hartwich 1987: 24.

ralen Problemfeldern … des politikwissenschaftlichen Studiums“.[60] Im Einzelnen finden sich dort die Bezeichnungen: Politische Theorie und politische Philosophie, Methoden der Politikwissenschaft, das politische System der Bundesrepublik Deutschland, Analysen und Vergleiche unterschiedlicher politischer Systeme, Internationale Beziehungen und Außenpolitik.[61]

Die hier vorgelegte inhaltliche Einführung für die ganze Breite des Faches berücksichtigt alle in diesen Empfehlungen genannten Teilbereiche mit Ausnahme der Methodenfragen. Zur Einführung in das wissenschaftliche Arbeiten, für statistische Verfahren sowie zu quantitativen und qualitativen Methoden der empirischen Sozialforschung muss auf andere Lehrbücher[62] verwiesen werden. Für den Bereich der „inneren Politik“ wird anstelle der Gegenüberstellung des eigenen politischen Systems mit dem Vergleich von politischen Systemen eine Trennung zwischen den mehr strukturellen Dimensionen (Politische Systeme) und den sozialpsychologischen Voraussetzungen bzw. den prozessbezogenen Aspekten von Politik (Politische Soziologie) gewählt.

Diese Einführung fühlt sich in ihrem Blickwinkel einer empirisch-analytischen Wissenschaftsauffassung (vgl. Kap. XX, B, 3) verpflichtet. Diese Richtung wird auch mit dem etablierten „Mainstream“ innerhalb der Politikwissenschaft gleichgesetzt,[63] weil sich dieser Zugriff in den meisten Untersuchungen wiederfindet, so dass man sagen kann, dass ihr „Verständnisrahmen … die politikwissenschaftliche Forschungspraxis überwiegend bestimmt.“[64]

D) Gegenstandsbereiche

Von der Politikwissenschaft mit Vorrang erforscht ist die politische Arbeitsweise innerhalb einzelner Staaten, früher als „Innenpolitik“,[65] heute mit dem besseren Begriff „*Politische Systeme*“ bezeichnet. Er soll den Wirkungszusammenhang zwischen der Gesellschaft, die politische Anforderungen stellt, und dem Gefüge der staatlichen Institutionen erfassen. Bei der Betrachtung politischer Systeme stehen also die Institutionen, mit deren Hilfe für die Gesamtgesellschaft verbindliche Ent-

---

60 Sekretariat der Ständigen Konferenz der Kultusminister der Länder in der Bundesrepublik Deutschland – Geschäftsstelle für die Studienreformkommission: Empfehlungen der Studienreformkommission Politikwissenschaft/Soziologie, Bd. 1: Politikwissenschaft, verabschiedet in der 14. Sitzung der Studienreformkommission Politikwissenschaft/ Soziologie am 31. Januar/ 1. Februar 1985: 58; s. a. Gemeinsame Kommission für die Koordinierung der Ordnung von Studium und Prüfungen: Fachspezifische Bestimmungen für die Magisterprüfung mit Politischer Wissenschaft als Haupt- und Nebenfach, Bonn, 25. 11. 1994, GK 78/94.

61 Ebenda.

62 Z. B. Atteslander 1984; Kromrey ^{3}1986; Müller/Schmidt 1979; Patzelt ^{6}2007; von Alemann 1995.

63 von Beyme 1988: 46.

64 Schlangen 1974: 62 f.

65 Hättich 1967.

scheidungen erzielt werden sollen, im Mittelpunkt der Betrachtung. Innerhalb dieses generellen Handlungsrahmens geht es um die Akteure und deren Regeln und Verfahren zur Aufgabenwahrnehmung. Dabei wird einerseits auf die Handlungspotentiale abgehoben, andererseits auf deren Nutzung im Zusammenwirken der Institutionen und deren Interaktionen mit der Umwelt. Regierung, Parlament, Verwaltung, das Staatsoberhaupt, die parallelen Institutionen der Länder oder Einzelstaaten sowie diejenigen vor Ort (Kommunen) werden analysiert. Eine weiter ausgreifende Betrachtung des politischen Systems bezieht auch die Verbindungen dieser Institutionen zur Gesellschaft mit ein, also das Verbände-, Parteien- und Mediensystem und deren spezifische Vermittlungsbeziehungen zu den staatlichen Institutionen im engeren Sinne. Schließlich gehören zum politischen System auch die Kontrollinstanzen, insbesondere die Gerichte.

Die einzelnen politischen Systeme weisen spezifische Ausprägungen auf, die sich auf die Besonderheiten jeder einzelnen Gesellschaft zurückführen lassen. Andere Funktionen und Wirkungszusammenhänge sind in den politischen Systemen durchaus ähnlich, so dass es möglich ist, spezifische Typen herauszukristallisieren, die als Orientierung für die weiteren Analysen dienen können. Verglichen werden verfassungsrechtliche Gegebenheiten unter Einbeziehung der tatsächlichen politischen Willensbildungs-, Machtbildungs- und Entscheidungsprozesse. Als typische Unterscheidung ergibt sich dabei die zwischen westlichen Demokratien und Diktaturen, wobei beide Typen auf einem Kontinuum angeordnet gedacht werden können (s. Kap. VII–XI).

Insbesondere die Betrachtung der System-Umwelt-Beziehungen bedingt eine enge Verbindung mit einem weiteren Teilbereich der Politikwissenschaft, der „*Politischen Soziologie*“. Deren Gegenstand ist die Erforschung von gesellschaftlichen Voraussetzungen staatlichen Handelns oder anders ausgedrückt: die Beziehungen zwischen Gesellschaft und Politik stehen im Mittelpunkt. Analysiert werden Einzelne und Gruppen, die im politischen Prozess handelnd auftreten, indem sie entweder Interessen zum Ausdruck bringen, zusammenfassen oder umsetzen. Die Betrachtung erfolgt von den einzelnen Akteuren her. Dabei will die politische Soziologie klären, wie politische Ordnungen und politisches Handeln zustande kommen, wie Entscheidungsprozesse ablaufen und wie diese dann auf die Gesellschaft zurückwirken. Die erste Dimension ist als klassisch zu bezeichnen. Dabei wird die politische Ordnung oder der Staat als abhängig von der Gesellschaft gesehen, das politische System (u. a. Regierung, Parlament) als Subsystem der Gesellschaft, das verbindliche kollektive Entscheidungen zu treffen hat. Auch in der politischen Soziologie besteht die Tendenz zur Ausdifferenzierung. Wichtige Gebiete sind traditionell die Partizipationsforschung, die Wahlforschung, die Elitenforschung, die Parteien-, Verbände-, Medien- und Verwaltungsforschung. Entscheidungsprozesse und Rückwirkungen auf die Gesellschaft werden vor allen Dingen im Rahmen der Politikfeldanalysen (policy-Forschung) in den Mittelpunkt des Interesses gerückt, wobei je nach Interesse des Forschers z. B. die Sozial-, Gesundheits-, Umwelt-,

Wirtschafts- oder Ausländerpolitik erforscht werden. Die Rolle der Verwaltung kommt als politische Entscheidungen vorbereitende und ausführende Instanz sehr intensiv in den Blick. Auf die letztere Dimension zielen Forschungen über die Akzeptanz oder Zufriedenheit mit dem Gesamtsystem oder mit Einzelmaßnahmen ab. Neuerdings werden diese Untersuchungen der Staatstätigkeitsforschung und der politischen Kulturforschung zugerechnet. Damit erfolgt eine engere Zusammenführung der beiden bisher vorgestellten Teilgebiete. Im Wesentlichen beschränken sich die Forschungen weitgehend auf die Analysen politischer Prozesse im innerstaatlichen Bereich, wobei regionale und weltweite Verflechtungen nicht außer Acht bleiben.

Die verschiedenen Formen der Beziehungen zwischen den einzelnen Staaten behandelt die „Internationale Politik". Als Zweig der Politikwissenschaft wird sie auch als Lehre von den „*Internationalen Beziehungen*" bezeichnet. Sie befasst sich mit den grenzüberschreitenden Interaktionen von staatlichen und nichtstaatlichen Akteuren. Der Begriff ist also breiter angelegt als die frühere Bezeichnung „Außenpolitik" vermuten lässt. Die Forscher gingen zunächst von einzelnen Staaten als interagierenden Akteuren aus, deren Ziel es vor allem war, in einem prinzipiell anarchischen System die eigene Sicherheit zu erhöhen. In diesem Zusammenhang kommen auch die Über- und Unterordnung von Staaten sowie deren übernationale Organisationen in den Blick. Inzwischen spielen neben Macht- und Sicherheitsinteressen wechselseitige Verschränkungen von politischen, wirtschaftlichen und militärischen Handlungsfeldern eine bedeutende Rolle.[66] Dabei werden auch nichtstaatliche Akteure wichtig, die mit staatlichen Akteuren in Kommunikation treten und insgesamt mit diesen ein Beziehungsnetz bilden, das als komplexe Interdependenz charakterisiert werden kann. In der deutschen Politikwissenschaft war dieses Gebiet zunächst wenig erforscht, in seiner Aufgabenstellung und Notwendigkeit aber niemals umstritten.

Anders verhält es sich mit dem Teilbereich, der am besten als „*Politische Ideengeschichte*" bezeichnet werden kann. Gemeint ist damit die Geschichte der politischen Lehrmeinungen (Dogmengeschichte). Eine Geschichte der politischen Ideen mag manchem wie eine nachträglich konstruierte „Ahnengalerie" der Politikwissenschaft erscheinen und nicht als wichtiger Bestandteil einer modernen Sozialwissenschaft. Dennoch ist dieser Teilbereich innerhalb der Politikwissenschaft fest etabliert. Die Beschäftigung mit den einzelnen Lehrmeinungen geschieht allerdings nicht, um den einzelnen Autoren zu einer angemessenen Deutung ihrer Schriften zu verhelfen, sondern unter dem Gesichtspunkt ihres Beitrages zur „politischen Theorie". Häufig ist dies auch die Bezeichnung des hier umschriebenen Teilgebietes. Sie lässt unterschiedlichen Nutzen erwarten: So kann politische Ideengeschichte etwa als „Lagerhaus für politische Probleme", als „methodische Schulung" oder als „Hilfsmittel der Prognosenbildung" dienen.[67] Die Gleichsetzung dieses Teilgebie-

66 Kohler-Koch, in: Holtmann ^{3}2000: 280.

67 Von Beyme 1969: 50 ff.

tes des Faches mit „Politischer Theorie“ greift allerdings entschieden zu kurz. Die anderen, in diesem Lehrbuch vorgestellten Teilgebiete wollen Beiträge zu einer empirisch fundierten, modernen politischen Theorie liefern, wobei die großen Denker des Faches immer wieder Anregungen zur Weiterentwicklung dieser Erkenntnisse geliefert haben.

Ziel der folgenden Darstellung ist es, die wesentlichen Forschungsergebnisse aus den verschiedenen Schwerpunkten des Faches zu präsentieren und vor diesem Hintergrund offene Fragen und Kontroversen zu verdeutlichen. Dies soll wiederum für Studenten der Politikwissenschaft Ansporn sein, fundierte Beiträge in der politischen Diskussion zu liefern oder zur Weiterentwicklung der wissenschaftlichen Erkenntnisse beizutragen.

Literatur

(im **Fettdruck** besonders wichtige Titel zum Thema des Kapitels)

Adam, Hermann (2007): Bausteine der Politik. Eine Einführung, Wiesbaden.

Alemann, Ulrich von (1987): Organisierte Interessen in der Bundesrepublik, Opladen.

Alemann, Ulrich von (1994): Grundlagen der Politikwissenschaft, Opladen.

Alemann, Ulrich von (Hrsg.) (1995): Politikwissenschaftliche Methoden, Opladen.

Arndt, Hans-Joachim (1978): Die Besiegten von 1945, Berlin.

Arendt, Hannah (1985): Macht und Gewalt, München und Zürich, 5. Aufl.

Atteslander, Peter (1984): Methoden der empirischen Sozialforschung, Berlin und New York.

Behrmann, Günter C. (1983): Konsens und Konflikt, in: Mickel, S. 253–259.

Bentley, Arthur F. (1908): The Process of Government, Evanston.

Berg-Schlosser, Dirk/Stammen, Theo (1992): Einführung in die Politikwissenschaft, München, 5. Aufl.

Beyme, Klaus von (1969): Politische Ideengeschichte, Tübingen.

Beyme, Klaus von (1980): Interessengruppen in der Demokratie, München, 5. Aufl.

Beyme, Klaus von u. a. (Hrsg.) (1987): Politikwissenschaft. Eine Grundlegung, 3 Bde., Frankfurt.

Beyme, Klaus von (1988): Der Vergleich in der Politikwissenschaft, München.

Boeckh, Andreas (Hrsg.) (1984): Internationale Beziehungen, München und Zürich.

Boeckh, Andreas (Hrsg.) (1994): Internationale Beziehungen, München.

Dahl, Robert A. (1973): Die politische Analyse, München.

Euchner, Walter (1983): Opposition, in: Mickel, S. 322–325.

Frantz, Christiane/ Schubert, Klaus (Hrsg.) (2005): Einführung in die Politikwissenschaft, Münster.

Fuchs, Dieter (2002): Gemeinwohl und Demokratieprinzip, in: Schuppert, Gunnar Folke/ Neidhardt, Friedhelm (Hrsg.): Gemeinwohl – auf der Suche nach Substanz, Berlin, S. 87–106.

Goodin, Robert F./Klingemann, Hans-Dieter (Hrsg.) (1996): A New Handbook of Political Science, Oxford.

Hanke, Peter (1994): Macht und Herrschaft, in: Holtmann, S. 347–351.

Hartmann, Jürgen (1995): Politikwissenschaft, Chur.

Hartwich, Hans-Hermann (Hrsg.) (1987): Zur Lage und zu den Entwicklungsperspektiven der politikwissenschaftlichen Ausbildung in der Bundesrepublik, in: Hartwich, Hans-Hermann (Hrsg.): Politikwissenschaft, Opladen, S. 17–38.

Heidt, Elisabeth (1996): Kapitalismus – Das Janusgesicht des Fortschritts, in: Neumann, Franz (Hrsg.): Handbuch Politische Theorien und Ideologien, 2, Opladen, S. 229–274.

Holtmann, Everhard (Hrsg.) (^{2}1994/2000): Politik-Lexikon, München und Wien, 3. Aufl.

Kevenhörster, Paul (2008): Politikwissenschaft. Band 1: Entscheidungen und Strukturen der Politik, Wiesbaden, 3. Aufl.

Kevenhörster, Paul (2006): Politikwissenschaft. Band 2: Ergebnisse und Wirkungen von Politik, Wiesbaden.

Kevenhörster, Paul (1988): Opposition, in: Görres-Gesellschaft (Hrsg.): Staatslexikon, Freiburg u. a., S. 170–173.

Kielmannsegg, Peter Graf (1987): Fragestellungen der Politikwissenschaft, in: von Beyme u. a., I, S. 3–35.

Klokocka, Vladimir/Ziemer, Klaus (1986): Opposition, in: Ziemer, S. 305–315.

Kohler-Koch, Beate (^{2}1994): Internationale Beziehungen/Internationale Politik, in: Holtmann, S. 267–270.

Kohler-Koch, Beate/Woyke, Wichard (Hrsg.) (1996): Europäische Union, München.

Kriz, Jürgen u. a. (Hrsg.) (1994): Politikwissenschaftliche Methoden, München.

Kromrey, Helmut (1986): Empirische Sozialforschung, Opladen, 3. Aufl.

Lepsius, M. Rainer (1961): Denkschrift zur Lage der politischen Wissenschaft, Neuwied.

Massing, Peter (1985): Konsensus, in: Nohlen/Schultze, S. 456–458.

Mickel, Wolfgang W. (Hrsg.) (1983): Handlexikon zur Politikwissenschaft, München.

Mohr, Arno (Hrsg.) (1997): Grundzüge der Politikwissenschaft, München, 2. Aufl.

Müller, Ferdinand F./Schmidt, Manfred G. (1979): Empirische Politikwissenschaft, Stuttgart u. a.

Münkler, Herfried (Hrsg.) (2003): Politikwissenschaft. Ein Grundkurs, Reinbek.

Neumann, Franz (Hrsg.) (1998): Handbuch Politische Theorien und Ideologien, 1, Opladen, 2. Aufl.

Nohlen, Dieter (Hrsg.) (1983 ff.): Pipers Wörterbuch zur Politik, München und Zürich.

Nohlen, Dieter (Hrsg.) (1992 ff.): Lexikon der Politik, München.

Nohlen, Dieter u. a. (Hrsg.) (1997): Die östlichen und südlichen Länder, München.

Nohlen, Dieter u. a. (Hrsg.) (1997): Politische Begriffe, München.

Nohlen, Dieter/Schultze, Rainer-Olaf (Hrsg.) (1995): Politische Theorien, München.

Oberreuter, Heinrich (1985): Opposition, in: Nohlen/Schultze, S. 637–642.

Patzelt, Werner J. (2007): Einführung in die Politikwissenschaft, Passau, 6. Aufl.

Pelinka, Anton (2004): Grundzüge der Politikwissenschaft, Wien u. a.

Rohe, Karl (1994): Politik. Begriffe und Wirklichkeiten, Stuttgart u. a., 2. Aufl.

Rohe, Karl (1983): Politikbegriffe, in: Mickel, S. 349–354.

Roloff, Ernst-August (1969): Was ist Politik und wie studiert man Politikwissenschaft, Mainz.

Sartori, Giovanni (1992): Demokratietheorie, Darmstadt.

Schlangen, Walter (1974): Theorie der Politik, Stuttgart u. a.

Schlangen, Walter (Hrsg.) (1977): Politische Grundbegriffe, Stuttgart u. a.

Schmidt, Manfred G. (Hrsg.) (1992): Die westlichen Länder, München.

Schmidt, Manfred G. (1995): Wörterbuch zur Politik, Stuttgart.

Schubert, Klaus/Klein, Martina (2001): Politiklexikon, 2. Aufl.

Schütt-Wetschky, Eberhard (1997): Interessenverbände und Staat, Darmstadt.

Schultze, Rainer-Olaf (1995): Gemeinwohl, in: Nohlen/Schultze, S. 137–144.

Truman, David B. (1951): The Governmental Process, New York.

Waschkuhn, Arno (2002): Grundlegung der Politikwissenschaft, München und Wien.

Weber, Jürgen (1977): Die Interessengruppen im politischen System der Bundesrepublik Deutschland, Stuttgart u. a.

Weber, Max (1964): Wirtschaft und Gesellschaft, hrsg. von J. Winkelmann, Köln und Berlin.

Westle, Bettina (^{2}1994): Legitimität, in: Holtmann, S. 330–334.

Erster Teil: Politische Soziologie

Kapitel II: Partizipation als Bürgerrecht

Die Teilnahme der Bürger an der Regelung gemeinsamer Angelegenheiten gehört zu den grundlegenden Forderungen seit der Demokratisierung der politischen Systeme. Moderne Gesellschaften scheinen ohne umfassende Beteiligung bzw. Beteiligungschancen der Bürger nicht mehr konsensfähig und damit überlebensfähig. Dabei werden mit dem Begriff Partizipation alle Tätigkeiten der Bürger zusammengefasst, die diese freiwillig mit dem Ziel unternehmen, Entscheidungen auf den verschiedenen Ebenen des politischen Systems zu beeinflussen.[68] Partizipation wird damit als instrumentelles, zielgerichtetes Handeln gekennzeichnet und Handlungen außer Acht gelassen, „die lediglich in ihren Konsequenzen politisch sind.“[69] Dies erscheint sinnvoll, weil in den entwickelten Industriegesellschaften „nur wenige Handlungen von Personen und Gruppen langfristig ohne jede politische Konsequenz sind.“[70] Allerdings können im Rahmen der tatsächlichen Beteiligung auch Fälle ohne eigene politische Zielsetzung vorkommen (z. B. bei Mitläufern in Demonstrationen) oder gemischte Motivationslagen bestehen (z. B. wenn die Mitarbeit in einer Partei nicht ausschließlich zur Durchsetzung politischer Ziele erfolgt). „Ausgeschlossen werden auch solche Akte, die eher symbolischen Charakter im Sinne der Mobilisierung von Unterstützung von oben für das politische System ohne Entscheidungsbezug haben, z. B. Wahlen ohne Alternative“[71] oder akklamative Demonstrationszüge (s. Kap. VII, C und Kap. X).

A) Partizipation und Demokratie

Durch diese Abgrenzung wird deutlich, dass Partizipation nur in demokratischen Systemen möglich ist. Es bleiben also Beteiligungsaktivitäten in sozialistischen Systemen außer Acht, da diese nicht freiwillig erfolgen, nur eine symbolische Funktion haben (die sogenannten Wahlen) oder es sich bei der Teilnahme in sonstigen Organisationszusammenhängen um „Approbationsrituale“ handelt.[72] Tatsächliche Beteiligung wurde in diesen Systemen für überflüssig gehalten, weil der demokratische Zentralismus und der Führungsanspruch einer Partei vorgab, im

68 Z. B. von Alemann 1975: 41.
69 Kaase, in: Nohlen/Schultze 1985: 682.
70 Ebenda.
71 Kaase, in: Schmidt 1983: 321, unter Bezug auf Nie/Verba 1975: 2.
72 Mommsen-Reindl, in: Ziemer 1986: 333.

Sinne der Ziele der breiten Bevölkerung zu handeln. Dahinter steckte allerdings die Utopie einer Selbstbestimmung der Bevölkerung. Am radikalsten waren die Vorstellungen Lenins, der davon ausging, dass die Partizipation der Bevölkerung die beste Erziehung und Selbsterziehung vermitteln sollte. Langfristig stellte er sich dadurch die Abschaffung des Bürokratismus und die Teilhabe der gesamten Bevölkerung an der Verwaltung vor. Die Beteiligung der Ärmsten unter den Armen sollte soziale Gerechtigkeit und demokratische Kontrolle gewährleisten.[73] Der Widerspruch zwischen der Herrschaft der Partei, die meinte, die historischen Interessen der Arbeiterklasse zu verfolgen, und den in der Praxis nicht vorhandenen Beteiligungsmöglichkeiten hat schließlich zum Verfall dieser Systeme beigetragen.

1. Partizipationsformen

Die Vorstellungen darüber, wie Partizipation in anderen politischen Systemen, den westlichen Demokratien, erfolgen soll, gehen weit auseinander. Sie sind eng verbunden mit den verschiedenen Demokratiekonzepten.[74] Dabei ist heute nicht mehr strittig, dass alle Bürger das Recht haben müssen, sich gleichberechtigt an Politik zu beteiligen (mit Ausnahme der Kinder und Jugendlichen haben Männer und Frauen formal gleiche Partizipationschancen), sondern es wird über die angemessenen Formen der Beteiligung diskutiert. In der ersten Phase des Demokratisierungsprozesses ging es um die Freiheit der Meinungsäußerung und die gleichen Beteiligungsrechte bei Wahlen. Das Ergebnis war die repräsentative Demokratie, in der die Bürger die Regierenden durch freie Wahlen legitimieren und sie gleichzeitig wirksam kontrollieren. Hintergrund ist die Grundthese der bürgerlich-liberalen Theorie von der Unterscheidung zwischen Staat und Gesellschaft. Spätestens seit den 1970er Jahren wird problematisiert, ob eine Beschränkung auf das Wählen von Repräsentanten angemessen ist. Vielfältige Formen der Mitbestimmung auf allen Ebenen und unterschiedliche Möglichkeiten der Meinungsäußerung kommen dabei in den Blick.

Die Erweiterung des Partizipationsbegriffs – seit der antiautoritären Bewegung Ende der 1960er Jahre – zielt auf die Vermehrung der politischen Mitwirkungsformen. Daraus entwickelte sich die partizipatorische oder auch „expansive" Demokratietheorie, die zusätzliche Beteiligungsrechte des Bürgers einforderte, um damit seine Beziehungen zum politischen System zu verbessern. Damit verbunden war die Forderung nach einer Demokratisierung aller Lebensbereiche, also aller Orte menschlicher Kooperation in Wirtschaft und Gesellschaft. Vor allen Dingen sozialliberale, sozialdemokratische und sozialistische Repräsentanten unterstützten diese Ziele.[75] Eine Trennung zwischen Staat und Gesellschaft galt als überholt. Demgegenüber haben Kritiker dieser Forderungen betont, dass sich Demokratie auf den Staat beziehe. In den gesellschaftlichen Bereichen seien natürliche Autoritätsver-

73 Mommsen-Reindl, in: Ziemer 1986: 327.

74 Schmidt 1995: 117; Guggenberger, in: Nohlen/Schultze 1995: 36 ff.

75 Vilmar, in: Mickel 1983: 339 f.

hältnisse gegeben.[76] So hat die ältere Vorstellung von Partizipation in der Demokratie Beteiligung weitgehend auf die gegebenen Formen bürgerlicher Öffentlichkeit – die Mitgliedschaft in Parteien und Verbänden – beschränkt gesehen. Diese eher elitetheoretische Sicht geht davon aus, dass die meisten Bürger an Politik wenig interessiert sind und darüber auch nur begrenzte Informationen besitzen. Vielfältige Formen der Beteiligung könnten deshalb den politischen Prozess irrational und unkalkulierbar machen.

„Zwischen diesen normativ fixierten Polen kann keine ausschließlich logisch oder empirisch fundierte Entscheidung herbeigeführt werden ... In der Einstellung zur Partizipation kristallisieren sich zentrale politische und gesellschaftliche Gestaltungsoptionen."[77] Zwischenzeitlich haben Feministinnen auch die Grenze zwischen der Gesellschaft (als öffentlicher Sphäre) und dem Privaten radikal in Frage gestellt.[78] Ihre zentrale These lautet: „Das Private ist politisch." Damit sind zwangsläufig auch die sozialen Beziehungen in der Familie in die Partizipationsdebatte einbezogen.

Das Wahlrecht ist überall institutionell verankert. Dadurch wird keine direkte Beteiligung an einzelnen politischen Entscheidungen ermöglicht, sondern gewählt werden Repräsentanten, die solche Entscheidungen für begrenzte Zeit treffen sollen. Neben dieser Form der Partizipation gibt es die direkte Mitwirkung der Bürger an der Auswahl von Amtsträgern und die Entscheidung über Sachfragen (Bevölkerung als Ersatzgesetzgeber). Diese direkten Beteiligungsformen[79] haben in der Schweiz, in einzelnen Staaten der USA sowie auf der kommunalen Ebene in Baden-Württemberg traditionell große Bedeutung, in anderen Staaten eine ergänzende Funktion. Generell ist eine Ausweitung dieser Partizipationsmöglichkeiten zu konstatieren. Die bisher erwähnten Beteiligungsarten gelten auch als konventionelle Beteiligung. Davon werden Beteiligungsformen unterschieden, die zwar gesetzeskonform sind, deren Einsatz aber kontrovers diskutiert wird. Dazu gehören die Mitwirkung in Bürgerinitiativen, die Teilnahme an Demonstrationen u. a. Diese Beteiligungsformen werden auch als unkonventionell bezeichnet. Sie müssen wiederum abgegrenzt werden von Vorgängen aggressiver Beteiligung, z. B. der Anwendung physischer Gewalt gegenüber Personen und/oder Sachen, die eindeutig gegen Gesetze verstoßen.[80]

Die Möglichkeiten der Partizipation sind bei Vilmar fast erschöpfend aufgezählt, wobei die Grenze zwischen legaler und illegaler Aktion zuweilen überschritten wird. Dies ist vor allem bei Beteiligungsformen der „kollektiven Gegenmachtbildung" der Fall. Hier werden sowohl Demonstrationsformen symbolischer Gegenmachtbildung als auch ziviler Widerstand (Gehorsams- bzw. Kooperations-

---

76 S. d. Hennis 1970; s. d. auch Schultze, in: Nohlen/Schultze 1995: 397.

77 Kaase, in: Nohlen/Schultze 1985: 683.

78 Holland-Cunz, in: Neumann 1996: 371 ff.

79 Möckli 1991; Möckli 1994; Luthardt 1994; Glaser 1997; Schiller 1999.

80 Kaase, in: Schmidt 1983: 322; weitere Systematisierungen bei Niedermayer 2001: 161–163.

verweigerung, Boykott, Arbeiten streng nach Vorschrift, go slow, betriebliche Arbeitsniederlegung, überbetrieblicher Streik), gewaltfreier Aufstand und gewaltsamer Widerstand (u. a. Guerilla und Bürgerkrieg) genannt. Bei den institutionalisierten Partizipationsformen beginnt Vilmar mit Vollversammlungen, kommt dann über Formen der Mit- bzw. Selbstorganisation erst zu den Formen von Partizipation, die vorher in der Partizipationsdebatte im Mittelpunkt standen: der Wahl von Repräsentanten. Schließlich werden dann noch zusätzliche Möglichkeiten des Bürgerengagements in allen gesellschaftlichen Zusammenhängen erwähnt, z. B. im Kommunal-, Schul- und Arbeitsbereich, im Ökologie- und Nachbarschaftsbereich.[81]

Als Hintergrundfolie dient hier das Rätesystem. Es ist als eine stufenmäßige Abfolge von Beteiligungsmöglichkeiten in gesellschaftlichen und staatlichen Zusammenhängen konzipiert. Die Urwähler treten in Betrieben oder in Wohneinheiten zu Basisgruppen zusammen. Für sie gilt die Vermutung totaler Zuständigkeit. Die Basisgruppen fällen und vollziehen eine möglichst große Anzahl der erforderlichen Entscheidungen selbst. Nur Funktionen, die von den jeweiligen Basisgruppen nicht unmittelbar erfüllt werden können, überlassen sie ihren gewählten Vertretern. Zu diesem Zweck werden also Räte gebildet, wobei bei regionaler Gliederung Wohnbezirks- oder Ortsteilräte, bei Gliederung nach Arbeitsplätzen Betriebsräte als unterste Ebene in Betracht kommen. Auch diese Räte delegieren Aufgaben, die sie nicht erfüllen können, so dass ein stufenförmiger Aufbau der Räteorganisation das Ergebnis ist. Alle gewählten Mandatsträger sind in diesem Modell den Entscheidungen der untergeordneten Räte verpflichtet und letztlich den Urwählern voll verantwortlich und jederzeit abwählbar (recall).[82]

Vor allem der spontanen Beteiligung in sozialen Bewegungen und Bürgerinitiativen wurde zumindest von der Wissenschaft viel Aufmerksamkeit geschenkt. Dies führte Anfang der 1980er Jahre bereits zu der These, dass diese Formen der Beteiligung in der Literatur häufiger vorzufinden seien als in der politischen Wirklichkeit. Diese Aussage trifft aber eher für die neuen sozialen Bewegungen[83] zu als für die Bürgerinitiativen. Die Bezeichnung „neue soziale Bewegungen“ hat sich für solche Gruppierungen durchgesetzt, die sich Bedürfnissen nichtmaterieller Art annehmen, z. B. der Umwelt, des Friedens, alternativer Lebensstile und der Gleichstellung. Als wichtigste Bewegungen können die Ökologie-, die Frauen- und die Friedensbewegung genannt werden. Kennzeichnendes Element war ursprünglich die spontane Mobilisierung, meist zu Zwecken politischen oder gesellschaftlichen Protests. In diesem Punkte gleichen die Bewegungen den Bürgerinitiativen.

Als Bürgerinitiativen werden Zusammenschlüsse von Personen bezeichnet, die sich für ein gesellschaftliches oder politisches Problem engagieren. Dabei unterscheiden sie sich in bezug auf ihr konkretes Anliegen, ihre Adressaten, ihre Akti-

---

81 Vilmar, in: Mickel 1983: 340 f.

82 Zur Funktionsweise und zur Kritik s. Kevenhörster 1974.

83 Koopmans 1995: 94 f.; s. a. Klein u. a. 1999.

onsformen und Strategien. Die ersten Bürgerinitiativen bildeten sich auf lokaler Ebene heraus. Es waren zeitlich befristete Aktionsgruppen mit sachlich begrenzter Zielsetzung, lockerer Organisationsstruktur und ohne ideologisch-programmatisches Fundament. Bürgerinitiativen bringen Themen auf die politische Tagesordnung, die die politischen Parteien und Interessenverbände vernachlässigen (s. Kap. IV). Insofern fungieren sie als Frühwarnsystem. Sie können dazu beitragen, dass politische Entscheidungen nochmal überdacht werden. Dabei kann es auch zur Verzögerung von Entscheidungsprozessen kommen.

Beteiligung verlangt unterschiedliche Initiativen und Aktivitäten, die beim Wählen ziemlich gering, bei Hilfen im Wahlkampf oder bei kontinuierlichem Engagement im sozialen Bereich dagegen wesentlich größer sind. Die Motivation geht bei letzteren auch von Gruppen aus, in die der potentielle Aktivist eingebunden ist. Bezieht man unkonventionelle Beteiligungsformen in die Betrachtung ein, so ist die Teilnahme hier noch geringer. In einer international vergleichenden empirischen Untersuchung, die in den Jahren 1974 bis 1976 in der Bundesrepublik Deutschland, Finnland, Großbritannien, Italien, den Niederlanden, Österreich, der Schweiz und den USA durchgeführt wurde, ist erstmals ein Vergleich der Beteiligungsbereitschaft bzw. der tatsächlichen Beteiligung versucht worden. Der Untersuchungszeitraum bezog sich auf Jahre, in denen von politischer Seite die Demokratisierung in allen Lebensbereichen propagiert wurde. Es ergab sich eine deutliche positive Beziehung zwischen konventioneller Beteiligung und unkonventioneller Beteiligung, d. h. derjenige, der beteiligungsbereit ist, tut dies unter Umständen auch in unkonventioneller Weise. Unkonventionelle Beteiligung kann also als eine Erweiterung des politischen Handlungsrepertoires der beteiligungsbereiten Bürger gesehen werden.[84] Demgegenüber wird in neueren theoretischen Konzepten, z. B. der deliberativen Demokratie, quasi eine permanente Beteiligung angenommen.[85]

2. Determinanten für Beteiligung

Da die Partizipation in Demokratien in der Regel nur Bürgerrecht und nicht Pflicht ist (abgesehen von Systemen, die Wahlpflicht haben oder hatten), nehmen Bürger ihre Beteiligungsrechte sehr unterschiedlich wahr. Am höchsten ist die Partizipation traditionell bei den politischen Wahlen. Im Vergleich zu den Wahlen beteiligen sich an anderen politischen Aktivitäten sehr viel weniger Menschen. Dies gilt bereits für die konventionellen Beteiligungsarten. Der größte Teil der Bevölkerung verhält sich apathisch, ist allenfalls Zuschauer.

Als Bedingungen für Partizipation lassen sich zunächst persönlichkeitsbezogene Faktoren benennen. Zu den individuellen Merkmalen kommen immer auch Gesichtspunkte sozialer Einbindung, also kontextuelle Faktoren, hinzu. Sie bewirken unterschiedlich intensive Mobilisierungsprozesse. Die politische Aktivität steigt deutlich mit der Einbindung in den intermediären Sektor, d. h. in freiwillige Orga-

84 Kaase, in: Schmidt 1983: 324; derselbe, in: Schmidt 1992: 345.
85 Reese-Schäfer 2000: 17.

nisationen, die auch als Dritter Sektor bezeichnet werden.[86] Der Drang nach Bedeutung, sozialer Anerkennung, Betroffenheit oder auch das Ziel, Interessen durchzusetzen oder Macht auszuüben, sind sicherlich die wichtigsten Antriebe, die bei den einzelnen Menschen als Persönlichkeitsmerkmale unterschiedlich ausgeprägt sind. Aber die Bedeutung eines Menschen kann nur in sozialen Zusammenhängen wirksam werden, so dass die sozialen Komponenten als Antrieb für das Partizipationsverhalten schwer von den individuellen zu trennen sind. Die Spekulationen über den Machttrieb finden in der bisherigen Forschung keine klaren Belege. Dies mag daran liegen, dass solche Hypothesen bisher nicht systematisch und kontinuierlich überprüft worden sind und darüber hinaus die theoretische Fundierung der Konzepte unklar blieb.

Für die Beteiligung ist der sozio-ökonomische Status der Bürger, also Schulbildung, Beruf, Einkommen, die wichtigste Voraussetzung. Man spricht deshalb auch vom „Standardmodell der politischen Beteiligung":[87] Eine hohe sozio-ökonomische Ressourcenausstattung der Bürger führt zur Ausbildung von positiven Einstellungen gegenüber dem politischen System; dies wiederum ist von Bedeutung für die politische Beteiligung. Das gilt sowohl für konventionelle als auch für unkonventionelle Formen der Beteiligung. Daneben spielen Alter und Geschlecht eine Rolle, wobei allerdings hier Unterschiede in bezug auf konventionelle und unkonventionelle Beteiligungsformen zu verzeichnen sind. Die konventionelle Beteiligung steigt bis ins mittlere Lebensalter an und fällt dann wieder ab. „Dagegen stehen Lebensalter und unkonventionelle Beteiligung in einem strikt linearen negativen Zusammenhang: Je älter ein Bürger ist, desto geringer ist seine Neigung, sich unkonventionell politisch zu beteiligen."[88] Frauen neigen eher zu Formen der unkonventionellen Beteiligung. Sie finden, wie Angehörige jüngerer Altersgruppen, offensichtlich Bürgerinitiativen besonders attraktiv. Unter deren Aktivisten sind Frauen genauso stark vertreten wie Männer. Auch gibt es in ihren Reihen einen nennenswerten Anteil von Personen unter 30 Jahren. Die Mitarbeit in Bürgerinitiativen begünstigt vor allem die Teilnahme an anderen Formen der unkonventionellen politischen Aktivitäten, mit konventionellen politischen Aktivitäten hängt sie dagegen weniger eng, aber gleichfalls positiv zusammen.[89] Neuere Untersuchungen deuten eher auf Einebnung der unterschiedlichen Partizipationsbereitschaften aufgrund sozio-ökonomischer Merkmale hin.[90] Persönliche Merkmale und das soziale Umfeld werden als erleichternde oder erschwerende Bedingungen für Partizipation gesehen.

Aufgrund eines wachsenden Bildungsniveaus der Bevölkerung konnte erwartet werden, dass es zu einer steigender politischer Beteiligung kommen würde. Dies ist

---

86 Kunz/Gabriel 1999: 67 f.

87 Kaase, in: Schmidt 1992: 344.

88 Ebenda: 344.

89 Gabriel, in: Holtmann ^{3}2000: 86.

90 Topf, in: Klingemann/Fuchs 1995a: 71.

jedoch bis Ende des vorigen Jahrhunderts so nicht eingetreten. Eher deutete sich ein Rückgang bei der Wahlbeteiligung vor allem bei den Jüngeren an. Auch ein Ausweichen in andere Beteiligungsformen, z. B. unkonventionelle Partizipationsmöglichkeiten, konnte nicht registriert werden. Durch die Auswertung von Vergleichsdaten für einen Zeitraum von etwa 15 Jahren verfestigte sich der Eindruck, dass die Beteiligung an Bürgerinitiativen, Demonstrationen, Boykotten und Unterschriftensammlungen nicht zugenommen hatte, sondern sich gegenüber den 1960er Jahren eher wieder auf einem Normalstatus bewegte. „Darunter ist zu verstehen, dass Bürger auf breiter Grundlage über ein Repertoire an unverfassten politischen Handlungsoptionen verfügen, das sie gezielt je nach Sachlage einsetzen.“[91]

Umfragedaten zur unkonventionellen Beteiligungsbereitschaft (also Unterschriftensammlung, Boykott, genehmigte Demonstration, Mitarbeit in einer Bürgerinitiative) in den EU-Staaten belegen, dass zwischen 30 und 70 % der Bürger bereit sind, sich bei solchen Partizipationsformen zu aktivieren. Dies deutet insgesamt auf eine umfassende Ausbreitung unkonventioneller politischer Partizipation hin. 70 bis 95 % der Bürger konnten sich in außergewöhnlicher Situation eine Beteiligung an solchen Aktivitäten vorstellen. Dabei wurden allerdings große Unterschiede in den einzelnen Ländern festgestellt. So zeigten die Bürger Großbritanniens, Frankreichs und Griechenlands beim vergangenen Handeln die höchste Aktivitätsrate, während die der Bundesrepublik, Portugals und Irlands das Schlusslicht bildeten. Im Hinblick auf zukünftiges Handeln können sich aber auch die Bürger Italiens, der Bundesrepublik und Irlands die Beteiligung an legalen unverfassten Aktivitäten in außergewöhnlichen Situationen vorstellen.[92] Ob diese Befunde schon die Bewertung als „partizipatorische Revolution“ rechtfertigen, sei dahingestellt.[93] Dagegen sind Akte des zivilen Ungehorsams in EU-Mitglieds-staaten eine Angelegenheit von Minderheiten.[94] Das Verhältnis von zivilem Ungehorsam und politischer Gewalt zeigt im internationalen Vergleich jedoch große Unterschiede. Eine Erklärung dafür gibt es bislang noch nicht. Generell – so die Ergebnisse von Inglehart, gestützt auf weltweite Umfragen aus den Jahren 1981 bis 1996 – geht die Zufriedenheit mit hierarchischen Institutionen zurück und die Achtung vor Eliten schwindet.[95] Von daher werden besonders hohe Erwartungen an die Nutzung des Internets geknüpft.[96] Das politische Interesse ist in Deutschland im Vergleich zu anderen europäischen Ländern hoch. Gespräche über Politik sind hier häufiger.[97]

Bei der sozialen Partizipation in Vereinen und Verbänden sind die Bürger in den Staaten Nordeuropas aktiver als diejenigen in Südeuropa. Mitwirkung in Vereinen

---

91 Kaase, in: Holtmann ³2000a: 468; s. a. Norris 1999: 258.

92 Westle, in: Gabriel/Brettschneider ²1994: 158 ff.; s. d. auch Topf, in: Klingemann/Fuchs 1995b: insb. 70 ff.

93 Ebenda: 78.

94 Westle, in: Gabriel/Brettschneider ²1994: 158.

95 Inglehart, in: Norris 1999: 236 ff.

96 Vgl. Jarren 1998; Lenk 1999; Norris 2002.

97 van Deth 2004a: 282.

und Verbänden ist allerdings nicht unmittelbar gleichzusetzen mit politischer Partizipation.[98] Im Hinblick auf die Bestimmungsfaktoren politischer Partizipation wurden bei den Ressourcen bislang nur persönlichkeitsbezogene und sozialdemographische Merkmale des Individuums sowie kontextuelle Faktoren betrachtet. Dabei ist in der neueren Literatur noch immer wenig davon die Rede, dass Freizeit als Ressource sehr wesentlich ist.[99] Insbesondere für zeitaufwendige Partizipationsformen dürfte die Verfügbarkeit von Zeit ein wichtiger Faktor sein, der dem Einen nur die regelmäßige Teilnahme an Wahlen erlaubt, dem Anderen aber mehr Partizipation. Gerade derjenige, der einen höheren gesellschaftlichen Status erlangt hat, ist möglicherweise aus Mangel an Zeit nicht oder nicht mehr in der Lage, zeitaufwendige Formen der Partizipation wahrzunehmen. Bereits Dahl stellt auch die (der Verfügung des einzelnen Bürgers unterliegenden) finanziellen Mittel in den Zusammenhang der Ressourcen von Partizipation. Diese Dimension wird allerdings in der neueren Partizipationsdebatte nur selten mitberücksichtigt. Alle entwickelten Gesellschaften sind durch Arbeitsteilung und Geldwirtschaft geprägt; politische Partizipation der Bürger in solchen Gesellschaften ist daher durch bezahlte „Stellvertreter“ möglich: Journalisten, hauptamtliche Funktionäre usw. Weiterhin kann der Einzelne seine eigenen Ziele im politischen Prozess nicht nur durch die Formen konventioneller und unkonventioneller Teilnahme, die bereits erwähnt wurden, durchzusetzen versuchen, „sondern auch durch finanzielle Zuwendungen (u. a. Spenden) an Verbände, Parteien und Kandidaten.“[100] Die Kleinspende muss also durchaus als Mittel der Partizipation gesehen werden, während große Spenden mit Recht als abzulehnende Einflussnahme oder als Korruption abgelehnt werden. Dieser Aspekt, Geld als Ressource zu betrachten, wird auch in den neueren nutzentheoretischen Ansätzen zur Erklärung rationalen Verhaltens nicht mitbedacht.[101]

3. Demokratie als Elitenherrschaft

Wenn es zutrifft, dass höhere sozio-ökonomische Ressourcenausstattung des Einzelnen eine höhere Wahrscheinlichkeit der Partizipation mit sich bringt, dann ist dadurch auch die bei allgemeinen Wahlen angestrebte Gleichheit der Mitwirkung gefährdet. Ressourcenstarke Bevölkerungsteile, die in der Regel andere Vorstellungen von politischen Prioritäten haben, können politische Ungleichheit bewirken. Mit diesem Problem müssen entwickelte, privatkapitalistisch verfasste Industrie- und Dienstleistungsgesellschaften jedoch leben, denn zwei widerstreitende Prinzipien werden miteinander verbunden: Einerseits ist das politische Gewicht des Einzelnen durch das allgemeine, gleiche und geheime Wahlrecht egalisiert, andererseits besteht eine (z. T. massive) Ungleichheit der sozio-ökonomi-schen Ressourcen, deren Umsetzung in politischen Einfluss nicht von vornherein als illegitim

98 van Deth 2004b: 304 f., 310; Naßmacher 2006: 35 ff.

99 Schon Dahl 1972: 226.

100 Naßmacher 1992: 11.

101 Vgl. dazu Opp u. a. 1984.

zu gelten hat. Auch die ungleiche Einkommens- und Vermögensverteilung, über die politischer Einfluss gewonnen werden kann, lässt sich nicht völlig ausschalten. Das Problem der Demokratie besteht darin, Gleichheit und Freiheit zu vereinbaren.

Neue Partizipationsmöglichkeiten direktdemokratischer Art würden das Problem in keiner Weise bearbeiten. Systeme mit mehr Beteiligungschancen scheinen der „Politikmüdigkeit" der Bürger Vorschub zu leisten. In der Tat lässt sich in Systemen mit direkten Beteiligungsmöglichkeiten zeigen – so durch die regelmäßig veranstalteten Umfragen in der Schweiz – dass sich auch hier Bürger mit höherer sozio-ökonomischer Ressourcenausstattung beteiligen. Dies geht zu Lasten der Wahlbeteiligung. So ist beispielsweise in der Schweiz und in Baden-Württemberg (mit tradierten direktdemokratischen Beteiligungsformen auf kommunaler Ebene) die Wahlbeteiligung besonders gering. Das Konzept „partizipatorischer Demokratie" beruht vermutlich auf unrealistisch vereinfachenden Annahmen über menschliches Verhalten und gesellschaftliche Interaktionen.[102]

Bei der direkten Beteiligung ist nicht nur körperliche Präsenz von Bedeutung. Im weiteren Vollzug der Willensbildung zeigt sich rasch, dass rhetorische (zumindest aber intellektuelle) Präsenz für die partizipatorische Wirksamkeit des Individuums ebenso unverzichtbar ist. Spätestens dabei entfaltet sich jedoch der Januskopf demokratischer Partizipation. Dem gleichen Mitwirkungsrecht aller sind ungleiche Mitwirkungsmöglichkeiten (und auch Mitwirkungsneigungen) des Einzelnen unmittelbar zugeordnet: Formen individueller und gesellschaftlicher Ungleichheit wirken sich auf die Nutzung partizipatorischer Möglichkeiten aus. Realistisch ist es daher, davon auszugehen, dass es sich trotz aller gleichen Partizipationsrechte auch bei demokratischen Systemen um eine Form politischer Elitenherrschaft handelt: Politisch Interessierte und aktive Minderheiten gestalten mit Zustimmung oder mit Duldung der weitgehend apathischen Massen den politischen Prozess. Politik nimmt in der Prioritätenliste der wichtigsten Lebensaspekte einen sehr nachgeordneten Rang ein. Mehr soziale Ressourcen bedeuten nicht generell eine Bereitschaft zur Teilnahme.[103] Wichtig ist, dass die Elite durch Partizipation zustande kommt.

Die Elite ist in sich wieder differenziert. Vielleicht wäre es besser, von Eliten zu sprechen, nicht nur im Sinne von Elitenkonkurrenz, wie dies in der elitistischen Demokratietheorie gedacht ist (z. B. bei Max Weber oder bei Schumpeter und Downs (s. Kap. V, A)), sondern auch im Sinne von Elitenhierarchie: Bei politischer Partizipation bilden sich konzentrische Kreise demokratischer Eliten heraus. In einer Demokratie, z. B. der Schweiz, ist bereits die Wählerschaft eine Minderheit. In den meisten Demokratien beteiligen sich zwischen 70 und 90 %, in den USA zwischen 50 und 60 % der Wahlberechtigten an den Wahlen. In allen westlichen Demokratien sind die Mitglieder von politischen Organisationen und Initiativen zur Elite zu zählen. Ähnliches gilt für Leute, die durch ihr Geld politische Ziele fördern, durch freiwillige (unbezahlte) Mitarbeit im Wahlkampf bestimmte Parteien

102 Vgl. dazu auch Scharpf 1970: 58 ff.
103 Van Deth 2001: 122, 138.

bzw. Kandidaten unterstützen oder für öffentliche Ämter (und sei es nur auf der Gemeindeebene) kandidieren.

Faktische Elitenherrschaft gerät mit der Zielvorstellung von möglichst breiter Partizipation nicht in Konflikt, solange jedes Mitglied der Gesellschaft eine realistische Chance hat, nach eigener, freier Entscheidung im Rahmen einer politischen Teilelite wirksam zu werden. Im Hinblick auf gesellschaftliche Arbeitsteilung müssen unterschiedliche Partizipationsformen und die Nutzung unterschiedlicher Partizipationspotentiale möglich sein. „Jeder einzelne hat nach dieser Betrachtung das selbstverständliche Recht, im Rahmen seiner Möglichkeiten zwischen verschieden stark ‚belastenden' Partizipationsformen zu wählen, und damit den Grad seiner eigenen Wirksamkeit im politischen Prozess einer demokratisch organisierten Gesellschaft selbst zu bestimmen. Die Verwendung von Geld für politische Zwecke gehört also ebenso notwendig in den Katalog partizipativer Ressourcen wie das Stimmrecht bei Wahlen und Abstimmungen oder der Einsatz von Freizeit für politische Zwecke."[104]

Traditionell umfasst die politische Elite – neuerdings wird auch immer häufiger der Begriff „politische Klasse" (Mosca) verwendet – die spezialisierten und bürokratisch organisierten Träger und Vermittler gesellschaftlicher Macht. Sie ist in demokratischen Systemen das Ergebnis von Partizipationsprozessen, und insofern steht sie ständig oder zumindest in vorher festgelegten zeitlichen Abständen zur Disposition. Ein Austauschprozess zwischen den Eliten und den partizipierenden Bürgern ist also mitgedacht. Eine Ablösung der Eliten ist umso wahrscheinlicher, je weniger sie den Vorstellungen der Bürger entsprechen. Aufnahmebereitschaft und Sensibilität für die Wünsche und Interessen wird mit dem Begriff der Responsivität erfasst.[105] Die politische Elite muss offen sein. Zwar gibt es einen Ausleseprozess, der mit wachsender Positionshöhe zur Disproportionalität von unterprivilegierten Bevölkerungsgruppen führt, wichtige Führungspersönlichkeiten in westlichen Demokratien (Thatcher, Major, Kohl, Schröder) machen aber deutlich, dass ein Aufstieg möglich ist. Mehr als z. B. in Führungspositionen der Wirtschaft ist die Elite in der Politik für alle Gesellschaftsschichten offen.

Die Vorrechte einer gesellschaftlichen Gruppe auf Führungspositionen sind mit demokratischen Strukturen unvereinbar. Solche Vorrechte der Elite hatten sich in sozialistischen Systemen Osteuropas herausgebildet, verbunden mit Rekrutierungsmustern, die durch die Bevölkerung nicht beeinflussbar waren. Hier begriffen sich die führenden Kader der kommunistischen Partei als neue politische Klasse, die sich in ihrer Herrschaft dadurch legitimiert sah, „dass sie im Auftrag der Arbeiterklasse deren historische Mission erfülle."[106] Die Aufnahme und der Aufstieg in die Elite entzog sich in sozialistischen Systemen weitgehend der Partizipation. Sie ergab sich als gezieltes Ausgewählt- und Berufenwerden in die Nomenklatur. Da-

104 Naßmacher 1992: 13; von Beyme 1993: 11 ff.
105 Dahl 1971: 1.
106 Glaeßner, in: Ziemer 1986b: 337.

bei handelte es sich um ein Verzeichnis von Positionen und Funktionen auf allen gesellschaftlichen Gebieten, „über deren Besetzung die Partei entweder direkt entscheidet oder für deren Besetzung sie verbindliche Modalitäten entwickelt und sich eine Kontrolle vorbehält.“[107] Wahlen waren in sozialistischen Systemen kein Mittel zur Legitimation der politischen Führung. Im Gegensatz dazu sind sie in demokratischen Systemen die einzige Möglichkeit zur Legitimation der Eliten.

B) Wahlen als Partizipationsform

Bei den konventionellen Partizipationsformen spielen Wahlen immer noch die entscheidende Rolle. Alle anderen Formen der Beteiligung werden – wie bereits erwähnt – von sehr viel weniger Bürgern wahrgenommen. Von daher hat sich die Partizipationsforschung auch vor allen Dingen mit Wahlen beschäftigt; Partizipationsforschung war im Wesentlichen Wahlforschung.[108] Im Mittelpunkt dieser Forschungen stand aber nicht so sehr die Wahlbeteiligung; diese rückt erst neuerdings als zu bearbeitendes Problem in den Blickpunkt.[109] Vielmehr ging es vor allem darum, wer aus welchem Grunde für wen seine Stimme abgab. Weiterhin wurden die Wirkungen des Wahlverhaltens auf die Regierungsbildung untersucht.[110] Erst später richtete sich der Blick auch auf Aktivitäten, die den Wahlen vorgelagert sind bzw. im Zusammenhang mit Wahlen stattfinden, z. B. die langfristige Sozialisation oder die Unterstützung der Parteien im Wahlkampf. Seit geraumer Zeit wird der analytische Schwerpunkt im Prozess der Meinungsbildung gesehen.

1. Bedeutung von Wahlen und Abstimmungen

Von Wahlen kann nur dann gesprochen werden, wenn zwischen mindestens zwei Angeboten (Kandidaten/Parteien) entschieden werden darf. Abstimmungen haben nur dann eine partizipative Bedeutung, wenn dabei Alternativen zur Abstimmung stehen bzw. zumindest einem Vorschlag zugestimmt oder dieser verworfen werden kann. Es geht also jeweils um konkurrierende (kompetitive) Möglichkeiten. Wenn der Begriff Wahlen auch für Vorgänge verwendet wird, bei denen es nicht um Auswahl geht, so können diese nicht mit demokratischen Wahlen verglichen werden, da sie völlig andere Funktionen erfüllen. In den sozialistischen Systemen jedenfalls dienen die Wahlen nicht irgendeiner Auswahl: Die Herrschaft der kommunistischen Parteien wird durch eine historische Mission begründet und von daher als legitimiert angesehen. Wahlen sind insofern nur dazu da, die Bevölkerung für die von der politischen Führung vorgegebenen Aufgaben des sozialistischen

---

107 Glaeßner, in: Ziemer 1986a: 207.

108 Zur Entwicklung der Wahlforschung s. Kaase, in: Klein u. a. 2000b: 17–40.

109 Freitag 1996: 1.

110 Bürklin 1988: 12.

Aufbaus zu mobilisieren.[111] Für Wahlen in demokratischen Systemen gelten demgegenüber völlig andere Voraussetzungen, nämlich Wettbewerb von Kandidaten und Programmen, Freiheit und Chancengleichheit bei der Wahlwerbung, Wahlfreiheit durch geheime Stimmabgabe, Wahlsysteme ohne wettbewerbsbeschränkende Prinzipien und Wahlentscheidung auf Zeit, also für eine Wahlperiode.

Während sich im Hinblick auf diese Prinzipien ein breiter Konsens abzeichnet, bleiben die Funktionen von Wahlen je nach Demokratieverständnis kontrovers. Das Spektrum in systemkonformen Interpretationen reicht von Funktionen der Artikulation von Vertrauen in die persönliche Integrität und die sachliche Leistungsfähigkeit von Personen (C. J. Friedrich; D. Sternberger), wobei die Legitimationsfunktion betont wird, bis zur technizistischen, systemadäquaten Funktion der Herstellung einer handlungsfähigen Repräsentation (Köln-Mannheimer Schule). Systemkritische Politologen haben immer wieder versucht, Wahlen in demokratischen Systemen in die Nähe derjenigen Rituale zu rücken, wie sie in sozialistischen Systemen abliefen bzw. ablaufen. So wird Wahlen eher eine Alibifunktion unterstellt, die Konkurrenz von Personen und Parteien vorspiegle sowie gesellschaftliche Spannungen verschleiere (J. Agnoli). Den Politikern werde damit eine Blankovollmacht für konsensunabhängige Entscheidungen ausgestellt (C. Offe).[112] Mit den grundsätzlich kritischen Positionen von Agnoli und Offe werden schon fast die fundamentalen Unterschiede zu Wahlen in ehemaligen sozialistischen Systemen verwischt.

Dieser immer wieder aktuellen Einschätzung muss allerdings energisch widersprochen werden. Durch die Beteiligung an Wahlen können die Bürger darüber bestimmen, welche politische(n) Gruppierung(en) und welche Repräsentanten in der anlaufenden Wahlperiode die Geschicke des politischen Systems bestimmen werden. Wahlen dienen also zur Rekrutierung oder zumindest Bestätigung der politischen Elite in Regierung und Opposition. Die einzelnen Wahlsysteme gestatten dem Wähler dabei mehr oder weniger, eine klare Entscheidung über seine Repräsentanten und die Zusammensetzung der Regierung zu treffen.[113] Repräsentanten stehen für politische Ziele: Unterschiedliche Parteien schaffen durch ihr Handeln und durch ihre programmatischen Aussagen Orientierung für den Wähler. Dadurch kommt es zu einer Zusammenführung von Meinungen und Interessen sowie zu einer Mobilisierung der Wählerschaft für gesellschaftliche Werte, politische Ziele und Programme (s. Kap. IV, B).

Die Funktionen von Wahlen sind also Artikulation, Integration und Konsensbildung, Machtzuweisung und -kontrolle. Kaltefleiter/Nißen[114] fügen noch eine Innovationsfunktion hinzu. Die Wirksamkeit dieser Innovationsfunktion veranschlagen sie umso höher, je stärker der Parteienwettbewerb und je höher die Chan-

---

111 Klokocka/Ziemer, in: Ziemer 1986: 531 f.

112 Nohlen, in: Mickel 1983: 554.

113 Nohlen ^{6}2009.

114 Kaltefleiter/Nißen 1980: 26.

ce des Machtwechsels ist. In diesem Zusammenhang sind natürlich auch Fragen des aktiven und passiven Wahlrechts von erheblicher Bedeutung. Als Tendenz lässt sich feststellen, dass sich das Alter für Erstwähler in den letzten Jahren weiter reduziert hat.

2. Determinanten des Wahlverhaltens

Bei Wahlen kommen unterschiedliche Wahlsysteme zur Anwendung. Die Erklärung des Wahlverhaltens muss immer auch die Lernwirkungen der Wahlsysteme mitberücksichtigen. Zudem ist die Stimmabgabe geheim, was dazu führt, dass für die Erklärung des individuellen Wahlverhaltens nur unzureichende Informationen zur Verfügung stehen. Im Zentrum des Forschungsinteresses zur politischen Partizipation bei Wahlen stehen die gesellschaftlichen, politischen und psychologischen Einflüsse auf das Wahlverhalten. Dabei gehen die einzelnen Forscher von unterschiedlichen Grundannahmen aus.

Grundsätzlich könnte man annehmen, dass der Wähler bei seiner Stimmabgabe genauso rational vorgeht wie bei einer Kaufentscheidung: Er entscheidet sich für jenes Angebot, das seinen Interessen am meisten entspricht. Dabei wird sich der Wähler vor allem an den Themen orientieren, die im Wahlkampf eine Rolle spielen und die im Hinblick auf seine Interessen von einzelnen Kandidaten oder von Parteien am besten vertreten werden. Gewählt wird nach dieser Vorstellung diejenige Partei, von deren Wahl sich der Wähler die größten Vorteile bei geringsten Kosten verspricht. In empirischen Untersuchungen entstand jedoch der Eindruck, dass das Verhalten vieler Wähler nicht als „rational" zu beurteilen war.

Daraufhin hat V. O. Key die „Rationalität des Wahlverhaltens" präzisiert. Es komme darauf an, dass der Wähler bei wenigen ihm wichtig erscheinenden Aspekten der Politik aufgrund seiner selbstverständlich subjektiv verzerrten Wahrnehmung von Realität zu einer für ihn am besten erscheinenden Stimmabgabe gelange. „Rationalität wird ... nicht als objektiv definierbares und intersubjektiv nachvollziehbares Zweck-Mittel-Denken gesehen, sondern als subjektive Verbindung von Zielen mit der Stimmabgabe."[115] Für die Bundesrepublik lässt sich zeigen, dass dann Stimmen für eine Partei abgegeben werden, wenn ihre Problemlösungskompetenz für subjektiv als wichtig empfundene Fragen hoch eingeschätzt wird. Die Neigung zur Wahl der einen oder anderen Partei ist also durchaus rational beeinflusst. Dieser von Downs[116] begründete Ansatz lässt aber offen, ob Rationalisierungen vorliegen können, die derjenigen Partei, die man aus anderen Gründen sowieso wählen würde, auch die größte Problemlösungskompetenz für wichtige Fragen zuschreiben.[117] Die Entscheidung für eine Partei ist somit das Ergebnis ei-

115 Kaltefleiter/Nißen 1980: 119 f.

116 Downs 1957.

117 Schumann, in: Holtmann ^{3}2000: 765.

nes komplexen Gefüges von Gewohnheiten, Meinungen, Einstellungen, Vorurteilen, Interessenabwägungen und sozialen Einflüssen.[118]

Es kommen also – wie bei jeder Partizipation – individuelle und soziale Faktoren in den Blick, die die Wahlentscheidung beeinflussen. Wählen erfolgt in einem bestimmten historischen Kontext; die soziale Umgebung kann das Wahlverhalten beeinflussen. Daneben ist auch die Persönlichkeit des entsprechenden Wählers wichtig. So werden in der Regel vier Einflusskategorien auf das Wahlverhalten gebildet:

- historische, politische und ökonomische Einflüsse,
- soziale Umgebung des Wahlberechtigten, die für die Entwicklung seiner Einstellungen von Bedeutung ist,
- Persönlichkeitskomponenten und Dispositionen, z. B. Charakteristika von Haltungen und Einstellungen auch im Bereich der Wahrnehmung,
- aktuelle politische Situation (als unmittelbarer Einflussfaktor).

In die einzelnen Erklärungsansätze zum konkreten Wahlverhalten gehen diese Faktoren in unterschiedlicher Intensität ein.

Die Wahlforschung hat sich zunächst um eine eher soziologisch zu nennende Begründung des Wahlverhaltens gekümmert. Pioniere waren die Autoren Lazarsfeld und Berelson der amerikanischen „Columbia“ Schule.[119] Im Mittelpunkt ihrer Betrachtung steht, dass der Wähler sich in verschiedenen sozialen Zusammenhängen bewegt, die durch Alter, Geschlecht, Konfession, Beruf, Wohngegend usw. näher beschrieben werden. Als hauptsächliche Einflüsse auf das Wahlverhalten wurden der sozio-ökonomische Status des Wählers, sein Beruf, seine Religionszugehörigkeit und der Urbanisierungsgrad seines Wohnortes gesehen. Generell wird das Wahlverhalten als Gruppenprozess aufgefasst, wobei die soziale Umgebung den maßgebenden Einfluss ausübt und zu einer langfristig stabilen Parteiorientierung beiträgt. „Diese Theorie beruht auf der Annahme, dass das Individuum danach strebt, mit seiner sozialen Umwelt in einem spannungsfreien Verhältnis zu leben.“[120] Selten gehört eine Person jedoch nur zu einer Gruppe, in der durch die Umwelt beeinflusst alle relevanten Einflüsse in die gleiche Richtung drängen. Häufiger werden durch die Zugehörigkeit zu Gruppen mit verschiedenen Merkmalen unterschiedliche politische Orientierungen vermittelt. Dies führt zu sich kreuzenden Einflüssen („cross-pressures“) und damit potentiell zu Änderungen der Parteiorientierung. Lazarsfeld wies zudem nach, dass nicht die vielzitierten Wechsler die an Politik hoch interessierten und für Politik hochmotivierten Wähler sind, sondern diejenigen aus stabilen Sozialmilieus.[121]

Für die Bundesrepublik ließ sich der Zusammenhang zwischen der Neigung von Katholiken (mit hoher Kirchenbindung) und Landwirten sowie älteren Wählern

---

118 Kaltefleiter/Nißen 1980: 123.

119 Lazarsfeld u. a. 1944.

120 Bürklin 1988: 51; Roth 1998: 23 ff.

121 Ebenda.

und Frauen zur CDU/CSU in empirischen Forschungen immer wieder bestätigen. Hinzu kamen als traditionelle Wähler der CDU/CSU die (durch das Beispiel nicht abgedeckten) leitenden Beamten und Angestellten sowie die freiberuflich Tätigen und Selbständigen. Unselbständig Tätige in Ballungsräumen (Arbeiter) mit Bindung an die Gewerkschaften, Jungwähler und Protestanten (ohne Kirchenbindung) wählten dagegen bevorzugt SPD. Inzwischen ist ein Angleichungsprozess zumindest im Gange.[122] Eine Zwischenstellung nahm die FDP ein. Ihre Anhänger fanden sich vermehrt unter den leitenden Angestellten und Beamten sowie unter Wählern ohne Kirchenbindung. Die Grünen wurden anfänglich von jüngeren und formal höher gebildeten Bürgern gewählt.

Die Bindungen der sozialen Gruppen mit spezifischen Merkmalen an die entsprechenden Parteien haben sich relativ langfristig entwickelt. Sie sind das Ergebnis der Herausbildung sozio-politischer Spannungslinien (cleavages), welche sich im Verlaufe großer gesellschaftlicher Konflikte verfestigt haben: Der Kulturkampf (als Wertekonflikt) und das Entstehen der Arbeiterbewegung (als Verteilungskonflikt). Heute scheinen diese traditionellen Bindungen allerdings an Bedeutung zu verlieren. Nur wenige Menschen leben noch in einer relativ homogenen Umwelt. Informationen aus den Massenmedien erreichen den Wähler ungefiltert und werden nicht mehr in kleinräumigen Zusammenhängen vermittelt. Die Informationsverarbeitungskapazität des Einzelnen ist durch mehr Bildung verbessert. Zwar haben die einzelnen Variablen in den unterschiedlichen Ländern noch immer ein spezifisches Gewicht, aber generell wird heute vermutet, dass der schwach gebundene oder bindungslose Wähler immer häufiger wird. Die Zugehörigkeit zu sozio-ökonomischen Gruppierungen scheint als Wirkung auf menschliches Verhalten an Bedeutung zu verlieren.[123]

Im Gegensatz zu diesen soziologisch orientierten Erklärungsversuchen steht der eher sozialpsychologische Erklärungsansatz. Diese Betrachtung des Wahlverhaltens wurde von Campbell, Miller und Converse, der sog. „Michigan“ Schule, eingeführt.[124] Sie geht davon aus, dass nicht die objektiven Umweltfaktoren maßgebend für politisches Verhalten sind, sondern deren subjektive Wahrnehmung: Die Sozialstruktur wird über politische Einstellungen vermittelt. Daraus entwickelt sich eine affektive Beziehung zu der einen oder anderen Partei, die größtenteils schon in jungen Jahren einsetzt. Diese Bindung an eine Partei („Parteiidentifikation“) wirkt wie ein „Wahrnehmungsfilter“. Sie gestattet eine subjektive Reduktion der Komplexität politischer Vorgänge und strukturiert auch die Einstellung zu Kandidaten und Sachthemen.[125] Durch wiederholte Befragung desselben Personenkreises konnte die Parteiidentifikation für Wähler der USA nachgewiesen werden. Die Übertragung auf die deutschen Verhältnisse war mit einigen Schwierigkeiten

122 Bürklin/Klein 21998: 80.
123 Ebenda: 81.
124 Campbell u. a. 1960 und 1966; Falter u. a., in: Klein u. a. 2000: 236 ff.
125 Roth 1998: 36 ff.

verbunden.[126] Die Veränderung der Parteiidentifikation, also die Bevorzugung einer anderen Partei, stellt in dieser Theorie eine seltene Ausnahme dar, die nur durch gravierende Ereignisse ausgelöst werden kann. Die Faktoren, die dazu führen, die Parteiidentifikation oder das „normale“ Wahlverhalten zu verlassen, sind politische Themen („Issues“), aktuelle Besonderheiten der Parteien oder die jeweiligen (Spitzen-) Kandidaten.[127] Der Wählerwechsel spielt sich als das Nutzen von Gelegenheiten eines anderen Angebotes ab, das auch aus politischer Unzufriedenheit wahrgenommen wird. Nach der These von Zelle kommt es nicht zu einem wachsenden Wählerwechsel im Zuge der Bildungsexpansion. Unzufriedenheit kommt vielmehr in allen sozialen Gruppen vor und ist nicht auf die besser Gebildeten beschränkt.[128]

Die Kritik an den soziologischen und sozialpsychologischen Erklärungsansätzen ist vor allen Dingen methodischer Art. Ihre Ergebnisse beruhen vorwiegend auf der Anwendung der Stichprobentheorie und dem persönlichen Interview. Dabei kann die gesamte Wahlbevölkerung schon zuverlässig durch repräsentative Stichproben in der Größenordnung von 1000 bis 2000 Befragten für beliebig große Grundgesamtheiten erfasst werden.[129] Damit sind häufig und unvermeidlich zahlenmäßig unbedeutende Bevölkerungsgruppen mit hohem Partizipationsniveau aus der Analyse ausgeblendet worden. Bedeutender ist jedoch, dass durch die Interviewtechnik der Deutungskontext des Individuums vernachlässigt wird, in unangemessener Weise von den individuellen Einstellungen auf das politische Handeln der Wähler geschlossen wird und schließlich davon ausgegangen wird, dass die Fragen für alle Befragten die gleiche Bedeutung haben. Dies ist aber nicht anzunehmen, da Interessen und politische Themen je nach Soziallage, politischer Sozialisation, kultureller und politischer Integration unterschiedlich wahrgenommen werden.[130] Kritiker der auf einer quantitativen Umfragetechnik beruhenden Aussagen betonen daher immer wieder, dass die Erfahrungen des Einzelnen im historisch-sozialen Raum besser in die Erklärung einbezogen werden müssen.

Besonders ergiebig ist es, wenn die Grundgedanken der verschiedenen Ansätze miteinander kombiniert und dadurch die Hypothesen über das Wahlverhalten verfeinert werden. Vielversprechend sind auch die Bemühungen, die als Merkmale eines Wählers sowohl Individualdaten als auch seine soziale Umwelt benutzen.[131] Inzwischen ist es möglich, Erklärungen für individuelles Verhalten in eine innerpersönliche und in eine zwischenpersönliche Komponente zu zerlegen. „Die Kontextanalyse macht also Prozesse und Strukturen außerhalb der untersuchten Individuen gemeinsam mit deren individuellen Merkmalen zum Gegenstand der Unter-

---

126 Falter/Rattinger, in: Kaase/Klingemann 1983 und Bürklin 1988: 67 f.

127 Zur Relevanz der Spitzenkandidaten s. Brettschneider 2002.

128 Zelle 1995: 222 ff., 235.

129 Kaase, in: Holtmann ^{3}2000a: 467.

130 Schultze, in: Nohlen/Schultze 1985: 1127.

131 Kaltefleiter/Nißen 1980: 125.

suchung, um so Beziehungen zwischen der mikro- und der makrosozialen Ebene herstellen zu können."[132]

In diesem Zusammenhang werden immer wieder Milieustudien gefordert. Auch hier soll das Wahlverhalten von Bürgern in ihrer sozio-ökonomischen Umwelt gedeutet werden. Eingeführt wurden diese Studien von Heberle, der die Wahlökologie entwickelte. Diese rückt die Vielfalt der sozio-ökonomischen und sozio-strukturellen Determinanten in ihrer historisch wie territorialspezifischen Milieuvermittlung in den Mittelpunkt.[133] Nur dadurch können die langfristigen Bindungen der einzelnen Wähler besser eingeschätzt werden.[134]

Andere Forscher haben versucht, jenseits der schichtspezifischen Milieus im Zuge der Individualisierung der Gesellschaft eine individuelle Zuordnung zu bestimmten Lebensstilen (auch hier wird irreführender Weise der Milieubegriff verwendet) zu erfassen und für das Wahlverhalten auszuwerten. „Diese Lebensstilgruppierungen zeigen teilweise noch die klassischen schichtspezifischen Lebensstil-Muster, weisen gleichzeitig aber auch einstellungs- und verhaltensbezogene Charakteristika auf, die nicht mit der klassischen Schichteinteilung erklärt werden können."[135] Diese Orientierungen sind vor allen Dingen für die jungen Wähler von Bedeutung. Insbesondere dann, wenn sie in interaktionsintensiven Berufen agieren, entwickeln sie libertäre (antistaatliche, antiautoritäre bzw. antihierarchische) Vorstellungen. Bei den älteren ist dagegen die Einbindung in traditionelle Milieus noch immer relevant. Ob sich erstere Orientierungen zu einer völlig neuen Parteienlandschaft entwickeln können, bleibt abzuwarten. Bürklin hat bereits vor Jahren auf einen Lebenszyklus-Effekt hingewiesen.

3. Determinanten der Wahlbeteiligung

Allgemein scheint die Wahlbeteiligung in demokratischen Systemen in den letzten Jahren rückläufig zu sein. Langfristig angelegte vergleichende Analysen der Wahlbeteiligung in verschiedenen westlichen Demokratien deuten allerdings nicht auf durchgängig steigende Wahlenthaltung.[136] Auch für die Mitgliedsländer der EU kann für die Wahlen der 1960er, 1970er und der 1980er Jahre kein einheitlicher Trend abnehmender Wahlbeteiligung festgestellt werden.[137] Dagegen zeigen sich erhebliche länderspezifische Unterschiede.[138] Kritiker der Parteiendemokratie gehen davon aus, dass sich in der Nichtbeteiligung an Wahlen die Ablehnung oder Entfremdung gegenüber dem politischen System oder eine Anti-Parteienhaltung

---

132 Ebenda: 126.

133 Heberle 1963; Roth 1998: 17.

134 Z. B. Naßmacher 1989.

135 Bürklin/Klein 21998: 93.

136 Westle, in: Gabriel/Brettschneider ^{2}1994: 150 unter Bezug auf Dittrich/Johansen, in: Daalder/Mair 1983; Topf, in: Klingemann/Fuchs 1995a: 45, 50.

137 Brettschneider u. a., in: Gabriel/Brettschneider ^{2}1994: Tab. A79.

138 Freitag 1996.

widerspiegelt. Nicht-Wähler können auch aus Protest nicht wählen.[139] Andere Untersuchungen deuten allerdings darauf hin, dass die Wahlbeteiligung nur dann besonders hoch ist, wenn krisenhafte Entwicklungen stattfinden.

Die Erklärungen dafür, warum sich Bürger an Wahlen beteiligen oder dies unterlassen, sind also bisher sehr unterschiedlich. Allenfalls besteht Einigkeit darüber, dass eine monokausale Interpretation, die eine Ursache in den Mittelpunkt stellt, abzulehnen ist. Vergleichende Untersuchungen über das relative Gewicht der Ursachen (Faktoren) für Wahlenthaltung wurden bisher noch kaum angestellt. Für Deutschland hat Kleinhenz sieben Nichtwählertypen identifiziert, nur bei dreien (oder einem Drittel der Nichtwähler) sind politische Entfremdung und Ablehnung der gegenwärtigen Politik Ursache für Nichtwahl. Die meisten bleiben der Wahl aus wohlwollender oder unpolitischer Gleichgültigkeit fern.[140] Nichtwählen wird auch dem Bedeutungsverlust des Wahlaktes zugeschrieben.[141]

Mehr Einigkeit besteht darin, welche Faktoren bei der Wahlbeteiligung eine Rolle spielen. Auch hier gibt es den Versuch, die Teilnahme an Wahlen rational zu erklären. Danach würden sich diejenigen an einer Wahl beteiligen, die sich davon einen persönlichen Vorteil versprechen: Die Wähler sind nur bereit, sich zu beteiligen, wenn die zu erwartenden persönlichen Vorteile höher sind, als die dadurch entstehenden Kosten (z. B. verpasste Alternativtätigkeiten, Unbequemlichkeiten, finanzielle Belastungen). Diese auf Downs[142] zurückgehenden Überlegungen werden häufig modifiziert. So wird die These vertreten, dass Wähler dann zur Wahlurne gehen, wenn bei Wahlen etwas zu entscheiden ist und der Sieger nicht bereits feststeht. Auch die Einschätzung zur Bedeutung der Wahlen für unterschiedliche Ebenen (Bund, Land, Kommune) spiegelt sich in der Wahlbeteiligung wider.[143]

Die Unsicherheit des Wahlausgangs ist bei unterschiedlichen Wahlsystemen[144] verschieden. So werden potentielle Wähler von großen Parteien bei einer Wahl nach dem Verhältniswahlrecht, bei der sich die Zusammensetzung des Parlaments nach den Proportionen der für die einzelnen Parteien abgegebenen Stimmen richtet, weniger animiert, ihre Stimme abzugeben. Anhänger von kleinen Parteien haben dagegen in diesem Wahlsystem die Chance, ihre Repräsentanten auch tatsächlich in die zu wählenden Gremien zu entsenden. Dies mag sie zur Teilnahme anregen. Bei Mehrheitswahl im Einerwahlkreis, in der es für jeden Kandidaten darum geht, die meisten Stimmen im Wahlkreis auf sich zu vereinigen, entwickelt sich in der Regel ein Kopf an Kopf Rennen zwischen den beiden größten Parteien um den Gewinn des Mandats, was zwangsläufig deren Anhänger mobilisiert. Die Sympathisanten kleiner Parteien haben dagegen kaum Anreize, zur Wahl zu gehen, weil ihre Reprä-

139 S. d. für die Bundesrepublik Eilfort 1994: 59; Kleinhenz 1995: 201–203.

140 Kleinhenz 1995: 217; zusammenfassend Niedermayer 2001: 164–167, 170–174, 176.

141 Völker/Völker 1998: 76.

142 Downs 1957.

143 Bürklin 1988: 92.

144 S. zur Systematik von Wahlsystemen Nohlen ^{3}2000: 75 ff.

sentanten ohnehin keinen Wahlkreis gewinnen können und die Stimmabgabe dadurch für die Vergabe von Mandaten irrelevant wird.

Allerdings zeigen manche Länder mit Mehrheitswahl (z. B. die USA) und andere Länder mit Verhältniswahl (z. B. Österreich) eine von diesen Thesen abweichende Wahlbeteiligung. So müssen weitere Faktoren mit in die Betrachtung einbezogen werden. Generell hohe Wahlbeteiligung wird einerseits auf die Sozialisation der Wähler zurückgeführt, die durch noch vorhandene oder früher bestehende Wahlpflicht bewirkt wurde. Andererseits wird Wahlen von der Bevölkerung unterschiedlicher Länder verschieden hohe Bedeutung zugemessen, so dass zuweilen die Beteiligung an der Wahl als Pflichterfüllung angesehen wird. Damit muss die Höhe der Wahlbeteiligung in solchen Ländern, z. B. Österreich, den Besonderheiten der politischen Kultur zugerechnet werden. Wenn hier die Wahlbeteiligung gegenüber früher stark zurückgeht, kann das sicher als Anti-Parteienhaltung interpretiert werden.[145] Die Schweizer haben offenbar zu viele Abstimmungschancen und nehmen daher an Wahlen nur in geringerer Zahl teil.

Die Wahlbeteiligung hängt aber auch von sozio-ökonomischen Merkmalen des individuellen Wählers ab. Einen umfassenden Katalog zu diesem Problem hat Lipset[146] vorgelegt, der allerdings vor allem die Situation in den USA berücksichtigt. Negativ auf die Wahlbeteiligung in den USA wirkt sich aus, dass vor der Stimmabgabe zusätzliche Hürden zu überwinden sind: Wahlberechtigte bekommen keine Wahlbenachrichtigung, sondern müssen sich selbst im Wählerverzeichnis registrieren lassen. Danach ist die Wahlbeteiligung hoch bei sozialen Gruppen, deren Einkommen und Schulbildung hoch sind, die als Geschäftsleute, Angestellte, Beschäftigte im öffentlichen Dienst oder im kommerziellen Sektor der Landwirtschaft oder als Bergarbeiter tätig sind, bei Weißen, Männern oder Verheirateten sowie bei Personen, die mindestens ein mittleres Alter haben und längere Zeit ortsansässig waren. Niedrige Wahlbeteiligung ist zu erwarten bei sozialen Gruppen mit niedrigem Einkommen, geringer Schulbildung, die als ungelernte Hausbedienstete, Arbeiter im Dienstleistungssektor oder als Klein- und Subsistenzbauern tätig sind, bei Schwarzen, Frauen und jungen Leuten (unter 35 Jahren). Auch Neubürger und Ledige nehmen weniger an Wahlen teil. In europäischen Demokratien scheint sich die Wahlbeteiligung von Männern und Frauen weitgehend anzugleichen.[147]

Schließlich ist die Wahlbeteiligung auch davon abhängig, ob die Mobilisierung der potentiellen Wähler gelingt. Dafür ist bedeutsam, wie die Einzelnen in soziale Netzwerke, kleinteilige Kommunikationszusammenhänge (Milieus) und in Organisationen eingebunden sind. Politische Beteiligung – so auch die Wahlbeteiligung – geht häufig auf eine Aufforderung durch andere zurück. Die Bereitschaft zur Wahl zu gehen, wurde auch dann festgestellt, wenn die Wählergruppen mit ihrem sozialen Milieu im Einklang lebten und „auch ihre politische Prädisposition mit ihren

---

145 Falter/Schumann 1993: 36 f.

146 Lipset 1963: 189.

147 Westle, in: Gabriel/Brettschneider ^{2}1994: 165.

Kandidaten und Issue-Präferenzen in Einklang bringen konnten."[148] So sind möglicherweise typische CDU-Wähler aus christlicher Überzeugung nicht zur Wahl gegangen, als es um die Stationierung von Atomraketen aus Gründen der Abschreckung ging. Die Beteiligung an Wahlen wird also in einem sehr engen Zusammenhang mit der Struktur der „cross pressures" gesehen.

Ob die Mobilisierung der Bevölkerung gelingt, hängt auch davon ab, ob die zur Verfügung stehenden Organisationen und Institutionen der Bevölkerung die Bedeutung einer konkreten Wahl und die anstehenden Entscheidungsalternativen nahebringen können. Interessenorganisationen und vor allem die Parteien (s. Kap. IV, A, 3 und B, 2) selbst müssen im Wahlkampf Entscheidungsalternativen (Kandidaten und Programme) deutlich machen. Je weniger die Bürger durch Parteien oder sonstige Organisationen direkt erreichbar sind, umso wichtiger werden die Medien. „Insgesamt lassen sich die modernen Demokratien durch einen Prozess der Politisierung und kognitiven Mobilisierung kennzeichnen, für den u. a. das wachsende Bildungsniveau der Bevölkerung und die umfassende Mediatisierung von Politik durch Massenkommunikation, darunter vornehmlich das Fernsehen, verantwortlich zeichnen."[149] Dabei wird öffentliche Meinung produziert.

C) Öffentliche Meinung

Mit dem Begriff der öffentlichen Meinung lässt sich einerseits die allgemeine Einstellung aller Mitglieder einer Gesellschaft bezeichnen, es kann andererseits auch nur die Meinung der Informierten, Artikulationsfähigen oder öffentlichkeitswirksam agierenden Teile gemeint sein. Die öffentliche Meinung entsteht nicht primär durch Kommunikationsprozesse zwischen Individuen in der Gesellschaft, vielmehr wirken die bereits erwähnten Institutionen der Interessenvermittlung im engeren Sinne, also Parteien und Verbände, aber vor allem die Medien bei der Formulierung von öffentlicher Meinung mit. Öffentliche Meinung ist eine Meinung, die „in der Öffentlichkeit verbreitet wird".[150] Zuweilen wird daher auch die Gesamtheit der in den Massenmedien verbreiteten Meinungen als die zu einem bestimmten Zeitpunkt vorhandene öffentliche Meinung bezeichnet. Problematisch ist es, wenn die Medienmacher ihre eigene Meinung als öffentliche Meinung verstehen. Die Begriffsbestimmung von Schmidtchen[151], die öffentliche Meinung als Summe aller Reaktionen in der Bevölkerung oder sozialen Gruppen, die durch politisches Handeln hervorgerufen werden oder neues Handeln der Öffentlichkeit zur Folge haben, auffaßt, ist daher eher als normativ zu bezeichnen. Während öffentliche Meinung in nichtdemokratischen Systemen von regierungsamtlichen Medien produziert wird,

148 Bürklin 1988: 85.

149 Kaase, in: Holtmann ^{3}2000a: 468.

150 Sartori 1992: 106.

151 Schmidtchen 1965.

bildet der freie Informationsfluss für alle Bürger die Legitimationsgrundlage jeder demokratischen Ordnung. Die Meinung der Bürger sollte in der öffentlichen Meinung ihren Niederschlag finden.

1. Entstehungsbedingungen

Voraussetzung für die öffentliche Meinung ist die Öffentlichkeit. Nur ein kleiner Teil der Bürger verfolgt in der Regel öffentliche Angelegenheiten. Da sich die Bürger selbst nicht ausreichend Informationen beschaffen können oder wollen, muss insbesondere für die Medien der Zugang zu Informationen gesichert sein und die Meinungsfreiheit darf keinen Beschränkungen unterliegen. Die Medien (s. Kap. III, A) wollen durch ihre Veröffentlichungen zur Veränderung von Ansichten und Einstellungen, also auch zur Herstellung und Veränderung der öffentlichen Meinung beitragen. Auch andere politische Akteure bedienen sich der Medien. In Parlamenten, Parteien oder politischen Versammlungen spielt sich Kommunikation und damit ein Teil der bewusst hergestellten Öffentlichkeit ab; dabei bilden sich Meinungsführer heraus. Parteien und Verbände tragen durch die Veröffentlichung ihrer Ziele und Meinungen zu politischen Themen dauernd ihren Teil zur öffentlichen Meinung bei, dies gilt auch für die Repräsentanten in Regierung und Parlament. Alle unterhalten eigene Öffentlichkeitsabteilungen. Ohne Medien würde die Zahl der Erreichten aber sehr klein bleiben. Seit Ende der 1920er Jahre wurde das Radio von Politikern systematisch zur Produktion öffentlicher Meinung genutzt. So galt der amerikanische Präsident Roosevelt mit seinen regelmäßigen Radiosendungen als Meister der öffentlichen Überzeugungsarbeit.[152] In der kanadischen Provinz Alberta gelang es dem Radioprediger Aberhart („Bible Bill") in wenigen Jahren als Führer einer neuen Partei die Provinzregierung zu übernehmen. Der italienische Medienmogul Berlusconi schaffte es in kurzer Zeit, so bekannt zu werden, dass er Regierungschef werden konnte.

Der Beitrag des einzelnen Bürgers zur Produktion der öffentlichen Meinung ist eher gering. Er muss quasi die genannten Institutionen und deren Repräsentanten und Meinungsführer benutzen. Dabei kann er allerdings nur die Parlamentarier durch den Wahlakt, die Meinungsführer der Medien allenfalls durch Auflagen und Einschaltquoten für diese Aufgabe legitimieren. Vor allem den Medien werden wichtige Kontrollfunktionen überlassen, die der einzelne Bürger durch seine Beteiligungsmöglichkeiten und -bereitschaft nicht dauernd wahrnehmen kann. Für die Herrschenden wird die öffentliche Meinung zur ständigen Bedrohung, weil sie dadurch unter ständiger Kontrolle stehen und die Gefahr der Aufdeckung von Skandalen besteht.

Daher ist es das Ziel der Eliten, durch eigene Öffentlichkeitsarbeit einer negativen Darstellung entgegenzuwirken und eine von ihnen selbst gewünschte öffentliche Meinung herzustellen. Weiterhin versuchen sie, die Grenzen der öffentlichen Kommunikation dadurch einzuschränken, dass sie Angelegenheiten als nichtöffent-

152 Kleinsteuber, in: Adams u. a. 1992: 555.

lich bezeichnen. So wird die Öffentlichkeit bei bestimmten Fragen von der Beratung in Parlamentsausschüssen ausgeschlossen. Als geheime Staatstätigkeit gelten die Aufgaben des Verfassungsschutzes oder spezielle Probleme der Außenpolitik. Auf der kommunalen Ebene werden Grundstücks- (Liegenschaftsangelegenheiten) und Personalfragen grundsätzlich nichtöffentlich behandelt. Die Machthaber tendieren also zur Abschirmung gegenüber öffentlicher Einflussnahme, die Bürger und ihre Stellvertreter, insbesondere die Medien, zielen auf eine Offenlegung.[153] Von besonderer Bedeutung ist, wie die Öffentlichkeit mit Informationen gespeist wird. Dabei sind Auswahlverfahren und Filterprozesse (durch sogenannte Gatekeeper) zu beachten. In diesem Zusammenhang stellt sich die Frage, wie und warum bestimmte Probleme zu einem Thema der Öffentlichkeit werden und andere nicht (s. Kap. VI).

Bisher gibt es noch wenig Aufschluss darüber, wie die Bevölkerung öffentliche Informationen verarbeitet und welche Rolle dabei die Kommunikationsmedien spielen. Denn die in der Öffentlichkeit mit Hilfe der Massenkommunikation verbreiteten Informationen werden überwiegend nicht für einen spezifischen Empfängerkreis aufbereitet. Zuweilen fehlt dem Publikum die Vorinformation, um Mitteilungen aufzunehmen und Meinungen zu beurteilen. Daher ist von vornherein von einer selektiven Wahrnehmung auszugehen, die vor allem durch individuelle Filter bewirkt wird. Insofern verstärkt die Medienberichterstattung die vorhandenen Einstellungen.[154] Aber auch die Häufigkeit der Verteilung von Meinungen in der Umwelt spielt eine Rolle. Daher verstärkt die Medienberichterstattung die vorhandenen Einstellungen.[155] Aber auch die Häufigkeit der Verteilung von Meinungen in der Umwelt spielt eine Rolle. Noelle-Neumann spricht vom „Meinungsklima". „Werde das Meinungsklima in der öffentlichen Wahrnehmung stark genug von einer politischen Richtung geprägt, neigten insbesondere unsichere Menschen – aus Furcht, sich zu isolieren – dazu, ihre Meinung (und Wahlabsicht) der – vorgeblich – herrschenden Meinung anzupassen."[156] Durch ein entsprechendes Meinungsklima können auch Partizipationsimpulse ausgelöst werden, wie die erhöhte Wahlbeteiligung bei den Wahlen im Jahre 1972 in der Bundesrepublik zeigt. Hier waren die Annäherung zwischen West und Ost und die Überwindung des Kalten Krieges sicherlich ein entscheidender Impuls insbesondere für junge Leute, sich an Wahlen zu beteiligen. Auch die Veröffentlichungen über Umweltprobleme haben das Bewusstsein der Bevölkerung sehr stark beeinflusst und zu entsprechenden Aktivitäten, nicht nur konventioneller Art, veranlasst.

---

153 Kleinsteuber, in: Nohlen/Schultze 1985: 628.

154 Brettschneider, in: Falter/ Schoen 2005: 473.

155 Ebenda.

156 Holtmann, in: Holtmann ^{3}2000: 383; Noelle-Neumann 1984: 173 ff.

2. Rolle der Meinungsforschung

Wie bereits erwähnt, bleibt der aktiv partizipierende Teil der Bevölkerung außer in Wahlen in der Minderheit. Von daher ist es für die Politiker von Bedeutung zu erfahren, welche Meinungen in der Gesamtbevölkerung oder in bestimmten Bevölkerungskreisen, z. B. gegliedert nach sozialen Kategorien wie Einkommensklassen, Alter und Lebensstilen, existieren. Die Meinungsforschung bemüht sich, darauf eine Antwort zu geben. Dabei bedient sie sich der Befragung. Bei unterschiedlicher Auswahl von Stichproben geht es entweder darum, auf die Gesamtbevölkerung schließen zu können oder Aussagen über eine bestimmte Gruppierung zu ermöglichen. Ziel der Meinungsforschung kann es sein, insgesamt die Zustimmung zum politischen System zu messen oder auch die Meinung zu Einzelfragen zu erforschen. Auftraggeber solcher Meinungsforschungen sind daher u. a. die Regierenden, aber auch die sich um die Macht bewerbenden politischen Parteien, insbesondere die Opposition. Schließlich lassen die Medien selbst regelmäßig Forschungen durchführen.

Wird die Zustimmung zum politischen System erforscht, so kann man auch von einer Messung der Massenloyalität sprechen. Demokratische Staaten sind darauf angewiesen und nach ihrem Selbstverständnis dazu verpflichtet, sich immer wieder bestätigen zu lassen, dass sich ihre Tätigkeit nicht gegen die Bürger wendet, sondern ihre Herrschaft auf Zustimmung der Beherrschten beruht. Die Zustimmung zur Herrschaftsstruktur, die bei jedem politischen System gegeben sein muss, sollte sich in demokratischen Systemen möglichst wenig auf Androhung und/oder Anwendung physischer Gewalt stützen. Vielmehr gilt es gerade in demokratischen Systemen, eine möglichst breite Zustimmung zwischen Regierenden und den von ihren Entscheidungen Betroffenen zu erreichen. Das Ausmaß des Konsenses muss dabei als variabel und nicht als dauerhaft fixiert angesehen werden. Da das Wahlverhalten (Wahlbeteiligung sowie Präferenzen für bestimmte Parteien) – wie oben dargestellt – kein zuverlässiger Indikator für die Zustimmung oder Ablehnung eines Systems ist und auch die Mitwirkung in Parteien und Verbänden nicht die Meinungsvielfalt der gesamten Bevölkerung zum Ausdruck bringen kann, müssen zusätzliche Erhebungen messen, ob persönliche Bindungen der breiten Bürgerschaft an das politische System noch vorhanden sind.

Die Frage ist also, ob trotz geringer Nutzung der Beteiligungsmöglichkeiten ein Fundamentalkonsens über das politische System existiert. Vielfach wurde in den 1960er und 1970er Jahren eine Legitimitätskrise demokratischer Systeme diagnostiziert, verbunden mit einer Erosion des Bürgervertrauens in die politischen Akteure. Die aktuellen Diskussionen über die Parteien und deren Repräsentanten gehen in die gleiche Richtung. Empirische Untersuchungen haben jedoch bislang nie eine wachsende Legitimitätskrise nachweisen können, wenngleich die Demokratiezufriedenheit, z. B. in den Systemen der Europäischen Union, sehr unterschiedlich ist.[157] Die These einer krisenhaften Entwicklung der Massenloyalität in Europa und in den sonstigen westlichen Demokratien in der Welt lässt sich bis heute nicht mit Zahlen belegen. Dies mag z. T. dadurch begründet sein, dass die verwendeten Methoden, insbesondere die Umfrageforschung, zur Erhebung solcher Tatbestände ungeeignet erscheinen. Denn mit einem geordnet verlaufenden politischen Prozess ist durchaus eine erhebliche Entfremdung der Bürger von ihrem politischen System vereinbar. Welche Folgen das hat, ist bislang aber noch keineswegs abzusehen.

Zur Erhebung politischer Einstellungen werden für Europa immer häufiger die Ergebnisse von Eurobarometerumfragen herangezogen. Dabei handelt es sich um repräsentative Bevölkerungsumfragen, die im Auftrag der Kommission der Europäischen Gemeinschaften seit 1975 zweimal jährlich – im Frühjahr und Herbst – durchgeführt werden. Die Erhebungen erfassen in allen EU-Mitgliedsstaaten eine repräsentative Auswahl der Bevölkerung ab dem fünfzehnten Lebensjahr. Einige der Fragen werden regelmäßig, andere hingegen einmalig oder in größeren zeitlichen Abständen voneinander gestellt.[158]

Meinungsumfragen werden aber auch ständig zu Einzelthemen durchgeführt. Vorreiter waren hier die USA. Wissenschaftlich abgesicherte Umfragen gibt es dort bereits seit 1935, als Gallup sein berühmtes Unternehmen gründete. Sein Ziel war es, stärker die Stimme des „kleinen Mannes" im politischen Prozess wirksam werden zu lassen. Die Regierenden machten sich das Instrumentarium der Meinungsumfragen recht schnell für ihre Zwecke zunutze. Es wurden weniger Anregungen für politische Themen gesammelt als vielmehr die Wirkungen von Politikern auf die Wähler erforscht. Die Ergebnisse waren bald unverzichtbar im Wahlkampf. Aber auch die Tagespolitik orientierte sich immer stärker an diesen häufig zufällig geäußerten Meinungen. Dadurch kam eine gewisse Irrationalität in die Politik.[159] Die Bedeutung dieser Meinungsumfragen ist in anderen politischen Systemen nicht so groß wie in den USA. Dennoch erfahren z. B. die regelmäßigen Erhebungen in der Bundesrepublik über die Popularität von Politikern und Meinungen der Bevölkerung, z. B. das Politbarometer, einige Aufmerksamkeit. Die Probleme solcher Ergebnisse werden in der Öffentlichkeit seltener diskutiert.[160]

Auch die Befürworter der Meinungsforschung verkennen nicht, dass hier „Machtwissen" angehäuft wird, weil die Verfügung über Umfrageergebnisse ein Mittel politischer Auseinandersetzung sein kann. Deshalb hat Fraenkel bereits vor Jahrzehnten gefordert, dass Meinungsforschung in demokratischen Staaten eine öffentliche Angelegenheit sein müsse. Dies ist aber nur einer der Ansatzpunkte für die umfassende Kritik von Hennis. Er kritisiert, dass die Umfragedaten zu schein-

157 S. a. Brettschneider u. a., in: Gabriel/Brettschneider ²1994: 453; Inglehart 1988: 369 ff.; Klingemann, in: Lauth u. a. 2000: 266 ff.

158 Brettschneider u. a., in: Gabriel/Brettschneider ²1994: 458 und 460 f.

159 Kleinsteuber, in: Adams u. a. 1992: 560 f.

160 Die wissenschaftliche Debatte findet in Veröffentlichungen der Kölner Zentralarchivs für empirische Sozialforschung (ZA) und in solchen des Mannheimer Zentrums für Umfragen, Methoden und Analysen (ZUMA) statt.

plebiszitären Argumenten im politischen Entscheidungsprozess werden könnten: Verbände und Parteien berufen sich auf den darin zum Ausdruck kommenden „Wählerwillen". Zum anderen versuchen die Politiker, sich den in Umfragen erkennbaren Wünschen und Neigungen anzupassen. Dies führe letztlich zum Schwund der politischen Führungsbereitschaft. Aufgabe eines politischen Führers sei es, nicht nur zu wissen, was das Volk will, sondern auch, was es braucht.

Eine besondere Art der Meinungsumfragen sind die Wahlprognosen. Diese sind mit einem hohen Vorhersagerisiko behaftet, weil sie nicht das Wahlverhalten selbst messen, sondern die Verhaltensabsichten. Dabei wird eine Zufallsstichprobe der Bevölkerung befragt. Je nach der Streuung der Merkmale der Stichprobe sowie der Größe der Stichprobe muss damit gerechnet werden, dass nicht genaue Werte, sondern Intervalle ermittelt werden, in denen die tatsächlichen Werte liegen. Wenn die Medien feste Werte von Wahlabsichten für die Partei A von 44 % berichten, so müsste exakt ein Intervall von 42 bis 46 % genannt werden. Ein zweites Problem ergibt sich daraus, dass Wähler in einem längeren Zeitraum vor der Wahl noch nicht wissen, wie sie sich entscheiden wollen. Bei der Ziehung der Stichprobe gibt es das Problem der statistischen Repräsentativität, weil in der Regel eine Zufallsstichprobe nicht voll ausgeschöpft werden kann. Schließlich muss damit gerechnet werden, dass die Interviewten sich bei einer Befragung, unabhängig von ihrer tatsächlichen Parteibindung, eher so äußern, wie es gerade zum öffentlichen Meinungsklima passt. Im Gegensatz dazu handelt es sich bei Verfahren der Hochrechnung nicht um die Auswertung von Verhaltensabsichten, sondern um die von tatsächlichen Wahldaten. Die Hochrechnung von Parteianteilen erfolgt hier auf der Basis einer Stichprobe repräsentativ ausgewählter Wahlbezirke. Die Hochrechnungsverfahren schätzen dabei nach Abschluss der Wahl aus den Stichprobenwerten auf die Verteilung der entsprechenden Merkmale in der Grundgesamtheit.[161] Bei den um 18 Uhr veröffentlichten wahrscheinlichen Ergebnissen handelt es sich um eine Wahlprognose aus einer Stichprobe von Wahllokalen, wobei Personen befragt wurden, die gerade gewählt haben (exit polls). Diese Ergebnisse sind genauer als Wahlprognosen.[162]

Literatur

(im **Fettdruck** besonders wichtige Titel zum Thema des Kapitels)

Alemann, Ulrich von (1975): Partizipation – Demokratisierung – Mitbestimmung, Opladen.

Beyme, Klaus von (1993): Die politische Klasse im Parteienstaat, Frankfurt a. M.

Brettschneider, Frank (2002): Spitzenkandidaten und Wahlerfolg. Personalisierung – Kompetenz – Parteien. Ein internationaler Vergleich, Wiesbaden.

161 Bürklin 1988: 95 ff.; Roth 1998: 78.

162 Falter/ Schoen 2005: 86.

Brettschneider, Frank (2005): Massenmedien und Wahlverhalten, in: Falter/ Schoen, S. 473–500.

Brettschneider, Frank u. a. (1994): Materialien zu Gesellschaft, Wirtschaft und Politik in den Mitgliedstaaten der Europäischen Gemeinschaft, in: Gabriel/Brettschneider, S. 445–624.

Bürklin, Wilhelm (1988): Wählerverhalten und Wertewandel, Opladen.

Bürklin, Wilhelm/Klein, Markus (1998): Wahlen und Wählerverhalten: eine Einführung, Opladen, 2. Aufl.

Campbell, Angus u. a. (1960): The American Voter, New York und London.

Campbell, Angus u. a. (1966): Elections and the Political Order, New York und London.

Dahl, Robert A. (1971): Polyarchy, New Haven und London.

Dahl, Robert A. (1972): Who Governs? New Haven und London.

Deth, Jan W. van (2001): Interesting but Irrelevant: Social Capital and the Saliency of Politics in Western Europe, in: European Journal of Political Research, S. 115–147.

Deth, Jan W. van (2004): Politisches Interesse, in: Deth, Jan W. van (Hrsg.): Deutschland in Europa, Wiesbaden, S. 275–293.

Deth, Jan W. van (2004): Soziale Partizipation, in: Deth, Jan W. van (Hrsg.): Deutschland in Europa, Wiesbaden, S. 295–315.

Dittrich, Karl/Johansen, Lars N. (1983): Voting Turnout in Europe, 1945–1978: Myths and Realities, in: Daalder, Hans/Mair, Peter (Hrsg.): Western European Party Systems, Beverly Hills, S. 95–114.

Downs, Antony (1957): An Economic Theory of Democracy, New York.

Eilfort, Michael (1994): Die Nichtwähler, Paderborn u. a.

Falter, Jürgen/Rattinger, Hans (1983): Parteien, Kandidaten und politische Streitfragen bei der Bundestagswahl 1980, in: Kaase, Max/Klingemann, Hans-Dieter (Hrsg.): Wahlen und politisches System, Opladen, S. 320–421.

Falter, Jürgen/ Schoen, Harald (Hrsg.) (2005): Wahlhandbuch, Wiesbaden.

Falter, Jürgen/Schumann, Siegfried (1993): Nichtwahl und Protestwahl: Zwei Seiten einer Medaille, in: APUZ, B 11, S. 36–49.

Falter, Jürgen W. u. a. (2000): Dreißig Jahre danach: Zur Validierung des Konzepts ‚Parteiidentifikation' in der Bundesrepublik, in: Klein u. a., S. 235–271.

Freitag, Markus (1996): Wahlbeteiligung in westlichen Demokratien. Eine Analyse zur Erklärung von Niveauunterschieden, in: Swiss Political Science Review, 2 (1996) 4, S. 1–35.

Gabriel, Oscar W. (2000): Bürgerinitiativen, in: Holtmann, S. 84–87.

Gabriel, Oscar W./Brettschneider, Frank (Hrsg.) (1994): Die EU-Staaten im Vergleich, Opladen, 2. Aufl.

Glaeßner, Gert-Joachim (1986): Kaderpolitik, in: Ziemer, S. 206–212.

Glaeßner, Gert-Joachim (1986): Politische Eliten, in: Ziemer, S. 334–337.

Glaser, Ulrich (1997): Direkte Demokratie als politisches Routineverfahren, Erlangen und Jena.

Guggenberger, Bernd (1995): Demokratie/Demokratietheorie, in: Nohlen/Schultze, S. 36–49.

Heberle, Rudolf (1963): Landbevölkerung und Nationalsozialismus, Stuttgart.

Hennis, Wilhelm (1970): Demokratisierung. Zur Problematik eines Begriffs, Opladen.

Holland-Cunz, Barbara (1996): Feminismus: Politische Kritik partiarchaler Herrschaft, in: Neumann, Franz (Hrsg.): Handbuch Politische Theorien und Ideologien, 2, Opladen, S. 357–388.

Holtmann, Everhard (2000): Meinungsklima, in: Holtmann, S. 383.

Holtmann, Everhard (Hrsg.) (2000): Politik-Lexikon, München und Wien, 3. Aufl.

Inglehart, Ronald (1988): Politische Kultur und stabile Demokratie, in: PVS, S. 369–387.

Inglehart, Ronald (1999): Postmodernization Erodes Respect for Authority but Increases Support for Democracy, in: Norris, S. 236–256.

Jarren, Otfried (1998): Internet – Neue Chancen für die politische Kommunikation? in: APUZ, B 40, S. 13–21.

Kaase, Max (1983): Politische Beteiligung, konventionelle und unkonventionelle, in: Schmidt, S. 321–325.

Kaase, Max (1985): Partizipation, in: Nohlen/Schultze, S. 682–684.

Kaase, Max (1992): Politische Beteiligung, in: Schmidt, Manfred G. (Hrsg.): Die westlichen Länder, München, S. 339–346.

Kaase, Max (2000a): Partizipation, in: Holtmann, S. 466–470.

Kaase, Max (2000b): Entwicklung und Stand der empirischen Wahlforschung in Deutschland, in: Klein u. a., S. 17–40.

Kaltefleiter, Werner/Nißen, Peter (1980): Empirische Wahlforschung, Paderborn.

Kevenhörster, Paul (1974): Das Rätesystem als Instrument zur Kontrolle politischer und wirtschaftlicher Macht, Opladen.

Klein, Ansgar u. a. (Hrsg.) (1999): Neue soziale Bewegungen, Opladen/Wiesbaden.

Klein, Markus u. a. (Hrsg.) (2000): 50 Jahre empirische Wahlforschung in Deutschland, Wiesbaden.

Kleinhenz, Thomas (1995): Die Nichtwähler, Opladen.

Kleinsteuber, Hans J. (1985): Öffentlichkeit, in: Nohlen/Schultze, S. 627 f.

Kleinsteuber, Hans J. (1992): Medien und öffentliche Meinung, in: Adams, Willi Paul u. a. (Hrsg.): Die Vereinigten Staaten von Amerika, Band 1, Frankfurt a. M., S. 546–562.

Klingemann, Hans-Dieter (2000): Unterstützung für die Demokratie. Eine globale Analyse für die 1990er Jahre, in: Lauth, Hans-Joachim u. a.: Demokratiemessung. Konzepte und Befunde im internationalen Vergleich, Wiesbaden, S. 266–297.

Klingemann, Hans-Dieter/Fuchs, Dieter (Hrsg.) (1995): Citizens and the State, Oxford und New York.

Klokocka, Vladimir/Ziemer, Klaus (1986): Wahlen, in: Ziemer, S. 531–537.

Koopmans, Ruud (1995): Bewegung oder Erstarrung, in: Forschungsjournal NSB, 8, S. 90–96.

Kunz, Volker/Gabriel, Oscar W. (1999): Soziale Integration und politische Partizipation, in: Druwe, Ulrich u. a. (Hrsg.): Kontext, Akteur und strategische Interaktion, Opladen, S. 47–74.

Lazarsfeld, Paul F. u. a. (1944): The People's Choice, New York.

Lenk, Klaus (1999): Electronic Support of Citizen Participation in Planning Processes, in: Hague, Barry N./Loader, Brian D. (Hrsg.): Digital Democracy, London und New York, S. 87–96.

Lipset, Seymour M. (1963): Political Man, New York.

Luthardt, Wolfgang (1994): Direkte Demokratie, Baden-Baden.

Mickel, Wolfgang W. (Hrsg.) (1983): Handlexikon zur Politikwissenschaft, München.

Möckli, Silvano (1991): Direkte Demokratie im Vergleich, in: APUZ, B 23, S. 31–43.

Möckli, Silvano (1994): Direkte Demokratie, Bern u. a.

Mommsen-Reindl, Margareta (1986): Partizipation, in: Ziemer, S. 327–333.

Naßmacher, Hiltrud (2006): Engagement ja – aber nicht in Parteien?, in: Naßmacher, Hiltrud: Baustelle Stadt, Wiesbaden, S. 35–58.

Naßmacher, Karl-Heinz u. a. (1989): Parteien im Abstieg, Opladen.

Naßmacher, Karl-Heinz u. a. (1992): Bürger finanzieren Wahlkämpfe, Baden-Baden.

Nie, Norman H./Verba, Sidney (1975): Political Participation, in: Greenstein, Fred I./Polsby, Nelson W. (Hrsg.): Handbook of Political Science, Band 4, Reading, S. 1–73.

Niedermayer, Oskar (2001): Bürger und Politik, Wiesbaden.

Noelle-Neumann, Elisabeth (1984): The Spiral of Silence. Public Opinion – Our Social Skin, Chicago und London.

Nohlen, Dieter (1983): Wahlen und Wahlsysteme, in: Mickel, S. 553–558.

Nohlen, Dieter (2000/2009): Wahlrecht und Parteiensystem, Opladen, 3./ 6. Aufl.

Nohlen, Dieter/Schultze, Rainer-Olaf (Hrsg.) (1985): Politikwissenschaft, München und Zürich.

Nohlen, Dieter/Schultze, Rainer-Olaf (Hrsg.) (1995): Politische Theorien, München.

Norris, Pippa (1999): Conclusions: The Grouth of Critical Citizens and its Consequences, in: Norris, S. 257–272.

Norris, Pippa (Hrsg.) (1999): Critical Citizens, Oxford.

Norris, Pippa (2002): Democratic Phoenix: Reinventing Political Activism, Cambridge.

Opp, Karl-Dieter u. a. (1984): Soziale Probleme und Protestverhalten, Opladen.

Reese-Schäfer, Walter (1996): Die politische Rezession des kommunitaristischen Denkens in Deutschland, in: APUZ, B 36, S. 3–11.

Reese-Schäfer, Walter (2000): Politische Theorie heute, München.

Roth, Dieter (1998): Empirische Wahlforschung, Opladen.

Sartori, Giovanni (1992): Demokratietheorie, Darmstadt.

Scharpf, Fritz W. (1970): Demokratietheorie zwischen Utopie und Anpassung, Konstanz.

Schiller, Theo (Hrsg.) (1999): Direkte Demokratie in Theorie und Praxis, Frankfurt a. M. und New York.

Schmidt, Manfred G. (Hrsg.) (1983): Westliche Industriegesellschaften, München und Zürich.

Schmidt, Manfred G. (1995/2008): Demokratietheorien, Opladen/ Wiesbaden, 4. Aufl.

Schmidtchen, Gerhard (1965): Die befragte Nation, Frankfurt a. M.

Schultze, Rainer-Olaf (1985): Wahlverhalten, in: Nohlen/Schultze, S. 1124–1129.

Schultze, Rainer-Olaf (1995): Partizipation, in: Nohlen/Schultze, S. 396–406.

Schumann, Siegfried (2000): Wahlforschung und Wählerverhalten, in: Holtmann, S. 762–766.

Topf, Richard (1995): Electoral Participation, in: Klingemann/Fuchs, S. 27–51.

Topf, Richard (1995): Beyond Electoral Participation, in: Klingemann/Fuchs, S. 52–91.

Vilmar, Fritz (1983): Partizipation, in: Mickel, S. 339–344.

Völker, Marion/Völker, Bernd (1998): Wahlenthaltung, Wiesbaden.

Westle, Bettina (1994): Politische Partizipation, in: Gabriel/Brettschneider, S. 137–173.

Zelle, Carsten (1995): Die Wechselwähler, Opladen.

Ziemer, Klaus (Hrsg.) (1986): Sozialistische Systeme, München und Zürich.

Kapitel III: Der Mediatisierte Bürger

Politik wird für den einzelnen Bürger in modernen, großflächigen und entwickelten Gesellschaften vor allen Dingen durch die Massenmedien und durch Verwaltungsentscheidungen unmittelbar erfahrbar. Da die Medien dermaßen dominant sind spricht Sarcinelli von einer „Mediengesellschaft".[163]

A) Kommunikationsmedien

Die Medienlandschaft besteht aus Printmedien (Zeitungen, Zeitschriften, Büchern), Radio und Fernsehen sowie sonstigen audio-visuellen Formen der Unterhaltungselektronik und der Kommunikation (neue Kommunikationstechniken)[164]. Sie hat sich in den letzten Jahrzehnten durch technische Innovationen grundlegend gewandelt. Tendenzen können mit den Schlagworten: „Angebotswachstum und Diversifikation, Digitalisierung und technische Integration, Globalisierung und Konzentration der Unternehmen sowie medienspezifische Deregulierung" zusammengefasst werden.[165] Damit stellt sich die Frage, ob die Aufgaben, die Medien in demokratischen Systemen im Allgemeinen zugedacht werden, noch oder sogar besser erfüllt werden können.

1. Aufgaben der Massenmedien

Medien stellen Öffentlichkeit her, mehr als andere Akteure produzieren sie öffentliche Meinung. Mehr denn je erfolgt die Meinungsbildung über die Massenmedien. Sie vermitteln Informationen an ein breites, nur teilweise genau definierbares, anonymes Publikum. Es wird erwartet, dass Medien dazu beitragen, die Wünsche der Bürger zu artikulieren. Sie sollen gleichzeitig eine Erziehungs-, Bildungs- und Integrationsaufgabe ausüben, damit die Bürger ein kritisches Bewusstsein erlangen, ihre Interessenlage besser erkennen, die politischen, ökonomischen und sozialen Zusammenhänge verstehen sowie die Absichten und Handlungen der am politischen Prozess Beteiligten begreifen. Während in nichtdemokratischen Systemen Medien vor allem der Agitation und Propaganda der Regierenden dienen, sollen sie in demokratischen Systemen nicht nur informieren, sondern auch die Regierenden kritisieren und kontrollieren. Im Hinblick auf die Kontroll- und Kritikfunktion ergibt sich als Leitbild, dass die Medien Gegenmacht zur Politik sein sollen. Dabei

---

163 Sarcinelli, in: Sarcinelli 1998: 11.

164 S. d. Wilke 1996: 3 ff.

165 Schulz 1997: 3.

besteht die Vorstellung, dass die Massenmedien ziemlich vollständig, sachlich und verständlich informieren. Schließlich darf der Aspekt der Unterhaltung nicht übersehen werden.

Solchen zum Teil idealistisch anmutenden Funktionszuweisungen in demokratischen Systemen können die Medien nur unter bestimmten Bedingungen entsprechen. Voraussetzung ist eine unabhängige Medienlandschaft. Ihre Kontroll- und Kritikfunktion wird aber nicht uneingeschränkt akzeptiert. Vielmehr betonen Wissenschaftler zuweilen, dass Verlegern, Intendanten und Journalisten die demokratische Legitimation für eine solche Kritikfunktion fehle. Daher wird den Medien zuweilen nur eine Moderatorenfunktion zugestanden.[166] Insofern ist auch eine gewisse Kontrolle der Medien durch die gewählten Repräsentanten des Volkes gerechtfertigt. Weiterhin muss eine Medienvielfalt zur Verfügung stehen, die auch Meinungsvielfalt gewährleistet. Voraussetzung dafür ist, dass das Recht der freien Meinungsäußerung nicht beschränkt wird, also keine Eingriffe des Staates in dieses Recht erfolgen. Auch muss der Zugang zu den Informationen gesichert sein, z. B. die Auskunftspflicht von Behörden gegenüber publizistischen Organen. Diese Rechte können in manchen politischen Systemen, z. B. in der Bundesrepublik, nur eingeschränkt werden, wenn die demokratische Ordnung insgesamt in Frage gestellt wird oder Rechte des Einzelnen, die durch Verfassung oder Gesetze abgesichert sind, verletzt werden. In den USA steht die Rede- und Pressefreiheit – im Unterschied zu vielen anderen Verfassungen – unter keinem Gesetzesvorbehalt, womit der hohe Wert dieses Freiheitsrechts besonders unterstrichen wird.[167] Weiterhin gilt es für den Staat je nach unterschiedlicher Ausgangslage mehr oder weniger darauf zu achten, dass eine Vielfalt der Angebote erhalten bleibt. Dies ist nicht nur durch den freien Veranstalterzugang gesichert. Informationsvielfalt gerät in Gefahr, wenn Zusammenschlüsse anstehen oder es zum Untergang bestimmter Medien kommt. Erst die Meinungsvielfalt sichert eine „wechselseitige Korrektur und Kontrolle" der Medien untereinander. Ein weiteres Problem entsteht dann, wenn zwischen der Herstellung von Politik im Entscheidungsprozess und der Politikdarstellung im Vermittlungsprozess eine Kluft besteht. Wenn das Publikum ein unzutreffendes Politikbild vermittelt bekomme, entstehe eine „Illegitimationsfalle".[168]

Die generellen Trends im Hinblick auf die Medienstruktur überdecken in gewisser Weise die Unterschiede, die in der Medienlandschaft westlicher Demokratien existieren. Insgesamt dominieren in der Medienlandschaft heute die Prinzipien des Marktes. Die Staaten konzentrieren sich auf die Normierung der Wettbewerbsordnung. Dennoch gibt es in den einzelnen westlichen Demokratien wichtige Unterschiede. Politische Entscheidungen haben auch in den einzelnen Bundesländern der Bundesrepublik unterschiedliche Strukturen geschaffen. „Wesent-

---

166 Rudzio [5]2000: 500 ff.

167 Kleinsteuber, in: Adams 1992: 1, 546.

168 Sarcinelli, in: Jarren 1993: 36.

lich strenger normiert sind die Rundfunkmedien. Alle europäischen Staaten haben die in ihren Verfassungen meist nur vage formulierten Rahmenkriterien in Rundfunkgesetzen präzisiert und den Erfordernissen veränderter Medien und Märkte angepasst".[169] In Europa bilden die Bundesrepublik Deutschland und Großbritannien die Extreme. Während in der Bundesrepublik eine Vielzahl von Landesrundfunkgesetzen (für öffentlich-rechtlichen Rundfunk), Staatsverträgen (für übergreifende Medienorganisation) und Landesmediengesetzen (für privaten Rundfunk) verabschiedet wurden, kann es sich Großbritannien leisten, neben gesetzlich normierten Medien (Privatrundfunk, Kabel- und Satellitenfernsehen) eine gesetzlich überhaupt nicht normierte British Broadcasting Corporation (BBC) zu haben.[170] In den USA, wo sich Rundfunk und Fernsehen ähnlich wie das Pressewesen auf privater Basis entwickelten, wurde eine staatliche Aufsichtsbehörde, die Federal Communications Commission (FCC), errichtet, die Lizenzen zum Betrieb von Sendestationen vergibt. Dadurch soll dem amerikanischen Volk ein angemessenes und dem öffentlichen Interesse verpflichtetes Kommunikationssystem bereitgestellt werden.[171] „Die der FCC zugrundeliegende Gesetzgebung sollte garantieren, dass Lizenzen mit dreijähriger Laufzeit nur an Bewerber vergeben wurden, die ihre Befähigung vor Ort, d. h. im Rahmen der lokalen Öffentlichkeit, unter Beweis gestellt hatten." … „Viele der Vorschriften der FCC wurden in der Folge der Reaganschen Deregulierung (1981) aufgehoben", z. B. Regeln über die Höchstgrenzen von Werbezeiten.[172] Im Gegensatz zu den USA stehen die Organisationsstrukturen im Rundfunkbereich in Frankreich traditionell unter stärkerer staatlicher Kontrolle.[173] Angesichts der neuen technischen Möglichkeiten werden ordnungspolitische Eingriffe einzelner Staaten immer schwieriger und die EU sowie die UNO müssen sich einschalten.

2. Situation der Printmedien

Zu den Printmedien gehören alle durch Druck vervielfältigten Schrifterzeugnisse, insbesondere Zeitungen und Zeitschriften. Traditionelle Massenkommunikation erfolgte durch Zeitungen. Die privaten Eigentümer an Zeitungen sind in westlichen Demokratien die Regel. Überall hat auf den Zeitungsmärkten ein Konzentrationsprozess eingesetzt. In einzelnen Ländern können Organisationen, z. B. Parteien, noch über erhebliche Potentiale verfügen, etwa in Schweden und Österreich.

Auch heute sind Zeitungen aus der Massenkommunikation nicht wegzudenken. Offenbar besteht eine komplementäre Beziehung zwischen Fernsehen, Radio und

169 Gellner, in: Gabriel/Brettschneider [2]1994: 283.
170 Ebenda: 284; s. a. Schatz u. a., in: von Beyme/Schmidt 1990: 342; Gellner 1990.
171 Schäfer, in: Schmidt 1983: 236.
172 Ostendorf, in: Adams u. a. 1992: 2, 692.
173 Schäfer, in: Schmidt 1983: 235.

Tageszeitung,[174] die auch gegenüber dem Internet gilt. Erst allmählich kommen die Zeitungen im Hinblick auf Auflagen und Anzeigenmarkt unter Druck. Aber die Lesegewohnheiten unterscheiden sich. Dies gilt sowohl für unterschiedliche Bevölkerungsgruppen als auch für einzelne Staaten. So sind die Nordeuropäer besonders eifrige Zeitungsleser, im Gegensatz zur Bevölkerung in den USA.[175] In den USA existierten Mitte der 1980er Jahre ca. 1700 Tageszeitungen mit einer seit den 1970er Jahren nur wenig veränderten Auflage. 2006 werden ca. 1500 gezählt.[176] Hinzu kommen die wöchentlich bzw. halbwöchentlich erscheinenden Zeitungen sowie Illustrierte und Periodika. Vergleicht man dieses Angebot mit dem in Deutschland, so ergibt sich für die 1980er Jahre noch kein dramatisch abweichendes Bild, da die unterschiedlichen Einwohnerzahlen und die Fläche des Landes mit in Rechnung gestellt werden müssen,[177] 2004 bleibt dieses Angebot allerdings gegenüber Deutschland und den meisten europäischen Staaten zurück. 1980 gab es in Deutschland 122 publizistische Einheiten. Daneben erschienen 54 Wochen- und Sonntagszeitungen sowie über 1000 Publikums- und Fachzeitschriften mit einer Auflage von über 100 Mio. je Erscheinungstag.[178] Danach hat sich offenbar der Konzentrationsprozess abgeschwächt oder ist ganz zum Stillstand gekommen.[179] Das zeigen die Angaben für 2005.[180]Erst im letzten Jahrzehnt scheinen die Zeitungen im Hinblick auf Auflagen und Anzeigen mehr unter Druck. Dies gilt besonders für den kommunalen und regionalen Bereich. Hier gibt es häufiger Informationen über Leserschwund und Zeitungssterben. Die Pressemärkte in Europa sind eher national ausgerichtet (z. B. Großbritannien). Dagegen haben in den USA die regional angebotenen Printmedien gegenüber den nationalen Zeitungen eine größere Bedeutung.[181]

Problematisch ist, dass auf den Zeitungsmärkten einzelne „Pressezaren“ oder Konzerne dominieren. In den USA ist der erfolgreichste Konzern das Haus Gannett. Zeitungsketten sind aber nichts Neues in der Geschichte der USA. „Schon Ende des 19. Jahrhunderts hatte sich William Randolph Hearst ein (später wieder verfallenes) Imperium aufgebaut, mit dem er nicht zuletzt politischen Einfluss suchte.“[182] Inzwischen erwarb Rupert Murdoch wichtige Großstadtzeitungen.[183] Von Australien ausgehend ist er mittlerweile auch in Großbritannien dominant, während Robert Maxwell vom Medienmarkt verschwand. In Kanada machte Israel

174 Kaase, in: Schmidt 1983: 233.

175 Hübner/Münch 1998: 110; Seethaler/Melischek 2006: 347 f.; s.a. Norris 2000: 76 f., 78.

176 Frankfurter Allgemeine vom 29. 5. 2006; vergleichende Informationen bei Seethaler/Melischek 2006: 342 und 343.

177 Hübner 1989: 90; Seethaler/Melischek 2006: 342.

178 Schatz, in: Mickel 1983: 285 f.

179 Meyn 1994: 48 f.; Rudzio ^{7}2006: 390.

180 Rudzio ^{7}2006: 388 f.; zu den Markführern in Europa Seethaler/Melischek 2006: 353.

181 Hübner 1989: 91; Gellner/Kleiber 2007: 221 f.

182 Kleinsteuber, in: Adams u. a. 1992: 1, 550.

183 Kleinsteuber 1996: 26.

Asper im Jahre 2000 Schlagzeilen, weil der TV-Mogul 149 Zeitungen kaufte.[184] In Frankreich dominiert die Familie Robert Hersant,[185] in der Bundesrepublik Springer und in Italien hat Silvio Berlusconi auch ein Presseimperium aufgebaut. Neben der Abhängigkeit von den Herausgebern ist auch die Abhängigkeit vom Anzeigenmarkt zu beachten. Konzentrationstendenzen und Abhängigkeiten vom Werbemarkt werden auch bei Rundfunk und Fernsehen immer wichtiger.

3. Rundfunk, Fernsehen und neue Medien

Die Expansion von Rundfunk (seit den 1920er Jahren) und Fernsehen (seit den 1950er Jahren) scheint nicht mehr aufhaltbar zu sein. Im Rundfunkbereich reichten die Organisationsstrukturen von unter staatlicher Kontrolle befindlichen Systemen (wie in Frankreich)[186] bis zu rein privatwirtschaftlichen (wie in den USA). Alle anderen Staaten lagen zwischen diesen Polen. Inzwischen werden meist öffentlich-rechtliche mit privaten Organisationsformen vermischt. Das öffentlich-rechtliche Fernsehen in Großbritannien (BBC) bildete eine gewisse Orientierung für die öffentlich-rechtlichen Funkmedien im Nachkriegsdeutschland. Hier stehen die Rundfunk- und Fernsehanstalten unter der Leitung eines periodisch vom Rundfunk-/Fernsehrat neu zu wählenden Intendanten. Beiden obliegt die Programmgestaltung. Ein Verwaltungsrat hat primär administrative Aufgaben. Die Landesrundfunkanstalten bilden die „Arbeitsgemeinschaft der öffentlich-rechtlichen Rundfunkanstalten der Bundesrepublik Deutschland" (ARD). Das Zweite Deutsche Fernsehen (ZDF) ist eine eigenständige, durch Staatsvertrag der Länder 1961 gegründete Institution. Daneben existiert nun auch in Deutschland ein breites Privatfernseh- und Rundfunkangebot, das die Landesmedienanstalten regulieren.

Eine begrenzte Zahl von Sendefrequenzen und Kanälen, deren Bereitstellung in Deutschland durch die Bundesebene erfolgte, rechtfertigte das öffentlich-rechtliche Rundfunkmonopol. Dies änderte sich erst durch die neuen technischen Verbreitungsmöglichkeiten für Programme, z. B. durch Kabel- und Satellitenfernsehen.[187] Dadurch konnten private Medien zugelassen werden. Bereits 1955 waren in Großbritannien der öffentlich-rechtlichen – und ausschließlich über Gebühren finanzierten – Monopolgesellschaft British Broadcasting Corporation (BBC) kommerzielle Programmgesellschaften, die unter dem Dach der Independent Broadcasting Authority (IBA) zusammengefasst wurden, zur Seite gestellt worden.[188] Seit 1990 vergab die Independent Television Commission (ITC) Sendelizenzen für Kabel- und Satellitenfernsehen.[189] In der Bundesrepublik begann die Diskussion über die Zulassung privater Anbieter in den 1970er Jahren. Die medienpolitische Ausei-

---

184 National Post vom 1. August 2000.
185 Kempf ^{3}1997: 274 f.
186 Kempf ^{3}1997: 282 ff.
187 Zur technischen Entwicklung s. Kleinsteuber/Thomass, in: Sarcinelli 1998: 214 ff.
188 Schäfer, in: Schmidt 1983: 238; Becker 2002: 256 ff.
189 Sturm, in: Ismayr 2003: 253.

nandersetzung bezieht sich inzwischen sehr stark auf die Auslegung des Begriffs „Grundversorgung“,[190] die nach einem Urteil des Bundesverfassungsgerichts von 1986 nicht gefährdet werden darf. Wesentlichstes Element der europäischen Medienpolitik ist die Förderung der kommerziellen Anbieter.[191] Dabei sind Konzentrationsprozesse unvermeidlich. Schließlich erweiterten die „neuen Medien“ das System, in dem eine weitere Pluralisierung und Internationalisierung anvisiert werden konnte.

Vorreiter in Bezug auf die Vielfalt sind wiederum die USA. „1986 existierten in den USA 4863 kommerzielle Mittelwellen- und 3944 UKW-Radiostationen; hinzu kommen noch über 1100 nichtkommerzielle UKW-Stationen. Darüber hinaus gab es im Jahre 1987 knapp 1300 Fernsehstationen, von denen Dreiviertel auf kommerzieller Basis arbeiteten, sowie 7900 Kabelsysteme“.[192] Hinweise auf die medienpolitische Entwicklung in den europäischen Ländern geben die Verkabelungszahlen. Hier weisen neben Deutschland die Niederlande und Belgien die höchsten Werte auf. Die Gründe dafür sind allerdings unterschiedlich. Während in den beiden kleineren Staaten bereits sehr früh mit einer Verkabelung begonnen wurde, weil topographische und sprachenpolitische Probleme dies nahelegten, und „nicht die Erweiterung monopolistischer Rundfunksysteme durch private Anbieter bezweckt wurde, war genau dies die mit der Verkabelung der Bundesrepublik verknüpfte Intention“.[193] In Italien spielte die Verkabelung überhaupt keine Rolle. Hier wurde auf terrestrische Verbreitung gesetzt, was die Medienvielfalt nicht negativ beeinflusst hat.

Nicht nur die Infrastrukturausstattung war für die Verbreitung der kommerziellen Angebote maßgebend, sondern auch die Attraktivität der einzelnen Länder. Kleine Länder wie Portugal und Griechenland haben bei spezifischer Sprache nur kleine Märkte zu bieten, die für die Werbung weniger attraktiv sind. Dänemark blieb möglicherweise deshalb beim öffentlich-rechtlichen System. Die Niederlande und Belgien waren, bedingt durch ethnisch-kulturelle Unterschiede, darauf bedacht, dass die Vielfalt auch nach zunehmender Kommerzialisierung beibehalten blieb. Auch hier konnte aber einer Fremdkommerzialisierung nicht entgegengewirkt werden.[194] Bei den elektronischen Medien haben sich inzwischen Global Players herausgebildet, der Bertelsmannkonzern oder Time Warner.[195] Murdoch ist dabei, in diesen Bereich vorzudringen. Dabei besteht die Gefahr einer einseitigen Beeinflussung sowie der Absicherung von Wirtschaftsinteressen. Dagegen blieben die rechtlichen Regelungen weitgehend auf der staatlichen Ebene verhaftet,[196] die auch beim Internet versagt. Durch die Verbreitung von Internet-Anschlüssen hat den

190 Schatz u. a., in: von Beyme/Schmidt 1990: 342; s. d. Gellner 1991.

191 S. d. Kleinsteuber/Rossmann 1994.

192 Hübner 1989: 90.

193 Gellner, in: Gabriel/Brettschneider ^{2}1994: 287.

194 Ebenda: 289.

195 Kleinsteuber/Thomass, in: Sarcinelli 1998: 219 ff.

196 Ebenda: 222.

individuellen Zugang zu Informationen wesentlich verbessert.[197] Die technischen Entwicklungen und die Medienpolitik haben generelle Wirkungen hervorgerufen, die für die Politikprozesse von weitreichender Bedeutung sind.

4. Folgen der Entwicklungstendenzen

Mit dem Wandel des elektronischen Medienangebots hat sich auch das Benutzerverhalten verändert. 1959 stellten die Zeitungen in den USA noch die Hauptinformationslieferanten dar, d. h. 60 % der Amerikaner äußerten sich bei einer Befragung entsprechend. 1982 sahen dagegen nur noch ca. 45 % Zeitungen als Hauptinformationsgeber, während das Fernsehen knapp 70 % nannten. Erheblich an Bedeutung als Informationsquellen verloren haben auch Radiostationen und Magazine.[198] Allerdings ist die Verbreitungsdichte des Radios fast noch höher als die des Fernsehens. Das Radio erreicht 99 % aller Haushalte und 95 % aller Autos. Die Zahl der Autoradios ist doppelt so hoch wie die Tagesauflage aller Zeitungen. Aber die Fernsehnutzung scheint intensiver zu sein. Amerikanische Kinder verbringen bis zu ihrem Schulabschluss mehr Stunden vor dem Fernseher als in der Schule.[199] Für die Bundesrepublik wurde Ähnliches festgestellt: Der Fernsehkonsum hat sich bis 1973 erheblich gesteigert, in den 1980er Jahren ist aber eine gewisse Stagnation eingetreten: Das Aufkommen privater Sender brachte also keine nennenswerte Ausweitung des Fernsehkonsums.[200] Ob in Zukunft – wie in den USA – dem Fernsehen generell als Informationsquelle die politische Schlüsselrolle zukommt, bleibt abzuwarten. Während sich in Deutschland bei der Nutzung von Tageszeitungen und Fernsehen als Informationsquelle noch moderate Differenzen ergeben, spielt in anderen europäischen Ländern das Fernsehen eine weit größere Rolle als das Lesen der Tageszeitung. Hier sind zum Beispiel Italien und Frankreich zu nennen.[201] Ob das Internet eine Ablösung vom Fernsehen herbeiführt, bleibt abzuwarten. Erste Erkenntnisse über die Nutzung förderten in Deutschland u. a. „das Vergnügen am Umgang mit diesem Spielzeug" zutage. In den USA ist der Informationsbeschaffungsanteil höher.[202]

Die Vervielfältigung des Medienangebots erweist sich bei genauerem Hinsehen als Augenwischerei. Das amerikanische Fernsehen wird in erster Linie von den drei kommerziellen Networks ABC, CBS und NBC beherrscht. Hinzu kommt das nichtkommerzielle, staatlich unterstützte PBS (Public Broadcasting System) mit seinen Bildungssendungen. Die Tatsache, dass zwei Drittel der Fernsehfamilien in den USA verkabelt sind und damit bis zu 50 Kanäle (in einigen Ballungsräumen ist durch neue Kabelnetze bereits die Übertragung von 500 Kanälen möglich) emp-

---

197 Zur Internetnutzung im internationalen Vergleich s. Norris 2000: 268–274.

198 Hübner 1989: 97.

199 Ostendorf, in: Adams u. a. 1992: 2, 694.

200 Rudzio ^{4}1996: 458 f.

201 Brettschneider u. a., in: Gabriel/Brettschneider 1994: 541 ff.; Seethaler/Melischek 2006: 348.

202 Kaase 1999: 549; Norris 2000.

fangen können, hat zwar auch die Bedeutung der großen Networks NBC, ABC und CBS verringert: innerhalb von 10 Jahren fiel die Zahl der Seher dieser Programme von 90 % auf 66 %.[203] Auch sind zusätzlich kleinere Stationen entstanden. Dennoch besteht weiterhin eine Abhängigkeit der kleinen lokalen Sender von nationalen Medienkonzernen im Programmbereich.[204] Die selbständige Produktion beschränkt sich nur auf wenige lokalrelevante Sendungen. Ansonsten werden Produktionen der großen Fernsehanstalten und Kinofilme übernommen.[205] Zwar gilt weiterhin, dass kein Unternehmen mehr als 25 % Marktanteil bei den TV-Haushalten haben darf. Dennoch hatte Rupert Murdoch, der Mediengigant aus Australien, Mitte der 1990er Jahre sein Imperium auf 35 % ausgebaut.[206] Im Radiobereich zeichnet sich eine spezifische Entwicklung ab. Es gibt hunderte Hersteller von Programmpaketen. „Dies sind zentral gefertigte Programme, deren Moderatoren ihre Ansagen auf jeweils lokale Bedürfnisse zuschneiden und auch die lokalen Sponsoren berücksichtigen."[207]

Ähnliche Tendenzen lassen sich bereits auf dem europäischen Medienmarkt beobachten. Dabei ist die Frage, welche Folgen Konzentrationsprozesse bei den Eigentumsstrukturen haben, z. B. dass in der Bundesrepublik als privater Anbieter Bertelsmann dominant ist. Als allgemeine Tendenz zeigt sich, dass die Privaten auf Fremdproduktionen angewiesen sind. Von Bedeutung ist, dass sich die Journalisten zahlreicher Blätter und Funkmedien an der „Elite" der Medien, so in der Bundesrepublik an Flaggschiffen wie Der Spiegel, Süddeutsche Zeitung, Frankfurter Allgemeine Zeitung, Die Zeit, Stern, Die Welt, Frankfurter Rundschau und einigen Fernsehsendungen orientieren, die damit einen über ihre eigenen Auflagen bzw. Zuschauerzahlen weit hinausreichenden Einfluss ausüben.[208] Bedenklich sind die lokalen Zeitungsmonopole, also die Tatsache, dass nur noch eine einzige Zeitung über lokale Angelegenheiten berichtet. Bereits Mitte der 1970er Jahre konnte ein Drittel der Bevölkerung im lokalen Bereich nur auf eine Lokalzeitung zurückgreifen. „Berücksichtigt man, dass lokale Nachrichten den meisten Bürgern als unverzichtbar gelten, der Kauf von mehr als einer Tageszeitung aber wirtschaftlich nicht vertretbar erscheint, engt sich die Auswahl vielfach auf Null ein."[209] Der Konsument erhält auch dadurch ein wenig kritisches Bild von seinen lokalen politischen Akteuren, dass die Presse langfristig den Informationsfluss sichern und damit die wichtigen lokalen Akteure als Informanten pflegen muss.

Die Kosten der Informationsbeschaffung zwingen die Medien dazu, für Nachrichten über überregionale und weltweite Ereignisse selbst bei politischen Informationen auf kommerzielle Fremdangebote zurückzugreifen. Diese bieten die

---

203 Ostendorf, in: Adams u. a. 1992, 2: 700; Kleinsteuber/Thomass, in: Sarcinelli 1998: 225.

204 Vgl. Kleinsteuber, in: Adams u. a. 1992, 1: 553.

205 Hübner 1989: 90 f.

206 Kleinsteuber 1996: 26.

207 Ostendorf, in: Adams u. a. 1992: 2, 693.

208 Rudzio ^{7}2006: 390, im Anschluß an Köcher 1985: 57.

209 Rudzio ^{7}2006: 469.

Nachrichtenagenturen. Die anfängliche Monopolstellung von AP (Associated Press) wurde durch die Weltagentur United Press International (UPI) durchbrochen.[210] Zu den Weltagenturen sind auch Reuters und Agence France Press (AFP) zu rechnen. Auf dem deutschen Markt hat dpa den Rang einer Primäragentur. Diese Anbieter nehmen die wesentliche Nachrichtenselektion vor. Nur durch Kooperation mit unterschiedlichen Agenturen können die für wichtig gehaltenen Ereignisse erfasst werden.

Weiterhin werden die Angebote der Medien immer stärker auf den Zuschauer und Hörer hin zugeschnitten. Anstelle ausführlicher politischer Information wird dem Unterhaltungsanteil mehr Aufmerksamkeit geschenkt,[211] eine Tendenz, die sich mit den Schlagworten Personalisierung, Simplifizierung und Emotionalisierung zusammenfassen lässt.[212] Die Politik konzentriert sich auf die zentralen Akteure und erhält gleichzeitig einen Human Touch. Durch Werbung finanzierte Programme führen nicht zur Diversifizierung, sondern zu einer Homogenisierung: [213]Alle Anbieter senden, was beim Publikum ankommt, um hohe Einschaltquoten zu erzielen. Da das Publikum sich wenig für Politik interessiert, werden Zusammenhänge vereinfacht. Im Kampf um die Einschaltquoten müssen die öffentlichen Anbieter diesen Trend mitmachen. Dabei stellt sich die Frage, wieviel mediale Vereinfachung die Demokratie erträgt.[214] Problematisch ist auch, wie Journalisten ihre Auswahl treffen: Der Neuigkeitswert rangiert vor der Wiederholung, der Skandal[215] oder die Katastrophe vor der Darstellung der normalen Verhältnisse. Dies ist notwendig, um Aufmerksamkeit zu erringen, kann aber die Folge haben, „dass beim Konsumenten im Laufe der Zeit ein systematisch verzerrtes Bild der Welt entsteht“.[216] Zusammenhänge werden bei der Aneinanderreihung von Einzelinformationen kaum deutlich.[217]

Während diese Probleme allgemein gesehen werden, beurteilen Beobachter die Wechselwirkung zwischen Politikern und Medien unterschiedlich.[218] Einerseits wird hervorgehoben, dass die Medien immer stärker bestimmen, welche Themen diskutiert werden: Sie legen die Tagesordnung der Politik fest („agenda setting“). Andererseits wird darauf verwiesen, dass die Personalisierung für die politischen Akteure auch günstig sein kann: Als eine Verknüpfung von politischen Programmen und Rolleninhabern befördert sie im Idealfall die Vorstellung von der Kompetenz der Politiker.[219] Deshalb versuchen einzelne Politiker, Parteien und gesell-

210 Kleinsteuber 1996: 23.
211 Jarren u. a., in: Jarren u. a. 1996: 19.
212 Kaase, in: Schmidt 1983: 233; s. a. Schäfer 1984: 88 ff.
213 Sarcinelli, in: Jarren 1993: 43 f.
214 Sarcinelli 1994: 34.
215 Kepplinger, in: Jarren u. a. 1996: 55.
216 Rudzio ^{7}2006: 397.
217 Jarren u. a., in: Jarren u. a. 1996: 17.
218 Ebenda: 20 ff.
219 Sarcinelli, in: Jarren 1993: 43 f.

schaftliche Gruppen die Medien zur Selbstinszenierung und zur Verbreitung ihrer Vorstellungen zu nutzen. Demgegenüber hat Delhaes aufgezeigt, dass die Informationsgebung in den Medien sich nach eigenen Logiken vollzieht.[220] Damit würde nicht die kritische Auseinandersetzung über Politik und Politiker gefördert, sondern beide, Medien und Politiker, würden die Meinungsbildung in ihrem Sinne gestalten. Eine Kontrolle der Politik über die Medien fände nicht mehr statt. Allerdings klagen öffentlich-rechtliche Medien zuweilen über einen Autonomieverlust. Ihre Unabhängigkeit kann durch Aufsichtsgremien (Fernseh- und Rundfunkräte) eingeschränkt werden, denen Vertreter aller gesellschaftlichen Gruppierungen angehören.

Ob sich durch diese Tendenzen Gefahren für die Demokratie ergeben, hängt auch davon ab, wie der politische Prozess insgesamt und der einzelne Bürger durch die Medienberichterstattung beeinflusst werden. Hier handelt es sich um ein komplexes Forschungsfeld, das von der Medienwirkungsforschung angegangen wird. Der Einzelne nimmt jedenfalls wieder wesentliche Selektionen vor, die persönlichkeits-, umfeld-, situations- und themenspezifisch sind. Lazarsfeld hat bereits 1940 in einer Studie festgestellt, dass die direkte Berichterstattung („live“) bei den Zuhörern weitaus mehr Vertrauen als etwa die Presse genoss. Das mag den Erfolg Roosevelts bei seiner Wiederwahl im Jahre 1936 erklären. Obwohl er die gesamte Hearst Presse gegen sich hatte, konnte er die Wähler über das Radio für sich gewinnen. Heute genießt das Fernsehen, das seit den späten 1940er Jahren dem Radio als Konkurrent heranwuchs, diesen Vorteil.[221] Das Fernsehen wurde in den USA „bereits 1964 von mehr als 55 % der Bevölkerung als vertrauenswürdigste Nachrichtenquelle gesehen. Bis 1985 hatte sich diese Zahl auf 64 % erhöht.“[222] Das gilt für das unterhaltungsorientierte Publikumssegment auch in Deutschland.[223] Für amerikanische und deutsche Wahlkämpfe konnte zudem nachgewiesen werden, dass Wahlwerbespots im Fernsehen bei der Bewertung von Kandidaten und der Wahrnehmung ihres Images eine ausschlaggebende Rolle spielen. Im Hinblick auf die Bedeutung von Fernsehdiskussionen im Wahlkampf wurden daraus konkrete Folgerungen abgeleitet. „So hat die CDU/CSU – u. a. unter Berufung auf Erkenntnisse der Meinungsforscherin Noelle-Neumann – die wahlentscheidende Wirkung politischer Fernsehsendungen hervorgehoben und daraus medienpolitische Forderungen bis hin zur Befürwortung wettbewerbsfördernder privater Fernsehstationen abgeleitet.“[224] Anhänger (Sympathisanten) verschiedener Parteien haben unterschiedliche Informationspräferenzen in den Medien.[225] Über den Zu-

220 Delhaes 2002; differenzierter dazu Norris 2000: 73.

221 Ostendorf, in: Adams u. a. 1992: 2, 692.

222 Ebenda: 698.

223 Pfetsch 1991: 190.

224 Steffani, in: von Beyme u. a. 1987: II, 68.

225 Schmitt-Beck, in: Sarcinelli 1998: 313.

sammenhang von Fernsehberichterstattung und Politikverdrossenheit bestehen dagegen noch keine gesicherten Ergebnisse.[226]

Das Fernsehen ist aber kein den anderen Medien prinzipiell überlegenes Medium zur Vermittlung politischen Wissens: „Es gab keine empirisch gesicherten Belege dafür, dass das Fernsehen prinzipiell wirksamer sei als die Presse. … Faktenwissen und Verhaltensintentionen scheinen von Zeitungen und Zeitschriften im allgemeinen sogar stärker beeinflusst zu werden als vom Fernsehen."[227] Das hängt damit zusammen, dass Zeitungslesen Primärtätigkeit ist und der Leser Zeitpunkt und Geschwindigkeit seiner Informationsaufnahme selbst festlegen kann.[228] Allerdings werden nur bestimmte Bevölkerungsgruppen von Zeitungen erreicht. Eine besondere Problemgruppe sind die Jugendlichen. Sie lesen in sehr viel geringerem Umfange als früher Zeitungen. „Während 1974 noch 70 % der Jugendlichen zwischen 14 und 19 Jahren täglich eine Zeitung lasen, waren es 1980 nur noch 53 %,"[229] 1995 nur noch 22 %,[230] 2005 18%.[231] Die einzelnen Forschungsergebnisse deuten darauf hin, dass bei der Nutzung von Medien eine gewisse Sättigung eintritt. Mit steigendem Bildungs- und Einkommensniveau sinkt der Fernsehkonsum, gleichzeitig steigt die Neigung, das werbefreie Pay-TV zu nutzen.[232] Schon jetzt ist eine Fragmentierung des Publikums erkennbar, also eine Spezialisierung auf Programmtypen bzw. Angebote im öffentlich-rechtlichen oder privat-kommerziellen Fernsehprogramm.[233] Technische Entwicklungen (Decoder) werden hier noch mehr Wahlfreiheit bringen.

Konsens scheint inzwischen darüber zu bestehen, dass der Medienkonsum bestimmte Verstärkungseffekte beim Einzelnen hervorruft. Im Übrigen ist aber eine Vielzahl von Faktoren für das Verhalten verantwortlich, unter anderem die unmittelbare Umgebung des Einzelnen sowie die Struktur des sozio-politischen Umfeldes. Sicher ist auch, dass Öffentlichkeit sich nicht nur über die Mediennutzung erschließt, sondern die interpersonale Kommunikation wesentliche Bedeutung hat.[234] Ein unmittelbarer Zusammenhang zwischen Medienkonsum und Verhalten wird also nicht mehr unterstellt. Dies scheint auch deshalb angezeigt, weil der Einzelne aufgrund individueller Auswahlprozesse die Angebote der Medien nur selektiv wahrnimmt und sich vielfach über unterschiedliche Medien informiert. Inzwischen ist man davon abgekommen, die Wirkung „der" Medien umfassend analysieren zu wollen. Eine zuweilen formulierte These von einer „video malaise" oder Politikverdrossenheit durch Medienberichterstattung konnte bisher nicht verifiziert wer-

226 Kepplinger, in: Jarren u. a. 1996: 55 und Pöttker, in: ebenda: 62.
227 Schönbach 1983: 136.
228 Ebenda: 42 ff.
229 Schatz, in: Mickel 1983: 286 f.
230 Hasebrink, in: Sarcinelli 1998: 348.
231 SevenOneMedia 2005.
232 Kleinsteuber, in: Adams u. a. 1992: 1, 554.
233 Holtz-Bacha 1997: 13 f., 17, 18.
234 Schenck 1995.

den.[235] Stattdessen wird nach spezifischen Wirkungsmöglichkeiten gesucht. So sollen Auswahlprozesse bei der Informationsaufnahme durch individuelle und gruppenspezifische Interessen und Motivlagen geklärt werden. Es wird erwartet, dass durch die Nutzung von Informations- und Wissensangeboten das bereits vorhandene, sozial bedingte Gefälle im Wissensstand der Bevölkerung weiter verstärkt wird. Sozial bedingte Ungleichheit und deren Verstärkung durch die Medien soll u. a. durch die Tätigkeit der Verwaltung korrigiert werden.

B) Verwaltung

Wie zu den Medien hat der Bürger auch ständig einen bewussten oder unbewussten Kontakt zur Verwaltung. Die öffentlichen Leistungen des Staates, dargeboten vor allem auf der kommunalen Ebene (Finanzamt, Kommunalverwaltung), gestatten erst eine angemessene Lebensgestaltung in der arbeitsteilig organisierten Gesellschaft. Häufig resultieren aus der Art und Weise, wie Bürger die Leistungen der Verwaltung wahrnehmen, Vorurteile nicht nur gegenüber der Verwaltung, sondern auch gegenüber dem politischen System. Vor allem macht vielen Bürgern zu schaffen, dass Zuständigkeiten schwer erkennbar sind. Weiterhin sind die Verwaltungsakte, die den Einzelnen unmittelbar betreffen, schwer nachvollziehbar. Das Erscheinungsbild der Verwaltung, das sich daraus für den Bürger ergibt, ist für ihn häufig nicht trennbar vom politischen Prozess im engeren Sinne: Das durch die Medien vermittelte Bild von den Politikern und deren Aktionen vermischt sich mit den persönlichen Erfahrungen mit der Verwaltung. In diesem Sinne entwickeln sich Bürgernähe und Effizienz zu Qualitätsmerkmalen der Demokratie.

1. Politische Aufgaben der Verwaltung

Damit ist bereits die politische Bedeutung der öffentlichen Verwaltung angesprochen. Dieser Aspekt wurde bei der Betrachtung der Verwaltung lange Zeit eher ausgeblendet, weil im Rahmen der Politikwissenschaft die Verwaltung nur als „unpolitisches Ausführungsinstrument" galt. Die Verwaltung sollte für die Wahrnehmung von wichtigen Daueraufgaben zur Verfügung stehen, wobei zunächst vor allem an die Wahrung von Sicherheit und Ordnung gedacht wurde. Nach dieser Vorstellung hatte das Parlament (Legislative) über Gesetze (Programme) zu entscheiden, die von der Verwaltung auszuführen waren. Das Modell der „legislatorischen Programmsteuerung"[236] versucht, diese Sichtweise einzufangen. Inzwischen wurde erkannt, dass die Verwaltung nicht nur als staatliches Vollzugsorgan (Implementationsinstrument) eine wichtige Funktion zu erfüllen hat. Politische Auswahlentscheidungen, die nach dem liberalstaatlichen Idealmodell dem Parlament vorbehalten sind, werden zunehmend von der Verwaltung (im Auftrage der Regie-

235 Norris 2000: 279, 293, 296.
236 Grauhan 1970.

rung) vorgenommen. Die Verwaltung wird selbst dafür verantwortlich gemacht, wie und in welcher Art Gesetze zur Verfügung stehen und welche Wirkungen sie in der Praxis zeigen. Regelungsdichte und Vollzugsdefizite werden vor allem der Verwaltung zugeschrieben. Die enge Verknüpfung von Politik und Verwaltung kommt in der Bezeichnung „politisch-administratives System“ zum Ausdruck.

In der Tat gewinnt die Verwaltung durch Kontakte zu einzelnen Bürgern oder zu Bürgergruppen wichtige Einsichten in Probleme, die es ihr erlauben, auch Initiativen im Gesetzgebungsverfahren zu ergreifen. Die Verwaltung beeinflusst so die Tagesordnung der Politik und die zu bearbeitenden Themen. Von ihr ausgehende Impulse werden als „withinputs“ bezeichnet.[237] Ohnehin muss sie dann, wenn Initiativen von Politikern entfaltet werden, deren Vorstellungen konkretisieren und Beschlüsse vorbereiten sowie die langfristigen Folgen prüfen. Nicht nur die Finanzplanung liegt in den Händen der Verwaltung. Auch in den meisten anderenAufgabenbereichen erstellt die Verwaltung aufgrund umfangreicher Recherchen mittel- und langfristige Pläne, denen die Politiker letztlich nur zustimmen können. Die Vorstellung einer nur durch die politischen Entscheider in Parlament und Regierung geführten Verwaltung hält also einer empirischen Überprüfung nicht mehr stand. Vielmehr ist die Kommunikation von Verwaltungsführung und politischer Führung so eng, dass den Verwaltungsspitzen auf allen Ebenen selbst politische Führungsfunktionen zukommen.[238] Dies haben auch Zeitbudgetanalysen ergeben, die ein übereinstimmendes Tätigkeitsspektrum von politischen Eliten und der Spitzen der Verwaltung herausarbeiteten.

Die Verwaltungsforschung hat sich in Deutschland in der Politikwissenschaft zu einem Zeitpunkt etabliert, als öffentliche Planung in der Politik an Bedeutung gewann. Dies war in der Bundesrepublik im Zuge der sozialliberalen Koalition in den 1970er Jahren der Fall. Die seit den 1980er Jahren immer stärker forcierte Politikfeldanalyse (Policy-Forschung (s. Kap. VI)) hat dann erkannt, dass die Verwaltung bei der Vorbereitung von Gesetzen stark dominiert. Dies gilt insbesondere dann, wenn die politischen Führungskräfte, z. B. die Minister, erst kurz im Amt sind und Verwaltungskräften mit langer Berufspraxis gegenüberstehen. Strategien, um die Abhängigkeit von der Verwaltung zu erhalten, sind z. B. die Informationsüberflutung, das Überschütten von Politikern mit Reiseangeboten oder das Liegenlassen, wenn bestimmte Initiativen der Politiker nicht für sinnvoll gehalten werden.[239] Die Verwaltungsmitarbeiter haben häufig etablierte Kontakte zu einflussreichen sozialen Gruppen und können diese gegenüber den politischen Führungskräften als Bündnispartner mobilisieren.[240] Wenn die Geschlossenheit der politischen Kräfte zu wünschen übrig lässt, können die verschiedenen Interessen-

237 Fürst 1975: 137.
238 Ellwein 1970.
239 Vgl. Schäfer 1994: 25.
240 Vgl. Mayntz 1978: 65 f.

gruppen unter Mitwirkung der Verwaltung die Mitglieder der politischen Führung gegeneinander ausspielen.[241]

Auch bei der Ausführung von Gesetzen haben Verwaltung und Verwaltungsmitarbeiter zuweilen große Handlungsspielräume, z. B. bei der Interpretation von Gesetzen. Dies hängt mit Inhalt und Fülle der Vorschriften, also der Art der Programme, zusammen, die in nachgeordneten Verwaltungsdienststellen anzuwenden sind. Einerseits ist das gesamte Spektrum dieser Vorschriften oder Normen oft kaum zu übersehen, deren Anwendung kaum zu kontrollieren, so dass die einzelnen Mitarbeiter durchaus selektiv vorgehen können. Andererseits sind Gesetze und Ausführungsbestimmungen durch unbestimmte Rechtsbegriffe häufig so wenig konkret, dass sie von der ausführenden Verwaltung interpretiert werden müssen. Nachgeordnete Verwaltungsdienststellen werden also nicht nur ausführend, sondern in hohem Maße auch gestaltend tätig. Dies geschieht vor dem Hintergrund der politischen Zielvorgaben, der zugewiesenen Kompetenzen und Gestaltungsspielräume. Selbst eine Kontrolle der Zielvorgaben durch die gewählten Repräsentanten im Parlament ist weitgehend eine Illusion, so dass wesentliche Kontrollaufgaben an die Verwaltungsgerichte übergegangen sind, die dann zuweilen zu interpretieren versuchen, welche Zielvorgaben der Gesetzgeber machen wollte.

Im Zuge der Entwicklung der westlichen Demokratien in Europa hat sich die Verwaltung überall von einer mehr oder weniger zentralisierten hoheitlichen Verwaltung der Landesherren zu einer Leistungsverwaltung und schließlich zu einer planenden Verwaltung entwickelt. Dies bedeutet nicht, dass dies in den verschiedenen europäischen Ländern im Gleichschritt vorangegangen ist. In England bildete sich eine zentrale staatliche Verwaltung größeren Umfanges erst später heraus als auf dem Kontinent. Die frühe Bedeutung des Parlaments in Großbritannien verhinderte hier eine Zentralisierung[242] (s. Kap. VIII, A, 1). Auf dem europäischen Festland gab es dagegen schon viel früher eine zentralisierte Verwaltung in den einzelnen Teilstaaten. Die Notwendigkeit – im Gegensatz zur Insellage Englands – auf dem Kontinent Sicherheit durch stehende Heere zu schaffen, hat dazu beigetragen.[243] Durch die frühe staatliche Einheit war Frankreich bei der Herausbildung einer zentralen Verwaltung führend (s. Kap. VIII, B, 3). „Fürstliches Machtinteresse und das Aufstiegsbedürfnis der Untertanen ergänzten einander aufs Beste. Durch die Berufung nicht-adeliger Beamter ließ sich schon im Lehenszeitalter der Einfluss eigenmächtiger Herren wirksam zurückdrängen."[244] Demgegenüber entstanden in Deutschland Verwaltungen einzelner Teilgebiete. Allerdings musste sich Preußen aus finanziellen Erwägungen mit dem Adel arrangieren und ihn integrieren.[245]

---

241 Ebenda: 69.

242 Ebenda: 4, 21.

243 North 1988: 161.

244 Hinrichs 2000: 164.

245 Ebenda: 170.

Im Obrigkeitsstaat und auch noch im liberalen Rechtsstaat („Nachtwächterstaat") ging es vor allem darum, Sicherheit nach außen und Ordnung im Innern dauerhaft zu gewährleisten. Aber bereits im absolutistischen Staat übernahm die Verwaltung Aufgaben im Hinblick auf die Förderung der Wirtschaft. Im Zuge der industriellen Revolution musste sich die öffentliche Verwaltung verstärkt um Maßnahmen im Bereich der Infrastruktur kümmern, also um Straßen, Schulen, Gesundheitseinrichtungen und Pflegestationen. Die Ausweitung öffentlicher Aufgaben war wiederum von Phasen der Beschränkungen begleitet.[246] Tatsächlich hat es selbst zu Zeiten des liberalen Rechtsstaates, der im Prinzip eine Begrenzung der Staatstätigkeit verfolgte, eine Aufgabenausweitung gegeben. Dies hängt auch damit zusammen, dass die Verwaltung darauf hinwirken muss, dass Gleichheit vor dem Gesetz gewahrt und die Selbstbestimmung der Bürger nicht behindert werden sollte. In der Demokratie wird von der Verwaltung auch erwartet, dass sie soziale Ungleichheiten bearbeitet: Sie wurde durch Entscheidungen der Politiker zum Leistungsträger. Zu den traditionellen Staatsaufgaben (Sicherheit, Ordnung, Verteidigung) kamen neue wohlfahrtsstaatliche.[247]

Im Zuge der neuen Anforderungen hat sich die Verwaltung weiter ausdifferenziert. Im Rahmen ihrer neuen Aufgaben musste sich die Verwaltung als Dienstleistungsinstitution in der Marktwirtschaft behaupten. Denn private Unternehmen und der Non-Profit-Sektor[248] wollen in vielen Bereichen bessere Leistungen als die Verwaltung anbieten. Sie verursachen damit eine Privatisierungsdiskussion auf allen Ebenen bzw. die Forderung nach einer „schlanken" Verwaltung. Dies bedeutet, dass sich die Verwaltung als lernfähig erweisen muss, um ein effizientes Angebot bereitzustellen. Denn die Bürgerinnen und Bürger interessiert nur, ob und wie die Leistungen angeboten werden. Dies beinhaltet aber auch, gegenüber den mitwirkungsbereiten Gruppen sowie den Bürgerinnen und Bürgern offen zu sein, um ihre Anregungen zu berücksichtigen oder ihre Angebote zu integrieren. Insgesamt wird von der Verwaltung erwartet, dass sie ihre Problemverarbeitungskapazität den Anforderungen ihrer Umwelt ständig anpasst. Um diesen Anforderungen gerecht zu werden, braucht die Verwaltung eine effiziente Organisation.

2. Aufbau und Arbeitsweise der Verwaltung

Eine Verwaltung, die für gesellschaftliche Problemlagen offen sein soll, kann diese Anforderung nicht angemessen erfüllen, wenn sie nur ein gut funktionierender bürokratischer Apparat ist. Dennoch sind die von Max Weber[249] einer Bürokratie zugeschriebenen Merkmale auch für heutige Verwaltungen noch grundlegend: Eine detaillierte und dauerhafte Verteilung der Zuständigkeiten, die Bindung des Handelns an Beschlüsse des Parlaments (u. a. die jährlich zu verabschiedenden Haus-

246 Ellwein, in: Ellwein 1986: 10 ff.
247 Bogumil/Jann 2005: 49 ff.
248 Zimmer, in: Zimmer/Weßels 2001: 340.
249 Weber 1964: 162 f., 701 ff.

haltspläne), verwaltungsinterne Regelungen (u. a. Schriftlichkeit), die Verwaltungsentscheidungen nachvollziehbar machen, und der hierarchische Aufbau. Gleichbehandlung aller Bürger schien nur durch Unpersönlichkeit der Organisation gesichert. In der Umgangssprache wird heute der Begriff „Bürokratie“ eher für die negativen Aspekte der Verwaltung verwendet. Dabei erscheint die Verwaltung als starres, unflexibles und wandlungsunfähiges System.[250] Der Mangel an Flexibilität wird auch durch personalwirtschaftliche Restriktionen (z. B. das Beamtenrecht) und durch das Haushaltswesen (Budgetaufstellung, Mittelverwaltung) hervorgerufen.[251]

Die konkrete Organisation der Verwaltung spiegelt die historische Entwicklung, aber auch die politischen Ziele wider. Die Art und Weise der Ausdifferenzierung, die Abgrenzung der Zuständigkeiten und die Zusammenfassung bestimmter Aufgabenbereiche im Rahmen von Führungspositionen sowie deren Besetzung nach politischen Kriterien sind hier von besonderer Bedeutung. Bereits im siebzehnten Jahrhundert bildete sich in Frankreich die klassische horizontale Ausdifferenzierung der Aufgaben in der Zentralverwaltung heraus (Finanzen, Auswärtiges, Inneres, Krieg und Justiz). Sie wurde Vorbild für andere europäische Staaten.[252] Diese fachliche Spezialisierung ist zwar noch in Ansätzen vorhanden, z. T. aber überholt. Neu erkannte gesellschaftlich relevante Aufgaben, wie der Umweltschutz oder die Frauenfrage, führen dazu, dass neue Führungspositionen kreiert werden und Aufgabenzuordnungen sich verändern. Auch ein partielles Aufbrechen der Hierarchie durch Kooperation in Projekt-/Sachzusammenhängen und die Delegation von Aufgaben auf nachgeordnete Mitarbeiter, die diesen einen selbständigen Entscheidungsbereich einräumt, wird üblicher.

Der Aufbau der Verwaltung ist in den einzelnen Ländern auch aufgrund unterschiedlicher Traditionen verschieden. Das amerikanische Verwaltungssystem stellt in einigen Bestandteilen ein recht genaues Gegenteil zum europäischen, besonders zum deutschen, System dar. Während sich in Europa das Verwaltungssystem im Zuge einer dreihundertjährigen Entwicklung herausbildete, gibt es die amerikanische Verwaltung erst seit Beginn des 20. Jahrhunderts.[253] Der professionelle Verwaltungsapparat wurde also erst geschaffen, als die politischen Institutionen bereits etabliert waren. „Der Verwaltungsapparat ist über fast zwei Jahrhunderte hinweg weitgehend planlos und der jeweiligen politischen Konstellation folgend, mit nahezu chaotischen Folgen gewachsen. Kompetenzüberschneidungen und Streitigkeiten sind die natürliche Folge … Jede der zahlreichen Behörden entwickelt ein Eigenleben …, und häufig konkurrieren verschiedene Verwaltungsorganisationen in dem selben Aufgabenbereich miteinander.“[254] Unter diesen Vorbedingungen kam die

250 Becker 1989: 58 ff.
251 Mayntz 1978: 130 f.
252 Hinrichs 2000: 166, 168.
253 Morstein-Marx 1963: 11 f.
254 Kleinsteuber 1974: 99.

deutsche Zielvorstellung, ein Verwaltungsapparat solle neutral und unparteiisch neben Parlament und Regierung Exekutiventscheidungen vorbereiten und ausführen, gar nicht erst auf. Vielmehr wurde die Verwaltung von Anfang an als Bestandteil des politischen Kräftespiels gesehen.[255] Dem entspricht es auch, dass einzelne Verwaltungsbehörden als Interessengruppen agieren. Sie treten mit externen Gruppen in Kontakt und versuchen dadurch, ihre Macht zu bewahren und zu erhöhen.[256] Neue Behörden für neue Aufgaben sind viel häufiger als in Europa. Demgegenüber waren in Deutschland bei Errichtung des Reiches (1871) bereits geschulte Beamte in den Teilstaaten tätig. Die Verwaltungsentwicklung erfolgte also vor der Herausbildung von parlamentarischen Institutionen.

Die unterschiedlichen Traditionen der Verwaltung bedingten auch Unterschiede in der Zuordnung von Aufgaben an die verschiedenen Ebenen eines Verwaltungssystems. Neben der horizontalen Ausdifferenzierung (Zuordnung einzelner Aufgabenbereiche und deren Zusammenfassung auf der Leitungsebene) muss auch die vertikale Ausdifferenzierung der Aufgabenwahrnehmung beachtet werden. Frankreich bildet im Hinblick auf die Zentralisierung der Verwaltung ein Extrem oder auch ein Musterbeispiel für einen einheitlich durchorganisierten Verwaltungsaufbau in einem großflächigen Einheitsstaat. Fast alles wird in Paris entschieden. Je mehr die verschiedenen Ebenen an der Aufgabenwahrnehmung beteiligt sind, umso stärker ist die Dezentralisierung. Diese wird allgemein positiv bewertet, weil angenommen werden kann, dass Behörden vor Ort oder dezentrale Verwaltungsdienststellen die örtlichen oder situativen Bedingungen bzw. die Bürgerbedürfnisse besser berücksichtigen können. Nachteile ergeben sich allerdings im Hinblick auf Koordinationserfordernisse zur Sicherstellung eines einheitlichen Verwaltungshandelns. In Frankreich und Großbritannien haben Dezentralisierungsbemühungen in den 1980er Jahren eher zu halbherzigen Lösungen geführt.

In Bundesstaaten ist dagegen die dezentrale Wahrnehmung von Aufgaben tradiert. Hier werden Verwaltungsaufgaben vom Bund, den Gliedstaaten und den Gemeinden übernommen. Je nach historischer Entwicklung sind dabei unterschiedliche Strukturen entstanden. Konnten in Deutschland die Teilstaaten mit der Durchführung der Reichsgesetze beauftragt werden, so konnte davon in den USA nicht im Entferntesten die Rede sein,[257] so dass hier ein eigenständiger Behördenaufbau geschaffen werden musste. Dies gilt auch für die Staaten im Verhältnis zu den Gemeinden (s. a. Kap. VII, B, 3 (b)).

In Deutschland liegt das Schwergewicht der Verwaltungstätigkeit bei den Ländern und Gemeinden. Nur in Ausnahmefällen gibt es eine eigenständige Bundesverwaltung, z. B. bei Zoll und Bundeswehr.[258] In der Regel werden Bundesgesetze von den Verwaltungen der Länder ausgeführt. Diese bedienen sich meist wiederum

---

255 Zum Verwaltungsverständnis s. Morstein-Marx 1963: 31, 55.

256 Ebenda: 98.

257 Fraenkel ^{3}1976: 132.

258 Bogumil/Jann 2005: 68, 71.

der Verwaltungen von Kreisen und Gemeinden. Letztere vollziehen neben ihren eigenen Angelegenheiten (kommunale Selbstverwaltung) auch die Gesetze des Bundes und der Länder. In anderen größeren Demokratien gibt es dagegen einen dreistufigen Behördenaufbau des Bundes, so dass der Bund mit eigenen Behörden auch auf der kommunalen Ebene tätig werden kann (z. B. in den USA und Kanada). Landesgesetze werden grundsätzlich von Landesbehörden ausgeführt. Wie in Deutschland befinden sich an der Spitze die jeweiligen Ministerien als oberste Behörden (Bundesministerien, Landesministerien), auf der kommunalen Ebene die Dezernate. Neben diesen allgemeinen Behörden, denen andere hierarchisch untergeordnet sind, gibt es in der Regel eine Reihe von Sonderbehörden außerhalb des normalen Behördenaufbaus, deren Zahl besonders für die USA als sehr hoch eingeschätzt wird.[259] In Deutschland gehören dazu beispielsweise die Gewerbeaufsichtsämter, in den USA und Kanada die Schulbehörden.

Probleme durch die Ausdifferenzierung des Organisationsaufbaus ergeben sich dadurch, dass die einzelnen Amtsinhaber eine Sensibilität nur für ihren eigenen Bereich haben und in den entsprechenden Subsystemen (Behörden, Ämtern, Dienststellen) die intensivste Kommunikation besteht. Dadurch schotten sich die einzelnen Verwaltungsdienststellen voneinander ab, was zu einer Segmentierung führt, die für die USA als sehr extrem geschildert wird.[260] Eine solche Kommunikation erstreckt sich auch über einzelne Verwaltungsebenen für unterschiedliche Aufgabenfelder, z. B. in der Verkehrs- oder Umweltpolitik zwischen Kommunal-, Landes- und Bundesebene. Dadurch verfestigen sich spezifische Beziehungen der Amtsträger untereinander. Dies kann zu Begünstigungen untereinander führen, z. B. der Bereitschaft zum Anhören bis zur Vorteilsbeschaffung, unter anderem bei der Genehmigung von Fördermitteln. Die Wissenschaft spricht von vertikaler Politikverflechtung[261] mit den immer wieder bemängelten Ressortkumpaneien und Fachbruderschaften. In neuerer Zeit wurden auch Kommunikationsprozesse stärker erforscht, die zwischen Verwaltungen der gleichen Ebene (also zwischen Ländern bzw. Kommunen) ablaufen (horizontale Politikverflechtung).[262]

Solche Kommunikationsprozesse[263] sind von außen schwer durchschaubar und insofern auch selten kontrollierbar. Dadurch können sich Legitimationsprobleme des Verwaltungshandelns ergeben. Aber auch Führungsprobleme auf den verschiedenen Organisationsebenen der Verwaltung werden dadurch zuweilen verursacht. Die moderne Verwaltungsführung muss solche Segmentierungen überwinden. Es gilt, einer „negativen Koordination“ bei sachgebietsübergreifenden Aufgaben, also einer Einigung auf dem kleinsten gemeinsamen Nenner oder gar nur der Vermeidung von Störungen der eigenen Problemlösung (s. a. Kap. V, C), entgegenzuwir-

259 Falke, in: Adams u. a. 1992: 1, 407.

260 Ebenda: 408.

261 Scharpf u. a. 1976.

262 Benz u. a. 1992.

263 S. a. Benz, in: Seibel/Benz 1995: 84 ff.

ken.[264] Vorgeschlagen werden seit den 1970er Jahren Projektgruppen, in denen Mitglieder aus verschiedenen fachlichen Basiseinheiten zusammenwirken, Barrieren abbauen und Synergie entwickeln.

Neuerdings stehen bei der Verwaltungsmodernisierung betriebswirtschaftliche Effizienzstrategien im Mittelpunkt, die unter dem Oberbegriff New Public Management[265] zusammengefasst werden. Dabei geht es einerseits um Rückführung der Verwaltung auf Kernaufgaben (bei Auslagerung, Verselbständigung oder gar Privatisierung von Teilaufgaben). Andererseits sollen bei den Ablaufprozessen – orientiert an der „legislatorischen Programmsteuerung" – die Beziehungen zwischen Politik und Verwaltung wieder neu geregelt werden. Weiterhin werden Wettbewerbselemente im Verwaltungshandeln als notwendig gesehen, um mehr Effizienz zu erreichen. Schließlich wird die Befriedigung von Partizipationsansprüchen der Bürger bei Rückführung des Einflusses der Politik auf das Ausführungshandeln der Verwaltung angestrebt. Diese der „neuen politischen Ökonomie" verpflichtete Orientierung will gleichzeitig Politikversagen und selbstbezogene Nutzenmaximierung der Verwaltungsmitglieder bearbeiten.[266]

In den Ländern der westlichen Welt (Großbritannien, USA, Australien und Neuseeland, später in den Niederlanden und den skandinavischen Ländern) ist seit den 1980er Jahren insbesondere auf der kommunalen Ebene mit diesen Grundüberzeugungen und Zielvorstellungen experimentiert worden. Dem einen gelten sie als „zynischer Modetrend" (Gidlund), der auch zum Abbau von Demokratie und Wohlfahrtsstaat beitragen kann, dem anderen als einzige Chance, die Staatstätigkeit bzw. das Verwaltungshandeln den modernen Anforderungen anzupassen.[267]

Als Reformmodell für die kommunale Ebene wird in Deutschland das Neue Steuerungsmodell empfohlen.[268] Die Beziehungen zwischen Politik (Principal) und Verwaltung (Agent) werden nach dem Prinzip eines Auftraggeber und Auftragnehmer-Verhältnisses interpretiert. Dabei ist eine strikte Trennung zwischen strategischer Rahmenvorgabe und Kontrolle von politischer Seite einerseits und operativem Verwaltungshandeln andererseits die Zielvorstellung. Die Ergebnissteuerung und -kontrolle (Budgets für Produkte und Controlling) verlangt qualitative und quantitative Vorgaben, die allerdings noch weitgehend fehlen. Gleichzeitig soll die Verwaltung eine stärkere Sensibilität gegenüber der Verwaltungsumwelt entwickeln und eine Verbesserung des Informationsflusses von unten nach oben erfolgen, damit die politischen Zielvorgaben auch durch Verwaltungserfahrung justiert werden können. Kooperatives Verwaltungshandeln wird zuweilen empfohlen.

Die Qualität der Verwaltung hängt nicht nur von der Organisation sondern auch von der Qualität der Mitarbeiter ab. In den USA wurden lange Zeit Ämter im

---

264 Bogumil/Jann 2005: 120 f.

265 Schedler/Proeller 2000.

266 Niskanen 1971.

267 Schröter/Wollmann 1998: 59 ff.; Naschold u. a. 1997; Riegler/Naschold 1997.

268 Jann, in: Blanke 1998; zur Kritik s. Naßmacher/Naßmacher ^{2}2007: 61 ff.; Bogumil/Jann 2005: 3 f.

Staatsdienst als Pfründe oder Beute angesehen: Die Patronage war eine wichtige Machtsicherungsstrategie der vom Volk gewählten politischen Führungskräfte (Präsidenten, Gouverneure, Bürgermeister). Erst das Ende dieser Pionierphase brachte Schritte zu einem geschulten Beamtenapparat mit sich. Erst Ende des 19. Jahrhunderts wurden Eignungsprüfungen eingeführt und die Patronagemöglichkeiten stark zurückgedrängt. Nur die Spitzen der Verwaltung werden heute noch mit Außenstehenden besetzt, neunzig Prozent der Bediensteten in der Verwaltung sind Berufsbeamte.[269]

In den USA dominieren Spezialisten,[270] dies ist auch in Großbritannien der Fall. Allerdings bleibt hier die Zahl der Beamten begrenzt. Beamte werden hier nur in den Ministerien beschäftigt, die übrigen Mitarbeiter im öffentlichen Dienst erhalten nur Angestelltenverträge. In der britischen Verwaltung dominieren nicht Juristen; es finden sich Absolventen aller Ausbildungen. Dies hängt mit der geringeren Juridifizierung des Verwaltungshandelns zusammen. Laufbahnen im öffentlichen Dienst sind streng voneinander abgeschottet: Der Spezialist hat eine spezifische Laufbahn vor sich. Diese fachlich spezialisierten Mitarbeiter der Verwaltung haben ihre eigenen Verbände und ein Überwechseln in einen anderen Verwaltungszweig ist praktisch nicht möglich. Traditionell überwiegen bei den Führungskräften nach wie vor die Absolventen der bedeutenden Universitäten Oxford und Cambridge.

In Frankreich wird den Bewerbern administrativer Leitungsfunktionen eine besonders zugeschnittene Ausbildung zuteil, die seit Errichtung der Ecole Nationale d'Administration (ENA) im Jahre 1945 besonders deutlich profiliert wurde. Seitdem monopolisiert die ENA den Zugang durch einen rigorosen Auswahlprozess. Dieses Ausbildungsmodell wurde auch Vorbild für Reformversuche in Deutschland, Großbritannien und den USA.[271] In Deutschland werden immer noch zwei Drittel der administrativen Spitzenpositionen durch Juristen besetzt. Verwaltungswissenschaftler, wie sie beispielsweise in Konstanz ausgebildet werden, haben sich ebensowenig durchsetzen können wie Sozialwissenschaftler anderer Universitäten. Rückgrat des öffentlichen Dienstes ist nach wie vor das Berufsbeamtentum, das den Beamten in ein öffentlich-rechtliches Dienstverhältnis mit Verfassungsloyalität einbindet. Nach wie vor dominiert der allgemeine Verwaltungsbeamte, der im Prinzip multifunktional einsetzbar ist. Damit soll ein Höchstmaß an Flexibilität erreicht werden. Fachleute, z. B. Ingenieure, Lehrer, Sozialarbeiter, haben nur in bestimmten Behörden eine Chance. In Deutschland wurden nach der Vereinigung die Regeln (aus Mangel an qualifiziertem Personal) zumindest auf der kommunalen Ebene aufgebrochen.

Der britische Civil Service, geprägt von der Ministerialbürokratie, hat sich große politische Unabhängigkeit erhalten.[272] Im Gegensatz zu Großbritannien ist die Poli-

269 Mayntz 1978: 150, 153.
270 Falke, in: Adams u. a. 1992: 1, 406.
271 Mayntz 1978: 151.
272 Sturm 1991: 195.

tiknähe bei den deutschen und französischen Beamten sehr viel größer und eine politische Betätigung der Beamten im mittleren und gehobenen Dienst durchaus üblich. Patronage soll vor allen Dingen in der Kommunalverwaltung in Deutschland eine erhebliche Rolle spielen, insbesondere dort, wo der Parteieinfluss als besonders hoch eingeschätzt wird. Dafür sollten die Kommunalverfassungssysteme von Nordrhein-Westfalen und Niedersachsen – inzwischen durch die Direktwahl des Bürgermeisters, der gleichzeitig Verwaltungschef ist, den Gemeindeordnungen anderer Bundesländer angenähert – besonders anfällig sein. Im Parteieneinfluss auf die Verwaltung wird auch eine Gefahr für die Demokratie gesehen.

3. Verwaltung und Demokratie

Ohne Verwaltung ist Demokratie nicht möglich, denn die Verwaltung übernimmt wichtige Funktionen. Diese zielen darauf ab, das Zusammenleben der Bürger in einer arbeitsteiligen Massengesellschaft zu ermöglichen und die Gleichbehandlung der Bürger sicherzustellen. Auch das Management von Partizipationschancen fällt der Verwaltung zu. Problematisch sind Tendenzen zur Verselbständigung der Verwaltung ohne Kontrolle durch die dafür durch Wahlen Legitimierten.[273] Auch die unkontrollierte Einflussnahme von Parteien, Verbänden und einflussreichen Einzelpersonen auf das Verwaltungshandeln birgt Probleme. „Die Grundfrage lautet daher: Wie kann Verwaltung zu hoher Leistungsfähigkeit im Interesse des Gemeinwesens befähigt werden, ohne unkontrollierbare Herrschaftsmacht gegenüber demokratischer Entscheidung und Legitimation zu gewinnen?“[274]

Hier gilt es für die politische Führung wiederum, die Oberhand zu gewinnen. „Regieren“ bedeutet zielgerichtetes Gestalten mittels verbindlicher politischer Entscheidung. Die politische Führung muss klare und konzeptionell ausgerichtete Aufträge oder Richtlinien für die Programmerstellung vorgeben und auch Methoden für die Umsetzung und die Kontrolle[275] der zu erzielenden Wirkungen entwickeln. Die politische Führung darf die Konsensbeschaffung nicht vor allem der Verwaltung und deren Verknüpfungen mit gesellschaftlich relevanten Gruppen überlassen, da sonst durchsetzungsfähige Gruppen zu einflussreich werden. Weiterhin muss die politische Führung auf Effizienz bei Personal- und Organisationsstrukturen achten. Beim Personal schaffen monetäre und nichtmonetäre Anreize, Mobilität in Spitzenpositionen und problemorientierte Fortbildung wichtige Voraussetzungen. Bei der Organisation gilt es, eine aufgabenadäquate Zuordnung von Verantwortlichkeiten sicherzustellen und die Entscheidungs- und Handlungsfähigkeit zu verbessern. „Prozess vor Struktur“ fordern daher Verwaltungsreformer.[276] Bürgerfreundlichere Organisation ist dabei eine Zielrichtung. Dies beinhaltet zum Beispiel die Überwindung der einzelnen Spezialverwaltungen (Kommunen, Kreis, Sparkasse und

273 Schäfer 1994: 55, 102, 142 ff.

274 Steffani, in: von Beyme u. a. 1987: II, 36.

275 S. d. Schäfer 1994: 102.

276 Lenk, in: Reinermann 1995: 331.

Postamt) in sogenannten Bürgerbüros,[277] geht aber weit darüber hinaus. Vielmehr muss die Verwaltungstätigkeit vom Output her gedacht werden (Verwaltungsleistung als Produkt).[278] Schließlich geht es auch um ein besseres Erscheinungsbild der Verwaltung.[279] Eine unflexible und bürgerfeindliche Verwaltung vermittelt dem Bürger einen schlechten Eindruck vom demokratischen Staat. Wenn Verwaltungsdienststellen sensibel auf sozio-ökonomische Veränderungen eingehen sollen, müssen sie zumindest die vielen Normen, die ihrem Handeln zugrundeliegen, mitbeeinflussen können. Aber auch eine Rechtsvereinfachung, d. h. ein Abbau von Verwaltungsvorschriften, ist notwendig, damit Bearbeitungszeiten reduziert werden können. Durch neue Führungsstrukturen, die die Informationswege für eine Kommunikation von unten nach oben verbessern, kann die Sensibilität des politisch-administrativen Systems insgesamt gesteigert werden.

Die Abgrenzung zwischen öffentlicher Verwaltung und privaten Aufgabenträgern ist in vielen Bereichen fließend. In der aktuellen Diskussion wird eine Zusammenarbeit zwischen öffentlicher Verwaltung und privaten Akteuren sehr stark befürwortet: Public Private Partnership (PPP) ist sehr en vogue. Erwartet wird, dass durch die Kooperation der Verwaltung mit privaten Investoren, die z. B. große Bauvorhaben als Anstöße für die Stadtentwicklungspolitik propagieren, Innovationen schneller realisiert werden. Die Probleme eines kooperativen Vorgehens sind aber auch nicht zu übersehen: Die Gefahr besteht, dass die Verwaltungsmitarbeiter die notwendige Distanz zu den privaten Anbietern verlieren und – bewusst oder unbewusst – voreingenommen agieren. Verwaltungsskandale oder Korruptionsaffären[280] sind die Folge, denn die Beziehungen zwischen Verwaltungsmitarbeitern und Klienten sind schwer zu kontrollieren.[281] Festzuhalten bleibt also, dass unter dem Gesichtspunkt einer Mobilisierung von externem Fachwissen Kooperationen mit Privaten zu begrüßen sind. Unter dem Gesichtspunkt von Legitimation und Kontrolle scheint dies aber fragwürdig.[282] Dies gilt natürlich auch für die immer wieder geforderte „Kundenorientierung", soweit dadurch Sonderinteressen Einzelner durchgesetzt werden.

Traditionell nehmen Verbände, halböffentliche Organisationen (Verbände der freien Wohlfahrtspflege, Industrie- und Handelskammern, Handwerkskammern) und sonstige private Träger Aufgaben wahr, die sonst die öffentliche Verwaltung erfüllen müsste. Durch diesen sogenannten Non-Profit- oder Dritten Sektor wird die öffentliche Hand entlastet. Neuerdings wird darin auch eine Enthierarchisierung zwischen dem Staat (hier insbesondere der Verwaltung) und der Gesellschaft bzw. ihren mehr oder weniger formalisierten Organisationen bzw. NGOs gesehen, die zu einer neuen Qualität der Staatstätigkeit führe. Die Verwaltung habe nunmehr eher

277 Ebenda: 332; Lenk/Klee-Kruse 2000.

278 Naßmacher/Naßmacher [2]2007: 81, 115.

279 Vgl. Böhret, in: Ellwein u. a. 1986: 46 f.

280 Priddat, in: Jansen/Priddat 2005: 85 ff.; Leyendecker 2003: 207 ff.

281 Benz 1992: 36.

282 Vgl. Voigt 1995: 40, 62 f.

in einer aktivierenden, fördernden und unterstützenden Rolle zu agieren. Nach dem Subsidiaritätsprinzip soll der Staat nur eingreifen, wenn ohne „Hilfestellung ansonsten Wesentliches unterbleiben müsste." Die gesamtgesellschaftliche Verantwortung wird stets nur dann bemüht, wenn die kleineren Solidargemeinschaften überfordert wären.[283] Für die Verwaltung bedeutet das, dass sie aktiv werden muss, wenn andere Anbieter nicht zur Verfügung stehen.

Auch Kritiker dieses Prinzips sehen ein, dass der Staat durch die Wahrnehmung aller Aufgaben überfordert sein würde. Für einzelne Aufgaben sind Verbände oder andere private Organisationen näher an den Problemen, z. B. für Aufgaben im Bereich der Wirtschaft (Ausbildung, Zulassung), der Drogen- und Aidsvorsorge und -beratung sowie der Familienplanung (Schwangerschaftsabbruch). Bei der Wahrnehmung dieser Aufgaben besteht allerdings (wie bei der Verwaltung selbst) das Problem der Legitimation und Kontrolle. Beim Angebot von Leistungen, die überwiegend von der öffentlichen Hand finanziert werden, muss sichergestellt sein, dass das Angebot auch denjenigen zugänglich ist, die nicht Mitglied oder Anhänger der Organisation sind, die die Leistungen erbringt. Ein weitgefächertes Angebot, das alle Interessen in gleicher Weise berücksichtigt, ist aber selten. Dies hängt auch mit den Institutionen der Interessenvermittlung zusammen.

Literatur

(im **Fettdruck** besonders wichtige Titel zum Thema des Kapitels)

Adams, Willi Paul u. a. (Hrsg.) (1992): Die Vereinigten Staaten von Amerika, Band 1 und 2, Frankfurt a. M.

Becker, Bernd (1989): Öffentliche Verwaltung, Percha.

Becker, Bernd (2002): Politik in Großbritannien, Paderborn u. a.

Benz, Arthur (1992): Normanpassung und Normverletzung im Verwaltungshandeln, in: Benz, Arthur/Seibel, Wolfgang (Hrsg.): Zwischen Cooperation und Korruption: Abweichendes Verhalten in der Verwaltung, Baden-Baden, S. 31–58.

Benz, Arthur u. a. (1992): Horizontale Politikverflechtung, Frankfurt a. M. und New York.

Benz, Arthur (1995): Verhandlungssysteme und Mehrebenen-Verflechtung im kooperativen Staat, in: Seibel, Wolfgang/Benz, Arthur (Hrsg.): Regierungssystem und Verwaltungspolitik, Opladen, S. 83–102.

Beyme, Klaus von u. a. (Hrsg.) (1987): Politikwissenschaft, Bd. I–III, Stuttgart u. a.

Beyme, Klaus von/Schmidt, Manfred G. (Hrsg.) (1990): Politik in der Bundesrepublik Deutschland, Opladen.

Blanke, Bernhard u. a. (Hrsg.) (1998): Handbuch zur Verwaltungsreform, Opladen.

Böhret, Carl (1986): Politik und Verwaltung, in: Ellwein u. a., S. 36–53.

Böhret, Carl u. a. (1979): Innenpolitik und politische Theorie, Opladen.

283 Waschkuhn 1995: 9.

Bogumil, Jörg/Jann, Werner (2005): Verwaltung und Verwaltungswissenschaft in Deutschland, Wiesbaden.

Brettschneider, Frank u. a. (1994): Materialien zu Gesellschaft, Wirtschaft und Politik in den Mitgliedstaaten der Europäischen Gemeinschaft, in: Gabriel/Brettschneider, S. 445–625.

Delhaes, Daniel (2002): Politik und Medien. Zur Interaktionsdynamik zweier sozialer Systeme, Wiesbaden.

Ellwein, Thomas (1970): Regierung als politische Führung, Stuttgart.

Ellwein, Thomas (1976): Regieren und Verwalten, Opladen.

Ellwein, Thomas (1986): Zur Geschichte der öffentlichen Verwaltung in Deutschland, in: Ellwein u. a., S. 9–23.

Ellwein, Thomas u. a. (1986): Verwaltung und Politik in der Bundesrepublik, Stuttgart.

Falke, Andreas (1992): Das Präsidentenamt und die Struktur der Exekutive, in: Adams u. a., 1, S. 397–412.

Falke, Andreas (1992): Die föderale Struktur, in: Adams u. a., 1, S. 413–424.

Fraenkel, Ernst (1976): Das amerikanische Regierungssystem, Opladen, 3. Aufl.

Fürst, Dietrich (1975): Kommunale Entscheidungsprozesse, Baden-Baden.

Gabriel, Oscar W./Brettschneider, Frank (Hrsg.) (1994): Die EU-Staaten im Vergleich, Opladen, 2. Aufl.

Gellner, Winand (1990): Ordnungspolitik im Fernsehen. Bundesrepublik Deutschland und Großbritannien , Frankfurt a. M. u. a.

Gellner, Winand (1994): Massenmedien, in: Gabriel/Brettschneider, S. 279–304.

Gellner, Winand/Kleiber, Martin (2007): Das Regierungssystem der USA, Baden-Baden.

Gellner, Winand (Hrsg.) (1991): An der Schwelle zu einer neuen Rundfunkordnung, Berlin.

Grauhan, Rolf Richard (1970): Politische Verwaltung, Freiburg i.Br.

Hasebrink, Uwe (1998): Politikvermittlung im Zeichen individualisierter Mediennutzung, in: Sarcinelli, S. 345–367.

Heinelt, Hubert (1998): Vom Verwaltungsstaat zum Verhandlungsstaat, in: Blanke u. a., S. 18–24.

Hinrichs, Ernst (2000): Fürsten und Mächte. Zum Problem des europäischen Absolutismus, Göttingen.

Holtz-Bacha, Christina/Kaid, L. Lee (1993): Massenmedien im Wahlkampf, Opladen.

Holtz-Bacha, Christina (1997): Das fragmentierte Medien-Publikum: Folgen für das politische System, in: APUZ, B 42, S. 13–21.

Hübner, Emil (1989): Das politische System der USA, München.

Hübner, Emil/Münch, Ursula (1998): Das politische System Großbritanniens, München.

Jäger, Wolfgang (1992): Fernsehen und Demokratie, München.

Jann, Werner (1998): Verwaltungswissenschaft und Managementlehre, in: Blanke u. a., S. 47–58.

Jarren, Otfried u. a. (1996): Medien und politischer Prozeß, in: Jarren u. a., S. 9–37.

Jarren, Otfried u. a. (Hrsg.) (1996): Medien und politischer Prozeß, Opladen.

Kaase, Max (1983): Massenmedien, in: Schmidt, S. 228–234.

Kaase, Max (1999): Deutschland als Informations- und Wissenschaftsgesellschaft, in: Kaase, Max/Schmid, Günther (Hrsg.): Eine lernende Demokratie, Berlin, S. 529–562.

Kempf, Udo (1997): Von de Gaulle bis Chirac, Wiesbaden, 3. Aufl.

Kepplinger, Hans Matthias (1996): Skandale und Politikverdrossenheit, in: Jarren u. a., S. 41–58.

Kleinsteuber, Hans J. (1974): Die USA – Politik, Wirtschaft und Gesellschaft, Hamburg.

Kleinsteuber, Hans J. (1992): Medien und öffentliche Meinung, in: Adams u. a., 1, S. 546–563.

Kleinsteuber, Hans J. (1996): Konzentrationsprozesse im Mediensystem der USA, in: A-PUZ, B 8–9, S. 22–31.

Kleinsteuber, Hans J./Rossmann, Thorsten (Hrsg.) (1994): Europa als Kommunikationsraum, Opladen.

Kleinsteuber, Hans J./Thomass, Barbara (1998): Politikvermittlung im Zeitalter von Globalisierung und medientechnischer Revolution. Perspektiven und Probleme, in: Sarcinelli, S. 209–229.

Köcher, Renate (1985): Spürhund und Missionar, München.

König, Klaus (1997): Modernisierung von Staat und Verwaltung: Zum Neuen Öffentlichen Management, Baden-Baden.

Lenk, Klaus (1995): Perspektiven der Verwaltungskooperation: Elektronischer Föderalismus und neue Funktionalreform, in: Reinermann, Heinrich (Hrsg.): Neubau der Verwaltung, Heidelberg, S. 331–341.

Lenk, Klaus/Klee-Kruse, Gudrun (2000): Multifunktionale Serviceläden, Berlin.

Leyendecker, Hans (2003): Die Korruptionsfalle, Reinbek b. Hamburg, 3. Aufl.

Mayntz, Renate (1978): Soziologie der öffentlichen Verwaltung, Karlsruhe.

Meyn, Hermann (1994): Massenmedien in der Bundesrepublik Deutschland, Berlin, aktualisierte Aufl.

Mickel, Wolfgang W. (Hrsg.) (1983): Handlexikon zur Politikwissenschaft, München.

Morstein-Marx, Fritz (1963): Amerikanische Verwaltung, Berlin.

Naschold, Frieder u. a. (1997): Innovative Kommunen, Stuttgart u. a.

Naßmacher, Hiltrud/Naßmacher, Karl-Heinz (2007): Kommunalpolitik in Deutschland, Wiesbaden, 2. Aufl.

Niskanen, William A. (1971): Bureaucracy and Representative Government, Chicago u. a.

Norris, Pippa (2000): A Virtuous Circle. Political Communication in Postindustrial Societies, Cambridge.

North, Douglas C. (1988): Theorie des institutionellen Wandels, Tübingen.

Ostendorf, Berndt (1992): Radio und Fernsehen, in: Adams u. a., 2, S. 691–701.

Pfetsch, Barbara (1991): Politische Folgen der Dualisierung des Rundfunksystems in der Bundesrepublik Deutschland, Baden-Baden.

Pöttker, Horst (1996): Politikverdrossenheit und Medien, in: Jarren u. a., S. 59–71.

Priddat, Birger P.(2005): Schwarze Löcher der Verwaltung: Korruption – Die negative Variante von Public-Private-Partnership, in: Jansen, Stephan A./Priddat, Birger P. (Hrsg.): Korruption, Wiesbaden, S. 85–102.

Riegler, Claudius H./Naschold, Frieder (Hrsg.) (1997): Reformen des öffentlichen Sektors in Skandinavien, Baden-Baden.

Rudzio, Wolfgang (1996/2000): Das Regierungssystem der Bundesrepublik Deutschland, Opladen, 4./ 5. bzw. 7. Aufl.

Sarcinelli, Ulrich (1993): Mediale Politikdarstellung und politisches Handeln, in: **Jarren, Otfried (Hrsg.).: Politische Kommunikation in Hörfunk und Fernsehen, Opladen,** S. 35–50.

Sarcinelli, Ulrich (1994): Diskret, informell, öffentlich, in: agenda 12/1994, S. 33–36.

Sarcinelli, Ulrich (1998): Politikvermittlung und Demokratie: Zum Wandel der politischen Kommunikationskultur, in: Sarcinelli, S. 11–23.

Sarcinelli, Ulrich (Hrsg.) (1998): Politikvermittlung und Demokratie in der Mediengesellschaft, Wiesbaden.

Schäfer, Ingeborg E. (1983): Medienpolitik, in: Schmidt, S. 234–239.

Schäfer, Ingeborg E. (1984): Politisch-administratives System und Massenmedien in der Bundesrepublik Deutschland, Frankfurt a. M. u. a.

Schäfer, Ingeborg E. (1994): Bürokratische Macht und demokratische Gesellschaft, Opladen.

Scharpf, Fritz W. u. a. (1976): Politikverflechtung, Kronberg/Ts.

Schatz, Heribert (1983): Massenmedien und Kommunikation, in: Mickel, S. 285–289.

Schatz, Heribert u. a. (1990): Medienpolitik, in: von Beyme/Schmidt, S. 331–369.

Schedler, Kuno/Proeller, Isabella (2000): New Public Management, Bern u. a.

Schenck, Michael (1995): Soziale Netzwerke und Massenmedien, Tübingen.

Schmidt, Manfred G. (Hrsg.) (1983): Westliche Industriegesellschaften, München.

Schmitt-Beck, Rüdiger (1998): Wähler unter Einfluß. Massenkommunikation, interpersonale Kommunikation und Parteipräferenz, in: Sarcinelli, S. 297–325.

Schönbach, Klaus (1983): Das unterschätzte Medium, München.

Schröter, Eckard/Wollmann, Hellmut (1998): New Public Management, in: Blanke u. a., S. 59–69.

Schulz, Winfried (1995): Nachricht, in: Schulz, Winfried/ Wilke, Jürgen (Hrsg.) Publizistik, Frankfurt a. M., S. 307–337.

Schulz, Winfried (1997): Neue Medien – Chancen und Risiken, in: APUZ, B 42, S. 3–13.

Seethaler, Josef/Melischek, Gabriele (2006): Die Pressekonzentration in Österreich im europäischen Vergleich, in: ÖZP, S. 337–360.

SevenOne Media (2005): Time Budget 12. www.appz.sevenonemedia.de.

Steffani, Winfried (1987): Verwaltung, Medien, in: von Beyme u. a., II, S. 36–69.

Sturm, Roland (1991): Großbritannien, Opladen.

Sturm, Roland (2003): Das politische System Großbritanniens, in: Ismayr, Wolfgang: Die politischen Systeme Westeuropas, Opladen, S. 225–262.

Voigt, Rüdiger (1995): Der kooperative Staat: Auf der Suche nach einem neuen Steuerungsmodus, in: Voigt, Rüdiger (Hrsg.): Der kooperative Staat. Krisenbewältigung durch Verhandlung? Baden-Baden, S. 33–92.

Waschkuhn, Arno (1995): Was ist Subsidiarität?, Opladen.

Weber, Max (1964): Wirtschaft und Gesellschaft, Studienausgabe hrsg. von J. Winckelmann, Köln/Berlin.

Wilke, Jürgen/ Rosenberger, Bernhard (1991): Die Nachrichtenmacher, Köln u. a.

Wilke, Jürgen (1993): Agenturen im Nachrichtenmarkt, Köln u. a.

Wilke, Jürgen (1996): Multimedien. Strukturwandel durch neue Kommunikationstechnologien, in: APUZ, B 32, S. 3–15.

Zimmer, Annette (2001): NGOs – Verbände im globalen Zeitalter, in: Zimmer, Annette/ Weßels, Bernhard (Hrsg.): Verbände und Demokratie in Deutschland, Opladen, S. 331–358.

Kapitel IV: Institutionen der Interessenvermittlung

Individuelle Ziele oder Interessen der einzelnen Bürger werden nicht durch die bloße Summation zu einem Orientierungsdatum für die Akteure im politischen Prozess. Vielmehr ist in der Regel ein Auswahl-, Aushandlungs- und Vermittlungsprozess vorgeschaltet, der den Transfer von der Gesellschaft zu den politischen Akteuren vorbereitet. In Perioden gesellschaftlicher Normalität spielen dabei politische Institutionen und Organisationen eine dominante Rolle.[284] „Unsere Gesellschaft ist eine organisierte Gesellschaft".[285] Neben den staatlichen Institutionen (Regierung, Parlament, Verwaltung) der verschiedenen Ebenen (Bund, Länder, Gemeinden) nehmen auch private Organisationen an diesem Vermittlungsprozess teil, z. B. Unternehmen. Allerdings gibt es einige Organisationen, die ausdrücklich auf die Vermittlungsfunktion spezialisiert sind. Es handelt sich dabei um die bereits diskutierten Massenmedien, sowie die Parteien und Interessengruppen.

In nichtdemokratischen Systemen, z. B. den kommunistischen oder sozialistischen, sind Parteien – sofern es mehrere gibt – und Interessengruppen ganz der führenden (kommunistischen) Partei untergeordnet. Gruppenkonkurrenz und politische Willensbildung werden als schädlich angesehen. Die Institutionen der Interessenvermittlung „sollen so konzipiert sein, dass sie Konformität und Einheit der Interessen ausdrücken, und nicht Konflikte und Vielfältigkeit der gesellschaftlichen Bestrebungen."[286] Interessenvermittlung kann also in sozialistischen Systemen nur dadurch erfolgen, dass die führende Partei ihre Ziele der Bevölkerung vorstellt. Den Gewerkschaften fällt als Hauptaufgabe die Disziplinierung und Mobilisierung der Arbeiterschaft zu. Sie hat nur sehr begrenzte Möglichkeiten, auch die Interessen der Mitglieder gegenüber der herrschenden Elite zu vermitteln.[287] Dagegen sind unabhängig voneinander agierende Institutionen der Interessenvermittlung für westliche Demokratien eine unverzichtbare Voraussetzung.

Interessengruppen lassen sich gegenüber den Parteien deutlich abgrenzen. So werden Parteien durch moderne Verfassungen aus den Institutionen der Interessenvermittlung herausgehoben, indem ihnen ausdrücklich die Funktion zugewiesen wird, an der Willensbildung teilzunehmen. Eine entsprechende privilegierte Stellung haben Interessengruppen nicht. Sie müssen sich damit begnügen, dass es in demokratischen Systemen durch die Versammlungs- und Vereinigungsfreiheit eine

284 Lehmbruch, in: Windhoff-Héritier 1987: 11.
285 Etzioni 1967: 9.
286 Lamentowicz, in: Ziemer 1986: 190.
287 Ebenda: 195.

Möglichkeit gibt, Interessen zu vertreten und zu organisieren. In der Regel sind Interessengruppen selbst nicht bereit, Herrschaftspositionen im Staat zu übernehmen. Sie streben nicht nach einer verantwortlichen Übernahme der Regierungsämter, sondern wollen ihre Ziele durch spezifische Techniken der Interessendurchsetzung berücksichtigt wissen.

Für die Beziehungen von Parteien und Interessengruppen gibt es unterschiedliche Erklärungsversuche. Nach der älteren Auffassung werden die organisierten Interessen in den „vorpolitischen Raum" verwiesen. Neuerdings wird für den vorstaatlichen oder nichtstaatlichen Bereich der Begriff der Zivilgesellschaft verwendet, bestehend aus einer Vielzahl pluraler, auf freiwilliger Basis begründeter Organisationen, Assoziationen und Initiativen, die ihre spezifischen materiellen oder normativen Interessen artikulieren. Die Akteure der Zivilgesellschaft sind in Politik involviert, ohne jedoch nach staatlichen Ämtern zu streben. Dieser Vorstellung entspricht ein Zwei-Stufen-Modell: „Die Gesamtheit der Interessen der Bürger wird von den Interessengruppen gebündelt; die Parteien verwandeln diese Interessenbündel in konkurrierende Gesamtprogramme …[288] (Parteiprogramme, Wahlprogramme) und bemühen sich nach der Wahl in politischen Ämtern um die Durchsetzung. Demgegenüber wurde eine Zeit lang der Unterschied zwischen Parteien und Interessengruppen nicht besonders betont. Orientierung bot dabei das Modell des Pluralismus, wie es in den USA entwickelt wurde.[289] Im Mittelpunkt steht hier die Analyse der Gruppenprozesse und die Konkurrenz der Gruppen um Macht. Gesellschaftliche Stabilität wird durch sich überlappende Gruppenmitgliedschaften gewährleistet. Die Neopluralisten, z. B. Fraenkel,[290] haben durchaus den Parteien wieder eine besondere Integrations- und Katalysatorfunktion zugedacht. Wenn die Gruppen über politische Parteien um die politische Herrschaft konkurrieren, so wird darin das Idealbild pluralistischer Demokratie gesehen. Dies entspricht auch der vorherrschenden Auffassung in der Politikwissenschaft.

A) Interessengruppen

Organisationen der in einer Gesellschaft vorhandenen Interessen werden nicht nur als Interessengruppen, sondern auch als gesellschaftliche Organisationen, Interessenverbände, Verbände, Interest Groups, Pressure-Groups oder Non-Governmental-Organizations (NGOs) bezeichnet. Der Begriff Pressure Group hebt auf eine oder gar die bevorzugte Form politischer Einflussnahme, die Ausübung von Druck, ab, während die Bezeichnung Verband mehr die Organisationsstruktur betont. Zu den Interessengruppen gehören auch die Vereine. Ihre Abgrenzung ergibt sich in Deutschland als juristische Notwendigkeit: Ein Verein muss mindestens

288 Von Alemann 1987: 36 f.
289 Bentley 1908; Dahl 1967.
290 Fraenkel 1964: 7.

sieben Mitglieder haben und wird ins Vereinsregister eingetragen. Viele Interessengruppen, auch Verbände, sind danach Vereine. Interessengruppen treten zudem mit ganz unterschiedlichen Etiketten auf, z. B. als Aktion, Arbeitsgemeinschaft, Bund, Club, Gesellschaft, Gewerkschaft, Gilde, Kammer, Liga, Rat, Tag und Verband[291] u. a.

Interessengruppen sind schwer zu erfassen. Umfrageergebnisse können keinen Aufschluss darüber geben, welche Interessengruppen tatsächlich existieren. Einen Überblick über die Zahl der Interessengruppen in einer deutschen Stadt erhält man am ehesten mit Hilfe des Vereinsregisters. Daneben müssen aber noch die nicht eingetragenen Vereine berücksichtigt werden, die die wichtigsten Interessengruppen darstellen, z. B. die Kirchen und Gewerkschaften, also die Ortsorganisationen und Fachorganisationen der überregional aktiven Dachverbände. Hinzu kommen auch die Selbsthilfegruppen, die wiederum häufig den neuen sozialen Bewegungen zugeordnet werden. Ein weiterer Zugriff auf lokaler Ebene ist die Liste der Träger öffentlicher Belange. Hier können dann auch die öffentlich-rechtlichen Körperschaften (z. B. IHK, Ärztekammer) erfasst werden. Das sind solche Vereinigungen, denen von der öffentlichen Hand bestimmte staatliche Aufgaben übertragen worden sind. Auf der Bundesebene existiert eine offizielle „Verbändeliste", in der sich die Vereinigungen registrieren lassen müssen, wenn sie bei Anhörungen von Regierung und Parlament beteiligt sein wollen.[292] Generell wird eine explosionsartige Zunahme von Organisationen vermutet.[293]

Die Interessengruppen lassen sich nach den von ihnen vertretenen Interessen unterscheiden. Eine Zuordnung der verschiedenen Gruppen ist aber trotzdem schwierig, weil sie sich in der Regel nur schwerpunktmäßig zur einen oder anderen Kategorie vornehmen lässt. Eine Betrachtung der Entstehungsgeschichte von Interessengruppen ist daher von Bedeutung.

1. Entstehungsbedingungen für Interessengruppen

Wie für die Parteien so war auch für das Entstehen von Verbänden das Aufkommen neuer Konflikte in der Gesellschaft, die sich zu dominanten Konfliktlinien verfestigten, wesentlich (s. Kap. IV, B, 4). Im Gegensatz zu den parteienrelevanten scheinen die für die Verbände maßgeblichen Konflikte stärker im Fluss zu sein. Die Herausbildung von Konflikten ist mit einer Nachfrage nach kollektiven Gütern verbunden, die der Einzelne allein nicht erlangen kann. Sie werden von Olson als ausschlaggebend für die Formierung von Interessenorganisationen gesehen. Grundlegend in dieser Überlegung ist der Nutzen für das Individuum. Aber nicht alle Organisationen bringen unmittelbaren Nutzen für den Einzelnen. Nach diesen Überlegungen könnten bestimmte Organisationen überhaupt nicht bestehen, weil der materielle Nutzen nicht unmittelbar erkennbar ist, z. B. beim Umweltschutz und

291 Weber 1977: 73.

292 Von Alemann 1987: 61.

293 Anheier, in: Anheier 1997: 13.

bei der Dritte-Welt-Bewegung. Aber hier bilden sich besonders einflußreiche und in der Zahl schnell wachsende NGOs heraus, die weltweit operieren (s. Kap. XIX, B, 3). Auch der Zeitgeist, zukunftsorientierte Ziele und nichtmaterielle oder postmaterielle Werte lassen Organisationen wachsen und überleben und andere an Bedeutung einbüßen.

Die noch heute wichtigsten Verbände entstanden im Zuge der Entwicklung des kapitalistischen Wirtschaftssystems. Verbunden mit der Veränderung des Wirtschaftssystems war der sich beschleunigende soziale Wandel, der eine weitgehend statische Agrargesellschaft in eine mobile Industriegesellschaft überführte. Die unpersönlichen Konkurrenzverhältnisse bewirkten, dass sich die Benachteiligten organisieren ließen bzw. sich selbst organisierten. Solche Zusammenschlüsse sind sowohl auf der Arbeitnehmerseite als auch auf der Arbeitgeberseite zu beobachten. Hier entstanden sie als Gegenmacht gegen mächtige Industrie- und Handelsinteressen.[294] Die sozialen Härten wurden u. a. durch Selbsthilfe in entsprechenden organisatorischen Zusammenschlüssen aufgefangen.

Die Entstehung der Interessenverbände ist eng mit der Vereinigungs-(Koalitions-)freiheit verbunden. Die Staaten versuchten zunächst mit einzelnen Gesetzen, die Entwicklung der Interessengruppen zu verhindern. Das Recht, Gewerkschaften zu bilden, wurde in Europa erst Ende des 19. Jahrhunderts gänzlich von Sanktionen und Zwangsmaßnahmen befreit. Je stärker das Parlament im politischen Willensbildungsprozess wurde und je mehr sich der Staat zum Verteiler des Sozialprodukts machte, „umso stärker wurde auch der Drang der Interessen, in organisierter Form Einfluss auf die Politik zu nehmen."[295] Eine Verrechtlichung der Arbeitsbeziehungen erfolgte erst Anfang des 20. Jahrhunderts, in den USA erst 1935.[296] Im Zuge dieser Entwicklung fielen den Verbänden viele Aufgaben zu, die nach liberaler Doktrin den produzierenden Individuen und den Mechanismen des freien Konkurrenzkampfes überlassen werden sollten.[297] Für die unterschiedlichen Formen der kollektiven Arbeitsbeziehungen und der Gewerkschaftsstrukturen sind der Industrialisierungsgrad, die politische Machtverteilung und die Größe eines Landes als konstitutiv anzusehen.[298]

Als politische Voraussetzungen eines sich ausdifferenzierenden Gefüges organisierter Interessengruppen kann also die Freisetzung der Gesellschaft aus überlieferten sozialen und wirtschaftlichen Bindungen gesehen werden. Die ökonomische Voraussetzung ist die ungehinderte Entfaltung der Produktivkräfte. Status- und Existenzbedrohungen infolge veränderter wirtschaftlicher Bedingungen förderten den Zusammenschluss derjenigen, die sich bedroht fühlten.[299] Die Interessengrup-

294 Von Beyme ^{5}1980: 54.
295 Ebenda: 59.
296 Von Beyme 1977: 153.
297 Von Beyme ^{5}1980: 59; Keller 1993.
298 Armingeon 1994: 159 ff.
299 Weber 1977: 66 f.

pen spiegeln also die wichtigsten Konflikte in der Gesellschaft wider. „Jede historische Epoche hat die ihr eigentümliche Form der Interessenartikulation herausgebildet.“[300] Denn Interessen werden nicht abstrakt wahrgenommen, sondern sind immer Ausdruck bestimmter gesellschaftlicher Probleme. Je mehr Menschen von diesem Problem betroffen werden, je intensiver sie bzw. die sie vertretenen Organisationen auf Lösung des Problems drängen, desto grundlegendere Bedeutung hat das Problem in der politischen Diskussion.

Typologien der Verbände kommen insgesamt zu unterschiedlichen Ergebnissen. Weber[301] formuliert zudem ein latentes Unbehagen an allen vorgelegten Typologien, weil sie in keinem Fall ein bestimmtes Kriterium zur Unterscheidung durchhalten. Meistens werden verschiedenste Gesichtspunkte miteinander vermischt, so dass die Logik der Typologien fragwürdig erscheint. Gemeinsam ist vielen Typologien, dass Interessengruppen, die wirtschaftliche Fragen oder Verteilungskonflikte bearbeiten, den Interessengruppen gegenübergestellt werden, die ideelle Konflikte repräsentieren. Im Hinblick auf Verteilungskonflikte (Konfliktfeld Arbeit versus Kapital) kann dann aber noch zwischen verschiedenen Branchen, Betriebsgrößen, Beschäftigungsverhältnissen (Arbeiter, Angestellte, leitende Angestellte, Beamte) unterteilt werden, so dass das Konfliktfeld insgesamt sehr weit ausdifferenziert ist. Bei den ideellen Interessenorganisationen war immer schon kontrovers, ob die Kirchen dazugerechnet werden dürfen. Im Hinblick auf die amerikanischen Verhältnisse wäre es nach von Beyme günstiger, den wirtschaftlichen Interessengruppen statt der ideellen Förderverbände die „Public Interest Groups“ gegenüberzustellen. Diese vertreten zwar auch wirtschaftliche Interessen, aber in erster Linie diejenigen, die bei anderen Organisationen zu kurz gekommen sind.[302] Insofern kommt von Beyme zu fünf Hauptgruppen:

- Wirtschaftsorganisationen der Investoren,
- Gewerkschaften,
- Berufs- und erwerbsständische Gruppen des Mittelstandes,
- Ideelle Förderverbände, Staatsbürgerverbände, Bürgerinitiativen und
- Politische Verbände.[303]

Die Typologie organisierter Interessen bei von Alemann schließt sich im Wesentlichen an die von Ellwein[304] an:

1. Organisierte Interessen im Wirtschaftsbereich und in der Arbeitswelt:
   - Unternehmer- und Selbständigenverbände,
   - Gewerkschaften und
   - Konsumentenverbände.

300 Weber 1977: 57.
301 Ebenda: 78.
302 Von Beyme ^{5}1980: 70.
303 Ebenda: 71.
304 Jetzt Hesse/Ellwein ^{7}1992: 148 f.

2. Organisierte Interessen im sozialen Bereich:
   - Sozialanspruchsvereinigungen (z. B. Blindenverein),
   - Sozialleistungsvereinigungen (z. B. Wohlfahrtsverbände),
   - Selbsthilfegruppen (z. B. Anonyme Alkoholiker).
3. Organisierte Interessen im Bereich der Freizeit und Erholung:
   - Sportvereine und -verbände und
   - Geselligkeits- und Hobbyvereine.
4. Organisierte Interessen im Bereich von Religion, Kultur und Wissenschaft:
   - Kirchen, Sekten,
   - wissenschaftliche Vereinigungen und
   - Bildungswerke, Kunstvereine.
5. Organisierte Interessen im gesellschaftlichen Querschnittbereich:
   - ideelle Vereinigungen (z. B. Humanistische Union, Amnesty International) und
   - gesellschaftspolitische Vereinigungen (z. B. für Umwelt, Frieden, Frauenemanzipation usw.).[305]

Damit hat von Alemann die Kategorie der Vereinigungen von politischen Körperschaften des öffentlichen Rechts (z. B. Deutscher Gemeindetag, Deutscher Städtetag) nicht mit aufgenommen, die bei Ellwein noch gesondert geführt wurde. Statt dessen fügte er die Kategorie der ideellen Vereinigungen hinzu. Von Alemann setzt aber selbstkritisch hinzu, dass selbst diese Typologie Lücken hat. Mit den Schwerpunkten der Aktivitäten ist auch die Organisationsstruktur eng verknüpft.

2. Organisationsstruktur, Organisationsgrad und Willensbildung

Organisationsstruktur, Organisationsgrad und die Art und Weise der Willensbildung sind sehr unterschiedlich. Nach der Organisationsstruktur unterscheidet Weber[306] die spontanen, die informellen und die formellen Interessengruppen. Die spontanen verfolgen die ad-hoc Bearbeitung einzelner Probleme und haben eine eher diffuse Organisationsstruktur. Eine kleine Führungsgruppe wird durch eine unterschiedliche Zahl von Anhängern unterstützt. Die Bürgerinitiativen sind solche spontanen Interessengruppen. Diese können sich dann aber auch organisatorisch verfestigen und dauerhaft für ihre Ziele werben, also formelle Interessengruppen werden. Die informellen Interessengruppen verfolgen zwar dauerhaft ein gemeinsames Ziel (z. B. die gemeinsame Verbesserung ihres Einflusses), ihre Mitglieder bauen aber nie eine gemeinsame Organisation auf. Hier werden als Beispiele informelle Zusammenschlüsse von Parlamentariern (z. B. Gesprächskreise), Preisabsprachen zwischen Unternehmern oder sonstige Absprachen von Branchenvertretern genannt. Im Allgemeinen bleiben die Willensbildungsprozesse innerhalb dieser Interessengruppen wenig erforscht, weil die Politikwissenschaft sich lange Zeit stärker auf die formellen Interessengruppen konzentriert hat. Diese haben eine ei-

305 Von Alemann 1987: 71.
306 Weber 1977: 78.

gene Satzung, in der Ziele und formale Aspekte des Willensbildungsprozesses festgelegt werden. Von den Mitgliedern wird ein Beitrag erhoben. Ein gewählter Vorstand repräsentiert die Mitglieder. Schließlich beschäftigen diese formellen Vereinigungen in der Regel hauptamtliche Mitarbeiter.

Der Organisationsgrad einer Interessengruppe sagt etwas darüber aus, wie viele der möglichen Mitglieder in ihr tatsächlich organisiert sind, wie repräsentativ sie folglich für einen Personenkreis mit bestimmten Interessen ist. Die verschiedenen Vereinigungen haben einen sehr unterschiedlichen Organisationsgrad, der beim Deutschen Bauernverband sehr hoch, beim Deutschen Gewerkschaftsbund schon mäßiger, beim Bund der Steuerzahler sehr gering ist. Zur Frage, warum jemand Mitglied in einer Interessengruppe wird, gibt es unterschiedliche Theorien. Zunächst liegt es nahe, eine Zweck-Motiv-Verknüpfung anzunehmen. Die Wirksamkeit scheint um so höher, je spezifizierter der Organisationszweck ist. Mitgliedsleistungen richten sich also nach dem Organisationszweck. Joachim Raschke hat im Rahmen der historisch systematischen Analyse sozialer Bewegungen diese organisationsbestimmte Mobilisierung nur bis 1960 als gegeben gesehen. In der nachindustriellen Gesellschaft glaubt er eher eine projektorientierte Mobilisierung feststellen zu können,[307] eine These, die sich weitgehend bestätigt. Neuere Organisationen werben nicht mehr um Mitglieder sondern um Spender, z. B. Greenpeace.

Für Olson steht – wie bereits erwähnt – das rationale Verhalten (Eigeninteresse) des Einzelnen im Mittelpunkt der Überlegungen.[308] Dabei kommt er zu der Überzeugung, dass das Eigeninteresse nicht immer dazu führt, dass sich Individuen Interessengruppen anschließen. Denn bei den durch große Gruppen (z. B. Gewerkschaften) zu erwartenden Vorteilen handele es sich um Kollektivgüter, zu deren Erstellung keine freiwilligen Beiträge geleistet werden müssten. So kämen Tarifabschlüsse allen Beschäftigten gleichzeitig zugute und könnten nicht nur den Mitgliedern vorbehalten werden. Daher sei es viel rationaler, kostenlos als Nichtmitglied, also als Trittbrettfahrer (free rider), den Nutzen mitzunehmen. Bei zunehmender Gruppengröße werde es infolgedessen immer schwieriger, Nichtmitglieder zu integrieren. Deshalb entwickeln diese Organisationen zwei Strategien, um den Mitgliedern etwas zu bieten („Mitgliedschaftslogik"): Sie bauen ein professionelles Führungssystem auf, um über eine bürokratische Organisation Aufstiegschancen für Mitglieder zu schaffen, und sie weiten ihre Angebote neben kollektiven Gütern auf individuelle Güter wie Unfallversicherung, Rechtsschutz und Streikunterstützung aus. Insofern wandeln sie sich teilweise zu Serviceorganisationen, die auch private Güter anbieten, um damit einen weiteren Anreiz zur Mitgliedschaft zu geben. Kritisiert wird an dieser Betrachtungsweise, dass es auch andere als rationale Überlegungen für den Verbleib in Organisationen gibt, z. B. die Tradition.

307 Raschke ^{2}1988: 445.
308 Olson 1968.

Damit deutet sich bereits an, dass die Organisierbarkeit von Interessen in den verschiedenen Lebensbereichen unterschiedlich ist. Auf dieses Problem hat Offe[309] schon früh hingewiesen. Schützende (protektive) Gruppen haben eine stärkere Chance, viele Bürger anzuziehen. Bei protektiven Gruppen wurde vor allem sozialer Druck von Freunden, Nachbarn, Kollegen und Geschäftspartnern auf das Individuum festgestellt, der zum Beitritt veranlasst.[310] Dagegen sind Arbeitnehmerinnen, Gelegenheits- und Gastarbeiter im Vergleich zu den übrigen Arbeitern weniger gut organisierbar. Konkurrierende Organisationen, z. B. in vielen Ländern Gewerkschaften mit unterschiedlicher politischer Richtung im Gegensatz zur Einheitsgewerkschaft in Deutschland, führen zur Aufspaltung der potentiell Organisationsfähigen. Die Unterschiede der Organisierbarkeit hängen auch mit dem Grad der Homogenität von Interessen zusammen. „Bauern mit sehr verschiedenen Betriebsgrößen … sind schwerer organisierbar als die Bauern in Ländern, in denen mittlere Betriebsgrößen vorherrschen."[311] Amerikanische Getreidebauern, Viehzüchter oder Plantagenbesitzer haben nur selten ein einheitliches Interesse. Das Ergebnis ist eine Zersplitterung des bäuerlichen Verbandswesens. Die unterschiedlichen Arbeitssituationen in einer sich ausdifferenzierenden Welt (Globalisierung, Postfordismus) erschweren die Organisierbarkeit. Aber auch religiös-weltanschauliche Differenzen können dazu führen, dass unterschiedliche Organisationen miteinander konkurrieren, z. B. in den Niederlanden. Inzwischen gehen Forscher davon aus, dass auch schwache Interessen organisiert sind.[312]

Der Organisationsgrad einer Vereinigung allein sagt noch nichts über die Art und Weise der Willensbildung in dieser Vereinigung aus. Hier gilt es zunächst einmal zu bedenken, dass viele Bürger gleichzeitig in mehreren Vereinen und Vereinigungen Mitglied sind, ohne sich jeweils an der Willensbildung beteiligen zu wollen. Die Mitgliedschaft, zuweilen durch Tradition oder Konvention begründet (Gewerkschaften, Kirchen), wird nur aufrechterhalten, um bestimmte Leistungen in Anspruch nehmen zu können. Dieser Zusammenhang entfällt jedoch heute immer mehr. Auch die enge Beziehung zwischen sozialen Gruppen und bestimmten Interessenverbänden ist nicht mehr selbstverständlich gegeben. Der großen Zahl von passiven Mitgliedern stehen daher wenige Aktivisten gegenüber. Selbst in relativ kleinen Vereinen lässt sich eine gewisse Bürokratisierung, Hierarchisierung und Oligarchisierung feststellen, die bei Großorganisationen noch stärker ausgeprägt ist.[313] Dies hängt mit der stärkeren Professionalisierung der Arbeit zusammen. Für die Wahl des Vorstandes gibt es in der Regel keine eigentliche Wahlmöglichkeit, da ein ausgeklügelter Proporz von regionalen und fachbezogenen Aspekten (z. B. Branchen) sowie von Parteirichtungen und Geschlechtern zu beachten ist. Generell

309 Offe, in: Kress/Senghaas 1972: 145 ff.; zum Forschungsstand s. von Winter/Willems, in: Willems/von Winter 2000: 9 ff.

310 Von Beyme ^{5}1980: 110.

311 Ebenda: 114.

312 von Winter/ Willems, in: Willems/von Winter 2000.

313 Weber 1977: 78 f.; von Alemann 1987: 66 f.

lässt sich also festhalten, dass an der innerverbandlichen Willensbildung in der Regel nur wenige mitwirken. „Je größer die Massenorganisationen in der industriellen Gesellschaft geworden sind, um so größer wird die Tendenz zur Apathie der Mitglieder und um so gefährdeter ist die innerverbandliche Demokratie.“[314]

Ein Minimum an innerverbandlicher Demokratie ist deshalb von Bedeutung, weil die Verbände ihre Mitglieder gegenüber Institutionen vertreten, die verbindliche Entscheidungen treffen (Parlament, Regierung). Die geringe innerverbandliche Partizipation wird aber deswegen häufig nicht als Problem empfunden, weil die Mitglieder die Möglichkeit zum Austritt haben oder in der Lage sind, einen anderen konkurrierenden Verband zu gründen. Die geringen Partizipationsmöglichkeiten innerhalb der Verbände werden in der Regel damit begründet, dass Interessenorganisationen darauf achten müssen, handlungs- und durchsetzungsfähig zu bleiben. Die Dimension der „Einflusslogik“ steht dabei im Mittelpunkt. Der Zugang zu den staatlichen Institutionen darf ebensowenig vernachlässigt werden wie die individuellen Vorteile für Mitglieder. Es gilt also, eine Balance zwischen Mitgliedschaftslogik und Einflusslogik zu finden.[315]

3. Funktionen und Vorgehensweisen

Die Aufgabenerfüllung und die dabei verwendeten Einflusstechniken sind von den vertretenen Interessen, der Organisationsstruktur und den Repräsentanten der Verbände abhängig. Aber auch Einflussfaktoren aus der Umwelt, z. B. Konkurrenzgruppen, Parteien, Strukturen des politischen Systems und Kommunikationstechniken, haben Bedeutung. Schließlich wirken tradierte Verhaltensweisen (politische Kultur/Politikstile) auf konkrete Aktionen ein. So ist es schwer, generelle Muster der Funktionswahrnehmung zu erarbeiten. Wenn dies zuweilen trotzdem geschieht, bleiben die Aussagen zwangsläufig recht allgemein. Konkretere Aussagen sind möglich, wenn die Bearbeitung einzelner politischer Probleme in konkreten Politikfeldern untersucht wird, z. B. die Interessenvertretung in der Gesundheitspolitik oder in der Bildungspolitik (s. Kap. VI). Dies gilt auch für die Einflussnahme unter den spezifischen Bedingungen eines politischen Systems[316] (s. Kap. VIII).

Unter den organisierten Interessengruppen haben solche Verbände besondere Vorteile, die eine relevante Leistungsverweigerung (Streik) organisieren können. Dies ist z. B. bei den Fluglotsen trotz ihrer kleinen Zahl der Fall. Bei der Organisationsstruktur kommt dem zentralen oder dezentralen Aufbau und der Frage, ob verschiedene Teilverbände die gleichen Interessen vertreten, Bedeutung zu. So ist die Gewerkschaftsbewegung in manchen Ländern – im Gegensatz zu Deutschland – sehr zersplittert, z. B. in Großbritannien. Dies führt in Großbritannien dazu, dass die wesentliche Einflussnahme auf der Betriebsebene, also dezentral erfolgt.[317] Die

314 Von Beyme ^{5}1980: 121.
315 Vgl. Lehmbruch, in: Streeck 1994: 371.
316 Ronit/Schneider 1997: 34 ff.
317 Von Beyme 1977: 62.

Streikbereitschaft ist bei dezentralisierten Strukturen höher, bei zentralisierten geringer.[318] Durch Zentralisierung – wesentlich leichter in sozio-ökonomisch und religiös homogenen, kleinen Ländern realisiert – stieg in der Regel der politische Einfluss der Gewerkschaften in der Politik. Ein hoher politischer Einfluss muss aber nicht notwendig mit Zentralisierung verbunden sein.[319] Auch konkurrierende Herrschaftsebenen, z. B. im Föderalismus, sind bei der Interessenvermittlung zu berücksichtigen. Hier gehen die Interessengruppen zwangsläufig anders vor als dort, wo politische Macht zentralisiert ist. So suchen sie sich im föderalen System Adressaten auf der Bundes- und der Länderebene, je nach Politikbereich auch vor Ort.

Verbände stellen sich nicht dem politischen Wettbewerb in Wahlen. Sie versuchen allerdings gleichwohl, bei Wahlen ihre Kandidaten zu plazieren. Nach den Wahlen wollen sie ihre Repräsentanten in entsprechenden Entscheidungsgremien unterbringen, u. a. bei der Regierungsbildung. Damit ist aber keineswegs eine sture Gefolgschaft der Verbandsvertreter in ihren entsprechenden Ämtern zu erwarten. Eine besonders enge Beziehung zum Parteienwettbewerb haben jene Verbände, die eine kollektive Mitgliedschaft bei den ihnen nahestehenden Parteien praktizieren. So können die Gewerkschaften in Großbritannien einen erheblichen Einfluss auf die Kandidatenauswahl der Labour Party ausüben. Ähnliches gilt für Schweden und Österreich. Von Bedeutung ist dabei auch die Finanzierung des Wahlkampfes durch die nahestehenden Verbände. Häufig lässt sich eindeutig feststellen, welche Interessengruppen welchen Parteien näher stehen als anderen. Dies gilt sowohl für die nationale als auch für die kommunale Ebene. Zum Beispiel bestehen in Deutschland engere Verbindungen der katholischen Kirche, des Schützenvereins oder des Bauernverbandes zur CDU/CSU als zu anderen Parteien.[320]

Die klassische Einflusstechnik der Verbände richtet sich auf das Parlament. Der Verbandsvertreter, der im Vorraum des Parlaments (Lobby) auf den Abgeordneten wartete, um von ihm Informationen über neue Gesetzesvorhaben zu erhalten und diese anschließend zu kommentieren, ist schon häufig beschrieben worden. Die ausdifferenzierte Medienlandschaft gestattet es zudem den Verbänden, die Öffentlichkeit immer gezielter zu mobilisieren und sie u. U. durch Kampagnen zu informieren. Nachdem das Parlament seine Bedeutung im Gesetzgebungsprozess stark eingebüßt hat, richten die Verbände ihr Interesse auf einflussreichere Institutionen im politischen Prozess: die Regierung oder die Verwaltung aller Ebenen. „Je spezialisierter, ‚technischer' die Aufgaben eines Verwaltungszweiges sind …, um so eher versteht er sich als Sachwalter des jeweiligen Interessenbereichs und seiner wichtigsten Exponenten".[321] Das gilt z. B. für die Ministerien der Bereiche Wissenschaft, Wirtschaft, Technologie, Wohnungsbau, Landwirtschaft und Gesundheit im

318 Ebenda: 156.
319 Ebenda: 67.
320 Von Alemann 1987: 176.
321 Weber 1977: 201.

Gegensatz zu den klassischen Ressorts wie Außen-, Finanz- und Innenministerium. Bei den Ersteren kann es auf längere Sicht gesehen durchaus zu einer Art Identifikation mit diesen speziellen Interessen kommen. Aber auch die Einbindung der Verbände in staatliche Vorhaben ist von Bedeutung.

Längst hat der Staat erkannt, dass die Tätigkeit der Interessengruppen auch dazu geeignet ist, die öffentliche Hand zu entlasten. Dies führt dazu, dass Interessengruppen ermächtigt werden, bestimmte Konflikte untereinander selbständig zu regeln. Der Staat beschränkt sich im Wesentlichen auf die Rahmensetzung (Rechtsnormen) und fungiert als Subventionsgeber. Erstere Strategie ist im Bereich der Arbeitsbeziehungen besonders ausgeprägt. Hier treten Gewerkschaften und Arbeitgeber als die alleinigen Verhandlungspartner auf und die Ergebnisse (u. a. Tarifabschlüsse) sind allgemein verbindlich. In anderen Bereichen, z. B. bei der Übernahme sozialpolitischer Aufgaben, führt das zur staatlichen (Mit-)finanzierung in erheblichem Maße und zur Verpflichtung der Geldnehmer auf bestimmte Strategien zur Bearbeitung der Probleme (s. a. Kap. III, B, 3).

Zu erwähnen sind auch Anhörungen (Hearings), die formalisierte Beteiligung in Beiräten und Kommissionen, die Mitarbeit der Interessengruppen bei Krankenkassen, Sozialversicherungsanstalten, Arbeits- und Sozialgerichten bis hin zur Einrichtung von Sozial- und Wirtschaftsräten.[322] In manchen Bereichen führen die Verbände auch Funktionen aus, die gemeinhin als Sache des Staates betrachtet werden. So führt die Übernahme sozialer Aufgaben durch Verbände nicht nur zur Finanzierung der Aufgaben durch öffentliches Geld, sondern auch zur Verpflichtung der Verbände auf eine durch die öffentliche Hand vorgegebene Strategie (s. Kap. III, B, 3). Diese Art der Mitwirkung wird auch als Korporatismus bezeichnet. Es handelt sich um eine freiwillige Form der Kooperation zwischen staatlichen Vertretern und bereichsspezifischen Interessenorganisationen, aus der alle Nutzen ziehen sollen.[323] Die bedrohliche Seite des Korporatismus ist eine „Versteinerung zu einem geschlossenen Elitenkartell“,[324] in das nur die etablierten Verbände eingeschlossen sind. Korporatistische Strukturen treten in unterschiedlichen Staaten mehr oder weniger intensiv auf. „In Skandinavien und Österreich haben enge Symbiosen zwischen Sozialdemokratie und Gewerkschaftsbewegung die korporatistischen Strukturen gefördert, in Großbritannien dagegen nicht.“[325] (s. Kap. V; VIII, A, 1 (b), B, 1). Sehr altmodische Formen von Pressure-Group-Tätigkeiten in wichtigen Ressorts blieben dort bedeutsamer als der Bereichskorporatismus. Allerdings wird die These vertreten, dass korporatistische Strukturen generell zunehmen.[326]

322 Von Beyme ^{5}1980: 242.

323 Schmitter 1974.

324 Von Alemann 1987: 177.

325 Von Beyme ^{5}1980: 51.

326 Czada, in: Streeck 1994: 45.

4. Wirkungen der Verbandstätigkeit

Vielfältige Aufgaben nehmen die Verbände als Non-Profit-Organisationen (NPOs) wahr. Zwischen Staat und kommerziell arbeitenden Unternehmen hat sich der sogenannte „Dritte Sektor" herausgebildet. Dabei kann nicht erwartet werden, dass die finanziellen Lasten dieser Tätigkeiten den Mitgliedern in den Organisationen aufgebürdet werden. Vielmehr geraten die Organisationen immer mehr in die finanzielle Abhängigkeit des Staates.[327] Daher gilt es sicherzustellen, dass geeignete Kontrollen stattfinden und die Nichtorganisierten nicht benachteiligt werden. So dürfen z. B. kirchliche Kindergarten- und Altenheimplätze nicht nur denjenigen zur Verfügung stehen, die kirchlich gebunden sind. In der Regel mag es für die nicht in Verbänden Organisierten von Vorteil sein, durch Verbände vertreten zu werden, z. B. die Arbeitnehmer durch Gewerkschaften. Aber nicht immer scheint aus der Perspektive der Nichtmitglieder die Interessenvertretung adäquat zu erfolgen. So fühlen sich nicht alle Autofahrer vom ADAC vertreten. Ein weiteres Problem ist, dass es in bestimmten Bereichen (z. B. bei der Festlegung von Normen) die Tendenz gibt, über angeblich neutralen Sachverstand massive Interessen (hier die der Industrie) durchzusetzen.[328] Die faktische Unterlegenheit bestimmter Interessen auch bei formaler Parität und Einbindung durch die staatlichen Institutionen ist ein weiteres Problem, dem durch staatliche Einflussnahme entgegengewirkt werden muss.[329]

Darüber hinaus haben Forscher immer wieder die These formuliert, dass die Verbände bei stark kompetitiven Verhalten durch ihren Gruppenegoismus politische Systeme unregierbar machen. Allerdings verursachen kleinere, segmentierte Organisationen solche und ähnliche Probleme häufiger als Großorganisationen.[330] Diese Wirkungen werden von Olson am Beispiel von Großbritannien aufgezeigt. Hier etablierten sich früh kleine Organisationen, die nur Ziele für ihre eigenen Mitglieder verfolgten. Sie sind heute noch für die Einflusstechniken maßgebend. Statt dessen haben Staaten, die erst später demokratisiert wurden, übergreifende Organisationen, z. B. Deutschland und Japan.[331] Diese haben, so die These, in ihrem eigenen Interesse auch gesamtgesellschaftliche Ziele im Blick. Dadurch würden als wachstumssteigernd erkannte technische Innovationen eher gefördert und nicht aus protektionistischen und standespolitischen Erwägungen für die betroffene Berufsgruppe verhindert.[332] Korporatistische Strukturen boten sich als Lösung für das Problem der Regierbarkeit an (s. Kap. V). Den dabei üblichen Verteilungskoalitionen wird aber eine Verlangsamung des Entscheidungsprozesses, also Effizienznachteile, nachgesagt.

---

327 S. d. Zimmer, in: Zimmer/Weßels 2001: 340.

328 Windhoff-Héritier 1989: 118 ff.

329 Streeck, in: Streeck 1994: 9.

330 Olson 1985: 53.

331 Ebenda: 75 ff.

332 Ebenda: 53.

Ein weiteres Problem ist die häufig nicht vorhandene Transparenz. Die Forderung nach mehr Kontrolle des Verbandseinflusses wurde von Zeit zu Zeit erhoben.[333] Transparenz wurde auch dadurch erwartet, dass die Verbände sich registrieren lassen mussten und dass ihr Einfluss in öffentlichen Veranstaltungen (z. B. bei Hearings) sichtbar werden sollte. Damit konnte das Problem aber nicht annähernd bearbeitet werden. Im Gegensatz zu den Verbänden scheint das Wirken der Parteien mehr unter den Augen der kritischen Öffentlichkeit stattzufinden.

B) Parteien

Im Gegensatz zu den Verbänden und Vereinen sind Parteien bestrebt, sich an der politischen Willensbildung unmittelbar durch die Übernahme von Regierungsämtern zu beteiligen. Sie vertreten – im Gegensatz zu Verbänden – nicht nur ein eng umgrenztes materielles oder ideelles Interesse, vielmehr integrieren sie Wert- und Verteilungskonflikte. Ohne Parteien gilt politische Willensbildung und Rekrutierung von Entscheidungseliten in größeren politischen Einheiten (z. B. schon in Städten mittlerer Größe) als kaum möglich. Parteien sind als Institutionen der Interessenvermittlung in entwickelten Gesellschaften notwendig.

Dies hat dazu geführt, dass den Parteien – zumindest in modernen Verfassungen – eine besondere Rolle zugewiesen wurde, so in Deutschland, Italien, Frankreich, Griechenland, Spanien und Portugal. Sehr konkret wird das deutsche Grundgesetz, das die Aufgabe der Parteien umschreibt, ihre innere Ordnung festlegt und sie zur Rechenschaftslegung über die Finanzen verpflichtet (Art. 21 GG). Aber die Bedeutung der Parteien in der Demokratie hängt nicht von deren Erwähnung in der Verfassung ab. So spielen die Parteien im politischen Prozess Großbritanniens – wo es keine geschriebene Verfassung gibt – eine wichtige Rolle. Dort, wo Parteien nicht in der Verfassung oder in spezifischen Parteiengesetzen erfasst sind, werden sie doch bei ihrer tatsächlichen Funktionsausübung erwähnt. Dies findet in Wahlgesetzen seinen Niederschlag.

1. Parteifunktionen

Die Auffassungen darüber, welche Funktionen Parteien in einer demokratischen Gesellschaft wahrzunehmen haben, gehen weit auseinander. Ein minimaler Grundkonsens besteht darin, dass die Parteien für die Ausrichtung von Wahlkämpfen verantwortlich sind. Dafür bieten sie vor allen Dingen dem Wähler durch entsprechende Markenzeichen, die für bestimmte programmatische Inhalte stehen, und durch die Präsentation von Kandidaten für politische Ämter Orientierung an. Ob die Parteien darüber hinaus noch weitere Funktionen erfüllen können oder sollen, wird zumindest für Nordamerika bezweifelt. Hier werden die Parteien vor allen Dingen als wahlkampforientierte Organisationen betrachtet, deren Bedeutung

333 Schütt-Wetschky 1997: 52 ff., 66 ff.

selbst im Wahlkampf durch die Rolle der Medien und die Kandidatenorientierung der Wähler eher zurückgedrängt wird. Neuere Untersuchungen stellen jedoch heraus, dass die Parteien auch hier versuchen, über Serviceangebote im Wahlkampf und Aktivitäten zwischen den Wahlen, den Bürgern eine inhaltliche Orientierung (z. B. durch Wahlprogramme) zu verschaffen.[334] Damit nähern sich die Parteien den europäischen an, denen die Wahrnehmung weit umfassenderer Funktionen zugeschrieben wird.

Parteien sollen die Vielzahl und Heterogenität von Zielen und Bedürfnissen, die in einer Gesellschaft vorhanden sind, bündeln (aggregieren) und in Entscheidungsprogramme umsetzen (transformieren). Sie artikulieren damit zugleich vorhandene gesellschaftliche Konflikte und ihnen zugrundeliegende unterschiedliche Interessen, die sie im Hinblick auf die spezifischen Parteiziele und ihnen nahestehende Wählerpotentiale weiterverfolgen.[335] Diese finden sich dann in den programmatischen Aussagen wieder. Neben der inhaltlichen Dimension gilt als eine weitere wichtige Funktion von Parteien, politisches Personal auszusuchen, das sich der Wahl stellt und das – über entsprechende Wahlerfolge legitimiert – an politischen Entscheidungen teilnimmt. Diese inhaltlichen und personellen Auswahlfunktionen sind mit einem Sozialisations- und Mobilisierungseffekt im Rahmen von Partizipationsprozessen verbunden. Damit bewirken Parteien in der Gesellschaft an herausgehobener Stelle die Legitimation des politischen Prozesses. Parteien sind also in der Zielfindung, der Artikulation, der Aggregation, der Mobilisierung und der Sozialisation sowie der Elitenrekrutierung tätig.

Die internationale Parteienforschung verwendet typische Konzepte, die jeweils einen Aspekt der Parteifunktionen in den Mittelpunkt der Betrachtung rücken. Dabei unterscheidet Wiesendahl[336] drei paradigmatische Denkansätze. Das Integrationsparadigma hebt auf die Aggregation gesellschaftlicher Interessen durch politische Parteien ab. Diese sollen vor allen Dingen Konsens schaffen und die Stabilität des politischen Systems sichern. Das Konkurrenzparadigma betont den Wettbewerb konkurrierender Eliten um Wählerstimmen.[337] Diese Betrachtungsweise ergibt sich aus dem Marktmodell der ökonomischen Theorie.[338] Wichtig ist bei beiden Betrachtungsweisen die Auswahl der Eliten (Rekrutierungsfunktion). Schließlich stellt das Transmissionsparadigma auf die Umsetzung gesellschaftlicher Interessen in politisches Handeln ab. Diese Betrachtungsweise betont Organisation und Interessenvertretung als wesentliche Eigenschaften politischer Parteien. „Je nachdem, welches Paradigma dem Untersuchungskonzept des einzelnen Forschers zugrundeliegt, erscheinen die Parteien vorrangig als Instrumente des politischen Systems, der politischen Elite oder der politisch organisierten Massen."[339]

334 Naßmacher, H. 1992: 110 ff.
335 S. d. Klingemann u. a. 1994.
336 Wiesendahl 1980: 145 ff.
337 Schumpeter ^{2}1950: 430.
338 Downs 1968: 24.
339 Naßmacher, K.-H. 1989: 10.

Die unterschiedliche Gewichtung der Funktionen von Parteien, die eng mit den Vorstellungen von Demokratie verbunden ist, führt dazu, dass die Parteidefinitionen bei den verschiedenen Forschern recht unterschiedlich ausfallen.

Parteien können ihren Auftrag nur erfüllen, wenn sie ständig als Mittler zwischen Volk und verbindlich entscheidenden Staatsorganen tätig sind. Dabei ist jedoch umstritten, wie die Parteien auf ihre gewählten Repräsentanten einwirken dürfen. Die Vorstellung vom repräsentativen Parlamentarismus beinhaltet, dass das bei regelmäßig stattfindenden Wahlen erworbene Mandat im Namen des Volkes, jedoch ohne dessen bindenden Auftrag ausgeübt wird. Die Auffassung vom plebiszitären Parteienstaat[340] betrachtet den Abgeordneten dagegen primär als Vertreter seiner Partei und sieht ihn für die Dauer der Legislaturperiode an die Willensbildung seiner Partei gebunden, z. T. bis zur Einzelentscheidung: imperatives Mandat. Erstere Auffassung hebt bei den Parteifunktionen hauptsächlich auf die Kandidatenaufstellung ab, letztere Auffassung sieht die Kandidatenaufstellung nur als eine Funktion der Parteien neben der Willensbildung. In diesem Zusammenhang sind dann auch die programmatischen Aussagen der Parteien von erheblicher Relevanz. Hatte es noch in den 1970er Jahren für einzelne Forscher so ausgesehen, als ob die Parteien sich programmatisch immer mehr ähnelten, so scheint diese These nicht mehr gerechtfertigt. Vielmehr konnte inzwischen das spezifische programmatische Profil von Parteien im internationalen Vergleich nachgewiesen werden (Parteidifferenzthese).[341] Auch verfolgen Parteien in der Regierungsverantwortung unterschiedliche Prioritäten, je nachdem, ob sie rechts oder links im Parteienspektrum verortet sind.[342] (s. Kap. VI, C).

2. Ressourcen der Parteien

Parteien können ihre Funktionen nur dann erfüllen, wenn sie über Personal (als Mitglieder, Aktivisten, Funktionäre und (potentielle) Mandatsträger) und Finanzen verfügen. Traditionell haben europäische Parteien permanente Organisationen. Auch in den USA war ein Mindestmaß an Organisation immer notwendig, damit sich die Parteien an Wahlkämpfen beteiligen konnten. Sollen die Parteien darüber hinaus noch Aufgaben erfüllen, wie in Europa allgemein erwartet, so ist der Organisationsaufwand natürlich höher.

Die Organisationsstrukturen und ihre spezifischen Ausprägungen haben historische Ursachen. Parteien sind – zumindest in Europa – aus sozialen Bewegungen hervorgegangen, die sich gegenüber verfestigten Machtstrukturen oder Sichtweisen im Zuge der Demokratisierung der Nationalstaaten herausbildeten. Wichtigste progressive Bewegungen waren in der vorindustriellen Phase die liberale Bewegung und im 19. Jahrhundert die Arbeiterbewegung.[343] Hier wurden die unterprivilegier-

340 Rudzio, in: Rüther 1996: 138 ff.
341 Hofferbert/Klingemann 1990.
342 Schmidt 1982.
343 Raschke ^{2}1988: 111.

ten Massen mit Hilfe von basisnahen Vorfeldorganisationen (Gewerkschaften, Arbeiter-, Sport- und Bildungsvereinen) organisatorisch an die Partei gebunden. Dieses Organisationsmuster war auch für die Konfessionsparteien typisch. Es bildeten sich (Massen)Integrationsparteien auf Klassen- oder Konfessionsbasis heraus, deren Kennzeichen gut strukturierte Parteiorganisationen waren. In ihnen spielten hauptamtliche Funktionäre eine wichtige Rolle, die für die Ziele der Partei um Anhänger rangen. Die Repräsentanten etablierter Gesellschaftskreise (Honoratioren), die vorher die Parlamente beherrschten, mussten im Zuge der Ausweitung des Wahlrechts aus den Parlamentsfraktionen heraus entsprechende Organisationsstrukturen aufbauen, um konkurrenzfähig zu bleiben. Die sich dabei entwickelnden Parteistrukturen waren zunächst völlig auf die einzelnen Abgeordneten abgestellt (Honoratiorenparteien).

Die Liberalen weisen immer noch typische Merkmale der Organisationsform einer Honoratiorenpartei auf, weil hier nach wie vor gesellschaftlich angesehene Freizeitpolitiker und Parlamentarier eine wichtigere Rolle spielen als eine große Zahl von Mitgliedern. Diese waren in den sozialistischen Massenintegrationsparteien von erheblich größerer Bedeutung. Solche Parteien konnten organisatorisch nicht an privilegierte Personen der Gesellschaft oder an Amtsträger im Parlament anknüpfen. Vielmehr mussten sie ihre Integrationskraft dadurch unter Beweis stellen, dass sie ihre potentiellen Sympathisanten von der Wiege bis zur Bahre begleiteten und dabei die entsprechenden Zubringer- und Anhängerorganisationen nutzten. Auch katholische Parteien versuchten ein entsprechendes Organisationskonzept, bei dem die katholische Kirche und die ihr nahe stehenden Organisationen die Grundlage für die Massenpartei auf Konfessionsbasis bildeten.

Von ähnlicher Bedeutung für den Wahlkampf ist die Organisation in der Fläche. Hier galt es für die Massenintegrationsparteien, ständige beitragszahlende Mitglieder an sich zu binden und sie zu einem Engagement in der Partei und für die Partei zu ermuntern. Ausgehend von den sozialdemokratischen Parteien bildeten „Ortsvereine“ das Leitbild europäischer Parteiorganisationen. Die einzelnen Ortsgruppen wurden zum Träger aller Parteiaktivitäten, die unabhängig von einzelnen Wahlterminen dauernd unternommen werden. Demgegenüber mussten die Honoratiorenparteien nur sporadisch auf ihre Honoratioren in der Fläche zurückgreifen. In der Regel folgen die Organisationsebenen dem Stufenaufbau der öffentlichen Verwaltung. Dabei ist ein dreistufiger Aufbau typisch. Dennoch können sich Unterschiede zwischen den verschiedenen Parteien im Stufenaufbau des gleichen Staates ergeben. Dies gilt aber ganz besonders für die Autonomie der einzelnen Teilorganisationen. Ein Beispiel für die völlige Unabhängigkeit der einzelnen Parteiorganisationen verschiedener Ebenen voneinander bildet Kanada.

Im Laufe der Entwicklung haben sich die Organisationsmuster der Parteien immer stärker aneinander angepasst. Auch die Parteien, die zunächst als Honoratiorenparteien begannen, werben inzwischen Mitglieder und beschäftigen hauptamtliches Personal. Die Massenintegrationsparteien wiederum gleichen insofern heute den Honoratiorenparteien, als sie geringere Ansprüche an ihre Anhänger stellen. Weiterhin übernahmen sie die zentrale Rolle traditioneller Eliten. Solche Angleichungsprozesse wurden bereits in den 1960er Jahren vorausgesehen: Otto Kirchheimer[344] erwartete „Allerweltsparteien", denen es nur noch darum geht, im Wahlkampf die meisten Stimmen zu erringen. Typisch scheint zu sein, dass die Bereitschaft, Mitglied zu werden, abnimmt: Die Mitgliederentwicklung ist überall rückläufig[345] und das Gewicht der Hauptamtlichen steigt. Damit nähern sich die Parteien entweder den amerikanischen an, die nie formale Mitglieder kannten und sich daher eher (bedingt durch das Wahlsystem) um Kandidaten/Mandatsträger scharten. Für die Länder Europas mit Proporzwahlsystem wird eher prognostiziert, dass die Parteizentralen infolge des Medienwahlkampfes an Bedeutung gewinnen. In ihren spezifischen Ausdifferenzierungen unterscheiden sich die Parteien jedoch nach wie vor aufgrund ihrer Traditionen.

Den Parteitraditionen entsprechen sachliche Gliederungsprinzipien, z. B. diejenigen nach der Berufstätigkeit und einer Orientierung im Hinblick auf nahe stehende Verbände. Daneben haben alle Parteien Jugend- und Frauenorganisationen und neuerdings auch Vereinigungen älterer Mitglieder. Neben diesen formalen Organisationsprinzipien mit unterschiedlicher Bedeutung gibt es noch die informellen Zirkel (Flügel, Strömungen). Diese sind prinzipiell in allen Parteien anzutreffen, haben aber in einzelnen Parteien eine ganz besondere Bedeutung bis hin zu Ansätzen einer Formalisierung. Beispiele dafür sind die PS in Frankreich und die LDP in Japan.[346] Auch für die über Jahrzehnte dominante DC in Italien waren diese Strukturen typisch. Solche Gruppierungen haben z. T. gesonderte Ansprüche auf Finanzen, vor allen Dingen aber auf Führungspositionen innerhalb der Partei, den Parlamentsvertretungen (Fraktionen) und in der Regierung.

Neben diesen traditionellen Parteien gibt es auch solche, die sich in ihrer Organisationsstruktur ganz bewusst von den etablierten Parteien abgrenzen wollten. Dies war z. B. bei den Grünen/Alternativen Parteien der Fall. Die Notwendigkeit, arbeitsfähig zu sein, hat hier aber offenbar auch Anpassungsprozesse verstärkt, so dass deren Organisation sich heute kaum noch von traditionellen (alten) Parteien unterscheidet.[347] Dies liegt auch daran, dass die alten Parteien spezifische, z. T. symbolische Aktionen unternahmen, um sich z. B. den Nichtmitgliedern oder politischen Interessenten zu öffnen.[348]

Weitere Beispiele für organisatorische Besonderheiten sind in den USA und Kanada vorzufinden. Hier scheint erst die neueste Entwicklung darauf hinzudeuten, dass Parteien den Wert von dauernden Organisationen schätzen. Die Reformge-

---

344 Kirchheimer 1965: 20 ff.

345 Katz/Mair 1992: 40 f., 131 f., 215 ff., 285 ff., 401 ff., 479 ff., 636 ff., 744 ff., 792 ff., 847 f.; Fuchs/Klingemann, in: Klingemann/Fuchs 1995: 425; s. a. von Beyme 2000: 151 f.; Dalton/Wattenberg 2000; Mair/ von Biezen 2001:5–26.

346 Naßmacher, H., in: Gabriel/Brettschneider ^{2}1994: 227 f.

347 S. d. Katz/Mair 1992; Katz/Mair 1994.

348 Zusammenfassend dazu Poguntke 2000.

setzgebung in den USA hatte seit Anfang des 20. Jahrhunderts bewirkt, dass Parteien in ihren Aktivitäten bewusst zurückgedrängt wurden, weil sich Auswüchse im Hinblick auf Patronage und Korruption zeigten. Inzwischen haben sich die Parteien auf die neue Situation eingestellt. Sie sind auch wieder daran interessiert, eine permanente Anhängerschaft an sich zu binden. Aber nicht das beitragszahlende Mitglied, sondern der häufiger ansprechbare, spendenbereite Anhänger ist dabei das Ideal.[349]

Im Zeitalter des Medienwahlkampfes sind kontinuierliche Zahlungen an Parteien wichtiger als ehrenamtliche Hilfen von Aktivisten. Diese können auch zur Belastung für die Partei werden, weil ihre Ansichten meist extremer sind als diejenigen der Wähler. Die Parteiarbeit liegt zunehmend in der Hand professionellen Personals, das sich durch Meinungsumfragen über die Ansichten der Wählerschaft informiert. Die Kommunikation der Parteiführung mit Mitgliedern und potentiellen Anhängern erfolgt über die Medien oder gezielte Ansprache, z. B. persönlich gehaltene Briefe (direct mail) und zunehmend das Internet, über das besonders junge Menschen erreicht werden sollen. Selbst wenn das besser als bisher gelingen könnte,[350] bleibt als Problem, bei Mitgliederschwund (wie in Großorganisationen allgemein) die Rekrutierung des Personals für öffentliche Ämter zu lösen, weil das personelle Reservoir in Parteien als zu gering und zu einseitig eingeschätzt wird. Nach wie vor haben Unabhängige kaum eine Chance, ohne Unterstützung einer Partei bei allgemeinen Wahlen oder Direktwahlen (z. B. für das Amt des Oberbürgermeisters) erfolgreich zu sein. Der Vorschlag einer Öffnung der Parteien gegenüber Kandidaten aus allen gesellschaftlichen Kreisen bis hin zur Propagierung von Vorwahlen, in denen – wie in den USA – sich nicht nur Parteianhänger um ein Mandat bewerben können, scheint nur ein ernstzunehmendes Angebot für sehr Vermögende zu sein, die bereit sind, ihr privates Geld einzusetzen.

Bei zunehmender Bedeutung der Medien scheint Geld immer wichtiger zu werden. Geld ist die einzige Ressource, die andere Schwierigkeiten und Schwächen der Partei überwinden hilft, weil sie in Güter- und Dienstleistungen umgewandelt werden kann.[351] Das Volumen der benötigten Mittel hängt mit den Funktionen zusammen, die Parteien in der Demokratie wahrnehmen sollen oder wollen. Zunächst werden die Parteien immer wieder angehalten, die Finanzierung ihrer Tätigkeit durch regelmäßige Beiträge und Spenden ihrer Mitglieder oder Anhänger zu finanzieren. Die Herkunft der Parteifinanzen ist eng mit Parteitypen und deren aktueller Entwicklung verbunden. Vor allen Dingen die Honoratiorenparteien haben die notwendigen Mittel für aufwendige Wahlkämpfe meistens aus Spenden von Einzelpersonen, Wirtschaftsunternehmen oder Interessenorganisationen zusammengetragen. Die regelmäßigen Beiträge einer nach Hunderttausenden zählenden Mitgliedschaft aus vorwiegend „kleinen Leuten“ sicherte den Massenparteien der Ar-

349 Naßmacher, H. 1992.
350 S. d. Müller 1998.
351 Naßmacher, K.-H. 1992.

beiterbewegung die finanzielle Grundlage für eine ständige Parteiorganisation (Parteiapparat) und die laufende Agitationsarbeit. Der hauptberuflich tätige Parteiapparat, aber auch die vielen Aktivisten dienten als „politischer Inkassoverein".

Mit der organisatorischen Annäherung der Parteien haben sich auch die Techniken der Geldbeschaffung angeglichen. Die negative Kehrseite der Spendenfinanzierung wird dem Beobachter durch die Medien ab und zu beim Aufarbeiten von Skandalen nahe gebracht. Denn das Problem ist, dass die ungleiche Verteilung von Einkommen und Vermögen in wirtschaftlich entwickelten Massendemokratien dazu führen kann, dass einzelne Gruppen oder Personen durch ihre Finanzkraft das Prinzip der Gleichheit in der Demokratie („Jeder hat eine Stimme") in Frage stellen können (s. Kap. II). Denn die große Spende birgt immer die Gefahr, dass der Spender ein konkretes Einzelinteresse durchsetzen will. So sind große Spenden allenthalben durch entsprechende Gesetzgebung sanktioniert worden (z. B. durch Offenlegungsgebot).[352] Keiner Partei ist es andererseits noch möglich, ihre Organisationen nur aus Beiträgen von Mitgliedern und aus kleinen Spenden zu finanzieren. Öffentliche Finanzierung von Parteien ist daher notwendig und in allen westlichen Demokratien Realität. Dabei stellt sich allerdings die Frage, wieviel Geld den Parteien zur Verfügung gestellt werden soll, denn Wahlkämpfe werden immer teurer und Parteiorganisationen lassen sich prinzipiell auch immer weiter ausbauen.

Die öffentliche Finanzierung ist mit dem Ziel eingeführt worden, die Chancengleichheit von politischen Gruppierungen wieder herzustellen. Dabei ging es vor allem darum, die Abhängigkeit von Großspendern abzumildern. Parteien, die auf niedrige Mitgliedsbeiträge angewiesen sind, sollten im Interesse der Chancengleichheit ein Privileg erhalten. Die wichtigsten Formen öffentlicher Parteienfinanzierung sind:

- Verfügungsmittel für Abgeordnete und Fraktionen,
- unentgeltliche Bereitstellung von Sachleistungen im Wahlkampf (z. B. Sendezeiten und Plakatierungsflächen),
- Verzicht auf Einnahmen aus der Einkommenssteuer und
- direkte Zahlung von allgemeinen Zuschüssen.

Verwendungszweck, Zahlungsempfänger und Auflagen für solche Zahlungen sind in den einzelnen Staaten unterschiedlich. Auf die Finanzierung einer entsprechenden Abgeordnetenausstattung (z. B. parlamentarische Hilfsdienste) greifen gern diejenigen zurück, bei denen eine weitergehende Parteienfinanzierung fehlt. Dies war bisher in Großbritannien, Irland und Luxemburg der Fall. Aber auch in den anderen Ländern fehlt diese Finanzierungsform nicht. Problematisch ist, dass sie auf die im Parlament vertretenen Parteien beschränkt bleibt. Auch die unentgeltliche Bereitstellung von Sachleistungen im Wahlkampf existiert in Staaten, die öffentliche Parteienfinanzierung bisher nicht kennen, so in Großbritannien, Irland und Luxemburg. Zu erwähnen sind unentgeltliche Postbeförderung von Wahlsendungen, unentgeltliche Stelltafeln für Wahlplakate, unentgeltliche Nutzung öffent-

352 Ebenda: 10 ff.

licher Versammlungsräume für Wahlkundgebungen und als wichtigste Leistung die kostenlose Nutzung öffentlicher Medien. Die Begünstigung von Beiträgen und Spenden bei der Einkommenssteuer führt zum partiellen Verzicht des Staates auf diese Einnahmequelle. Diese Form der Begünstigung von Spendern und Parteien ist noch nicht in allen EU-Staaten zu finden. In Kanada führt diese Art des Anreizes dazu, dass die Parteien wesentliche Beträge aus privaten Mitteln vereinnahmen können. Schließlich wird bei den direkten Zahlungen insbesondere der kostenintensive Wahlkampf bedacht.[353]

Die Wirkungen der öffentlichen Finanzierung[354] werden kritisch unter den Aspekten einer Entfremdung der Parteien von der Bevölkerung, der Oligarchisierung des Parteiapparates und der Erstarrung des vorhandenen Parteiensystems geprüft. In Bezug auf die Erstarrungsthese ist zunächst zu konstatieren, dass nicht die öffentliche Finanzierung generell dazu geführt hat, dass sich die großen Parteien verfestigt haben und die kleinen vom Wettbewerb ausgeschlossen wurden. Ob dieser Effekt eintritt, hängt vielmehr davon ab, welche Schwellenwerte für öffentliche Zuschüsse gelten. Die kontinuierliche Partizipation an öffentlichen Zahlungen ist für den Aufbau eines Parteiapparates von großer Bedeutung und wiederum Voraussetzung für die langfristige Etablierung einer neuen Partei.[355] Die Entfremdungsthese hebt mit Recht darauf ab, dass die Parteien bei Vergabe von öffentlichen Mitteln weniger darauf angewiesen sind, sich ihren Mitgliedern und Anhängern zuzuwenden. Dadurch besteht die Gefahr, dass sich die Parteien nach ihren Bedürfnissen selbst aus Steuermitteln bedienen. Stille Übereinkünfte in dieser Strategie haben den langfristig in Parlamenten vertretenen Parteien die Bezeichnung „Cartel Parties“ eingetragen.[356] Besser wäre es, von einem Bedeutungszuwachs der Parlamentsparteien zu sprechen. Die Wähler werden dadurch in eine Konsumentenhaltung gedrängt, aus der heraus sie nur von den Parteien Aktivitäten und Leistungen erwarten, ohne selbst etwas beitragen zu wollen. Dies leistet wiederum der Oligarchisierung des Parteiapparates Vorschub. Der Schwerpunkt der Parteitätigkeit verschiebt sich von den ehrenamtlichen Funktionären zu den hauptberuflichen „Parteibeamten“, von den örtlichen Organisationseinheiten zur Parteispitze. Nur so lange die verschiedenen Flügel und Organisationsebenen unabhängig voneinander und von der Parteiführung über Ressourcen verfügen (einschließlich finanzieller Mittel), erscheint ein gewisses Maß an innerparteilichem Wettbewerb und damit Demokratie gewährleistet.

3. Innerparteiliche Demokratie

Für die Willensbildungsprozesse in Massenintegrationsparteien wurden bereits zu Beginn des 20. Jahrhunderts von Robert Michels oligarchische Strukturen behaup-

353 Austin/Tjernström 2003; zusammenfassend Nassmacher 2009.

354 Nassmacher/Nassmacher 2001: 182–186, 192 f.; Naßmacher, H. 2004: 29 ff.

355 Naßmacher, H. 1989: 181 ff.

356 Katz/Mair 1995.

tet.[357] Neuere Untersuchungsergebnisse gehen eher von einem pluralistischen „Stratarchiemodell“ aus mit mehreren Machtzentren und gegenseitigen Abhängigkeiten.[358] Bei Honoratiorenparteien hatte die innerparteiliche Demokratie ohnehin nur eine geringere Bedeutung, weil die Parteien vollständig auf die Präsentation von Kandidaten im Wahlkampf ausgerichtet waren, die auch für die Ziele standen. Heute haben alle Parteien zur Verbesserung des innerparteilichen Willensbildungsprozesses von unten nach oben entsprechende Vorkehrungen getroffen. Dazu gehören das Antragsrecht von Vertretern der nächst niedrigeren Stufe zu Versammlungen höherer Gebietsverbände, die Entsendung von Delegierten für die jeweils nächst höhere Ebene, die aus Wahlen hervorgehen müssen. Trotz Sicherung der Rechte der Basis ist die Partizipation in den Parteien gering. Dies liegt zunächst einmal daran, dass es kaum Anreize für Parteiarbeit gibt.[359] Der Parteiaktivist, der keine politische Karriere anstrebt, mag die Mitarbeit in Parteien zwar als zeitaufwendiges Hobby betreiben. Einen besonderen Prestigegewinn kann er allerdings nicht erwarten. Im Zuge der Professionalisierung der Parteiarbeit ist es für die Parteien immer schwieriger geworden, den Mitgliedern attraktive Aufgaben anzubieten. Den Aktivisten bleibt nur das Verteilen von professionell erzeugtem Informationsmaterial und das Gespräch mit dem Bürger, das für die Parteien allerdings sehr wichtig ist, wie neuere Untersuchungen ergeben. Um den Kontakt zu Aktivisten und Sympathisanten nicht zu verlieren, weichen die Parteien in gesellschaftliche Aktivitäten aus.

Bei der Besetzung von Positionen, die nicht karriereträchtig sind, herrscht zuweilen erheblicher Personalmangel. Dagegen sind die Spitzenpositionen auch auf der örtlichen Ebene in der Regel sehr umkämpft, weil sie als Sprungbrett für eine politische Karriere gelten. Nach dem erfolgreichen Karrierestart durch das Erringen eines politischen Mandats kommt es zur Ämterhäufung aus Gründen der Machtsicherung.[360] Diese trägt dann zur Verkrustung der Organisationsstruktur in vielen europäischen Parteien bei. Dagegen ist in den USA durch die Vorwahlen eine Verankerung in der Partei noch kein Garant für die Kandidatennominierung.[361] Mandatsträger finden bei den nächsten Wahlen auch selten Herausforderer. Die Parteien „neuen Typs“, also insbesondere die Grünen und sonstige alternative Parteien, haben hier bewusst Veränderungen angesteuert. Unter anderem wollten sie den Zugang zu Parteigremien erleichtern, Ämterhäufung abschaffen und durch die Rotation einen kontinuierlichen Führungswechsel ermöglichen. Von diesen Zielvorstellungen mussten die Grünen im Prozess der Etablierung im Parteiensystem jedoch erheblich abweichen. In den USA und Kanada haben die Demokraten und

357 Michels [4]1989.

358 Niedermayer, in: Niedermayer/Stöss 1993.

359 Für Deutschland s. d. Wiesendahl 1997: 362 ff.; für internationale Entwicklungen s. Katz/Mair 1994.

360 Oberreuter, in: Andersen u. a. 1995: 135 ff.; Naßmacher, in: Gabriel u. a. 1997: 431 ff.

361 Oldopp 2001: 48, 57.

die Liberalen zuerst Schritte in Richtung innerparteiliche Demokratie unternommen.[362]

Insgesamt ist es also nicht verwunderlich, dass die Zahl der Aktiven in den Parteien sehr gering bleibt und die meisten Mitglieder sich auf die regelmäßige Beitragszahlung beschränken. Wie eine Untersuchung in der Bundesrepublik ergab, steht die Geringschätzung des eigenen Einflusses der Zufriedenheit mit den eigenen Einflussmöglichkeiten aber nicht im Wege: „Nur ein knappes Drittel möchte mehr Einfluss, während die große Mehrheit der Parteimitglieder doch mit ihrer Situation zufrieden ist."[363] Weiterhin wurde für die Bundesrepublik herausgearbeitet, dass ein wesentliches Moment der Motivierung und Aktivierung von Parteimitgliedern die soziale Einbindung in die Organisation ist[364] (s. a. Kap. II).

Eine neue Dimension hat die Diskussion um innerparteiliche Demokratie dadurch erhalten, dass verstärkt darauf hingewiesen wurde, dass Personen mit bestimmten Merkmalen bei der Personalrekrutierung benachteiligt würden, z. B. Frauen, Schwarze und Arbeiter. Im Hinblick auf Selektionsprozesse scheinen aber der soziale Status, die soziale Herkunft oder das Geschlecht nicht generell positiv oder negativ für den Ein- und Aufstieg zu sein. Demgegenüber kommen sozialer Unabhängigkeit und Abkömmlichkeit mehr Bedeutung für eine politische Karriere zu, Merkmale, die früher nur für privilegierte soziale Schichten galten. Heute gehören zur Gruppe der sozial Unabhängigen und Abkömmlichen in Deutschland die Lehrer und die kleinen und mittleren Beamten, die in ihrer Berufstätigkeit zuweilen unausgelastet sind. In England, wo der Civil Service traditionell strikt unvereinbar mit dem politischen Mandat ist, fällt letztere Gruppe als Rekrutierungspotential der Parteien aus. Benachteiligungen bestimmter Gruppen sollen in verschiedenen Parteien partiell durch Quoten beseitigt werden. Solche Quoten sind erstmals bei den Demokraten in den USA zugunsten von Schwarzen und Frauen erprobt worden. In Deutschland gibt es seit den 1990er Jahren Erfahrungen mit der Quotenregelung zugunsten von Frauen. Vorläufige Einschätzungen zu den Wirkungen dieser Quoten deuteten zunächst darauf hin, dass eher ein zusätzliches Amt für Frauen geschaffen wird, als dass Männer auf ein Amt verzichten. Dies ist natürlich nur bei Parteiämtern möglich. Bei Mandaten konkurriert der Anspruch aus der Frauenquote immer mit anderen, zuweilen als wichtiger angesehenen Gesichtspunkten (Bewährung im Mandat, Hausmacht, regionale oder konfessionelle Erwägungen). Auch bei freiwerdenden Mandaten reklamieren die örtlichen Gruppierungen, die für die Kandidatenaufstellung zuständig sind, für sich Autonomie in der Entscheidung. Hier gibt es kaum parteispezifische Unterschiede. Jedoch scheint schon die Diskussion über eine Quotenregelung einen Argumentationszwang bei der Nicht-

---

362 Naßmacher, H. 1992: 126.

363 Greven 1987: 57.

364 Schmidt-Urban 1981.

berücksichtigung von Frauen herbeigeführt zu haben. Trotz der o. a. Restriktionen haben Untersuchungen eine prinzipielle Offenheit der Eliten festgestellt.[365]

4. Parteiensysteme im Wandel

Parteien müssen sich in der Demokratie gegenüber anderen Parteien im politischen Wettbewerb behaupten. Die Gesamtheit aller existierenden Parteien in einem politischen System und deren Wechselwirkungen untereinander, also das Parteiensystem, befindet sich potentiell im Wandel.[366] Dennoch zeigt sich bei längerfristiger Betrachtung, dass die einzelnen Parteiensysteme in den jeweiligen westlichen Demokratien eine ziemliche Kontinuität aufweisen. Große Parteien erleiden nur langfristig einen Bedeutungsverlust, der wesentlich damit zusammenhängt, dass sie beim Versuch, eine immer größere Wählerschaft anzusprechen, ihr spezifisches Profil einbüßen. Kleine Parteien sind oft Abspaltungen von großen. Sie können einem schnelleren Wandel unterworfen sein. Ihre Bedeutung wird im Hinblick auf die im Parlament vertretenen Parteien diskutiert. Sie reicht vom Koalitionspotential bis zum Erpressungspotential. Die meisten kleinen Parteien können aber im Parteiensystem eher vernachlässigt werden, es sei denn, sie sorgen dafür, dass auch keine starke Opposition zustande kommt. Während die meisten kleinen Parteien – außer den extremen linken und rechten – aufgrund des Stimmenverlustes von großen Parteien prinzipiell Chancen haben, zu Koalitionspartnern zu werden, sind die der großen Parteien, Regierungspartei zu werden, sehr unterschiedlich.

Nach der Zahl der Parteien werden Ein-, Zwei-, Mehr- und Vielparteiensysteme unterschieden. Einparteiensysteme sind mit einer Demokratie unvereinbar. Sie gelten als Merkmal nichtdemokratischer Systeme (Diktaturen) (s. Kap. VII, C). Eine Variante ist dann gegeben, wenn die Staatspartei neben sich gleichgeschaltete Satellitenparteien duldet und diese z. B. in einem von ihr geführten und kontrollierten „Blocksystem“ für ihre Zwecke und Ziele instrumentalisiert. Dies war z. B. in der DDR der Fall. Die meisten Parteiensysteme in postkommunistischen Staaten (XI, C) und solche der Dritten Welt (s. Kap. X, B) befinden sich in einem starken Wandel.

Als wichtig stellt sich bereits hier heraus, dass für ein Parteiensystem nicht so sehr die Zahl der Parteien im Parlament von Bedeutung ist, sondern die Tatsache, in welchen Beziehungen die Parteien zueinander stehen. Dies gilt auch für die Beschreibung der Mehrparteiensysteme. Hier gibt es die Möglichkeit der Dominanz einer Partei, wie jahrzehntelang in Italien und Japan. Wenn eine Großpartei zeitlich ziemlich unbegrenzt an der Regierung bleibt, so spricht Sartori von einem „prädominanten Parteiensystem“.[367] Stehen sich zwei große Parteien in Konkurrenz einander gegenüber, wobei beide die Chance haben, die Macht zu erringen, so spricht man von einem Zweiparteiensystem. Dabei ist die Existenz von kleineren Parteien

365 Hoffmann-Lange 1992.

366 für West-Europa s. d. Niedermayer u. a. 2006.

367 Sartori 1976: 186, 192.

dann unerheblich, wenn sie nicht bei der Regierungsbildung als Koalitionspartner benötigt werden. Es können also durchaus noch kleinere Parteien existieren, die konfessio-nelle, regionale, ethnische oder spezifische ökonomische Interessen repräsentieren. Ein Beispielfall dafür ist das Parteiensystem Großbritanniens. Alle weiteren Systeme werden als Mehr- oder Vielparteiensysteme bezeichnet. Bei Vielparteiensystemen ist die Zahl der Parteien unüberschaubarer als beim Mehrparteiensystem. Dagegen existieren beim Mehrparteiensystem einige größere Parteien von einiger Relevanz, die bei der Regierungsbildung beteiligt werden müssen. Bei Mehr- und Vielparteiensystemen gelingt es also in der Regel keiner Partei, die absolute Mehrheit zu erringen. Koalitionen sind daher unvermeidlich. Solche Parteiensysteme sind das Ergebnis von stark verfestigten und gegeneinander abgegrenzten Konfliktstrukturen und von Wahlsystemen, die eine ideologisch-politische Standortfixierung zulassen.

Für die moderne Beschreibung eines Parteiensystems hat Niedermayer vier Kriterien entwickelt: Format, Fragmentierung, Volatilität und Polarisierung.[368] Mit Format eines Parteiensystems ist die Zahl der in einem Parteiensystem relevanten Parteien (unabhängig von deren Größe) gemeint. Die Größenverhältnisse der Parteien finden ihren Niederschlag in der Fragmentierung. Die ideologische Distanz zwischen den Parteien geht in die Polarisierung ein. Unterschiede in der Wählerresonanz (s. Kap. II, B) werden als Volatilität bezeichnet.

Wie bereits bei den Verbänden dargestellt, haben sich auch die Parteien entlang von dominanten Konfliktlinien (Cleavages) in der Gesellschaft entwickelt. Sie sind das Ergebnis tiefgreifender historischer Auseinandersetzungen im Verlaufe der Reformation, der Nationalstaatsbildung, und der Säkularisierung sowie der industriellen und sozialen Revolution. Diese Konflikte wurden zunächst von sozialen Bewegungen aufgegriffen. Nach Ansicht vieler Forscher prägen sie die Parteiensysteme der meisten westlichen Demokratien bis in die Gegenwart hinein.[369] Es lassen sich zwei grundlegende Cleavagetypen unterscheiden: Einerseits handelt es sich um Konflikte über ethnische, territoriale und kulturelle Fragen, andererseits um solche über sozio-ökonomische Probleme. Erstere werden durch die Konflikte zwischen Zentrum und Peripherie, zwischen Staat und Kirche bzw. zwischen konkurrierenden Konfessionen abgebildet. Bei Konflikten der zweiten Art handelt es sich vor allem um den Verteilungskonflikt zwischen Kapital und Arbeit sowie um den zwischen verschiedenen Wirtschaftssektoren (Agrar- versus Industrie- versus Dienstleistungsinteressen). Hinzu kommen ideologische Abgrenzungen, die sich Parteien im Rahmen einer Kapitalismuskritik zu eigen machen und westliche Demokratien ablehnen (kommunistische Parteien).

Manche Konflikte scheinen sich in entwickelten Gesellschaften abzuschwächen, so beispielsweise der Konflikt zwischen Zentrum und Peripherie, zwischen den christlichen Religionen oder zwischen christlichen und laizistischen Orientierun-

368 Niedermayer 1992: 144–148.

369 Lipset/Rokkan, in: Lipset/Rokkan 1967; von Beyme 2000: 79–88.

gen. Einzelne Länder weisen aber spezifische Besonderheiten auf. In vielen westlichen Staaten existieren noch Regionalparteien, die auch religiöse oder gewisse ethnische Orientierungen aufgreifen, so in Großbritannien, Frankreich, Italien, Spanien und Kanada. Von unveränderter Bedeutung scheint der Verteilungskonflikt für die Parteiensysteme zu sein. Die neuen sozialen Bewegungen, die sich als Grüne oder Umweltparteien formierten, haben in der nachindustriellen Zeit eine neue Konfliktlinie ins Bewusstsein gehoben: die zwischen (auf „alte" Werte bezogenen) Materialisten und (an mehr Lebensqualität ausgerichteten) Postmaterialisten. Immer mehr Aufmerksamkeit erhalten im rechten Spektrum zu verortende populistische Parteien. Hier spielen dann die Führungspersönlichkeiten, deren Strategien und Ressourcen eine wichtige Rolle. Zuweilen werden diese Parteien auch nur als Protestparteien gesehen, deren Interessen von den etablierten Parteien vertreten werden könnten. Häufig wird die These formuliert, dass die Parteiensysteme in Europa sich generell im Umbruch befinden. Dafür wird die Individualisierungs- und Desintegrationsthese herangezogen: Die Milieus, die die dominanten Konfliktlinien stabilisiert haben, seien im Verfall begriffen. An ihre Stelle seien eine Vielzahl von neuen Kommunikations- und Lebensstilen getreten.[370] Dennoch bleibt umstritten, ob es bei stärkerer Orientierung der Wähler an Einzelthemen und Kandidaten (s. d. Kap. II, B, 2) leichter zu einer grundlegenden Veränderung des Parteiensystems kommen kann, die als Dealignment bzw. Realignment bezeichnet wird.

Neben diesen sozio-ökonomischen, ethnischen und religiösen Konflikten ist das Wahlsystem entscheidend für die Ausgestaltung des Parteiensystems. Bei Mehrheitswahl im Einerwahlkreis, bei der der Kandidat gewählt ist, der die meisten Stimmen auf sich vereinigt, besteht immer dann die Chance zu einem Zweiparteiensystem, wenn regionale Minderheiten nicht besonders dominant sind. Dies ist z. B. in den USA und Großbritannien der Fall, nicht aber in Kanada. Demgegenüber wirken Verhältniswahlsysteme in Richtung auf eine Zersplitterung der Parteiensysteme hin. Die wichtigsten Beispiele sind die Weimarer Republik, in der 60.000 Stimmen automatisch zu einem Sitz im Parlament führten, und Israel. So haben Wahlforscher[371] immer wieder darauf hingewiesen, dass Verhältniswahl starre Fronten zwischen den Parteien verstärken, während die relative Mehrheitswahl zu eher beweglichen Fronten zwischen den Parteien führe.

Viel häufiger als Verbände stehen die Parteien heute wieder im Kreuzfeuer der Kritik. Es wird ihnen vorgeworfen, dass sie ihre Funktionen übermäßig nutzen, um sich quasi ein Monopol in der Machtausübung zu sichern. Dies führt zur These von der Krise des Parteienstaates und der Krise der Parteien. Vor allem im Hinblick auf die Großparteien werden der Wähler-, Mitglieder- und Vertrauensschwund als Indikatoren dafür gesehen. Parteienverdrossenheit[372] wird zuweilen auf Politikerver-

---

370 S. d. Vester u. a. 1993.

371 Hermens (1941), ^{2}1968; Duverger 1959.

372 Arzheimer 2002.

drossenheit verengt. Die Politiker erhalten allerdings bei empirischen Untersuchungen gar keine schlechten Noten.[373] Eine objektive Beurteilung von Funktionsverlusten der Parteien im Rahmen der Interessenvermittlung ist kaum möglich, da den Parteien in den einzelnen demokratietheoretischen Modellen unterschiedliche Funktionen zugeschrieben werden. Funktionsproblemen müssen sich die Parteien in Auseinandersetzungen mit ihrer Umwelt dauernd stellen. Der Wettbewerb – auch bedingt durch die Kontrolle durch die Medien – ist für Parteien eher härter geworden. Dies zwingt sie zu Reformen.[374]

Literatur

(im **Fettdruck** besonders wichtige Titel zum Thema des Kapitels)

Alemann, Ulrich von (1987): Organisierte Interessen in der Bundesrepublik, Opladen.

Alemann, Ulrich von/ Weßels, Bernhard (Hrsg) (1997): Verbände in vergleichender Perspektive, Berlin.

Anheier, Helmut K. u. a. (Hrsg.) (1997): Der Dritte Sektor in Deutschland. Organisationen zwischen Staat und Markt im gesellschaftlichen Wandel, Berlin.

Armingeon, Klaus (1994): Staat und Arbeitsbeziehungen: Ein internationaler Vergleich, Opladen.

Arzheimer, Kai (2002): Politikverdrossenheit. Bedeutung, Verwendung und empirische Relevanz eines politikwissenschaftlichen Begriff, Wiesbaden.

Austin, Reginald/ Tjernström, Maja (2003): Funding of Political Parties and Election Campaigns, Stockholm.

Bentley, Arthur (1908): The Process of Government, Chicago.

Beyme, Klaus von (1977): Gewerkschaften und Arbeitsbeziehungen in kapitalistischen Ländern, München und Zürich.

Beyme, Klaus von (1980): Interessengruppen in der Demokratie, München, 5. Aufl.

Beyme, Klaus von (2000): Parteien im Wandel, Wiesbaden.

Czada, Roland (1994): Konjunkturen des Korporatismus: Zur Geschichte eines Paradigmenwechsels in der Verbändeforschung, in: Streeck, S. 37–64.

Dahl, Robert (1967): Pluralist Democracy in the United States: Conflict and Consent, Chicago.

Dalton, Russell J./Wattenberg, Martin P. (2000): Parties without Partisans. Political Change in Advanced Industrial Democracies., Oxford.

Downs, Anthony (1968): Ökonomische Theorie der Demokratie, Tübingen.

Duverger, Maurice (1959): Die politischen Parteien, Tübingen.

Etzioni, Amitai (1967): Soziologie der Organisationen, München.

Fraenkel, Ernst (1964): Pluralismus als Strukturelement der freiheitlich-rechtsstaatlichen Demokratie, München und Berlin.

---

373 Patzelt 1993; Patzelt 1996; Herzog u. a. 1993.

374 Dalton/Wattenberg 2000.

Fuchs, Dieter/Klingemann, Hans-Dieter (1995): Citizens and the State: A Relationship Transformed, in: Klingemann, Hans-Dieter/Fuchs, Dieter (Hrsg.): Citizens and the State, Oxford und New York, S. 419–443.

Gabriel, Oscar W./Brettschneider, Frank (Hrsg.) (1994): Die EU-Staaten im Vergleich, Opladen, 2. Aufl.

Gellner, Winand/Korff, Fritz von (Hrsg.) (1998): Demokratie und Internet, Baden-Baden.

Greven, Michael T. (1987): Parteimitglieder, Opladen.

Hermens, Ferdinand A. (1968): Demokratie oder Anarchie, Köln und Opladen, 2. Aufl.

Herzog, Dietrich u. a. (Hrsg.) (1993): Parlament und Gesellschaft, Opladen.

Hesse, Joachim Jens/Ellwein, Thomas (1992): Das Regierungssystem der Bundesrepublik Deutschland, Band 1, Opladen, 7. Aufl.

Hofferbert, Richard I./Klingemann, Hans-Dieter (1990): The Policy Impact of Party Programs and Government Declarations in the Federal Republic of Germany, in: European Journal of Political Research, S. 277–304.

Hoffmann-Lange, Ursula (1992): Eliten, Macht und Konflikt in der Bundesrepublik, Opladen.

Katz, Richard S./Mair, Peter (Hrsg.) (1992): Party Organizations, London u. a.

Katz, Richard S./Mair, Peter (Hrsg.) (1994): How Parties Organize, London u. a.

Katz, Richard. S./Mair, Peter (1995): Changing Models of Party Organization and Party Democracy: The Emergence of the Cartel Party. In: Party Politics, S. 5–28.

Keller, Berndt (1993): Einführung in die Arbeitspolitik: Arbeitsbeziehungen in sozialwissenschaftlicher Perspektive, München.

Kirchheimer, Otto (1965): Der Wandel des westeuropäischen Parteiensystems, in: PVS, S. 20–42.

Klingemann, Hans-Dieter u. a. (1994): Parties, Policies and Democracy, Boulder u. a.

Lamentowicz, Wojciech (1986): Interessengruppen, in: Ziemer, Klaus (Hrsg.): Sozialistische Systeme, München und Zürich, S. 190–196.

Lehmbruch, Gerhard (1987): Administrative Interessenvermittlung, in: Windhoff-Hériter, Adrienne (Hrsg.): Verwaltung und ihre Umwelt, Opladen, S. 11–43.

Lehmbruch, Gerhard (1994): Dilemmata verbandlicher Einflußlogik im Prozeß der deutschen Vereinigung, in: Streeck, S. 370–392.

Lipset, Seymour M./Rokkan, Stein (1967): Cleavage Structures, Party Systems and Voter Alignments: An Introduction, in: Lipset, Seymour M./Rokkan, Stein (Hrsg.): Party Systems and Voter Alignments: Cross-National Perspectives, New York und London, S. 1–64.

Mair, Peter / Biezen van, Ingrid (2001): Party Membership in Twenty European Democracies, 1980–2000, in: Party Politics, S. 5–22.

Michels, Robert (1989): Zur Soziologie des Parteiwesens in der modernen Demokratie, Stuttgart, 4. Aufl.

Müller, Christian J. (1998): Parteien im Internet, in: Gellner/Korff, S. 157–170.

Naßmacher, Hiltrud (1989): Auf- und Abstieg von Parteien, in: ZfP, S. 169–190.

Naßmacher, Hiltrud (1992): Parteien in Nordamerika: Apparatparteien „neuen Typs“?, in: ZParl, S. 110–130.

Naßmacher, Hiltrud (1994): Parteiorganisation, Parteiprogramme und Strukturen innerparteilicher Willensbildung, in: Gabriel/Brettschneider, S. 221–257.

Naßmacher, Hiltrud (1997): Parteien und Wählergruppen in der Kommunalpolitik, in: Gabriel, Oscar W. u. a. (Hrsg.): Parteiendemokratie in Deutschland, Bonn, S. 427–442.

Naßmacher, Hiltrud (2004): Parteiensysteme und Parteifinanzen in West-Europa, in: ZfP, 51 (2004)1, S. 29–51.

Nassmacher, Hiltrud/ Nassmacher, Karl-Heinz (2001): Major Impacts of Political Finance Regimes, in: Naßmacher, Karl-Heinz (Hrsg.): Foundations for Democracy, Baden-Baden, S. 181–196.

Naßmacher, Karl-Heinz u. a. (1989): Parteien im Abstieg, Opladen.

Naßmacher, Karl-Heinz u. a. (1992): Bürger finanzieren Wahlkämpfe, Baden-Baden.

Nassmacher, Karl-Heinz (2009): The Funding of Party Competition. Political Finance in 25 Democracies, Baden-Baden.

Niedermayer, Oscar (1992): Entwicklungstendenzen der westeuropäischen Parteiensysteme: Eine quantitative Analyse, in: PVS, Sonderheft 23, S. 144–159.

Niedermayer, Oskar (1993): Innerparteiliche Demokratie, in: Niedermayer, Oskar/Stöss, Richard (Hrsg.): Stand und Perspektiven der Parteienforschung in Deutschland, Opladen, S. 230–250.

Niedermayer, Oscar u. a. (2006): Die Parteiensysteme Westeuropas, Wiesbaden.

Oberreuter, Heinrich (1995): Der Weg nach oben. Auswahl und Mobilität von Parlamentariern, in: Andersen, Uwe u. a. (Hrsg.): Politik und Wirtschaft am Ende des 20. Jahrhunderts, Opladen, S. 135–150.

Offe, Claus (1972): Politische Herrschaft und Klassenstrukturen, in: Kress, Gisela/Senghaas, Dieter (Hrsg.): Politikwissenschaft, Frankfurt a. M., S. 135–164.

Oldopp, Birgit (2001): Auf dem Weg ins Parlament. Auswahl und Wahlkampffinanzierung der Kandidaten in Deutschland, Kanada und den USA, Frankfurt a. M.

Olson, Mancur (1982): The Rise and Decline of Nations, New Haven.

Olson, Mancur (1968, ^{2}1985, **2004): Die Logik des kollektiven Handelns, Tübingen, 5. Aufl.**

Patzelt, Werner J. (1993): Abgeordnete und Repräsentation, Passau.

Patzelt, Werner J. (1996): Deutschlands Abgeordnete: Profil eines Berufsstands, der weit besser ist als sein Ruf, in: Zeitschrift für Parlamentsfragen, S. 462–502.

Poguntke, Thomas (2000): Parteiorganisationen im Wandel, Wiesbaden.

Raschke, Joachim (1988): Soziale Bewegungen, Frankfurt a. M., 2. Aufl.

Ronit, Karsten/Schneider, Volker (1997): Organisierte Interessen in nationalen und supranationalen Politökologien – Ein Vergleich der G7-Länder mit der Europäischen Union, in: Alemann von/Weßels, S. 29–62.

Rucht, Dieter/ Rose, Jochen (2001): Zur Institutionalisierung von Bewegungen: Umweltverbände und Umweltprotest in der Bundesrepublik, in: Zimmer, Annette/ Weßels, Bernhard (Hrsg.): Verbände und Demokratie in Deutschland, Opladen, S. 261–290.

Rudzio, Wolfgang (1996): Parteiendemokratie und Repräsentation, in: Rüther, Günther (Hrsg.): Repäsentative oder plebiszitäre Demokratie – eine Alternative?, S. 136–145.

Sartori, Giovanni (1976): Parties and Party Systems, Cambridge.

Schmidt, Manfred G. (1982): Wohlfahrtsstaatliche Politik unter bürgerlichen und sozialdemokratischen Regierungen, Frankfurt a. M. und New York.

Schmidt-Urban, Karin (1981): Beteiligung und Führung in lokalen Parteieinheiten, Frankfurt a. M.

Schmitter, Philippe C. (1974): Still the Century of Corporatism?, in: Review of Politics 36, S. 85–131.

Schütt-Wetschky, Eberhard (1997): Interessenverbände und Staat, Darmstadt.

Schumpeter, Joseph A. (1950): Kapitalismus, Sozialismus und Demokratie, Bern, 2. Aufl.

Streeck, Wolfgang (1987): Vielfalt und Interdependenz, in: KZfSS 39, S. 471–495.

Streeck, Wolfgang (1994): Einleitung des Herausgebers. Staat und Verbände. Neue Fragen. Neue Antworten?, in: Streeck, S. 7–34.

Streeck, Wolfgang (Hrsg.) (1994): Staat und Verbände, Opladen (PVS Sonderheft 25).

Vester, Michael u. a. (1993): Soziale Milieus im gesellschaftlichen Strukturwandel, Köln.

Weber, Jürgen (1977): Die Interessengruppen im politischen System der Bundesrepublik Deutschland, Stuttgart u. a.

Wiesendahl, Elmar (1980): Parteien und Demokratie, Opladen.

Wiesendahl, Elmar (1997): Noch Zukunft für Mitgliederparteien? Erstarrung und Revitalisierung innerparteilicher Partizipation, in: Klein, Ansgar/Schmalz-Bruns, Rainer (Hrsg.): Politische Beteiligung und Bürgerengagement in Deutschland, Bonn, S. 349–381.

Windhoff-Héritier, Adrienne (1989): Institutionelle Interessenvermittlung im Sozialsektor, in: Leviathan, S. 108–126.

Winter von, Thomas/Willems, Ulrich (2000): Die politische Repräsentation schwacher Interessen: Anmerkungen zum Stand und zu den Perspektiven der Forschung, in: Willems, Ulrich / Winter, Thomas von (Hrsg.): Politische Repräsentation schwacher Interessen, Opladen, S. 9–38.

Zimmer, Annette (2001): NGOs – Verbände im globalen Zeitalter, in: Zimmer, Annette/ Weßels, Bernhard (Hrsg.): Verbände und Demokratie in Deutschland, Opladen, S. 331–358.

Kapitel V: Muster demokratischer Entscheidungen

Sieht man einmal von direktdemokratischen Mitwirkungsmöglichkeiten in einzelnen Ländern ab, so sind in demokratischen Systemen die einzelnen Bürger an der konkreten Ausgestaltung der demokratischen Ordnung und bei der Entscheidungsfindung nur indirekt beteiligt. Wie bereits dargestellt, erfolgt die Vermittlung von Interessen und Wertvorstellungen über verschiedene Institutionen (vor allem durch Medien, Parteien und Verbände), die diese ihrerseits konkretisieren, formulieren und aggregieren. Verbindliche Entscheidungen treffen dann die von der Bevölkerung gewählten Repräsentanten. Sie bringen auch die Durchsetzung (Implementation) der Entscheidungen in Gang, die in den Händen der Verwaltung liegt.

„Entscheiden" bedeutet die Wahl einer Handlungsmöglichkeit unter verschiedenen. Dabei spielen machtpolitisch bedingte oder inhaltliche Ziele (Präferenzen) der Entscheidungsträger eine Rolle. Meist sind beide Aspekte gleichzeitig von Bedeutung. Zum demokratischen Staat gehört es, dass er Pluralität und Heterogenität von Machtanspruch und inhaltlichen Zielen zulässt. Die Auseinandersetzung über die unterschiedlichen politischen Präferenzen führt notwendigerweise zu Konflikten oder zum Streit. Der Begriff „politische" bzw. „demokratische" Streitkultur weist auf die Erkenntnis hin, „dass nur durch ‚Kunst', Kalkül und Vereinbarung, also durch eine entsprechende ‚Pflege', friedliches Zusammenleben im Gemeinwesen zustande kommen" kann. Nur so lässt sich ein geregelter Streitaustrag gewährleisten.[375] „Politischer Streit und geregelter Streitaustrag, Konflikt und Konfliktregelung, Dissens und Konsens: diese schon seit der Antike diskutierte politikphilosophische Grundproblematik bleibt eine Herausforderung für Gegenwart und Zukunft."[376]

Zur Abwägung von verschiedenen Handlungsalternativen sind Informationen erforderlich. Die rationale Handlungstheorie geht von individuellen Akteuren aus, die jene Handlungsalternative wählen, die ihnen den größten Nutzen verspricht und die geringsten Kosten verursacht. Dieses Handlungsmuster wurde bereits bei der Wahlentscheidung diskutiert. In der politischen Wirklichkeit ist die Wahl der Entscheidungsalternativen personen- und kontextbezogen.[377] Die Informationen sind aber auch für die politischen Entscheidungsträger unvollständig. So müssen Entscheidungen unter Unsicherheit getroffen werden und können dadurch nur aus der

375 Sarcinelli, in: Sarcinelli 1990: 29.

376 Ebenda.

377 S. d. Kunz/Druwe, in: Druwe/Kunz 1996: 8; Hennen/Springer, in: Druwe/Kunz 1996: 12 ff.

begrenzten Perspektive des Handelnden als rational gelten. In der Regel sind an Entscheidungen auch mehrere Akteure beteiligt, die mit unterschiedlichen Präferenzen und Informationen in eine Entscheidungssituation hineingehen. Als typisch können Entscheidungssituationen angesehen werden, in denen weder sämtliche Alternativen und deren Konsequenzen bekannt sind, noch die Entscheidungsträger über ein geschlossenes System von Zielen und Präferenzen verfügen. Entscheidungen ergeben sich aus Verhandlungen. Formale Regeln oder informelle Übereinkünfte strukturieren das Entscheidungsfeld mehr oder weniger. Solche Regeln sind Ergebnis von Zielvorstellungen (Ideologien), von Konventionen, über die Konsens besteht, und von spezifischen Machtpositionen, die Akteure in Entscheidungsprozesse mitbringen. Schließlich fließen in Konfliktregelungsmechanismen auch Erkenntnisse aus längerfristigen Lernprozessen ein, die in einer Gesellschaft bestimmte Traditionen der Konfliktaustragung hervorgebracht haben.

Das Zusammenwirken der angeführten Faktoren hat unterschiedliche Muster der Konfliktregelung entwickelt, die man auf einem Kontinuum zwischen Einstimmigkeit oder Einhelligkeit und Mehrheitsentscheidung anordnen kann. In die Einstimmigkeit fließen in der Regel bewusst oder unbewusst die verschiedenen Präferenzen der an der Entscheidung beteiligten Akteure ein. In seiner institutionalisierten Form handelt es sich um ein Entscheidungsprinzip, das in der Literatur unter dem Stichwort „Proporzmuster" untersucht wird. Demgegenüber steht das „Majorzmuster"[378] oder die Mehrheitsentscheidung. So unterscheidet Lijphart zwischen Mehrheitsdemokratien und Konsensusdemokratien.[379]

Das Prinzip der Mehrheitsentscheidung galt lange Zeit als die höchste Stufe der Konfliktregelung in entwickelten Gesellschaften. Das angelsächsische System mit dem Wechsel zwischen je einer dominanten Partei in Regierung und Opposition, die sich in diesen Rollen abwechseln, diente als Orientierung (alternierende Regierungsweise). Typisch für solche Machtverhältnisse ist, dass die Regierungspartei so entscheiden kann, wie sie es für richtig hält, ohne auf die Opposition Rücksicht zu nehmen. Sie muss nur den Wahltag und damit die Wiederwahlfähigkeit im Auge behalten. Lehmbruch hat bereits in den 1960er Jahren vor einer „kurzschlüssigen Normativsetzung" dieses Typs der Konfliktregelung gewarnt.[380] Weder das Modell der Mehrheitsentscheidung, noch das Modell der Einhelligkeit sind als einzige Formen der Konfliktregelung unmittelbar in der politischen Wirklichkeit in irgendeinem demokratisch regierten Land vorzufinden. Vielmehr mischen sich die verschiedenen Arten der Konfliktregelung in unterschiedlicher Weise. In manchen politischen Systemen überwiegt jedoch ein bestimmtes Konfliktregelungsmuster sehr stark (wie in Großbritannien die Mehrheitsentscheidung).

Auch können spezifische Formen der Konfliktaustragung in unterschiedlichen politischen Gremien (z. B. im Parlament und in Fachausschüssen), oder Verwal-

378 Steiner 1970a und b.

379 Lijphart 1984: 1 ff bzw. 21 ff.

380 Lehmbruch 1967.

tungen beobachtet werden. Im Zusammenhang mit diesen Mustern der Konfliktaustragung wird zuweilen auch von Verwaltungskultur oder Parlamentskultur gesprochen.[381] Hierbei spielen aber die bereits genannten grundlegenden Konfliktmuster eine entscheidende Rolle.

A) Mehrheitsprinzip und Konkurrenzmodell

Beim Mehrheitsprinzip hat die Mehrzahl ein unbeschränktes Recht, ihren Willen gegenüber der Minderheit durchzusetzen. Dies ist vor allem dann problematisch, wenn sich die Mehrzahl dauerhaft etablieren kann. Beispiele dafür waren über Jahrzehnte Japan, Italien sowie in Deutschland Mehrheitsverhältnisse auf der kommunalen Ebene: in Baden-Württemberg Mehrheiten für die CDU, in Nordrhein-Westfalen für die SPD. Denn die Minderheit muss die Chance haben, zu einer Mehrheit zu werden. Das Prinzip der Mehrheitsentscheidung als Grundmuster gehört mit der alternierenden Regierungsweise zusammen.[382] Bei alternierender Regierungsweise hat die Opposition eine genauso wichtige Rolle wie die Regierung selbst. Sie konkurriert mit der Regierung um die Ausübung der Macht (Konkurrenzmodell). Bei dauerhaften Mehrheiten besteht immer dann die Gefahr, dass die Demokratie keine Zukunft hat, wenn Minderheiten nicht beachtet werden. Denn das Mehrheitsprinzip als Entscheidungsmuster ist untrennbar verknüpft mit der Anerkennung der Minderheit, d. h. mit der Achtung unterschiedlicher Meinungen, Interessen und Gruppen. Das Mehrheitsprinzip wird also eingeschränkt[383] durch Minderheitenrechte. Dies bedeutet vor allem, dass die Opposition durch die Mehrheit nicht behindert werden darf. Wäre dies der Fall, so könnte man mit Recht von einer „Tyrannei der Mehrheit" sprechen.

Nach der Mehrheitsregel muss sich nach Abstimmungen die Minderheit der Mehrheit beugen. „Wer mit der Mehrheit stimmt ..., gewinnt; wer mit der Minderheit stimmt ..., verliert, seine Stimme zählt nicht." In diesem Zusammenhang will Sartori den Ausdruck „Mehrheitstyrannei" nicht gelten lassen. Die Meinung der Minderheit könne bei anderen Abstimmungen zum Zuge kommen.[384] Kritiker der Mehrheitsregel befürchteten auch, dass es durch extreme und erstickende Konformität zur Mehrheitstyrannei kommen könne. In der Gesellschaft sei ein Schutz gegen die Tyrannei der herrschenden Meinung vonnöten, der Abweichlern Freiräume verschafft. Eine solche Debatte wurde z. B. bei den Auseinandersetzungen um die Kernenergie und die Nachrüstung geführt. Insgesamt lässt sich in Deutschland eine „zunehmende Bereitschaft gesellschaftlicher Gruppen, von Betroffenen oder generell politisch sensibilisierten Bürgern," erkennen, die auch rechtmäßig zustande

381 Sarcinelli, in: Sarcinelli 1990: 32 f.
382 Vgl. Sartori 1992: 33.
383 Ebenda: 40 f.
384 Vgl. ebenda: 139 f.

gekommene politische Entscheidungen „aus übergeordneten Gründen – z. B. Verantwortung für die Erhaltung einer auch für die nachfolgenden Generationen lebenswerten Umwelt oder Verantwortung für die Erhaltung des Friedens – generell in Frage … stellen.“[385] Diese Diskussion hebt auf die Qualität von Entscheidungen ab.[386] Eine solche Kritik ist nach Ansicht von Sartori nur dann gerechtfertigt, wenn eine Tendenz in der Gesellschaft besteht, aus dem Mehrheitsprinzip gleichzeitig eine uneingeschränkte (also alle politischen Fragen betreffende) Legitimationsgrundlage abzuleiten. Überspitzt formuliert würde das bedeuten: Die Mehrheit hat überall Recht. Problematisch wäre es auch, wenn sich nur noch eine Minderheit an Wahlen beteiligen würde und damit diejenigen, die die Mehrheit bilden, nur von einer Minderheit bestellt wären.

Die Diskussion über Quantität und Qualität hat eine lange Tradition. Sie hängt mit der Demokratisierung der Gesellschaft zusammen. Damit war der Ausbau der individuellen Freiheitsrechte, die Abschaffung der Privilegienordnung und die Verallgemeinerung rechtlicher Gleichheit, u. a. die Ausweitung des Wahlrechts, verbunden. Im Zuge dieser Entwicklung geriet das liberale Prinzip der Verteidigung von Individual- und Minderheiteninteressen in einen Gegensatz zum „Volkswillen“. Denn Minderheiteninteressen (z. B. Eigentumsinteressen) werden durch den Mehrheitswillen gefährdet oder konkreter: Das Bürgertum fürchtete die Mehrheit der Besitzlosen. Bereits Aristoteles hatte die Demokratie als eine Herrschaft der Mehrheit und damit der Besitzlosen über die Reichen bezeichnet (s. Kap. XIII, C). Gegner des Majorz haben bereits im 19. Jahrhundert die Herrschaft der kollektiven Mittelmäßigkeit bei Mehrheitsentscheidungen herausgestellt, z. B. Mill, und Tocqueville arbeitete das Problem heraus, dass die Gleichheit die Freiheit bedrohen könne (s. Kap. XV, C).

Sartori bezweifelt, dass es auf die Frage, ob die Quantität einen größeren Wert hat, eine bündige Antwort gibt. Fasst man den Mehrheitsgrundsatz als notwendige Konsequenz der Gleichheit beim Wählen auf, so könnte man argumentieren, dass jeder Wille den gleichen Wert hat wie jeder andere. „Je größer die Zahl der versammelten Willen, desto größer ihr gemeinschaftliches ‚Wertgewicht‘. Doch diese und ähnliche Argumente sind durchaus angreifbar; man könnte immer noch entgegnen, eine Anzahl schaffe Macht, aber kein Recht. Eine Mehrheit ist eine Quantität – und eine Quantität könne keine Qualität schaffen.“[387]

Sartori glaubt daher, dass das Mehrheitsprinzip einfach als Verfahrensregelung zur Konfliktlösung und Entscheidungsfindung, also als Methode, zu akzeptieren ist. Voraussetzung für die Anwendung der Mehrheitsregel ist, dass darüber ein Konsens (s. Kap. I, B, 2) herrscht, dass die betreffende Minderheit bereit ist, sich einer numerischen Mehrheit zu unterwerfen. Sartori bezeichnet das Mehrheitsprinzip als „das Verfahren oder die Methode, die am besten den Anforderungen der

385 Sarcinelli, in: Sarcinelli 1990: 42.

386 Vgl. dazu Guggenberger 1985.

387 Sartori 1992: 144 f. ; Genaueres hierzu bei Kevenhörster ^{3}2008: 265–271.

Demokratie entspricht."[388] Als Begründung führt er an, dass das Mehrheitsprinzip Blockierungen vermeidet und trotzdem große Kollektive an Entscheidungen beteiligt werden können. Bei Anwendung der Mehrheitsregel sind zudem die Entscheidungskosten geringer. Dies ist allerdings bei unterschiedlichen Mehrheitsregeln in verschiedener Weise der Fall. Offenbar sinken die Entscheidungskosten beim Übergang von der qualifizierten (oft die Zweidrittelmehrheit) zur einfachen oder absoluten Mehrheit (50,01 %) und schließlich zur relativen Mehrheit, d. h. der Mehrheit der größten Minderheit (eine Mehrheit von weniger als 50 %). „Der Grund für eine Senkung der Mehrheitshürde ist also die Erleichterung von Entscheidungen".[389] Da es nicht nur um die Verringerung von Entscheidungskosten geht, sondern auch um den Minderheitenschutz, werden häufig qualifizierte Mehrheiten bei wichtigen Entscheidungen gefordert, z. B. bei Verfassungsänderungen Dreifünftel- oder Zweidrittel-Mehrheiten.

Demokratien, in denen das Konkurrenzprinzip dominant ist, zeigen bei bisherigen Untersuchungen Vorteile im Hinblick auf die Fähigkeit, in begrenzter Zeit zu sachgerechten Lösungen zu kommen. Dies gilt z. B. für solche, die Einfluss auf das Wirtschaftswachstum haben.[390] Bei der Frage nach der Bewertung ist aber nicht allein die Effizienz der Entscheidungsfindung, sondern auch die Akzeptanz der gefundenen Lösungen durch die Bürger zu berücksichtigen.

Das mit dem Mehrheitsprinzip untrennbar verknüpfte Konkurrenzmodell wurde von Downs[391] klar ausformuliert. Es soll nicht die Wirklichkeit genau beschreiben, sondern dazu dienen, die Wirkungsweise einiger entscheidender Bestimmungsfaktoren abzuleiten. Downs Grundannahme ist, dass alles politische Verhalten in wirtschaftlich sinnvoller Weise mit einiger Konsequenz auf die Erreichung bewusst gewählter Ziele gerichtet, also rational, ist. Danach werden Politiker vor allem durch das persönliche Verlangen nach Prestige, Macht und/oder Einkünften motiviert. Um diese Ziele zu erreichen, müssen Politiker bestrebt sein, die Macht im Staate zu übernehmen. Zu diesem Zwecke bedienen sie sich der politischen Parteien als Gruppen von Personen, die zusammenarbeiten, um in regelmäßig abgehaltenen Wahlen den Regierungsapparat unter ihre Kontrolle zu bringen.

Dazu bedarf die erfolgreiche Partei der Zustimmung einer Mehrheit der Wähler. Alle Parteien werden also bestrebt sein, mehr Stimmen als jede andere zu erhalten. Die Politik der Parteien muss so ausgerichtet sein, dass damit ein möglichst großer Gewinn an Stimmen erzielt werden kann. Den Politikern dienen politische Programme und Aktionen nur als Mittel, um Wahlen zu gewinnen. Die regierende Partei gestaltet im Rahmen der Verfassung die Politik des Staates so, wie es ihr notwendig erscheint, um erneut eine Mehrheit zu gewinnen: Sie tätigt jene Ausgaben,

---

388 Sartori 1992: 145 f.
389 Sartori 1992: 221.
390 Schmidt 1995: 239.
391 Downs 1968; zum Konkurrenzmodell s. a. Böhret u. a. 1979: 13–15.

die möglichst viele Stimmen einbringen, mit Hilfe von Finanzierungsmaßnahmen, die am wenigsten Stimmen kosten.

Diese Möglichkeit wird allerdings dadurch wesentlich eingeschränkt, dass alle politisch Handelnden unter dem Mangel an sicherem Wissen über gegenwärtige und zukünftige Ereignisse leiden. Sie müssen also unter Ungewissheit handeln. Die Parteien wissen beispielsweise nicht, welche Politik die Mehrheit der Wähler will. Vor allem kann die personelle Zusammensetzung der Mehrheit bei den verschiedenen Entscheidungen wechseln. In vielen Fragen ist nicht genau erkennbar, mit welchem Nachdruck einzelne Gruppierungen welchen Standpunkt vertreten. Diese Ungewissheit stellt die Chancengleichheit von Regierungs- und Oppositionsparteien wieder her. Denn beide wissen nicht, wie sich bestimmte Maßnahmen auf die Wähler und ihre Ansichten auswirken werden, ob den Wählern die politischen Maßnahmen bewusst sind und welche Politik die gegnerische Partei verfolgen wird. Um diese für rationales Handeln gefährliche Ungewissheit zu vermindern, müssen die Parteien sich ausreichend Informationen verschaffen. Vor allem die Regierung muss versuchen herauszufinden, was die Wähler wollen. Da die meisten Leute ihre Ansichten der Regierung nicht von sich aus übermitteln, ist sie gezwungen, Vermittler zwischen sich und der Bevölkerung einzuschalten.

Die wichtigsten Vermittler sind die Repräsentanten der eigenen Partei, die nach Downs als Spezialisten die öffentliche Meinung (s. Kap. II, C) feststellen, weitergeben und analysieren. Ihre Informationen und Ansichten haben einen starken Einfluss auf die Politik der Regierung, die auf diese Weise ihre Macht dezentralisiert. Dadurch verringert sich aber die Fähigkeit der Regierung, ihre Aktionen aufeinander abzustimmen. Die technische Entwicklung von Nachrichtenverbindungen und Verkehrseinrichtungen trägt allerdings dazu bei, diese Tendenz zur Dezentralisierung abzuschwächen. Eine zweite Gruppe von Informationsvermittlern sind die Verbände, die versuchen, die Regierung davon zu überzeugen, was bestimmte Gruppen der Bevölkerung wünschen. Die Regierung wird einerseits wegen dieser Informationen auf die Verbände hören, andererseits muss sie prüfen, wie viele Bürger den jeweiligen Verband und seine Vorschläge wirklich unterstützen. Denn die Bürger haben über das Wahlrecht die Möglichkeit, eine Rolle bei der Auswahl der Regierung zu spielen: Durch ihre Stimmen können die Wähler einer Partei Macht verschaffen. Als Gegenleistung erwarten sie von der Regierung ihrerseits persönliche Vorteile.

Die Parteien sind nicht nur an den Auffassungen der Wähler interessiert, sie versuchen auch, durch Repräsentanten und andere Formen der Übermittlung von Informationen das Volk davon zu überzeugen, dass es ihrer Politik zustimmen kann. Dazu bedienen sich die Parteien nicht nur gezielter Informationen über ihre augenblickliche Politik, sondern sie formulieren auch Ideologien. Das sind auf bestimmte gesellschaftliche Gruppen abgestellte Programme für eine ideale Gesellschaft und den Weg dorthin. Ideologien helfen sowohl den Wählern als auch den Parteien, die Informationskosten zu senken. Sie ersparen es den Parteien, bei jedem einzelnen

Problem die Einstellung der Wähler zu ermitteln, und konzentrieren die Aufmerksamkeit der Wähler auf die Unterschiede zwischen den Parteien.

Der Wunsch, sich die bisherigen Wähler zu erhalten, treibt jede Regierungspartei zur weitgehenden Beibehaltung ihres Programms. Andererseits veranlasst das Bestreben, politischen Ballast loszuwerden, die Opposition zur Änderung ihres Programms. Die Ungewissheit darüber, welche Vorschläge die meisten Stimmen bringen, erlaubt die Koexistenz verschiedener Ansichten. Dieser inner- und zwischenparteiliche Anpassungsprozess bewirkt, dass die Programme der rivalisierenden Parteien sich ähneln. Jede Partei wird versuchen, ihre Politik so zu gestalten, dass der Schwerpunkt ihrer politischen Konzepte den Vorstellungen der gemäßigten Wählerschaft entspricht. Nur einige Programmpunkte dürfen sich als Konzessionen an die Extremisten der eigenen Richtung davon entfernen. Die Parteien werden in ihren Programmen nicht nur versuchen, einander ähnlich zu sein, sondern auch möglichst vieldeutig. Die Vieldeutigkeit erhöht nämlich die Zahl der möglicherweise anzusprechenden Wähler. Andererseits wollen die Parteien Wähler an die Wahlurne bringen, was nicht gelingen kann, wenn die Programme den Wählern als gleich erscheinen und nicht nachprüfbare Wahlversprechen erhalten.

Die Mehrheitsregel und das Konkurrenzmodell sind immer dann problematisch, wenn eine oder mehrere Minderheiten sich durch die dargestellte Mehrheitssuche und die dabei gebotenen Alternativen nicht einbinden lassen. Sie würden dann permanent durch eine Mehrheit dominiert werden. Dies kann dann der Fall sein, wenn die Abgrenzungen und Konflikte zwischen den verschiedenen Gruppierungen einer Gesellschaft sehr tiefgreifend sind und daher Mehrheitsentscheidungen für Minderheiten als nicht tragbar erscheinen. In solchen segmentierten Gesellschaften müssen Konfliktregelungsmuster entwickelt werden, die das Prinzip der Mehrheit (teilweise oder ganz) außer Kraft setzen.

B) Proporz als Entscheidungsprinzip

Das Konzept der „Einhelligkeitsdemokratie“ (Sartori) oder Proporz- oder Konkordanzdemokratie wurde relativ gleichzeitig durch Lehmbruch[392] für die Schweiz und Österreich und Lijphart[393] für die Niederlande dem Modell der Mehrheitsdemokratie gegenübergestellt. Generell ist der Proporz als Entscheidungsmuster in Gesellschaften anzutreffen, die religiös oder rassisch gemischt oder durch sonstige Konflikte, z. B. Klassenkonflikte, tief gespalten sind oder dies in der Vergangenheit waren. Auch in Gesellschaften, in denen ethnische, sprachliche und religiöse Minderheiten in spezifischen Regionen leben, finden sich solche Entscheidungsmuster. Dies ist häufig in politischen Systemen der Dritten Welt der Fall.[394] Partei-

392 Lehmbruch 1967.

393 Lijphart ^{2}1975.

394 Nohlen, in: Nohlen/Waldmann 1987: 136 f.

en können in diesen Gesellschaften Spaltungen nicht überwinden, sondern verstärken sie eher, weil sie sich auf spezifische ethnische, sprachliche oder religiöse Gruppierungen stützen. Traumatische Erinnerungen an gewaltsame Auseinandersetzungen in bestimmten Perioden der Landesgeschichte begünstigen die Bedeutung der Konflikte und sorgen dafür, dass sie weiterhin bestehen. Für die Schweiz werden der Sonderbundskrieg von 1847 und der Generalstreik von 1918 genannt. In Österreich kommt den Auseinandersetzungen um einen nationalen Ausgleich innerhalb der Monarchie, die 1914 zum Ersten Weltkrieg führten, und dem Bürgerkrieg von 1934 entsprechende Bedeutung zu.

Ergebnis solcher tradierter, tiefgreifender Konflikte entlang sozialer Merkmale ist eine segmentierte Gesellschaft. Steiner[395] bezeichnete ein politisches System dann als segmentiert, wenn die meisten Mitglieder der einzelnen Subkulturen zwei oder mehr soziale Merkmale mit politischer Relevanz gemeinsam haben. Die Segmentierung kann durch ein einzelnes Merkmal dominiert sein. Dann handelt es sich um eine „unidimensionale" Segmentierung, die Lehmbruch in Anlehnung an den niederländischen Sprachgebrauch „Versäulung"[396] nannte. Versäulung liegt vor, wenn die ideologischen Bindungen bei konkurrierenden Gruppen so stark überwiegen, dass sich alle anderen gesellschaftlichen Beziehungen und Interessen ihnen unterordnen. In den Niederlanden wurden die Konflikte zwischen den fünf größeren Parteien durch spezifische Medien, die sich an den entsprechenden Gruppierungen orientierten, wach gehalten.[397] Dagegen hatten die beiden großen Parteien in Österreich die Tendenz, sich jedes organisierbare Interesse organisatorisch einzuverleiben. Die Vorfeldorganisationen, also in die Gesellschaft hineinreichende Kammern und Verbände (s. Kap. VIII, B, 1), die nahe mit den Parteien verbunden sind, hatten eine ähnliche Funktion. Die Konflikte bestanden hauptsächlich zwischen weltanschaulich (kirchlich-antikirchlich) abgeschlossenen und in sich durchorganisierten „Lagern". Dem sozialistisch-laizistisch-städtischen Lager stand ein konservativ-katholisch-ländliches Lager gegenüber.

Der Unterschied zwischen Österreich und den Niederlanden war also, dass sich in Österreich die Segmentierung der Gesellschaft nicht so vielfältig darstellte wie in den Niederlanden. In den Niederlanden waren auch die Gewerkschaften in die Konfessionsstruktur eingeordnet. Beide Modelle stellen stark auf Zusammenarbeit mit den gesellschaftlichen Kräften ab. Diese ist in den Niederlanden mehr durch informelle Zusammenarbeit der Verbände mit der Regierung gesichert (Neo-Korporatismus). Dabei gibt es vielfältige Konsultations-, Beratungs- und Verhandlungsgremien (etwa den sozial-ökonomischen Rat als Spitze). In Österreich existierte Jahrzehnte eine stark formalisierte „Sozialpartnerschaft"[398] (s. Kap. VIII, B,

395 Steiner 1970b: 142.

396 Lehmbruch 1967.

397 Lijphart ^{2}1975.

398 Kleinfeld 1990: 175; Prätorius, in: Sarcinelli 1990: 75.

1). Als Ursache wurde der hohe Staatsanteil in der Industrie benannt, der ein Betätigungsfeld für eine konsensuell getragene Strategie ermöglichte.

Eine andere Art der Segmentierung findet man in Belgien und in der Schweiz. In Belgien überlagern sich der sprachliche und der religiös-antireligiöse Gegensatz. So besteht beispielsweise innerhalb der christlich-sozialen und der sozialistischen Partei je eine flämische und eine wallonische Subkultur. Diese Konstellation nannte Steiner[399] „bi-dimensionale Segmentierung“. In der Schweiz (s. Kap. VIII, B, 2) liegt schließlich eine multidimensionale Segmentierung vor. Hier überschneiden sich Sprache, Konfession, soziale Schichtzugehörigkeit und Region als Dimensionen gegenseitig, so dass eine relativ große Zahl von Subkulturen besteht. Lehmbruch[400] verwandte dafür den Begriff „Sektionalismus“ und bezeichnete damit die geschlossene Interessenvertretung einer innerhalb eines abgegrenzten Gebietes zusammenlebenden Gruppe. Dieser Fall wurde durch die weitgehende konfessionelle und sprachliche Geschlossenheit der einzelnen Kantone in der Schweiz begünstigt. Die Konflikte bestehen also zwischen Landesteilen. Dem entspricht die sehr weitgehende Selbständigkeit der kantonalen Parteiorganisationen.

Die Begriffe Sektionalismus, Versäulung und Lager bezeichnen also typische Integrationsformen politischer Gruppen, die nach außen weitgehend abgeschlossen und durch möglichst geringe Mobilität ihrer Mitglieder gekennzeichnet sind. Typisch für solche Gesellschaften sind Entscheidungsmuster, die als „gütliches Einvernehmen“ („amicabilis compositio“) charakterisiert werden. Sektionalismus und Versäulung treten vor allem in der Bevölkerung auf. Der ideologischen Unversöhnlichkeit der Gruppierungen in der Bevölkerung steht eine pragmatische, auf Verständigungsbereitschaft begründete Haltung der Eliten gegenüber. Dadurch, dass die Basis nur geringe Kontakte untereinander hat, wird den Eliten ein großer Spielraum zur pragmatischen Entscheidungsfindung gegeben.[401] Weil politische Gruppierungen der Meinung sind, dass sich ihre Zielvorstellungen ausschließen, wird das Proporzmuster als einzige Möglichkeit gesehen, gewaltsame Auseinandersetzungen, z. B. Bürgerkriege, oder autoritäre Herrschaft zu vermeiden. Für Entscheidungen über religiöse, sprachliche und ideologische Gegensätze gibt es auch keine gemeinsamen Maßstäbe für einen Kompromiss, kein Entgegenkommen „auf halbem Wege“, wie bei Fragen der Einkommensverteilung oder der Steuergesetzgebung. Vielmehr erfolgt die Entscheidungsfindung durch Aushandeln, Bargaining und Kooperation. Im Einzelnen kommen folgende Techniken zum Einsatz:

– Öffentliche Ämter, insbesondere Spitzenpositionen, werden den wichtigsten Gruppen im Verhältnis ihrer zahlenmäßigen Stärke zugeteilt. Dies ist besonders dann möglich, wenn mehrere zu vergebende Spitzenpositionen als gleichwertig eingeschätzt werden (wie in der Schweizer Bundesregierung; s. Kap. VIII, B, 2). Ist nur ein Amt zu vergeben, so muss das Prinzip der Rotation zur Anwen-

399 Steiner 1970b: 143.
400 Lehmbruch 1967: 18.
401 Prätorius, in: Sarcinelli 1990: 74.

dung kommen.[402] Dieser Grundsatz der „Parität“ bzw. des „Proporzes“ sichert die Mitwirkung der beteiligten Gruppen in Einzelfragen.

- Sachprobleme sind häufig nicht so gelagert, dass sie sich auf mehrere Einheiten reduzieren lassen, die als gleichwertig perzipiert werden. Das Aushandeln ist daher ein Kennzeichen der Konfliktlösungsstrategie. Kompromisse in wichtigen politischen Fragen sind häufig dadurch zustande zu bringen, dass strittige Fragen gleichzeitig geregelt werden (Junktim). Dabei wird die Sachfrage 1 im Sinne der Gruppe A und die Sachfrage 2 nach der Vorstellung der Gruppe B entschieden. So ergibt sich durch gegenseitige Zustimmung zu Maßnahmen, die für mindestens einen der Beteiligten eigentlich „unannehmbar“ sind, eine Erfüllung der Wünsche jeder Gruppe in einem bestimmten Teilbereich. Zuweilen wird auch einzelnen Gruppierungen ein Vetorecht über Entscheidungen zugesichert.
- Bestimmte räumlich und sachlich abgegrenzte Bereiche der staatlichen Organisation werden den beteiligten Gruppen zur selbständigen Durchführung ihrer eigenen Politik überlassen.[403]

Mit dieser Konfliktregelungsstrategie wird bewirkt, dass wichtige Gruppierungen an Entscheidungen beteiligt sind und dass keine Bevölkerungsgruppe den Eindruck gewinnt, dass sie dauernd in der Minderheit verbleibt. Die Art und Weise der Entscheidungsfindung hat sich im Laufe der Zeit bewährt, so dass davon positive Lernwirkungen ausgehen. Vor allen Dingen wird dieses Konfliktregelungsmuster im Zuge der politischen Sozialisation auf alle neu in die politische Elite eintretenden Personen übertragen. So erlangen die Verhaltensweisen eine große Beständigkeit im Zeitablauf. Auf diese Weise können sich die Verfahren der Konfliktregelung so fest in der politischen Kultur verankern, dass sie auch dann beibehalten werden, wenn sich die Art der gesellschaftlichen Konflikte verändert. Bei dieser Art der Konfliktregelung wird allerdings in Kauf genommen, dass eine politische Kontrolle durch die Opposition zumindest weitgehend fehlt.

Denn die Entscheidungsfähigkeit eines segmentierten politischen Systems ist u. a. um so größer,

- je häufiger und informeller die Eliten der verschiedenen Subkulturen unter Ausschluss der Öffentlichkeit interagieren,
- je länger die Amtsdauer der politischen Rollenträger ist,
- je mehr Zeit für die einzelnen politischen Entscheidungsprozesse zur Verfügung steht,
- je kleiner der Innovationsspielraum beim politischen Entscheidungsprozess ist,
- je geringer die politische Partizipation der einfachen Mitglieder des Systems ist,
- je größer die Zahl der selbständigen Subsysteme ist.[404]

---

402 Steiner 1970b: 139.

403 Naßmacher ^{2}1973: 68.

404 Naßmacher ^{2}1973: 72.

So wird das schweizerische Vielparteiensystem mit einer stark föderalistischen Gliederung und relativ geringer Parteidisziplin im Gesamtstaat eher in der Lage gesehen, Blockierungen durch Beschlüsse wechselnder Mehrheiten zu vermeiden, als das vor allem auf Lagern beruhende österreichische System des Zweierproporzes. Hinzu kommt, dass in der Schweiz Volksentscheid und Volksbegehren Kanäle für die Artikulation von Dissens darstellen.

Wenn auch für die Länder Österreich, Schweiz und die Niederlande diese Verfahren der Konfliktaustragung besonders herausgearbeitet werden, so bedeutet dies nicht, dass solche Muster nicht in anderen Ländern auch eine Rolle spielen.

Eine andere Frage ist, ob sich Konkordanz als Entscheidungsmuster auch positiv auf die Innovationsfähigkeit des politischen Systems auswirkt. In diesem Zusammenhang wurde bereits in den 1960er Jahren für die Schweiz die „Helvetische Malaise" (Imboden) festgestellt. Gemeint ist damit eine gewisse Immobilität, weil Innovationen zwangsläufig zu Lasten einer der etablierten Interessen gehen. Entscheidungen unterbleiben, weil sich die Beteiligten nicht auf ein gemeinsames Ziel einigen können. Zudem dauert die Einigung länger. Die Entscheidungskosten sind also höher als bei Mehrheitsentscheidungen. So wird auch argumentiert, dass diese Entscheidungsregeln nur in kleinen Gruppen funktionieren können. Scharpf hat darauf hingewiesen, dass bei wachsenden Anforderungen an politische Systeme auch deren Lernfähigkeit steigen muss. Damit ist die flexible, situationsgerechte Nutzung institutionalisierter, formeller und informeller, juristischer und außerrechtlicher, administrativer und kommunikativer Mittel zur adäquaten Problemverarbeitung gemeint.[405] Dies muss bei langfristiger Konstanz von Konkordanzmustern ein Defizit bleiben.

Befürworter von konkordanten Entscheidungsmustern haben davor gewarnt, solche Feststellungen bereits als bewiesen anzusehen.[406] Vielmehr hätten Regierungssysteme nicht nur Sachaufgaben (Leistungsfunktionen) zu erfüllen, sondern auch Integrationsaufgaben. Die Akzeptanz der Entscheidungen sei höher und damit die Implementation leichter, Konflikte, z. B. Arbeitskampfmaßnahmen, seien weniger heftig und zahlreich.[407] Dies hängt aber vielleicht auch damit zusammen, dass Verteilungsgerechtigkeitsziele besser berücksichtigt werden, was auch zu einem beträchtlich höheren sozialstaatlichen Engagement führt.

Am Beispiel Österreichs wurde häufig dargestellt, wie die Anwendung von Konkordanzstrategien einen Konsens der wichtigsten gesellschaftlichen und politischen Gruppen entwickelt und die Legitimität der politischen Institutionen bewirkt hat. Damit sei auch die Stabilität demokratischer Regierungsweise gewährleistet worden. Selbst der oft kritisierte „Ämterproporz" führe nicht notwendigerweise zur geringeren fachlichen Qualifikationen der Amtsinhaber. Dies würde erst dann problematisch, wenn eine anspruchsberechtigte Gruppe infolge eines „Bildungsde-

405 Scharpf, in: Ellwein u. a. 1987: 117.

406 Z. B. Lijphart 1991.

407 Schmidt 1995: 239.

fizits“ nicht über genügend qualifiziertes Personal verfüge. Das „Junktim“ führe erst in Verbindung mit einem Zweierproporz zur beschränkten Entscheidungsfähigkeit, weil dann der Zwang zum Junktim besonders stark sei und jede Frage so lange ungelöst bleibe, bis ein geeignetes Junktim gefunden werde.

Zu den kontroversen Auffassungen über die langfristigen Wirkungen von konkordanten Entscheidungsmustern konnten jeweils auch empirische Belege geliefert werden,[408] so dass die abschließende Bewertung offen bleiben muss. Wichtiger ist allerdings, dass sich im Entscheidungsverhalten verschiedener politischer Systeme oder Teilsysteme mehr oder weniger deutliche Trends abzeichnen.

C) Von der Mehrheits- zur Konkordanzdemokratie?

Bei der Darstellung der grundsätzlichen Entscheidungsmuster hat sich gezeigt, dass das Wirken von Parteien und Interessengruppen in den verschiedenen politischen Entscheidungssystemen von erheblicher Bedeutung ist. Parteien bewirken beim Konkurrenzmodell eine Integration von Interessen, beim Konkordanzmodell tragen sie – aufgrund tiefgreifender gesellschaftlicher Konflikte – zur Vertiefung der Interessenkonflikte bei. Neben den Groß- oder Volksparteien, die eine große Integrationskraft haben, bestehen in vielen demokratischen Systemen immer auch kleinere Parteien, die mehr oder weniger spezifische Interessen artikulieren. Je nach der Dominanz von ethnischen, religiösen oder sprachlichen Minderheiten sowie den Besonderheiten des Wettbewerbssystems (Verhältniswahl, ebenenspezifische Vertretungsmöglichkeiten im föderalistischen System) können sich diese Vertreter von Spezialinteressen langfristig behaupten. Sie tragen zu einer Segmentierung der Gesellschaft bei, die durch historische Erfahrungen der verschiedenen Gruppierungen miteinander noch verstärkt werden. Bei Entscheidungsprozessen bleibt nichts anderes übrig, als die Repräsentanten dieser Gruppierungen durch Proporzmuster in Entscheidungsabläufe einzubinden und ihre spezifischen Interessen durch Aushandeln der Gruppen untereinander entsprechend zu berücksichtigen. In diesem Prozess sind auch in unterschiedlicher Weise Verbände eingebunden.

Zwischen beiden extremen Entscheidungsmustern ergibt sich eine Vielzahl von Übergangsformen. Mehrheitsdemokratie in ihrer reinen Form wird bei Vielparteiensystemen dadurch problematisch, weil wechselnde Mehrheiten Instabilität bedeuten können. Zur Absicherung der Kontinuität des Regierungshandelns erscheinen Koalitionen notwendig. Regierungskoalitionen bringen aber Prozesse des Aushandelns und der Kompromisse zwischen den Koalitionspartnern mit sich.

Auch föderalistische Strukturen (s. Kap. VII, B, 3, b) führen in der Regel dazu, dass Mehrheitsentscheidungen zugunsten von Kompromissen zurückgedrängt wer-

408 Lijphart 1999.

den. Denn in föderalistischen Systemen scheint dem Parteienwettbewerb durch horizontale und vertikale Politikverflechtung[409] eine erhebliche Konkurrenz zu erwachsen. So kommt es z. B. zu einer Selbstkoordination der Länder und zu einer Absprache der Ebenen untereinander. Dabei kann es im Extrem zur positiven und negativen Koordination kommen. Bei positiver Koordination werden die Effekte der Kooperation maximiert, bei negativer Störungen vermieden.[410] Bei zunehmender Interdependenz der Entscheidungsbereiche und der entsprechenden Ausweitung des Streits der Beteiligten muss auf diese Weise das Innovationsniveau immer weiter „herunterkoordiniert" werden. Durch Politikverflechtung im föderalistischen System nehmen informelle Zirkel an Bedeutung zu. Bei diesen Formen des kooperativen Föderalismus verlagert sich zwangsläufig die Entscheidung von den legitimierten Parlamenten zu Kooperationszusammenhängen mit zweifelhafter Legitimationsbasis, in denen Aushandlungsentscheidungen typisch sind. Darauf hat Lehmbruch für die Bundesrepublik Deutschland aufmerksam gemacht.[411] Inzwischen sind in den verschiedenen föderalistischen Systemen eine Fülle von halbformellen Entscheidungsgremien entstanden, z. B. Arbeitskreise, Kommissionen, Ausschüsse. Ihre Zahl wird für Kanada 1968 auf 190, im Jahre 1975 bereits auf 800 geschätzt.[412] Diese Gremien gehen auf die gemeinsame Aufgabenwahrnehmung verschiedener Ebenen und Teileinheiten der gleichen Ebene eines Staates zurück. Anstelle einer organisatorischen Umstrukturierung und neuer Aufgabenzuordnungen zu einzelnen Verantwortungsträgern werden neben den bestehenden Strukturen neue, meist informelle, Kooperationskreise bzw. -gremien eingerichtet.[413] Dabei kommen bei der Analyse von Bearbeitungsformen einzelner Sachfragen auch Formen der Kooperation und des Kompromisses zwischen der öffentlichen Verwaltung und den Verbänden in den Blick (s. Kap. VI).

Sobald Parteien den Eindruck erwecken, dass ihnen Problemlösungskompetenz fehlt, führt das dazu, dass sich die Verbände stärker an die Verwaltung selbst wenden. Kooperationsformen der Verbände mit der Regierung/Verwaltung werden unter dem Begriff des Korporatismus[414] diskutiert (s. d. Kap. IV, A, 3). Dabei geht es darum, Problemlösungsstrategien zwischen verschiedenen Entscheidungsträgern (aus Regierung/Verwaltung und Verbänden) zu systematisieren, die weder dem Proporz- noch dem Majorzmuster zuzurechnen sind. Die Verbände benutzen dabei nicht nur die Chance, ihre Interessen durchzusetzen, sondern Entscheidungsträger in Regierung und Verwaltung versuchen die Verbände in Verhandlungen auf bestimmte Lösungen festzulegen, um dadurch die Implementation zu erleichtern. Korporatismus ist in unterschiedlichen Politikbereichen (z. B. der Sozialpolitik oder der Wirtschaftspolitik) anzutreffen. Von Alemann wählte die Bezeichnung

409 Scharpf u. a. 1976; Benz u. a. 1992.
410 Scharpf, in: Héritier 1993: 65, 69.
411 Lehmbruch 1976: 63.
412 Chandler/Puchta, in: Chandler 1986: 35.
413 Naßmacher 1991: 10.
414 Schmitter 1979.

„funktionale“ (also aufgabenbezogene) Politikverflechtung.[415] Das Interesse der Wissenschaft galt zunächst den Großverbänden der Wirtschaft in ihren Beziehungen zum Staat. Die Zusammenarbeit des Staates mit diesen Großorganisationen in Entscheidungsgremien (Paritätische Lohn-Preis-Kommission in Österreich, Konzertierte Aktion im Gesundheitswesen in der Bundesrepublik Deutschland) ist aber in den einzelnen Staaten unterschiedlich stabil. In solchen mit der Dominanz konkordanter Entscheidungsstrukturen scheint sie aber am ausgeprägtesten und auf Dauer angelegt.[416] Die Zusammenarbeit kann auch sporadisch sein und die Regierung kann vor allem die Funktion des engagierten Moderators annehmen, der am Verhandlungstisch („Runder Tisch“) die Bedingungen dafür schafft, dass eine unmittelbare Einigung versucht oder u. U. die Bereitschaft zur Selbstregulation als Ergebnis akzeptiert wird.

Als Übergangsformen zwischen Majorz- und Proporzmuster bilden sich also vielfältige und kaum kontrollierbare Kooperations- und Entscheidungsmuster heraus, die die Bedeutung der Parteienkonkurrenz stark reduzieren. Für das Modell der Parteienkonkurrenz (Konkurrenzmodell) spricht vor allen Dingen die Transparenz und damit die Kontrolle. Dies gilt insbesondere für klare, verantwortliche Mehrheiten ohne Koalitionsnotwendigkeiten, deren Regierungen an ihren Leistungen gemessen und abgelöst werden können. Tatsächlich sind in Majorz-Systemen, z. B. in Großbritannien, stärkere Kurswechsel in der Staatstätigkeit festzustellen, während in Proporzsystemen selbst bei Regierungswechseln keine größeren Veränderungen der Regierungspolitik erfolgten.

Proporzmuster sind möglicherweise nur für Übergangssituationen nötig, weil langfristig ein Aufbrechen der Segmente und eine Integration über institutionelle Arrangements (z. B. über spezifische Ausprägungen der Parteisatzungen; über Fortschreibung von Vertretungsrechten im föderalistischen System) notwendig und möglich ist. Sensibilität der Mehrheiten und Kompromissfähigkeit gegenüber Minderheiten können eingeübt werden. Diese Übergangssituation kann durch kontinuierliche Lernprozesse und gesellschaftliche Veränderung allmählich eingeleitet und beendet werden. Ein Beispiel für die Übergangsthese ist die österreichische Länderebene, für die vorhandene Proporzmuster allmählich in Frage gestellt bzw. abgeschafft werden.[417] Ein oktroyiertes Zweiparteiensystem (wie in Nigeria versucht, s. Kap. X, B, 2) kann diesen Übergangsprozess kaum beschleunigen. Wachsende Mobilität der Bevölkerung und die Lockerung der Bindungen an spezifische Gruppierungen müssen vorausgehen. Erfahrungen mit Minderheiten in verschiedenen politischen Systemen, deren Besonderheiten durch ihre Eliten bewusst tradiert werden, z. B. Singalesen und Tamilen in Sri Lanka, Griechen und Türken in Zypern, Christen und Moslems im Libanon, zeigen, wie schwierig es ist, eine solche Übergangssituation in Gang zu setzen. Während die Kanadier für die Quebecer und

415 Von Alemann, in: Mickel 1983: 266.
416 Lijphart 1991; Armingeon, in: Talos 1993.
417 Dachs 1994: 631 ff.

Ureinwohner seit Jahrzehnten nach allseits akzeptierten Vertretungsrechten im föderalistischen System suchen, sind die Belgier hier in den letzten Jahren wesentliche Schritte vorangekommen – allerdings zu Lasten der Integrationskraft des Gesamtsystems. Dagegen hat sich in den Niederlanden bereits seit den 1960er Jahren auf gesamtstaatlicher Ebene eine Auflockerung der Säulen abgespielt. Damit nimmt auch die Notwendigkeit für kooperative Konfliktregelung ab. In Österreich gab es bereits in Zeiten der großen Koalition Phasen, in denen die Mehrheitsentscheidung deutlich an Bedeutung gewann. Neue Probleme können allerdings dadurch erwachsen, dass die Hauptakteure (Großparteien und zugehörige Verbände) noch sehr in den alten Entscheidungsstrukturen verhaftet sind.

Österreich war bis in die 1980er Jahre durch ein Nebeneinander von parlamentarischer Parteienkonkurrenz und sozialpartnerschaftlichem Entscheidungsmuster charakterisiert. Konkurrenzdemokratie spielte sich also im Rahmen des Parlamentarismus ab, während vor allem die wirtschaftlichen Verbände nach dem Muster der Konkordanzdemokratie agierten. Diese beiden Extreme im Entscheidungsverhalten wurden durch die Verflechtung von Parteien und Verbänden verklammert: Die Großparteien waren durch entsprechende Teil- und Vorfeldorganisationen in den großen Kammern und im Gewerkschaftsbund vertreten; die Kammern und der Gewerkschaftsbund hatten wiederum ihre Vertreter in den Parteien.[418] Das System war insgesamt stabil und berechenbar. Zwischenzeitlich gewannen Parteien an Einfluss, die sich nicht mit der ausgeprägten Parteien- und Verbändestaatlichkeit identifizieren. „FPÖ und Grüne sind im Verbändestaat nicht vertreten und können damit unabhängig von ihm agieren. Ihr handlungsleitendes Interesse ist nicht primär die kompromisshafte Abstimmung politischer Ziele, sondern die größtmögliche Resonanz politischen Agierens bei den Wählerinnen und Wählern.“[419]

In der Schweiz symbolisiert vor allem die Zusammensetzung der Schweizer Kollegialregierung nach der „Zauberformel“ die Konkordanzdemokratie. Die Regierung bestand seit 1959 aus zwei Freisinnigen, zwei Christdemokraten, zwei Sozialdemokraten und einem Vertreter der Schweizerischen Volkspartei, schrieb also die damaligen Mehrheitsverhältnisse fest. Erst 2002 – nach den Wahlerfolgen des Populisten Blocher und seiner Schweizerischen Volkspartei – wurden die neuen Kräfteverhältnisse berücksichtigt. Weitere Elemente der Verhandlungsdemokratie sind der Föderalismus, die Verhältniswahl und die proportionale Sitzverteilung in den meisten politischen Behörden aller Ebenen sowie die Elemente direkter Demokratie, aus denen ebenfalls ein Konkordanzzwang erwächst. Inzwischen wird die Konkordanzdemokratie in der Schweiz allerdings nicht mehr so unangefochten akzeptiert. Angesichts schwindender Gemeinsamkeiten gab es Diskussionen um die Beendigung der Konkordanz.

418 Pelinka 1992: 17.
419 Ebenda.

Dies würde aber bedeuten, dass auch die institutionellen Bedingungen geändert werden müssten.[420] Insbesondere seien Volksinitiative und Referendum abzubauen, denn vom Referendum gehe der größte Konkordanzzwang aus. „Um die häufigen Verfassungsabstimmungen zu gewinnen und um das Risiko des fakultativen Gesetzesreferendums zu minimieren, bedarf es der Zusammenarbeit aller größeren Interessengruppen zum politischen Kompromiss."[421] Beobachter glauben allerdings, dass die Diskussionen eher akademischer Art sind und eine Änderung nicht zu erwarten ist. Neben den in der Zauberformel vereinigten Regierungsparteien konnten die vielen kleinen Nicht-Regierungsparteien bislang kein einheitliches Oppositionspotential bilden und binden. Ihre Zahl ist zu groß und sie sind insgesamt zu heterogen. Aber auch hier gibt es wie in Österreich eine Partei, die sich in der langfristigen Konsensformel nicht mehr angemessen vertreten fühlt und unter populistischer Flagge segelnd die Zauberformel mit Erfolg in Frage stellt hat.

Gegen die Übergangsthese im Hinblick auf konkordante Entscheidungsmuster spricht, dass in anderen politischen Systemen (insbesondere solchen mit dem Zwang zu Koalitionsregierungen und mit föderativen Strukturen) offenbar Prozesse des Aushandelns und der Kompromisssuche zunehmende Bedeutung erlangen. Dies geschieht, ohne dass dabei politische Verantwortlichkeiten oder administrative Zuständigkeiten prinzipiell in Frage gestellt werden. Bei der Bewertung solcher informeller oder auch formalisierter Gesprächsrunden (Koalitionsausschüsse, Gesprächskreise von Fachministern der Länder, Kooperationszusammenhänge zwischen Verwaltung und Verbänden) werden zuweilen nur die möglichen Vorteile hervorgehoben. Denn das öffentlichen Streit möglichst vermeidende Sich-Absprechen, Aushandeln, Koordinieren und Kooperieren reduziert zunächst politische Reibungsverluste. Ein Außerkraftsetzen korporatistischer Muster, die einmal eingeschliffen sind, scheint schwer möglich. Dieses Entscheidungsverhalten wird deshalb positiv beurteilt, weil die Verteilungskoalitionen aus kollektiven Anstrengungen hervorgegangen sind und daher die Gewähr dafür bieten könnten, dass sich die einzelnen Mitwirkenden nicht übervorteilen. Das individuelle Nutzenkalkül werde durch ein kollektives ersetzt. Daher sieht Katzenstein[422] in den korporatistischen Vernetzungen von Verbänden untereinander und mit dem Staat eine Voraussetzung für Anpassungsflexibilität. Erfolge werden z. B. in der Bekämpfung der Arbeitslosigkeit (z. B. Niederlande) und der Inflation gesehen. Dies ist insbesondere in kleinen europäischen Ländern, in Österreich, der Schweiz, Norwegen, aber auch Schweden, Dänemark und Belgien beobachtet worden. Kritiker weisen darauf hin, dass eine Einigung vor allen Dingen auf Kosten der Verbände der Arbeitnehmer erfolgt. Aber auch die entscheidenden Nachteile seien nochmals benannt: Diese Muster von Entscheidungen erschweren mangels Publizität die demokratische Kontrolle durch das Parlament und vor allem durch die Öffentlichkeit. Sie begüns-

420 Linder 1992: 24.

421 Ebenda: 25.

422 Katzenstein 1985.

tigen eine proportionale Befriedigung von Ansprüchen, insbesondere der Interessen, die an den Aushandlungsoligopolen beteiligt sind. Insofern sind solche Streitkanalisierungs- oder besser Konsensbeschaffungsmechanismen tendenziell exklusiv.[423] Olson[424] sieht eher in den selbstsüchtigen Verteilungskoalitionen (wie sie z. B. in den o. a. Bereichen der Wirtschafts- und Gesundheitspolitik bestehen) eine langfristige Gefahr für den Wohlstand westlicher Gesellschaften.

Inzwischen sollte deutlich geworden sein, dass die hier dargestellten Entscheidungsmuster nicht irgendeinem politischen System allein zugeordnet werden können. In unterschiedlichen politischen Systemen funktionieren sie besser oder schlechter, in verschiedenen Phasen der politischen Entwicklung sind sie mehr oder weniger ausgeprägt, in verschiedenen Politikbereichen führen sie zu mehr oder weniger befriedigenden Ergebnissen. „In Wirklichkeit sind also in allen Demokratien die meisten Entscheidungen keine Nullsummen-Mehrheitsentscheidungen."[425] Vielmehr kann man die Muster demokratischer Entscheidungen auf einem Kontinuum anordnen, das auf der einen Seite das Entscheidungsmuster „immer mehrheitsorientiert", auf der anderen Seite das Entscheidungsmuster „nie mehrheitsorientiert" vorsieht. In den meisten Demokratien wird die Mehrheitsregel mit anderen Entscheidungsverfahren kombiniert, die dieses Prinzip modifizieren, als Korrektiv dienen oder eine Ventilfunktion haben.

Die wirklichen Demokratien sind um so mehr mehrheitsorientiert, „je stärker sie von Konsens beherrscht sind, je (kulturell) homogener und je weniger segmentiert (gespalten) sie sind; und sie sind um so weniger mehrheitsorientiert (d. h. um so stärker einhelligkeitsorientiert), je weniger diese Eigenschaften zutreffen."[426]

Insgesamt ist es in der bisherigen wissenschaftlichen Diskussion nicht gelungen, quantitativ nachzuweisen, welche Entscheidungsmuster in welchem System auf welchen Ebenen und in welchen Politikbereichen dominant sind. Bisher sind nur grobe Zuordnungen ganzer Staaten vorgenommen worden.[427] Es scheint jedoch so zu sein, dass Akteure in kleineren politischen Systemen und überschaubaren Diskussionszusammenhängen (z. B. in kleinen Kommunen) eher zu konkordanten Entscheidungsstrategien neigen. Vieles spricht dafür, dass es sich nur um eine Übergangsform der Entscheidungsfindung handelt, die bei wachsender Kommunikation über die Gruppengrenzen hinweg, bei wachsender Mobilität und bei abnehmender Gruppenbindung des Einzelnen obsolet wird. Bei rationalem Verhalten der Akteure müsste das jedenfalls so sein, wenn Entscheidungskosten vermieden werden sollen.[428] Jedoch auch hier sind wieder Einschränkungen zu machen. Zum einen ergeben sich unter spezifischen Rahmenbedingungen des jeweiligen politischen Systems andere Ausgangsbedingungen für rationales Verhalten (Wahlrecht, ebenen-

423 Sarcinelli, in: Sarcinelli 1990: 44.
424 Olson 1982.
425 Sartori 1992: 241.
426 Ebenda.
427 Z. B. Schmidt 1995: 233.
428 Riker 1962.

spezifische Verflechtung im Föderalismus). Zum anderen kommen wiederum langfristig gewachsene Verhaltensweisen in den Blick, die sich dann auf Dauer verfestigt haben.

So spielen in vielen politischen Systemen westlicher Zivilisation religiöse Konflikte kaum noch eine Rolle. In manchen politischen Systemen, z. B. den Niederlanden, wurde der Wandel verlangsamt, weil Teileliten und das Mediensystem Konflikte nach wie vor aktualisieren. Dennoch haben die Niederlande den Übergang zur Mehrheitsdemokratie inzwischen geschafft. In der Schweiz und Österreich mussten die politischen Akteure durch populistische Parteien daran ermahnt werden, dass Teile der Bürger die Aushandlungsprozesse der etablierten Kräfte hinter verschlossenen Türen eher skeptisch sehen. In anderen politischen Systemen waren Formen der friedlichen Austragung von Konflikten zwischen religiösen Gruppen schwer zu etablieren, z. B. in Nordirland und im ehemaligen Jugoslawien. Der Gedanke, dass Proporzsysteme für Übergangssituationen geeignet erscheinen, wird auch im Zusammenhang mit der Demokratisierung von Ländern der Dritten Welt geäußert. „Gerade für die aus diversen Stämmen und Rassen entstandenen postkolonialen Staaten ist das Modell der ‚Proporzdemokratie' eher zu realisieren ... Da dies jedoch auch einen Minimalkonsens über die Erhaltung des Gesamtsystems voraussetzt und der Kompromissprozess bei konfliktorischen Eliten schwerfällig und brüchig ist, sind solche Systeme labil und der Zerstörung ausgesetzt."[429]

Literatur

(im **Fettdruck** besonders wichtige Titel zum Thema des Kapitels)

Abromeit, Heidrun (1993): Interessenvermittlung zwischen Konkurrenz und Konkordanz, Opladen.

Alemann, Ulrich von (1983): Korporatismus, in: Mickel, Wolfgang W. (Hrsg.): Handlexikon zur Politik, München, S. 265–267.

Armingeon, Klaus (1993): Korporatismus im Wandel, in: Talos, Emmerich: Sozialpartnerschaft: Kontinuität und Wandel eines Modells, Wien, S. 285–309.

Benz, Arthur u. a. (1992): Horizontale Politikverflechtung, Frankfurt a. M. und New York.

Böhret, Carl u. a. (1979): Innenpolitik und politische Theorie, Opladen.

Chandler, William M./Puchta, Josef (1986): Politische Implikationen des Staatswachstums in Kanada, in: Chandler, William M. (Hrsg.): Perspektiven kanadischer Politik – Parteien und Verwaltung im Bundesstaat, Oldenburg, S. 35–50.

Dachs, Herbert (1994): Der Regierungsproporz in Österreichs Bundesländern – ein Anachronismus?, in: Österreichisches Jahrbuch für Politik, S. 623–637.

Döring, Herbert (1993): Großbritannien, Opladen.

Downs, Anthony (1968): Ökonomische Theorie der Demokratie, Tübingen.

429 Shell, in: Holtmann ^{3}2000: 113.

Druwe, Ulrich/Kunz, Volker (Hrsg.) (1996): Handlungs- und Entscheidungstheorie in der Politikwissenschaft, Opladen.

Guggenberger, Bernd (1985): An den Grenzen der Mehrheitsdemokratie, Sonderdruck (aus: Guggenberger, Bernd/Offe, Claus (Hrsg.) (1984): An den Grenzen der Mehrheitsdemokratie, Opladen), Bonn, S. 2–13.

Hennen, Manfred/Springer, Elisabeth (1996): Handlungstheorien – Überblick, in: Druwe/Kunz, S. 12–41.

Héritier, Adrienne (Hrsg.) (1993): Policy-Analyse, Opladen (PVS Sonderheft 24).

Katzenstein, Peter (1985): Small Worlds in World Markets, Ithaca.

Kevenhörster, Paul (2002): Politikwissenschaft. Band 1: Entscheidungen und Strukturen der Politik, Opladen, 2. Aufl.

Kleinfeld, Ralf (1990): Mesokorporatismus in den Niederlanden, Frankfurt a. M. u. a.

Kunz, Volker/Druwe, Ulrich (1996): Einleitung, in: Druwe/Kunz, S. 8–10.

Lehmbruch, Gerhard (1967): Proporzdemokratie, Tübingen.

Lehmbruch (1976): Parteienwettbewerb im Bundesstaat, Stuttgart.

Leibholz, Gerhard (1969): Das Wesen der Repräsentation und der Gestaltwandel der Demokratie im 20. Jahrhundert, Berlin, 3. Aufl.

Lijphart, Arend (1975): The Politics of Accomodation: Pluralism and Democracy in the Netherlands, Berkely, 2. Aufl.

Lijphart, Arend (1984): Democracies, New Haven und London.

Lijphart, Arend (1991): Constitutional Choices for New Democracies, in: Journal of Democracy 2, S. 72–84.

Lijphart, Arend (1999): Patterns of Democracy, New Haven and London.

Linder, Wolf (1992): Die Schweiz zwischen Isolation und Integration, in: APUZ, B 47–48, S. 20–31.

Naßmacher, Hiltrud (1991): Politikverflechtung – ein unvermeidliches Übel?, in: Politische Bildung, 3, S. 5–20.

Naßmacher, Hiltrud (1992): Minderheiten und Regierbarkeit. Erfahrungen aus westlichen Demokratien, in: PVS, S. 643–660.

Naßmacher, Karl-Heinz (1973): Politikwissenschaft I, Düsseldorf, 2. Aufl.

Nohlen, Dieter (1987): Demokratie/Demokratische Systeme, in: Nohlen, Dieter/Waldmann, Peter (Hrsg.): Dritte Welt, München und Zürich, S. 121–140.

Olson, Mancur (1982): The Rise and Decline of Nations, New Haven.

Pelinka, Anton (1992): Österreich: Was bleibt von den Besonderheiten, in: APUZ, B 47–48, S. 12–19.

Prätorius, Rainer (1990): Streit, Konsens und politische Kultur, in: Sarcinelli, S. 63–76.

Riker, William H. (1962): The Theory of Political Coalitions, New Haven.

Sarcinelli, Ulrich (1990): Auf dem Weg in eine kommunikative Demokratie? Demokratisches Streitverhalten als Element politischer Kultur, in: Sarcinelli, S. 29–51.

Sarcinelli, Ulrich (Hrsg.) (1990): Demokratische Streitkultur, Bonn.

Sartori, Giovanni (1992): Demokratietheorie, Darmstadt.

Scharpf, Fritz W. u. a. (1976): Politikverflechtung, Kronberg/Ts.

Scharpf, Fritz W. (1987): Grenzen der institutionellen Reform, in: Ellwein, Thomas u. a. (Hrsg.): Jahrbuch zur Staats- und Verwaltungswissenschaft, Band 1, Baden-Baden, S. 117.

Scharpf, Fritz W. (1993): Positive und negative Koordination in Verhandlungssystemen, in: Héritier, S. 57–83.

Schmidt, Manfred G. (1995): Demokratietheorien, Opladen.

Schmitter, Philippe C./Lehmbruch, Gerhard (Hrsg.) (1979): Trends Toward Corporatist Intermediation, Beverly Hills und London.

Shell, Kurt L. (2000): Demokratie, in: Holtmann, Everhard (Hrsg.): Politik-Lexikon, München, S. 110–114.

Steiner, Jürg (1970a): Gewaltlose Politik und kulturelle Vielfalt, Bern.

Steiner, Jürg (1970b): Majorz und Proporz, in: PVS, S. 139–146.

Widmaier, Hans Peter (1992): Wirtschaftliche Logik politischen Handelns? Eine Kritik ökonomischer Positionen, in: Abromeit, Heidrun/Jürgens, Ulrich (Hrsg.): Die politische Logik wirtschaftlichen Handelns, Berlin, S. 62–88.

Kapitel VI: Politikfelder und Entscheidungsmuster

Mit Ausnahme der in der internationalen Politik bearbeiteten Fragestellungen hat die Politikwissenschaft die Analyse von Interessenvermittlungs- und Entscheidungsprozessen und die dabei auftretenden Konflikte zunächst ohne Bezug auf ein bestimmtes Politikfeld bearbeitet: Die inhaltlichen Aspekte von Politik (Policy) wurden eher als Steinbruch für die jeweilige Beweisführung bei der Diskussion von Entscheidungsprozessen genutzt. Einzelne Politikfelder, z. B. die Gesundheitspolitik, die Energiepolitik oder die Sozialpolitik, standen nicht ausdrücklich im Mittelpunkt der Analyse. Dies haben erst die Politikfeldanalysen geändert, die in den USA bereits seit den 1960er Jahren, in der Bundesrepublik seit den 1970er Jahren betrieben wurden. Ursache für diesen Wandel der Politikwissenschaft war ein erheblicher Beratungsbedarf der Politik.

A) Theoretische Grundlagen der Politikfeldanalyse

Die Politikfeldforschung oder Policy-Analyse rückt also die inhaltliche Dimension von Politik in den Mittelpunkt der Betrachtung. Der politische Prozess wird nicht mehr als Machtbildungs- oder Machtverteilungsprozess betrachtet, sondern als Problembearbeitungsprozess.[430] Gefragt wird danach,

- wie bestimmte gesellschaftliche Probleme, z. B. soziale Missstände, zum öffentlich diskutierten und damit regelungsbedürftigen Problem werden,
- wie die ursprünglich anvisierten Problemlösungsvorschläge sich im Laufe der Bearbeitung im politischen Prozess verändern und
- welche Auswirkungen die im politischen Entscheidungsprozess gefundenen Lösungen in der Gesellschaft bzw. bei einzelnen Betroffenen oder Adressaten hervorrufen.

Damit steht der gesamte Problembearbeitungsprozess (Politikzyklus oder Policy Cycle) zur Untersuchung an. Den Schwerpunkt der Analysen bildete zunächst die Fragestellung, warum bestimmte Reformpolitiken in ihrer Durchführungsphase auf Widerstände stießen. Diese Fragestellung wurde durch Implementations- und Wirkungsforschung (Evaluationsforschung) bearbeitet. Die Phase der Politik- und Programmentwicklung, auch als Phase der Problemformulierung oder Festsetzung der

430 Mayntz 1982: 74.

Tagesordnung (agenda-setting) bezeichnet, wurde zunächst eher vernachlässigt. Vor allem der Prozess der Problementstehung ist nur selten untersucht worden.

Die Verwendung des Politikzyklus als analytisches Raster zur Betrachtung der Bearbeitung von Politikinhalten hat manchen Vorteil. Dabei wird der Fortgang der Beschäftigung mit einem Problem nachvollziehbar. Die Veränderung von Zielen und Politikinhalten und die dabei verwendeten Problembearbeitungs- und Entscheidungstechniken können im Einzelnen verfolgt werden. Natürlich treten die einzelnen Phasen in der Realität nicht klar getrennt voneinander auf. Vielmehr kommt es zuweilen zum Wiederaufrollen und Wiederholen von bestimmten Bearbeitungsphasen. Als Hilfsmittel für die Analyse erscheint die Vorgehensweise dennoch fruchtbar.

In der Phase der Problemdefinition kristallisiert sich heraus, welches aus einer unendlichen Zahl von Problemen als politisch handlungsrelevant betrachtet werden soll. Dabei sind unterschiedliche gesellschaftliche Gruppen und politische Akteure aktiv und versuchen, Probleme nach bewussten oder unbewussten Auswahlkriterien zu benennen. Daraus ergibt sich immer dann die Aufforderung zum Handeln, wenn das Thema von politischen Gruppierungen, gesellschaftlichen Organisationen oder sonstigen Akteuren der politischen Öffentlichkeit mit genügendem Nachdruck auf die politische Tagesordnung gesetzt wird. Hier konkurriert ein neues Problem dann mit ungelösten Problemen, die schon lange auf der Tagesordnung stehen. Die Entscheidung darüber, ob das Problem tatsächlich bearbeitet wird, ob es also zur Politikformulierung kommt, ist davon abhängig, wer sich für das Thema einsetzt. Hier spielen Machtfragen eine wichtige Rolle. Manche Probleme werden erst nach Jahren[431] oder überhaupt nicht bearbeitet (sog. non-decisions), bei anderen Fragen entschließen sich die Entscheidungsträger zu einer symbolischen Handlung oder treffen eine Rahmenregelung, die den weiteren Verlauf der Durchführung von Maßnahmen (Implementation) kaum beeinflussen kann.

Als Implementation (wörtlich: erfüllen, ausfüllen) wird in der Politikwissenschaft die Durchführung von rechtsverbindlichen Entscheidungen bezeichnet, also die Durchführung von Gesetzen, Verordnungen und Erlassen. Bei wenig präzisiertem Handlungsauftrag durch die politischen Entscheidungsgremien sind die Entscheidungsmöglichkeiten der Implementationsträger (Verwaltungen aller Ebenen) groß. Die Implementation kann an den Adressaten einer bestimmten Maßnahme, die in Gesetzen, Verordnungen oder allgemein in Programmen vorgesehen sind, scheitern. Daher müssen Implementationsprobleme schon in der Entscheidungsphase (policy conversion) mitbedacht werden. So muss sich die Forschung auch mit den Resultaten des Durchführungshandelns (policy outcomes) und den mittel- und langfristigen Wirkungen der Politikergebnisse (policy impacts) befassen.

Die Analyse der Politikformulierung war zunächst sehr stark an Vorstellungen orientiert, die nicht für die Bearbeitung von politischen Problemen und für die Er-

431 Ein gutes Beispiel ist die BSE-Epidemie, die bereits 1985 begonnen hat (FAZ vom 20.11.2000).

gebnisse von Entscheidungsabläufen typisch sind: die Formulierung von ad-hoc Programmen zur Bearbeitung eines spezifischen Problems stand im Mittelpunkt der Betrachtung.[432] Erst allmählich wurde deutlich, dass jedes Gesetz und dessen Fortschreibung, jede Satzung, jede Verordnung als Programm interpretiert werden kann. Das Ende von Programmen (Termination) scheint in europäischen Regierungssystemen nicht so häufig zu sein wie in den USA.[433] Wesentlich häufiger werden Gesetze verändert (novelliert).

Als weitere wichtige analytische Instrumente wurden bei der Politikfeldanalyse Politiknetze und Politikarenen eingeführt. Der Begriff Politiknetz oder Policy-Netz beschreibt anschaulich, dass bei der Bearbeitung von Politikinhalten unterschiedliche Akteure (öffentliche und private) mit spezifischen Beziehungen zueinander beteiligt sind. „Sie lassen sich charakterisieren als relativ dauerhafte, nicht formal organisierte, nicht hierarchische, durch wechselseitige Abhängigkeiten und gemeinsame Verhaltenserwartungen bzw. Verhaltensorientierungen stabilisierte Kommunikationsbeziehungen zwischen Angehörigen von Organisationen, die in politische Prozesse involviert sind."[434] Diese Policy-Netze (policy networks),[435] in denen öffentliche und private Akteure interagieren, unterscheiden sich durch die Dichte der Beziehungen und sind nach außen mehr oder weniger offen, überlagern sich z. T., sind aber zuweilen auch sehr stark gegeneinander abgeschottet. Etablierte Politikfelder haben sich in der Regel schon genau konturiert, bei neuen ist dies dagegen nicht zu erwarten.

Netzwerkanalysen zu einzelnen Politikfeldern, z. B. zur Wirtschaftspolitik, zur Sozialpolitik oder zur Gesundheitspolitik, versuchen spezifische Muster der Interessenvermittlung bzw. der staatlichen Steuerung herauszuarbeiten. Die übergreifenden Verbindungen zwischen den Netzwerken für einzelne Themen (issues) werden durch Regierungen, Ausschüsse des Parlaments und durch das Parteiensystem hergestellt. Das Netzwerk der Landwirtschaftspolitik verbindet die Bundes- und Landesminister für Landwirtschaft, die Vereinigungen der Landwirte und Produktionsgenossenschaften und die Ernährungsindustrie. Einige Netzwerke sind stark auf der nationalen Ebene integriert, während andere einen mehr pluralistischen Charakter haben. Es gibt Muster, in denen eine Zentralisation der Entscheidungsfindung feststellbar ist, z. B. in der Verteidigungspolitik, während andere Muster stärker zur Dezentralisation neigen, z. B. in der Kulturpolitik. Als Beispiele sollen zwei Politikfelder näher betrachtet werden, die üblicherweise stark voneinander abgeschottete Netzwerke ausbilden, die Sozial- und die Wirtschaftspolitik.[436]

Wichtigste Akteure im Netzwerk der Sozialpolitik sind die Verbände der freien Wohlfahrtspflege, Berufsgenossenschaften, Krankenkassen, Ärzteverbände, die In-

---

432 Sie sind typisch für präsidentielle Systeme (s. Kap. VIII, A, 2).

433 Von Beyme 1988: 331.

434 Benz 1997: 104.

435 Kenis/Schneider, in: Marin/Mayntz 1991: 41.

436 Vgl. dazu von Beyme/Schmidt 1990.

teressenvertreter der pharmazeutischen Industrie und der Apotheker. Hinzu kommen die fachspezifischen öffentlichen Akteure auf allen Ebenen des politischen Systems. Die meisten Verbände in der Sozialpolitik sind im System der sozialen Sicherheit allseits anerkannt. Neuankömmlinge, z. B. Selbsthilfegruppen oder neue Vereine haben es dagegen schwer, sich zu etablieren. Die Strukturmuster der Interessenvermittlung in der Sozialpolitik lassen sich nach Windhoff-Héritier[437] vier Kategorien zuordnen:

- Selbstregulierung und Selbstverwaltung durch private Organisationen (der Unternehmer), z. B. beim Unfallschutz, bei der Unfallverhütung (Berufsgenossenschaften, TÜV).
- Paritätische Selbstverwaltung und Selbstregulierung, z. B. in der gesetzlichen Krankenversicherung und der gesetzlichen Unfallversicherung durch Mitwirkung von Arbeitgeberverbänden und Gewerkschaften.
- Paternalistische Verwaltung durch Maßnahmen kommunaler Behörden in Verbindung mit Verbänden der freien Wohlfahrtspflege, die sich ohne Mitwirkung der Betroffenen (Adressaten) vollzieht.
- Tri- und mehrpartistische Regulierung und Verwaltung eines Handlungsfeldes durch Arbeitgeber, Arbeitnehmerverbände, Staat und sonstige, z. B. in der konzertierten Aktion im Gesundheitswesen.

Insbesondere auf der kommunalen Ebene ergibt sich eine horizontale Verflechtung von Sozialleistungsverbänden und Verwaltung. Hier werden im Einvernehmen Terrains (domains) abgegrenzt und Klienten zugeteilt. Infolge des monopolistischen Vertretungsanspruchs durch die Sozialverbände, der funktionalen Aufgabenteilung zwischen Großverbänden und der hierarchischen Struktur von Wohlfahrtsverbänden wurde deren Zusammenarbeit mit Kommunen und Staat als neokorporatistisch eingestuft. Kommunen und Staat beziehen die Wohlfahrtsverbände in die Implementation staatlicher Sozialpolitik ein.

Die Interessenvermittlung in der Wirtschaftspolitik erfolgt durch Verbände der Arbeitgeber und der Arbeitnehmer (Gewerkschaften), halböffentliche Akteure (in Deutschland: IHK, Handwerkskammer) und einzelne Unternehmer. Die Selbstregulierung ist hier dominant (Tarifautonomie, Festlegung von Normen). Die Wirtschaftspolitik des Staates dient vor allem der Wiederherstellung und Erhaltung des Wettbewerbs. Dadurch, dass Unternehmer und ihre Organisationen in Selbstregulierungszusammenhängen (Festsetzung von Unfallschutzmaßnahmen, Normen) so aktiv sind, können sie ihre Interessen gegenüber den Arbeitnehmerinteressen besser durchsetzen. Großunternehmen sind überhaupt nicht darauf angewiesen, ihre Interessen durch entsprechende Organisationen vertreten zu lassen. Ihre Wünsche werden selbständig vorgetragen oder durch die politischen Akteure bereits antizipiert. Ein Versuch, die Interessenverbände in der Wirtschaftspolitik in die staatliche Politik stärker einzubinden, ist in Deutschland bisher gescheitert. So war die „Konzertierte Aktion" der 1970er Jahre in der alten Bundesrepublik nicht von Dauer. Die

437 Windhoff-Héritier 1989: 108 ff.

Erfolge des seit 1996 diskutierten „Bündnis für Arbeit“ werden unterschiedlich eingeschätzt. Auch auf der kommunalen Ebene ist es schwierig, eine korporatistische Einbindung der lokalen Interessenverbände der Wirtschaft in entsprechenden Gremien (z. B. einem Wirtschaftsausschuss) zu erreichen.[438]

Der Begriff Politikarena hebt auf den politischen Prozess ab, der bei Entstehung und Durchführung einer Policy mit Konflikt- und Konsensbildungsprozessen verbunden ist. Es handelt sich also um Entscheidungsinseln, auf denen relativ autonom Politik gemacht wird. Im Gegensatz zum Policy-Netz werden neben den Entscheidern auch die Betroffenen der Entscheidung in die Betrachtung einbezogen. Wie sich das Policy-Netz im Laufe der Bearbeitung eines Problems ändern kann (manche Akteure treten in den Hintergrund, andere werden bedeutender), so ist auch die Politikarena Veränderungen unterworfen. Dies hängt mit den unterschiedlichen Programmen, also den angestrebten Politikergebnissen und den Folgen für die Betroffenen, zusammen. Eine Politik, die den Betroffenen Vorteile bringt, wird auf breite Zustimmung stoßen, eine Politik dagegen, die Umverteilung beabsichtigt, kann Konflikte in der Politikarena hervorrufen und zu einer Polarisierung zwischen Gewinnern und Verlierern führen.[439] Die Notwendigkeit, andere Lösungsstrategien zu suchen, bewirkt dann eine Veränderung der Politikarena.

Die wichtigsten Forschungsfragen der Policy-Forschung sind:

- Wie, warum und mit welchem Effekt fällen politische Entscheidungsträger verbindliche Entscheidungen?
- Wodurch wird das Politikergebnis vor allem bestimmt? Sind dafür die politischen Strukturen (Polity) oder die einzelnen Handlungsträger und ihre jeweiligen Vorgehensweisen (Politics) maßgebend?

Politikergebnisse werden also hier abhängig gesehen von der spezifischen Ausgestaltung von Strukturen und politischen Handlungen. Politikinhalte bestimmen aber möglicherweise diese Strukturen und die politischen Handlungen selbst. Daher lautet eine andere Forschungsfrage:

- Lassen sich entlang verschiedener Politikinhalte spezifische Entscheidungsstrukturen herausarbeiten?

Zu dieser Frage hat Lowi[440] die These formuliert: „Policies determine politics.“

Bisherige Forschungsergebnisse haben diese Fragen nur vorläufig beantworten können. Politikprozesse werden nach wie vor überwiegend allgemein formuliert, ohne dass die Besonderheiten im jeweiligen Politikfeld, z. B. von Wirtschafts-, Sozial-, Umwelt- und Finanzpolitik, entsprechend berücksichtigt werden.

Dies kann verschiedene Ursachen haben. Einmal könnten die Bedingungen in den verschiedenen Politikfeldern gar nicht so unterschiedlich sein. Möglicherweise sind die Forscher bereits an dem von Windhoff-Héritier[441] formulierten Problem

438 Naßmacher 1987.
439 Windhoff-Héritier 1987: 43, 52, 58.
440 Lowi 1972: 299.
441 Windhoff-Héritier 1983.

gescheitert, Politikinhalte so zu klassifizieren, dass mit ihnen ein Schlüssel zum Verständnis der politischen Prozesse geboten wird. Dafür sind u. U. die in der Praxis vorgefundenen Einzelpolitiken, wie sie sich in Verwaltungsgliederungsplänen und Ressortzuständigkeiten einzelner Amtsinhaber konkretisieren, noch keineswegs relevant. Allgemein akzeptierte Kategorien für die theoretische Gliederung der verschiedenen Politikfelder bzw. die Einordnung von Einzelpolitiken gibt es bisher nicht. Bislang werden insbesondere die von Lowi vorgeschlagenen Kategorien distributiv, redistributiv und regulativ akzeptiert.

Bei der distributiven Politik geht es um die seltene Möglichkeit, neue Ressourcen verteilen zu können, ohne dass damit ein Umverteilungsprozess verbunden ist. Viel häufiger sind dagegen redistributive (umverteilende) Maßnahmen: In der Regel ist eine Politik so angelegt, dass Einzelne etwas abgeben müssen, während Andere davon einen Vorteil haben. Schließlich hebt die Kategorie regulative Politik auf Steuerungsprinzipien ab. Mit Verboten und Geboten soll ein bestimmtes Verhalten sichergestellt werden. Daneben gibt es noch andere Maßnahmen, die das Verhalten beeinflussen, z. B. direkte und indirekte Anreize, Überzeugungs- und Aufklärungsstrategien, Angebot und Vorbild.[442] Von Edelman stammt die Unterscheidung zwischen symbolischer und materieller Politik.[443] Damit wird auf die Beschaffenheit von Politikergebnissen abgehoben, die materielle oder immaterielle Leistungen beinhalten können. Weitere Kategorisierungen sind z. T. deckungsgleich oder sie ergänzen die bereits genannten.

Die verschiedenen Politikfelder lassen sich nur mit einer gewissen analytischen Großzügigkeit den mehr oder weniger akzeptierten Kategorien zuordnen. Dies muss immer dann zu unterschiedlichen Ergebnissen führen, wenn ein Politikfeld weiter oder enger gefasst wird. So kann die Gesundheitspolitik als Teil der Sozialpolitik gesehen werden. Sozialpolitik ist primär redistributive Politik. Allerdings finden sich bei der Gesundheitspolitik auch eine Fülle von anderen Elementen, z. B. Anreize, Überzeugungs- und Aufklärungsstrategien bis hin zu Verboten, also Elemente regulativer Politik. Die Umweltpolitik wird schwerpunktmäßig der regulativen Politik zugeordnet. Die Probleme beim Vollzug der sehr differenzierten Umweltschutzgesetzgebung machen aber deutlich, dass ohne Anreize und Überzeugungsarbeit Umweltpolitik nicht erfolgreich sein kann. Bei der kommunalen Wirtschaftspolitik ist die Zuordnung noch schwieriger. Sieht man die Wirtschaftsförderung als Ansiedlungspolitik, muss sie der redistributiven Politik zugerechnet werden. Fasst man kommunale Wirtschaftspolitik (oder Gewerbepolitik) als eine Politik auf, die alle Maßnahmen umfasst, die das Wirtschaften positiv oder negativ beeinflussen, und stellt dabei zudem in Rechnung, dass Ansiedlungspolitik kaum noch zu Erfolgen führt, überwiegen auch hier die regulativen Elemente. Diese müssen – wie in der Umweltpolitik – durch Anreize und Überzeugungsstrategien er-

---

442 Windhoff-Héritier 1987: 29 ff.
443 Edelman 1976: 10.

gänzt werden. Auf der gesamtstaatlichen Ebene arbeitet Wirtschaftspolitik ohnehin primär mit regulativen Mitteln.

Eine Politik wird durch unterschiedliche Zielvorgaben in die eine oder andere Richtung profiliert. Auch im Laufe der Lebensdauer kann sich der Schwerpunkt einer Politik wandeln. So haben sich im Zuge einer zielgenaueren Bearbeitung einzelner Probleme Politikfelder aus bisherigen Zusammenhängen verselbständigt, z. B. die Gesundheitspolitik wurde aus der Sozialpolitik herausgelöst, ein anderes Politikfeld wurde mit der Sozialpolitik zusammengefaßt: die Arbeitsmarktpolitik. Geblieben ist die Tatsache, dass „fast jede policy … verteilende, umverteilende und regulative Elemente“[444] enthält, die in unterschiedlicher Gewichtung zum Einsatz gelangen. So sind die bisherigen Versuche der theoretischen Durchdringung noch nicht zu einem allseits akzeptierten Ergebnis der Abgrenzung verschiedener Politikfelder gekommen und Zweifel sind angebracht, ob dies jemals erreicht werden kann. Daher werden in der Forschung die in der Praxis vorgefundenen Abgrenzungen (Nominalkategorien) bei der Analyse verwendet.

B) Politikinhalte als Vorgabe für Politikprozesse

Die Bearbeitung von Politik vollzieht sich in Netzen. Darin sind verwaltungsinterne Kräfte, Politiker und mitwirkungsbereite Teile der Öffentlichkeit (Vereine, Verbände, Initiativen und Medien sowie private Akteure) mehr oder weniger eingebunden. Die Problembearbeitung in den einzelnen Politikfeldern ist zuweilen stark voneinander abgegrenzt; sie geschieht also in stark sektoralisierten Netzen oder Politikarenen. Dies ist vor allem bei etablierten Politikfeldern, z. B. der Sozialpolitik, der Fall. Die Netze verfügen über unterschiedlich komplexe Binnenstrukturen („networks of networks“), sie sind z.T. stark gegliedert oder weisen eine gewisse Homogenität auf. Dies wird teilweise durch institutionelle Rahmenbedingungen, z. B. durch Mitwirkungsregeln in der Verfassung, in der Gemeindeordnung oder in speziellen Gesetzen, vorgegeben. Eingeschliffene Verhaltensmuster, z. B. ein Vorgehen, das sich für die Konfliktlösung bewährt hat, verleihen ihnen zusätzlich einen gewissen Grad an interaktiver und struktureller Stabilität. Die meisten Politiker, die Fachpolitiker, sind in solche Netze spezifischer Einzelpolitiken eingebunden. Deren intensives Zusammenwirken mit Fachämtern der Verwaltung und den spezifischen Verbänden der Einzelpolitik trägt zur Sektoralisierung der Politik bei. Die Verflechtungsintensität nach außen kann locker oder stärker formalisiert sein. Dabei können sich spezifische Formen der Interessenvermittlung bzw. -steuerung (z. B. Lobby oder korporatistische Strukturen) herausgebildet haben.

---

444 Windhoff-Héritier 1983: 354.

Vor allen Dingen die Austauschbeziehungen zwischen den Fachverwaltungen unterschiedlicher Ebenen (Stadt, Land und Bund) bewirken durch vertikale Kooperation (Politikverflechtung) weitere Sektoralisierungen von Fachpolitiken. Wie stark solche Abgrenzungen durchschlagen, ist auch abhängig davon, wie die einzelne Fachpolitik in andere Politiken eingebunden wird. Verwaltungsinterne Kräfte, Politiker und mitwirkungsbereite Öffentlichkeit sind bei den Politikfeldern nur z. T. unterschiedlich. Verknüpfungen zwischen den Netzwerken werden durch die Führungsebenen und durch Akteure hergestellt, die sich nicht zwischen den Netzwerken entscheiden können. Ob dies zu negativen Tendenzen führt, hängt vom Gewicht der Steuerungsebene ab und von der Art und Weise, wie die Akteure ihre jeweiligen Möglichkeiten nutzen. Hier wird auch von „governance" oder „Politikstil" gesprochen. Einzelne Politiker und Verwaltungsdienststellen sind zwangsläufig in allen Politikfeldern zuhause, z. B. Fraktionsvorsitzende. Es handelt sich um die Steuerungspolitiker und die Mitarbeiter in den Querschnittsämtern der Verwaltung.[445]

In allen Policy-Forschungen hat sich zudem herausgestellt, dass Verwaltungen in konkreten Entscheidungsprozessen recht dominant sind. Muster des Vorgehens sind dabei z. T. politikfeldunspezifisch. So konnte z. B. das schrittweise Abarbeiten von Problemen und die Reduktion der Zahl der Akteure in nachfolgenden Entscheidungsphasen nachgewiesen werden. Schließlich stellte sich heraus, dass nicht nur die Besonderheit eines Politikfeldes spezifische Bearbeitungsweisen hervorrufen kann, sondern auch die Frage eine Rolle spielt, ob das zu bearbeitende Problem bereits etabliert ist oder ob es in der politischen Diskussion völlig neu aufscheint. Bei Letzterem ergibt sich insbesondere die Unsicherheit, welche Entscheidungsträger und Mitwirkungsbereite beteiligt werden müssen, um zu einer Lösung zu kommen.

Neue Entscheidungsinhalte (issues) fordern Mitwirkungsansprüche von neuen mitwirkungsbereiten Gruppen heraus, auf die etablierte Akteure sich einstellen müssen. Sie können sich enger zusammenschließen, neue Formen der Mitwirkung eröffnen oder versuchen, die mitwirkungsbereiten Akteure für ihre Ziele zu nutzen, sie also inkorporieren und damit instrumentalisieren. Wie sich die Akteure in konkreten Entscheidungsabläufen formieren, hängt von der Konfliktfähigkeit der mitwirkungsbereiten Gruppen ab.

In alten Politikfeldern und bei der Bearbeitung von Problemen, die in ähnlicher Weise immer wiederkehren, ist die Handlungssicherheit höher. Einmal sind die Kooperationsformen unter den Akteuren bereits routinisiert und so etabliert, dass dadurch ein Absinken des Politikfeldes in die Bedeutungslosigkeit verhindert werden kann. So gibt es in der Sozialpolitik korporatistische Muster, in der Wirtschafts- und Baupolitik werden Wünsche von Interessenten (Einzelpersonen/ Investoren/ Architekten) bereits antizipiert, ohne dass sich eine feste Steuerungsstruktur herausgebildet hat. Vielmehr kommt es zum Hineinregieren der Klientel in

445 S. d. Pappi, in: Héritier 1993: 88 ff.; Mayntz, in: Héritier 1993: 40 ff.

die Fachverwaltung oder zu Kumpaneien zwischen Investoren, Unternehmern und Fachverwaltungen. Das Ergebnis ist die Suche nach „vertretbaren“ Lösungen für Einzelfälle (Gewerbe) oder die Verteilung von Vorteilen bei der Vergabe von Infrastrukturmaßnahmen (z. B. Schulbauten) oder Stadtsanierung. Die Wissenschaft nennt das ‚kooperative‘ Verwaltung. Mitwirkungsansprüche von Parteien sowie deren Zusammenwirken mit Ratsfraktionen, Bürgerinitiativen oder einzelnen Bürgern sorgen für Unberechenbarkeit; diese Verhaltensweisen strukturieren jedoch nicht, sondern verzögern allenfalls.[446]

Damit ist aber bereits ein Übergang in die Analyse der Arena erfolgt. Dabei wird – wie bereits erwähnt – gleichzeitig mitgedacht, wie Betroffene die Wirkungen öffentlicher Maßnahmen bewerten und darauf reagieren. Die Arena schließt somit gleichzeitig dynamische Konflikt- und Konsensbildungsprobleme mit Blick auf die Adressaten einer Entscheidung ein. So stoßen z. B. regulative Maßnahmen, die mit Auflagen, Geboten oder Verboten verbunden sind, auf Akzeptanzprobleme bis hin zum offenen Widerstand. Dies ist sehr stark abhängig von der Konfliktfähigkeit der Betroffenen. Die Wirkungen einer Policy sind also bei der Entscheidungssuche (conversion) mitzubeachten. „Es sind also nicht so sehr die faktischen Merkmale einer policy, sondern die antizipierten Folgen einer Maßnahme, die die Verhaltensweisen und Einstellungen von Betroffenen, Befürwortung und Opposition hervorbringen oder Gleichgültigkeit induzieren“.[447] Hier besteht bei neuen Politikinhalten wesentlich größere Unsicherheit als in etablierten Politikfeldern, wie z. B. der Sozialpolitik. So ist sehr schwer vorauszusehen, wie Maßnahmen in der Umweltpolitik von den Betroffenen akzeptiert werden, wie lange Lernprozesse dauern, wie sie durch geeignete Hilfen gefördert werden können oder ob sich langfristig ein Widerstand gegen bestimmte Maßnahmen aufbaut. Vielleicht müssen ganz andere Adressaten ins Auge gefasst werden, etwa bei der Abfallbeseitigung nicht die Endverbraucher, sondern die Produzenten. Diese Unsicherheit lässt sich dadurch bearbeiten, dass mitwirkungsbereite Gruppen aus dem Lager der Adressaten an Entscheidungsprozessen beteiligt werden. Langfristig sollen diese Akteure für die Durchsetzung der Entscheidungen gewonnen werden.

Generell wird die These formuliert, dass immer weniger durch hoheitliche Zwangsgewalt (regulative Programme) sondern immer mehr durch indirekt wirkende Mittel bzw. durch materielle Anreize und chancenbegründende Leistungen gesteuert wird. Der kooperierende oder verhandelnde Staat[448] wird – abseits der dabei auftretenden Probleme einer Ungleichbehandlung bestimmter Gruppen oder der Gefahr der Korruption – als eine Selbstverständlichkeit angesehen (s. Kap. III, B, 2).

Aus den bisherigen Forschungsergebnissen ist die These abzuleiten, dass sich Unterschiede in den Entscheidungsstrukturen einzelner Politikfelder vor allem im

---

446 Naßmacher 1987.

447 Windhoff-Héritier 1983: 351.

448 Benz 1997: 89, 92.

Hinblick auf die Vermittlungsbeziehungen zu den Adressaten ergeben. Dabei spielt auch die Differenzierung nach alten und neuen Themen eine wichtige Rolle. Denn der Aufstieg eines Themas, also sein Zuwachs an Bedeutung, ist verbunden mit dem Aufstieg des entsprechenden themenspezifischen Politiknetzes. Fachpolitiker, -ämter und -behörden, die den Politikbereich bearbeiten, werden wichtiger. Dies lässt sich z. B. in der Umweltpolitik, der Frauen- bzw. Familienpolitik sowie der Datenschutz- und Telekommunikationspolitik gut beobachten. Eine institutionelle Verfestigung dieser Akteurkonstellationen kann erwartet werden, wenn Status- und Verteilungskonflikte im Politikfeld eine große Rolle spielen. Dies ist bei keinem der angeführten neuen Politikfelder bisher der Fall. Vermittlungsbeziehungen zu den Adressaten und deren Mitwirkungsansprüche müssen neu geknüpft werden. Diese sind bei alten Themen, z. B. dem Ausbau des Straßennetzes, fest etabliert. Allerdings laufen sie dennoch Gefahr, langfristig einem Bedeutungsverlust zu unterliegen, weil sie mit alternativen Lösungen im eigenen (z. B. öffentliches Verkehrsangebot) oder anderen Politikfeldern (z. B. der Umweltpolitik) konkurrieren. Verteilungskoalitionen können auch durch technischen Wandel erschüttert werden. Hier sei nur auf die Beispiele Verkehrsinfrastruktur- und Telekommunikationspolitik hingewiesen.

C) Politikinhalte als Ergebnis von Politikprozessen

Während bisher die politikfeldspezifische Strukturierung von Entscheidungsprozessen im Vordergrund stand, ist jetzt die Frage zu erörtern, welche Faktoren die Politikinhalte als Politikergebnis (output) vor allem bestimmen. Diese Forschungsperspektive wird als Staatstätigkeitsforschung[449] bezeichnet. Die Ergebnisse werden neuerdings unter dem Begriff Performanz zusammengefasst. Aktuell geht es um die Reformfähigkeit angesichts ökonomischer und demographischer Herausforderungen. Für das Politikergebnis sind z. B. die Art des Verwaltungshandelns, das Beteiligungsverhalten der organisierten Interessen oder der Bevölkerung, die Parteienkonkurrenz und die Ziele der Parteien im spezifischen Politikfeld, die Mehrheitsverhältnisse in den Entscheidungsgremien und die ideologischen Auswirkungen von Mehrheitsmeinungen auf bestimmte Ergebnisse in spezifischen Politikbereichen von Bedeutung.

Diese Faktoren interessierten jedoch anfänglich die Forscher nicht so sehr, weil der Output selbst stärker im Mittelpunkt der Betrachtung stand. Spezifische Unterschiede zwischen westlichen Demokratien und sozialistischen Staaten wurden dabei zunächst missachtet. Interessant war für die Forscher vor allem, in welchem Ausmaß die jeweils eigenen ideologischen Zielvorstellungen erreicht werden konn-

---

449 Schmidt 1988.

ten. Bei diesen Studien bestand von vornherein die Gefahr, dass das spezifisch Politische, nämlich das Ringen der politischen Akteure um verbindliche Entscheidungen, zugunsten einer mehr an ökonomischen und sozialen Bedingungen orientierten Bewertung verlorenging. Aber auch Vergleiche der Politik in demokratischen Systemen, z. B. der Politik in amerikanischen Einzelstaaten, kamen zu dem Ergebnis, dass Variablen wie Urbanisierung, Industrialisierung, Wohlstand und Bildung für Politikergebnisse sehr viel bedeutender waren als Aktivitäten von Parteien.[450] Insgesamt erschienen gewählte Akteure und deren Entscheidungen, die Aktionen von Interessengruppen und deren Zusammenwirken weniger wichtig bei der Erklärung von Politikergebnissen. Insbesondere die Differenzen unter den Parteien bei den Politikinhalten blieben bei der Diskussion der Entscheidungsfähigkeit mehr oder weniger unbeachtet. Dabei liegen für die Bearbeitung von Problemen meist unterschiedliche inhaltliche Konzepte vor (Parteidifferenzthese, s. Kap. IV, B, 1).

Inzwischen konnte aber die Erklärungskraft der sozio-ökonomischen Variablen wieder stark in Frage gestellt und die Bedeutung der Interaktionen politischer Akteure wiederentdeckt werden. So bestand z. B. ein Interesse daran zu klären, ob die Regierungsverantwortung unterschiedlicher Parteien auch zu unterschiedlichen Politikergebnissen führt. Ein wesentlicher Testfall war die Sozialpolitik. Hier erschien die Hypothese plausibel, dass Parteien, die eine stärkere Basis bei sozial schwächeren Wählern haben, zu großzügigeren Ausgaben, also redistributiver oder umverteilender Politik, neigen als solche Parteien, die sich nicht primär an diesen Wählerkreisen orientieren müssen. Mitte-Rechts-Regierungen könnten daher eher auf Preisstabilität, mehr Markt und weniger Staat setzen und dafür mehr soziale Ungleichheit in Kauf nehmen. Tatsächlich konnte dies auch für bürgerliche und sozialdemokratisch dominierte Regierungen nachgewiesen werden.[451] Auch ergab sich, dass Parteiprogramme für Prioritäten in der Politik wichtig sind. Nach den Befunden eines langfristigen internationalen Forschungsprojekts hat der Rechts-Links-Gegensatz als Orientierung nicht an Relevanz verloren.[452] Allerdings können bei bevorstehenden Wahlen, in denen Mehrheiten erzielt werden sollen, die aktuellen Interessen der wahlberechtigten Bevölkerung wichtigeres Datum sein und somit die unterschiedlichen gesellschaftspolitischen Ziele der Parteien kurzfristig verwischen. Weil Letzere auch für die breite Bevölkerung weniger gut verständlich sind, werden die Äußerungen zudem journalistisch zugespitzt und dabei verkürzt. Ein langwieriges Ringen um mehrheitsfähige Lösungen wird auch meistens in Regierungen nötig, in denen Parteien mit unterschiedlichen gesellschaftspolitischen Zielen zusammenarbeiten müssen. Beobachter nehmen dies eher als „taktische Spielchen" wahr, rechnen das Verhalten also eher der politics-Dimension zu. Dabei lie-

450 Dye 1977.

451 Schmidt 1982; z. B. Schmidt 2001a; Schmidt 2001b, in: Nullmeier/Saretzky; s.a. von Beyme 1997: 236 ff.

452 Budge/Hofferbert 1990; Hofferbert/Klingemann 1990.

gen jedem Politikfeld sehr markante gesellschaftspolitische Konflikte zugrunde, die zu unterschiedlichen Handlungsoptionen führen und im Zeitablauf nur teilweise bearbeitet wurden. Dies soll am Beispiel der Familienpolitik verdeutlicht werden.

Bedingt durch kulturelle, religiöse und ethnische Orientierungen sind die Lebensstile recht unterschiedlich. Diese werden in der Familienpolitik aber durch Verteilungskonflikte überlagert. Die wichtigsten sind heute solche zwischen Staat und Einzelinteressen, Armen und Reichen, Alten und Jungen, Männern und Frauen, Eltern und Kinderlosen, Betrieben und Privathaushalten. Die öffentliche Hand braucht in der Zukunft genügend Steuerzahler und Einzahler in die Sozialkassen zur Aufrechterhaltung des Generationenvertrages bei der Versorgung der Alten, die Familien fühlen sich in ihrer Erziehungsleistung nicht entsprechend gewürdigt. Die Alten wünschen sich ein Leben bei angemessenem Lebensstandard, ohne zusätzliche Belastung durch die Enkel und bei optimaler Pflege, die Jungen fürchten Lohnabzüge durch Steuern für Sozialkassen und wollen wenig Probleme bei der Versorgung von Kindern und Alten haben. Der Konflikt zwischen Männern und Frauen ist dadurch gekennzeichnet, dass die Erziehungsleistung immer noch vorwiegend den Müttern überlassen wird. Erwerbstätigkeit von Müttern führt einerseits zu deren Mehrbelastung, andererseits müssen Frauen selbst und der Staat wegen der immer längeren Dauer und den höheren Investitionen in die Bildung von Frauen daran interessiert sein, das dabei geschaffene Humankapital auszuschöpfen. Der Konflikt zwischen Eltern und Kinderlosen verdeutlicht sich vor allem bei ökonomischer Betrachtung. Schätzungen besagen, dass private Investitionen für Kinder zwei Drittel der insgesamt für Kinder aufgewendeten Kosten betragen. Die Eltern wünschen daher mehr finanzielle Hilfen. Zudem haben die Kinderlosen theoretisch die Chance, kontinuierlich erwerbstätig zu sein und können dabei finanzielle Einbußen vermeiden. Allerdings verweisen sie auf höhere physische und psychische Belastungen durch Berufstätigkeit und höhere Steuern und Sozialabgaben. Es ist kein Wunder, dass rationale Überlegungen zu einer Begrenzung der Kinderzahl führen – und dies in den meisten Fällen bei besser Gebildeten und Besserverdienenden der Fall ist – während in sozial schwächeren Milieus nicht nur der Kinderreichtum, sondern auch die Erziehungsschwäche größer ist.

Alle Teilkonflikte sind vielfältigen Bewertungen zugänglich, die unter den Aspekten Gerechtigkeit und Nachhaltigkeit zu unterschiedlichen Zielen und politischen Entscheidungen oder Nichtentscheidungen führen. Für den Schutz von Ehe und Familie sowie den Schutz des ungeborenen Lebens kämpft vor allem die (katholische) Kirche. Ihr Einfluß auf die CDU/CSU wurde bei Prioritäten der von ihr geführten Bundesregierungen deutlich: eindeutig waren die großen Familien im Blick. Durch Transferzahlungen sollten Einkommensunterschiede ausgeglichen, durch Eigenheimförderung ein angemessener Wohnraum zur Verfügung stehen.[453] Auch die CDU/CSU-geführten Regierungen nach 1982 haben sich noch stark auf

453 Zu den einzelnen im Folgenden erwähnten gesetzlichen Maßnahmen s. Gerlach 2004: 193–199.

die Erziehungsleistung der Mütter ausgerichtet. Die Fremderziehung von Kleinkindern bis zum dritten Lebensjahr war für die CDU kein Thema. Demgegenüber gab es durch SPD-geführte Regierungen bereits in den 1970er Jahren eindeutige Tendenzen, die den Emanzipationsbedürfnissen der Frauen und damit berufstätigen Müttern entgegenkamen, z. B. durch das Tagesmüttermodell. Das Verhältnis zwischen Mann und Frau in der Ehe wurde zugunsten der Frau weiter verbessert.[454] Durch Beratung und finanzielle Förderung bei ungewollten Schwangerschaften wurden Perspektiven für das ungeborene Leben eröffnet. Viele Gesetze, über deren Zielrichtung bei allen Parteien Konsens besteht, müssen eher als symbolisch betrachtet werden, z. B. Verbote von Gewalt in der Ehe und gegenüber Kindern. Ein bahnbrechender Politikwandel erfolgte erst dadurch, dass die Kleinkinderbetreuung in Krippen von der rot-grünen Bundesregierung forciert wurde und die CDU/CSU die erreichten Fortschritte der SPD-geführten Regierung keineswegs rückgängig machen wollte. Sie erkennt an, dass Frauen erwerbstätig sein wollen, allerdings betont sie das Entscheidungsrecht der Eltern bei der Kleinkindererziehung.

Generell fällt auf, dass keine Regierung die finanziellen Entlastungen der Familien gravierend zurückgeschnitten hat, im Gegenteil kann eine kontinuierliche Aufstockung festgestellt werden. Diese Umverteilungspolitik ging u. a. zu Lasten der Staatsverschuldung. Aber auch gewisse Mehrbelastungen der Wirtschaft durch den stärkeren Schutz der Frauen in ihrer Berufstätigkeit wurden sowohl von rechten wie auch linken Regierungen für nötig gehalten. Aber erst unter dem Zwang der Verhältnisse (immer geringere Geburtenraten und leere Rentenkassen) und nach der allgemeinen Wahrnehmung veränderter Lebensstile in der Gesellschaft scheinen sich die Ziele anzunähern.

Das Beispiel Familienpolitik[455] zeigt, wie unterschiedliche Bewertungen und Prioritäten einen Reformstau erzeugten. Sozio-ökonomische Problemlagen im Umfeld der Aktionen sind zwar von Bedeutung, sie müssen aber erst durch die Problemwahrnehmung (-perzeption) der Akteure und deren Handeln für die Politikinhalte relevant werden. Arbeiten zu Politikprozessen auf der kommunaler Ebene haben dies herausgearbeitet, z. B. für die Wirtschaftspolitik.[456] Die prozessuale Komponente kam dabei wieder in den Blick. Dabei rückten die institutionellen Rahmenbedingungen (s. Kap. VII–IX), in denen politische Prozesse ablaufen, wieder ins Zentrum der Aufmerksamkeit sowie die in Regierungsverantwortung agierenden Akteure mit ihren Handlungsoptionen, Handlungsbereitschaften und tatsächlichen Aktionen.

Insgesamt stellte sich heraus, dass die Handlungsmöglichkeiten bei den einzelnen politischen Systemen und in den einzelnen Politikbereichen, also die Leistungsprofile einzelner Regierungen, in hohem Maße von politischen Bedingungen

454 Schneider, in: Frantz/Schubert 2005: 259.
455 Naßmacher 2006.
456 Naßmacher 1987; zu anderen Politikfeldern s. Evers/Harlander 1983; Grüner u. a. 1988; Münder/Hoffmann 1987; Manns 1996.

abhängig sind. Diese Faktoren sind institutionelle Rahmenbedingungen (politische Institutionen), Machtverteilung zwischen Regierungs- und Oppositionspartei, Verfahren der Konfliktregulierung und spezifische Arrangements mit Interessengruppen.

D) Würdigung der Forschungsergebnisse

Im Hinblick auf die Entscheidungsmuster bleibt festzuhalten, dass sie in gewisser Weise vom Politikfeld abhängig sind. Dabei kann allerdings je nach Einzelthema (issue) die Vorgehensweise in den einzelnen Politikfeldern unterschiedlich sein, da Policynetz und -arena variieren können. Aber es gibt auch bestimmte konstante Dimensionen im jeweiligen Politikfeld. So haben z. B. in der Gesundheitspolitik die Ärzte und die Pharmaindustrie Interessenvertretungen, die sehr viel etablierter sind als die des Pflegepersonals. Mit den Ärzten und der Pharmaindustrie werden politische Akteure eher eine konfliktvermeidende oder konsensorientierte Lösung anstreben. Mit dem Pflegepersonal werden sie auch einen Konflikt wagen, z. B. einen Streik nicht von vornherein zu vermeiden suchen.

Handlungsstrategien in den einzelnen Politikfeldern kann nur erarbeiten, wer Kenntnisse anderer Wissenschaften mitbeachtet. Beispielsweise sind für die Wirtschaftspolitik Ergebnisse aus den Wirtschaftswissenschaften, für die Umweltpolitik solche der Naturwissenschaften von Bedeutung. Gerade die bei der Müllbeseitigung erwogenen Handlungsstrategien (z. B. Müllverbrennungsanlagen vs. Deponieformen) zeigen dies deutlich auf. Die Policy-Forschung ist auch deshalb auf Ergebnisse anderer Wissenschaften angewiesen, weil sie mit ihren Ergebnissen beratend tätig werden will. Damit verbindet sich die Gefahr, die von den Nachbardisziplinen erarbeiteten Wissensbestände einfach zu absorbieren, zugleich jedoch den originären eigenen Beitrag der Politikwissenschaft nicht zu verdeutlichen. Nachbarwissenschaften können Politikern zwar den Problemdruck aufzeigen, z. B. die Verschärfung der Müllproblematik oder die zunehmende Erderwärmung. Die daraus resultierenden Handlungsstrategien und Entscheidungsabläufe sind damit aber noch keineswegs vorbestimmt.

Der Politikwissenschaft kommt bei der Analyse der Entscheidungsfindung und ihrer Implementation besondere Bedeutung zu. In der Regel gibt ist nicht nur eine sondern mehrere fachlich zu empfehlende Lösungen. Im Entscheidungsprozess geht es um deren Bewertung, die Suche nach Mehrheiten oder um einen breiten Konsens sowie um die Abschätzung der wahrscheinlichen Durchführbarkeit von Entscheidungsvorschlägen. Damit sind auch immer finanzielle Prioritätensetzungen verbunden.

Kritiker merken an, dass sich verschiedene Maßnahmen gegenseitig behindern können oder bedingen und dass dieser Aspekt durch die politikfeldspezifische Analyse häufig übersehen werde. Denn oft würden Interdependenzen zwischen den verschiedenen Politikfeldern ausgeblendet. Insofern gehe die Policy-Forschung von unrealistischen Voraussetzungen aus und die Steuerungsmodelle seien zu mechanistisch.[457] Dies gilt sowohl für den Entscheidungsprozess selbst als auch für den Implementationsbereich. Es bleiben also positive oder negative externe Effekte unberücksichtigt. „Overspill-Effekte" machen aber zuweilen eine neue politische Maßnahme notwendig.[458]

Der Fortgang eines Entscheidungsprozesses ist auch dadurch bedingt, dass es Möglichkeiten gibt, zwischen verschiedenen Politikbereichen zu junktimieren oder etwas liegenzulassen, wenn Aktivitäten in anderen Politikfeldern dazu Spielräume eröffnen. Die Ursache für eine Handlung oder deren Verzögerung muss durchaus nicht im betrachteten Politikfeld liegen, sondern kann auch durch Aktionen oder Handlungsdruck in einem anderen nicht analysierten Politikfeld verursacht sein. Von besonderer Bedeutung ist es daher, die Verknüpfungen der einzelnen Policy-Netze zu betrachten, die nicht nur über die Steuerungspolitiker hergestellt werden. Vielmehr gibt es eine Menge von Politikern, die in benachbarten, aber auch völlig voneinander abgegrenzten Politiknetzen agieren und sich nicht zwischen den Netzen entscheiden können. Dazu veranlassen sie Absicherungsstrategien, z. B. wenn sie noch nicht in einem neuen Netz verankert sind. Dies führt möglicherweise dazu, dass die Politikproduktion in mehreren Bereichen verlangsamt wird. Die Handlungsfähigkeit in einzelnen Politikarenen kann dadurch so herabgesetzt werden, dass von der Seite der Politiker nur noch reaktive Aktionen möglich sind. Wie auf der Autobahn die Springer zwischen Überholspur und Normalspur die Fahrtgeschwindigkeit verlangsamen, bis der Verkehr insgesamt zum Stehen kommt, so können sich auch die Springer zwischen einzelnen Politiknetzen und Politikarenen auswirken.

Mitte der 1980er Jahre hat Hennis mit Recht kritisch angemerkt, dass durch die analytische Abgrenzung der verschiedenen Politikfelder möglicherweise das verlorengeht, was Politik eigentlich ausmacht. „Politikwissenschaft muss selbstverständlich deutlich machen, wie Politik verläuft, sie muss praxisbezogen sein. ... Eine ‚Policy' verläuft nie so, dass sie nicht Vorläufer hätte. Sie wächst in der Regel heraus als Folgelast oder als mehr oder weniger erwünschter Nebeneffekt aus einer älteren ‚Policy'. Da wird nichts freihändig entwickelt. Die Dinge verlaufen nicht so, dass man etwas erfindet und am Schluss herauskommt, was man erreichen wollte. Diese, dem Politikwissenschaftler nun wirklich ‚hautnahe' Erfahrung des Scheiterns, des ‚Durchwurstelns' in der Politik, wird durch die modische pseudorationale Terminologie der ‚Policy-Science' gleichsam weggestrichen. Ein Begriff wie der des ‚Policy-Cycle' verstellt doch den Blick dafür, wie die Dinge wirklich laufen."[459] In diesen Zusammenhang hat Hennis auch bezweifelt, ob wirklich Aus-

457 Héritier, in: Héritier 1993: 12 f.

458 Ebenda: 13.

459 Hennis, in: Hartwich 1985: 128.

sagen gewonnen werden könnten, die über einen begrenztem raum-zeitlichen Anspruch hinausgehen.

Um dieses Problem zu bearbeiten wurde inzwischen das „Garbage-Can-Modell" aus der allgemeinen Organisationstheorie (March) als Orientierung in die Forschung integriert. In diesem Modell wird der Tatsache Rechnung getragen, dass Probleme und Akteure (die sich unter bestimmten Bedingungen eines Problems annehmen) unabhängig voneinander existieren und agieren, so dass es bei bestimmten Ereignissen (z. B. bevorstehenden Wahlen oder parlamentarischen Konflikten) unter günstigen Voraussetzungen (Policy Window; Window of Opportunity) zu einer Bearbeitung kommen kann. So können z. B. politische Unternehmer (Policy Entrepreneurs) in einer solchen Situation in einem Politikfeld einen Lösungsvorschlag unterbreiten, der unter diesen günstigen Bedingungen politische Aufmerksamkeit erzielt und durchsetzbar erscheint.[460]

Die Policy-Forschungen hatten ergeben, dass die Verwaltung in den Politikprozessen eine wichtige Rolle spielt. Hier müssen zwangsläufig auch unterschiedliche Verwaltungstraditionen in den einzelnen Ländern berücksichtigt werden. Von Beyme erinnerte an die alten bürokratischen Traditionen in den europäischen Ländern und die schwächeren Parlamente im Gegensatz zum amerikanischen Kongress. Er sah aufgrund der unterschiedlichen Verwaltungstraditionen kaum Chancen, die These von Lowi, nach der Politikinhalte die Politikprozesse bestimmen, in europäischen Ländern zu beweisen.[461] Hinzu kommen auch unterschiedliche Verwaltungskulturen in einzelnen eueropäischen Ländern, die bei der Bearbeitung von Problemen als wichtig herausgearbeitet wurden.[462]

Inzwischen hat die Politikstileforschung noch eine weitere Facette als möglicherweise relevant für die Entscheidungsstrukturen hinzugefügt. Dabei steht die Frage im Vordergrund, ob es relativ konstante (akteurspezifische) Handlungsmuster gibt, die sich durch die Art und Weise unterscheiden, wie und von wem Politikinhalte aufgegriffen werden. Der entscheidende Impuls zur Fragestellung geht auf den Sammelband von Richardson „Policy Styles in Western Europe" zurück.[463] Im europäischen Ländervergleich wurde hier nach spezifischen Modi der Behandlung von politischen Themen in europäischen Ländern gesucht. Konzeptionell unterschieden die Autoren zwischen antizipatorisch-aktiven und reaktiven Problemlösungsmustern bzw. zwischen konsensorientierten und autoritativen Verhaltensweisen von Regierungen gegenüber anderen Akteuren, z. B. Interessenverbänden. Richardson u. a. glaubten, einen Trend in Richtung konsensorientiertem Stil feststellen zu können.

In einem empirischen Forschungsprojekt zum Vergleich der Politikstile in kanadischen Provinzen wurden Handlungsmuster zweier Politikfelder, nämlich der E-

460 Heritier, in: Heritier 1993: 18.

461 Von Beyme 1984: 11.

462 Jann 1983.

463 Richardson u. a. 1982.

nergie- und der Gesundheitspolitik, in mittelfristiger Perspektive analysiert. Dabei zeichnen sich die kanadischen Provinzen durch die gleichen institutionellen Rahmenbedingungen (Westminster-Modell (s. Kap. VIII, A, 1)) aus. Es ergab sich, dass die Gemeinsamkeiten bei den Handlungsmustern größer waren als die Unterschiede. Dies deutet auf die Relevanz der institutionellen Strukturen hin. Erhebliche Abweichungen von diesen vorherrschenden Handlungsmustern zeigen, dass die dadurch vorgegebenen Handlungspotentiale von den Entscheidungsträgern genutzt werden müssen. Dabei spielen Persönlichkeit, Führungsverhalten, Lebensalter und ideologische Orientierung des Regierungschefs eine wichtige Rolle.

„Insgesamt muss festgestellt werden, dass Institutionen (also das durch die Verfassung vorgegebene Regelungssystem) wichtig sind als Handlungsressourcen bzw. als Restriktionen politischen Handelns für Akteure. Sie können aber selten den Prozess allein determinieren. Auch die ideologischen Ziele und Wirklichkeitsperzeptionen, also Strategie und Taktik im historischen Kontext, sind zu beachten. Weiterhin ist das Politikfeld von Bedeutung."[464] Diese Ergebnisse sind wichtig für die Analyse politischer Systeme.

Literatur

(im **Fettdruck** besonders wichtige Titel zum Thema des Kapitels)

Benz, Arthur (1997): Kooperierender Staat? in: Klein, Ansgar/Schmalz-Bruns, Rainer (Hrsg.): Politische Beteiligung und Bürgerengagement in Deutschland, Bonn, S. 88–113.

Beyme, Klaus von (1984): Neuere Entwicklungstendenzen von Theorien der Politik, in: APuZ, B 38, S. 3–13.

Beyme, Klaus von (1988): Der Vergleich in der Politikwissenschaft, München.

Beyme, Klaus von/Schmidt, Manfred G. (Hrsg.) (1990): Politik in der Bundesrepublik Deutschland, Opladen.

Beyme, Klaus von (1997): Der Gesetzgeber. Der Bundestag als Entscheidungszentrum, Wiesbaden.

Budge, Ian/Hofferbert, Richard I. (1990): Mandates and Policy Outputs. US Party Platforms and Federal Expenditures, 1948–1985, in: APSR, S. 111–131.

Dye, Theodore R. (1977): Policy Analysis, Alabama.

Edelman, Murray (1976): Politik als Ritual, Frankfurt a. M. und New York.

Gerlach, Irene (2004): Familienpolitik, Wiesbaden.

Grüner, Hans u. a. (1988): Rote Politik im schwarzen Rathaus? Bestimmungsfaktoren der wohnungspolitischen Ausgaben bundesdeutscher Großstädte, in: PVS, S. 42–57.

Hartwich, Hans-Hermann (Hrsg.) (1985): Policy-Forschung in der Bundesrepublik Deutschand, Opladen.

Heidenheimer, Arthur J. u. a. (1983): Comparative Public Policy, London und Basinstoke, 2. Aufl.

464 Naßmacher, in: Kempf u. a. 1991: 239.

Hennis, Wilhelm (1985): Über die Antworten der eigenen Wissenschaftsgeschichte und die Notwendigkeit, „zentrale Fragen“ der Politikwissenschaft neu zu überdenken, in: Hartwich, S. 122–131.

Héritier, Adrienne (1993): Einleitung, in: Héritier, S. 9–36.

Héritier, Adrienne (Hrsg.) (1993): Policy-Analyse, Opladen (PVS-Sonderheft 24).

Hofferbert, Richard I./Klingemann, Hans Dieter (1990): The Policy Impact of Party Programs and Government Declarations in the Federal Republic of Germany, in: European Journal of Political Research, S. 277–304.

Jann, Werner (1983): Staatliche Programme und Verwaltungskultur, Opladen.

Kenis, Patrick/Schneider, Volker (1991): Policy-Networks and Policy-Analysis: Scrutinizing a New Analytical Toolbox, in: Marin, Bernd/Mayntz, Renate (Hrsg.): Policy-Networks, Frankfurt a. M., S. 25–62.

Lowi, Theodore J. (1972): Four Systems of Policy, Politics and Choice, in: Public Administration Review, S. 298–310.

Mayntz, Renate (1982): Problemverarbeitung durch das politisch-administrative System: Zum Stand der Forschung, in: Hesse, Jens Joachim (Hrsg.): Politikwissenschaft und Verwaltungswissenschaft, Opladen, PVS-Sonderheft 15, S. 74–89.

Mayntz, Renate (1993): Policy-Netzwerke und die Logik von Verhandlungssystemen, in: Héritier, S. 39–56.

Münder, Johannes/Hoffmann, Hans-Jürgen (1987): Sozialpolitische Gestaltung durch die Kommunen. Mythos oder Realität?, in: Soziale Welt, S. 365–378.

Manns, Ernst-Ludwig (1996): Handlungsmöglichkeiten in der Schulpolitik, Krefeld.

Naßmacher, Hiltrud (1987): Wirtschaftspolitik „von unten“, Basel.

Naßmacher, Hiltrud (1991): Politikstile in den kanadischen Provinzen, in: Kempf, Udo u. a. (Hrsg). Politik und Politikstile im kanadischen Bundesstaat, Opladen, S. 217–241.

Nassmacher, Hiltrud (2006): The Prospects of the Grand Coalition in Germany, in: Polish Political Science Yearbook, XXXV, S. 65–83.

Pappi, Franz Urban (1993): Policy-Netzwerke: Erscheinungsform moderner Politiksteuerung oder methodischer Ansatz?, in: Héritier, S. 84–94.

Richardson, Jeremy J. u. a. (Hrsg.) (1982): Policy Styles in Western Europe?, London u. a.

Schmidt, Manfred G. (1982): Wohlfahrtsstaatliche Politik unter bürgerlichen und sozialdemokratischen Regierungen, Frankfurt a. M. und New York.

Schmidt, Manfred G. (1987): Vergleichende Policy-Forschung, in: Berg-Schlosser, Dirk/Müller-Rommel, Ferdinand (Hrsg.): Vergleichende Politikwissenschaft, Opladen, S. 185–200.

Schmidt, Manfred G. (Hrsg.) (1988): Staatstätigkeit, Opladen, PVS Sonderheft 19.

Schmidt, Manfred G. (2001a): Parteien und Staatstätigkeit, in: Gabriel, Oscar W. u. a. (Hrsg.): Parteiendemokratie in Deutschland, Bonn, 2. Aufl., S. 528–550.

Schmidt, Manfred G. (2001b): Politiksteuerung in der Bundesrepublik Deutschland, in: Nullmeier, Frank/ Saletzki, Thomas (Hrsg.): Jenseits des Regierungsalltags, Frankfurt/New York, S. 23–38.

Schneider, Steffen G. (2005): Sozialpolitik in Deutschland, in: Frantz, Christine/ Schubert, Klaus (Hrsg.): Einführung in die Politikwissenschaft, S. 253–270.

Windhoff-Héritier, Adrienne (1983): „Policy“ und „Politics“ – Wege und Irrwege einer politikwissenschaftlichen Policy-Theorie, in: PVS, S. 347–360.

Windhoff-Héritier, Adrienne (1987): Policy-Analyse, Frankfurt a. M.
Windhoff-Héritier, Adrienne (1989): Institutionelle Interessenvermittlung im Sozialsektor, in: Leviathan, S. 108–126.

Zweiter Teil: Politische Systeme

Kapitel VII: Typen politischer Systeme

Der Begriff „Politisches System“ ist in der Alltagssprache längst geläufig und so wurde er in den vergangenen Kapiteln auch schon häufiger benutzt. In der wissenschaftlichen Fachsprache muss der Begriff allerdings genauer bestimmt werden. Unter „System“ versteht man ein Ganzes, in dem Teile oder Elemente in einem intensiven wechselseitigen Wirkungszusammenhang stehen. Als politisches System wird üblicherweise die Gesamtheit aller staatlichen und außerstaatlichen Einrichtungen bezeichnet. Deren Akteure nehmen innerhalb eines noch nationalstaatlichen (wenngleich zunehmend international verflochtenen) Handlungsrahmens an fortlaufenden Prozessen der Formulierung und Lösung politischer Probleme sowie der allgemeinverbindlichen Durchsetzung politischer Entscheidungen teil.[465] Der Begriff politisches System hat den Begriff der „Staatsformen“ und den des „Regierungssystems“ ersetzt, weil beide als zu eng angesehen wurden. Beim Begriff Staatsformen ist zu sehr an die geschriebenen Regeln, beim Begriff Regierungssystem vor allem an die formellen Verfassungsinstitutionen gedacht worden.

Das Regieren selbst, also das Fällen von verbindlichen Entscheidungen und deren Durchsetzung (auch mit den Begriffen Steuerung oder Governance bezeichnet), umfasst nur einen Teilbereich des politischen Systems. Die dem eigentlichen Regieren vorgelagerten Prozesse werden bei der Betrachtung eingeschlossen: Problementstehung und Ermittlung des Bearbeitungsbedarfs führen zur Festsetzung der politischen Tagesordnung. Daran beteiligen sich auch viele politische Akteure, die nicht den Entscheidungsträgern im engeren Sinne zuzurechnen sind. Es handelt sich hier insbesondere um Interessenverbände, Massenmedien und die Wirtschaft als Akteur (s. Kap. III und IV). Politische Systeme sind überdies gegenüber ihrer Umwelt offen. Leistungen für die Allgemeinheit oder spezifische Gruppen werden nicht nur vom politischen System im engeren Sinne (Staat), sondern auch von nicht-staatlichen Leistungsträgern erbracht, z. B. von freien Trägern, Non-Profit-Organisationen, Non-Governmental Organisations. Auf diese kann das politische System mehr oder weniger steuernd einwirken (s. Kap. IV, A, 4). Inzwischen hat sich der Begriff „politisch-administratives System“ immer mehr durchgesetzt. Dies trägt der Tatsache Rechnung, dass sowohl beim Erkennen politischer Probleme als auch im Prozess der Entscheidungsfindung und der Durchsetzung von Entscheidungen die Verwaltung eine wichtige Rolle spielt (s. Kap. III, B).

Die Systemkonzeption ist als Analyseraster deshalb besonders brauchbar, weil sie die einzelnen Elemente in ihrer Bedeutung oder ihren Aufgaben (Funktionen) auf das Ganze hin betrachtet. Denn die Einzelelemente haben je bestimmte Auf-

---

465 Vgl. Holtmann, in: Holtmann ^{3}2000: 546.

gaben im Hinblick auf dieses Ganze zu übernehmen und zu erfüllen. Sie stehen dabei wiederum untereinander in Wechselwirkung. Das Konzept „politisches System" versucht also, den komplexen Wirkungs- und Funktionszusammenhang von Gesellschaft (sozialem System) und politischer Ordnung (Staat, politisch-administratives System) strukturell-funktional in den Griff zu bekommen. Das politische System ist ‚Entscheidungsknotenpunkt' der Gesellschaft.[466]

A) Versuch einer Systematisierung

Die Einteilung der politischen Systeme hat eine lange Tradition. Sie lässt sich bis in die Antike zurückverfolgen (s. Kap. XIII). Die damals gefundenen Kategorien sind heute nur noch teilweise brauchbar, weil sich im Laufe der historischen Entwicklung wesentliche Elemente von politischen Systemen verändert haben. Die moderne Politikwissenschaft hat auch viele mehr oder weniger ausdifferenzierte Klassifikationsmodelle entworfen. Alle versuchen, die in der Realität vorfindbare Komplexität auf wesentliche Merkmale zu reduzieren. Diese sind in den vorangegangenen Kapiteln schon unter dem Gesichtspunkt einer Verknüpfung zwischen Gesellschaft und politischem System diskutiert worden und werden im Folgenden weiterführend systematisiert.

Allen politischen Systemen ist gemeinsam, dass sie ein Mindestmaß an Ordnung herstellen, um ein friedliches Zusammenleben der Menschen zu gewährleisten. Dies ist nur möglich, wenn eine gewisse Stabilität des Systems existiert. Nur dann können entsprechende Verfahrens- oder Verhaltensregeln aufgestellt werden und diese zur Anwendung kommen. Damit die Ordnungsvorstellungen und die sonstigen Leistungen den Anforderungen der gesellschaftlichen Umwelt entsprechen, benötigt das System Lernfähigkeit und Innovationsfähigkeit. Darüber hinaus können die Leistungen des politischen Systems aber höchst unterschiedlich erreicht werden. Im Rahmen des Prozesses der Leistungserstellung werden vielfältige Interaktionen der Akteure notwendig. Dabei nehmen diese durch die ihnen vorgegebenen Regeln und Verfahren (z. B. durch die Verfassung) bestimmte Rollen und Funktionen wahr. Darüber hinaus entwickeln sich durch das Zusammenwirken der Akteure spezifische Verhaltensweisen (Handlungsmuster, Politikstile), die durch eine Ausdeutung der formalen Regeln, der zugrundeliegenden Normen und der gelebten Traditionen (politische Kultur) zustande kommen. Die Aktivitäten der Akteure sind mehr oder weniger auf die Ziele des Gesamtsystems (z. B. freiheitliche, soziale Demokratie) ausgerichtet und tragen dabei zur Systemerhaltung bei. Koordiniert wird der gesamte Prozess durch eine Leitungsinstanz, in der Regel die Regierung, die darauf abzielt, für die Akteure des Systems bindende Entscheidungen herbeizuführen. Dabei müssen dauernd gesellschaftliche Entwicklungen Beachtung finden. Weiterhin muss ständig eine Rückkopplung über die Akzeptanz der

466 Narr 1969: 126.

Entscheidungen bei der betroffenen Bevölkerung erfolgen. Werden die Entscheidungen über Verteilungs- und Wertekonflikte nicht mehr akzeptiert, so kann es zu einer Legitimationskrise kommen, die zunächst die Regierenden als die für die Entscheidungen Verantwortlichen gefährdet. Sind im System keine Möglichkeiten vorgesehen, die Entscheidungsträger durch andere zu ersetzen, so kann das System insgesamt in Frage gestellt werden und damit ein revolutionärer Wechsel des Systems erfolgen.

Seit geraumer Zeit wird über die Reichweite des politischen Systems diskutiert. Die Frage wird gestellt und neuerdings zuweilen verneint, ob das politische System den gesellschaftlichen Subsystemen übergeordnet ist im Sinne einer hierarchischen Ordnung. Statt dessen werden nichthierarchische Strukturen als zeitgemäß gesehen und die sich selbststeuernden Teilsysteme beleuchtet (autopoietische Systeme).[467] Diese Sichtweise des politischen Systems wurde bei der Analyse der Rolle von Verbänden (Entlastung, Selbststeuerung, Selbstbindung) bereits mehrfach angedeutet. Ihre Abhängigkeit von Rahmengesetzgebungen der legitimierten Akteure des politischen Systems bleibt allerdings unangetastet.

Der Austausch zwischen sozialem und politischem System erfolgt über Eingaben („input“) und Entscheidungen („output“). Bei den Eingaben ist wieder zu unterscheiden zwischen Anforderungen („demands“) und Unterstützung für das politische System („support“).[468] Dieser Vermittlungsprozess wird insbesondere von gesellschaftlichen Organisationen, Massenmedien und Parteien gestaltet. In demokratischen Systemen werden diese als Artikulations- oder Aggregationsinstrumente (also Forderungen stellend und bündelnd) gedacht. In nichtdemokratischen Systemen (Diktaturen) fungieren diese als Institutionen, die auf das reibungslose Funktionieren des Systems und die Verbreitung von Zielvorstellungen der Regierenden gerichtet sind. Das bedeutet auch, dass die gesellschaftlichen Organisationen und Massenmedien in den entsprechenden Systemen unterschiedlich strukturiert sind, damit sie die für sie vorgesehenen Funktionen wahrnehmen können. Der Entscheidungsprozess selbst („conversion“) wird durch die politischen Akteure im engeren Sinne gestaltet, insbesondere durch Regierung, Volksvertretung (Parlament) und Verwaltung.

Die Beziehungen zwischen Regierung und Parlament standen lange Zeit im Mittelpunkt der Betrachtung. Für das Verhalten dieser Entscheidungsträger zueinander ist auch von Bedeutung, wie diese von außen beeinflusst werden können. Hier ist im Einparteiensystem oder bei Abwesenheit von Gruppen- und Parteienkonkurrenz die Einflussnahme der einen Partei auf die Regierung besonders groß. Das Parlament spielt beim Regierungshandeln keine Rolle. In Systemen mit solchen Merkmalen greift die Partei in der Regel auch auf alle Ebenen der Verwaltung durch. Dagegen können in politischen Systemen mit Wettbewerb einzelne Parteien nur vorübergehend Verwaltungen personell (durch Patronage) oder inhaltlich beein-

467 S. d. von Beyme ^{2}1992: 208.

468 Im Anschluß an Easton 1953; s. d. auch Druwe ^{2}1995: 332 ff.

flussen (s. Kap. III, B, 1). Im Hinblick auf die Gestaltung des politischen Entscheidungsprozesses und beim Ringen um die verbindliche Entscheidung hat die Verwaltung meist eine wichtige Funktion, so dass der Output auch von ihr mitgestaltet wird. Sie ist in Verbindung mit den gesellschaftlichen Organisationen zudem der wesentliche Implementationsträger. Insofern kann sie als „Problemfühler“ fungieren, also dem politischen System vermitteln, welche Handlungsstrategien (Programme) auf welche Resonanz bei den Betroffenen stoßen und wo es Defizite gibt. Solche Rückmeldungen, auch über die Verwaltung vermittelt, entfallen in Systemen, in denen eine Partei zentral lenkt.

Fragt man sich abschließend, welche Faktoren politische Systeme im Hinblick auf größtmögliche Trennschärfe voneinander abgrenzen, so ist festzustellen, dass zwei wesentliche Merkmale dafür von Bedeutung sind: das Maß an Freiheit und der Wettbewerb. Demokratie ist eine politische Ordnung, die ein (dynamisches) Gleichgewicht zwischen den Prinzipien größtmöglicher Freiheit und Gleichheit bei Partizipationschancen und Wettbewerb verwirklicht. Der Wettbewerb zwischen unabhängig voneinander agierenden politischen Gruppierungen mit unterschiedlichen politischen Zielvorstellungen grenzt westliche Demokratien eindeutig von solchen politischen Systemen ab, deren Staatsideologie Wettbewerb nicht zuläßt. Der Wettbewerb führt zwangsläufig zu Konflikten und zu notwendigen Auswahlprozessen bei Machtzuteilung bzw. -entzug, die in regelmäßigen, allgemeinen und geheimen Wahlen vorgenommen werden. Immer dann, wenn es keine Auswahlmöglichkeit gibt, kann nicht von Wahlen im Sinne westlicher Demokratien gesprochen werden. Dies ist dann ein Hinweis darauf, dass es sich um nichtdemokratische Systeme handelt, die in unterschiedlicher Ausprägung Widerspruch zuweilen nicht einmal im privaten Bereich zulassen. Dagegen ist in der Demokratie Widerspruch und Kontrolle der Machthaber geradezu durch Opposition institutionalisiert. Über die Verfahrensregeln der Machtausübung und deren Anwendung gibt es in westlichen Demokratien einen Grundkonsens. Wird die Anwendung der Regeln dagegen mehr oder weniger gewaltsam durch entsprechende Organisationen (Massenorganisationen, Geheimdienst) durchgesetzt, handelt es sich nicht um demokratische Systeme.

Die einzelnen Typologien betonen vor diesem Hintergrund den einen oder anderen Aspekt bzw. greifen einzelne Faktoren für die Unterscheidung als wesentlich heraus. Unter den Typologien ist auch heute noch die von Loewenstein in seiner Verfassungslehre entworfene von Bedeutung. Er unterscheidet zwischen politischen Systemen mit der Ausübung der politischen Macht und der davon unabhängigen Kontrolle und solchen, in denen konzentrierte Machtausübung ohne Kontrolle gegeben ist. Daraus ergeben sich als Gegensätze Konstitutionalismus und Autokratie.[469] Konstitutionelle Systeme beruhen auf kontrollierter Machtausübung. Die Macht teilen sich mehrere Machtträger. In Wahlen hat der Bürger die Möglichkeit, darüber zu entscheiden, wem er die Macht für eine befristete Zeit anver-

---

469 Loewenstein [2]1969: 26 f.

trauen will. Im autokratischen System wird dagegen die Macht ohne Kontrolle ausgeübt. Als Machtträger kommen entweder eine Person, eine Clique oder eine Partei in Frage. In diesen Systemen haben Wahlen nicht den Zweck, politische Willensbildung zu fördern. Sie dienen lediglich dazu, die Position der Herrschenden zu bestätigen. Diese Systeme sind durch Machtkonzentration gekennzeichnet. Damit ist aber nur ein Aspekt (Machtausübung, Machtkontrolle) für die Typologisierung politischer Systeme herangezogen worden. Unterschiede bei der Willensbildung ergeben weitere Orientierungen.

Diese Unterschiede sind Resultat langfristiger wirtschaftlicher und sozialer Entwicklungen. Immer wieder findet sich die These, dass demokratische Systeme nur in entwickelten Industrie- und Dienstleistungsgesellschaften, bei Abwesenheit extremer Ungleichheit in bezug auf Bildung und Einkommen und bei Kommunikationsmöglichkeiten existieren können, die über den örtlichen Rahmen hinausgehen. In der westlichen Welt gilt für die Wirtschaftsentwicklung die Marktwirtschaft als Grundlage, gekennzeichnet durch Wettbewerb, Privateigentum, Vertragsfreiheit und betriebliche Autonomie. Die Betonung von sozio-ökonomischen Unterschieden begründete die Abgrenzung zwischen westlichen Demokratien und Systemen der Dritten Welt (s. Kap. X). Auch deren Wandel im Verlauf historischer Prozesse ist einzubeziehen, denn sie bestimmen den aktuellen Entwicklungsstand mit.

Eine bruchlose, über Jahrhunderte fortschreitende Entwicklung konnten allenfalls einzelne politische Systeme in Europa durchlaufen. Auf dem Wege zu den heute vorhandenen westlichen Demokratien ging es zunächst um den Schutz des Einzelnen vor Willkür, erst später um die politische Mitgestaltung von Entscheidungsprozessen. Während in Europa diese Rechte gegenüber einer feudalen Privilegienordnung durchgesetzt werden mussten, war dies in den USA nicht der Fall. Auch hier stand zunächst die Sicherung der Rechte des Einzelnen gegenüber anderen im Vordergrund. Weiterhin sollten die vorhandenen Rechte der Einzelstaaten nicht einer zentralen Machtkonzentration geopfert werden. Deshalb finden sich im politischen System der Vereinigten Staaten von Beginn an Selbstbestimmungsrechte von Subsystemen (Dezentralisation, Föderalismus) und Begrenzungen des Mehrheitswillens (s. a. Kap. XV, A).

Im Gegensatz zu den westlichen Demokratien sind die sozialistischen Systeme aus einer verhältnismäßig einheitlichen Ideologie heraus entstanden. Obwohl die Ideologie von Marx und Engels keine konkrete Handlungsanweisung für den Aufbau von sozialistischen Staaten lieferte, waren diese doch in ihrer Struktur relativ gleich. Die Herrschaft einer Partei, die als Avantgarde der Massen fungierte, war überall vorzufinden. Sie wurde als Machtsicherungsinstrument auch bei sonstigen nichtdemokratischen Systemen übernommen. Die zentrale Steuerung, die mehr oder weniger intensive Kontrolle durch die Geheimpolizei (z. B. Gestapo, GPU, Stasi, Securitate) und die Gleichschaltung aller sozialen Gruppen sind die wesentlichen Elemente dieser Systeme. Dadurch soll insbesondere das ideologische Ziel der Gleichheit aller verwirklicht werden. Diese kommunistisch orientierten Einparteienstaaten waren nicht nur in Ost-Europa und Asien dominant, sondern auch in vielen sogenannten Entwicklungsländern der Dritten Welt anzutreffen.

Ob sich aus den ehemaligen kommunistisch orientierten Einparteiensystemen und Systemen in der Dritten Welt stabile Demokratien entwickeln können, ist eine offene Frage (s. Kap. X und XI). Das Überstülpen von politischen Systemstrukturen nach westlichem Muster war häufig Ausgangspunkt für Instabilität dieser Systeme (s. Kap. X, B, 2) oder für „defekte" Demokratien. Dagegen könnten jahrhundertelange Lernprozesse und Erfahrungen Vorbedingungen für das Funktionieren westlicher Demokratie sein.

B) Grundelemente der westlichen Demokratie

Wörtlich übersetzt heißt Demokratie „Volksherrschaft". Diese Zielvorstellung ist mehr oder weniger utopisch geblieben, seit sie Ende des 18. Jahrhunderts im Zuge der Emanzipation des Bürgertums an Bedeutung gewann. Erstmals wurde die Volkssouveränität im Rahmen des amerikanischen Unabhängigkeitskrieges 1776 auch schriftlich formuliert: „Alle Macht komme dem Volke zu und wird demgemäß von ihm hergeleitet." Dies würde praktisch eine Identität zwischen Herrschenden und Beherrschten beinhalten, die in demokratischen Systemen allerdings nicht gegeben ist („Identitäre Demokratietheorie").[470] In der Demokratie partizipieren nicht alle, aber alle müssen in Freiheit die gleiche Chance dazu haben (s. Kap. II, A, 3). Partizipation ist notwendig aber nicht hinreichend zur Bestimmung von Demokratie.

1. Demokratietheorie zwischen Legitimation und Partizipation

Die Frage, wieviel Partizipation notwendig ist, damit demokratische Staaten als legitimiert erscheinen, gehört zu den Grundfragen demokratischer Herrschaftssysteme. Ein Problem ergibt sich jedenfalls dann, wenn die Partizipation nachlässt. Denn Partizipation gilt als wichtiger Indikator für Zustimmung zu einer als demokratisch angesehenen Ordnung, und Demokratie lebt ja davon, dass die Mehrheit der Bürger sie bejaht. Aktive Ablehnung wäre sicherlich ein untrügliches Zeichen dafür, dass eine Akzeptanz nicht mehr vorhanden ist. Aber eine solche Protesthaltung wird möglicherweise nicht zum Ausdruck gebracht, weil die Bürger mit den Leistungen des Systems zufrieden sind. Ein politisches System, das sich als demokratisch einstufen lassen will, kann sich aber nicht nur darauf verlassen, dass die Bürger seine Leistungen zu schätzen wissen.[471] Das würde im Extrem bedeuten, dass der Staat nur noch deshalb akzeptiert wird, weil er zum Garanten des Lebens-

470 Rousseau (s. Kap. XV, B, 1).

471 Vgl. Kielmannsegg, in: von Beyme u. a. 1987, I: 10 f.

standards und der Lebenssicherheit geworden ist. Sobald er dieser Rolle nicht mehr gerecht wird, würden sich die Bürger von ihm abwenden. Es kommt also auch darauf an, dass die grundlegenden Wertvorstellungen mit der politischen Ordnung übereinstimmen. Wenn Zustimmung und Unterstützung immer weniger in Wertvorstellungen wurzelten und sich nur noch aus Nutzenerwartungen ergeben würden, wäre „das Fundament nicht eben stabil."[472] Beide Aspekte, die Zustimmung zu fundamentalen Werten und die Anerkennung der Leistungsfähigkeit, müssen also gegeben sein. Nur kurzfristig könnte die Leistungsschwäche durch Legitimität oder die Legitimitätsschwäche durch effiziente Leistung kompensiert werden.[473]

In demokratischen Systemen erhalten die erwachsenen Bürger regelmäßig die Chance, sich an Wahlen zu beteiligen (Bürger als Citoyen). Verglichen mit anderen Partizipationsformen wird diese Teilnahmemöglichkeit noch am intensivsten wahrgenommen. Es wurde bereits erwähnt (s. Kap. II), dass gewisse Mindestanforderungen für Partizipation vorhanden sein müssen: Bereitschaft zum Diskurs, Kommunikationsfähigkeit und Zeit. Da diese Voraussetzungen nicht bei allen Bürgern vorhanden sind, ist Demokratie auch immer mit der Notwendigkeit verbunden, sich von anderen regieren zu lassen, während man selbst seinen Geschäften nachgeht (Bürger als Bourgeois).

An diesem Befund der vorherrschenden Richtung der empirischen Demokratieforschung wurde seit den 1970er Jahren heftige Kritik geübt. Ihr „wurde vorgeworfen, dass sie diesen Zustand nicht beschreibe und analysiere, um ihn anzuklagen, sondern dass sie ihn beschönige und rechtfertige, indem sie Elitenherrschaft und politische Apathie der Bürger zur Bedingung der Stabilität von Demokratie erkläre."[474] Im Anschluss an diese Kontroverse muss daher die Frage formuliert werden: Wieviel Apathie der Bürger kann eine Demokratie ertragen, ohne gefährdet zu sein?

Eine weitere Frage ist, ob sich Partizipation in der Demokratie nur auf den Staat beziehen soll oder ob alle Lebensbereiche einer Demokratisierung unterworfen werden müssen (s. Kap. II, A, 1). Die restriktive Demokratietheorie will Demokratie nur auf den Staat bezogen sehen, der von anderen gesellschaftlichen Bereichen abgehoben sei, die als tendenziell unpolitisch gelten. Bereiche, in denen Ungleiche und z. T. auch Unfreie (z. B. in der Familie) sich vereinigten, seien einer Demokratisierung nicht zugänglich. Denn in der Demokratie gehe es um das Miteinander von Freien und Gleichen.

Gegen diesen engen Demokratiebegriff wendet sich die expansive oder auch partizipatorische Demokratietheorie. Ihr Argument ist, dass die vielfältigen Verflechtungen von Gesellschaft und Staat, insbesondere die Machtrelevanz des ökonomischen Teilbereichs für die gesamte Gesellschaft, eine grundsätzliche Abkoppelung des Staates von der Gesellschaft nicht zuließen. Demokratie müsse da-

---

472 Kielmannsegg, in: von Beyme u. a. 1987, I: 11.

473 Lipset 1959: 69–105.

474 Kielmannsegg, in: von Beyme u. a. 1987, I: 30.

her für alle gesellschaftlichen Bereiche gelten, die machtrelevant sind. Daraus ergeben sich Demokratisierungskonzepte für die Wirtschaft, die Schulen, die Familie und die Medien. U. a. wird von den Vordenkern dieser Zielvorstellungen erhofft, dass damit die Komplexität von Demokratie besser abgebildet wird.[475] Die partizipatorische Auffassung von Demokratie legt also den Schwerpunkt auf eine Beteiligung der Betroffenen überall dort, wo potentiell Macht ausgeübt wird. Die elitentheoretische oder wettbewerbsorientierte Auffassung stellt demgegenüber heraus, dass Demokratie eher eine Herrschaft gewählter Eliten/Repräsentanten auf Zeit ist,[476] weniger eine Herrschaft „durch das Volk" sondern „für das Volk" bzw. „des Volkes."

Gibt es im Hinblick auf die Reichweite der Partizipation unterschiedliche Auffassungen, so sind Übereinstimmungen bei den folgenden Grundelementen eher gegeben. Allerdings haben einzelne Elemente in den konkreten politischen Systemen, bedingt durch die verschiedenen Vorstellungen von Demokratie, unterschiedliches Gewicht. Dieses Problem ergibt sich nicht für die Rechtsstaatlichkeit.

2. Rechtsstaat

Die Prinzipien der Rechtsgleichheit und der Rechtssicherheit der Bürger sowie der Bindung der auf Zeit Beauftragten an das Recht sind wichtige Bedingungen für Demokratie. Die Mitwirkung an der Willensbildung muss in der Demokratie ohne Diskriminierung oder Unterdrückung erfolgen. Freiheit der Meinungsäußerung und unabhängige Medien sind grundlegend. Entscheidungen in demokratischen Systemen werden häufig mit Mehrheit getroffen. Dies setzt nicht nur voraus, dass sich die betroffene Minderheit den Mehrheitsbeschlüssen beugt, diese also anerkennt. Vielmehr bedeutet das auch, dass die Minderheit in ihren Rechten geschützt werden muss. Diese Rechte sind in modernen Verfassungen im Grundrechtskatalog verankert. Die Festschreibung von Menschen- und Bürgerrechten verpflichtet die Herrschenden, diese zu schützen. Rechtsstaatlichkeit sichert Freiheit und Gleichheit vor dem Gesetz. Darüber wachen in den einzelnen westlichen Demokratien unabhängige Gerichte.

Eine Ausnahme bildet hier Großbritannien. Dieses politische System war zwar im Hinblick auf die Gewährung von Grundrechten Vorreiter. Eine geschriebene Verfassung gibt es aber bis heute nicht. Dafür existieren verschiedene Schriftstücke, die im Hinblick auf den Schutz des Einzelnen wichtige Meilensteine abgeben.[477] So garantierte der „Habeas Corpus Act" von 1679 jedermann den Schutz vor willkürlicher Verhaftung. Nach der „Glorreichen Revolution" von 1688 kam es zur „Declaration of Rights" (1689). In diesem Dokument garantierte der vom Parlament berufene König wichtige Grundrechte als Schutz vor dem Missbrauch kö-

475 Schmidt, in: Klein/Schmalz-Bruns 1997: 44.

476 Die wichtigsten Repräsentanten sind Max Weber (1976/1922), Joseph Schumpeter (1942) und Anthony Downs (1959). S. d. Schmidt 1995: 118–168.

477 Döring 1993: 18.

niglicher Gewalt. Damit war in England der Grundstein gelegt, dass auch ohne „geschriebene“ Verfassung die Grundrechte gesichert sind.

Im Gegensatz dazu wurde der amerikanischen Verfassung ein umfassender Grundrechtskatalog, die „Bill of Rights“ (1791), angefügt. Auf dem europäischen Kontinent war Frankreich dann der nächste Staat, der mit der „Erklärung der Menschen- und Bürgerrechte“ von 1789 ein Bekenntnis zum natürlichen Ursprung der Grundrechte ablegte. Dieses Dokument wirkte über Frankreich hinaus. So wurden die Grundrechte des deutschen Volkes in der Paulskirchenverfassung von 1849 in 16 Paragraphen festgehalten. Die Verfassung des Norddeutschen Bundes von 1867 nahm zwar die Grundrechte nicht auf, aber sie waren durch Reichsgesetze entsprechend gesichert. Die Weimarer Reichsverfassung von 1919 hat dann Grundrechte und Grundpflichten der Deutschen im zweiten Hauptteil umfassend festgelegt.

Inzwischen setzt sich auch die internationale Staatengemeinschaft für die Anerkennung von Menschenrechten ein. Ein wichtiger Meilenstein war die „Allgemeine Erklärung der Menschenrechte“ der Vereinten Nationen von 1948. Darin wird jedem Menschen das Recht auf Leben und Freiheit, Sicherheit und Rechtsschutz, Arbeit und Wohlfahrt zugesprochen. Jegliche Diskriminierung aufgrund von Rasse, Hautfarbe, Geschlecht, Sprache, Religion, politischer oder sonstiger Überzeugung, nationaler, sozialer oder staatlicher Herkunft, nach Eigentum, Geburt oder sonstigen Umständen wird verboten. Die Vereinten Nationen wenden sich auch gegen Krieg, Rassentrennung (Apartheit), Unterentwicklung, Analphabetismus und Diskriminierung der Frau. Später folgten noch Resolutionen gegen die Folter, für die Einschränkung der Todesstrafe sowie zur Sicherung einer effektiven Ausübung von Menschenrechten und Grundfreiheiten. Diesen Erklärungen kommt eine „erhebliche politisch-moralische Signalwirkung zu.“[478]

Alle in Verfassungen niedergelegten Grundrechte binden die Herrschenden, also die Parlamente und Regierungen sowie die Verwaltungen und die unabhängigen Gerichte. Letztere sind für den Vollzug der Gesetze bzw. die Bestrafung von Rechtsverletzungen zuständig. Wenn Bürger sich in ihren Rechten durch andere verletzt sehen, können sie sich an unabhängige Gerichte wenden. Dies gilt auch für das Einklagen der Grundrechte selbst. Dies hat in der Diskussion um die Novellierung des Grundgesetzes bzw. bei der Diskussion um die Neuformulierung einer Verfassung für das wiedervereinigte Deutschland zu Kontroversen geführt, ob der Grundrechtskatalog erweitert werden solle. Denn zwangsläufig würde z. B. durch ein Recht auf Arbeit die Erwartung geweckt, dass der Staat für alle einen Arbeitsplatz bereitstellen könnte. Auch in anderen Demokratien sind Grundrechtsdebatten intensiv geführt worden. Hierfür ist Kanada ein Beispiel. Bei der Verabschiedung der „Charter of Rights and Freedoms“ (1982) verlangten die Französisch sprechenden Quebecer, als besondere Gesellschaft in der Verfassung anerkannt zu werden. Dies führte aber dazu, dass auch die Ureinwohner und die Frauen eine stärkere Berücksichtigung ihrer Interessen in der Verfassung forderten. Durch die Übernahme

478 Jäckel, in: Holtmann ^{3}2000: 240.

der Europäischen Menschenrechtskonvention in britisches Recht (1998) findet auch in Großbritannien nun eine Aufwertung der Gerichte[479] zu Lasten der gewählten Repräsentanten statt.

Nicht nur durch die Festlegung der Grundrechte und ihre Einklagbarkeit haben zwangsläufig unabhängige Gerichte eine wichtige Rolle im Staate zugewiesen bekommen. Durch ihre Interpretationen erhalten sie einerseits die Verfassung lebendig, andererseits wächst ihnen dadurch „Deutungsmacht“ zu, die für sich genommen Probleme schaffen kann.[480] Die Position der obersten Gerichte (z. B. in der Bundesrepublik des Bundesverfassungsgerichts oder in den USA des Supreme Court) kann immer dann zu mächtig werden, wenn die politischen Entscheidungsträger, z. B. die Regierung oder Parlamentsfraktionen, sie bei Grundsatzkonflikten ständig in die Entscheidungsfindung einschalten. Dann können sich Gerichte als „Ersatzgesetzgeber“ aufspielen zu Lasten der gewählten Entscheidungsträger. Die Machtbalance zwischen den Herrschaft Ausübenden kann in Gefahr geraten. Sie soll durch Gewaltenteilung dauerhaft gesichert werden.

3. Gewaltenteilung

In der Demokratie wird eine kontrollierte Machtausübung durch Gewaltenteilung gewährleistet. Diese tritt in vielfältigen Formen auf. In der Regel sind in Demokratien verschiedene Arten der Gewaltenteilung kombiniert. In allen Demokratien gehören dazu unabhängige Gerichte. Meist wird zunächst an die horizontale Gewaltenteilung gedacht.

(a) Horizontale Gewaltenteilung

Hier gehen Regierung und Parlament als die wichtigsten Entscheidungsträger einer Demokratie aus getrennten Wahlgängen hervor. Beide Institutionen sind also unabhängig voneinander legitimiert. Dies Prinzip ist verbunden mit einer strikten personellen Gewaltentrennung: derjenige, der, der Legislative angehört, kann nicht gleichzeitig Mitglied der Exekutive sein. Weiterhin soll Willkürhandeln der Regierenden dadurch verhindert werden, dass unabhängige Gerichte das politische Handeln darauf überprüfen, ob die in der Verfassung festgesetzten Normen eingehalten werden. In vom Willen der Wähler unabhängigen und dem Wähler nicht verantwortlichen Gerichten kommt zum Ausdruck, dass der Wille der gewählten Mehrheit an den Individual- und Minderheitsrechten seine Schranken findet.

Wichtig bei der horizontalen Gewaltenteilung ist auch, dass Legislative, Exekutive und Gerichtsbarkeit über spezifische Kompetenzen verfügen. Dadurch ergibt sich ein Zwang zur Zusammenarbeit. Gleichzeitig sind Hemmungen und Gegengewichte eingebaut. Die einzelnen Institutionen kontrollieren einander, Legislative bzw. Exekutive brauchen aber für wichtige Beschlüsse auch die Zustimmung der anderen Institution, z. B. bei der Gesetzgebung. Hier hat die Legislative ein ausge-

479 Sturm, in: Ismayr 2003: 228.

480 Vorländer, in: Vorländer 2006: 17 f.

prägtes Machtpotential: Die Exekutive ist darauf angewiesen, dass ihre Vorschläge von der Legislative akzeptiert werden. Der Exekutive wiederum wird ein Vetorecht eingeräumt, das die Legislative nur mit Zweidrittelmehrheit überstimmen kann. Diese Art der Gewaltenteilung ist typisch für das präsidentielle Regierungssystem, wie es in den USA entwickelt wurde (s. Kap. VIII, A, 2).

(b) Vertikale Gewaltenteilung

In vielen Demokratien wird die Machtballung in einem Entscheidungszentrum dadurch verhindert, dass unterschiedliche Entscheidungsebenen im Staat bestimmte Aufgaben mehr oder weniger eigenverantwortlich erledigen können. Diese Zuordnung von Einzelaufgaben an Gliedstaaten (Länder, Kantone, Provinzen, Einzelstaaten) wird als Föderalismus bezeichnet. Beim föderalistischen Staat handelt es sich um die politische und organisatorische Zusammenfassung von mehr oder weniger selbständigen Subsystemen zu einem übergeordneten Ganzen, dem Bundesstaat.[481]

Häufig war die föderalistische Struktur eine Voraussetzung dafür, dass es überhaupt zu einem Staat kam. Immer dann, wenn ausgeprägte Freiheitsrechte der einzelnen Gebietseinheiten geschützt werden sollten (z. B. in den USA und Australien) oder ethnische und religiöse Besonderheiten die Regelung von Konflikten in kleineren Einheiten nahelegten (z. B. der Schweiz), kam es zu Bundesstaaten. Häufig sind beide Aspekte bedeutend gewesen, so in Kanada. Auch die Größe des Landes spielt beim föderalistischen Aufbau eine Rolle, weil angenommen werden kann, dass eine Zentralinstanz nicht in der Lage wäre, politische Entscheidungen problemadäquat zu treffen. Daher wurden dann die Entscheidungskompetenzen an einzelne Gebietseinheiten übertragen oder bei ihnen belassen. Jedoch auch in kleinräumigeren Staaten gilt es als wichtig, dass politische Entscheidungen in größerer Nähe zum Bürger fallen.

Die Teilung der Kompetenzen zwischen Zentralstaat und Gliedstaaten ist in den föderalistischen Systemen sehr unterschiedlich. Bei der Kompetenzverteilung werden grundsätzlich zwei Prinzipien angewandt:

- Die Funktions- und Arbeitsteilung, d. h. eine Kooperation zwischen den Ebenen in der Aufgabenwahrnehmung, oder
- die Autonomie jeder Ebene, d. h. jeweilig eigenständige Aufgabenerfüllung.[482]

Deutschland und Kanada sind Beispiele für das eine oder andere Prinzip.[483] Im Grundgesetz (als Beispiel für Funktions- und Arbeitsteilung) werden die Zuständigkeiten des Bundes und die gemeinsamen Zuständigkeiten von Bund und Ländern festgelegt (ausschließliche Bundesgesetzgebung, konkurrierende Gesetzgebung, Rahmengesetzgebung des Bundes). Ausschließliche Länderkompetenzen sind nur Kultur, Schulwesen, Polizei, Kommunalverfassung. Die Länder führen zudem fast alle Bundesgesetze aus. In Kanada werden dagegen die Politikfelder zur

481 Jahn 2006:74 ff.

482 Schultze 1990: 479 f.

483 Naßmacher 1991.

Aufgabenerledigung den einzelnen Politikebenen zugeordnet, wobei dazu Entscheidung und Ausführung mit eigener Verwaltung zählen. So legt die kanadische Verfassung konkret fest, für welche Aufgaben die Provinzen einerseits und der Bund andererseits zuständig sind. Mit Ausnahme der konkurrierenden Gesetzgebung ist daher klar abgegrenzt, dass dann, wenn die eine Ebene nicht zuständig ist, die Kompetenz der anderen zufällt (s. a. Kap. III, B, 2).

Während Deutschland und Kanada die Extreme bilden, neigen andere eher dem einen oder dem anderen zu. Der Eindruck der Verschiedenheit föderalistischer Systeme wird durch die Ausstattung der unterschiedlichen Ebenen mit eigenen Finanzen und die finanziellen Beziehungen untereinander noch verstärkt. In der Steuergesetzgebung gibt es neben der Parallelität, wie in den USA und der Schweiz, die ausschließliche Zuständigkeit der einzelnen Ebenen für bestimmte Steuern, wie in Deutschland. In Deutschland fällt jedoch das erhebliche Übergewicht der gemeinschaftlichen Steuern auf, deren Aufteilung erst über die tatsächlichen Einnahmen von Bund, Ländern und Gemeinden entscheidet. Die Gemeinschaftssteuern sind Grundlage für den horizontalen und vertikalen Finanzausgleich. In den USA ist – im Gegensatz zu Deutschland – kein horizontaler Finanzausgleich vorgesehen. Die finanziellen Beziehungen der einzelnen Teileinheiten untereinander werden also nur über den Bund gemakelt.

Zur Berücksichtigung teilräumlicher Interessen im Bund ist eine zweite Kammer[484] vorgesehen, die entweder nach dem Bundesratsprinzip (wie in Deutschland) oder dem Senatsprinzip (USA, Schweiz) zusammengesetzt ist und entscheidet. Während in den USA und der Schweiz unabhängig von der Größe des zu vertretenden Teilgebietes die gleiche Zahl von Senatoren bzw. Ständeräten durch Volkswahl bestimmt wird, ist in Deutschland die Größe der Länder bei der Repräsentation berücksichtigt und die Entsendung erfolgt indirekt. Nach dem Senatsprinzip sind die Vertreter der einzelnen Gliedstaaten an Weisungen aus den Einzelstaaten nicht gebunden (wie in den USA und in der Schweiz). Im Gegensatz dazu stimmen in Deutschland die Regierungsvertreter der Länder einheitlich ab.

Zur vertikalen Gewaltenteilung gehört auch die eigene Entscheidungskompetenz der kommunalen Ebene. Hier gibt es in den einzelnen Ländern sehr große Unterschiede. Auch dort, wo die kommunale Selbstverwaltung in der Verfassung abgesichert ist, wird zuweilen die Tendenz aufgezeigt, dass die wichtigsten Entscheidungen doch auf der Gesamtstaatsebene fallen und die kommunale Ebene nur noch als nachgeordnete Ausführungsinstanz fungieren kann. Auf der kommunalen Ebene werden noch weniger Entscheidungskompetenzen als auf der Länderebene vermutet. Sie sind auch davon abhängig, ob den Kommunen genügend eigene Einnahmen zur Verfügung stehen. Dabei lässt sich generell die Tendenz feststellen, dass die Gemeinden sehr abhängig sind von überörtlichen Finanzzuweisungen. Dies ist in Großbritannien viel stärker der Fall als in Deutschland und Österreich, wo die eigenen Einnahmen aus der Gewerbesteuer und der Einkommensteuer noch eine Rol-

484 Riescher u. a. 2000.

le spielen. Die Akteure auf der kommunalen Ebene würden es in allen Ländern begrüßen, wenn überörtliche Zuschüsse ohne Zweckbindung an die kommunalen Gebietskörperschaften fließen könnten. Die Kommunen versuchen ihrerseits, ihre Vorstellungen in überörtliche politische Entscheidungsprozesse einzubringen. Als Subsysteme der Länder sind Kommunen aber weniger privilegiert. Im Rahmen der wachsenden Komplexität der Gesamtsysteme bleibt allerdings die legitimierende und partizipatorische Dimension der Kommunalpolitik von erheblicher Bedeutung.[485]

(c) Zeitliche Gewaltenteilung

In Demokratien werden die Regierenden immer nur auf Zeit bestellt. Wenn ihr Handeln nicht mehr den Vorstellungen der Mehrheit der Bevölkerung entspricht, müssen sie ablösbar sein. Damit das ordnungsgemäß erfolgen kann, kommt der Opposition im demokratischen System eine genauso wichtige Rolle zu wie der Regierung selbst. Der Gegensatz von Regierung und Opposition kann daher auch als zeitliche Gewaltenteilung bezeichnet werden. Diese ist im parlamentarischen System (s. Kap. VIII, A, 1) verwirklicht. Dort sind parlamentarische Mehrheit und Regierung sehr eng miteinander verbunden. Die Regierung rekrutiert sich ganz überwiegend aus der Parlamentsmehrheit und die Parlamentarier behalten als Regierungsmitglieder ihre Parlamentsmandate. Der auf Zeit bestimmten Mehrheit steht die Opposition gegenüber. In diesem System wird also nicht – wie im präsidentiellen System – darauf Wert gelegt, dass Legislative und Exekutive jeweils unabhängig voneinander legitimiert werden und voneinander getrennte Funktionen wahrnehmen. Sie sollen sich nicht in ihrer Machtausübung behindern: So lange die Regierung über eine Mehrheit im Parlament verfügt, soll sie handlungsfähig sein. Ihre Machtausübung ist dadurch beschränkt, dass sie fürchten muss, durch die nächsten Wahlen in ihrem Handeln begrenzt oder abgelöst zu werden.

Der Wechsel zwischen Regierung und Opposition funktioniert im parlamentarischen System dann am besten, wenn stark mehrheitsbildende Wahlsysteme angewendet werden. Das ist z. B. in Großbritannien der Fall. Weiterhin von Bedeutung ist eine gewisse sozio-ökonomische Homogenität. Nur wenn Regionalparteien eine wichtige Rolle spielen, können sie klare Mehrheiten durch eigene Parlamentssitze verhindern. In politischen Systemen, die Verhältniswahlverfahren anwenden, ist der Wählerwechsel häufig nicht so groß, dass bei Wahlen die Regierungsmehrheit abgelöst werden kann. Vielmehr fällt dann kleinen Parteien als potentiellen Koalitionspartnern die Rolle zu, den Machtwechsel zu vollziehen. Dies ist in Italien und Japan bei Dominanz einer großen Partei jahrzehntelang nie gelungen. Da der regelmäßige Machtwechsel in den einzelnen westlichen Demokratien eher die Ausnahme als die Regel war,[486] haben Reformer immer versucht, die Rolle der Opposition zu stärken. Sie ist aber in den Mehr- und Vielparteiensystemen eher zerklüftet.

485 Naßmacher/ Naßmacher ^{2}2007.

486 Müller/ Strøm 2000.

(d) Soziale Gewaltenteilung

In allen westlichen Demokratien scheint die Integrationskraft der großen Parteien abzunehmen. Vielfältige soziale Gruppierungen und neue soziale Bewegungen setzen die Parteien unter Druck. Neben einer Fülle von neuen Assoziationen, die auch bisher als schwach angesehene Interessen artikulieren, besteht ein etabliertes System von organisierten Interessen. Auch wenn kurzfristig orientierte Sozialbewegungen mehr öffentliche Aufmerksamkeit finden, so schaffen erst die im Wirtschafts- und Sozialbereich dauerhaft agierenden Organisationen die Grundlage für eine Pluralität der Interessenartikulation. Interessengegensätze und der Wettbewerb um die Unterstützung der Medien sowie der politischer Akteure begrenzen die Macht des einzelnen Verbandes (s. d. Kap. IV, A, 1). Diese soziale Gewaltenteilung oder der „Pluralismus" gilt als wesentliches Strukturelement der freiheitlichen Demokratie.[487]

Die Vielfalt der Gruppen/Assoziationen wird dadurch sichergestellt, dass die Artikulation von Interessen und die Erzeugung von Druck auch gleichzeitig andere Interessen aktiviert und damit Gegendruck hervorruft. Fließende Grenzen zwischen den Gruppierungen und Mehrfachmitgliedschaften garantieren Offenheit bei einer gewissen Stabilität. Rede-, Versammlungs- und Vereinigungsfreiheit sowie Vielgliedrigkeit (hoher Grad an Differenzierung) sind als Voraussetzung für ein gewisses Gleichgewicht unerläßlich. Ist dies gefährdet, muss der Staat eingreifen. Inwieweit und wie das zu geschehen hat, wird kontrovers diskutiert, da dabei Bewertungen eine Rolle spielen. Es geht um die Frage, wieviel Sozialstaat eine Demokratie braucht, um Gleichheit der Lebensbedingungen zu verwirklichen, wieviel Ungleichheit eine Demokratie ertragen kann, um noch funktionieren zu können. Probleme der Gerechtigkeit kommen in den Blick. Die wieder aktuelle Debatte im Anschluss an Rawls (1971), die von vorgegebenen Normen ausgeht – also einer a priori-Gerechtigkeit –, gehört in die politische Philosophie und wird daher hier nicht weiter verfolgt. Ob eher aus gesellschaftskritischer Position für ein stärkeres Engagement des Staates plädiert wird oder eher auf die vielfältigen Kräfte einer sich selbst organisierenden, kommunikativ verbundenen, sorgfältig erwägenden und verhandelnden Zivil-Gesellschaft (Civil-Society),[488] hängt von Bewertungen und der politischen Orientierung ab. Letztere Position ist allerdings auch nicht voraussetzungslos. Vielmehr gilt das gesellschaftliche Vertrauen als wichtige Voraussetzung dafür, dass soziale Kooperation zustandekommt, die wiederum Vertrauen produziert. Damit wächst „soziales Kapital".

Aktivitäten im sozialen Bereich zähmen den Individualismus und fördern nicht nur soziale Tugenden – so z. B. die Kommunitaristen – sondern so wird erwartet – können auch der politischen Beteiligung nutzen, weil sie dem Erwerb von Ressourcen dienen, die sich in der Politik einsetzen lassen. Zudem sind die Chancen für

---

487 Fraenkel 1964.

488 Schmidt 1995: 159, 163. Begriffe wie assoziative und deliberative Demokratie oder auch reflexive Demokratie betonen diesen Aspekt.

Demokratie dort größer, wo die Machtressourcen auf viele verteilt sind.[489] Daraus ergibt sich die Frage, wie viel Macht oder Entscheidungspotential auf Eliten (gewählte Repräsentanten) übertragen werden darf.

4. Repräsentativprinzip und Direkte Demokratie

Alle demokratischen politischen Systeme bedienen sich der Repräsentanten, die für die Bürger verbindliche Entscheidungen treffen. Nur in kleinen sozialen Zusammenhängen ist die direkte Demokratie, in der Bürger die Entscheidungen selbst treffen (Plebiszit), eine realistische Zielvorstellung. Sie spielt vor allen Dingen in der Schweiz und in Einzelstaaten der USA eine Rolle. Plebiszitäre Elemente ergänzen mehr oder weniger die repräsentative Demokratie. Dabei gibt es unterschiedliche Formen.[490] Durch das „Volksbegehren" (auch Bürgerbegehren) können politische Themen „von unten" ausgelöst und damit auf die Tagesordnung gebracht werden. Sie sind in der Regel mit dem Volksentscheid verbunden (auch Bürgerentscheid): Entscheidungen werden durch Abstimmungen der Bürger herbeigeführt. Es gibt auch die Möglichkeit oder die Notwendigkeit, verabschiedete Gesetze, Verfassungen oder häufiger Verfassungsänderungen durch Abstimmungen der Bevölkerung zu billigen oder zu verwerfen. Für und gegen diese direktdemokratischen Formen werden vielfältige Argumente formuliert.[491]

Ein starkes Argument für direkte Demokratie ist, dass dadurch zuweilen grundlegende Veränderungen bei Reformstau möglich werden, wie das Beispiel Italien (Scheidungsrecht, Wahlrechtsreform) zeigt. In direktdemokratischen Verfahren sprechen sich Bürger eher gegen Steuererhöhungen aus.[492] Ansonsten ist die Übermacht punktueller Sonderinteressen eine Gefahr. Gegner befürchten auch, dass komplexe Sachverhalte zwangsläufig vereinfacht oder verzerrt würden. Jedenfalls entfällt nach direktdemokratischen Entscheidungen die Möglichkeit, im Zuge von Verhandlungen über Kompromisse Konsens zu suchen. Der Druck auf die Entscheidungsträger in diese Richtung wird vor Volksabstimmungen um so höher (s. Kap. VIII, B, 2). Die geringe Beteiligung von Bürgern an solchen direktdemokratischen Entscheidungen stellt auch das Argument in Frage, dass dadurch die Legitimationsbasis für demokratische Systeme verbreitert wird. Vielmehr gerät das Prinzip der Gleichheit in Gefahr, weil zusätzliche Beteiligungschancen vor allem ressourcenstarke Bevölkerungsteile nutzen (s. Kap. II, A, 2).

Daher gehen selbst Anhänger der direkten Demokratie nicht so weit, die Delegation von Macht an Volksvertreter, also das Repräsentativprinzip, abschaffen zu wollen. Die Gewählten (Repräsentanten) sollen im Namen des Volkes Macht ausüben. Dazu werden sie in freien und geheimen Wahlen bestellt. Kontrovers wird diskutiert, wie der Auftrag des Wählers an den Abgeordneten lautet. Nach der ei-

489 Vanhanen 1990.

490 Möckli 1991; Luthardt 1994.

491 Butler/Ranney 1994, Budge 1996: 59 ff.; Naßmacher 1997; Schiller 1999.

492 Wagschal 1997.

nen Auffassung erhält der Abgeordnete durch seine Wahl klare Weisungen, d. h. er ist quasi der Delegierte seiner Wählerschaft. Sein Mandat ist an deren Willen gebunden. Im Extremfall wäre das ein ‚imperatives Mandat'.[493] Nach der anderen Auffassung erhält der Mandatsträger für eine bestimmte Zeit den Auftrag, seine Wähler zu repräsentieren, ohne dass er an deren Weisungen gebunden ist: er übt also sein Mandat frei aus. Dabei hat er auch in umfassendem Sinne den früheren und zukünftigen Generationen Rechnung zu tragen.[494] Diese Repräsentationsform ist auch im Grundgesetz festgelegt. Die Abgeordneten werden als „Vertreter des ganzen Volkes" bezeichnet, die „an Aufträge und Weisungen nicht gebunden" sind (Art. 38 Abs. 1 Satz 2 GG). Der Parlamentarier gilt nach dieser Auffassung also als Vertrauensperson, dem die Machtausübung für eine begrenzte Zeit übertragen wird. Empirische Forschungen haben ergeben, dass in der Wirklichkeit die Abgeordneten zwar unter dem formellen Schutz des freien Mandats stehen, sie aber sehr wohl je nach politischem System mehr oder weniger in Partei- oder Fraktionsdisziplin eingebunden sind. Der Mandatsträger verhält sich also in bestimmten Situationen als Delegierter, in anderen als Vertrauensperson.[495] Er muß sich responsiv gegenüber den Bürgern verhalten, d. h. ansprechbar, sensibel und reaktionsfähig sein.[496] Patzelt bezieht sich auf das von Pitkin[497] entwickelte Konzept der Repräsentation und faßte in einer „Kerntheorie" politische Repräsentation zusammen: „Repräsentativität und Führung wechseln sich ab, ergänzen und stützen einander."[498] Damit potentielle Repräsentanten ausgewählt und den Wählern präsentiert werden können, sind u. a. Parteien notwendig.

5. Parteienwettbewerb

Demokratische Systeme sind ohne Parteien nicht vorstellbar (s. a. Kap. IV, B). Dies gilt insbesondere für Flächenstaaten, während allenfalls für kleinräumige demokratische Prozesse auf der lokalen Ebene Parteien für überflüssig gehalten werden. So wurde in den USA und Kanada vorgeschrieben, dass auf der lokalen Ebene Kandidaturen ohne Parteietikett erfolgen müssen. Dieser Zwang zur Nichtparteibindung scheint aber zu einem Orientierungsverlust der Wähler geführt zu haben, der sich u. a. in der geringen Wahlbeteiligung niederschlägt. Weiterhin verschaffte dies Vorteile für Kandidaten, die mit eigenen finanziellen Mitteln werben konnten. Auch „Ersatzparteien" (Kommunalparteien, Gruppierungen der Gewerkschaften mit kommunalpolitischem Engagement) waren die Folge.[499] Diese Befunde machen die Relevanz von Parteien deutlich. Leibholz[500] hatte die Parteien sogar als

---

493 Kevenhörster 1975.

494 Zum Wandel des Repräsentationsbegriffs s. Matthee, in: Rüther 1996: 62 ff.

495 Eulau/Prewitt 1973; Patzelt 1993.

496 Uppendahl 1981: 123–134.

497 Vgl. Pitkin 1967.

498 Patzelt 1991: 170.

499 Purcal 1993.

500 Leibholz ^{3}1966; Leibholz 1958: 76, 93 f.

„Surrogat der direkten Demokratie im modernen Flächenstaat" oder als „rationalisierte Erscheinungsform der plebiszitären Demokratie" bezeichnet.[501]

Die Existenz von Parteien ist aber noch nicht ausreichend. Vielmehr geht es um den Wettbewerb zwischen verschiedenen Parteien, die die Macht erringen wollen. Das bedeutet, dass die Konkurrenz nicht nur zwischen unterschiedlichen Führungspersönlichkeiten stattfindet, sondern die Parteien auch verschiedene ideologische Orientierungen und Anhängerschaften repräsentieren müssen. Dies ist jedenfalls in westlichen Demokratien der Fall. Hier organisieren Parteien die politischen Themen entlang verschiedener Konfliktlinien. Weiterhin müssen die Parteien gleiche Chancen im Wettbewerb haben ((s. Kap. IV. B, 1 und 4).

Für die Zahl der Parteien, die eine Chance auf Regierungsbeteiligung haben, sind die Wahlsysteme von entscheidender Bedeutung. Bei der Diskussion von Wahlsystemen spielt eine erhebliche Rolle, ob das Ziel der Chancengleichheit pro Wählerstimme im Vordergrund stehen oder ob der politischen Stabilität größere Priorität eingeräumt werden soll. Mehr Chancengleichheit pro Wählerstimme ist bei Verhältniswahlsystemen gegeben, in denen die Wählerstimmen sich proportional in Mandate verwandeln. Hier haben auch kleine Parteien eher die Chance, Mandate zu erringen. Diese Wahlsysteme führen in der Regel zu Vielparteiensystemen. Eine eindeutige Mehrheit einer Partei, die dann die Regierung übernehmen kann, ist höchst selten. Typisch sind Koalitionsregierungen (s. Kap. V, C). Die Regierungsfähigkeit kann durch Sperrklauseln verbessert werden.

Das Mehrheitswahlsystem führt in der Regel dazu, dass Repräsentanten nur weniger Parteien in das Parlament einziehen können. Dies ist insbesondere dann der Fall, wenn die Mehrheitswahl im Einerwahlkreis angewendet wird. Dann erhält nämlich nur derjenige Kandidat einen Sitz, der im Wahlkreis die Mehrheit der Stimmen auf sich vereinigen konnte. Alle Stimmen für andere Kandidaten bleiben bedeutungslos. Wahlenthaltung oder Wählerwechsel führen leicht zu einer anderen Mehrheit und damit zu einem Machtwechsel, an dem es vor allem in Diktaturen mangelt. Das Mehrheitswahlrecht schafft in der Regel Voraussetzungen für regierungsfähige Mehrheiten.

6. Zusammenschau und Perspektiven

Die Darstellung der Grundelemente macht deutlich, dass demokratische Systeme sehr komplex sind. Dies zeigt auch, dass die Bestimmung der Qualität einer Demokratie oder die Beantwortung der Frage, ob ein politisches System sich bereits als Demokratie bezeichnen lässt (Demokratiemessung), schwierig ist und sich auf keinen Fall nur auf einzelne Elemente (z. B. freie und kompetitive Wahlen) beziehen kann. Da sich einzelne Elemente zuweilen gegenseitig blockieren können, stehen seit einigen Jahren die Veto-Punkte im Mittelpunkt der Debatte. Das Ergebnis einer vergleichenden Betrachtung ist, dass eine bestimmte Kombination von Kernelementen möglicherweise zu einem besseren Leistungsprofil im Hinblick auf das

501 Zur Kritik s. Rudzio, in: Rüther 1996: 137 f.

Politikergebnis (output) führen kann als andere. Die Staatstätigkeitsforschung nimmt sich – insbesondere unter Auswertung der Policy-Studien – dieser Frage an, ist aber bisher noch nicht zu allseits akzeptierten Ergebnissen gelangt. So liegen bei der Vorstellung der einzelnen Demokratien (s. Kap. VIII) die Erkenntnisse der vergleichenden institutionenorientierten Forschungen zugrunde, die nach wie vor Gültigkeit haben.

Jedes der vorgestellten Elemente ist in Wechselbeziehung mit anderen Elementen wirksam. Einzelne Elemente können mehr Bedeutung erlangen, z. B. die direktdemokratischen. Die Wirkungen lassen sich bildhaft anhand eines Mobiles vorstellen: Wird ein Element gewichtiger, gerät das gesamte komplexe System in eine Schieflage (s. d. die Abbildung). Für jedes der einzelnen Elemente lässt sich aus der politischen Ideengeschichte mindestens ein „Pate" anführen, so für die gleiche oder unmittelbare Partizipation Rousseau, für die Beteiligung der politisch aktiven Teile des Volkes Mill, für den Parteienwettbewerb Leibholz, für das Repräsentationsprinzip Burke, für das Prinzip von Mehrheit und Opposition Schumpeter und Downs, für das Bundesstaatsprinzip die Verfasser der Federalist Papers, für die Gewaltenteilung Locke und Montesquieu, für die Grundrechte Locke, die Verfasser der Federalist Papers sowie Tocqueville und für den Schutz des Privateigentums Hobbes und Locke (s. Kap. XII–XV).

Demokratien müssen lernende Systeme sein, die sensibel gesellschaftliche Veränderungen verarbeiten. Innovationspotential wird vor allen Dingen durch bessere Beteiligungsmöglichkeiten und durchlässigere und transparentere Strukturen bei den Institutionen erwartet. Hoffnungen setzen die Befürworter vor allen Dingen auf das Internet, den Informationszugang und die Möglichkeiten der elektronischen Kommunikationen.[502] Diese sind allerdings in keinem Falle mit einer Face to Face-Kommunikation gleichzusetzen. Schon wird von einer „Auflösung des öffentlichen Raumes" gesprochen. Insofern können Defizite, die Barber[503] für die Demokratien herausstellt, noch nicht damit bearbeitet werden. Formen der Beteiligung, die von den Bürgern mehr angenommen werden, und die gleichzeitig erzieherische Wirkungen haben, sind noch zu entwickeln und bleiben ständige Aufgabe.

502 Gellner, in: Gellner/Korff 1998.

503 Barber 1984: 242, 367.

Übersicht: Systemelemente der westlichen Demokratie (dargestellt als „Mobile“)

Westliche (liberale) Demokratie (Verfassungsstaat der Neuzeit)

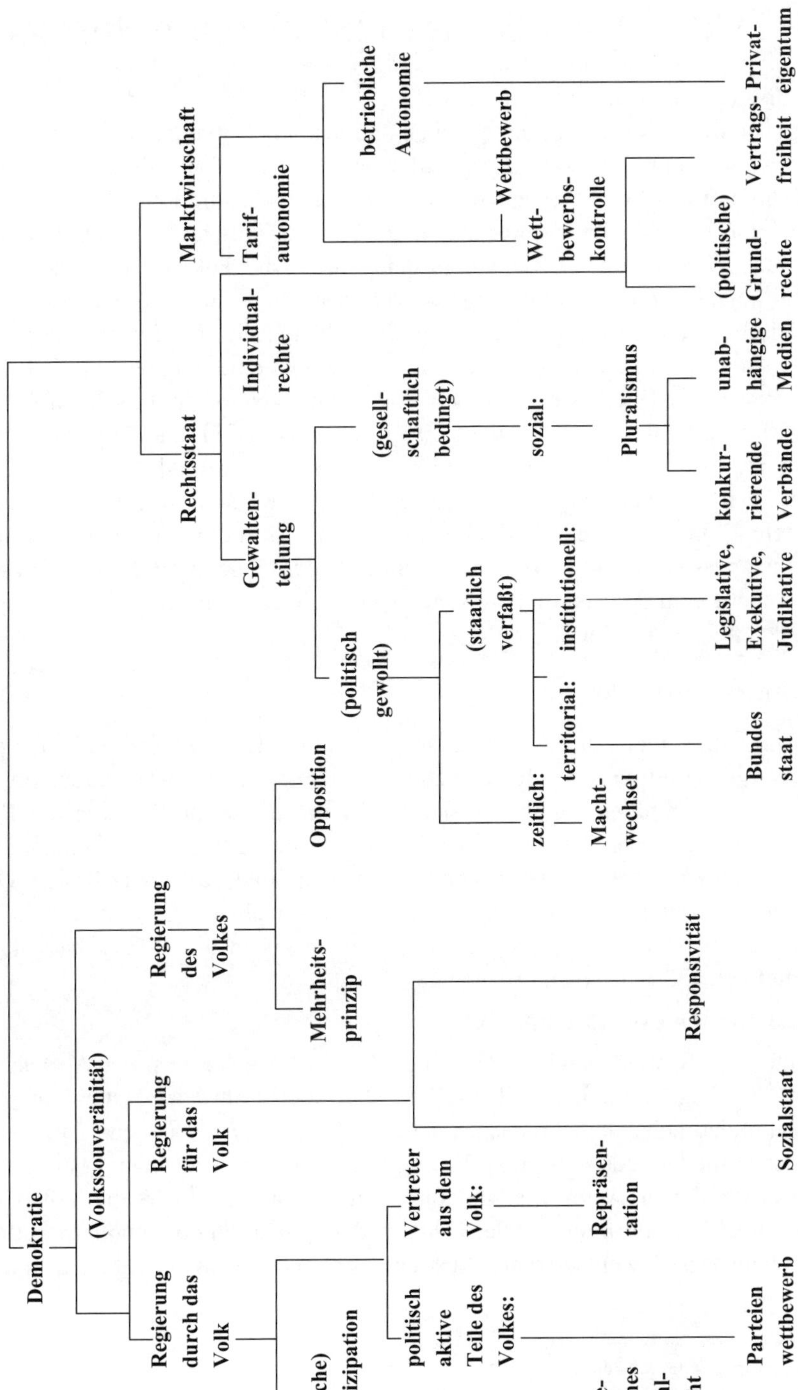

C) Diktatur als System politischer Herrschaft

Politische Systeme, in denen dauerhaft eine Einzelperson oder Personengruppe herrscht, die sich nicht freien, gleichen und geheimen Wahlen stellen müssen, werden als Diktatur bezeichnet. Es fehlen also der politische Wettbewerb und die Machtkontrolle. Solche Systeme sind im Hinblick auf ihre Entstehung, ihre Machtausübung und ihre Ziele unterschiedlich. Der wesentliche Unterschied ergibt sich aus der Machtausübung. So unterscheidet Linz die Diktaturen danach, welchen Grad an politischem Pluralismus sie zulassen, in welchem Ausmaß sie gelenkte politische Mobilisierung betreiben und welchen Grad der ideologischen Ausrichtung sie aufweisen. In einem totalitären System ist eine Ideologie zentral, während das autoritäre System darauf verzichtet. Auch die gelenkte politische Mobilisierung der Massen fehlt in autoritären Systemen, während sie in totalitären Systemen eine wichtige Rolle spielt. Ein totalitäres System ist nach Linz durch ein monistisches Machtzentrum gekennzeichnet, während im autoritären begrenzter Pluralismus besteht.[504] In der wissenschaftlichen Diskussion gilt die Auffassung als wenig kontrovers, dass vor allem in den Entwicklungsländern Diktaturen anzutreffen sind, die aber nicht dem Typ totalitärer, sondern dem der autoritären Diktatur zugeordnet werden müssen (s. Kap. X).

1. Autoritäre Diktatur

Obwohl die unter dem Autoritarismus subsumierten politischen Systeme große Unterschiede aufweisen, gibt es dennoch wichtige Gemeinsamkeiten. Im Gegensatz zu Demokratien handelt es sich weder um politische Systeme mit Parteienwettbewerb noch um Rechtsstaaten, im Gegensatz zu totalitären Diktaturen fehlen aber ideologische Heilsversprechen an eine bestimmte Rasse oder Klasse. Die Länder mit autoritären Strukturen haben auch unterschiedliche wirtschaftliche Entwicklungsniveaus. In der Dritten Welt wurden bis in die 1980er Jahre fast zwei Drittel von 123 Staaten autoritär regiert.[505]

(a) Ursachen des Machterwerbs

„Autoritäre Systeme sind … das Ergebnis des Fortbestehens, der Auflösung oder der Ablösung traditioneller Herrschaft, aber auch Folge der Instabilität bzw. des Zusammenbruchs demokratischer Systeme.“[506] Letzteres ist der Fall, wenn die wirtschaftlichen oder sozialen Voraussetzungen für eine demokratische Regierungsform fehlen. Autoritäre Diktaturen entwickeln sich in Gesellschaften, die weder vormodern mit traditioneller Herrschaftslegitimation noch modern mit entsprechendem Massenwohlstand und Massenkommunikationsmöglichkeiten sind.

504 Linz, in: Greenstein/Polsby 1975: 175–411.

505 Nohlen, in: Nohlen/Waldmann 1987: 64 f.

506 Ebenda: 65.

Zur Errichtung einer autoritären Diktatur kommt es in Übergangssituationen: Soziale Konflikte werden durch gesellschaftliche Modernisierung verschärft; eine politische Konfliktregelung durch demokratische Prozesse ist nicht etabliert, weil das Institutionengefüge nicht „ausgereift" und demokratische Werte in der Bevölkerung nicht ausreichend verankert sind. Insgesamt ist also ein Mißverhältnis zwischen wirtschaftlicher Entwicklung, Ausformung politischer Institutionen, sozialer Mobilisierung und Partizipation zu konstatieren.[507]

Grundlage für die Macht sind Traditionen (königliche Familien) bis hin zu der am häufigsten vorkommenden Machtergreifung, wobei hohe Positionen in der Armee, der Regierung oder religiöse Machtpositionen (z. B. in islamisch dominierten Ländern; s. Kap. XVII, B) von Bedeutung sind. Revolutionär sind autoritäre Diktatoren der Neuzeit „nur in dem gleichen begrenzten Sinn wie die altgriechischen Tyrannen und die Usurpatoren der Renaissance – dass sie nämlich durch Umsturz des vorhergehenden Regimes zur Macht kommen, und dass sie anfänglich eine Reihe von Maßnahmen gesellschaftlicher Umschichtung vornehmen müssen, um ihre Anhänger auf Kosten der Gegner zu belohnen."[508]

(b) Elemente der Machtausübung

Die Machthaber stützen sich in erster Linie auf Armee, Polizei und staatliche Verwaltung. Sobald diese drei Institutionen der staatlichen Macht die Rolle von Machtsäulen einer Diktatur übernehmen, tendieren sie dazu, sich zu politisieren. Eine monolithisch aufgebaute Einheitspartei (parti unique) oder dominierende Staatspartei (parti unifié) kann in ideologisch oder nationalistisch ausgeprägten Fällen hinzutreten.[509] Es bleibt aber festzuhalten, dass die autoritären Machthaber sich vor allem auf die bürokratisch-administrative Elite in der staatlichen Verwaltung und den staatlichen Wirtschaftsbetrieben stützen. Je nach der besonderen Bedeutung der einzelnen Machtsäulen können autoritäre Systeme „entweder zivil, militärisch, tribal, ethnisch, religiös oder bürokratisch gestützt sein. Kombinationen von Merkmalen sind jedoch häufig."[510] Die zentrale Bedeutung der großen Machtsäulen veranlasste Nohlen[511] beispielhaft die beiden wichtigsten Formen zu unterscheiden: Einparteisysteme in Schwarzafrika und die vormaligen Militärregime in Südamerika. Von den drei großen Entwicklungsregionen bleibt damit der asiatische Kontinent ausgespart, weil hier offenbar die Zuordnung zu bestimmten Ausprägungen des Typs „autoritäre Diktatur" schwerer möglich ist.[512] Manche werden neuerdings den defekten Demokratien zugerechnet.[513]

---

507 Nohlen, in: von Beyme u. a. 1987, I: 224.

508 Löwenthal, in: Seidel/Jenker ^{3}1974: 363.

509 Linz, in: Greenstein/Polsby 1975: 266.

510 Nohlen, in: Nohlen/Waldmann 1987: 67.

511 Ebenda: 66.

512 Nohlen, in: von Beyme u. a. 1987, I: 238 f.

513 Croissant/Thiery, in: Lauth u. a. 2000: 95 ff.

(c) Strategien der Machtsicherung

Traditionelles Merkmal einer autoritären Diktatur ist die (weitgehende) Sicherung der Rechte auf Leben und Eigentum, soweit sie nicht mit der Zielsetzung oder der Ausübung politischer Macht in Konflikt geraten. Daneben steht eine Ideologie, die sich allerdings in den meisten Fällen darauf beschränkt, „die bestehende Machtgestaltung als traditionsbedingt zu verteidigen und zu rechtfertigen. Die vielleicht allgemeinste und üblichste Ideologie moderner autoritärer Regime ist der Nationalismus.“[514]

In der Regel begnügt sich das autoritäre System mit der politischen Kontrolle des Staates, ohne Anspruch darauf zu erheben, das gesamte gesellschaftliche Leben zu beherrschen oder die geistige Haltung der Bevölkerung nach einer Ideologie zu formen. Während „es den Bürgern unmöglich gemacht wird, zu sagen, was sie denken, besteht im allgemeinen doch kein Zwang, das sagen zu müssen, was man nicht denkt. Es bleibt den Gegnern die Möglichkeit des würdevollen Schweigens.“[515] Für die Opposition bestehen zwar enge Grenzen. Im Gegensatz zur totalitären Massenpartei und ihren Unterorganisationen eignen sich aber die Organisationen der Interessenvermittlung einer autoritären Diktatur nicht zur Unterdrückung der Opposition. In Spanien zur Zeit Francos war beispielsweise die Unterdrückungspolitik selbst auf ihrem Höhepunkt während des Zweiten Weltkrieges nie auf totale Gesinnungskonformität gerichtet.

Bei der Errichtung eines autoritären Systems wird mit gewissen örtlich bedingten Veränderungen ein einheitliches Schema befolgt: Nach der Machtübernahme durch Staatsstreich oder Putsch werden Wahlen für eine verfassungsgebende Versammlung ausgeschrieben. Entweder sind diese Wahlen von der Regierung manipuliert oder der „starke Mann“ zwingt der einigermaßen ehrlich gewählten Versammlung den Entwurf einer autoritären Verfassung auf. Häufig lassen die Machthaber dann die neue Verfassung durch eine Volksabstimmung bestätigen. Autoritäre Diktaturen vermitteln zwischen den alten Mächten (z. B. Kirche, Großgrundbesitzern) und den neuen/modernen (organisierten) Interessen der städtischen (Industrie-) Arbeiterschaft und ihren Gewerkschaften oder sozialen Bewegungen der ländlichen Massen (Landarbeiter, Pächter). Klientelismus und Patrimonialismus können Netze personaler Beziehungen zum wechselseitigen Nutzen von Herrschern und Beherrschten (genauer: Teilen der Beherrschten) schaffen. Die bestehenden Institutionen sind auf die zentralisierte Machtausübung ausgerichtet. Eine personalistische Konzentration politischer Machtausübung gehört entweder zu den Traditionen militärischer Politik in Lateinamerika oder zu den charismatischen Führern der Dritten Welt, die ihre politische Position im Unabhängigkeitskampf gewannen (z. B. Nasser, Nyerere, Sukarno).[516]

---

514 Loewenstein ²1969: 53 f.

515 Hermens 1968: 144.

516 Nohlen, in: Nohlen/Waldmann 1987: 69, 67.

Autoritäre Diktaturen können im Konfliktfall gerade wegen der geringeren organisatorischen Mittel (einer indirekten sozialen Kontrolle durch Ideologie, Einheitspartei und gesellschaftliche Organisationen) zu wesentlich nackterer Gewalt greifen als totalitäre Systeme. Dass es dazu kommen muss, ist aber nicht zwingend. Von Beyme zeigt am Beispiel des francistischen Spanien, dass mit zunehmender Rationalisierung der Machtausübung durch Pseudorepräsentation des Volkes auch in wachsendem Umfang Konfliktregelungstechniken angewandt wurden, die dem Konkordanzmodell (s. Kap. V, B) entsprechen.[517]

Für autoritäre Systeme ist das Problem der Nachfolge von besonderer Bedeutung, weil eine Partei als Garant der Kontinuität des politischen Systems fehlt. Die Person des Diktators ist der Motor des ganzen Regierungssystems. Ein Diktator kann keinen Nachfolger ohne Gefahr für sich selbst aufbauen, denn dieser könnte schneller als vorgesehen die Macht übernehmen wollen. „Ein neuer Diktator muss sich im Allgemeinen den Weg an die Spitze erkämpfen; die experimentelle Auslese ist die einzige Methode, mit welcher der erforderliche Menschentyp gefunden werden kann".[518] Dagegen können totalitäre Systeme den Diktator überleben.

2. Totalitäre Diktatur

Erst im 20. Jahrhundert konnten politische Systeme totalitär werden. Eine wichtige Dimension ist die Kommunikation, die einerseits zur Selbstdarstellung des Systems (Propaganda) verwendet wird. Andererseits dient sie typischerweise dazu, den einzelnen zu überwachen und ihn zu zwingen, dem totalen Staat Loyalität zu zeigen. Wesentlich ist also die Möglichkeit der Erzwingung. So sieht auch Hannah Arendt in der Rolle des Terrors das entscheidende Merkmal des Totalitarismus.[519]

Zum Gesinnungsterror kommen noch andere wesentliche Elemente hinzu. Diese wurden vor allen Dingen von Friedrich[520] herausgearbeitet. Er nennt sechs Bedingungen für totalitäre Systeme:

- eine offizielle Ideologie,
- eine einzige Massenpartei, die von einer Oligarchie kontrolliert wird,
- das Staatsmonopol auf Bewaffnung,
- das Staatsmonopol auf Massenmedien,
- ein terroristisches Polizeisystem und
- eine zentral gelenkte Wirtschaft.

„Festzuhalten ist aber, dass die betreffenden Eigenschaften als ein Syndrom dargestellt werden."[521] Das totalitäre System ergibt sich also aus der Verbundenheit und gegenseitigen Verstärkung dieser Merkmale.

517 von Beyme 1971: 31.
518 Hermens 1968: 146.
519 Arendt 1955.
520 Friedrich 1957.
521 Sartori 1992: 197.

Die Einheitspartei sichert eine gewisse Stabilität und Kontinuität des Systems. Dies ist auch für die Auswahl eines Nachfolgers für den Diktator wichtig. Zum Überleben des Systems tragen wesentlich die Weltanschauung und ihre lebenslange Indoktrination sowie die Nachrichtenkontrolle bei. Für die Abgrenzung zu autoritären Systemen erweist sich „eine alles durchdringende politische Beherrschung auch des außerpolitischen menschlichen Lebens"[522] als entscheidender Gesichtspunkt. Es gibt also nichts neben dem Staat, alles ist dem Staat zugeordnet. Auch bleiben die totalitären Systeme auf Furcht gestützt, „die alles mit ungeheuer starken Sanktionen und brutaler Unterdrückung beantworten, was sich nicht mit ideologischer Indoktrination erledigen lässt."[523] Durch dieses Merkmal werden viele Staaten, die zuweilen auch als totalitär bezeichnet wurden, wieder aus dieser Kategorie ausgeklammert. „Das völlig Neue an der totalitären Herrschaft unserer Zeit liegt darin, dass sie nicht nur traditionell despotisch regierte Gesellschaften (wie Russland und China) unterwerfen kann, sondern auch Gesellschaften, die historisch von der christlichen, liberalen und liberal-demokratischen Tradition herkommen."[524] Wesentlich ist, dass die Merkmale des Totalitarismus in politischen Systemen nicht immer zur gleichen Zeit vorkommen und dass man den Totalitarismus daher eher am Ende eines Kontinuums sehen muss, an dessen anderem Ende die Demokratie steht. Dazwischen sind alle Arten von autoritären Diktaturen und defekten Demokratien einzuordnen (s. Kap. X; XVII, B).

Die Zuordnung konkreter Systeme zum Totalitarismus ist schwierig und wurde immer kontrovers diskutiert.[525] Viele Kritiker wollten einen grundsätzlichen Unterschied zwischen rechts- und linkstotalitären Herrschaftssystemen sehen. Anhänger des Marxismus/Leninismus haben die Bewertung kommunistischer bzw. sozialistischer Systeme als totalitär am schärfsten kritisiert. Sie sahen darin eine Diskreditierung eines neuen Staatstypus. Einigkeit besteht in der Literatur allerdings darüber, dass das Dritte Reich in Deutschland und die Sowjetunion unter Stalin dem Totalitarismus zugeordnet werden müssen.[526]

Nach 1945 wurden die kommunistischen Staaten des Ostblocks als totalitäre Systeme angesehen. Davon rückten maßgebende Forscher im Zuge der wissenschaftlichen Beschäftigung mit der DDR wieder ab.[527] Erst Kenntnisse zum Wirken der Staatssicherheit in der ehemaligen DDR veranlassen Forscher zunehmend wieder, das politische System der ehemaligen DDR als totalitäres System zu bezeichnen. Ob dies angemessen ist, lässt sich nach heutiger Kenntnis noch nicht abschließend sagen.[528] Denn hier muss auch in Erinnerung gerufen werden, dass beim

522 Sartori 1992: 201.

523 Ebenda: 202.

524 Ebenda: 196.

525 Jesse, in: Löw 1988: 63–87; Maier 1996; Maier/ Schäfer 1997; Jesse, in: Jesse ^{2}1999: 9 f.

526 Maier, in: Maier 2003: 9 f.

527 Z. B. Ludz ^{3}1970.

528 Kailitz, in: Jesse/Kailitz 1997: 219 ff.; zu anderen Interpretationen des Systems s. Jarausch 1998: 38–46.

Nationalsozialismus und Stalinismus ganze Bevölkerungsgruppen (Juden und Kulaken) dem staatlichen Terror zum Opfer gefallen sind.

Als historische Extremformen von Diktaturen sollen hier nur das Dritte Reich in Deutschland und der Stalinismus in der Sowjetunion kurz vorgestellt werden. In beiden politischen Systemen war die entscheidende Triebkraft die revolutionäre Durchsetzung einer die überkommene politische Wertordnung umwälzenden Ideologie mit dem Anspruch umfassender Welterklärung.[529] Diese Ideologie sollte durch Terror Verbreitung finden.

(a) Drittes Reich

Der Nationalsozialismus beruhte auf einer Mobilisierung „von Bedürfnissen und Sehnsüchten nach etwas, was man nicht hatte …“ Es „dominierte der geopolitisch und biologisch begründete Drang zur völkischen Einheit, um einen schon starken Staat als Instrument einer überstaatlichen, revolutionär verstandenen, rassistischen Expansions- und Lebensraumidee einzusetzen, die über alle traditionellen Staats- und Herrschaftsgrenzen hinausging.“[530] Für die Herausbildung des Nationalsozialismus waren eine verspätete Demokratisierung, die erst in der Weimarer Republik ihren Abschluss fand, und die Kriegsfolgen nach dem verlorenen Ersten Weltkrieg maßgebend. Die politisch-sozialen Krisen der Weimarer Zeit, die Demütigung bisher etablierter Kreise (Adel, Militär) und die durch die Niederlage auferlegten Lasten verschafften einem selbsternannten charismatischen „Führer“ und seinen Ideen (u. a. der zur Lebensraumidee gesteigerten Zielvorstellung vom „Großdeutschen Reich“ und vom rassischen Herrschaftsprinzip) die notwendige Resonanz. 1932 wurde die NSDAP mit 33,1 % der Wählerstimmen stärkste Partei in Deutschland. Insbesondere die Schichten, die den sozialen Abstieg fürchteten, waren bereit, den Führer zu unterstützen.[531] Dies waren so gegensätzliche Segmente wie (alt-) mittelständische und großindustrielle Gruppen. Aber erst das Bündnis mit den alten Eliten aus Wirtschaft und Bürokratie, Adel und Militär eröffnete dem Nationalsozialismus wesentliche Voraussetzungen für die Machtergreifung. Die unterschiedlichen Segmente der Gesellschaft sollten zu einer Volksgemeinschaft zusammengeführt werden, die Pluralismus und Klassenkampf ersetzte. Diese Volksgemeinschaft oder auch „Blutnation“ war abgegrenzt gegenüber allem Fremden und Minderwertigen, wobei die Deutschen als überlegen angesehen wurden (Germanen, Arier).

Wesentlich für die Durchsetzung des Machtanspruchs war die Massenorganisation NSDAP (Nationalsozialistische Deutsche Arbeiterpartei). Mit ihr gelang es, sich die Macht im Staate zu erschleichen. Die Partei hatte sich 1919 als eine von vielen völkisch-antisemitischen Splitterparteien gegründet und entwickelte sich insbesondere nach dem Wahlerfolg bei den Reichstagswahlen 1930 zu einer Massen- und Apparatpartei, so dass sie zum Zeitpunkt der Machtergreifung von Januar

529 Jenkner, in: Mickel 1983: 522.

530 Bracher, in: Mickel 1983: 310.

531 Falter 1991.

bis März 1933 auch bereits als Unterdrückungselement wirksam werden konnte, was bei der Errichtung des Einparteisystems und des Führerstaats von wesentlicher Bedeutung war.

Bereits 1933 konnte das Einparteisystem etabliert werden, ein Jahr später die Omnipotenz des Führerstaats mit der Unterwerfung aller Bereiche des sozialen und geistigen Lebens. Fast lückenlos wurde die Bevölkerung durch NS-Parteigliederungen und Berufsverbände erfasst. Mit der SS entstand ein Machtapparat zur Durchsetzung der Germanisierungspolitik mit Hilfe von perfekter Verfolgung und von Vernichtung in den Konzentrationslagern. Diese Ziele waren zunächst innenpolitisch dominiert, also auf diktatorische Gleichschaltung ausgerichtet. Die innere Konsolidierung kann aber als Vorbereitung zur Expansion gedeutet werden. Die zentral gesteuerte Propaganda diente dazu, die Bevölkerung auf diese Ziele vorzubereiten und den Führer als die zentrale Leitfigur, als oberste Instanz und Abgott des Systems immer wieder herauszustellen. An die Stelle jeder rechtlichen Ordnung trat schließlich der Führerbefehl.[532]

Kontrovers wird die Frage diskutiert, ob der italienische Faschismus diesem Herrschaftssystem vergleichbar ist. Autoren unterschiedlicher ideologischer Orientierung, vor allen Dingen aber linke Autoren, wollen beide Erscheinungsformen zusammenfassen. Dagegen betont Bracher[533] die großen Unterschiede in den Voraussetzungen und Erscheinungsformen der beiden politischen Systeme. So war der Nationalsozialismus durch seine rassistischen, transstaatlichen, lebensraumideologischen Positionen gekennzeichnet. Er unterschied sich mit seiner revolutionären und progressistischen Komponente in einem hochentwickelten Industriestaat sehr stark vom italienischen Faschismus im unterentwickelten Südeuropa.

(b) Stalinismus

Als Stalinismus wird die Theorie und Praxis des sowjetischen Herrschaftssystems unter Führung von Stalin bezeichnet. Diese Phase der sowjetischen Entwicklung begann in den 1920er Jahren und endete 1953 mit Stalins Tod. Das Herrschaftssystem gründete sich auf die marxistisch-leninistische Lehre. Da hier für den konkreten Staatsaufbau nur geringe Orientierungen vorhanden waren, konkretisierte Stalin den Sozialismus für den Aufbau in einem Land und zudem in einem ökonomisch rückständigen.[534] Die revolutionäre Umwandlung der Gesellschaft nach den Zielvorstellungen der Ideologie erfolgte durch die KPdSU mit Hilfe der Massenmobilisierung, des Informationsmonopols und der ideologischen Indoktrination. Die Herrschaft wurde tatsächlich durch eine gesellschaftliche Minderheit, die Führungsgruppe der Partei unter Stalin, wahrgenommen. Dieser war von 1922–1953 Generalsekretär der KPdSU. Die Partei durchdrang alle staatlichen und gesellschaftlichen Organisationen. Der Staat diente nur als Ausführungsorgan der Klasseninteressen, die von der Partei formuliert wurden.

---

532 Bracher, in: Mickel 1983: 311.

533 Ebenda: 312.

534 Reimann, in: Ziemer 1986: 483.

Diese mit anderen kommunistischen Systemen identische Machtverteilung wurde noch durch Terrorinstrumente ergänzt. Für die Stalin-Zeit sind die Unterdrückung von Andersdenkenden und willkürliche „Säuberungsaktionen" typisch.[535] „Zur Verwirklichung seiner Ziele griff Stalin zu Mitteln brutalster Gewalt und massenhaftem Terror. Die Zahl der Verbannten und Inhaftierten wurde für die dreißiger Jahre auf mehrere Millionen und seit 1937 auf ca. 10 Millionen geschätzt. Die Gesamtverluste an Bevölkerung durch den Terror in der Periode 1929–1953 werden mit ca. 10–15 Millionen beziffert, nicht selten bedeutend höher."[536] Letztere betrafen vor allen Dingen die nicht zu den Arbeitern und Bauern zu rechnenden Bevölkerungsteile sowie die nichtrussischen Nationalitäten. Hier wurden insbesondere Umsiedlungsmaßnahmen ergriffen. Diese diktatorischen Maßnahmen sollten den Aufbau des Sozialismus in einem Land vorantreiben, das sich gegen die kapitalistischen Mächte behaupten sollte, die das Sowjetsystem einzukreisen drohten.

Der Stalinismus geht einher mit einer forcierten Industrialisierung und einer Kollektivierung der Landwirtschaft. Die wirtschaftlichen Veränderungen waren zentral gesteuert und mit Hilfe von Zwang durchgesetzt, wobei hohe materielle Kosten und Verluste an Menschenleben in Kauf genommen wurden. Dabei war zunächst die Partei als Instrument besonders wichtig, dann der Staatsapparat selbst, vor allem aber die Geheimpolizei. „Sozialistische Demokratie, Menschenrechte und Rechtssicherheit waren spätestens seit Beginn der dreißiger Jahre nirgends mehr gewährleistet."[537]

Gegenüber der Öffentlichkeit kam es zur immer stärkeren Verehrung Lenins und schließlich auch Stalins. Ein übersteigerter Personenkult wurde üblich. Der stark vereinfachte Marxismus-Leninismus diente zur Mobilisierung der Massen und zur Herrschaftssicherung einer bürokratischen Intelligenz. Die Entstalinisierung brachte den Abbau des Massenterrors, steigende Rechtssicherheit und höheren Massenkonsum. Entscheidende Veränderungen haben aber nicht die Nachfolger Stalins (Chruschtschow und Breschnew) bewirkt, sondern erst Gorbatschow (s. Kap. XI, C, 3).

Literatur

(im **Fettdruck** besonders wichtige Titel zum Thema des Kapitels)

Arendt, Hannah (1955): Elemente und Ursprünge totaler Herrschaft, Frankfurt a. M.

Barber, Benjamin (1984): Strong Democracy: Partizipatory Politics for a New Age, Berkeley.

535 Wehner 1996: 15.

536 Reimann, in: Ziemer 1986: 481; genauer Wehner 1996: 21 ff.

537 Meyer, in: Nohlen/Schultze 1985: 982.

Benz, Arthur/Lehmbruch, Gerhard (Hrsg.) (2002): Föderalismus. Analysen in entwicklungsgeschichtlicher und vergleichender Perspektive, Wiesbaden (PVS Sonderheft 32).

Beyme, Klaus von (1971): Vom Faschismus zur Entwicklungsdiktatur – Machtelite und Opposition in Spanien, München.

Beyme, Klaus von u. a. (Hrsg.) (1987): Politikwissenschaft, Band I: Theorien und Systeme, Stuttgart u. a.

Beyme, Klaus von (1992): Theorie der Politik im 20. Jahrhundert, Frankfurt a. M., 2. Aufl.

Bracher, Karl-Dietrich (1983): Nationalsozialismus, in: Mickel, S. 309–312.

Budge, Ian (1996): The New Challenge of Direct Democracy, Cambridge MA.

Butler, David/Ranney, Austin (Hrsg.) (1994): Referendums around the World. The Growing Use of Direct Democracy, Washington DC.

Croissant, Aurel/ Thiery, Peter (2000): Defekte Demokratie. Konzept, Operationalisierung und Messung, in: Lauth u. a., S. 89–111.

Dahl, Robert A. (1971): Polyarchie, New Haven und London.

Dahl, Robert A. (1976): Vorstufen zur Demokratietheorie, Tübingen.

Döring, Herbert (1993): Großbritannien, Opladen.

Downs, Anthony (1959): Ökonomische Theorie der Demokratie, Tübingen.

Druwe, Ulrich (1995): Politische Theorie, Neuried, 2. Aufl.

Easton, David (1953): The Political System, New York.

Eulau, Heinz/Prewitt, Kenneth (1973): Labyrinth of Democracy: Adaption, Linkages, Representation and Politics in Urban Politics, Indianapolis.

Falter, Jürgen W. (1991): Hitlers Wähler, Darmstadt.

Fraenkel, Ernst (1964): Der Pluralismus als Strukturelement der freiheitlich-rechtsstaatlichen Demokratie, München und Berlin.

Friedrich, Carl J. (1957): Totalitäre Diktatur, Stuttgart.

Gellner, Winand (1998): Das Ende der Öffentlichkeit?, in: Gellner, Winand/Korff, Fritz von (Hrsg.): Demokratie und Internet, Baden-Baden, S. 11–26.

Hermens, Ferdinand A. (1968): Verfassungslehre, Opladen.

Holtmann, Everhard (2000): Politisches System, in: Holtmann, S. 546–550.

Holtmann, Everhard (Hrsg.) (2000): Politik-Lexikon, München und Wien, 3. Aufl.

Jäckel, Hartmut (2000): Grund- und Menschenrechte, in: Holtmann, S. 238–242.

Jahn, Detlef (2006): Einführung in die vergleichende Politikwissenschaft, Wiesbaden.

Jarausch, Konrad H. (1998): Realer Sozialismus als Fürsorgediktatur. Zur begrifflichen Einordnung der DDR, in: APUZ, B 20, S. 33–46.

Jenkner, Siegfried (1983): Totalitarismus, in: Mickel, S. 521–524.

Jesse, Eckhard (1988): Die „Totalitarismus-Doktrin" aus DDR-Sicht, in: Löw, Konrad (Hrsg.): Totalitarismus, Berlin, S. 63–87.

Jesse, Eckhard (1999): Die Totalitarismusforschung im Streit der Meinungen, in: **Jesse, Eckhard (Hrsg.): Totalitarismus im 20. Jahrhundert: Eine Bilanz der internationalen Forschung, Baden-Baden, 2. Aufl.**, S. 9–40.

Kailitz, Steffen (1997): Der Streit um den Totalitarismusbegriff. Ein Spiegelbild der politischen Entwicklung, in: Jesse, Eckhard/Kailitz, Steffen (Hrsg.): Träge Kräfte des 20. Jahrhunderts. Demokratie – Extremismus – Totalitarismus, Baden-Baden, S. 219–250.

Kevenhörster, Paul (1975): Das imperative Mandat, Frankfurt und New York.

Kielmannsegg, Peter Graf (1987): Fragestellungen der Politikwissenschaft, in: von Beyme u. a., I, S. 3–35.

Lauth, Hans-Joachim u. a. (Hrsg.) (2000): Demokratiemessung. Konzepte und Befunde im internationalen Vergleich, Wiesbaden.

Leibholz, Gerhard (1958): Strukturwandel der modernen Demokratie, Karlsruhe.

Leibholz, Gerhard (1966): Das Wesen der Repräsentation und der Gestaltwandel der Demokratie im 20. Jahrhundert, Berlin, 3. Aufl.

Linz, Juan J. (1975): Totalitarism and Authoritarian Regimes, in: Greenstein, Fred I./Polsby, Nelson W. (Hrsg.): Handbook of Political Science, Bd. 3: Macro Political Theory, Reading/Mass. u. a., S. 175–411.

Lipset, Seymour M. (1959): Some Social Requisites of Democracy, in: APSR, 53, S. 69–105.

Loewenstein, Karl (1969): Verfassungslehre, Tübingen, 2. Aufl.

Löwenthal, Richard (1974): Totalitäre und demokratische Revolution (1960), in: Seidel/Jenkner, S. 359–381.

Ludz, Peter Christian (1970): Parteielite im Wandel, Opladen, 3. Aufl.

Luthardt, Wolfgang (1994): Direkte Demokratie, Baden-Baden.

Maier, Hans (2003): Einführung: Zur Deutung totalitärer Herrschaft 1919–1989, in: Maier, S. 9–28.

Maier, Hans (Hrsg.) (1996): Totalitarismus und Politische Religionen: Konzepte des Diktaturvergleichs, Band I, Paderborn.

Maier, Hans/ Schäfer, Michael (Hrsg.) (1997): Totalitarismus und Politische Religionen. Konzepte des Diktaturvergleichs, Band II, Paderborn.

Maier, Hans (Hrsg.) (2003): Totalitarismus und Politische Religionen. Band III: Deutungsgeschichte und Theorie, Paderborn u. a.

Matthee, Ulrich (1996): Der Gedanke der Repräsentation in der politischen Ideengeschichte, in: Rüther, S. 56–72.

Meyer, Gerd (1985): Stalinismus, in: Nohlen/Schultze, S. 982–983.

Mickel, Wolfgang W. (Hrsg.) (1983): Handlexikon zur Politikwissenschaft, München.

Möckli, Silvano (1991): Direkte Demokratie im Vergleich, in: APUZ, B 23, S. 31–43.

Müller, Wolfgang C./Strøm, Kaare (Hrsg.) (2000): Coalition Governments in Western Europe. Oxford.

Narr, Wolf Dieter (1969): Theoriebegriffe und Systemtheorie, Stuttgart.

Naßmacher, Hiltrud (1991): Probleme der Politikverflechtung – ein unvermeidliches Übel? Deutschland und Kanada im Vergleich, in: Politische Bildung, 3, S. 5–20.

Naßmacher, Hiltrud (1997): Keine Erneuerung der Demokratie „von unten", in: ZParl, S. 445–460.

Naßmacher, Hiltrud/ Naßmacher, Karl-Heinz (2007): Kommunalpolitik in Deutschland, Wiesbaden, 2. Aufl.

Nohlen, Dieter (1987): Autoritäre Systeme, in: Nohlen/Waldmann, S. 64–85.

Nohlen, Dieter (1987): Die politischen Systeme der Dritten Welt, in: von Beyme u. a., I, S. 200–247.

Nohlen, Dieter/Schultze, Rainer Olaf (Hrsg.) (1985): Politikwissenschaft, München und Zürich.

Nohlen, Dieter/Waldmann, Peter (Hrsg.) (1987): Dritte Welt, München und Zürich.

Patzelt, Werner J. (1991): Neuere Repräsentationstheorien und das Repräsentationsverständnis von Abgeordneten, in: ZfP, 38, S. 166 – 191.

Patzelt, Werner J. (1993): Abgeordnete und Repräsentation, Passau.

Perschel, Wolfgang (1985): Grundrechte (Fernstudium Politische Bildung, Block Recht) Tübingen.

Pitkin, Hanna F. (1967): The Concept of Representation, Berkeley und Los Angeles.

Purcal, Christiane (1993): Kommunalparteien, Oldenburg.

Reimann, Michal (1986): Stalinismus, in: Ziemer, S. 479–484.

Riescher, Gisela u. a. (Hrsg.) (2000): Zweite Kammern, München und Wien.

Rudzio, Wolfgang (1996): Parteiendemokratie und Repräsentation, in: Rüther, S. 136–145.

Rüther, Günther (Hrsg.) (1996): Repräsentative oder plebiszitäre Demokratie – eine Alternative?, Baden-Baden.

Sartori, Giovanni (1992): Demokratietheorie, Darmstadt.

Schiller, Theo (Hrsg.) (1999): Direkte Demokratie in Theorie und kommunaler Praxis, Frankfurt a. M. und New York.

Schmidt, Manfred G. (1995): Demokratietheorien, Opladen.

Schmidt, Manfred G. (1997): Komplexität und Demokratie. Ergebnisse älterer und neuerer Debatten, in: Klein, Ansgar/Schmalz-Bruns, Rainer (Hrsg.): Politische Beteiligung und Bürgerengage,emt in Deutschland, Bonn, S. 41–58.

Schultze, Rainer-Olaf (1990): Föderalismus als Alternative? in: ZParl, S. 475–490.

Schumpeter, Joseph A. (1942): Kapitalismus, Sozialismus und Demokratie, Bern.

Seidel, Bruno/Jenkner, Siegfried (Hrsg.) (1974): Wege der Totalitarismusforschung, Darmstadt, 3. Aufl.

Sturm, Roland (2003): Das politische System Großbritanniens, in: Ismayr, Wolfgang (Hrsg.): Die politischen Systeme Westeuropas, Wiesbaden, S. 225–262.

Uppendahl, Herbert (1981): Repräsentation und Responsivität, in: ZParl, 12, S. 123–134.

Vanhanen, Tatu (1990): The Process of Democratization, New York u. a.

Vilmar, Fritz (1983): Partizipation, in: Mickel, S. 339–344.

Vorländer, Hans (2006): Deutungsmacht – Die Macht der Verfassungsgerichtsbarkeit, in: derselbe (Hrsg.): Die Deutungsmacht der Verfassungsgerichtsbarkeit, Wiesbaden, S. 9–36.

Wagschal, Uwe (1997): Direct Democracy and Public Policymaking, in: Jnl Publ. Pol., S. 223–245.

Weber, Max (1976): Wirtschaft und Gesellschaft, Tübingen (Nachdruck der Erstausgabe von 1922).

Wehner, Markus (1996): Stalinistischer Terror, in: APUZ, B 37–38, S. 15–28.

Ziemer, Klaus (Hrsg.) (1986): Sozialistische Systeme, München und Zürich.

Kapitel VIII: Demokratie als Institutionengefüge

Bei den westlichen oder liberalen Demokratien (auch liberal-demokratische Systeme genannt) handelt es sich um politische Systeme moderner Zivilisation, die durch die breite Akzeptanz bürgerlich-liberaler Freiheits- und Gleichheitsideale gekennzeichnet sind. Bei ihnen ist Freiheit der Kommunikation gewährleistet und die rechtliche Gleichheit der Bürger findet ihren Ausdruck vor allem durch gleiche und geheime Wahlen. Zur Beteiligung des Volkes an der politischen Willensbildung gestatten diese Systeme die freie Gründung von Parteien und Verbänden; der Wettbewerb von Parteien und regelmäßige, geheime Wahlen führen zu Mehrparteiensystemen in Parlamenten. Das Zustandekommen der Regierungen und ihre Verankerung im Institutionengefüge spiegeln zwar die historische Entwicklung des jeweiligen Landes wider. Generell gilt aber, dass die Regierung unter ständiger Kontrolle des Parlaments oder der Opposition den Willen der Wähler in politische Entscheidungen umsetzt. Falls dies nicht mehr der Fall ist, sind die Regierungen abwählbar. Unabhängige Gerichte garantieren den Fortbestand des Verfassungskon-senses und der Minderheitenrechte.

Bei der Kombination der Grundelemente westlicher Demokratien sind in den einzelnen politischen Systemen verschiedene Ausprägungen vorzufinden. Dabei wurden unterschiedliche Zielvorstellungen verwirklicht. Ergebnis sind Systeme,

- die vor allen Dingen auf Handlungsfähigkeit abstellen (parlamentarische Systeme),
- Systeme, die eher den Schutz des Bürgers vor der Staatsallmacht als wesentliche Orientierung haben (präsidentielle Systeme) und
- Systeme, die als wesentliche Zielvorstellung die Integration von Minderheiten verfolgen.

Erstere und Letztere entsprechen den von Lijphart analysierten Grundtypen, dem Mehrheits- und dem Konsensusmodell[538] (s. Kap. V, A und B). Das präsidentielle System befindet sich in einer mittleren Position, wobei die Konfliktregelung vorrangig nach dem Mehrheitsprinzip erfolgt.[539]

Bei der Zielvorstellung ‚maximale Handlungsfähigkeit' muss zwangsläufig die Regierung eine starke Stellung haben. Machtbegrenzungen sind vor allen Dingen durch die starke Opposition und die Drohung des Machtwechsels gegeben (parlamentarisches System). Ein Schutz des Bürgers vor der Staatsallmacht wird vor al-

538 Lijphart 1984: xiii.

539 Ebenda: 32.

lem dann sichergestellt, wenn die wichtigsten Institutionen (Exekutive, Legislative und Judikative) sich gegenseitig kontrollieren und untereinander in einer Machtbalance stehen (präsidentielles System).

Die politischen Systeme westlicher Demokratien sind auch durch die Art und Weise, wie Mitwirkung in politische Entscheidungen übersetzt wird, verschieden. Hier spielt wiederum eine Rolle, ob der Regierungsfähigkeit (also der Möglichkeit, in angemessener Zeit Entscheidungen treffen zu können) ein höheres Gewicht beigemessen wird als der Möglichkeit zur weitreichenden Partizipation. Dabei geht es um Mitwirkung auf allen Ebenen (föderalistische Systeme), um die von relevanten gesellschaftlichen Gruppen möglichst auf allen Ebenen (konkordante/korporatistische Strukturen) oder sogar um direktdemokratische Rechte. Die Schweiz mit starken plebiszitären Komponenten und starkem Föderalismus bildet das eine Extrem, während Großbritannien mit der Beschränkung der Partizipation auf Wahlen das andere Extrem darstellt. Insgesamt ergeben sich durch Kombination unterschiedlicher Elemente eine Fülle von Gestaltungsmöglichkeiten.[540] Bei der hier präsentierten Auswahl spielt eine Rolle, dass die ältesten Demokratien in Flächenstaaten als Grundtypen, die anderen eher als abgeleitete oder Misch-Typen bezeichnet werden.

A) Grundtypen

Das Modell parlamentarischer Regierungsweise, wie es in Großbritannien angewendet wird (Westminster-Modell), und das Modell der präsidentiellen Regierung in den USA werden immer wieder als Grundmuster der institutionellen Gestaltung von Regierungssystemen bezeichnet. Die Grundstrukturen wurden bereits vorgestellt (s. Kap. VII, B, 3, a und 3, c). Hier geht es darum, deren spezifische Ausprägungen in der Realität und die Entwicklung dorthin nachzuzeichnen. Während das amerikanische Regierungssystem eher aufgrund bewusster Entscheidungen vor dem Hintergrund einer spezifischen Ausgangslage und von gesellschaftspolitischen Zielen entstanden ist, lässt sich in Großbritannien der evolutionäre Wandel eines Regierungssystems über Jahrhunderte beobachten.

1. Parlamentarische Regierung: Großbritannien

Großbritannien blieb in den letzten Jahrhunderten weitgehend von grundlegenden Veränderungen des Staatsaufbaus verschont. Vielmehr erfolgten diese schrittweise vor dem Hintergrund wirtschaftlichen und sozialen Wandels. Dabei muss die Glorreiche Revolution (1688) als wesentlichste Veränderung der politischen Ordnung gesehen werden.

---

540 Kaiser 2002: 50.

(a) Entwicklung

Entscheidend für die Entwicklung[541] war, dass Land- und Hochadel vom König unabhängiger wurden. Als sich der König in Frankreich engagierte, konnte der A-del dessen Schwächen ausnutzen und sich dadurch Rechte sichern (s. Kap. VII, B, 2). Dem wirtschaftlichen und sozialen Wandel wurde im 13. Jahrhundert bereits dadurch Rechnung getragen, dass Vertreter der Städte und Grafschaften mit in das Parlament einbezogen wurden. Im 14. Jahrhundert kam es zu einer Trennung zwischen Ober- und Unterhaus („commons") und die parlamentarische Herrschaft wuchs. Die Veränderung der Kriegstechnik führte dazu, dass der König wegen wachsendem Geldbedarf Privilegien abgeben musste,[542] insbesondere das ausschließliche Recht, über die Besteuerung zu beschließen (1407). Die Krone wiederum konnte im 16. Jahrhundert durch die Trennung von Rom und den Einzug der Klöster Macht zurückgewinnen. Dies ermöglichte den Verkauf von Land an den kleinen Landadel. Durch die kommerziell betriebene Landwirtschaft konnte der Adel auf die heranwachsende Klasse von Kaufleuten und Fabrikanten reagieren.[543] Die wirtschaftliche Betätigung von Teilen des Adels wurde durch das Erbrecht begünstigt, das nur dem Erstgeborenen die Privilegien des Adels sicherte. Die kommerziell betriebene Landwirtschaft ermöglichte Investitionen in der City. Viele in London zu Geld gekommene Kaufleute passten sich durch Erwerb eines Gutes zumindest äußerlich den Landedelleuten an.[544]

Diese Entwicklungen führten gleichzeitig zur Stärkung des Parlaments und zu einer Beschränkung der Machtbefugnisse des Königs. Die Verfassungskämpfe, in denen das Parlament die Bewilligung von Geldern an politische Forderungen knüpfte, mündeten schließlich darin, dass dem Parlament weitgehende Rechte endgültig abgesichert wurden (Glorreiche Revolution 1688/89). So bilden also die selbstbewussten, landsässigen Kleinadeligen mit den nach Nobilitierung strebenden Händlern und Bankiers von London die soziale Basis für die britische Parlamentsherrschaft.[545] Der Hochadel verlor dagegen an Gewicht. Der König wurde in die Parlamentsherrschaft eingebunden („King in Parliament").

Die Dominanz zweier großer Gruppierungen im Unterhaus[546] – den Whigs als Vertretern des Bürgertums und der Städte (spätere Liberale) standen die Torys als Vertreter des grundbesitzenden königstreuen Adels (spätere Konservative) gegenüber – führte bereits im 18. Jahrhundert dazu, dass die Minister, damals das „Kabinett" des Königs, von der Mehrheit im Unterhaus abhängig wurden. Durch das Unvermögen Georgs I, die Landessprache zu sprechen, bildete sich die Position des Premierministers heraus und entmachtete damit den König.[547] Mitte des 18. Jahr-

541 Zur Geschichte s. Hübner/Münch 1998: insbes. S. 12 ff.

542 North 1992: 135.

543 Moore 1969: 2.

544 Fetscher 1978: 35 ff.

545 Ebenda: 36 und Willms 1970: 55 ff.

546 Wende 1981: 236.

547 Matthee, in: Rüther 1996: 61.

hunderts wurde auch das Recht auf Opposition zu des Königs Regierung anerkannt.[548] Die überwiegend klare Mehrheit einer Partei im Parlament, die dann die Regierung stellte, hat die Rolle der Krone ebenfalls zurückgedrängt. Sie gehört heute nur noch zu den würdigen Teilen („dignified parts“) der Verfassung und übernimmt eine Reservefunktion, wenn klare Mehrheiten fehlen.[549]

Bereits im 18. Jahrhundert entstand aufgrund zunehmender Industrialisierung neben der wohlhabende Schicht von Händlern und Fabrikanten ein rasch wachsendes Proletariat. Trotz der extremen Formen unkontrollierter Ausbeutung kam es nicht zu einem offenen Bürgerkrieg.[550] Reformen führten dazu, dass die schlimmsten Missstände beseitigt wurden, aber auch zu einem Wandel des politischen Systems: 1832 wurde 200.000 neuen Wählern das Wahlrecht verschafft,[551] eine wahrlich minimale Konzession. Erst im Laufe des Jahrhunderts wurden immer größere Teile der Arbeiterschaft in den Kreis der Wähler aufgenommen. Die relativ friedliche Sozialentwicklung im 19. Jahrhundert verdankt England in erster Linie seiner bevorzugten Stellung in der Weltwirtschaft, die die evolutionäre Umgestaltung des Regierungssystems erleichtert hat.

Mit den Wahlrechtsreformen des 19. Jahrhunderts wuchs dem Unterhaus das entscheidende Gewicht als eigentlich repräsentative Kammer zu, während das Oberhaus an Bedeutung verlor. Schließlich wurde dem Oberhaus 1911 sein Vetorecht bei Finanzgesetzen genommen und seine Eingriffsmöglichkeiten auf ein aufschiebendes Veto von zwei Jahren reduziert. Seit 1949 gilt dieses suspensive Veto nur noch für ein Jahr.[552] Obwohl bisher nicht demokratisch legitimiert, steht eine Abschaffung des Oberhauses bis heute nicht ernsthaft an: Einmal wird das Oberhaus als „Kammer der Besinnung“ geschätzt, in der ohne Zeitdruck unter Nutzung von Sachverstand Gesetze behandelt werden können. Schließlich bietet es die Chance, Politiker durch Auszeichnung in den Ruhestand zu schicken, ohne ganz auf ihren Sachverstand verzichten zu müssen. Daneben wurde die Anzahl der Erbsitze erheblich reduziert.

(b) Die Praxis des Westminster-Modells

Das britische Regierungssystem wird als Westminster-Modell bezeichnet. In ihm bildet der Chef der stärksten Partei im Parlament die Regierung. Ihre Mitglieder werden größtenteils aus der Mehrheitsfraktion rekrutiert und bleiben auch Teil des Parlaments. Mehrheitsfraktion und Regierung sind sehr eng miteinander verbunden. Die Disziplin der modernen Parteiapparate und des Fraktionsmanagements sorgen dafür, dass die Regierung sich in der Regel auf stabile Mehrheiten im Unterhaus stützen kann.[553] Das Schicksal der Mehrheitspartei ist sehr eng mit dem

548 Shell, in: von Beyme u. a. 1987, I: 123.
549 Bagehot 1971: 49.
550 Ebenda: 63 f.
551 Wende 1981: 237.
552 Sturm, in: Ismayr ^{3}2003: 232.
553 Döring 1993: 133 ff.

Regierungserfolg verknüpft. Die Bedeutung der Regierungstätigkeit hat zu einer starken Dominanz von Premierminister und Kabinett, dem engeren Führungszirkel der Regierung, geführt (Kabinettsregierung). Dabei handelt es sich um das eigentliche politische Entscheidungszentrum. Initiativen kommen meistens aus der Regierung.

Der Premierminister sucht die Kabinettsmitglieder aus, ihre Ernennung durch das Staatsoberhaupt (Krone) ist reine Formalität. Diskussionen über Politik im Kabinett sind zuweilen heftig. Nach Abschluss dieser Diskussion ist letztendlich jeder Minister jedoch in die Kabinettsdisziplin eingebunden. Er darf keine abweichende Meinung äußern. Da innerhalb des Kabinetts der Premierminister besonders stark ist, wurde die britische Regierung auch als Premierministerregierung bezeichnet. Der Regierungschef koordiniert und steuert über das Büro des Premierministers[554] das weit gefächerte Netz von Kabinettsausschüssen, die das Kabinett mit den weniger wichtigen Mitgliedern der Regierung verbinden.[555] Die Mehrheitssicherung im Parlament ist auch dadurch möglich, dass der Regierungschef jederzeit mit der Auflösung des Parlaments drohen kann: Er bestimmt den Zeitpunkt von Neuwahlen bei einer Legislaturperiode von maximal fünf Jahren. Der potentielle Verlust seines Abgeordnetenmandats macht dem einzelnen Abgeordneten immer wieder deutlich, wie stark er vom Erfolg oder Misserfolg der Regierung abhängig ist.

Dagegen ist das Misstrauensvotum des Parlamentes gegenüber dem Premier eine weniger scharfe Waffe: Die Opposition bringt damit in der Regel die Regierungsmehrheit wieder stärker zusammen. Die Opposition steht vor allem bereit, bei Wahlen die Regierung abzulösen. Bis ihr dies gelingt, besteht ihre Aufgabe vor allem darin, in öffentlichen Debatten des Parlamentes die Regierung zu kritisieren und zu kontrollieren. Das englische Parlament hat seinen Schwerpunkt in der öffentlichen Debatte im Unterhaus, es ist also „Redeparlament", kein „Arbeitsparlament", in dem die Parlamentsausschüsse eine bedeutende Rolle spielen.[556] Die Ausschüsse wurden erst relativ spät in den Gesetzgebungsprozess eingeschaltet.

Da das britische Regierungssystem kein Verfassungsgericht kennt, das die einzelnen Bürger oder Minderheiten vor der parlamentarischen Mehrheit schützen kann, könnte die Mehrheit diese quasi missbrauchen. Dass dies nicht geschieht und die Rechte der Bürger und Minderheiten in Großbritannien genauso geschützt sind wie in anderen Demokratien, liegt an der politischen Kultur des Landes und den Konventionen. „Aus Gesetzesvorschriften (dem Bestand an Gesetzen, an von Gerichten entschiedenen Präzedenzfällen und tradierten Bräuchen), aus Konventionen und offiziellen Erläuterungen zu gesetzlichen Vorschriften lässt sich durchaus eine Sammlung von Schriftstücken grundsätzlichen Charakters zusammenstellen."[557] Die höchstrichterliche Funktion bleibt in der politischen Sphäre, im Oberhaus, und

554 Schäfer 1994: 81 ff.

555 Döring 1993: 186–194; Schäfer 1994: 67.

556 Steffani 1979: 333.

557 Sturm 1991: 183; s. a. Sturm, in: Gaebe u. a. 1992: 42 f.; insb. Döring 1993: 181 ff.

wird dort von einer kleinen Gruppe von bis zu elf de facto von der Regierung ernannten Mitgliedern wahrgenommen. Diese bilden zusammen mit früher in dieser Funktion Tätigen, ebenfalls auf Lebenszeit ernannten Lords die Gruppe der Law Lords.[558] Grundsätzlich gilt allerdings, dass Mehrheitsentscheidungen des Parlamentes nicht von einer Instanz überprüft werden dürfen (Parlamentssouveränität). Initiativen, dieses zu korrigieren, sind bisher nicht erfolgreich gewesen.[559] Sie erhalten allerdings im Prozeß der europäischen Integration, z. B. durch die Menschenrechtskonvention (2006), mehr Aktualität.[560] Dadurch wird die Gerichtsbarkeit gestärkt.

Obwohl immer wieder Forderungen nach stärkerer regionaler Selbständigkeit artikuliert wurden, waren alle administrativen Dezentralisationsbemühungen bis in die 1990er Jahre halbherzig.[561] Für die einzelnen Landesteile, die nach mehr Selbständigkeit streben, ist jeweils ein Minister des Kabinetts zuständig. Der Anteil der Bevölkerung, die in Schottland und Wales eine eigene Sprache spricht, geht weiter zurück. Stärker als die Sprache beeinflusst die Religion die Identität der nichtenglischen Nationen. Das gilt besonders für Nordirland. Aber auch die schottische Nationalkirche und die walisisch-religiöse Eigenständigkeit grenzen diese Gebiete von den englischen ab. New Labour hat inzwischen eigene Regionalparlamente mit mehr (Schottland) oder begrenzten Rechten (Wales) geschaffen.[562]Auch für Nordirland wurden vergleichbare, spezifische Strukturen eingerichtet.

(c) Intermediäre Strukturen

Mit der Ausweitung des Wahlrechts entwickelten sich, ausgehend von zunächst lockeren Zusammenschlüssen der Liberalen und Konservativen im Unterhaus, dauerhafte Parteiorganisationen. Diesen erwuchs als Konkurrenz um 1900 die Labour Party. Die Personalunion von parlamentarischen und außerparlamentarischen Ämtern festigte bei Liberalen und Konservativen den Einfluss der parlamentarischen Organisation. Sowohl die Parteiführer der Konservativen als auch der Liberalen wurden aus der Fraktion bestellt. Erst die Bemühungen um neue Wählerschichten führten dazu, dass sich die Parteiorganisationen mit zentralen Parteisekretariaten verselbständigten.[563] Noch heute hat jedoch bei den Konservativen die Unterhausfraktion die dominierende Stellung in der Partei. Sie wählte noch bis 1997 den Parteiführer.[564] Seitdem trifft sie die Vorauswahl, während die Wahl durch die Parteimitglieder erfolgt.[565] Der Parteiführer kann nur so lange mit der Unterstützung seiner Fraktion rechnen, wie er Wahlen gewinnt. Die Willensbildungsprozesse in der

---

558 Sturm, in: Kastendiek u. a. 1994: 192.
559 Ebenda: 184 f.
560 Bradley, in: Jowell/ Oliver ^{4}2000: 23.
561 Schultze 1990: 485 f.
562 S. d. Becker 2002: 62 ff.
563 Kaiser, in: Gaebe u. a. 1992: 49 ff.
564 Pinto-Duschinsky, in: Veen 1983: 22 ff.; s. d. Saalfeld 1998: 63 ff.
565 Saalfeld, in: Helms 1999: 87.

Partei sind eher von sekundärer Bedeutung, obwohl hier auch eine Demokratisierung stattgefunden hat. Der jährliche Parteitag ist jedoch nicht das zentrale Entscheidungsorgan. Die Konservative Partei wird traditionell von britischen Unternehmern unterstützt, die ihren Wahlkampf finanzieren. Die meisten Stimmen erhalten die Konservativen heute im prosperierenden Süden des Landes. Bei ihren Wahlsiegen konnten sie sich auch auf die „new working class" stützen, die ein Haus besitzen und keiner Gewerkschaft angehören.[566]

Die Labour Party, entstanden als politischer Arm der Gewerkschaften, konnte 1922 erstmals zweitstärkste Partei im Unterhaus werden und damit die Liberale Partei ablösen. Sie war nicht primär im Parlament verankert, sondern hatte eher Kontakte zur Massenbasis. Von daher spielten bei ihr auch Willensbildungsprozesse in der Partei eine erheblich größere Rolle. Das National Executive Committee wird vom Parteitag gewählt. Allerdings wählte zunächst die Unterhausfraktion den Parteiführer, bis die Parteilinke eine Schwächung der Unterhausfraktion durchsetzte. Ihr wurde auch die Mitbestimmung über das künftige Wahlprogramm der Labour Party genommen.[567] Der Einfluss der Gewerkschaften wuchs, bis er wieder zurückgedrängt wurde: Bei der Aufstellung des Spitzenkandidaten haben sie neben der Unterhausfraktion und einfachen Mitgliedern nur noch ein Drittel der Stimmen.

In den 1970er Jahren war bereits die enge Bindung der Labour Party an die Gewerkschaften als lähmend gesehen worden. Die meisten Mitglieder in den Gewerkschaften wurden automatisch Mitglieder der Labour Party. Allerdings sind die Gewerkschaften in Großbritannien, obwohl seit 1868 im Trade Union Congress (TUC) zusammengeschlossen, sehr stark zerklüftet.[568] Erst nach den wirtschaftlichen Krisenerscheinungen der 1970er Jahre erfolgten Zusammenschlüsse. Aber noch immer ist es der Normalfall, dass in einzelnen Betrieben mehrere Gewerkschaften untereinander konkurrieren. Der Niedergang von alten Industrien (Kohle, Stahl und Schiffbau) hat den Einfluss der Gewerkschaften zurückgedrängt, den sie nur z. T. durch ein Vordringen in den öffentlichen Sektor wieder wettmachen konnten.

Die starke Stellung der beiden großen Parteien im Parlament wird im Wesentlichen durch das Wahlrecht hervorgerufen: Beim englischen Mehrheitswahlrecht gewinnt nur der Kandidat einen Parlamentssitz, der in einem Wahlkreis die meisten Stimmen auf sich vereinigt. Dies verlangt von den beiden großen Parteien starke Integrationskraft. Neue Parteien haben nur eine geringe Chance, in das Parlament einzuziehen, es sei denn, sie könnten starke regionale Schwerpunkte, wie in Schottland und Wales, aufweisen. Die Integrationskraft der beiden großen Parteien ist immer dann gefährdet, wenn sie sich zu stark nach rechts oder links profilieren. Dies ließ sich bei der Labour Party in den 1970er und 1980er Jahren beobachten. Die Folge war, dass sich der gemäßigte Parteiflügel der Labour Party zu Beginn

566 Sturm 1991: 260.

567 Kavanagh, in: Döring/Grosser 1987: 37 f.

568 Kastendiek, in: Kastendiek u. a. 1994: 286 f.

der 1980er Jahre abspaltete und die Social Democratic Party (SDP) gründete, um damit die politische Mitte neu hinter sich zu formieren und Labour als linke Volkspartei abzulösen.[569] Mit Tony Blair kehrte Labour zur politischen Mitte zurück. Der Zusammenschluss der SDP mit den Liberalen zur SDLP (Social and Liberal Democrats) hat die Partei als dritte Kraft etabliert.

Seit den 1920er Jahren gibt es auch kleinere Parteien mit regionaler Orientierung. Die walisische Nationalpartei (Plaid Cymru) verfolgt als zentralen Programmpunkt die nationale Selbstbestimmung für Wales. Die etwa zur gleichen Zeit gegründete Scottish National Party (SNP) strebt die schottische Unabhängigkeit oder zumindest die größere Selbstbestimmung Schottlands an. Sie hat durch die Dezentralisation des britischen politischen Systems an Bedeutung gewonnen.

(d) Bewertung

Schließlich müssen die Leistungen des Systems beurteilt werden. Durch die starke Stellung des Premiers ist dieser in der Lage, seine Zielvorstellungen weitgehend durchzusetzen, was zuweilen für die Wirtschaftspolitik kritisch als „stop and go"-Politik kritisiert wurde. Die Handlungsfähigkeit hat zuletzt Margret Thatcher verdeutlicht, die insbesondere in der Wirtschaftspolitik eine Neuorientierung vollzog. Mit Hilfe der Steuerpolitik sollten die Investitionsbedingungen britischer Unternehmungen verbessert werden. Waren die Verbände bisher gewöhnt, bei der Vorbereitung von Entscheidungen mitzuwirken, so zeigten die Thatcher-Regierungen, dass sie solche Konsultationen nur unter ihren Bedingungen fortführten.[570] Gleichzeitig wurden die Gewerkschaften in Schlüsselindustrien zurückgedrängt, was zu einer „gewerkschaftlichen Marginalisierung" führte.[571] Ein strenger sparpolitischer Kurs war auf Inflationsbekämpfung ausgerichtet. Durch die Privatisierung öffentlicher Unternehmen und die breite Streuung des Aktienkapitals sollte einerseits privatwirtschaftliche Dynamik in diesen Bereich hineingetragen, andererseits eine breite Akzeptanz des kapitalistischen Wirtschaftssystems erreicht werden.[572] Diese Politik führte zu einer Beschleunigung des Strukturwandels und Belastungen für breite Bevölkerungskreise. Sie stand im krassen Gegensatz zu den Zielvorstellungen der Labour Party, deren Politik auf eine staatliche Wohlfahrtspolitik ausgerichtet war. Aber häufig werden auch die nach wie vor existenten Klassenschranken in der britischen Gesellschaft sowie das Erziehungswesen und dessen Leitbilder[573] als problematisch für die Erneuerung der Wirtschaft angesehen. Die Labour Regierung hat die konservativen Reformen keineswegs wieder abgeschafft. Vielmehr kann „New Labour" die Entscheidungs- und Leistungsfähigkeit des politischen Systems

569 Naßmacher 1989: 188.

570 Kaiser, in: Kastendiek u. a. 1994: 231 f.

571 Dingeldey 1997: 280.

572 Rüdig, in: Gaebe u. a. 1992: 85 ff.; Naßmacher/Naßmacher 2009.

573 Gaebe, in: Gaebe u. a. 1992: 9 ff.; Döring 1993: 93, 98; Saalfeld 1998: 31 ff.

nutzen, die sich in neueren Untersuchungen als wesentlich ausgeprägter gezeigt haben als im präsidentiellen System der USA.[574]

2. Präsidentielle Regierung: USA

Als die britischen Kolonien in Nordamerika durch ihre Unabhängigkeitserklärung einen Schlussstrich unter die Beziehungen zum Mutterland zogen, schickten sie sich an, den ersten Staat zu gründen, der sich aus den europäischen Kolonialreichen in Übersee herauslöste. Vieles im Hinblick auf politische Institutionen, Normen und Verhaltensweisen in den USA ist nur aus der Entstehungssituation im 18. Jahrhundert heraus zu deuten.[575]

(a) Entwicklung der sozio-ökonomischen Grundlagen

Spannungen zwischen dem Mutterland England und den dreizehn „Ur"-Kolonien entwickelten sich erst, als Großbritannien nach dem Siebenjährigen Krieg (1756–1763) versuchte, einen Teil der Kriegslasten auf die Kolonien abzuwälzen. Auch zu diesem Zeitpunkt waren die Kolonien noch keine geschlossene Einheit, die sich vom Mutterland abtrennen wollte. Zur Integrationsformel wurde schließlich die Devise „no taxation without represention". In der von Jefferson konzipierten Unabhängigkeitserklärung von 1776 heißt es dann auch, dass alle Menschen gleich geschaffen seien und dass eine Regierung sich nur aus der Zustimmung der Regierten herleiten dürfe. Wenn dies nicht der Fall sei, müsse es das Recht des Volkes sein, eine neue Regierung einzusetzen. Erst nach kriegerischen Auseinandersetzungen erkannte Großbritannien im Jahre 1783 schließlich die Unabhängigkeit der amerikanischen Kolonien an.

Nachdem die Solidaritätsfunktion des Unabhängigkeitskrieges weggefallen war, beherrschten innenpolitische Auseinandersetzungen die amerikanische Szene. Einigkeit bestand zwar darin, eine Republik zu etablieren; aber der dabei entstehende Staat sollte gegenüber den Einzelstaaten und den Individuen in seiner Macht begrenzt bleiben.[576] Das schließlich konzipierte präsidentielle Regierungssystem ergab sich nicht, weil die Einzelstaaten nach einem Ersatzkönig suchten. Vielmehr gaben die Einzelstaatsverfassungen eine Orientierung ab: Hier hatte sich während der Kolonialzeit eine Gewaltenteilung zwischen Gouverneur, Volksvertretung und Gerichten ergeben, die Stabilität und Effizienz versprach.[577] Die geschriebene Verfassung, der auf Intervention der Gegner der Einigung (Antifederalists) auch noch ein Grundrechtskatalog („bill of rights")[578] angefügt wurde, kann als Innovation bezeichnet werden. Erstmals wurden auch Rechte der Gliedstaaten gegenüber dem Gesamtstaat (der Föderalismus) abgesichert. Eine theoretische Begründung gaben die „Federalist Papers" (s. Kap. XV, A). Für die Amerikaner hat ihre Verfassung

574 Linz 1990a und b; Lijphart 1992.

575 Adams, in: Adams u. a. 1992: 49; s. a. Vorländer, in: Jäger/Welz 1995: 39 ff.

576 Ebenda: 44 f.

577 Adams 1973: 298.

578 Mewes ^{2}1990: 44 ff.

einen hohen Symbolwert, der „andernorts der Krone zukommt, nämlich die Einheit der Staatsnation sichtbar zu verkörpern."[579] Die Verfassung erwies sich zudem als sehr anpassungsfähig: Sie überdauerte die erhebliche staatliche Erweiterung und innerstaatliche Auseinandersetzungen.

Der Staat weitete sich schnell nach Westen und nach Süden aus. Grundlage dafür war das Aufkaufen ehemals französischer und spanischer Gebiete. Weiterhin mussten kriegerische Auseinandersetzungen mit Mexiko bestanden werden. So kamen die meisten Staaten im 19. Jahrhundert zur Union hinzu, während schließlich mit Alaska und Hawaii im Jahre 1959 der Bestand der Einzelstaaten auf 50 erhöht werden konnte. Dadurch war einer der größten Staaten der Erde entstanden.[580]

Im Hinblick auf die Größe, die Einwohnerzahl, die Wirtschaftstätigkeit und das dabei erzielte Einkommensniveau sind die einzelnen Staaten der USA sehr unterschiedlich. Traditionell gingen die wirtschaftlichen Impulse vom Nordosten der USA aus, während im Süden Baumwollplantagen mit Sklavenbesitzern dominierten. Inzwischen ist der Norden aber wirtschaftlich zurückgefallen (rust belt); Süden und Südwesten wurden für die Industrie immer attraktiver (sun belt). Der Bedeutungszuwachs des Südens und Westens war mit beachtlichen Bevölkerungszuwächsen verbunden. Inzwischen hat sich allerdings die positive Entwicklung des Südens und Westens abgeschwächt und der Nordosten konnte sich u. a. dank des hohen Bildungs- und Ausbildungsstandes im Wesentlichen stabilisieren.

Die USA sind traditionell ein Einwanderungsland. Waren die ersten Immigranten Engländer, so verschob sich der Schwerpunkt der Herkunftsländer aus Europa eindeutig nach Süden und nach Osten. Ab 1979 nehmen die Europäer einen verschwindend geringen Anteil an den Einwanderern ein, während Asiaten, Lateinamerikaner und Emigranten aus Afrika bzw. Ozeanien den Hauptanteil ausmachen. Ziel der amerikanischen Politik ist es, die Einwanderer mit der bereits dort lebenden Bevölkerung zu verschmelzen[581] (melting pot). Die Immigranten werden gezwungen, die englische Sprache anzunehmen und müssen sich auch sonst der Dominanz der amerikanischen Gewohnheiten beugen, sich also assimilieren. Dies ist natürlich nur theoretisch gelungen. In großen Städten gibt es dagegen eine starke Sektoralisierung der verschiedenen Bevölkerungsgruppen. Insbesondere die Integration der Schwarzen in den Staat rief ernsthafte Konflikte hervor, die durch den Bürgerkrieg zwischen den Nordstaaten (in denen die Schwarzen als freie und wahlberechtigte Bürger leben konnten) und den Sklavenhalterstaaten des Südens (1861–65) ausgetragen wurden. Trotz des Siegs der Nordstaaten mussten die Schwarzen bis in die 1950er Jahre warten, bis sie sich den Status von gleichberechtigten Staatsbürgern erstritten hatten.[582] Damit ist aber immer noch nicht ihre wirk-

579 Wasser 1991: 31.
580 Hübner 1989: 17–22.
581 Vorländer, in: Jäger/Welz 1995: 43.
582 Hübner 1989: 31; Vorländer, in: Jäger/Welz 1995: 43.

liche Integration in die amerikanische Gesellschaft gelungen. Vielmehr stellen sie den wesentlichen Teil der armen Bevölkerung.

Die ursprüngliche Spaltung zwischen Nord und Süd spiegelte sich auch im amerikanischen Parteiensystem wider.[583] Die Republikaner beherrschten den Norden, die Demokraten blieben als Partei des Südens für geraume Zeit in der Minderheit. Die Alleinvertretung der Parteien in diesen Landesteilen brachte Amtsmissbrauch und Korruption hervor, so dass zu Beginn des 20. Jahrhunderts die Mitwirkungsmöglichkeiten der Parteien bei Kandidatenaufstellungen partiell durch Vorwahlen[584] eingeschränkt wurden. Dadurch sollte der Parteieinfluss zurückgedrängt werden. Erst durch die Weltwirtschaftskrise Ende der 1920er Jahre konnten die Demokraten aus der Rolle der zweitstärksten Partei heraustreten.[585] Der demokratische Präsidentschaftskandidat Roosevelt plädierte für eine aktive Rolle des Staates in der Wirtschaft und zog damit vor allem die Industriearbeiter auf seine Seite. Auch die Schwarzen, bisher verständlicherweise Wähler der Republikaner, wählten nun demokratisch. Als weiteres Potential konnte Roosevelt die Katholiken für seine Partei gewinnen[586]: „New Deal Coalition". Neben Divergenzen in der Wirtschaftspolitik zwischen beiden großen Parteien gibt es auch solche in der Sozial- und Bildungspolitik. Hier nehmen sich die Demokraten eher der Benachteiligten an. Ein wichtiges Wählerreservoir für die Republikaner ist inzwischen die christliche Rechte, was zum Brechen des Vorsprungs der Demokraten im Süden beitrug.[587] Die Dominanz der beiden großen Parteien ist so groß, dass kleinere Parteien kaum in Erscheinung treten.[588] Dies liegt – wie schon erwähnt – vor allem am relativen Mehrheitswahlrecht. Allerdings wird die Frage nach der Bedeutung amerikanischer Parteien kontrovers diskutiert. Viele Wissenschaftler glauben, dass die Kandidatenorientierung kaum noch Raum für die Parteien lässt.[589] Demgegenüber betonen andere, dass die Bedeutung der Parteien wieder zunimmt.[590] Auch wird argumentiert, dass es im amerikanischen Regierungssystem keiner starken integrierenden Kräfte von Parteien bedürfe.

(b) Präsidentielles System in der Praxis

Im Unterschied zum parlamentarischen Regierungssystem kann sich der Chef der Exekutive, also der Präsident, nicht auf die Unterstützung durch die Legislative verlassen.[591] Das präsidentielle Regierungssystem der USA ist dualistisch strukturiert: Präsident und Kongress (bestehend aus Repräsentantenhaus und Senat) werden in unterschiedlicher Weise, aber durchaus gleichrangig, vom Volk legitimiert.

---

583 Bibby ^{4}2000: 26–43.
584 S. d. Mewes ^{2}1990: 157 ff.
585 Wasser 1991: 133 ff.
586 Hübner 1989: 62; Greven 2004: 61 f.
587 Ebenda: 81 f., 103 f.
588 S. d. Mewes ^{2}1990: 143.
589 Lösche 1989: 223 ff.
590 Naßmacher 1992.
591 Lösche 1989: 180 ff.

Der Präsident wird durch Wahlmänner gewählt, die seit der ersten Hälfte des 19. Jahrhunderts direkt vom Volk bestellt werden. Derjenige Präsidentschaftskandidat, der bei der relativen Mehrheitswahl in einem Einzelstaat gewinnt, kann sich aller Wahlmännerstimmen dieses Staates sicher sein. Nur wenn kein Präsidentschaftskandidat bei der Wahl durch die Wahlmänner die notwendige Mehrheit erhält, erfolgt eine Wahl des Präsidenten durch das Repräsentantenhaus. Während die Amtszeit des Präsidenten vier Jahre beträgt (bei einmaliger Wiederwahlmöglichkeit), gelten für den Kongress andere Wahlperioden. Das Repräsentantenhaus wird alle zwei Jahre gewählt. Für den Senat als Vertretung der Einzelstaaten muss alle zwei Jahre ein Drittel der Senatoren neu gewählt werden.

Die Regierung geht nicht – wie im parlamentarischen System – aus der Legislative hervor. Damit ist der Präsident formal unabhängig vom Kongress. Ein Präsident kann nur durch das sogenannte „impeachment", ein justizähnliches Verfahren, in dem Präsidenten strafrechtlich relevante Vergehen nachgewiesen werden müssen, durch den Kongress aus dem Amt entfernt werden. Umgekehrt fehlt dem Präsidenten auch ein wichtiges Disziplinierungsmittel gegenüber dem Kongress: Ein Auflösungsrecht für Neuwahlen, wie es der britische Premierminister gegenüber dem Unterhaus hat, gibt es nicht. Der Präsident und seine Regierungsmitglieder dürfen auch nicht dem Kongress angehören: Es besteht Inkompatibilität von Kongressmitgliedschaft und Mitgliedschaft in der Exekutive. Durch diese Unabhängigkeit der wichtigsten Institutionen voneinander soll ein möglichst hohes Maß an wechselseitiger Kontrolle gewährleistet werden. Tatsächlich sind die einzelnen Institutionen im politischen Prozess stark voneinander abhängig, so dass von einer Gewaltenverschränkung gesprochen werden kann. Denn jedes Verfassungsorgan erhielt einen grundlegenden Kompetenzbereich zugewiesen. Verschränkt sind aber die Kompetenzen dadurch, dass sie „den verschiedenen Instanzen bestimmte Rechte für ein wirksames Eingreifen in die Kompetenzen der anderen Instanzen gaben."[592] Durch diese „checks and balances" wurde vor allen Dingen verhindert, dass sich eine starke Regierung etablieren konnte.

So liegt die legislative Gewalt grundsätzlich beim Kongress, dessen beide Häuser (Senat und Repräsentantenhaus) – von wenigen Ausnahmen abgesehen – gleichberechtigt zusammenwirken. Der Präsident übt die exekutive Gewalt aus.[593] Er ist gleichzeitig Staatsoberhaupt und Regierungschef. Als Staatsoberhaupt hat der Präsident außenpolitische Macht. Nur bei Verträgen braucht er die Zustimmung des Senats, bei Kriegserklärungen die des Kongresses. Meist bewegt sich allerdings die Außenpolitik in einer Grauzone: ohne völkerrechtliche Verträge und formelle Kriegserklärungen.[594] Schließlich kann der Präsident durch seine Politik erhebliche Medienresonanz gewinnen, was sein Gewicht stärkt. Der Präsident umgibt sich mit der „Whitehouse"-Bürokratie, d. h. den Chefs von Fachressorts, die in den USA

592 Lehner 1989: 79.

593 Zu den Kompetenzen s. Jäger, in: Jäger/Welz 1995: 136 f.

594 Praetorius 1997: 30; Gellner/Kleiber 2007: 60–64.

„Secretaries" heißen, aber quasi Ministerfunktionen innehaben.[595] Sie müssen vom Senat bestätigt werden. Bei der Regierungsarbeit ist der Präsident in keiner Weise an die Entscheidungen eines Kabinetts gebunden. Obwohl dem Präsidenten durch die Verfassung formal die Gesetzesinitiative vorenthalten wird, stammt ein Großteil der Gesetzesvorschläge aus der Exekutive. Ohne die Zustimmung des Kongresses sind dem Präsidenten aber die Hände gebunden: Er kann seine Politik nicht durchsetzen. „Die heute vom Kongress geteilte Erwartung eines programmatisch-gesetzgeberisch aktiven Präsidenten sichert noch lange nicht den parlamentarischen Erfolg seiner Initiativen."[596] Dies bewirkt, dass der Präsident manchmal machtlos ist.[597]

Der amerikanische Kongress gilt als das vergleichsweise „mächtigste Parlament der westlichen Demokratien".[598] Allerdings besitzt der Präsident ein Vetorecht gegenüber Beschlüssen des Kongresses, das dieser nur mit Zweidrittelmehrheit überwinden kann – angesichts der traditionell starken Atomisierung des Kongresses eine hohe Hürde.[599] Denn im Kongress veranlasst nicht die Fraktionsdisziplin – wie in europäischen Parlamenten – die Abgeordneten zu überwiegend einheitlichen Entscheidungen. Seit den 1980er Jahren werden zwar Maßnahmen unternommen, um die Steuerung der Fraktionen und Ausschüsse zu verbessern.[600] Traditionell wurde der Zusammenhalt der Fraktionen dadurch gefördert, dass die Fraktionen über die Ausschussbesetzungen befinden. Seit der Ersetzung des Senioritätsprinzips durch kompetitive Wahl scheint die Führungselite der Parteien gestärkt zu werden.[601] Die Ausschüsse sind im Entscheidungsprozeß sehr bedeutend. Hier fallen die wichtigen Sachentscheidungen häufig nach sektoralen oder regionalen Interessen aufgrund einer informellen Koalitionsbildung. Wegen der Bedeutung der Ausschüsse wird der Kongress auch als Arbeitsparlament bezeichnet.

Während im Repräsentantenhaus die Vertreter der großen Staaten dominieren, ist es im Senat umgekehrt, weil jeden Staat zwei Senatoren vertreten. Obwohl beide Häuser einem Gesetz zustimmen müssen, beraten sie doch nach der Einbringung einer Vorlage zunächst unabhängig voneinander. Nach den Verabschiedungen in beiden Häusern gilt es, die mehr oder weniger voneinander abweichenden Gesetzentwürfe aufeinander abzustimmen, was in jeweils eigens zusammengestellten Vermittlungsausschüssen passiert. Dem Kompromissentwurf müssen dann beide Kammern nochmals zustimmen. Neben den im wesentlichen gleichen Rechten im Gesetzgebungsprozess hat der Senat Mitwirkungsrechte bei Personalentscheidungen des Präsidenten. Dies gilt für die Ernennung von Diplomaten, Richtern und hohen Exekutivbeamten. Auch wenn der Senat in der Regel dem Präsi-

595 Lösche 1989: 108; s. a. Schäfer 1994: 71 ff.
596 Jäger, in: Jäger/Welz 1995: 152.
597 Lösche 1989: 114 ff.
598 Hübner 1989: 105.
599 Shell, in: Adams u. a. 1992: 389 f.
600 Patterson, in: Thaysen u. a. 1988: 238 ff.; s. a. Praetorius 1997: 68 ff.
601 Helms, in: Helms: 321 f.

denten die Zustimmung zur Ernennung seiner „Minister" nicht verweigert, hat der Präsident doch Reaktionen des Senats zu antizipieren.[602] Weiterhin muss der Senat auswärtigen Verträgen mit Zweidrittelmehrheit zustimmen.

Für das Verhältnis zwischen dem Kongress und dem Präsidenten ist auch die Verwaltung von Bedeutung. Die Bürokratie hat einen erheblichen Rückhalt durch den Kongress. Zusätzlich versuchen stark fragmentierte Interessenverbände, gleichzeitig auf Kongress und Bürokratie einzuwirken, so dass man auch vom eisernen Dreieck zwischen Bürokratie, Interessenverbänden und Kongress („iron triangle") spricht, gegenüber dem auch der Präsident nicht selten machtlos ist.

Im Hinblick auf die horizontale Gewaltenteilung kommt dem Obersten Gerichtshof (Supreme Court) erhebliche Bedeutung zu. Die Verschränkung der richterlichen Gewalt mit dem Kongress und dem Präsidenten ist weniger ausgeprägt. Die neuen Bundesrichter werden auf Lebenszeit ernannt und zwar auf Vorschlag des Präsidenten und mit Zustimmung einer einfachen Senatsmehrheit.[603] Der Supreme Court kann tief in die Kompetenzen der Legislative eingreifen. „Während der letzten 25 Jahre hat das Oberste Gericht durch grundlegende Entscheidungen die Initiative ergriffen und für Jahrzehnte die Grundlinien der Politik geprägt."[604] Wichtige Fragen waren hier z. B. die Rassendiskriminierung und die Gleichheitsrechte bei der Zusammensetzung von Wahlkreisen.

Schließlich kennen die USA die vertikale Gewaltenteilung. „Die Kompetenzverteilung zwischen Zentralstaat und Einzelstaaten war eines der Themen, um das die amerikanischen Verfassungsväter am leidenschaftlichsten rangen."[605] Die Bundesverfassung hält die Rechte des Bundes konkret fest. Alle nicht in der Verfassung dem Bund zugeschriebenen oder den Einzelstaaten entzogenen Rechte verbleiben den Einzelstaaten oder beim Volk. Das bedeutet, dass die Verfassung den Einzelstaaten einen beträchtlichen Aktionsradius überlässt. Jede Ebene (Bund, Land, Kommune) hat auch ihre eigene Verwaltung. Die Entwicklung läuft allerdings – wie in allen föderalistischen Systemen – auf zunehmende Kompetenzen des Bundes hinaus. Heute genießen die Bundesgesetze eindeutig Priorität.

Das zentrale Problem des amerikanischen Regierungssystems wird in der geringen Integration und Konsistenz staatlichen Handelns gesehen. Diese ist vor allem bedingt durch das Gegeneinander von Kongress und Präsident sowie die doppelte Legitimität. Dies alles wirkt sich negativ auf die Handlungsfähigkeit des Staates aus.[606] Besonders nach einem Amtswechsel haben es neue Präsidenten schwer, ihre Vorstellungen umzusetzen. Nur bei populären Maßnahmen sind ihnen Mehrheiten sicher. So konnte Reagan Steuersenkungen durchsetzen. Hier erweist sich das parlamentarische System als entscheidungsfähiger.

---

602 Hübner 1989: 128 f.

603 Shell, in: Adams u. a. 1992: 342 f.

604 Mewes ^{2}1990: 49; Gellner/Kleiber 2007: 116–120.

605 Hübner 1989: 37.

606 Neuerdings wieder als Kritik von Linz 1994.

B) Mischtypen

Das parlamentarische Regierungssystem britischer Prägung hat nicht nur in den ehemaligen Kolonien des britischen Weltreiches, sondern auch auf dem europäischen Kontinent eine Adaption erfahren. Dies musste zu einer spezifischen Anpassung an die Bedingungen der Länder führen. Hier werden nur einige Beispiele aufgegriffen.[607] In Österreich wurde diese Anpassung vor allem durch einen schwachen Föderalismus und konkordante Entscheidungsmuster erreicht. Letztere wiederum haben das politische System Österreichs mit dem der Schweiz gemeinsam (s. Kap. V). Dagegen entspricht das institutionelle Arrangement in der Schweiz eher dem der USA, obwohl hier eine herausgehobene Führungspersönlichkeit fehlt.

Schließlich ist die Einordnung des französischen politischen Systems schwierig. Einmal ist unstrittig, dass im amerikanischen und im französischen Regierungssystem der Präsident eine zentrale Stellung einnimmt. Auch hat der Präsident sowohl in den USA als auch in Frankreich durch die Volkswahl eine eigene Legitimationsbasis. Mit diesen beiden Aspekten sind die Gemeinsamkeiten des politischen Systems der USA und des französischen Systems aber schon fast erschöpft. Denn es gibt auch gute Gründe – und dies ist in der wissenschaftlichen Literatur die Regel – das französische Regierungssystem als parlamentarisches Regierungssystem einzuordnen. So ist die für das amerikanische System typische institutionelle Gewaltenteilung – mit der Notwendigkeit einer Abstimmung verschiedener wichtiger Institutionen – in Frankreich nicht ausgebildet. Nur dann, wenn die Mehrheit im Parlament nicht der politischen Orientierung des Präsidenten entspricht, müssen sich Präsident und Regierung in ihren Aktionen arrangieren (Kohabitation).

1. Konkordanzdemokratie: Österreich

Die Republik Österreich entstand nach dem Ersten Weltkrieg in einem Teilgebiet der österreichisch-ungarischen Monarchie. Die 1920 verabschiedete Bundesverfassung gilt noch heute. Deren Gestaltung war wesentlich durch die Zusammenarbeit der Christlich-Sozialen, der Sozialdemokraten und der Deutschnationalen zustande gekommen. Diese politischen Kräfte bildeten sich im Zuge der sozio-ökonomischen Wandlungen im 19. Jahrhundert heraus. Der Kampf des Bürgertums richtete sich auf einen konstitutionellen Rechtsstaat mit noch stark beschränkten Beteiligungsrechten. Die 1867 durchgesetzte Verfassungsreform des Habsburger Reiches enthält das rechtsstaatliche Prinzip und die Grundrechte, auf denen noch heute die Verfassung aufbaut. Die unteren Schichten erkämpften sich dann die politische Beteiligung und schließlich die soziale Besserstellung. Dieser Prozess fand erst in der Verfassung der Ersten Republik von 1920 ihren Ab-

607 Zu den Varianten in parlamentarischen Systemen s. Siaroff 2003: 447 ff.

schluss.[608] Die Integrationsleistung der Ersten Republik dauerte allerdings nur zwei Jahre an. Danach dominierten die eher voneinander abgeschotteten Lager, die ihre Integrationskräfte jeweils nach innen richteten (s. Kap. V, B und C). So wurden die jeweiligen Lager gestärkt, nicht aber die junge Republik. Sozialistisches und christlich-konservatives Lager bewaffneten sich mit Wehrverbänden und entzogen dem Staat dadurch das Gewaltmonopol. Ein hoher Gewaltpegel und ein Bürgerkrieg (1934) waren die Folge.[609] Als problematisch erwies sich auch, dass sich im Bürgertum zwei Lager herausgebildet hatten. Neben dem christlich-konservativen mit Landwirten und selbständigen Mittelschichten als Kerngruppen war das zweite Lager bewusst antiklerikal und antisozialistisch eingestellt, gleichzeitig aber deutsch-national.

An jedes dieser Lager trat die totalitäre Versuchung heran. Während die Sozialdemokratie sich der Rätediktatur in der Ersten Republik versagte, wurde 1933/34 vom christlich-sozialen Lager eine „tendenziell christlich maskierte Diktatur" errichtet. Der dabei konstituierte „Ständestaat" mit korporatistischem Staatsaufbau scheiterte an der Integrationsaufgabe sehr rasch. Im Gegenzug dazu, und mit Hilfe des Deutschen Reiches, etablierte das deutsch-nationale Lager die NS-Diktatur. „Beide Diktaturen strebten eine klassen- und parteienübergreifende Integration in den Staat an. Das ideologische Leitmotiv hieß in beiden Fällen – wahre Volksgemeinschaft."[610] Nach dem Ende der NS-Herrschaft fungierten die drei antifaschistischen Parteien, Österreichische Volkspartei (ÖVP), Sozialistische Partei Österreichs (SPÖ) und Kommunistische Partei Österreichs (KPÖ), als Staatsgründer. Bei der Verfassung knüpften sie an die der Ersten Republik an. Im Staatsvertrag von 1955 erkannten die alliierten und assoziierten Mächte Österreich als souveränen, unabhängigen und demokratischen Staat an. Gleichzeitig wurde Österreich verboten, sich politisch und wirtschaftlich wieder mit Deutschland zu verbünden. Auch die Verpflichtung zu einer demokratischen Struktur ist darin enthalten sowie das Ziel, alle Spuren des Nazismus aus dem politischen, wirtschaftlichen und kulturellen Leben zu entfernen.[611] Dies war auch der Grund dafür, warum die nationalistisch belastete FPÖ zunächst von der Teilnahme an der Regierungsverantwortung ausgegrenzt wurde. Weiterhin verpflichtete sich Österreich 1955 zur immerwährenden Neutralität.

Neben der extremen Parteienstaatlichkeit war Österreich nach dem Zweiten Weltkrieg durch eine extreme Verbändestaatlichkeit gezeichnet. 1955 entwickelte sich neben den Verfassungsorganen (Parlament, Bundesregierung, Bundespräsident) als gewichtiges zweites Entscheidungszentrum die Sozialpartnerschaft. Ihre Träger waren stark zentralistisch strukturierte Wirtschaftsverbände, die nahezu das

---

608 Ucakar, in: Dachs u. a. ²1992: 84 f.

609 Hanisch, in: Dachs u. a. ²1992: 15.

610 Ebenda.

611 Ucakar, in: Dachs u. a. ²1992: 88.

gesamte gesellschaftliche Leben Österreichs erfassten.[612] Der österreichische Verbändestaat baut vor allen Dingen auf folgenden Wirtschaftsverbänden auf:

– den Kammern, in denen nahezu alle berufstätigen Menschen in Österreich, mit Ausnahme der öffentlich Bediensteten, durch Pflichtmitgliedschaft eingebunden sind. Für den Verbändestaat kommt daher den Kammern für Arbeiter und Angestellte (bundesweite Dachorganisation: Arbeiterkammertag), den Handelskammern (bundesweite Dachorganisation: Bundeswirtschaftskammer) und den Landwirtschaftskammern (bundesweite Dachorganisation: Präsidentenkonferenz) besondere Bedeutung zu.
– dem österreichischen Gewerkschaftsbund (ÖGB). Er besitzt ein faktisches Monopol. Es gibt keine Gewerkschaften außerhalb des ÖGB. Zudem ist der ÖGB sehr zentralistisch strukturiert. Weiterhin besteht ein Entscheidungsübergewicht gegenüber den Einzelgewerkschaften.

Als Gegengewicht zum ÖGB fungiert auf der Arbeitgeberseite die Bundeskammer der gewerblichen Wirtschaft (Bundeswirtschaftskammer). „Die Bundeswirtschaftskammer und der ÖGB sind die eigentlichen Träger des Verbändestaates."[613] Arbeiterkammern auf der einen Seite und Landwirtschaftskammern auf der anderen Seite gleichen die Gewichte aus.

Da sich die Kammern und Verbände ebenso wie die wichtigsten Parteien in den Lagern unversöhnlich gegenüberstanden (Erfahrungen aus der Ersten Republik waren den Akteuren noch lebendig), wurden Entscheidungsmuster gesucht, die Mehrheitsentscheidungen vermieden. Die spezifischen Ausprägungen haben Österreich die Einordnung als Konkordanzdemokratie (s. Kap. V, B) eingetragen. Das Wesen des Verbändestaates besteht darin, dass die Verbände den demokratisch gewählten Gremien wichtige Entscheidungen entziehen, um sie durch Übernahme von Entscheidungskompetenzen selber zu lösen. Dazu bedienten sich die Verbände verschiedener, von ihnen mitgetragener und kontrollierter Einrichtungen – insbesondere der Paritätischen Kommission für Lohn- und Preisfragen. Diese korporatistischen Strukturen wurden im europäischen Vergleich als besonders stark ausgeprägt angesehen,[614] wenngleich inzwischen ein abnehmender Einfluß und ein zunehmender Lobbyismus konstatiert wird.[615]

Durch konkordante Entscheidungsmuster und korporatistische Strategien wurden zumindest zeitweise die Grundprinzipien parlamentarischer Regierung außer Kraft gesetzt. An die Stelle von Regierungen der Mehrheit, die durch eine starke Opposition kontrolliert werden, traten nach 1945 große Koalitionen. Eine Opposition war bis 1966 kaum existent und die Parlamentsfraktionen der Regierungsparteien waren voll in das Koalitionsgefüge integriert. Erst ab 1966 gab es Alleinregierungen einer großen Partei, Minderheitsregierungen bzw. kleine Koalitionen zwi-

612 Pelinka 1992: 12.
613 Ebenda: 15.
614 Vgl. Lehmbruch, in: Lehmbruch/Schmitter 1982: 16 ff.
615 Michalowitz/Talos 2007: 369.

schen SPÖ und FPÖ bzw. ÖVP und FPÖ. In diesen frühen Phasen wurden allerdings die Mechanismen der Konkordanzdemokratie nicht außer Kraft gesetzt. „Die Ausgleichs- und Machtbeteiligungsmuster, vor 1966 etabliert, wurden auch von den Regierungen Klaus und Kreisky grundsätzlich respektiert.“[616] Ab 1987 regierte wiederum eine große Koalition. Die Zusammenarbeit der beiden großen Parteien wurde bis 1999 nie ernsthaft in Frage gestellt.

Das Parlament, der „Nationalrat“, wird inzwischen nach einem dreistufigen Verhältniswahlrecht gewählt, das durch Regionalwahlkreise und Vorzugsstimmen eine Personalisierung der Stimmabgabe ermöglicht. Dabei geht es um das Zurückdrängen der Parteieinflüsse auf die Wahlentscheidung.[617] Durch eine 4 %-Klausel für Gesamtösterreich bzw. ein Grundmandat soll der Einzug kleiner Parteien ins Parlament erschwert werden.[618] Die Fraktionen im Nationalrat heißen in Österreich „Klub“, die Vorsitzenden der Klubs sind die „Klub-Obleute“. Die Funktionen des Nationalrates werden unter Zuhilfenahme empirischer Daten als Endformulierung in der Gesetzgebung, partielle Mitwirkung an der Vollziehung, Kontrolle der Vollziehung und Forum des politischen Diskurses zusammengefasst.

Regierungschefs (Bundeskanzler) wurden bei konkordanten Entscheidungsstrukturen in Sachfragen eher geschwächt, wobei sich die Entscheidungen in Koalitionsausschüsse[619] und Parteigremien verlagerten. Wie im parlamentarischen System üblich, stützen sich Bundeskanzler auf die Parlamentsmehrheit. Ist sich der für dies Amt Nominierte dieser sicher, so sind seine Ernennung und die der weiteren Minister der Bundesregierung durch den selbst auf sechs Jahre direkt gewählten Bundespräsidenten quasi Formsache, wie die 2000 ins Amt gelangte Koalition zwischen ÖVP und FPÖ zeigte. Dies trifft auch für die Beurkundung von Bundesgesetzen zu. „Bis jetzt hat noch kein Bundespräsident der Zweiten Republik die Beurkundung eines Gesetzes verweigert.“[620] Formal steht dem Präsidenten auch das Auflösungsrecht zu. Seit 1929 wurde dies aber nie mehr angewandt, sondern die Auflösung des Parlaments erfolgt per Parlamentsbeschluss. Der Bundespräsident, formal mit größeren Rechten ausgestattet, muß „Rollenverzicht leisten und übt nur repräsentative Aufgaben aus.[621]

Die Elemente unmittelbarer Demokratie scheinen dagegen in der aktuellen Situation der österreichischen Politik wichtiger zu werden.[622] Die Bundesverfassung sieht das Volksbegehren und die Volksabstimmung vor. Beide hatten jahrzehntelang im Gesetzgebungsprozess kaum eine Rolle gespielt. Im Zuge einer Abwendung der Wähler von den beiden Großparteien, die noch 1975 über 93 % der gültigen Stimmen erhalten hatten und 1990 nur noch 75 % der Stimmen auf sich

616 Pelinka 2001: 41.
617 Fischer, in: Dachs u. a. ^{2}1992: 99.
618 Müller, in: Dachs u. a. ^{2}1992: 184 f.
619 Rudzio 2005.
620 Müller, in: Dachs u. a. ^{2}1992: 188.
621 Pelinka, in: Ismayr 2003: 523 f.
622 Müller 1999: 311 f.

vereinigen konnten, hat die FPÖ bewusst populistische Instrumente genutzt, um die Großparteien unter Druck zu setzen. Bei den Wahlen im Herbst 1999 wurde sie sogar knapp zweitstärkste Partei. Wie die FPÖ sehen sich auch die Grünen durch den ausgeprägten Parteien- und Verbändestaat nicht vertreten.

Mehr als auf der Bundesebene gibt es in den einzelnen Bundesländern Elemente der direkten Demokratie, also Volksbegehren, Bürgerbegutachtung und Volksbefragung.[623] Der „Zwangs"-proporz, dass Parteien mit einer gewissen Mindeststärke das Recht haben, in der Regierung zu sein, wird in den letzten Jahren als nicht mehr der Konfliktsituation und den Erwartungen gemäß in Frage gestellt.[624] Salzburg und Tirol haben das Proporzsystem inzwischen abgeschafft.[625] Der österreichische Föderalismus ist nicht besonders intensiv ausgeprägt, obwohl die neun Bundesländer sehr unterschiedliche Strukturen aufweisen. Schwache Länder sind bereits in der Verfassung vorgesehen: der Bund hat für die meisten wichtigen Staatsaufgaben die ausschließliche Gesetzgebungs- und Vollziehungskompetenz.[626] Auch seine überragende Bedeutung bei der Verteilung der Finanzen an die nachgeordneten Gebietskörperschaften ist für einen Bundesstaat außerordentlich ungewöhnlich.[627] Auf der Bundesebene sind die Länder im Bundesrat im Verhältnis zur Zahl ihrer Bürger und der Stärkeverhältnisse ihrer Parteien vertreten. Die Mitglieder des Bundesrates werden von den Landtagen für die Dauer ihrer – unterschiedlich langen – Gesetzgebungsperioden gewählt. Die Bundesratsmitglieder müssen nicht Mitglied des Landtages sein. Sie haben ein freies Mandat. Daher besteht keine sehr starke Rückbindung der Bundesräte an die Landespolitik. Vielmehr wird entlang der Parteilinien entschieden.[628] Im Gesetzgebungsprozeß hat der Bundesrat nur ein aufschiebendes (suspensives) Vetorecht.

Die Verbindung von Parteien- und Verbändestaat hatte dazu geführt, dass weite Teile der österreichischen Wirtschaft verstaatlicht wurden. Die Großparteien hatten sich in der Folgezeit jeweils durch Proporzregeln Einflussbereiche gesichert. Dies galt auch für andere Bereiche der Gesellschaft, z. B. das Schul- und Medienwesen. Dem Verbändestaat wird als positiv zugeschrieben, dass er den sozialen Frieden gesichert hat und trotzdem überdurchschnittliche Wachstumsraten möglich wurden.[629] In neuerer Zeit wurde aber sowohl der Parteienstaat als auch der Verbändestaat zunehmend kritisiert. Den großen Parteien laufen die Wähler davon, das System der Pflichtmitgliedschaft in den Kammern wird von FPÖ (und Nachfolgeparteien) und Grünen kritisiert. Sollte diese Pflichtmitgliedschaft in Frage gestellt werden, müssen sich die Spitzen der Kammerorganisationen zwangsläufig mehr um die Wünsche ihrer Mitglieder kümmern. Ihre Kompromissfähigkeit gegenüber

---

623 Marko, in: Dachs u. a. ^{2}1992: 740.

624 Dachs 1994: 623, 631.

625 Schausberger, in: Khol 1999.

626 Luther, in: Dachs u. a. ^{2}1992: 816.

627 Ebenda: 818.

628 Schäffer, in: Dachs u. a. ^{2}1992: 751.

629 Katzenstein 1985; Lijphart 1999.

den anderen Sozialpartnern wäre eingeschränkt.[630] Die enge Verknüpfung zwischen Verbandsvertretern und Parteien ist rückläufig.[631] Die Sozialpartnerschaft hat seit dem EU-Beitritt an Bedeutung verloren.[632] Damit wurde eine „Verwestlichung" Österreichs in Gang gesetzt und die bisherigen Besonderheiten werden geringer.[633] Die ÖVP/FPÖ-Koalition konnte als weiterer Schritt in diese Richtung gewertet werden.[634] Solche Tendenzen sind in der Schweiz noch nicht zu erkennen, obwohl es auch hier einen Populisten der SVP gibt, der die anderen Parteien unter Druck setzt.

2. Direktorialregierung: Schweiz

Der Bundesstaat Schweiz besteht seit 1848. Der ehemalige Staatenbund gab sich eine Bundesverfassung, die noch heute in modifizierter Form (Ausweitung der Bundeskompetenzen) ihre Gültigkeit hat. Die konkrete Ausgestaltung ist nur verständlich vor dem Hintergrund jahrhundertelanger Auseinandersetzungen der verschiedenen Kantone, die schließlich durch den Sonderbundskrieg (1847) beendet wurden. So ist die Verfassungsentwicklung auch gekennzeichnet von einem Ringen um kantonale Selbständigkeit und dem Ausbau der Zentralgewalt. Eine weitere Traditionslinie ergibt sich aus dem Brauch unmittelbarer Demokratie. In den Landsgemeinden und Gemeindeversammlungen fällten die stimmberechtigten Bürger alle relevanten Entscheidungen in direkter Abstimmung.

Die Schweiz lässt sich von der Größe her ganz gut mit Baden-Württemberg vergleichen, nur gibt es hier 26 Kantone bzw. Halbkantone. Gebiets- und Verwaltungsgliederung sind stark geschichtlich geprägt und die Kantonsvölker identifizieren sich sehr mit ihrem Land. Dies gilt vor allen Dingen dort, wo sich die Bevölkerung aufgrund der Sprache, der Abgeschlossenheit oder aufgrund ihrer wirtschaftlichen Verhältnisse in einer Minderheitsstellung fühlt.[635] Die einzelnen Kantone sind in bezug auf Größe, Sprache, Wirtschaft und Konfession wiederum sehr unterschiedlich. In den Kantonen werden die vier Sprachen Deutsch, Französisch, Italienisch und Rätoromanisch gesprochen, wobei die Sprachgrenzen häufig nicht mit den Kantonsgrenzen übereinstimmen.[636] Von den vier Sprachen ist nur Rätoromanisch keine Amtssprache. Auch die religiösen Zugehörigkeiten verlaufen nicht den Kantonsgrenzen entsprechend. Potentielle religiöse Konflikte scheinen im Unterschied zu den Sprach- und Regionskonflikten jedoch an Bedeutung zu verlieren.

Die inneren Gegensätze der Schweiz werden durch die Verfassung und formelle sowie informelle Regelungen erfolgreich bearbeitet. Der Staatsbildungsprozess erfolgte von unten nach oben. Die Namensgebung der wichtigsten Gremien im Staat

630 Pelinka 1992: 15.
631 Ebenda: 16.
632 Vgl. dazu Kittel/Tálos 1999.
633 Pelinka 1992: 18.
634 Naßmacher, in: Kevenhörster / Thränhardt 2003: 183 ff.; Michalowitz/Talos 2007: 380 ff.
635 Neidhart, in: Elsasser u. a. 1988: 45; Neidhart 2002.
636 Bucher, in: Steiner u. a. 1971: 46.

deutet noch auf die Entstehungsgeschichte hin: Parlamente und Regierung heißen Räte (Bundesrat = Bundesregierung, Nationalrat = Bundestag, Ständerat = Bundesrat); in den Kantonen findet man entsprechende Bezeichnungen. Es gibt keine starken personellen Spitzen, den Vorsitz führt immer ein Gleicher unter Gleichen.[637] Damit soll gewährleistet werden, dass die einzelnen Landesteile alle zeitweise zu Amt und Würden kommen. Als Entscheidungsmuster sind nicht Mehrheitsentscheidungen, sondern die des Proporzes bzw. der Konkordanz sowie des Kompromisses üblich (s. Kap. V, B).

Das Regierungssystem der Bundesebene ist teilweise dem der USA ähnlich. Dies gilt nicht für die Wahl und die Ausgestaltung der Regierungsspitze, aber für die Beziehungen zwischen Regierung und Parlament. Die Mitglieder der Regierung sind dem Parlament nicht verantwortlich, sie dürfen auch dem Parlament nicht angehören (Inkompatibilität). Wie in den USA gibt es ein Zweikammersystem mit einem Nationalrat (dessen Mitglieder werden allerdings durch Verhältniswahl gewählt) und einem Ständerat als Vertretung der Kantone. Jeder Vollkanton entsendet zwei Vertreter, die Halbkantone einen Vertreter, die nach Mehrheitswahl gewählt werden. Diese beiden Kammern sind völlig gleichberechtigt. Im politischen Willensbildungsprozess ist der Ständerat ein konservatives Element. Hier haben die bürgerlichen Parteien ein Übergewicht. Die Mitglieder des Ständerates sind (wie die Mitglieder des amerikanischen Senats) an Weisungen aus den Kantonen nicht gebunden.

Die vereinigte Bundesversammlung (Nationalrat und Ständerat) wählt als Exekutive oder Regierung den Bundesrat. Es handelt sich dabei um ein Kollegialorgan mit sieben gleichgestellten Mitgliedern. Für die Zusammensetzung gilt seit 1959 die sogenannte „Zauberformel" (s. Kap. V), wobei sich die Parteienstärke im Nationalrat widerspiegeln sollte. Nach ihren Wahlerfolgen erzwang die bürgerliche Schweizerische Volkspartei (SVP) unter ihrem populistischen Führer Blocher 2003 eine Korrektur zu ihren Gunsten. Neben der parteipolitischen soll die Zusammensetzung auch die sprachliche und regionale Vielfalt der Schweiz widerspiegeln.[638] Nach einem selten unterbrochenen Gewohnheitsrecht haben die einzelnen Kantone auch Anspruch auf Bundesratssitze, so die drei volkreichsten Zürich, Bern und Waadt je einen, die romanischen Kantone mindestens zwei, aber höchstens drei Bundesräte. Weiterhin muss der jeweilige Kandidat möglichst für alle Bundesratsparteien wählbar sein.[639] Die Zuwahl erweist sich also als eine schwierige Angelegenheit. Diese Situation ist aber selten, denn die Wiederwahl der Bundesräte ist unbegrenzt möglich. Nur wenn durch Rücktritt oder Tod eine Position frei wird, muss die Bundesversammlung eine Neubesetzung vornehmen. Die einzelnen Mitglieder (Bundesräte) leiten die einzelnen Ministerien (Departements), deren Zahl auch festgeschrieben ist. Einer der Bundesräte übt zugleich das Amt des Bundes-

637 Neidhart, in: Elsasser u. a. 1988: 45.

638 Weibel, in: Elsasser u. a. 1988: 82.

639 Von Schrötter, in: Furtak 1981, II: 143.

präsidenten und damit die Funktionen eines Staatsoberhauptes aus. Das Amt wechselt unter den Bundesräten jährlich nach dem Dienstalter. „Als primus inter pares besitzt der Bundespräsident gegenüber seinen Regierungskollegen politisch nur unbedeutende Vorrechte, z. B. führt er den Vorsitz in den Bundesratssitzungen."[640]

Wie in allen föderalistischen Systemen ist auch in der Schweiz ein wachsendes Gewicht der Bundesebene festzustellen. Einschränkungen ergeben sich vor allen Dingen durch die direkt-demokratischen Mitwirkungsrechte der Bürger. Referenden und Volksinitiativen schaffen das eigentliche Gegengewicht zur Bundesregierung. Ein obligatorisches Referendum ist für bestimmte wichtige verfassungsändernde Gesetze und Staatsverträge vorgesehen. Diese müssen der Volksabstimmung unterworfen werden, nachdem das Parlament (Bundesversammlung) sie beschlossen hat. So wurde beispielsweise die Einführung des Frauenwahlrechts durch Referendum endgültig beschlossen. Gesetze und Beschlüsse, die dem obligatorischen Referendum unterliegen, erfordern auf der Bundesebene eine Mehrheit der Stimmenden sowie eine Mehrheit der Kantone. Die zentrale und wirksamste Institution ist das fakultative Referendum. Gesetze und Parlamentsbeschlüsse auf Bundesebene müssen dann einer Volksabstimmung unterworfen werden, wenn 50000 Stimmberechtigte oder acht Kantone eine Volksabstimmung innerhalb von 90 Tagen (Referendumsfrist) beantragen. Zur Annahme solcher Gesetze oder Beschlüsse genügt die Mehrzahl der abgegebenen Stimmen. Auch bei Verfassungsinitiativen geht der Impuls von den Bürgern aus: 100000 Bürger können durch ein Volksbegehren die Änderung oder Ergänzung der Bundesverfassung beantragen. Eine solche Initiative muss einer Volksabstimmung unterbreitet werden. Dabei können allerdings Parlament und Regierung einen Alternativvorschlag mit zur Abstimmung stellen. Die Mehrheitserfordernisse auf der Bundesebene entsprechen denen des obligatorischen Referendums.[641] In den Kantonen gibt es ähnliche und zusätzliche Instrumente der direkten Demokratie.

Die Volksabstimmung wird in der Schweiz zur letzten und endgültigen Instanz des politischen Prozesses. Volksentscheide können nicht durch die Rechtsprechung korrigiert oder aufgehoben werden. Durch die direktdemokratischen Elemente werden die üblichen repräsentativen Entscheidungsverfahren zwar nicht außer Kraft gesetzt, es soll aber gewährleistet sein, dass die parlamentarischen Entscheidungen möglichst weitgehend den Interessen der Bürger entsprechen. Direkte Demokratie „wirkt als politische Bremse und als Lebenselixier".[642] Sie ist nicht von „unerwünschten Diskriminierungseffekten" frei, da Männer aus höheren und mittleren Einkommensschichten sich stärker beteiligen.[643] Rückwirkungen auf andere Institutionen und Entscheidungsprozesse sind bedeutend.

640 Ebenda: 142.
641 Möckli, in: Steffani/Thaysen 1995: 290 f.
642 Neidhart 2000.
643 Linder, in: Ismayr 2003: 498.

Vom Referendum „geht der größte Konkordanzzwang aus."[644] Inhaltlich wirken mögliche Initiativen in Richtung von Kompromissen. Das Parlament versucht unter Einbeziehung aller wichtigen Gruppen, u. a. den Verbänden, die Gesetze so auszutarieren, dass hinterher keine Referendumswidersprüche befürchtet werden müssen.[645] Sonst besteht die Gefahr, dass bei knappen Mehrheiten im Parlament die jeweilige Minderheit ein Gesetz mit dem Instrument der Volksabstimmung nachträglich umstößt. „Das hat zur Folge, dass bereits im vorparlamentarischen Raum Interessenkonflikte ‚akkommodiert' (angepasst, d. V.) und tragfähige Kompromisse ausgehandelt werden."[646] Ansonsten sind beim Volksentscheid Ja-Nein-Entscheidungen und zum Teil erhebliche Konflikte zu erwarten. Diese Form der Entscheidungsfindung strahlt stark auf die Bedeutung und Arbeitsweise der Parteien aus.

Die Parteienkonkurrenz ist funktional beschränkt auf die Artikulation unterschiedlicher ideologischer Positionen und sozio-ökonomischer Interessenlagen. Weil in der Schweiz die Regierungsverantwortung schon langfristig auf die einzelnen Parteien verteilt ist, spielt die wichtigste Zielorientierung von Parteien in westlichen Demokratien, nach Regierungsmacht zu streben, in der Schweiz keine wichtige Rolle. Selbst die Parteien, die nicht der Regierung angehören, bilden keine Opposition im üblichen Sinne. Vielmehr wurden sie bei der Suche nach einvernehmlichen Lösungen mit einbezogen und bildeten allenfalls fallweise eine Opposition.[647] Immer häufiger werden die Parlamentarier von außen unter Druck gesetzt. So stammen ca. 80 % der Initiativen von politischen Außenseitern und von finanzstarken, neuen Gruppen.[648] Sie nötigen den ohnehin schwachen Parteien – Parlamentarier sind ehrenamtlich tätig und haben in der Regel noch ein sicheres berufliches Standbein – Überzeugungsarbeit auf.

Die Freisinnig-Demokratische Partei (FDP), die Christlich-Demokratische Volkspartei (CVP) und die Sozial-Demokratische Partei (SPS), rekrutieren ihre Wähler aus fast allen Kantonen; sie sind in allen Sprachregionen verankert.[649] Dagegen sind die Wähler der Schweizerischen Volkspartei (SVP) überwiegend deutschsprachig. Die in der Bundesregierung vertretenen Parteien zeigten über Jahrzehnte ein hohes Maß an Stabilität. Allerdings ist es für sie „nicht einfacher geworden, ihren Einfluss etwa im Vergleich zu den stärkeren Verbänden zu halten."[650] Die Verbände spielen vor allen Dingen im vorparlamentarischen Gesetzgebungsverfahren eine außerordentlich wichtige Rolle. Dies gilt besonders für die Wirtschafts- und Agrarpolitik. Einzelverbände und deren untere Verbandsstufen machen, wie die entsprechenden Gliederungen in den Parteien, eine recht unabhän-

644 Linder 1992: 25.
645 Neidhart 2000.
646 Lehner 1989: 97.
647 Ebenda: 96.
648 Möckli 1994: 280 f., 284; Kobach 1993: 119.
649 Von Schrötter, in: Furtak 1981, II: 134.
650 Linder 1992: 26.

gige Politik, was vielleicht der Integrationskraft, nicht aber der Entscheidungsfähigkeit des politischen Systems zugute kommt (s. Kap. V, B). Bei den Parlamentswahlen 1999 wurde die SVP unter populistischer Führung zur zweitstärksten Partei.

3. Bipolare Exekutive: Frankreich

Das französische Regierungssystem lässt sich als das parlamentarische System Europas kennzeichnen, in dem das Staatsoberhaupt zugleich die wichtigste Institution im politischen Prozess ist. Die herausragende Stellung verleitet auch leicht dazu, das Zusammenwirken der anderen Institutionen weniger genau zu betrachten.

(a) Entwicklung

Frankreich gehört zu den ältesten Nationalstaaten Europas. Für die nationale Integration war die französische Monarchie von herausragender Bedeutung. Die französischen Könige genossen fast 1000 Jahre lang priesterliche und religiöse Weihen. Dieser religiöse Status weltlicher Herrschaft hat auch die staatliche Autorität beeinflusst.[651] Die Französische Revolution von 1789 bedeutete „nicht nur die kollektive Loslösung von der katholischen Kirche und ihrer Herrschaft, sie war gleichzeitig ein so heftiger Bruch mit dem Christentum, wie ihn keine andere europäische Nation vor der bolschewistischen Machtergreifung in Russland an sich erfahren hatte."[652]

Mit der Frage, warum es nicht wie in England zu einem evolutionären Wandel hin zur Demokratie gekommen ist, befasst sich Moore.[653] Er führt die Entwicklungen in Frankreich darauf zurück, dass es – im Unterschied zu England – keine grundbesitzende Oberklasse gab, die sich der kommerziellen Landwirtschaft zuwandte, sondern einen Adel, der von den Einkünften lebte, die aus der Bauernschaft aufgrund überkommener Verpflichtungen herausgepresst wurden. Das Eindringen kommerzieller Einflüsse führte nicht zur Aushöhlung und Zerstörung der Feudalstruktur. Die Herrschaftsstruktur machte den alten Adel aber überflüssig. Durch den Verkauf von Ämtern an Bürgerliche wegen Kapitalbedarf konnte der König seine Unabhängigkeit von der Aristokratie bewahren. Die durch den Ämterkauf zu Privilegien gelangten waren bereit, diese gegen jeden Reformgeist zu verteidigen.[654] Als das Bauerntum im 18. Jahrhundert besondere Belastungen auferlegt bekam, machte sich die Monarchie Feinde. Verbündet mit einem Teil der Städter bzw. des Bürgertums, das sich nicht mit der alten Ordnung identifizierte, waren die Bauern bereit, diese zu beseitigen (s. a. Kap. XIV, B, 2).

Bis zur Verwirklichung von Demokratie gab es noch einen weiten Weg. „Was 1789 als liberale Revolution begonnen hatte, schlug bald darauf in die jacobinische

651 Ehrmann 1976: 12; Hinrichs 2000: 69.
652 Ehrmann 1976: 13.
653 Moore 1969: 62, 73, 77.
654 Hinrichs 2000: 73 f.

Minderheitsdiktatur im Rahmen radikaler Demokratie um," und nach einer bourgeois-liberalen Zwischenphase folgte schließlich die „plebiszitäre Militärmonarchie Napoleons."[655] Das Finanzbürgertum wurde zur Zeit des „Bürgerkönigs" in der Mitte des 19. Jahrhunderts in die wichtigsten Ämter des Staates eingebunden. Zu dieser Zeit begannen auch Industrialisierung und Entwicklung der kapitalistischen Wirtschaft in Frankreich. Diese brachten wiederum erste Ansprüche der Arbeiterschaft auf Mitwirkung im Staat hervor, den sie als Republik organisiert sehen wollten.

Die Meinungsverschiedenheiten zwischen Monarchisten und Republikanern dauerten bis ins 20. Jahrhundert hinein.[656] Von größerer Bedeutung waren aber repräsentative und plebiszitäre Traditionen, die immer wieder interne Spannungen hervorriefen. Die direkte Legitimation der Führungspersönlichkeiten durch das Volk wurde zu Zeiten Napoleons etabliert.[657] Dies beinhaltete die Vorstellung, dass politische Parteien bei der Artikulation des Volkswillens eher stören. Auch das Parlament wurde für unfähig gehalten, die Interessen der Wählerschaft zu vertreten. Antiparlamentarische Ressentiments haben also eine lange Tradition. Ein weiteres Grundelement des französischen Regierungssystems ist die zentralisierte Verwaltung, die vor allem seit der Regierungszeit Ludwigs XIV. tradiert ist. Sie galt auch als Garant für Gleichheit und weitestmögliche Uniformität staatlicher Regelungen. In Frankreich war „die Sorge um die Gleichheit häufig wichtiger … als die Sorge um die Freiheit."[658]

Die verschiedenen Prinzipien spiegeln sich in den Verfassungen und in der nach wie vor zentralistischen Struktur Frankreichs wider. So verherrlichten die Verfassungen von 1791, 1830, 1875 und 1946 das repräsentative Prinzip. Die Verfassungen von 1793 und 1848 bekannten sich zum Teil, die der Jahre 1852 und 1958 – vor allem nach der Änderung im Jahre 1962 – ganz offen zur plebiszitären Tradition. Wegen ihrer häufigen Änderungen haben die Verfassungen nie die fundamentale Bedeutung gehabt, wie das beispielsweise in Amerika der Fall ist.

Die Geburtsstunde der V. Republik war 1958, als de Gaulle sich nur dann bereiterklärte, Ministerpräsident zu werden, wenn ihm gleichzeitig unter anderem die Sondervollmacht zur Ausarbeitung einer neuen Verfassung übertragen wurde. Damit sollten Probleme beseitigt werden, die in der III. und der IV. Republik deutlich wurden: Es ging darum, die eingetretene Gewichtsverlagerung zugunsten des Parlaments zu korrigieren. Die Regierung sollte aus der Fraktionalisierung und Instabilität des französischen Parteiensystems herausgelöst werden, das immer wieder labile Koalitionen und Kabinettskrisen hervorgebracht hatte. Das Ergebnis der Verfassungsdiskussion war, dass dem Staatsoberhaupt (dem Präsidenten) Regierungsfunktionen zufielen, wobei gleichzeitig dem Parlament (Nationalversammlung)

655 Hornung, in: Rüther 1996: 74.
656 S. d. Knapp/Wright 2006: 2 f.
657 Ebenda.
658 Ebenda: 72.

Funktionen entzogen wurden. Im Unterschied zum amerikanischen Regierungssystem gibt es aber zusätzlich einen Regierungschef, der vom Vertrauen des Präsidenten und dem der Parlamentsmehrheit abhängig ist. Aufgrund dieser besonderen Konstellation wird das System auch als „semipräsidentielles“ System bezeichnet. Interpretationen, die das abgewandelte parlamentarische System im Mittelpunkt sehen, sprechen vom „rationalisierten“ oder „personalisierten“ Parlamentarismus. Gemeint ist damit, dass das Parlament nicht mehr souverän ist.[659] Die Rolle des Verfassungsgerichts wurde dem Verfassungsrat übertragen.[660]

(b) Die Fünfte Republik in der Praxis

Zentrale Figur im politischen System ist also der Präsident.[661] Bis zum Jahre 2000 auf sieben Jahre direkt gewählt, wurde inzwischen der Zeitraum auf fünf Jahre verkürzt. Eine Wiederwahl ist zulässig. Der Präsident kann sich auch direkt an das Volk wenden, um per Referendum Zustimmung für seine Politik zu erbitten. Davon machten die Präsidenten sehr vorsichtig und insbesondere in außenpolitischen Fragen (Algerien, Europa) Gebrauch.[662] Wenn der Präsident den Premierminister ernennt, so ist dies nicht nur eine formale Zustimmung (wie die der britischen Krone): Der Chef der Regierung ist also vielmehr auf das Vertrauen[663] des Präsidenten angewiesen. Da allerdings das Parlament (Nationalversammlung) die Möglichkeit hat, gegen den Premierminister ein Misstrauensvotum einzubringen, muss der Präsident zwangsläufig die Mehrheitsverhältnisse im Parlament beachten. Allerdings steht dem Präsidenten als wirksames Sanktionsmittel gegen die Nationalversammlung das Auflösungsrecht und die Ausschreibung von Neuwahlen zu. Auch hat der Präsident das Recht, Gesetze, die vom Parlament verabschiedet wurden, an das Parlament zur erneuten Beratung zurückzuverweisen.

Da der Präsident formal die dominierende Rolle in der Politik inne hat, war die Regierung meistens zum reinen Ausführungsorgan seiner Politik degradiert. Obwohl der Präsident von den Regierungsgeschäften entlastet wird, kann er sich jederzeit als Vorsitzender des Ministerrates in die konkrete Regierungstätigkeit einschalten. Auch in der Richtliniensetzung ist der Regierungschef in der Regel stark auf den Präsidenten angewiesen. Dem Regierungschef bleibt letztlich die Koordination der Regierungstätigkeit. Die starke Stellung des Präsidenten kann problematisch werden, wenn der Präsident und die Mehrheit im Parlament unterschiedliche politische Orientierungen haben. Dies geschah unter der Präsidentschaft des Sozialisten Mitterrand (1981–1995) zweimal und war unter dem Präsidenten Chirac (1997–2002) wieder der Fall. Zu diesen Zeiten der „Kohabitation“ müssen sich Präsident und Regierungschef arrangieren: 1986 bis 1988 wurde der gesamte Bereich der Innen-, Sozial- und Wirtschaftspolitik vom Regierungschef und seiner

---

659 Grosser/Goguel 1980: 260; vgl. Kimmel 1983.

660 Kempf, in: Ismayr 2003: 319 ff.

661 Knapp/Wright 2006: 96–108.

662 Kempf[3]1997: 50 ff.

663 Ebenda: 43, 46.

Regierung bestimmt, während der Präsident in Außen- und Verteidigungspolitik unangefochten dominierte.[664] Diese Arbeitsteilung wurde auch von 1993 bis 1995 praktiziert, wobei ein wesentlicher Unterschied zur ersten Kohabition die „Technik des Politikgestaltens" war.[665] Die unsensible Nutzung des Auflösungsrechtes durch Präsident Chirac im Jahre 1997 hat seine Macht eingeschränkt.[666]

Die Nationalversammlung wird – außer in einem kurzen Zwischenspiel – durch absolute Mehrheitswahl, bei der ein zweiter Wahlgang nötig ist, gewählt. Ihre Kompetenzen sind sehr stark beschnitten (rationalisierter Parlamentarismus). So wurden die Sitzungsperioden zeitlich konzentriert und die ständigen Ausschüsse zahlenmäßig begrenzt.[667] Auch der Willensbildungsprozess wurde so beschleunigt, dass die Regierung die Nationalversammlung weitgehend nach ihren Vorstellungen steuern kann. Nach Artikel 38 der Verfassung kann die Regierung vom Parlament die Ermächtigung erbitten, einzelne Maßnahmen durch Rechtsverordnungen zu treffen. Dies ist aber zuweilen auch eine Möglichkeit des Parlaments gewesen, sich von unangenehmen Entscheidungen zu entlasten.[668] Als schärfstes Kontrollmittel gegenüber der Regierung steht der Nationalversammlung das Misstrauensvotum zur Verfügung. Die Heterogenität der Opposition und die Aussichtslosigkeit eines Erfolges machen dieses jedoch zu einer stumpfen Waffe. „Dass ein erfolgreiches Misstrauensvotum nicht die Demission des Kabinetts bedeuten muss, zeigte der (bislang einzige) Erfolg der Opposition im Oktober 1962. De Gaulle beließ die Regierung im Amt und löste statt dessen die Nationalversammlung auf, um die Wähler zum Schiedsrichter über seine Politik aufzurufen."[669] Auch in Zeiten der Kohabitation konnte das Parlament seine Bedeutung nicht erhöhen.

Frankreich hat zwar traditionell ein stark zentralisiertes politisch-administratives System. Seine Regionen weisen aber dennoch starke Disparitäten auf. Dies ist auf die unterschiedlichen geographischen Gegebenheiten und die dadurch beeinflusste Wirtschaftstätigkeit zurückzuführen. Die Anfang der 1980er Jahre einsetzende Dezentralisierung und Regionalisierung sollte unter anderem Impulse zur wirtschaftlichen und kulturellen Entwicklung der Regionen bringen.[670] Die Maßnahmen zur Dezentralisierung waren aber eher halbherzig.[671] „Staat und Regionen schließen zur besseren Finanzierung Planungsverträge ab. Innerhalb der Regionen verfügt der Regionalrat über Handlungskompetenzen und regionale Aufteilungsmöglichkeiten der erhaltenen Mittel."[672] Die Mitglieder der Regionalräte werden zwar durch Volkswahl bestellt und wählen ihrerseits den Präsidenten, der als Spre-

664 Kempf, in: Wackermann u. a. 1989: 112; Kempf ^{3}1997: 39 ff.
665 Jun, in: Steffani/Thaysen 1995: 148; s. a. Kempf, in: Ismayr 2003: 305.
666 Kempf ^{3}1997: 311.
667 Ebenda: 110 f.
668 Kempf, in: Wackermann u. a. 1989: 129.
669 Ebenda: 132.
670 Kempf ^{3}1997: 298 ff.
671 Schultze 1990: 486.
672 Wackermann, in: Wackermann u. a. 1989: 15.

cher der Region auftritt, die Verwaltung der Region ist aber hauptsächlich von der Zentralregierung abhängig.

In Paris sind die einzelnen Landesteile nur schwach vertreten. Neben der Nationalversammlung gibt es noch den Senat, dessen Mitglieder durch indirekte Wahl bestimmt werden. Die Wahlmänner für die Senatorenwahl setzen sich aus den Abgeordneten sowie den im Departement gewählten Regional- und Generalräten zusammen, dazu treten Vertreter der Gemeinderäte. Die Senatoren werden auf neun Jahre gewählt. Ein Drittel der Senatoren steht alle drei Jahre zur Wahl. Im Senat überwiegen die Vertreter des ländlichen Frankreich. Die konservativen und beharrenden Tendenzen in diesem „Oberhaus“ konnten während der ersten Jahre der Linksregierung den Gesetzgebungsprozess durch aufschiebendes Veto zumindest verzögern.[673]

Das französische Parteiensystem wird durch den Begriff der „Bipolarisation“ gekennzeichnet. Damit sind die zwei annähernd gleichen Blöcke gemeint: Die Linke setzt sich aus den Sozialisten (Parti Socialiste, PS) und den Kommunisten (Parti Communiste Francais, PCF) zusammen, die Rechte aus den Gaullisten (Rassemblement pour la République, RPR) und dem liberal-konservativen Parteienbündnis (Union pour la Democratie Francaise, UDF). Diese Blöcke sind wiederum durch heftige interne Konkurrenzkämpfe gekennzeichnet. Die Blockbildung wird durch die absolute Mehrheitswahl bewirkt. Das Auftreten der Rechtsradikalen (Front National, FN) machte die Situation der Rechtsparteien zusätzlich komplizierter. Jahrelang dominierten bei den Rechtsparteien die Gaullisten, eine Partei, die nur gegründet worden war, um de Gaulle eine parlamentarische Stütze zu sein (1958). Bereits in den ersten Jahren der Fünften Republik gelang es der locker strukturierten Honoratiorenpartei, das gesamte bürgerliche Lager aufzusaugen. Erst der Verlust der beiden wichtigsten Staatsämter (1974) brachte eine Entwicklung der Partei zu einer Massenpartei mit gut ausgebautem Apparat voran,[674] mit Verankerung im bürgerlichen Lager. Die stärkste Partei innerhalb der Parteienkonföderation UDF war die Republikanische Partei (PR). Sie hat lange Zeit als liberaler Koalitionspartner der Gaullisten agiert. Erst mit der Präsidentschaft Giscard d'Estaings (1974–1981) wurde sie zur eigenständigen politischen Kraft im Parlament. Die von leitenden Führungskräften und Freiberuflern geführte Partei ist im Wesentlichen auf die gleichen Wähler gerichtet wie die RPR.[675] 2002 haben sich alle bürgerlichen und liberalen Parteien in der Sammlungsbewegung UMP zusammengeschlossen.

Im linken Block waren ehemals die Kommunisten die stärkste Partei und durch ihren Einfluss auf die größte Gewerkschaft des Landes wohl auch die mächtigste. Da die PCF bis in die 1970er Jahre als einer der treuesten Vasallen Moskaus galt, konnte die Partei ihre Ghettoposition erst durch ein Bündnis mit den Sozialisten

673 Kempf, in: Wackermann u. a. 1989: 125; Kempf, in: Ismayr 2003: 318.

674 Kempf, in: Ismayr 2003: 329.

675 Kempf, in: Wackermann:u. a. 1989: 167 ff.

verlassen. Dadurch leitete sie aber selber ihren Abstieg ein: Die einst größte französische Partei verkümmerte zu einer kleinen. Die stärkste Gewerkschaft CGT wandte sich seit den 1990er Jahren von ihr ab. Seit 1981, also nach dem ersten Sieg Mitterrands bei den Präsidentschaftswahlen, konnte die PS zu Frankreichs größter und wichtigster Partei aufsteigen. Voraussetzung für den Aufstieg war, dass sich die sozialistische Parteiführung 1969 entschloss, ihre verbal radikal-marxistische Orientierung aufzugeben, um durch wahltaktische Zusammenarbeit mit der PCF schließlich die spätere Regierungsübernahme vorzubereiten. Der Partei gelang es auch, erfolgreich Wähler aus bürgerlichen Schichten anzusprechen. Die unterschiedlichen Strömungen in der Partei konnten durch die Einbindung ihrer „Chefs" in die Regierungsverantwortung erfolgreich unter Kontrolle gehalten werden. Der Erfolg dieser und der anderen Parteien hängt auch von der Entwicklung der kleinen Parteien, also der Front National (FN) und der Grünen ab.

Probleme für das Regierungshandeln ergeben sich aus der Struktur der Interessenverbände. Zwar erscheinen sie durch ihre starke Ausdifferenzierung und niedrigen Organisationsgrad weniger bedeutend zu sein. Dies gilt sowohl für die Gewerkschaften als auch für die Unternehmerverbände. Dafür wird die Wirtschaftsstruktur Frankreichs (der Bedeutungsverlust der Landwirtschaft, der nicht wahrgenommen wird, und die Dominanz kleiner und mittlerer Betriebe) sowie die wichtige Rolle des Staates in den Arbeitsbeziehungen und als Unternehmer verantwortlich gemacht.[676] Die Konflikte zwischen Arbeitnehmer- und Arbeitgebervertretern münden häufig im Streik.

Literatur

(im **Fettdruck** besonders wichtige Titel zum Thema des Kapitels)

Adams, Willi Paul (1973): Republikanische Verfassung und bürgerliche Freiheit, Darmstadt und Neuwied.

Adams, Willi Paul (1992): Das Erbe der Kolonialzeit, in: Adams u. a., S. 49–63.

Adams, Willi Paul u. a. (Hrsg.) (1992): Die Vereinigten Staaten von Amerika, Band 1, Frankfurt a. M. und New York.

Armingeon, Klaus (1999): Die Stabilität der eidgenössischen Regierungskoalition in vergleichender Perspektive, in: ÖZP, S. 463–474.

Bagehot, Walter (1971): Die englische Verfassung, Neuwied.

Becker, Bernd (2002): Politik in Großbritannien, Paderborn u. a.

Beyme, Klaus von u. a. (Hrsg.) (1987): Politikwissenschaft, Band I: Theorien und Systeme, Stuttgart u. a.

Bibby, John F. (2000): Politics, Parties and Elections in America, Belmont CA, 4. Aufl.

Bradley, Anthony (2000): The Sovereignty of Parliament, in: Jowell, Jeffrey/ Oliver, Dawn (Hrsg.): The Changing Constitution, Oxford, 4. Aufl., S. 23–60.

[676] Ronit/Schneider 1997: 42 ff.; Kempf ^{3}1997: 259 ff.

Bucher, Erwin (1971): Historische Grundlegung: Die Entwicklung der Schweiz zu einem politischen System, in: Steiner, Jürg u. a. (Hrsg.): Das politische System der Schweiz, München, S. 11–50.

Dachs, Herbert u. a. (Hrsg.) (1992): Handbuch des politischen Systems Österreichs, Wien, 2. Aufl.

Dachs, Herbert (1994): Der Regierungsproporz in Österreichs Bundesländern – Ein Anachronismus?, in: Österreichisches Jahrbuch für Politik, S. 623–637.

Dingeldey, Irene (1997): Britische Arbeitsbeziehungen, Wiesbaden.

Döring, Herbert (1993): Großbritannien, Opladen.

Ehrmann, Henry W. (1976): Das politische System Frankreichs, München.

Elsasser, Hans u. a. (1988): Die Schweiz, Stuttgart u. a.

Fetscher, Iring (1978): Großbritannien, Frankfurt a. M.

Fischer, Heinz (1992): Das Parlament, in: Dachs u. a., S. 96–117.

Furtak, Robert K. (Hrsg.) (1981): Politisches Lexikon Europa I und II, München.

Gaebe, Wolf (1992): Großbritannien, in: Gaebe u. a., S. 9–26.

Gaebe, Wolf u. a. (1992): Großbritannien, Stuttgart u. a.

Gellner, Winand/Kleiber, Martin (2007): Das Regierungssystem der USA, Baden-Baden.

Greven, Thomas (2004): Die Republikaner. Anatomie einer amerikanischen Partei, München.

Grosser, Alfred/Goguel, Francois (1980): Politik in Frankreich, Paderborn.

Hanisch, Ernst (1992): Kontinuitäten und Brüche: Die innere Geschichte, in: Dachs u. a., S. 11–19.

Helms, Ludger (1999): Parteiorganisationen und parlamentarische Parteien in der amerikanischen Präsidialdemokratie, in: Helms, S. 307–329.

Helms, Ludger (Hrsg.) (1999): Parteien und Fraktionen, Opladen.

Hinrichs, Ernst (2000): Fürsten und Mächte. Zum Problem des Europäischen Absolutismus, Göttingen.

Hornung, Klaus (1996): Plebiszitäre Demokratie und totalitäre Diktatur. Historische Erfahrungen mit direktdemokratischen Ideen und Programmen, in: Rüther, S. 73–92.

Hübner, Emil (1989): Das politische System der USA, München.

Hübner, Emil/Münch, Ursula (1998): Das politische System Großbritanniens, München.

Ismayr, Wolfgang (Hrsg.) (2003): Die politischen Systeme Westeuropas, Opladen, 3. Aufl.

Jäger, Wolfgang (1995): Der Präsident, in: Jäger/Welz, S. 136–169.

Jäger, Wolfgang/Welz, Wolfgang (Hrsg.) (1995): Regierungssystem der USA, München und Wien.

Jun, Uwe (1995): Die zweite „Cohabitation" in Frankreich, in: Steffani/Thaysen, S. 146–161.

Kaiser, Andre (1992): Das britische Parteiensystem, in: Gaebe u. a., S. 49–69.

Kaiser, Andre (1994): Verbände und Politik, in: Kastendiek u. a., S. 230–246.

Kaiser, Andre (2002): Mehrheitsdemokratie und Institutionenreform, Frankfurt und New York.

Kastendiek, Hans (1994): „Collective Bargaining" und gewerkschaftliche Interessenvertretung, in: Kastendiek u. a., S. 280–297.

Kastendiek, Hans u. a. (Hrsg.) (1994): Länderbericht Großbritannien, Bonn.

Katzenstein, Peter J. (1985): Small States in World Markets, Ithaca.

Kavanagh, Dennis (1987): British Political Parties – Thirty Years after McKencie, in: Döring, Herbert/Grosser, Dieter (Hrsg.): Großbritannien, Opladen, S. 31–45.

Kempf, Udo (1980): Das politische System Frankreichs, Opladen, 2. Aufl.

Kempf, Udo (1989a): Frankreichs Regierungssystem, in: Wackermann u. a., S. 105–139.

Kempf, Udo (1989b): Frankreichs Parteiensystem im Wandel, in: Wackermann u. a., S. 140–176.

Kempf, Udo (1997): Von de Gaulle bis Chirac. Das politische System Frankreichs, Opladen, 3. Aufl.

Kempf, Udo (2003): Das politische System Frankreichs, in: Ismayr, S. 301–347.

Kimmel, Adolf (1983): Die Nationalversammlung in der V. französischen Republik, Köln.

Kittel, Bernhard/Tálos, Emmerich (1999): Interessenvermittlung und politischer Entscheidungsprozeß: Sozialpartnerschaft in den 1990er Jahren, in: Karlhofer, Ferdinand/Tálos, Emmerich (Hrsg.): Zukunft der Sozialpartnerschaft, Wien, S. 95–136.

Knapp, Andrew/Wright, Vincent (2006): The Government and Politics in France, London/New York.

Kobach, Kris W. (1993): The Referendum: Direct Democracy in Switzerland, Brookfield.

Lehmbruch, Gerhard (1982): Introduction: Neo-Corporatism in Comparative Perspective, in: Lehmbruch, Gerhard/Schmitter, Philippe C. (Hrsg.) (1982): Patterns of Corporatist Policy-Making, London und Beverly Hills, S. 16–19.

Lehner, Franz (1989): Vergleichende Regierungslehre, Opladen.

Lijphart, Arend (1984): Democracies, London.

Lijphart, Arend (1992): Introduction, in: ders. (Hrsg.): Parliamentary versus Presidential Government, Oxford, S. 1–27.

Lijphart, Arend (1999): Patterns of Democracy, New Haven und London.

Linder, Wolf (1992): Die Schweiz zwischen Isolation und Integration, in: APUZ, B 47–48, S. 20–31.

Linder, Wolf (2003): Das politische System der Schweiz, in: Ismayr, S. 487–520.

Linz, Juan J. (1990a): The Perils of Presidentialism, in: Journal of Democracy, 1, S. 51–69.

Linz, Juan J. (1990b): The Virtues of Parliamentarianism, in: Journal of Democracy, 1, S. 84–91.

Linz, Juan J. (1994): Presidential or Parliamentary Democracy: Does it make a Difference?, in: Linz, Juan J./Valenzuela, Arturo (Hrsg.): The Failure of Presidential Democracy, Bd. 1, Baltimore und London , S. 3–90.

Lösche, Peter (1989): Amerika in Perspektive, Darmstadt.

Luther, Kurt Richard (1992): Bund-Länder-Beziehungen: Formal- und Realverfassung, in: Dachs u. a., S. 816–832.

Marko, Joseph (1992): Verfassungssysteme der Bundesländer, in: Dachs u. a., S. 729–743.

Matthee, Ulrich (1996): Der Gedanke der Repräsentation in der politische Ideengeschichte, in: Rüther, S. 56–72.

Mewes, Horst (1990): Einführung in das politische System der USA, Heidelberg, 2. Aufl.

Michalowitz, Irina/Talos, Emmerich (2007): Österreichs Interessenpolitik auf neuen Pfaden. Zwischen Austrokorporatismus und Lobbying?, in: ÖZP, 36 (2007) 4, S. 369–388.

Möckli, Silvano (1994): Direkte Demokratie, Bern u. a.

Möckli, Silvano (1995): Direkte Demokratie in der Schweiz, in: Steffani/Thaysen, S. 289–299.

Moore, Barrington (1969): Soziale Ursprünge von Diktatur und Demokratie, Frankfurt a. M.

Müller, Wolfgang C. (1992): Das Parteiensystem, in: Dachs u. a., S. 181–196.

Müller, Wolfgang C. (1999): Plebiscitary Agenda-Setting and Party Strategies: Theoretical Considerations and Evidence from Austria, in: Party Politics, S. 303–315.

Naßmacher, Hiltrud (1989): Auf- und Abstieg von Parteien, in: ZfP, S. 169–190.

Naßmacher, Hiltrud (1992): Parteien in Nordamerika: Apparatparteien „neuen Typs“?, in: ZParl, S. 110–130.

Naßmacher, Karl-Heinz (2003): Die Zweite Republik: Österreich auf dem Weg zur Normalität? In: Kevenhörster, Paul/ Thränhardt, Dietrich (Hrsg.): Demokratische Ordnungen nach den Erfahrungen von Totalitarismus und Diktatur, Münster, S. 183–204.

Naßmacher, Karl-Heinz/ Naßmacher Hiltrud (2009): Nachhaltige Wirtschaftpolitik in der parlamentarischen Demokratie. Das britische Beispiel, Wiesbaden.

Neidhart, Leonhard (1988): Die Schweizer Konkordanzdemokratie, in: Elsasser u. a., S. 28–55.

Neidhart, Leonhard (2000): Bremse oder Lebenselixier? Direkte Demokratie – Sie wirkt in beide Richtungen, in: Frankfurter Allgemeine Zeitung vom 29.2.

Neidhart, Leonhard (2002): Die politische Schweiz. Fundamente und Institutionen, Zürich.

North, Douglass C. (1992): Institutionen, Institutioneller Wandel und Wirtschaftsleistung, Tübingen.

Patterson, Samuel C. (1988): Parteien und Ausschüsse im Kongreß, in: Thaysen u. a., S. 236–259.

Pelinka, Anton (1992): Österreich: Was bleibt von den Besonderheiten? in: APUZ, B 47–48, S. 12–19.

Pelinka, Anton (2001): Die geänderte Funktionalität von Vergangenheit und Vergangenheitspolitik. Das Ende der Konkordanzdemokratie und die Verschiebung der Feindbilder, in: ÖZP, 30 (2002) 1, S. 35–47.

Pelinka, Anton (2003): Das politische System Österreichs, in: Ismayr, S. 521–552.

Pinto-Duschinsky, Michael (1983): Die Konservative Partei Großbritanniens 1945–1980, in: Veen, S. 11–124.

Prätorius, Rainer (1997): Die USA. Politischer Prozeß und soziale Probleme, Opladen.

Ronit, Carsten/Schneider, Volker (1997): Organisierte Interessen in nationalen und supranationalen Politikökologien – ein Vergleich der GI-Länder mit der Europäischen Union, in: Alemann, Ulrich von/Weßels, Bernhard (Hrsg.): Verbände in vergleichender Perspektive, Berlin, S. 29–62.

Rudzio, Wolfgang (2005): Informelles Regieren, Wiesbaden.

Rüdig, Wolfgang (1992): Weniger Regierung aber mehr Staat? in: Gaebe u. a., S. 85–99.

Rüther, Günther (Hrsg.) (1996): Repräsentative oder plebiszitäre Demokratie – eine Alternative?, Baden-Baden.

Saalfeld, Thomas (1998): Großbritannien: Eine politische Landeskunde, Opladen.

Saalfeld, Thomas (1999): Fraktionsführung als Parteiführung: Parteien und Fraktionen in Großbritannien, in: Helms, S. 67–97.

Schäfer, Ingeborg E. (1994): Bürokratische Macht und demokratische Gesellschaft, Opladen.

Schäffer, Heinz (1992): Gesetzgebung und Kontrolle, in: Dachs u. a., S. 744–754.

Schrötter, Dieter von (1981): Schweiz, in: Furtak, II, S. 127–146.

Schausberger, Franz (1999): Die Abschaffung des Proporzsystems in den Bundesländern Salzburg und Tirol, in: Khol, Andreas u. a. (Hrsg.): Österreichisches Jahrbuch für Politik 1998, Wien und München, S. 257–270.

Schultze, Rainer-Olaf (1990): Föderalismus als Alternative? in: ZParl, S. 475–490.

Shell, Kurt L. (1981): Liberal-demokratische Systeme, Stuttgart.

Shell, Kurt L. (1987): Westliche Demokartien, in: von Beyme u. a., I, S. 109–140.

Shell, Kurt L. (1992): Die Verfassung im Wandel, in: Adams u. a., S. 340–356.

Shell, Kurt L. (1992): Kongreß und Präsident, in: Adams u. a., S. 357–396.

Siraroff, Alan (2003): Varieties of Parliamentarism in the Advanced Industrial Democracies, in: International Political Science Review, 24 (2003) 4, S. 445–464.

Steffani, Winfried (1979): Parlamentarische und präsidentielle Demokratie, Opladen.

Steffani, Winfried/Thaysen, Uwe (Hrsg.) (1995): Demokratie in Europa: Zur Rolle der Parlamente, Opladen.

Sturm, Roland (1991): Großbritannien, Opladen.

Sturm, Roland (1992): Das britische Gemeinwesen heute, in: Gaebe u. a., S. 37–48.

Sturm, Roland (1994): Staatsordnung und politisches System, in: Kastendiek u. a., S. 185–212.

Sturm, Roland (2003): Das politische System Großbritannien, in: Ismayr, S. 225–262.

Sturm, Roland (2009): Politik in Großbritannien, Wiesbaden.

Thaysen, Uwe u. a. (Hrsg.) (1988): US-Kongreß und Deutscher Bundestag, Opladen.

Ucakar, Karl (1992): Verfassung – Geschichte und Prinzipien, in: Dachs u. a., S. 81–95.

Veen, Hans-Joachim (Hrsg.) (1983): Christlich-demokratische und konservative Parteien in Westeuropa 2, Paderborn und München.

Vorländer, Hans (1995): Gesellschaftliche Wertvorstellungen und politische Ideologien, in: Jäger/Welz, S. 39–57.

Wackermann, Gabriel (1989): Frankreich. Ein wirtschaftsgeographischer Überblick, in: Wackermann u. a., S. 11–38.

Wackermann, Gabriel u. a. (1989): Frankreich, Stuttgart.

Wasser, Hartmut (1991): USA, Opladen.

Weibel, Ernest (1988): Sprachgruppen und Sprachprobleme in der Schweiz, in: Elsasser u. a., S. 79–99.

Wende, Peter (1981): Großbritannien, in: Wende, Frank (Hrsg.): Lexikon zur Geschichte der Parteien in Europa, Stuttgart, S. 235–256.

Willms, Bernard (1970): Die Antwort des Leviathan, Neuwied und Berlin.

Kapitel IX: Westliche Demokratie in Deutschland

Die aktuelle Situation der Bundesrepublik Deutschland, deren staatliche Institutionen, wichtigste Akteure und Kommunikationszusammenhänge im Innern und nach außen sind nur vor dem Hintergrund der historischen Entwicklung zu verstehen. Ihre zukünftige Entwicklung muss die Einbindung in die EU und immer stärkere weltwirtschaftliche Einflüsse einbeziehen.

Eine lange Phase der Stabilität war den Deutschen erst nach dem Zweiten Weltkrieg beschieden, allerdings um den Preis, dass sich zwei politische Systeme auf einem verkleinerten Staatsgebiet etablieren mussten (s. Kap. XVII, A). Durch die Vereinigung beider deutscher Staaten, dem im Zwei-plus-Vier-Vertrag vom 12. September 1990 auch die vier Siegermächte von 1945 (USA, Sowjetunion, Großbritannien und Frankreich) zustimmten, erhielt Deutschland wieder die uneingeschränkte Souveränität im Rahmen des sich vereinigenden Europa. Dafür musste Deutschland die Oder-Neiße-Linie als Grenze zu Polen völkerrechtlich verbindlich anerkennen, einen Verzicht auf ABC-Waffen erklären und der Reduktion seiner Streitkräfte auf 370.000 Mann zustimmen. Mit diesen Zugeständnissen wurde der von der alten Bundesrepublik seit ihrer Gründung eingeschlagene Weg der Westintegration akzeptiert. Durch ihre Einbindung in die EU und deren Vertiefung wird ein Wandel des Regierungssystems prognostiziert.[677]

A) Staatsgründung und -etablierung

Die totale militärische Niederlage, besiegelt durch die bedingungslose Kapitulation vom 7. Mai 1945, brachte für Deutschland zunächst einmal ein uneingeschränktes Besatzungsregime und einen Gebietsverlust östlich von Oder und Neiße. Schon bald wurden im Zuge des weltweiten Konflikts zwischen westlichen Demokratien und sowjetischem Machtanspruch die amerikanische, britische und französische Besatzungszone einerseits und die sowjetische Zone andererseits auseinandergerissen. Die Gründung der Bundesrepublik erfolgte unter dem Vorbehalt der späteren Wiedervereinigung. Fast gleichzeitig wurde in der sowjetischen Besatzungszone die Deutsche Demokratische Republik unter kommunistischer Führung eingerichtet. Konrad Adenauer (CDU) betrieb unter heftiger Opposition der SPD die schrittweise Eingliederung der Bundesrepublik in das westliche Bündnis-

677 Sturm/ Pehle ^{2}2006.

system: in die Westeuropäische Gemeinschaft für Kohle und Stahl (Montan-Union) 1951, in die NATO 1955 und in die Europäische Wirtschaftsgemeinschaft (EWG) 1957. Die DDR wurde eher zwangsweise Teil des Ostblocks. An der Nahtstelle des Ost-West-Konfliktes (s. Kap. XVII, A) war die Bundesrepublik militärpolitisch auf den westlichen, insbesondere den amerikanischen Schutzschirm angewiesen.

Das Verfassungssystem, das im Gründungsprozess der Bundesrepublik entstand, zog bewusst Folgerungen aus dem Scheitern der Weimarer Republik. Den Besatzungsmächten, aber auch den demokratisch legitimierten Repräsentanten aus den Besatzungszonen ging es darum, eine wehrhafte Demokratie zu errichten.[678] Dies wird deutlich bei der Festschreibung unabänderlicher, d. h. durch keine Mehrheit aufhebbarer, Verfassungsprinzipien: des Prinzips der Menschen- und Grundrechte, der Demokratie, des Rechts-, des Bundes- und des Sozialstaates (Art. 79 Abs. 3 in Verbindung mit Art. 1 und Art. 20 GG).[679] Damit wird nicht nur eine freiheitlich demokratische Ordnung konstituiert. Die Festschreibung dieser Prinzipien als unveränderlich grenzt das Grundgesetz klar gegen den Rechtspositivismus der Weimarer Republik ab, dem alles als Recht galt, was in ordnungsgemäßer Weise beschlossen worden war. Dies bedeutete auch, dass es zur Weimarer Zeit kaum Argumente gegen die Beseitigung der Demokratie per Mehrheitsentscheid gab. Dies sollte durch das Grundgesetz vermieden werden. Den Feinden einer freiheitlich-demokratischen Grundordnung kann auch z. B. durch den Entzug bestimmter Grundrechte, dem Verbot von rechts- bzw. linksextremistischen Parteien durch das Bundesverfassungsgericht und dem Ausschluss vom öffentlichen Dienst entgegengetreten werden.

Auch bei den Institutionen der Bundesrepublik wurden Lehren aus der Weimarer Reichsverfassung gezogen. Anstelle eines Nebeneinanders von Parlamentarismus, Plebiszit und Präsidialmacht wurde konsequent ein parlamentarisches Regierungssystem eingeführt. Der Bundespräsident bleibt, im Gegensatz zum Reichspräsidenten der Weimarer Republik, im Wesentlichen auf formell-repräsentative Funktionen beschränkt. Möglichkeiten der Volksabstimmung gibt es auf der Bundesebene nur bei Fragen der Länderneugliederung. Der föderalistische Staat knüpfte an deutsche Verfassungstraditionen an. Hier schlugen aber auch die Sicherheitsbedürfnisse der Besatzungsmächte und die daher von ihnen geforderte Machtstreuung durch. Die Art und Weise der föderalen Struktur entwickelte sich intern zur „Hauptkontroverse“.[680]

Der Entwurf für die neue Verfassung wurde von einem Expertenkomitee erarbeitet, das die Ministerpräsidenten der deutschen Länder einsetzten (Herrenchiemsee-Konvent). Der „Parlamentarische Rat“, der aus Vertretern der 1946/47 gewählten Landtage bestand, verabschiedete das zunächst als provisorisch angesehene „Grundgesetz“. Kritiker sehen darin einen Legitimationsmangel, dass damals keine

678 Rudzio ^{7}2006: 31–39.

679 S. d. Böhret u. a. 1979: 94 ff.

680 S. d. Thränhardt 1986: 64.

verfassungsgebende Versammlung gewählt wurde und keine Volksabstimmung über das Grundgesetz stattfand. Diese sollten nach den Vorstellungen linker Politiker im Rahmen der Vereinigung nun Legitimationsbasis sein. Diesen Vorstellungen widersprachen andere entschieden. Durch seine langjährige Bewährung habe das Grundgesetz eine größere Legitimationsgrundlage als durch eine einmalige Volksabstimmung. Auch die Bürger der ehemaligen DDR hätten sich durch die frei gewählte Volkskammer des Jahres 1990 zu den Prinzipien des Grundgesetzes bekannt und dessen Geltung mit dem Beitritt zur Bundesrepublik Deutschland akzeptiert.[681]

Heute besteht kein Zweifel daran, dass die demokratische Ordnung in den Köpfen der meisten Bundesbürger fest verankert ist. Dieses demokratische Bewusstsein musste sich nach den Erfahrungen der Vergangenheit jedoch erst entwickeln. Die verschiedenen Phasen in der Bundesrepublik machen deutlich, dass dies ein langwieriger Prozess sein kann, der in der ehemaligen DDR noch andauern wird.

In der alten Bundesrepublik bekundeten die Bürger zunächst nur wenig politisches Interesse.[682] Die Distanz der Bürger zu Politikern und politischer Betätigung war relativ groß. Dem stand eine recht hohe Wahlbeteiligung gegenüber. Die Wahlerfolge von SRP und Kommunisten in den 1950er Jahren weckten den Eindruck, die Anstrengungen der Besatzungsmächte im Hinblick auf „Reeducation“ hätten keinen besonderen Erfolg gehabt. Auch vergleichende Untersuchungen der 1950er Jahre bescheinigten den Bundesbürgern eine abwartende Haltung gegenüber der Demokratie. Die Bürger schienen eher an den Ergebnissen politischen Handelns interessiert: Wirtschaftlicher Aufstieg und außenpolitische Sicherheit legitimierten auch das politische System.[683] Die Studentenbewegung[684] von 1967/68 leitete eine zweite Entwicklungsphase ein. Thematisiert wurden die „autoritären“ Strukturen in Politik und Gesellschaft, insbesondere die Medienlandschaft (Springer-Presse), aber auch die als undemokratisch empfundene repräsentative Demokratie. Mit dem Mangel an Demokratie wurden Aktionsformen begründet, die bestehende Gesetze missachteten, z. B. Besetzung von öffentlichen Gebäuden und Verkehrsblockaden. Viele der Aktionen sollten Legitimitätszweifel an der gesellschaftlichen Ordnung aufkommen lassen. Insbesondere jüngere und höher Gebildete waren für diese Gesellschafts- und Demokratiekritik aufgeschlossen.

Die außerparlamentarische Bewegung setzte ein Nachdenken über Demokratie in Gang. Der damalige Bundeskanzler Willy Brandt brachte es auf den Begriff „Mehr Demokratie wagen“. In Organisationen (Parteien und Verbänden) wurden Überlegungen für mehr Mitwirkung von Interessierten angestellt. Die neuen sozialen Bewegungen und die Bürgerinitiativen konnten sich fest im politischen Prozess etablieren. Das bekundete Interesse an Politik nahm deutlich zu. Dies wirkte

---

681 Rudzio [7]2006: 50; s. d. von Beyme [6]1991: 48 ff.

682 Zum folgenden s. Rudzio [7]2006: 428 ff.

683 Vgl. Greifenhagen/Greifenhagen 1979: 159.

684 S. d. Thränhardt 1986: 168 f.

sich auch positiv auf die Wahlbeteiligung aus. Auch in Parteien und Interessenverbänden war ein Zustrom von neuen Mitgliedern zu vermerken. Die sozialen Bewegungen der 1970er Jahre, insbesondere die Friedensbewegung, die ökologische Bewegung und die Frauenbewegung, haben sich inzwischen in der Grünen Partei fest im politischen System etabliert. Auch die bisher dominanten Parteien mussten sich neuen Themen gegenüber aufgeschlossen zeigen und von sich aus das politische System für die aufgeworfenen Probleme sensibilisieren. Der Zweifel am politischen System nach dem Muster westlicher Demokratie wurde schwächer.[685] Jedenfalls liess sich „Staatsverdrossenheit“ nur schwer belegen.[686] Das mag auch damit zusammenhängen, dass die sozialistischen Systeme immer weniger leistungsfähig erschienen.

Auch ein Jahrzehnt nach der Vereinigung bleibt als Aufgabe, die Deutschen in den neuen Bundesländern stärker für das System zu überzeugen.[687] Hier wird bereits von einer nachholenden Entwicklung gesprochen. Angesichts hoher Arbeitslosigkeit und erkennbarer Schwierigkeiten beim Wiederaufbau der Wirtschaft in den neuen Bundesländern scheint es problematisch, sich auf die Akzeptanz des Systems durch Leistungen zu verlassen. Weiterhin haben die Bewohner der neuen Bundesländer völlig andere politisch-gesellschaftliche Erfahrungen, die nicht einfach abgestreift werden können. Von daher ist es realistisch, bis auf Weiteres von einer „regionalen Sonderkultur“[688] auszugehen. Auch zeigt sich in den neuen Bundesländern eine geringere Demokratiezufriedenheit.[689] U. a. ist das Vertrauen in die politischen Institutionen geringer.[690]

B) Interessenvermittlung im politischen Prozess

Die Bürger der Bundesrepublik können ihre politischen Ansichten nicht nur bei Wahlen zum Ausdruck bringen, ihnen stehen auf Länderebene und in den Kommunen auch direktdemokratische Entscheidungsmöglichkeiten zur Verfügung. Eine Fülle von Interessenvermittlungsinstitutionen mit Chancen aktiver Mitwirkung versuchen, Interessen zu aggregieren und zu artikulieren: Dies sind vor allem Parteien und Verbände. Zudem ist die Organisationsfreiheit in Art. 9 GG verankert.

---

685 Von Beyme [6]1991: 66 f.
686 Ellwein/Hesse [6]1987.
687 Rudzio [7]2006: 435, 439.
688 Ebenda: 564.
689 Ebenda: 521 f.
690 Westle 1999.

1. Verbände

Jeder Bundesbürger hat das Recht, eine neue Organisation zu gründen. Insgesamt gibt es etwa 3.500 bis 4.000 derartige Interessenverbände. Im Vereinigungsprozess hat sich die Zahl der Verbände auf überregionaler Ebene nicht wesentlich erhöht. Vielmehr wurde die Zahl der Untergliederungen nennenswert vergrößert. Das gesamtdeutsche Verbandssystem ist fast ausnahmslos durch individuellen oder korporativen Beitritt von mittel- und ostdeutschen Verbandsmitgliedern zu den entsprechenden westdeutschen Verbänden entstanden. Nur die DDR-Kulturverbände scheinen kein Pendant in der bisherigen Bundesrepublik gefunden zu haben.[691]

Dominant sind jedoch tradierte und überlokal organisierte Interessenverbände, die seit der Industrialisierung in Deutschland Fuß gefasst haben. Die Wirtschafts- und Arbeitsinteressen sind besonders zentral organisiert und sie weisen im internationalen Vergleich einen hohen Organisationsgrad auf (s. Kap. IV, A, 2). Hierzu gehören auf der Unternehmerseite die arbeitsteilig agierenden Bundesverband der Deutschen Industrie (BDI) und die Bundesvereinigung der Arbeitgeberverbände (BDA). Der Deutsche Gewerkschaftsbund (DGB) mit seinen Einzelgewerkschaften und der Deutsche Beamtenbund stehen für die Interessen der Arbeitnehmer. „Die organisatorische Schlagkraft deutscher Verbände war im Gewerkschaftsbereich wie bei Unternehmer- und Bauernverbänden im Ausland ein vielfach bewundertes Vorbild."[692] Andere Interessenorganisationen, z. B. die der Mieter und der Steuerzahler, sind dagegen weniger bedeutend.

Eine Fülle von Einzelinteressen wird auch durch Bürgerinitiativen artikuliert, die in der Regel zunächst auf lokaler Ebene tätig werden, in einzelnen Bereichen aber auch bereits die nationale oder übernationale Ebene erreicht haben, z. B. beim Umweltschutz (BUND) und beim Schutz der Menschenrechte (Amnesty International). Insbesondere die jüngere Generation fühlt sich dadurch angesprochen.[693] Öffentlich-rechtliche Zwangsvereinigungen nehmen öffentliche Aufgaben wahr, treten aber gleichzeitig auch als Interessenvertreter auf, z. B. die Industrie- und Handelskammern, Handwerker- und Ärzteorganisationen. Die Kirchen haben unter den Interessenorganisationen eine gewisse Sonderstellung: Der Staat hilft ihnen beim Eintreiben der Steuern. Seit der Vereinigung ist die Zahl der Evangelischen (31,8 Mio.) wieder größer als die der Katholiken (27,3 Mio.). Die Zahl der nicht kirchlich Gebundenen ist durch die Vereinigung erheblich angestiegen. Die Kirchen, die ihnen nahestehenden und die sonstigen sozialen Organisationen entlasten den Staat in weiten Bereichen der sozialen Vorsorge, d. h. sie bieten Kindergärten, Jugend- und Altenzentren an, wenn sie für diese Aufgaben auch erhebliche öffentliche Mittel erhalten.

Die innerverbandliche Demokratie scheint vordergründig (orientiert an den Satzungen) in Ordnung. Tatsächlich leiden auch Verbände unter der Apathie der Mit-

691 S.d. Niedermayer 1996: 309 ff.

692 Von Beyme [6]1991: 183.

693 Von Beyme [6]1991: 187 f.

glieder, sind dominiert von einzelnen wichtigen mitgliederfernen Entscheidungsgremien (engeren Vorständen oder Ausschüssen) oder vom hauptamtlichen Personal gesteuert. Ob daraus die Forderung nach mehr innerverbandlicher Demokratie abgeleitet werden soll oder ob es ausreicht, dass ein freier Ein- und Austritt gewährleistet ist, dass die Gründung neuer Verbände möglich ist und der einzelne Verband für den Bürger nur von begrenzter Relevanz ist, wird kontrovers diskutiert (s. Kap. IV, A, 2–4).

Eine weitere wichtige Frage ist, wie Verbände Einfluss nehmen. Hier ist zunächst eine personelle Verknüpfung zwischen Verbandsvertretern und Parlamentariern von Bedeutung. Bei der SPD-Fraktion gibt es traditionell eine enge Verbindung zu den DGB-Gewerkschaften und den Sozialverbänden des linken Spektrums. Mittelständische Unternehmerorganisationen sowie nicht dem DGB angehörende Arbeitnehmerverbände haben besonders enge Beziehungen zur CDU/CSU. Bei der FDP besteht eine tradierte Nähe zum Mittelstand und zu Unternehmensverbänden und bei den Grünen zu Aktivisten der Umweltgruppen. Mit der Drohung, ganze Stimmpakete zu entziehen, können Verbände auf programmatische Aussagen und praktische Politik der Parteien einen wichtigen Druck ausüben. Darüber hinaus werden die Einflüsse auf die Verwaltung im Rahmen des föderativen Systems als bedeutend herausgestellt:[694] Das Interesse der Verbände richte sich immer stärker auf Regierung, Ministerien und die EU-Administration (s. Kap. XIX, B, 2). Im Frühstadium sind Gesetze und Verordnungen noch recht gut beeinflussbar. Auch die Verwaltung hat Interesse an den Kontakten zu Verbänden, weil sie dadurch Informationen über Auswirkungen beabsichtigter Regelungen und frühzeitige Einwände erfährt. Die Medien dienen als Instrumente zur langfristig angelegten Meinungspflege.

Weiterhin werden die Verbände in der Bundesrepublik im öffentlich-staatlichen Bereich tätig. Sie beschicken Institutionen mit ihren Vertretern, die verbindliche Entscheidungen treffen, so die Arbeits- und Sozialgerichte, die Verwaltungsräte öffentlicher Institutionen (z. B. der Bundesagentur für Arbeit) und die Rundfunkräte. Die Arbeitgeberverbände und Gewerkschaften üben quasi öffentliche Funktionen aus, wenn sie Tarifverträge abschließen. Ihre unter Moderation der Bundesregierung Schröder initiierte Diskussion zur Selbstverpflichtung „Bündnis für Arbeit“ sollte neue Impulse der Kooperation hervorbringen. Vorläufer waren die „Konzertierte Aktion“ (1967–1977) „mit beachtlichen Steuerungserfolgen“ (Inflationsbekämpfung).[695] Ähnliche Versuche wurden mit den Verbänden im Gesundheitswesen unternommen (s. Kap. V, C). Diese Einbeziehung der Verbände in den öffentlichen Bereich, die unter dem Begriff Korporatismus zusammengefasst wird, scheint in Deutschland jedoch weit weniger ausgeprägt als in Österreich (s. Kap. VIII, B, 1) und Schweden. Sicherlich ist es in Deutschland noch keineswegs so, dass die Interessenvermittlung vorwiegend über die Verbände vollzogen wird.

694 Ronit/Schneider 1997: 40 ff.

695 Weßels 2000: 18, 21.

Vielmehr sind die Parteien hier und im politischen Entscheidungssystem noch dominant.

2. Parteien

Im Gegensatz zu den Interessenverbänden haben die Parteien Interessen und Meinungen zu alternativen Handlungsprogrammen zu bündeln, Personal für politische Ämter anzubieten und eine regierungsfähige Mehrheit hervorzubringen. In der Nachkriegsphase war das Parteiensystem noch sehr stark zerklüftet. Die Parteien knüpften an diejenigen der Weimarer Republik an, einen institutionalisierten Zwang zur Zusammenarbeit gab es noch nicht. Viele kleinere Parteien, sogenannte Regionalparteien, konnten noch erhebliche Wählerresonanz in einzelnen Teilgebieten Deutschlands erzielen,[696] so z. B. die Deutsche Partei (DP) in Niedersachsen. Der Block der Heimatvertriebenen und Entrechteten (BHE) fand als typische Nachkriegspartei hier seine Wählerschaft. Erst allmählich bildeten sich die heute dominanten Parteien durch Zusammenfügen von regionalen Schwerpunkten als Sammlungsparteien heraus. Dies gilt besonders für die CDU/CSU. Ab 1949 zeichnete sich aber bereits eine klare Polarität zwischen Regierungsmehrheit von CDU/CSU, FDP und DP einerseits und der großen Oppositionspartei SPD andererseits ab.

Die Konzentration im Parteiensystem wurde einerseits durch die Wirtschaftsentwicklung begünstigt, die der CDU/CSU als Regierungspartei und Kanzlerpartei viele Wähler zuführte, andererseits durch die Verschärfung der ursprünglichen 5 %-Klausel, die die kleinen Parteien dazu zwang, mit anderen Parteien zusammenzugehen. Die Parteien des rechten und linken Randes (SRP und KPD) konnten keine nachhaltige Wählerresonanz erzielen und wurden 1952 bzw. 1956 verboten. Von 1961 bis in die 1980er Jahre gab es dann im Bundestag ein „Zweieinhalb-Parteiensystem".[697] Die CDU/ CSU und die SPD entwickelten sich zu Volksparteien, die alle gesellschaftlichen Gruppen anzusprechen versuchten. Dennoch haben sie in der Wahrnehmung der Wähler ein spezifisches programmatisches Profil.[698] Ihre traditionellen Hochburgen schleifen sich allmählich ab.[699] Die FDP, in der Mitte der beiden großen Blöcke angesiedelt, wirkte als Zünglein an der Waage. Sie machte 1969 und 1982 einen Regierungswechsel erst möglich.

Immer wieder wurde das Parteiensystem durch Herausforderungen in Frage gestellt. So führten wirtschaftliche Krisenerscheinungen Ende der 1960er Jahre zu Proteststimmen für die NPD. In den 1970er Jahren wandten sich vor allen Dingen jüngere höhergebildete Wähler den Grünen zu. Anfangs handelte es sich dabei auch um ein Protestverhalten, gefördert durch soziale Bewegungen (Friedens-, Ökologie- und Frauen-Bewegung). Inzwischen ist die dauerhafte Etablierung einer neuen Partei aufgrund einer neuen Konfliktlinie (Materialismus vs. Postmaterialis-

---

696 Naßmacher, K.-H. 1989a.

697 Rudzio ^{7}2006: 121.

698 Köcher, in: FAZ v. 18. 10. 2006.

699 Von Beyme ^{6}1991: 98 f.

mus) gelungen (s. Kap. IV, B, 4). Nach langer Regierungszeit der CDU/CSU war diese Partei vorübergehend von rechts unter Druck, wie Erfolge der Republikaner zeigten.[700]

Im Osten behauptete sich die Nachfolgepartei der SED, die Partei des Demokratischen Sozialismus (PDS), sowohl als Protest- als auch als Regionalpartei. Hochburgen sicherten ihr zunächst genügend Direktmandate (drei sind für den Einzug in den Bundestag erforderlich) und damit ihre Vertretung im Bundestag. Ansonsten hat sich das Parteiensystem der alten Bundesrepublik auf die neuen Bundesländer ausgeweitet. Die Fusionierung mit ehemaligen Blockparteien der DDR bewirkte, dass die Parteien stärker soziale Aspekte in den Mittelpunkt rücken müssen. Dies wird durch die neue Partei „Die Linke“ noch weiter befördert, die sich aus PDS und der von der SPD abgespaltenen WASG bildete. Nach wie vor sind die Ostdeutschen unzufriedener als die Westdeutschen mit ihrer wirtschaftlichen und sozialen Lage.[701]

Traditionell war das Parteiensystem vor allen Dingen durch sozio-ökonomische „Schichtwahl“ einerseits und wertbezogene „Konfessionswahl“ andererseits bestimmt. Diese Zweidimensionalität lässt sich noch immer in Programmatik und Mitgliedschaft vor allem von SPD und CDU/CSU verfolgen. Danach sind hohe Kirchgangshäufigkeit und Gewerkschaftsbindung für die Wahlentscheidung bedeutend. Hinzu kommt unabhängig davon die Berufsgruppe als Determinante. Die Grünen wurden zunächst von jüngeren Wählern mit höherer Bildung gewählt. „Der soziologische Ansatz versagt am stärksten bei den Mittelschichten, die unterschiedlichen sozialen Bindungen ausgesetzt sind.“[702] Hinzu kommen sozialpsychologische Bestimmungsgründe des Wahlverhaltens, wie Kanzlereffekt, politisches Programm und gerade aktuelle Themen (s. Kap. II, B, 2). Mehr als andere Parteien lebt die FDP davon, jeweils die Mehrheit ihrer Wähler anhand aktueller Entscheidungsfragen neu für sich zu gewinnen.[703]

Parteien präsentieren Politiker und bieten damit den wichtigsten Aufstiegskanal in die politische Elite. Politiker haben durchweg einen breiteren Erfahrungshintergrund als die Eliten in den Sektoren Militär, Gewerkschaften und Medien und sind insofern weitaus seltener Berufspolitiker als Kritiker suggerieren.[704] Eine Besetzung wichtiger Ämter in der Verwaltung auch aufgrund der parteipolitischen Orientierung ist weitgehend akzeptiert. Die besondere Stellung der Parteien ist auch rechtlich stark abgesichert (Art. 21 GG, Parteiengesetz und Wahlrecht). Schließlich verschafft die öffentliche Parteienfinanzierung den Parteien ein gesichertes Einkommen,[705] um im Wettbewerb Chancengleichheit sicherzustellen.

700 Stöss 1989.

701 Neller, in: van Deth 2004: 49.

702 Von Beyme ^{6}1991: 95.

703 Zu aktuelleren Entwicklungen s. Gabriel u. a. 2005.

704 Rebensdorf, in: Bürklin/Rebensdorf 1997: 188, 198 f.

705 Naßmacher, in: Naßmacher 2001: 92 ff.

Wie bei den Verbänden ist auch bei den Parteien ein Übergewicht von Parteiführungen gegenüber den Delegierten bzw. den einfachen Mitgliedern zu beobachten. Die Parteiführungen nehmen auf den Parteitagen in der Regel sehr viel Redezeit in Anspruch. Auch die Vorbereitung von Personal- und Beschlussvorschlägen wirkt in diese Richtung. Die innerparteiliche Partizipation (s. a. Kap. IV, B, 3) wird auch dadurch gehemmt, dass formale Gesichtspunkte in Parteien eine große Rolle spielen und nicht die von neuen Parteimitgliedern häufig gewünschte Sachdiskussion. So wird aktiven Minderheiten in den Parteien das Feld überlassen, auf höheren Ebenen ist der Vorsprung der Berufspolitiker schon beträchtlich. Die zuweilen erkennbaren Schwankungen bei den Parteimitgliedschaften können nicht unmittelbar einer Parteiverdrossenheit zugerechnet werden. Dennoch müssen die Parteien immer wieder überprüfen, ob ihre Bodenhaftung noch ausreicht. Die Erosion politisch-sozialer Milieus hat die Bindungskraft der großen Parteien geschwächt. Die Frage ist, ob die Parteien die Themen behandeln, die der nichtgebundene Wähler bearbeitet sehen will. In diesem Zusammenhang kommt den Medien als Vermittlungsinstitutionen eine immer größere Bedeutung zu.

3. Medien

Die Reichweite der Massenmedien hat sich auch in der Bundesrepublik entscheidend erweitert. Bis 1973 wuchs der Medienkonsum auf täglich etwa vier Stunden an. Seitdem hat es eine gewisse Stagnation der Fernsehnutzung gegeben, die auch nicht durch private Sender erheblich geändert wurde. Trotz Zeitungssterben auf regionaler und lokaler Ebene ist die Medienlandschaft in Deutschland recht vielfältig und die Möglichkeit gegeben, dass sich jeder in politisch unterschiedlich orientierten Medien informieren kann. Dies gilt auch für das Angebot von Rundfunk und Fernsehen (s. Kap. III, A, 3).

Nach der Vereinigung kamen in den neuen Bundesländern viele Tageszeitungen hinzu, aber nach wie vor dominieren die früheren SED-Bezirkszeitungen. Beim Rundfunk erhöhte sich die Zahl der öffentlich-rechtlichen Anstalten um zwei: den Mitteldeutschen Rundfunk (Sachsen, Sachsen-Anhalt und Thüringen) und den Ostdeutschen Rundfunk (Brandenburg und Berlin). Eine Zusammenarbeit zwischen den alten und neuen Bundesländern gibt es – neben Berlin – auch im Norddeutschen Rundfunk mit Mecklenburg-Vorpommern. Die Vielfalt wird insbesondere durch die privaten Veranstalter vermehrt, die z. T. landesweit senden, z. B. FFH in Hessen und FFN in Niedersachsen. In den anderen Bundesländern gibt es regional ausgerichtete Sender. Beim Fernsehen sind das öffentlich-rechtliche Erste Programm (ARD) und das Zweite Programm (ZDF) als eigenständige Institutionen inzwischen durch eine Fülle von privaten Angeboten (Lizenzen werden von den Landesmedienanstalten vergeben[706]) ergänzt worden, an der Spitze RTL und SAT 1. Die harte Konkurrenz um Werbeeinnahmen – die privaten Sender leben allein davon – führt zu Programmen, die der breiten Öffentlichkeit gefallen. Da die Be-

706 Heinrich 1999: 98 ff.

völkerung nur z. T. an Politik interessiert ist, kann das dazu führen, dass die Medien trotz größerer Vielfalt des Angebots insgesamt ihre Vermittlungsfunktion zwischen Bevölkerung und Regierenden nur unzureichend erfüllen. Weiterhin stellt sich die Frage, ob die Medien aufgrund der Selbsteinschätzung der Journalisten, die sich in einer avantgardistischen Rolle sehen, nicht zu einem verzerrten Bild des politischen Systems bzw. möglicherweise gar zu einer Delegitimierung beitragen (s. Kap. III, A, 4). Dafür gibt es allerdings in der Bundesrepublik noch keinerlei Anzeichen. Eine weitere Gefahr wäre eine zu enge Verknüpfung zwischen Regierenden, Parteien, Verbänden und Medien.[707]

C) Elemente des parlamentarischen Regierungssystems

Das Institutionensystem der Bundesrepublik Deutschland folgt dem Modell eines parlamentarischen Regierungssystems. Im Unterschied zur Weimarer Republik, in der Reichstag und Reichspräsident unmittelbar vom Volk gewählt wurden und zudem noch Volksentscheide eine Rolle spielten, wird in der Bundesrepublik nur der Bundestag durch die direkte Wahl der Bürger demokratisch legitimiert. Dies gilt auch für die Landesparlamente in den Bundesländern. Alle übrigen Staatsorgane verfügen demgegenüber nur über eine abgeleitete Legitimation: Der Bundestag wählt den Bundeskanzler und kann ihn unter bestimmten Bedingungen (Konstruktives Misstrauensvotum) wieder abwählen. Dem Modell der parlamentarischen Regierungsweise entspricht es, dass sich die Parlamentsmehrheit unter Einschluss der Regierung einerseits und die parlamentarische Opposition andererseits gegenüberstehen. Der Bundestag ist zudem das ausschlaggebende Beschlussorgan bei der Gesetzgebung.[708]

1. Bundestag

Die wichtigste Aufgabe des Bundestages ist es aber nicht, Gesetzgeber zu sein (Gesetzgebungsfunktion). Die große Mehrheit der Gesetze wird – wie in anderen demokratisch regierten Staaten auch – durch Aktivitäten der Bundesregierung initiiert.[709] Damit die Vorlagen der Bundesregierung Gesetz werden, muss sich die Bundesregierung im Parlament eine Mehrheit suchen. Dabei greift sie auf die Fraktionen zurück, die den Bundeskanzler gewählt haben, also die Regierungsfraktionen, die eine Parlamentsmehrheit bilden. Oppositionelle Initiativen scheitern in der Regel an der parlamentarischen Mehrheit. In kontrovers diskutierten Fragen von hoher Bedeutung versucht die Regierung zuweilen, die Opposition „mit ins

707 Westle, in: Gabriel/Brettschneider ^{2}1994: 137 ff.
708 Von Beyme 1997.
709 Thaysen ^{2}1976: 93.

Boot" zu holen. Vor allem in Fragen, in denen eine Zustimmung des Bundesrates erforderlich ist, kann sich die Opposition – zuweilen durch antizipierte Reaktionen der Regierung – einbringen.

Die Kontrollfunktion[710] gegenüber Regierung und Verwaltung wird vor allen Dingen von der Opposition wahrgenommen. So stammte die überwiegende Zahl der Großen Anfragen an die Regierung von der Opposition, bei den Kleinen Anfragen war der Anteil der von der Opposition kommenden noch wesentlich höher.[711] Anfragen der Regierungsparteien dienen eher dazu, der Regierung eine positive Selbstdarstellung zu ermöglichen. Die Geschlossenheit der einzelnen Gruppierungen im Bundestag wird durch ein straffes Fraktionsmanagement sichergestellt.[712] Dabei wird weitgehend bewirkt, dass es zu einer stabilen Mehrheitsbildung kommt und zufällige Mehrheiten vermieden werden. Für den einzelnen Abgeordneten bedeutet das aber, dass er sich in der Fraktion Mehrheiten fügen und Führungskräfte akzeptieren muss. Der einzelne Abgeordnete hat vor allen Dingen in seiner Fraktion eine Chance, auf die Meinungsbildung einzuwirken. Spontane Anträge von Einzelabgeordneten sind – im Hinblick auf die Arbeitsfähigkeit des Parlamentes – ausgeschlossen. Anträge müssen von zumindest 5 % der Mitglieder des Bundestages bzw. Fraktionen und Gruppen eingebracht werden. Auch die Besetzung der Ausschüsse, in denen weitgehend die Diskussion von Vorlagen stattfindet, wird über die Fraktionsführungen gesteuert.

Wichtigste Aufgabe des Bundestages ist es, den Bundeskanzler zu wählen (Wahlfunktion). Bei der Wahl des Bundeskanzlers hätte es bisher nur die CDU/CSU einmal vermocht, durch die Zahl der gewonnenen Mandate im Bundestag allein den Bundeskanzler zu wählen: 1957 erhielt sie die absolute Mehrheit. Das personalisierte Verhältniswahlrecht, das alle Mandate im Verhältnis der abgegebenen Stimmen auf die kandidierenden Parteien verteilt, bringt trotz der 5%-Klausel keine Mehrheiten einer Partei hervor. Daher haben immer mehrere Fraktionen den Bundeskanzler unterstützt. Mit einigen Ausnahmen kam es zu einer Koalition zwischen zwei Fraktionen, die zusammen eine Parlamentsmehrheit bildeten. Dabei hat die CDU erheblich länger die Regierungen geführt als die SPD, die nur von 1969 bis 1982 und von 1998 bis 2005 den Bundeskanzler stellte.

2. Bundesregierung

Das Regierungssystem der Bundesrepublik entspricht dem parlamentarischen Modell nicht nur dadurch, dass die Regierung vom Vertrauen des Parlaments abhängt, sondern auch durch die herausgehobene Stellung des Bundeskanzlers in der Regierung. Nur der Regierungschef wird vom Bundestag gewählt. Nur er allein kann auch vom Bundestag abgewählt werden, indem dieser mit Mehrheit einen neuen

710 S. d. Thaysen [2]1976: 54 ff.

711 Rudzio [7]2006: 220.

712 S. d. Schüttemeyer, in: Helms 1999: 46 ff.

Kanzler wählt (Konstruktives Misstrauensvotum). Er schlägt die Bundesminister[713] vor, die durch einen formalen Akt vom Bundespräsidenten ernannt und entlassen werden. Der Bundeskanzler bestimmt die „Richtlinien der Politik". Dies bedeutet, dass auch durch Mehrheitsbeschluss des Kabinetts dem Kanzler keine Entscheidung aufgezwungen werden kann. Das Recht des Kanzlers, Minister entlassen zu können, stärkt seine Position zusätzlich. Zudem hat der Bundeskanzler die Organisationsgewalt, d. h. er kann die Arbeitsbereiche der Bundesminister abgrenzen und die Zahl der Ministerien bestimmen. Deshalb wurde die Bundesrepublik auch als Kanzlerdemokratie bezeichnet.[714] Dabei wurde als Beispiel immer die lange Regierungszeit Adenauers erwähnt. In dieser Zeit hatte auch die CDU eine dominante Stellung im Parlament.

Die starke Stellung des Bundeskanzlers wird zunächst dadurch eingeschränkt, dass die Bundesregierung bei der Gesetzgebung nur als Kollektiv tätig werden kann. Schließlich ist jeder Minister in seinem Ressort befugt, nach den politischen Richtlinien selbständig zu arbeiten.[715] Vor allem aber wird die starke Stellung des Kanzlers durch die Rücksichtnahme auf den Koalitionspartner[716] begrenzt. Der behält sich in der Regel das Recht vor, bei der Regierungsbildung „seine" Ministerien mit Personal zu beschicken. Im Laufe der Regierungszeit versucht sich der Koalitionspartner zu profilieren. Weiterhin bringt die Größe der Bundesregierung (zuweilen über 20 Mitglieder) es mit sich, dass Abstimmungen zwischen den Koalitionspartnern notwendig sind und dass sich dabei einflussreiche Kabinettsmitglieder mit größerem politischen Gewicht durchsetzen. An der Vorbereitung von Beschlüssen nehmen auch die Vorsitzenden der Regierungsfraktionen teil, so dass gerade politisch brisante Entscheidungen außerhalb des Kabinetts fallen, nämlich bei informellen Treffen eines kleineren Kreises der tatsächlich einflussreichsten Politiker einer Regierungsmehrheit.[717] Zudem hat der Bundeskanzler auf Strömungen in seiner eigenen Partei Rücksicht zu nehmen, so dass er auch dadurch bei der Auswahl seiner Minister nicht völlig frei ist. Schließlich beschränkt der Föderalismus das Regierungshandeln (s. Kap. IX, D, 1).

Der entscheidende Unterschied zum parlamentarischen Regierungssystem britischer Prägung ist aber, dass dem Bundeskanzler das Recht fehlt, das Parlament aufzulösen, wenn er Neuwahlen für zweckmäßig hält. Im parlamentarischen Modell ist die Drohung mit der Auflösung für den Regierungschef immer ein Mittel, Abgeordnete wieder stärker an die Regierung zu binden. Der britische Premier kann Neuwahlen festsetzen, wenn er hofft, seine Regierungsmacht auszubauen oder zumindest Neuwahlen zu gewinnen. Auch in Deutschland hat es schon Situationen gegeben, in denen die Regierung nicht mehr über eine Mehrheit im Bundes-

---

713 Kempf, in: Kempf/Merz 2001: 7 ff.

714 Niclauß 1988.

715 Ellwein/Hesse [6]1987: 319.

716 Zu den Koalitionen in der Bundesrepublik s. Rudzio 2002: 46–54.

717 Rudzio [7]2006: 255 ff.

tag verfügte. Die Auflösung war dann aber nur über Hilfskonstruktionen möglich. So musste die jeweilige Regierung die Vertrauensfrage (Art. 68 GG) stellen und ihr Scheitern selbst herbeiführen, was dann den Bundespräsidenten veranlassen konnte, das Parlament aufzulösen und die angestrebten Neuwahlen herbeizuführen. Die Regierungsmehrheit hat sich 1972, 1982 und 2005 bewusst der Stimme enthalten, um dem Bundespräsidenten die Möglichkeit zu eröffnen, das Parlament aufzulösen. Die Vertrauensfrage war eigentlich gedacht, um die Mehrheit zu disziplinieren und Mehrheitsverhältnisse zu klären. Diese Funktion hat sie aber auch 1982 nicht erfüllen können, als Helmut Schmidt versuchte, die Mehrheit im Bundestag wieder hinter sich zu sammeln.

Die gewählten Vertreter müssen sich mehr oder weniger auf die Mitarbeiter im Regierungsapparat verlassen. Zwar steht dem Parlament ein gut ausgebauter parlamentarischer Hilfsdienst (wissenschaftlicher Dienst des Bundestages, Fraktions- und Abgeordnetenassistenten) zur Verfügung. Die Mitarbeiter der politischen Führung sind diesem jedoch zahlenmäßig weit überlegen. Kanzler und Minister stehen einem 21.000 Köpfe zählenden Regierungsapparat vor. Durch parteipolitisch gebundene Beamte an der Spitze wird sichergestellt, dass in den Leitungsfunktionen Übereinstimmung herrscht. Sogenannte politische Beamte können auch jederzeit ohne Angabe von Gründen in den Ruhestand geschickt werden. Die Verbindungen zum Parlament werden durch parlamentarische Staatssekretäre hergestellt. In den Führungsetagen des Regierungsapparates spielen also parteipolitische Orientierungen eine wichtige Rolle. Die Politisierung ist damit stärker als im britischen parlamentarischen System ausgebildet. Dagegen entspricht die Stellung des Bundespräsidenten eher der des britischen Staatsoberhauptes.

3. Bundespräsident

Der Bundespräsident als Staatsoberhaupt hat vor allem repräsentative Funktionen zu erfüllen. In seiner Amtsausübung soll er über den parteipolitischen Zielvorstellungen stehen. Bewusst wurde von den Vätern und Müttern des Grundgesetzes ein Übergang zu einem Präsidialsystem (wie in der Endphase der Weimarer Republik) zu verhindern versucht. So enthielten sie dem Bundespräsidenten Kompetenzen wie den militärischen Oberbefehl, das Notverordnungsrecht und das autonome Auflösungsrecht gegenüber dem Bundestag vor. Viele Amtshandlungen, z. B. die Ernennung und Entlassung von Regierungsmitgliedern, sind nur förmliche Akte. Bei der Ernennung von Bundeskanzlern muss er sich an den Mehrheitsverhältnissen im Bundestag orientieren. Der Bundespräsident kann sich zwar weigern, ein offensichtlich verfassungswidriges Gesetz mit seiner Unterschrift zu versehen, aber von dieser Möglichkeit haben die bisherigen Bundespräsidenten nur selten Gebrauch gemacht. Normalerweise hat der Bundespräsident also wenig Möglichkeiten, im politischen Prozess eine Rolle zu spielen. Allenfalls kann er mit vielbeachteten Reden die öffentliche Meinung in seinem Sinne beeinflussen. Erhebliches Gewicht kommt ihm allerdings in einer Krisensituation zu, nämlich dann, wenn eine parlamentarische Mehrheit fehlt. Wählt nämlich der Bundestag nicht mit absoluter, sondern nur mit relativer Mehrheit einen Bundeskanzler, steht der Bundespräsident vor der Alternative, diesen binnen sieben Tagen zu ernennen oder den Bundestag zwecks Neuwahl aufzulösen (Art. 63 Abs. 4 GG). Auch dann, wenn ein amtierender Bundeskanzler bei einer Vertrauensfrage im Bundestag keine Mehrheit findet und dem Bundespräsidenten die Auflösung des Parlaments vorschlägt, kann der Bundespräsident diesem Vorschlag binnen 21 Tagen folgen, muss es aber nicht (Art. 68 GG).

Der Bundespräsident wird von der Bundesversammlung gewählt. Sie besteht je zur Hälfte aus den Mitgliedern des Bundestages und aus – nach Verhältnis gewählten – Vertretern der Landtage.

D) Gegengewichte zum Regierungshandeln im Bund

Das Grundgesetz hat mit seinen durch keine Mehrheit aufhebbaren Verfassungsprinzipien dem Verfassungsgericht eine starke Stellung gegeben. Weiterhin wollten die Verfassungsväter und -mütter sowie die Siegermächte den Bund dadurch schwächen, dass sie einen funktionsfähigen Föderalismus einrichteten. Neben dem Bundesrat und dem Bundesverfassungsgericht war bis zur Einführung des Euro auch noch die Bundesbank als Gegengewicht zu nennen. Immer wichtiger wird inzwischen der Einfluß der EU.

1. Föderalismus und kommunale Ebene

Der Föderalismus kann in Deutschland auf eine lange Tradition zurückblicken. Nach dem Kriege wurden jedoch die Bundesländer nur z. T. historischen Vorläufern angepasst. Dies ist z. B. bei Bayern, Sachsen und Hamburg der Fall. Als Neubildungen sind z. B. Niedersachsen, Nordrhein-Westfalen oder Baden-Württemberg zu bezeichnen. Im Zuge der Neugliederung sind Länder von unterschiedlicher Größe entstanden, die inzwischen aber spezifische Traditionen entwickeln konnten, so dass sich selbst die kleinsten Bundesländer bisher einer Neugliederung (Zusammenlegung mit anderen) erfolgreich widersetzen konnten. Als Vertretung der Bundesländer ist der Bundesrat im Gesetzgebungsprozess zwar dem Parlament nicht völlig gleichgestellt, aber gleichwohl sehr bedeutend. Da fast alle Bundesgesetze durch Landesbehörden ausgeführt werden und damit die finanzielle Lage der Länder tangiert wird, bedurfte es bei etwa der Hälfte aller bisherigen Bundesgesetze der Zustimmung des Bundesrates (zustimmungsbedürftige Gesetze) – mit steigender Tendenz von z. Zt. 60 %.[718] In den übrigen Fällen kann ein Einspruch des Bundesrates durch erneuten Beschluss des Bundestages aus dem Wege geräumt

718 Münch 1999: 8; König 1999: 25.

werden. Insbesondere dann, wenn es unterschiedliche Mehrheiten im Bundestag und im Bundesrat gibt, wird der Handlungsspielraum der Bundesregierung stark eingeschränkt.[719] Da hat sich auch nach der Föderalismusreform 2006 nicht viel geändert. So musste die sozialliberale Koalition lange Jahre auf die unionsgeführte Bundesratsmehrheit Rücksicht nehmen. In der Schlussphase der Regierung Kohl machte das Stichwort „Reformstau" Karriere. Die rot-grüne Bundesregierung kann Reformen nur mit der Opposition durchsetzen. Da Landtagswahlen häufig als Protestwahlen gegen die Bundesregierung genutzt wurden, entsprechen die Regierungskoalitionen in den einzelnen Bundesländern nach und nach nicht mehr den Mehrheitsverhältnissen im Bund.[720] Die Landesregierungen bzw. Senate (in den Stadtstaaten) entsenden ihre Vertreter, gestaffelt nach Einwohnerzahl, in den Bundesrat. Diese drei bis sechs Vertreter geben hier ihre Stimme für das jeweilige Bundesland einheitlich ab (Bundesratsprinzip).

Die meisten Regierungssysteme in den Bundesländern folgen dem Muster der parlamentarischen Regierung. Allerdings sind daneben inzwischen Volksabstimmungen über Landesangelegenheiten institutionalisiert.[721] Bei Bildung und Abberufung der Regierung sowie im Hinblick auf die Richtlinienkompetenz des Regierungschefs reichen die Ländervarianten von Lösungen nach kanzlerdemokratischem Muster bis hin zu kollegialen und eng an die Volksvertretungen gebundenen Senaten (Regierungen) in den Stadtstaaten. In Letzteren wird jedes Regierungsmitglied einzeln gewählt und abberufen.[722] Im Vergleich zum Bundestag ist die Gesetzgebungsfunktion der Länderparlamente sehr viel geringer ausgeprägt. Die Länder sind ausschließlich für das Bildungswesen, die Kultur, die Polizei und die Kommunalverfassung zuständig. Den Ländern kommt mehr die Aufgabe der Kontrolle der Bundesregierung zu, denn selbst in den Ländern vorbehaltenen Bereichen ist die Abgrenzung der Zuständigkeiten nicht so eindeutig. Dies zeigt sich in der Bildungs- und Medienpolitik.

In vielen wichtigen Themenfeldern gibt es parallele Zuständigkeiten von Bund und Ländern, z. B. in der Wirtschaftspolitik, der Sozialpolitik und der Umweltpolitik. In diesen Bereichen der konkurrierenden Gesetzgebung hat der Bund in der Regel einen Handlungsbedarf gesehen. Die vom Bund vorgelegten Gesetze haben die Gestaltungsspielräume der Länder beschnitten. Solche Zentralisierungstendenzen sind in allen föderalistischen Systemen zu beobachten. Die Landesregierungen haben sich aber wiederum im europäischen Integrationsprozess Mitwirkungsmöglichkeiten erstritten.[723] Am wichtigsten ist die Neufassung von Art. 23 GG.[724]

Von größerer Bedeutung ist allerdings, dass den Ländern in Deutschland – im Gegensatz z. B. zu den USA (s. Kap. VII, B, 3b; VIII, A, 2) – die wichtige Aufgabe

719 Lhotta 2003: 16.
720 Vgl. dazu Kropp/Sturm 1999: 42.
721 Weixner 2002.
722 Rudzio [7]2006: 307 ff.
723 Sturm/Pehle [2]2006: 70 ff.
724 Ebenda: 81 f.; für Einzelheiten s. Zeh, in: Derlien/Murswiek 1999: 41.

zukommt, dass sie fast alle Bundesgesetze ausführen müssen: Die Bundesverwaltung reicht nur in Ausnahmefällen bis auf die Gemeindeebene hinunter. Die Länder bedienen sich dabei auch der Verwaltungen der Kommunen. Dadurch haben diese Ausführungsinstanzen gewisse Mitgestaltungsmöglichkeiten. Dies kann natürlich auch zu Reibungen mit dem Bund führen. Im Hinblick auf die Finanzverfassung fällt auf, dass die Gemeinschaftssteuern (für Bund und Länder) einen erheblichen Anteil ausmachen, während für die landeseigenen Steuern nur ein geringer Prozentsatz verbleibt. Ein horizontaler Finanzausgleich zwischen armen und reichen Ländern und ein vertikaler Finanzausgleich zwischen Ländern und Gemeinden sorgt dafür, dass Einnahmenungleichgewichte in gewisser Weise ausgeglichen werden.[725] Zu diesem Ausgleich besteht eine Verpflichtung, da laut Grundgesetz eine „Herstellung gleichwertiger Lebensverhältnisse" (Art. 72 Abs. 2 GG) angestrebt wird. Insbesondere nach der deutschen Einheit sind hier Verteilungskonflikte wieder sehr deutlich geworden. Die Bundesländer selbst klagen einen gerechteren Finanzausgleich ein.

Die Verflechtungen bei Aufgaben und Finanzen (Aufgaben- und Finanzverbund) produzieren einen Abstimmungsbedarf zwischen den einzelnen Ebenen des politischen Systems und mit der EU. Die Politikverflechtung führt dazu, dass Entscheidungen sich aus den gewählten Gremien (den Parlamenten) in Konferenzen (der Regierungschefs, der Ressortminister), Bund-Länder-Ausschüsse und Planungsräte verlagern oder informell durch direkte Kontakte der Verwaltungen verschiedener Ebenen vorbereitet werden. Scharpf hat schon früh den Begriff „Politikverflechtungsfalle" eingeführt, um auf mögliche ineffiziente und problemunangemessene Entscheidungen hinzuweisen.[726] Selbst in Fällen, in denen die Länder ausschließlich Gesetzgebungskompetenz haben, kommt es zur „Selbstkoordination der Länder". Dies hat dazu geführt, dass bei zunehmenden Zentralisierungstendenzen – wie in föderalistischen Systemen typisch – immer wieder Versuche unternommen werden, Aufgaben auf die Bundesländer zurückzuverlagern, wie jüngst bei der ersten Stufe der Föderalismusreform 2006.

In die Dezentralisierungsbestrebungen wurden auch immer wieder die Kommunen einbezogen. Die Funktionalreform der 1970er Jahre sollte den Gemeinden dazu verhelfen, die Aufgaben wahrzunehmen, die vor Ort besser zu lösen sind. Durch die gleichzeitig durchgeführte Gebietsreform zur Verbesserung der Verwaltungskraft ist die Zahl der Gemeinden erheblich reduziert und damit gleichzeitig die Nähe der Verwaltungseinheiten zum Bürger beseitigt worden. Neben der Funktion als untere Verwaltungsinstanz der Bundesländer wird den Gemeinden durch das Grundgesetz das Recht auf kommunale Selbstverwaltung eingeräumt (Art. 28 Abs. 2 GG). Diese Selbstverwaltungsgarantie gestattet den Gemeinden, alle Angelegenheiten der örtlichen Gemeinschaft selbst zu regeln. Dafür stehen auch eigene Ein-

725 Renzsch 1991.
726 Scharpf 1985: 349.

nahmen zur Verfügung. Insofern bilden Gemeinden faktisch eine dritte politische Ebene innerhalb des deutschen Regierungssystems.

Für die Kommunalverfassungen sind die Bundesländer zuständig. Die unterschiedlichen Traditionen und das Wirken der Besatzungsmächte hatten dazu geführt, dass in den einzelnen Ländern unterschiedliche Gemeindeordnungen existieren. Bis Mitte der 1990er Jahre ließen sich die Gemeindeverfassungstypen auf einem Kontinuum anordnen, wobei die Norddeutsche Ratsverfassung (Nordrhein-Westfalen, Niedersachsen) das eine Extrem bildete, die Süddeutsche Ratsverfassung (Baden-Württemberg, Bayern) das andere. Nach der Norddeutschen Ratsverfassung führte der ehrenamtliche Vorsitzende des Gemeinderates den Titel Bürgermeister, der hauptamtliche Leiter der Verwaltung hieß Gemeindedirektor. Der Gemeinderat bestimmte durch Wahl die Amtsinhaber. Diese Besonderheit wurde inzwischen abgeschafft, so dass nunmehr – wie bei der Süddeutschen Ratsverfassung – Verwaltungsleitung und Repräsentationsfunktion (nicht immer Vorsitz im Gemeinderat und in den Ratsausschüssen) in der Person des direkt vom Volk gewählten hauptamtlichen Bürgermeisters vereint sind. Typisch für die Magistratsverfassung (Hessen) ist schließlich, dass der Bürgermeister als hauptamtlicher Verwaltungschef von einem Magistrat (= kollegiales Gremium von haupt- und ehrenamtlichen Leitern einzelner Verwaltungseinheiten) eingebunden wird. Analog gelten diese Verfassungstypen auch für die Landkreise der entsprechenden Länder. Auch die Kommunalverfassungen in den neuen Bundesländern nähern sich denen der alten an. Die Frage, ob sich durch Traditionen und verbleibende Unterschiede der rechtlichen Rahmenbedingungen noch gravierende Unterschiede in der Praxis der Willensbildung ergeben, ist noch nicht abschließend beantwortet.[727]

Die Gemeinden klagen seit Jahren darüber, dass ihr Handlungsspielraum nicht nur durch überörtliche Gesetzgebung, sondern auch durch die Aushöhlung der kommunalen Finanzhoheit immer stärker eingeschränkt wird.[728] Die „Gegenmacht" der Gemeinden gegenüber den Bundesländern und der Bundespolitik ist vergleichsweise schwach ausgebildet. Dagegen wurden andere Gegengewichte der gesamtstaatlichen Politik wichtiger.

2. Bundesverfassungsgericht und Zentralbank

Das Bundesverfassungsgericht als Hüter und Interpret der Verfassung wird immer häufiger in den politischen Prozess einbezogen.[729] Entscheidungen im Hinblick auf viele politisch bedeutsame Fragen scheinen nur nach einer Verfassungsänderung möglich, weil die Lösungsstrategien als nicht mit dem Grundgesetz vereinbar gelten. Neuere Konfliktfälle sind die Asylpolitik, der Einsatz der Bundeswehr außerhalb des NATO-Gebietes („out of area") und die Verträge von Maastricht. Eine Verfassungsänderung erfordert aber eine Zweidrittelmehrheit, die nur nach

727 Schimanke 1989; Naßmacher/Naßmacher ²2007: 237 ff.

728 Ebenda: 136 ff.

729 S. d. von Beyme ¹⁰2004: 385 f.

schmerzhaften Kompromissen zu erlangen ist (wie die Asyldebatte gezeigt hat). Fällt die Regierung in diesen Fragen eine Entscheidung, so lässt die unterlegene Seite gern vom Bundesverfassungsgericht prüfen, ob ein Antrag, Gesetz oder sonstiger Rechtsakt verfassungsmäßig ist (Normenkontrolle).[730] Auch eine fraktionsübergreifende Mehrheit im Bundestag hat die Unterlegenen nicht davon abgehalten, diesen Weg zu beschreiten (Neuregelung des Abtreibungsrechts). Im Laufe der Jahre sind zu zahllosen brisanten Fragen Urteile mit bindender Wirkung ergangen. Der Gesetzgeber musste seine Gesetzgebungspraxis daran orientieren. Regierungen versuchen bereits im vorauseilenden Gehorsam, Gesetze „verfassungsgerichtsfest" zu machen. Dagegen scheint die Rolle des Bundesverfassungsgerichts im europäischen Einigungsprozeß noch weitgehend ungeklärt.[731]

Die Frage ist, ob das Bundesverfassungsgericht bei seinen Urteilen tatsächlich parteipolitisch neutral sein kann. Seine Richter werden jedenfalls je zur Hälfte von Bundestag und Bundesrat gewählt. Da für die Wahl eine Zweidrittelmehrheit erforderlich ist, kann sich keine parteipolitische Mehrheit eindeutig durchsetzen: Die Suche nach einem Interessenausgleich ist vielmehr notwendig. Da die Verfassungsrichter nur einmal für eine zwölfjährige Amtszeit gewählt werden können, brauchen sie in ihren Entscheidungen keine Rücksicht auf ihre mögliche Wiederwahl zu nehmen. Dies schafft eine beträchtliche Unabhängigkeit, zumal die Amtszeit als Verfassungsrichter ohnehin Karriereende oder -höhepunkt ist. Das eigentliche Problem der Verfassungsgerichtsbarkeit besteht darin, dass politische Streitfragen in Rechtsfragen umgedeutet werden.[732]

Jahrzehntelang war schließlich als „Hüterin der Währung" die Deutsche Bundesbank tätig. Nach den Erfahrungen der Weimarer Republik hielt man die Geldwertstabilität für ein besonders schützenswertes Gut, das nicht einfach den tagespolitischen Interessen jeweiliger Regierungsmehrheiten überlassen werden dürfe. Konflikte zwischen der Bundesregierung und der Bundesbank waren daher nicht selten. So wurde der Bundesbank auch häufiger vorgeworfen, dass durch ihre Fixierung auf die Währungsstabilität andere wirtschaftspolitische Zielsetzungen außer Acht gerieten. Die Unabhängigkeit der Bundesbank wirkte als Vorbild für die Europäische Zentralbank, die nach Einführung des Euro die Bundesbank quasi entmachtet (s. Kap. XIX, B, 2). Sie nimmt die grundlegenden Aufgaben einer einheitlichen Geldpolitik im Euroraum wahr.

3. EU und weltwirtschaftliche Einflüsse

Bedingt durch ökonomische Entwicklungen, bestehende Verflechtungen und demographischen Wandel haben sich die Aufgabenfelder der Politik seit Bestehen der Bundesrepublik in vielfältiger Weise gewandelt. Zunächst waren die katastrophalen Kriegsfolgen zu bewältigen. Flucht und Vertreibung sowie die Zerstörung der Städ-

730 Ellwein/Hesse [6]1987: 414 ff.

731 Sturm/ Pehle [2]2006: 103–116.

732 Rudzio [7]2006: 289 ff.

te schufen Versorgungsprobleme im Hinblick auf Wohnungen und Arbeitsplätze. Die 1950er Jahre waren durch wachsenden Wohlstand gekennzeichnet. Der hatte wiederum zur Folge, dass ausländische Arbeitskräfte in Deutschland gebraucht wurden. Das stetige Wirtschaftswachstum war eine wichtige Voraussetzung für interne Stabilität und das Ansehen Deutschlands in der Welt.

Das wirtschaftliche Wachstum erlitt durch die Rezession 1966/67 einen ernsten Rückschlag. Seitdem ist nur noch ein abgeschwächtes Wachstum zu verzeichnen. Die Arbeitslosigkeit wurde zu einer wichtigen Begleiterscheinung. Die Strategie „Wahlgeschenke statt Umverteilung“[733] erwies sich nicht mehr als tragfähig. Thränhardt kennzeichnet die Zeit nach 1974 als „Regieren gegen Krisen“. Größere Verteilungskonflikte waren unvermeidbar.[734] Durch die Vereinigung sind zudem die Staatsschulden erheblich gewachsen. Anfang des neuen Jahrhunderts wurden erstmals die Folgen der demographischen Entwicklung in ihren Auswirkungen auf die sozialen Sicherungssysteme wahrgenommen und zwangen zum Handeln, zumal auch noch das Wirtschaftswachstum stagnierte. Wachstumsdämpfungen sind zwar in hochentwickelten Wirtschaften allgemein zu beobachten. Für die Bundesrepublik ist allerdings von Bedeutung, dass die durchschnittlichen jährlichen Zuwachsraten des Bruttoinlandsprodukts unter dem Durchschnitt aller EU-Länder liegen. Als Ursache dafür wird angeführt, dass die früheren Qualifikationsvorsprünge deutscher Arbeitskräfte geschrumpft und technologisch-innovatorische Leistungen seltener geworden sind. Daneben sind die Grenzen der Umweltbelastbarkeit erkannt worden, was Hemmungen im Hinblick auf die Weiterentwicklung der chemischen Industrie, der Kernenergie und der Biotechnologie mit sich brachte. Der Wirtschaftsstandort Deutschland scheint auch dadurch in Gefahr, dass die Arbeitszeiten kürzer und die Arbeitskosten höher sind als in vergleichbaren Ländern. Hinzu kommt, dass die Kosten für importierte Energieträger seit 1974 erheblich gestiegen sind. Die Steuerbelastungen werden als problematisch beurteilt.

Zusätzlich vollzieht sich ein Strukturwandel in Richtung auf eine Dienstleistungsgesellschaft. Dabei ergibt sich die Notwendigkeit, sterbende Branchen mit Erhaltungssubventionen noch zeitweise am Leben zu erhalten, um sektorale Interessen zu befriedigen. Gleichzeitig sind die unselbständigen Mittelschichten aus produktionsvorbereitenden, verwaltenden, verteilenden und dienstleistenden Tätigkeiten zur gesellschaftlich und politisch dominierenden Gruppe herangewachsen. Die Wirtschaft in der ehemaligen DDR muss diese Entwicklung noch nachvollziehen. Es besteht ein erheblicher Modernisierungsrückstand und die Entwicklung zur Dienstleistungsgesellschaft ist noch keineswegs gesichert. Die „gleichwertigen Lebensverhältnisse“ in Ost- und Westdeutschland erfordern noch wesentliche Solidarakte. Das Regieren wird aber auch durch die wachsende Integration in die EU eher schwieriger und die Handlungsmöglichkeiten der Regierung

733 Thränhardt 1986: 193.
734 Boeckh 2004.

geringer.[735] Für eine Fülle von Politikfeldern werden von der EU Rahmenbedingungen (Richtlinien) vorgegeben sowie Verordnungen erlassen, die umgesetzt werden müssen. Das deutsche politische System ist inzwischen ein penetriertes.[736]

Literatur

(im **Fettdruck** besonders wichtige Titel zum Thema des Kapitels)

Altendorfer, Otto (2001): Das Mediensystem der Bundesrepublik Deutschland, Band 1, Wiesbaden.

Beyme, Klaus von (1997): Der Gesetzgeber. Der Bundestag als Entscheidungszentrum, Opladen.

Beyme, Klaus von (1991): Das politische System der Bundesrepublik Deutschland, München/Zürich, 6. Aufl.; (2004) Wiesbaden, 10. Aufl.

Beyme, Klaus von/Schmidt, Manfred G. (Hrsg.) (1990): Politik in der Bundesrepublik Deutschland, Opladen.

Boeckh, Jürgen u. a. (2004): Sozialpolitik in Deutschland, Wiesbaden.

Böhret, Carl u. a. (1979): Innenpolitik und politische Theorie, Opladen.

Rebensdorf, Hilke (1997): Karrieren und Integration – Werdegänge und Common Language, in: **Bürklin, Wilhelm/ Rebensdorf, Hilke u. a.: Eliten in Deutschland: Rekrutierung und Integration, Opladen,** S. 157–199.

Ellwein, Thomas/Hesse, Joachim Jens (1987): Das Regierungssystem der Bundesrepublik Deutschland, Opladen, 6. Aufl. (Hesse/Ellwein, 1992, 7. Aufl.).

Gabriel, Oscar W./Brettschneider, Frank (Hrsg.) (1994): Die EU-Staaten im Vergleich, Opladen, 2. Aufl.

Gabriel, Oscar W. u. a. (Hrsg.) (2005): Wächst zusammen, was zusammen gehört?, Baden-Baden.

Greiffenhagen, Martin/Greiffenhagen, Silvia (1979): Ein schwieriges Vaterland, München.

Hartwich, Hans-Hermann/Wewer, Göttrik (Hrsg.) (1990 ff.): Regieren in der Bundesrepublik Deutschland, mehrere Bände, Opladen.

Hartwich, Hans-Hermann/Wewer, Göttrik (Hrsg.) (1993): Regieren in der Bundesrepublik: Souveränität, Integration, Interdependenz, Opladen.

Heinrich, Jürgen (1999): Medienökonomie, Bd. 2: Hörfunk und Fernsehen, Opladen/Wiesbaden.

Ismayr, Wolfgang (2000): Der Deutsche Bundestag, Opladen.

Kempf, Udo (2001): Die Regierungsmitglieder als soziale Gruppe, in: Kempf, Udo/ Merz, Hans-Georg (Hrsg-): Kanzler und Minister 1949 – 1998, Opladen, S. 7 – 81.

König, Thomas (1999): Regieren im Deutschen Föderalismus, in: APUZ, B 13, S. 24–36.

Kropp, Sabine/Sturm, Roland (1999): Politische Willensbildung im Föderalismus. Parteienwettbewerb, Regierungsbildung und Bundesratsverhalten in den Ländern, in: APUZ, B 13, S. 37–46.

735 Hartwich/Wewer 1993.

736 Sturm/Pehle 2001: 13; Rudzio ^{7}2006: 495 ff.

Lehmbruch, Gerhard (1976): Parteienwettbewerb im Bundesstaat, Stuttgart u. a.

Lhotta, Roland (2003): Zwischen Kontrolle und Mitregieren. Der Bundesrat als Oppositionskammer, in: APuZ, B 43, S. 16–22.

Meyer, Gerd (1993): Deutschland: Ein Staat – zwei politische Kulturen, in: Der Bürger im Staat, 3, S. 3–12.

Müller-Rommel, Ferdinand (1983): Die Grünen – künftig ein fester Bestandteil unseres Parteiensystems? in: Wehling, Hans-Georg (Red.): Westeuropas Parteiensystem im Wandel, Stuttgart, S. 83–94.

Münch, Ursula (1999): Entwicklung und Perspektiven des Deutschen Föderalismus, in: APUZ, B 13, S. 3–11.

Naßmacher, Hiltrud u. a. (1989): Parteien in der Bundesrepublik Deutschland, Stuttgart u. a.

Naßmacher, Hiltrud u. a. (Hrsg.) (1993): Politische Strukturen im Umbruch, Berlin.

Naßmacher, Hiltrud/Naßmacher, Karl-Heinz (2007): Kommunalpolitik in Deutschland, Wiesbaden, 2. Aufl.

Naßmacher, Karl-Heinz (1989a): Parteien im Abstieg, Opladen.

Naßmacher, Karl-Heinz (1989b): Parteienfinanzierung im Wandel, in: Naßmacher, Hiltrud u. a., S. 136–160.

Naßmacher, Karl-Heinz (2001): Political Finance in West-Central Europe, in: Naßmacher, Karl-Heinz (Hrsg.): Foundations for Democracy, Baden-Baden, S. 92–111.

Neller, Katja (2004): Politik und Lebenszufriedenheit, in: van Deth, Jan W. (Hrsg.): Deutschland in Europa; Wiesbaden, S. 27–54.

Niclauß, Karlheinz (1988): Kanzlerdemokratie, Stuttgart u. a.

Niedermayer, Oskar (Hrsg.) (1996): Intermediäre Strukturen in Ostdeutschland, Opladen.

Renzsch, Wolfgang (1991): Finanzverfassung und Finanzausgleich, Bonn.

Ronit, Karsten /Schneider, Volker (1997): Organisierte Interessen in nationalen und supranationalen Politikökologien – ein Vergleich der GI-Länder mit der Europäischen Union, in: Alemann, Ulrich von/Weßels, Bernhard (Hrsg.): Verbände in vergleichender Perspektive, Berlin, S. 29–62.

Rudzio, Wolfgang (2002): Koalitionen in Deutschland: Flexibilität informellen Regierens, in: Kropp, Sabine u. a. (Hrsg.): Koalitionen in West- und Osteuropa, Opladen, S. 41–67.

Rudzio, Wolfgang (2006): Das politische System der Bundesrepublik Deutschland, Opladen, 7. Aufl.

Scharpf, Fritz W. (1985): Die Politikverflechtungsfalle. Europäische Integration und deutscher Föderalismus im Vergleich, in: PVS, 36 (1985) 4, S. 323–356.

Schimanke, Dieter (Hrsg.) (1989): Stadtdirektor oder Bürgermeister, Basel u. a.

Schüttemeyer, Suzanne S. (1998): Fraktionen im Deutschen Bundestag 1949 bis 1997, Opladen.

Schüttemeyer, Suzanne S. (1999): Parteien und ihre Fraktionen in der Bundesrepublik Deutschland: Veränderte Beziehungen im Zeichen professioneller Politik, in: Helms, Ludger (Hrsg.): Parteien und Fraktionen, Opladen 1999, S. 39–66.

Sontheimer, Kurt (1990): Deutsche Politische Kultur, München.

Stöss, Richard (1989): Die extreme Rechte in der Bundesrepublik, Opladen.

Sturm, Roland/ Pehle, Heinrich (2006): Das neue deutsche Regierungssystem, Wiesbaden, 2. Aufl.

Thaysen, Uwe (1976): Parlamentarisches Regierungssystem in der Bundesrepublik Deutschland, Opladen, 2. Aufl.

Thränhardt, Dietrich (1986): Geschichte der Bundesrepublik, Frankfurt a. M.

Weixner, Bärbel (2002): Direkte Demokratie in den Bundesländern, Opladen.

Weßels, Bernhard (2000): Die Entwicklung des deutschen Korporatismus, in: APUZ, B 26–27, S. 16–21.

Westle, Bettina (1994): Politische Partizipation, in: Gabriel/Brettschneider, S. 137–173.

Westle, Bettina (1999): Kollektive Identität im vereinigten Deutschland. Nation und Demokratie in der Wahrnehmung der Deutschen, Opladen.

Zeh, Wolfgang (1999): Bundestag und Bundesrat bei der Umsetzung von EU-Recht, in: Derlien, Hans-Ulrich/Murswiek, Axel (Hrsg.): Der Politikzyklus zwischen Bonn und Brüssel, Opladen, S. 39–52.

Kapitel X: Politische Systeme der Entwicklungsländer

Der Begriff Entwicklungsländer hebt im allgemeinen Verständnis darauf ab, dass die wirtschaftliche und soziale Entwicklung im Vergleich zu den Ländern mit liberal-demokratischen Systemen (westlichen, marktwirtschaftlichen Ländern) noch nicht ähnlich weit vorangeschritten ist. In der Regel sind das Pro-Kopf-Einkommen und der Bildungsstand im Durchschnitt viel niedriger und zugleich extrem unterschiedlich. Die Lebenserwartung der Menschen ist viel geringer. Verdeutlicht wird das durch den Human Development Index (HDI).[737] Schließlich ist die Bevölkerung stark segmentiert und eine Kontinuität der Herrschaft nur selten feststellbar. Instabilität der Machtausübung verbunden mit gewaltsamen Auseinandersetzungen (s. Kap. XVI, A 3; XVII, B 2) scheint typisch. Die geringe Reichweite der Regierungen im Hinblick auf die Rechtsdurchsetzung bis hin zum Staatsverfall ist z.T. die Folge.

A) Gemeinsamkeiten und Unterschiede

In den Staaten, die früher unter Kolonialherrschaft standen, sind nur selten Demokratien entstanden. Vielmehr breiteten sich dort autoritäre Diktaturen aus. Üblicherweise wird zwischen Südamerika, Asien und Afrika unterschieden. Dennoch gibt es verbreitete Gemeinsamkeiten. Sowohl die Form der Militärdiktatur als auch die des Einparteienstaates mit charismatischer Führung haben ihren Erfolg den überaus starken obrigkeitliche Traditionen zu verdanken. Zwar wurde mit der Unabhängigkeit in den ehemaligen Kolonialgebieten Asiens und Afrikas der Parlamentarismus nach dem Muster westlicher, liberal-demokratischer Systeme eingeführt. Aber schon bald trat die Enttäuschung über das Scheitern der demokratischen Regierungsweise ein. Systemwechsel in der Dritten Welt haben sich in den vergangenen Jahrzehnten hauptsächlich zwischen Demokratien, Einparteiensystemen und Militärherrschaften abgespielt.

1. Probleme der Legitimation und Begründung

Größtenteils läßt sich diese Ernüchterung auf die besonderen Schwierigkeiten aller Anfangsdemokratien zurückführen. Diese sind zunächst bedingt durch die sozioökonomischen Strukturen, die auch durch die langen Abhängigkeiten von Ländern

737 www.hdr.undp.org.

der westlichen Welt mitverursacht wurden (s. Kap. XVIII, B, 2, 3). Die privilegierten Schichten in den Entwicklungsländern sind durch Ausbildung in westlichen Schulen europäisiert. Das zahlenmäßig geringe Bürgertum ist mit dem lokalen traditionellen Besitzbürgertum (Großgrundbesitzern) eng verbunden. Viele Bessergebildete fanden Beschäftigungen als Beamte, Politiker und Manager in Staatsbetrieben, wobei der staatliche Sektor besonders ausgeprägt ist. Die dabei entstandene „Staatsklasse" privilegierte sich selbst, wobei Korruption und Günstlingswirtschaft an der Tagesordnung sind. Der Zwang, sich nicht durch Entwicklungsfortschritte legitimieren zu können, führte häufiger zur Ablösung der Herrschenden. Dabei entsteht eine Zickzack-Bewegung mit regelmäßigem Sturz eines etablierten Segments der herrschenden Klasse durch ein jüngeres, wobei je nach System das Militär, die Verwaltung, Massenorganisationen oder eine Staatspartei von besonderer Bedeutung sind.[738] In Afrika spielen nach wie vor tribale Führer auf der regionalen Ebene eine wichtige Rolle, die nicht vor der Konfliktaustragung mit Waffengewalt zurückschrecken. Nicht nur willkürliche Grenzziehungen durch die Kolonialmächte haben soziale und wirtschaftliche Zusammenhänge zerstört sondern auch wirtschaftliche Begehrlichkeiten (Bodenschätze, fruchtbarer Boden, Zugang zu Wasser) sind Ausgangspunkt für neue Konflikte.

Für Demokratien nach westlichem Muster fehlten fast sämtliche Voraussetzungen (s. Kap. XI, A). Der schwerste Teil des demokratischen Lehrstoffes scheint bei jeden Volke das Erlernen des Tolerierens der Opposition zu sein.[739] Vielfach konnte noch kein Verständnis dafür geweckt werden, dass Opposition nicht eine feindliche Macht innerhalb des eigenen Landes, sondern ein notwendiges Mittel zur Kontrolle der Regierung darstellt. Darüber hinaus waren die demokratischen Eliten klein und auf die Übernahme der Macht nicht vorbereitet. Das Verlangen nach nationaler Einigkeit ließ die Forderung nach persönlichen Freiheitsrechten als zweitrangig erscheinen.

Von entscheidender Bedeutung ist die Art des Wettbewerbs, den politische Systeme zulassen. Dieser ist in den familienregierten Staaten (wie in denen der Golf-Region) überhaupt nicht vorhanden (s. Kap. XVII, B, 1). Ansonsten bildet der Wettbewerb häufig nur die regionalen Konflikte ab, so dass eine Elite nicht auf allgemeine Akzeptanz stößt. Die starke Außenabhängigkeit dieser Länder ist dafür auch Ursache (s. Kap. XVIII). So konnte sich selten eine Identität mit dem Gesamtstaat entwickeln. Demokratisch gewählte Regierungen sind zuweilen zu kurz im Amt, um diese Probleme zu bearbeiten. Denn zunächst vermögen auch im Parteienwettbewerb durchgeführte Wahlen nicht, die politische Herrschaft in gleicher Weise zu legitimieren wie in westlichen-liberalen Demokratien. Linz/Lipset und Diamond sehen manche als Pseudodemokratien,[740] u. a. diejenigen, die von einer Partei dominiert werden. Zwar ist der Parteienwettbewerb zugelassen, führte aber

738 Elsenhans ^{2}1987: 63 ff.

739 Newman 1963: 41.

740 Diamond 1999: 15.

über Jahre nicht zur Ablösung der Dominanzpartei (wie z. B. in Mexiko oder Marokko). Benin, 1990 „als erfolgreiches Beispiel gelungener Demokratisierung viel gepriesen – erweist sich nach sechs Jahren eindeutig beherrscht von der alten Führungselite im Kleid eines parlamentarischen Systems.“[741] Pseudodemokratien haben zwar ein höheres Maß an Freiheit als autoritäre Systeme, die formalen Strukturen (also Verfassungen nach dem Vorbild westlicher Demokratien) bleiben häufig hohl oder fragil. Ein Beispiel aus Südamerika ist Argentinien. Als hohle Demokratien lassen sich auch die Türkei und Indonesien bezeichnen. Das Militär spielt überall im politischen Prozess eine Rolle, wobei der Einfluss unterschiedlich ist.[742] Auch in Chile, dem südamerikanischen Staat mit der längsten demokratischen Tradition, sind Rücksichtnahmen auf das Militär leicht nachweisbar.[743] Neben diesem Problem wird für Südamerika insbesondere das problematische Justizsystem hervorgehoben, das nicht unabhängig und wirksam ist.[744] Auch dies führt hier wie in Afrika und Asien[745] zu einem Übermaß an Korruption.

Die kurzen Phasen demokratischer Regierungsweise zeichnen sich in der Regel durch Instabilität aus. Nohlen hat aufgezeigt, dass in der jüngeren politischen Entwicklung Lateinamerikas in allen Ländern ein gleichgerichteter Wechsel zwischen Demokratie und Militärherrschaft stattgefunden hat. Etwa ab Mitte der 1960er Jahre übernahm das Militär fast überall die Macht. Nach eineinhalb Jahrzehnten Vorherrschaft setzte etwa mit dem Beginn der 1980er Jahre in Lateinamerika ein „demokratischer Frühling“ ein.[746] Inzwischen haben sich in vielen Ländern Populisten als Aufsteiger aus der Unterschicht und als Anwälte der Armen bei Wahlen durchgesetzt.[747] In anderen Teilen der Welt lassen sich diese Muster nicht so leicht feststellen, obwohl auch in Afrika und Asien solche Tendenzen in den 1980er Jahren erkennbar waren.[748] Typisch sind hier zunächst nicht-demokratische Systeme. Bei Machtübernahme durch Diktatoren geben diese häufig vor, möglichst rasch die wirtschaftliche und gesellschaftliche Entwicklung vorantreiben zu wollen. Daher werden solche Systeme auch als Entwicklungsdiktaturen bezeichnet.

Der Begriff der „Entwicklungsdiktatur“ stammt aus einer Zeit, als es üblich war, alle Staaten der Dritten Welt zusammenzufassen und Aussagen über deren zukünftige Entwicklung zu machen. Solche nicht-demokratischen Systeme erschienen als notwendige Übergangsphase:[749] Die ungenügende Steuerungs- und Regelungskapazität sollte durch hierarchische Befehlswege vorübergehend ersetzt wer-

---

741 Molt 1996: 190; zur Beurteilung der Entwicklungen s. a. Forje, in: Vanhanen 1997: 330 f.; Merkel 2003: 116.

742 Wagner 1998: 19.

743 Ebenda: 24 f.; Sangmeister 1998: 39.

744 Diamond 1999: 41.

745 Zu Problemen der Messung Merkel 2003: 82 f.

746 Nohlen, in: von Beyme u. a. 1987, I: 220; Rüland/Werz, in: Opitz ^{2}1993: 246 ff.

747 Werz 2005: 124, 158, 356.

748 Diamond 1999.

749 Löwenthal, in: Löwenthal 1963; Pye 1963; Huntington 1968.

den. Die Armee erschien als modernste Institution, die über solche Befehlswege verfügte. Auch erwartete man von den geringer privilegierten Offizieren eine weniger auf die oberen Einkommensschichten ausgerichtete Industrialisierung.[750] Neuere Forschungsergebnisse deuten dagegen darauf hin, dass ein „Mindestmaß an politischer Kontrolle und an Zugänglichkeit des politischen Systems" sich positiv auf das Wirtschaftswachstum auswirkt.[751]

„Es ist überhaupt fraglich, ob der Typus der Entwicklungsdiktatur, wenn er auf sehr unterschiedliche Systeme von Indonesien bis Spanien angewandt wird, sehr viel hergibt, da er die Entwicklungsunterschiede dieser Systeme außer Acht lässt und das Ausmaß der sozialen Kontrolle nicht angibt, das im Dienst der Entwicklung ausgeübt wird."[752] Gemeinsam war den Systemen, die als Entwicklungsdiktatur bezeichnet wurden, allerdings die demokratische Tarnung der Diktatur. Neben den Grundelementen der Demokratie (Kap. VII, B), die bei der Einordnung von Systemen als „defekte Demokratien" zugrundeliegen,[753] scheinen sich die folgenden Typen besser als Hintergrundfolie für die Beurteilung aktueller, pseudodemokratischer Systeme zu eignen, da sie auf die Herrschaftstechnik abheben.

2. Neopräsidentialismus

Der Begriff „Neopräsidentialismus" bezeichnet ein politisches System, in dem bestimmte Verfassungsregeln dafür sorgen, dass der Präsident über mehr politische Macht verfügt als andere Staatsorgane. „Keinem anderen Organ ist es erlaubt, zum Range eines echten Machtträgers aufzusteigen und dem Präsidenten sein faktisches Monopol streitig zu machen oder ihn zu kontrollieren."[754] Ein neopräsidentielles System verzichtet keineswegs auf ein eigenes Parlament, eine Regierung und dem Namen nach unabhängige Gerichte, doch sind diese Institutionen dem Präsidenten vollständig untergeordnet. Diese Institutionen dienen eher als „demokratische Fassade".[755] Ein eingeschränktes Wahlrecht oder manipulierte Wahlverfahren verhindern wirksamen Beteiligung am politischen Entscheidungsprozess. Die Medien haben nur begrenzte Freiheiten.

Soweit Volksentscheide und Wahlen angesetzt werden, handelt es sich meist um eine Art von Akklamation, weil es keine Auswahlmöglichkeiten gibt und somit nichts mehr zu entscheiden ist. Anfangsformen des Neopräsidentialismus waren die Diktaturen von Horthy in Ungarn, Kemal Pascha in der Türkei, Pilsudski in Polen, Dollfuß und Schuschnigg in Österreich, Vargas in Brasilien sowie Peron in Argentinien. Neuere Beispiele sind die Herrschaftssysteme Nassers (Ägypten), Rhees (Korea), Marcos (Philippinen)[756] und Suhartos (Indonesien)[757]. Auch auf die ple-

750 Elsenhans, in: Nuscheler 1985: 139.

751 Plümper 2001: 97 f.; s.a. Przeworski u. a. 2000.

752 Von Beyme 1971: 28.

753 Croissant/ Thiery, in: Lauth 2000: 89 ff.

754 Loewenstein ^{2}1969: 62.

755 Schubert/Thompson, in: Merkel u. a. 1996: 417 ff.

756 Merkel 1999: 308 f.

biszitäre Zustimmung der Volksmehrheit gestützte Präsidenten wie Sukarno in Indonesien, Nyerere in Tansania, Kenyatta in Kenia, Nkrumah in Ghana, Bourgiba in Tunesien, Toure in Guinea sowie Kaunda in Sambia sind Beispiele für Neopräsidentialismus. Diese Präsidenten kamen ohne Bürgerkrieg und Militärputsch, oft im Zusammenhang mit der nationalen Unabhängigkeit an die Macht und blieben dort sehr lange, wobei den Präsidenten eine Art Vaterrolle[758] zuwuchs. Eine Zuordnung von neuen Beispielen ist bei begrenzter Information aus diesen Staaten meistens erst möglich, wenn z. B. Machtmissbrauch in der Amtsausübung oder Korruption aufgedeckt wird, und damit die „demokratische Fassade" fällt. Wichtig ist, wo im Konfliktfall das Militär steht und ob es die Chance zur Machtergreifung nutzt.

3. Militärherrschaft

In diesen Systemen ergreift das Militär für einen längeren Zeitraum die Macht, um Staat und Gesellschaft grundlegend neu zu organisieren. Die Rechtfertigung der militärischen Machtübernahme rückt „die innere Bedrohung von Staat und Gesellschaft durch sozialrevolutionäre Bewegungen und Parteien … in den Mittelpunkt der militärischen Aufgabenstellung".[759] Die Militärführung ergreift politische „Maßnahmen zur Kontrolle der Gesellschaft und zur Freisetzung von Kräften wirtschaftlichen Wachstums."[760]

Für die Mechanik der Machtergreifung durch Militärputsch hat sich eine Art feststehendes Ritual entwickelt. Die rebellierenden Offiziere finden sich zu einer kollektiv handelnden Gruppe (Junta) zusammen. Zu den treibenden Kräften gehören selten Generäle, überwiegend Obristen,[761] die durch ihre strategisch wichtige Position auf der mittleren Führungsebene bei der Kommunikation mit den einfachen Soldaten Vorteile haben. Besonders erfolgreich ist dabei jene „strategische Gruppe" der mittleren Ebene, die etwa „fünfzig bis fünfhundert Personen umfasst, ohne deren Mitwirkung oder Zustimmung (oder auch Ersetzung) in fast allen Entscheidungssystemen nichts unternommen werden kann …"[762]

Die militärische Machtergreifung schließt den militärischen Einsatz (Truppenmobilisierung) zur Kontrolle von Grenzen und Kommunikationswegen ein und vollzieht sich, von Einzelfällen abgesehen, ohne Blutvergießen. „Es hat sich ein geradezu lehrbuchmäßiges Schema dafür herausgebildet. Die unter dem Befehl der aufständischen Offiziere stehenden Truppen besetzen die Regierungsgebäude der Landeshauptstadt, außerdem vor allem die Zentren der Telekommunikation, ohne die kein Putsch gelingen kann, sichern die Flugplätze und andere wichtige Verkehrsinstallationen, verhaften nach vorbereiteten Listen die Mitglieder der am Ru-

757 Merkel 2003: 107 f.
758 Fengler 2001: 46 f.
759 Nohlen, in: von Beyme u. a. 1987, I: 220.
760 Ebenda.
761 Loewenstein, in: Stammen 1976: 481.
762 Deutsch 1969: 223.

der befindlichen Regierung und mutmaßliche Opponenten unter der Zivilbevölkerung, darunter vor allem Gewerkschaftsführer, und verhängen vollkommene Bewegungs- und Meinungssperre, bis sie sicher im Sattel sitzen. ... Ein Widerstand der Massen, auch wenn sie in ihrer Mehrheit durchaus gegen die Militärrevolte sind, hat angesichts der modernen Waffen weder zu Beginn noch nach der Etablierung des Militärherrschaft irgendwelche Aussicht auf Erfolg. Gegenüber Panzern und Maschinengewehren sind die Barrikaden der klassischen Revolution machtlos."[763] Ein derart „generalstabsmäßig" geplanter und binnen weniger Stunden vollständig durchgeführter Umsturz ist fast immer erfolgreich. Dilettantische Abweichungen vom skizzierten „Einsatzplan" führen allerdings nahezu zwangsläufig zum Scheitern. Jüngere Beispiele sind die Militärputsche in Moskau (1991) und Venezuela (1992).

Im Gegensatz zur traditionellen Militärherrschaft kam es in den 1960er und 1970er Jahren nicht zu einer Personalisierung der politischen Macht. Vielmehr kontrollierte das Militär als Institution mit beträchtlichem Eigeninteresse (höhere Bezüge, Aufstockung des Verteidigungshaushalts, Ausrüstung mit modernsten Waffen, Sicherung des Prestiges, Verteidigung des Monopols physischer Gewaltanwendung)[764] das politische System auf allen Ebenen. Es verbündete sich dabei mit den obersten Schichten unter Ausschaltung der mittleren und unteren Schichten. Partner der militärischen Führung sind fast immer „als unpolitisch geltende technokratische Elemente in verschiedenen Bereichen der Wirtschaft, der Verwaltung, der Universitäten."[765] Ein orthodoxer Liberalismus als wirtschaftliche Dimension politischer Regierungsprogramme ermöglichte mit beträchtlicher Unterstützung durch ausländisches Kapital eine forcierte kapitalistische Entwicklung. Für eine vertiefende Modernisierung durch Industrialisierung und verstärkte Integration in den Weltmarkt stellte das Militär die notwendigen politischen Bedingungen her,[766] u. a. Sicherheit. Auch die Repression in den einzelnen Ländern war unterschiedlich, wobei die Verletzung der Menschenrechte in Argentinien, Chile und Uruguay am höchsten war.

An einer Massenbasis bestand bei keinem dieser Systeme ein Interesse. Eine politische Partizipation der Bevölkerung wurde entweder unterbunden oder sie erfolgte gesteuert. Soweit demokratische Mechanismen Anwendung fanden, waren sie inhaltlich ausgehöhlt und ihre Ergebnisse häufig gefälscht. Nur in Brasilien wurden im autoritären Herrschaftssystem auch Elemente demokratischen Regierens eingebaut, so die Ablösung der Exekutive aus dem Kreis militärischer Führungspersonen und die Duldung einer Volksvertretung sowie das Abhalten periodischer, allerdings von der Exekutive gesteuerter Wahlen. Dennoch war Mobilisierung zuweilen ein Element der Herrschaftsstrategie. Versuche der politischen Führung, die Massen

763 Loewenstein, in: Stammen 1976: 482.

764 Nohlen, in: von Beyme u. a. 1987, I: 225.

765 Ebenda: 229; s. a. Werz 2005: 176 ff.

766 Vgl. ebenda: 222 f.

zur Unterstützung des autoritären Systems und seiner politischen Ziele zu gewinnen, sind vor allem in Afrika zu beobachten. Als Instrument dazu dienen Einheitsparteien.

Die Militärmachthaber legitimieren sich vor allen Dingen durch ihre ökonomischen Leistungen. Bleiben diese aus, so ist die Macht der Militärs begrenzt. Siescheitern aber vor allem an ihrem autoritär-bürokratischen Entwicklungskonzept. Die Kritik verschiedener sozialer Gruppen, einschließlich der Kirche, war für die Delegitimierung der Systeme in Südamerika wichtig. So kam es weitgehend zu einer Re-demokratisierung, ohne dass das Militär seine Macht völlig einbüßte.[767]

Meistens konnten die Militärs ein Institutionensystem hinterlassen, das dann die Grundlage für ein nichtmilitärisches System abgab. Für die Re-Demokratisierung war von Bedeutung, ob es verbliebene Reste demokratischer Prozeduren gab. So hat in Brasilien und Uruguay der Legitimitätsentzug durch Wahlen und Referenden eine beschleunigende Wirkung im Hinblick auf die Re-Demokratisierung gehabt. Für die weitere Entwicklung war wichtig, dass Parteien die gesellschaftlichen Kräfte bündelten und sich in einen Parteienwettbewerb um politische Führungspositionen einbringen konnten. In dieser Hinsicht galt Uruguay „als die Schweiz Lateinamerikas, ein Muster an politischer Stabilität."[768] Auch in Chile lief der politische Prozess über Jahre nach demokratischem Muster ab. Erst als sich seit den 1960er Jahren zeigte, dass die Volkswirtschaften nicht dynamisch auf die Verschlechterungen der weltwirtschaftlichen Bedingungen reagieren konnten, wurde die soziale und politische Integration der unteren gesellschaftlichen Schichten zum Problem, so dass linke Parteien die Macht übernahmen bzw. sich anschickten, die Macht zu übernehmen. Dies war dann häufig für das Militär der Anlass, wieder die Macht an sich zu reißen.

4. Einparteienherrschaft

In Schwarzafrika wurden die formalen Abläufe westlicher Demokratien bei der Entkolonialisierung „auf Gesellschaften verpflanzt, die den Prozess der Modernisierung im Sinne von Rationalisierung, Säkularisierung und Lösung des Individuums aus der ethnisch-religiös bestimmten Gemeinschaft noch nicht durchlaufen hatten."[769] Politische Opposition wurde jedoch bald unterdrückt, liquidiert, außer Landes getrieben oder durch Kooptation in die Einheitspartei integriert. Einparteiensysteme erschienen als geeignete Instrumente zur schnellen Nationbildung und zu besserer wirtschaftlicher und sozialer Entwicklung. Ziel war es, die Spaltung der Gesellschaft durch Stammes- und Familienzusammenhänge zu überwinden.

Hinter diesen hochgesteckten Erwartungen blieb die Realität der politischen Entwicklung Schwarzafrikas deutlich zurück: Die Organisationsstrukturen der Einheitspartei reichten nicht aus, um die bäuerlichen Massen der Bevölkerung in das

767 Rüland/Werz, in: Opitz ^{2}1993: 246 f.; s. a. Werz 2005: 194 f., 212.

768 Nohlen, in: von Beyme u. a. 1987, I: 242; s. a. Diamond 1999: 40.

769 Nohlen, in: Nohlen/Waldmann 1987: 72.

politische System zu integrieren. Die bürokratisch verkrusteten Einheitsparteien erwiesen sich als Anhängsel des Herrschaftsapparates. Der Zugang zur politischen Elite wurde durch Patronage und Nepotismus gesteuert sowie durch das Bildungssystem begrenzt. Soweit die politische Elite sich nicht selbst reproduzierte, konnte ein Generationenkonflikt zwischen bereits etablierten Kräften und neuen Universitätsabsolventen nur durch Ausweitung des ineffizienten Staatsapparates entschärft werden. Diese Politik verschlang jedoch immer größere Teile der ohnehin knappen Ressourcen.

In diesen Systemen spielten oder spielen „Wahlen", bei denen es keinen Wettbewerb gibt, eine unterschiedlich große Rolle. Sie wurden von den Systemen genutzt, um öffentlich – auch gegenüber dem Ausland – die Legitimation des Systems zu demonstrieren. Tatsächlich dienten die Wahlen eher der Kontrolle im Mikrobereich: Die Bevölkerung wurde in periodischen Abständen durch kontrollierte Stimmabgabe reaktiviert und somit gezwungen, die Gefolgschaft gegenüber den politischen Führern zum Ausdruck zu bringen. Dies war vor allem in den Einparteiensystemen Afrikas der Fall, die sich am Kommunismus orientierten, z. B. in Angola, Sambia, Tansania und Äthiopien. Im Gefolge der kommunistischen Machtergreifung waren dann auch Techniken üblich, wie sie zum Teil bereits im Stalinismus erprobt wurden: Ausrottung aller potentiell als feindlich eingestuften sozialen Gruppierungen, Liquidierung der unabhängigen Bauernschaft, Massendeportationen und Zwangsumsiedlungen sowie Verfolgung von Systemgegnern.[770]

Nach dem Zusammenbruch kommunistischer Systeme in Osteuropa wurden die Einparteiensysteme weitgehend abgeschafft, oppositionelle und sonstige gesellschaftliche Gruppen konnten sich formieren, die Pressezensur wurde weitgehend aufgehoben. Bis 1996 haben in fast allen Staaten Afrikas „relativ kompetitive Parlamentswahlen" stattgefunden. Diamond prägte den Begriff der „Electoral Democracy."[771] Denn die neu entstandenen Mehrparteiensysteme müssen mit einiger Skepsis betrachtet werden,[772] zumal selbst bei einem Sieg der Opposition die alten Eliten versuchen, an der Macht beteiligt zu bleiben, wie sich z. B. in Kenia gezeigt hat. Die Perspektiven für Rechtsstaatlichkeit und Demokratisierung sind außerordentlich unterschiedlich einzuschätzen. Einparteiensysteme sind noch dort anzutreffen, wo Befreiungsbewegungen an der Macht sind.

B) Darstellung von Beispielen

Bei der hier vorgestellten Auswahl musste der Tatsache Rechnung getragen werden, dass die dargestellten Herrschaftsmodelle nur bestimmten Phasen entsprechen. Nur in einem Land kann wirklich von demokratischen Entscheidungsstrukturen

770 Jesse, in: Bundeszentrale 1991: 183.

771 Tetzlaff 1996: 196 f.; Emminghaus 2003: 100 ff.

772 Rüland/Werz, in: Opitz ^{2}1993: 259 f.

gesprochen werden, auch wenn diese immer wieder gefährdet erscheinen, in Indien. Nigeria, das bevölkerungsreichste Land Schwarzafrikas – ist ein Beispielland, das seit der politischen Selbständigkeit 1960 bisher nur einige Jahre demokratische Herrschaft erlebte. Dabei war nach einem relativ unblutigen Kampf um die Unabhängigkeit zunächst erwartet worden, dass ein erfolgreicher Export westlicher Demokratie eingeleitet worden sei. Die britischen Institutionen wurden kopiert und soweit unabweisbar nötig, nach den Vorbildern Australiens und Kanadas den landesspezifischen Bedingungen angepasst. Dies verhinderte jedoch nicht, dass das Land jahrzehntelang durch das Militär beherrscht wurde und inzwischen – dem Trend in den meisten afrikanischen Länder folgend[773] – ein präsidentielles System hat. Demgegenüber ist Mexiko vielleicht das Land Mittelamerikas, in dem ein nachhaltiger Übergang zur Demokratie gelingen kann. Schließlich wurde aus Asien das wichtigste noch verbliebene kommunistische System ausgewählt, zugleich das nach Fläche und Bevölkerung größte Entwicklungsland: China. Die wirtschaftliche Dynamik sowie die Veränderungen der Gesellschaftsstrukturen könnten dort wie in den anderen politischen Systemen des fernen Ostens einen Demokratisierungsschub auslösen.

1. Indien

Nach der Entkolonialisierung der Dritten Welt sind nur wenige parlamentarische Demokratien mit föderalistischem System entstanden, Indien ist ein Beispiel dafür. Hier leben ca. eine Milliarde Menschen, ca. ein Sechstel der Weltbevölkerung.

Indien wurde nach kriegerischen Auseinandersetzungen der Engländer mit anderen Kolonialmächten, vor allen Dingen mit Frankreich, britische Kolonie. Bis zur Unabhängigkeit von Großbritannien 1947 wurde ein Drittel Indiens von den Briten direkt verwaltet und zwei Drittel von 565 einheimischen Herrschern mit unterschiedlichen Hoheitsrechten unter britischer Kontrolle.[774] Verbreitet war dort die orientalische Despotie, eine asiatische Form des absoluten Königtums. Einer Modernisierung standen besonders große Hindernisse entgegen. Da Machthaber und Behörden „wechselhaft" und „nicht berechenbar" waren, nahmen die Engländer das Konzept des Handelns in die Hand.[775] Früh wurden unabhängige Gerichte geschaffen. In den 1830er Jahren wurde bereits in Indien die englische Erziehung eingeführt, damit die Inder im Dienst der englischen Kolonialherrschaft Aufgaben in Bürokratie und Justiz übernehmen konnten.[776] Die sich dabei herausbildende englischsprachige Elite führte zu verstärkter indischer Präsenz auf allen Ebenen der Kolonialverwaltung. Es gilt als sicher, dass diese Elite „die Macht der Briten juris-

773 Emminghaus 2003: 99.
774 Malhotra 1990: 30.
775 Moore 1969: 366, 396.
776 Malhotra 1990: 44.

tisch untergraben, Massen mobilisiert und zum ersten Mal ein politisches und nationales Bewusstsein der indischen Bevölkerung erweckt hat.“[777]

Die indische Wirtschaft entwickelte sich zunächst in Abhängigkeit von Großbritannien, u. a. verbunden mit der Zerstörung der asiatischen Produktionsweise. Die Unternehmen wurden z. T. nach dem Ersten Weltkrieg entweder von den Briten gegründet oder sie waren als deren Zulieferer von den britischen Firmen abhängig. Nach dem Zweiten Weltkrieg erhielten die indischen Produzenten weitgehende Konzessionen, die sie zu modernen Unternehmern machten.[778] Erst nach etwa einem halben Jahrhundert ist es Indien inzwischen gelungen, in verschiedenen Industriebereichen autark zu sein. In den Spitzentechnologien versucht Indien aufzuholen. Im Vergleich zur Wirtschaftsentwicklung der asiatischen Nachbarn schnitt Indien allerdings noch Anfang der 1990er Jahre schlecht ab. Als Ursache wird der „Nehru-Sozialismus“ gesehen. Erst in den 1990er Jahren konnte die Dominanz des Staates partiell überwunden werden.[779] Heute wird die Wirtschaftsentwicklung immer häufiger mit der Chinas verglichen. Allerdings bleibt Indien „ein Land mit zwei Gesichtern“: einerseits der Fähigkeit der Wissenschaftler zu bemerkenswerten Leistungen und andererseits der Unfähigkeit, diese Leistungen zu nutzen und sie der breiten, überwiegend in Armut lebenden Bevölkerung zukommen zu lassen.[780]

Indien ist seit jeher Heimat vieler Völker mit unterschiedlicher Abstammung, Sprache und Religion gewesen. Insgesamt sind 15 Haupt- und Regionalsprachen zugelassen, daneben gibt es noch 24 selbständige Sprachen, über 720 Dialekte und 23 Stammessprachen.[781] 45 % der Bevölkerung sind noch immer Analphabeten bei gleichzeitig hohem Stand der Universitäten.[782] Sozio-ökonomische Maßnahmen der indischen Regierung haben inzwischen dazu beigetragen, dass eine heterogene Mittelschicht, deren Umfang auf 25 bis 30 % der Gesamtbevölkerung eingeschätzt wird, entstanden ist. Dadurch wurde das Kastensystem[783] geschwächt, das bei der Besetzung von Stellen in der Staatsbürokratie immer noch eine wichtige Rolle spielt. Gleichzeitig hat sich das ethnische Denken eher verstärkt und zunehmend spielen religiöse Konflikte eine Rolle. Mit 80 % stellen Hindus die überwältigende Mehrheit der Einwohner dar. Muslime machen 12 % der Gesamtbevölkerung aus. Zu den Sikhs gehören dagegen nur 2 % der Bevölkerung.[784] Zwischen Hindus und Moslems besteht eine tiefe Kluft. Nach der Abspaltung Pakistans verließen fast alle Hindus und Sikhs Pakistan und übersiedelten nach Indien, um den Grausamkeiten

---

777 Ebenda: 46.

778 Ebenda: 117; s. a. Weede 2000: 211 ff.

779 Rieger 1998: 20 f., 23.

780 Pelinka 2005: 26–28.

781 Jaura 1993: 1.

782 Rothermund 1998: 16.

783 Damit ist die Einordnung der Bevölkerung in erbliche, endogene Gruppen gemeint, in denen die Männer die gleichen sozialen Funktionen wahrnehmen. Die Fügsamkeit in dieser Ordnung – so der Glaube – wird im nächsten Leben durch die Aufstieg in höhere Kasten belohnt (Moore 1969: 369, 388 ff.). Jürgenmeyer/Rösel 1998: 25 ff.; Weede 2000: 183 ff.

784 Von Schwerin 1988: 59 ff.

der Fanatiker unter den Muslimen zu entgehen, während die Muslime nach Pakistan flohen. Die radikalen Hindus sind aber mit dem Prinzip der Säkularisation nicht einverstanden und verlangen eine Hindu-Nation. Die Fundamentalisten unter ihnen wollen ihrerseits die Muslime ausmerzen. Diese fühlen sich aber ohnehin in der indischen Gesellschaft unterprivilegiert und stellen die am wenigsten gebildete Bevölkerungsgruppe dar.[785]

Neben den Religionen nehmen vor allem Interessenverbände wesentlichen Einfluss auf die Politik. Unternehmer und ihr Verbände haben in Kooperation mit dem Staat im Zuge der Unabhängigkeitsbewegung das britische und ausländische Kapital vehement bekämpft. Gewerkschaften lassen sich bis in das Jahr 1890 zurückverfolgen. Die indische Gewerkschaftslandschaft ist vielfältig und stark ausdifferenziert. Gemeinsame Interessendurchsetzung erweist sich dadurch als schwierig. Die Zahl der Gewerkschaften steigt, die Mitgliederzahl sinkt dagegen.[786]

Die Jahrzehnte führende Partei Indiens, die Kongresspartei (CP), wurde bereits 1885 offiziell gegründet. Aus ihr entwickelte sich die Freiheitsbewegung Indiens. „Insofern wurde in Indien, im Gegensatz zu vielen Ländern der Dritten Welt, mit der Kongresspartei schon lange vor der Unabhängigkeit ein Instrument zur weiteren politischen Entwicklung geschaffen."[787] Die Gründer der CP kamen aus der dünnen, neuen Mittelschicht, die durch Intervention der Briten in das indische Rechts- und Verwaltungssystem entstanden war. Bald schlossen sich der CP auch Kaufleute und Industrielle an. Die Angehörigen einigte die negative Beurteilung des Kolonialismus. Erst Mahatma Gandhi gelang es in den 1920er Jahren, die Kongresspartei in eine breite Massenbewegung umzuformen: Er schaffte die Verbindung zwischen Bürgertum und Bauernschaft. Seine Strategie der Gewaltlosigkeit brachte schließlich die Unabhängigkeitsbewegung in Gang.[788] Nehru hat dann eine Zukunftsorientierung mit sozialistischen Visionen eingeleitet, wobei allerdings die alten Strukturen im Wesentlichen unberührt blieben. Die CP behielt durch die Ausbildung verschiedener Flügel lange ihre Sammelbeckenfunktion. Bis Ende der 1970er Jahre sind die Oppositionsparteien auf nationaler Ebene gescheitert. Zur Zeit des Unabhängigkeitskampfes existierten noch mehrere nationale Parteien, so die Communist Party of India (CPI); ihre Bedeutung blieb aber gering.

Die meisten nationalen Parteien waren Abspaltungen der Kongresspartei, so die Sozialistische Partei (SP) 1948, die „Swatantra Party" (SWP) 1959, der „Bharatiya Krant Dal" (BKD) 1967 und die „Kongressopposition" (CO) 1969. Erst der „Janata Party" (JNP), entstanden 1977 durch Zusammenschluss einiger kleiner Parteien, gelang es, vorübergehend Regierungspartei zu werden.[789] Ihr erwuchs durch die

---

785 Jaura 1993: 1.

786 Malhotra 1990: 122 ff., 151, 156, 163.

787 Ebenda: 245.

788 Moore 1969: 431 ff; s. d. auch Rothermund 1993b: 14 ff.; Pelinka (2005: insb. 77 ff.) betont die Rolle von Bose als antibritischem Politiker.

789 Malhotra 1990: 246 f.

Bharatiya Janata Party (BJP)[790] als zunächst wichtigster Oppositionspartei eine bedeutende Konkurrenz rechts von der CP. Die BJP vertritt die Ober- und Mittelkasten und steht mit religiösen Organisationen in Verbindung. Während die nationalen Parteien sich bisher dem in der Verfassung verankerten Säkularismus verpflichtet sahen, wurde dies durch die BJP in Frage gestellt. Als Regierungspartei agierte sie jedoch pragmatischer.

Die Verfassung Indiens orientiert sich am parlamentarischen Regierungssystem Großbritanniens (s. Kap. VIII, A, 1). Der wichtigste politische Akteur ist die indische Bundesregierung. Zur Handlungsfähigkeit muss sie die Mehrheit im Parlament haben. Dies kann der Bundesregierung das Misstrauen aussprechen. Die Volkskammer (Unterhaus) besteht aus 545 Abgeordneten, die durch Mehrheitswahl in Einer-Wahlkreisen für maximal fünf Jahre gewählt werden. Für Minderheiten (Unberührbare und Urbevölkerung) sind Sitze reserviert, für die nur diese Gruppen kandidieren dürfen.[791] Vorzeitige Auflösung des Parlaments durch den Regierungschef ist möglich. Das Parlament tagt zwei- bis dreimal im Jahr, wobei Hindi und Englisch als Verhandlungssprachen verwendet werden; daneben sind weitere offizielle Sprachen von Fall zu Fall zugelassen. Das Staatsoberhaupt, der Präsident, ist in seinen Rechten zwischen dem deutschen und dem französischen Staatsoberhaupt einzuordnen, jedoch näher an der Stellung des Bundespräsidenten.[792] In den Provinzen gibt es wie in anderen förderalistischen Systemen Regionalparteien und neue Parteien.

Da Indien bereits vor der Unabhängigkeit aus vielen administrativen Einheiten bestand, zentrifugale Kräfte sprachlicher, regionaler und ethnischer Art eine Bedrohung darstellten und die wirtschaftlichen Disparitäten enorm waren, wurde ein föderalistisches System gebildet.[793] Die Indische Republik besteht zur Zeit aus 28 Gliedstaaten und sieben zentralregierten Unionsterritorien. Weitere Gebiete verlangen die Anerkennung ihrer Besonderheiten. Diese sind im indischen Föderalismus bereits in der Sprachen- und Schulpolitik sowie in der Personenstandsgesetzgebung für einzelne religiöse Gruppen gewährleistet. Weiterhin finden sich im Entscheidungssystem verschiedene konkordante Entscheidungselemente.[794]

Dennoch wird häufig das Übergewicht des Bundes herausgestellt.[795] So setzte die Zentralregierung insbesondere zur Zeit Indira Gandhis immer mal wieder Provinzregierungen ab, die ihr politisch nicht passten. Sie wurde dabei 1993 aber durch ein Obergericht zurückgewiesen.[796] Die Länder sind auf Bundesebene in der Staatenkammer (Oberhaus) vertreten.[797] Sie besteht aus maximal 250 Mitgliedern,

790 Mitra/ Singh 1999: 133 f.; Chadda 2000: 183 f.
791 Malhotra 1990: 246 f.
792 Ebenda: 212.
793 Rothermund 1993b: 40 ff.
794 Lijphart 1996: 260 f.
795 Rothermund 1993a: 2.
796 NZZ vom 17. 6. 1993.
797 Doeker, in: Doeker 1971.

von denen zwölf vom Präsidenten ernannt werden. Dabei handelt es sich um Persönlichkeiten aus Wissenschaft und Kunst. Die weiteren Sitze werden nach der Bevölkerungszahl des jeweiligen Bundeslandes vergeben. Diese proportionale Besetzung gilt nicht für die Unionsterritorien, da jedes Unionsterritorium (selbst bei ganz geringer Bevölkerungszahl) in der Staatenkammer vertreten sein muss. Die meisten Mitglieder der Staatenkammer werden von den Landtagsabgeordneten, also indirekt, für sechs Jahre gewählt. Ein Drittel der Mitglieder muss alle zwei Jahre neu bestimmt werden. Eine informelle Regel bestimmt, dass in der Staatenkammer die Hindu-Staaten die anderen nicht überstimmen dürfen.[798] Gesetzentwürfe sind in der Regel durch Volkskammer und Staatenkammer anzunehmen. Die Volkskammer hat aber wesentlich mehr Bedeutung.

Die Besonderheit der Volkskammer war bis 1989/91, dass hier die Kongresspartei sehr stark dominierte. Dagegen spielten die Oppositionsparteien nur eine untergeordnete Rolle. Opposition ereignete sich vor allen Dingen dadurch, dass die Oppositionsparteien eine Faktion, einen Flügel oder eine informelle Gruppe der Kongresspartei beeinflussten, d. h. sie veranlassten eine Gruppierung in der Kongresspartei zum Opponieren. „Insofern übernehmen derartige Faktionen innerhalb der Kongresspartei die eigentliche Rolle der Oppositionsparteien."[799] Weiterhin waren Minderheiten an der Regierung beteiligt, so dass auf eine „Allianz von Minderheiten"[800] gebaut wird. Machtwechsel waren zunächst selten. Von 1977–79 regierte die Janata-Regierung bzw. ihre Koalition. Ab 1989 befand sich die Kongresspartei wieder in der Opposition und regierte seit 1991 mit einer Minderheitsregierung.[801] Mit der Wahlniederlage der Kongresspartei 1996 schien das Land in eine politische Umbruchphase eingetreten zu sein, wobei sich Janata-Partei und BJP in jeweils übergroßen Koalitionen als führende Regierungsparteien ablösten.[802] Inzwischen ist die Kongresspartei wieder deutlich gestärkt und stellt den Regierungschef.

In den Gliedstaaten bestehen in neun Länderparlamenten zwei Kammern, die übrigen kennen nur eine Kammer. Auch hier dominierte die Kongresspartei zunächst sehr stark, so dass sich der Föderalismus in der Praxis nicht voll entfalten konnte. Die Gliedstaaten sind bis heute weitgehend von den fiskalischen Zuwendungen der Bundesregierung abhängig. Sie versucht zwar, unterschiedliche Entwicklungen durch finanzielle Hilfen auszugleichen, hat aber auch zuweilen massiven finanziellen Druck auf Gliedstaaten ausgeübt, die von Oppositionsparteien regiert wurden.[803] Auch hat die Bundesregierung, nicht nur unter Indira Gandhi, auf ihre Notstandsbefugnisse (z. B. 1975–77) zurückgegriffen, mehrere Bundeslän-

798 Lijphart 1996: 261.
799 Malhotra 1990: 249.
800 Pelinka 2005: 33.
801 Lijphart 1996: 265 f.
802 Mitra/ Singh 1999: 128–132; Chadda 2000: 175 ff.
803 Malhotra 1990: 223; s. a. Rothermund 1993b: 34, 43.

der der Zentralgewalt unterstellt und schließlich die alte Regel, dass Bundesrecht Landesrecht bricht, eingesetzt.

Insgesamt schien Indien zwischenzeitlich die Nehru-Gandhi-Dynastie als Autorität zu vermissen, die allerdings das arme Land keineswegs aus den wirtschaftlichen Problemen und der Armut herausgeführt hat. Die Regierungsparteien sind auf viele kleine Parteien als Koalitionspartner angewiesen, was das Regieren erschwert. Die Situation in Nigeria ist freilich viel weniger positiv für die zukünftige Entwicklung einzuschätzen.

2. Nigeria

Die ehemalige britische Kolonie[804] ist seit 1960 selbständig. Die heutigen Grenzen wurden Ende des vorigen Jahrhunderts durch die britische Kolonialmacht festgelegt. Das Jahr 1914 gilt als eigentliches Gründungsjahr des Staates. Er ist der volkreichste Schwarzafrikas (etwa 130 Mio. Einwohner) und nach seiner Fläche in Afrika ein Staat mittlerer Größe. Nigeria gehört zu den zehn größten Erdölexporteuren. Die wirtschaftliche Abhängigkeit vom Erdöl ist so groß, dass über 90 % der Exporte und mehr als 70 % der Staatseinnahmen darauf entfallen. Dies ist verbunden mit der Abhängigkeit von ausländischen Ölkonzernen, die massive ökologische Lasten verursachen. Die Ressource ist zudem ungleich verteilt. Während Erdöl im Wesentlichen im Südosten, am Delta des Niger, gefördert wird, gehört der äußerste Norden des Landes noch zur Sahelzone. Die wirtschaftliche Tätigkeit konzentriert sich um das Ballungszentrum Lagos, also im Südwesten.

Trotz des Öls gehört Nigeria zu den ärmsten Ländern der Welt. Durch die Ölfunde hatte sich die wirtschaftliche Situation des Landes in den 1960er Jahren zwar grundlegend verändert. Die von den internationalen Ölkonzernen BP, Esso und Shell in dieser Zeit begonnene Ölförderung wurde Anfang der 1970er Jahre verstaatlicht (ausländische Firmen halten Minderheitsbeteiligungen). Der Ausbau der Infrastruktur nach westlichem Vorbild ging voran. Riesige Fertigungsstätten zur Montage langlebiger Güter entstanden, die der kaufkräftigen Nachfrage dienten. Damit war aber keine Diversifizierung der Produktion verbunden. In diesen Jahren wäre genügend Geld für eine kleinteilige wirtschaftliche Eigenentwicklung im Lande vorhanden gewesen. Neuerlich sind Einkommensverluste aus den Ölvorkommen durch massive Unruhen und illegale Abzweigungen großer Fördermengen erheblich. Probleme entstanden auch, weil jahrelang die Landwirtschaft völlig vernachlässigt wurde.[805] Dadurch wurden viele Menschen entwurzelt und arbeitslos. Es gibt im Land keine wirksam organisierten Gewerkschaften[806] und keine sozialen Sicherungen. An jedem tatsächlich erzielten Einkommen hängt die ganze Großfamilie.

804 Zur britische Kolonialpolitik s. Gieler 1993: 76 ff.
805 Ebenda: 350.
806 S. d. König 1994: 95 ff.

Aus den insgesamt 250 (122–434)[807] ethnischen Gruppen mit ca. 400 unterschiedlichen Sprachen ragen drei große Völker hervor. Die muslimischen Haussa-Fulani im Norden des Landes stellen ein Viertel der Bevölkerung. Von den schwarzen Völkern im christlichen, südlichen Landesteil sind die Yoruba im Westen und die Ibo im Osten von besonderer Bedeutung (je etwa 20 % der Bevölkerung). Diese drei Völker sind die wichtigsten Kontrahenten in den ethnisch-religiösen, wirtschaftlich-sozialen und politischen Konflikten des Landes.[808] Während die Haussa-Fulani einheitlich handeln, sind die Yoruba und die Ibo politisch zersplittert. Die Haussa-Fulani stützen sich noch auf traditionelle Herrschaftsstrukturen:[809] Fünf bis sechs Fürsten entscheiden, was „der Norden“ will. Bei der Durchsetzung dieses Willens können die Emire des Nordens mit Glaubensbrüdern (Moslems) in anderen Landesteilen kooperieren.

Die Ölfunde im Gebiet des Ibo-Volkes hatten für dieses wirtschaftliche, soziale und politische Folgen. Sie führten zur Unabhängigkeitserklärung des Südostens und zum Biafra-Krieg (1967–1970).[810] Der zunächst an der staatlichen Einheit Nigerias wenig interessierte, wirtschaftlich stark zurückgebliebene Norden fand Interesse an der Erhaltung des Gesamtstaates und war dementsprechend stark engagiert. Das Streben der Ibo nach Unabhängigkeit scheiterte zwar. Aber das Öl hatte die wirtschaftlich-soziale Position dieses Volkes beträchtlich verbessert, u. a. durch eine Bildungsoffensive. Dagegen verspielten die Yoruba ihren ursprünglichen Vorsprung in diesem Bereich, indem sie sich darauf verließen, traditionell die wirtschaftliche Macht im Lande auszuüben. Tatsächlich besetzten die Ibo, dank der breit angelegten Bildungsoffensive, schon vor dem Biafra-Krieg Führungspositionen in Handel und Verwaltung des ganzen Landes.

Bei der Entlassung Nigerias in die politische Unabhängigkeit (1960) wurde versucht, der inneren Heterogenität des Landes durch eine bundesstaatliche Ordnung Rechnung zu tragen. Zunächst gab es drei Gliedstaaten (Norden, Süden, Westen). Seither wächst die Zahl der Gliedstaaten ständig: [811] 2001 gab es bereits 38 Bundesstaaten. Dies ist die Folge von Machtkämpfen mit dem Bestreben, für die jeweilige Region, Religion oder ethnische Gruppe möglichst viel herauszuholen. Die wirtschaftliche Dominanz des Ballungszentrums Lagos, in dem über 10 Mio. Einwohner leben, und die politische Dominanz des Nordens blieben über verschiedene Systemwechsel hinweg unangefochten. Die Ungleichgewichte sollten auch durch die neue Hauptstadt Abuja in der Mitte des Landes ausgeglichen werden. Ihre Lage im Niemandsland der Stammensgebiete von Ibo, Yoruba und Haussa, zwischen den Moslems im Norden und den Christen im Süden, gilt als besondere Errungenschaft. Sie soll gleichzeitig Identitätssymbol für die Nigerianer sein.

---

807 Kaden 1968: 15.

808 Gieler 1993: 49 ff.; König 1994: 25 f.

809 Ebenda: 32.

810 Gieler 1993: 144 ff.

811 S. d. ebenda: 221.

Seit der Unabhängigkeit schwankt Nigeria zwischen Demokratie und Militärdiktatur. Nach der – britischem Vorbild folgenden – demokratischen Regierung der Unabhängigkeitsphase (1960–1966) folgten Militärherrschaften und 1979–1983 wiederum eine kurze demokratische Phase, orientiert an der amerikanischen Verfassung.[812] Insgesamt fünf Staatsstreiche und mehrere Putschversuche haben inzwischen stattgefunden. Von 1985 bis 1994 hatte Luftwaffengeneral Babangida, der bis 1984/85 Armeechef gewesen war, das Amt des Staatspräsidenten inne.[813] Seine wichtigste Stütze war das Militär, das immer wieder zum politischen Instrument des Nordens wurde, denn die Mehrzahl der Soldaten gehört dem Volk der Haussa-Fulani an. Ebenso wie der erste Ministerpräsident nach der Unabhängigkeit waren auch seine demokratisch legitimierten Nachfolger und fast alle mit Hilfe des Militärs an die Macht gekommenen Präsidenten Muslime.

Für das Jahresende 1992 hatte der seit 1983 regierende Militärrat den Übergang zur Demokratie versprochen. Dieser Schritt schien zunächst gut vorbereitet. Eine Bereinigung des Wählerverzeichnisses durch eine Volkszählung reduzierte die Einwohnerzahl um ein Fünftel.[814] Bisher hatten politische und religiöse Führer sowie Stammeschefs die Zahlen ihrer Anhänger aufzublähen versucht, da davon Geldzuweisungen an ihre Regionen und politische Macht abhingen.[815] Um eine Rückkehr zur traditionellen Stammespolitik zu verhindern (nigerianische Parteien waren eher Regional- und Stammesparteien gewesen),[816] wurde die Zahl der bei den Wahlen kandidierenden Parteien auf genau zwei reduziert: eine links und eine rechts von der Mitte. Die Parteien durften regionale, ethnische und religiöse Programme nicht vertreten. Viele Kandidaten der Sozialdemokratischen Partei (SDP) kamen aus dem (Süd-)Westen, Kandidaten der Nationalen Republikanischen Konventpartei (NRC) aus dem Norden. Diese Parteien hatten schon bei den Gouverneurswahlen in den Gliedstaaten im Dezember 1991 und bei den Gemeindewahlen ein Jahr zuvor kandidiert.[817]

Die Präsidentenwahl 1993 wurde jedoch wegen angeblicher massiver Betrügereien für ungültig erklärt: Ein Kandidat des Südens hatte gewonnen, während das Militär auf den Norden setzte. Daraufhin zeigte die Militärführung, wie gering ihre Bereitschaft war, die Macht aus der Hand zu geben. Ein islamischer Fundamentalismus wurde von den Muslimen der Militärführung wohlwollend geduldet. Die Gouverneure im Norden nutzten ihre Macht, um muslimisches Recht durchzusetzen. Die bis 1999 amtierende Zivilregierung des christlichen, ehemaligen Militärführers Obasanjo sah sich zwar als Hort der Demokratie, aber das Land gilt als eines der korruptesten der Erde. Korruptionsvorwürfe dienen dazu, die Opposition zu entmachten. Allerdings konnte Obasanjo nicht durchsetzen, entgegen den Festle-

812 ebenda: 13; Forrest ^{2}1995: 73 ff.
813 Forrest ^{2}1995: 105 ff.
814 NZZ vom 28. 2. 1992.
815 FAZ vom 14. 4. 1992.
816 Gieler 1993: 107 ff.; Forrest ^{2}1995: 119.
817 FAZ vom 15. 4. 1992.

gungen der Verfassung nochmals zu kandidieren. Sein Nachfolger ist ein muslimischer Gouverneur aus dem Norden. Allerdings sind Wahlen mit massiven Unregelmäßigkeiten belastet.

Vielleicht hilft der Druck aus dem Ausland, Meinungsfreiheit und Menschenrechte nicht mehr mit Füßen zu treten, die durch die Ölausbeutung entstandenen Umweltschäden zu beseitigen und die bewaffneten Auseinandersetzungen im Niger-Delta zu befrieden.[818] Die ethnischen und religiösen Gegensätze sind zu einer Bedrohung für den Fortbestand des Staates geworden. Gegenüber diesem labilen Zustand zeigt Mexiko eher Stabilität mit Ansätzen einer kontinuierlichen Demokratisierung.

3. Mexiko

Nach der Unabhängigkeit von Spanien (1821/22) erlebte Mexiko Interventionen europäischer Mächte und militärische Auseinandersetzungen mit dem nördlichen Nachbarn (USA), sowie monarchische und republikanische Experimente, in denen verschiedene Generäle zentrale Positionen einnahmen. Erst nach 1876 fand das Land zu einer gewissen innenpolitischen Ruhe. Die kontinuierliche Wirtschaftsentwicklung ging einher mit dem Ausbau des Eisenbahnnetzes, der Industrie und des Bergbaus mit Hilfe ausländischer Kapitalinvestitionen. Nebenerscheinung war die Bereicherung der herrschenden Clique und die Unterdrückung der aus Indianern und Mestizen bestehenden Landbevölkerung durch große Latifundienbesitzer. Einige Grundbesitzer und Intellektuelle im Norden des Landes fühlten sich durch die Zusammenarbeit von mexikanischer Diktatur und ausländischen Investoren ausgeschlossen. Im Sommer 1910 riefen sie zur Revolution[819] auf. Im Süden des Landes und in Zentralmexiko blieb die Revolution eine reine Agrarrevolte: Faktisch enteignete, landlose Bauern schlossen sich der Revolution im Norden an. Die Massenbasis der revolutionären Armeen bildeten Industriearbeiter, Bergleute und Kleinbauern, die als Pächter oder Landarbeiter die Haciendas von Großgrundbesitzern bearbeiteten. Sodann etablierte eine Handvoll von Revolutionsgenerälen an der Spitze verschiedener Armeen ein dauerhaftes politisches System mit sozialistischem Anspruch und kapitalistischer Praxis.

Die Entwicklung einer revolutionären Ideologie als integrative Zusammenfassung durchaus unterschiedlicher Zielsetzungen (z. B. politische Reformen, kostenlose öffentliche Schulen, Bodenreform, Nationalisierung der Produktionsmittel) erfolgte nachträglich. Die Formulierung einer modernen Verfassung (1917) und der Aufbau einer systemtragenden Partei ermöglichten die Verstetigung der revolutionären Impulse. Die Verfassung erklärte den bäuerlichen Gemeinbesitz für unveräußerlich, nationalisierte die Bodenschätze, beschränkte die kulturelle Vorherrschaft der katholischen Kirche und garantierte weitgehende soziale Rechte, u. a. moderne Arbeitsschutzregelungen. Damit formulierte die Verfassung einen revo-

818 Gerdes, in: Rabehl 2000: 106.
819 S. d. Tobler 1992.

lutionären Modernisierungsauftrag, der jeweils pragmatisch durch Maßnahmen im Namen der Revolution umgesetzt werden musste.[820] Einschnitte in die Grundbesitzstruktur unterblieben.

Verfassungsrechtlich herrschen in Mexiko horizontale und vertikale Gewaltenteilung (s. Kap. VII, B, 3, a und b). Der Staatspräsident wird auf sechs Jahre ebenso direkt gewählt wie das Abgeordnetenhaus auf drei Jahre. Im Senat sitzen pro Teilstaat inzwischen vier Senatoren mit sechsjähriger Amtszeit.[821] Die Macht ist jedoch im Präsidentenamt konzentriert;[822] eine postrevolutionäre Sammlungspartei, die sich seit 1946 Partido Revolucionario Institucional (PRI)[823] nennt, blieb als hegemoniale Partei seit 1929 jahrzehntelang ohne ernsthafte Konkurrenz. Die PRI war Instrument der politischen Führung, Agitations- und Verteidigungsorgan einer zur Regierung gewordenen Revolution. Damit war natürlich auch eine Zensur der Medien verbunden. Die Machtposition der politischen Elite sollte nicht primär auf physischem oder psychischem Zwang, sondern auf Überzeugungen und Kompromissen beruhen.

Die Entscheidung über die Präsidentschaftskandidatur traf traditionell ein enger Führungszirkel der PRI, die sog. familia revolucionaria, in der allerdings der scheidende Präsident das ausschlaggebende Wort hatte.[824] Bei der revolutionären Familie handelte es sich um einen inneren Kreis von besonders mächtigen Personen, die jederzeit Zugang zum Präsidenten hatten und ihn in allen wichtigen Fragen der Sach- und Personalpolitik berieten.[825] Alle politischen Organe Mexikos und die PRI waren den Ergebnissen der Meinungsbildung innerhalb der revolutionären Familie[826] untergeordnet. Die PRI bildete einen Rahmen zur Integration verschiedener Gruppen, für Prozesse der inhaltlichen Gestaltung von Politik und für die geregelte Nachfolge im Präsidentenamt unter Einhaltung des (seit 1917 geltenden) Verbots der Wiederwahl. Sie ermöglichte einer neuen post-"revolutionären" Elite bis zum Jahr 2000 an der Macht zu bleiben. Durch sie wurden die „großen Säulen der Sozialstruktur" repräsentiert:[827] Landarbeiter und Kleinbauern (sector agrario), Gewerkschaften (sector obrero) und mittelständische Schichten (sector popular).[828] Aber diese Machtbasis erodierte zunehmend.[829] Dennoch war das in Jahrzehnten entstandene Netz von Abhängigkeiten zwischen Partei, Staat und Staatsfirmen nur schwer veränderbar.

820 Vgl. Mols, in: Mols/Tobler 1976: 54 f.
821 Franke, in: Lauth/Horn 1995: 38 ff.
822 Carpizo 1987: 72, 78.
823 Lauth, in: Briesemeister/Zimmermann 1992: 51 ff.
824 Nohlen, in: Nohlen/Waldmann 1987: 68.
825 Lehr 1981: 19, 44 f., 51.
826 Zur Zusammensetzung s. Mols 1981: 389.
827 Mols, in: Mols/Tobler 1976: 61.
828 S. d. Levy/ Bruhn 2001: 74 f.
829 Zu Einzelheiten s. Levy/Bruhn 2001: 79; Williams 2001: 35, 38 f.

Der Präsident traf seine Entscheidungen nicht durch formelle Abstimmungen, sondern durch allmähliches Sondieren von Meinungen und durch Rückversicherung darüber, dass bestimmte Einzelentscheidungen nicht auf grundsätzliche Ablehnung bei einer beträchtlichen Zahl von wichtigen Mitgliedern der revolutionären Familie stießen. Das geschlossene Auftreten nach außen trug wesentlich zur Machtsicherung der PRI bei und ermöglichte es der zunächst über alle wichtigen Ämter des Landes verfügenden Partei auch, einerseits regelmäßige Wahlsiege (mit fast allen Mitteln) sicherzustellen und andererseits einzelne Wahlämter vorübergehend Bewerbern der kleineren Konkurrenzparteien zu überlassen. Die vorherrschende Stellung der PRI beruhte also nicht auf einem verfassungsmäßig gesicherten Herrschaftsmonopol (wie ehemals bei der KPdSU und der Kommunistischen Partei Chinas), sondern auf der relativ robust im Wettbewerb mit ihren Konkurrenten ausgespielten Gestaltungs- und Durchsetzungsmöglichkeit von Amtsinhabern.

Diese Form der gelenkten Demokratie verband Massenmobilisierung mit gleichzeitiger Massenkontrolle, den demokratischen Anspruch mit einer zentralistischen Staatsräson. Ein wesentlicher Beitrag zum Ausgleich fraktioneller Spannungen innerhalb der Dominanzpartei wurde durch personalpolitische Pendelbewegungen bei der Besetzung des Präsidentenamtes erreicht; durch ein geschickt gehandhabtes System der Nachfolgewahl gelang es, die ganze Bandbreite des „revolutionären Credos" auszuschöpfen. Die ideologische Gleichsetzung von Staat, PRI, Revolution und Fortschritt diente dabei der Legitimitätssicherung.[830] Jahrzehntelang konnten oppositionelle Kräfte gesteuert werden. Der Aufstand im Teilstaat Chiapas hat allgemein die Weltöffentlichkeit auf Probleme verwiesen.

Mit der Zunahme des Bildungsniveaus wuchs die Kritik am System.[831] Seit den 1960er Jahren musste sich das System gegenüber (bis dahin überwiegend verbotenen) Oppositionsparteien öffnen.[832] 1979 wurde den Oppositionsparteien ein Kontingent an Sitzen im Abgeordnetenhaus eingeräumt. Als ernsthafte Konkurrenten der PRI wuchsen die von der katholischen Soziallehre beeinflusste konservativ-liberale Partei PAN[833] und die linke Partei PRD[834] (beide 1939 gegründet) heran. In den Wahlen[835] konnte die PRI ihre Mehrheit bis 1997 behaupten, obwohl sich im Parlament, in einigen Bundesstaaten und Gemeinden die Aufwärtsentwicklung von PAN deutlich zeigte und dort die Regierung übernommen werden konnte.

Die Frage ist, welche Reformen letztlich bewirkten, dass erstmals im Jahre 2000 der Kandidat der PAN Fox die PRI ablösen und ihm in tournusmäßiger Wahl 2006 Calderon nach äußerst knappem Wahlsieg folgen konnte, wobei die PRI nur noch dritte Kraft wurde. Als Ursachen werden sowohl der Druck von zivilgesellschaftlichen Organisationen gesehen als auch die öffentliche Parteienfinanzierung, die den

830 Mols, in: Mols/Tobler 1976: 56, 63, 66 f.
831 Reiss 1999: 40.
832 Lauth, in: Briesemeister/Zimmermann 1992a: 53 ff.
833 S. d. Ai Camp 1999: 195 ff.
834 Levy/ Bruhn 2001: 98 f.
835 Ebenda: 183, 186.

Oppositionsparteien einen faireren Wettbewerb ermöglichte.[836] Weiterhin wird auf die Reformen des Präsidenten Zedillo verwiesen,[837] der u. a. Vorwahlen zur Auswahl des Präsidentschaftskandidaten der PRI einführte. Auch der Druck der Weltöffentlichkeit mag von Bedeutung gewesen sein. Der Übergang von Fox zu Calderon ließ allerdings wieder Zweifel an der Weiterentwicklung der Demokratie aufkommen, denn der war mit erheblichen innerstaatlichen Konflikten verbunden, wobei sich der unterlegene PRD-Kandidat vorübergehend zum Gegenpräsidenten ausrufen ließ.

Problematisch ist, dass die jahrzehntelange PRI-Dominanz Spuren hinterlassen hat. Die neoliberalen Strukturreformen sowie Versuche, den Anschluss an die westliche Welt zu gewinnen haben nicht zur Verbesserung der Lebensverhältnisse der breiten Bevölkerung geführt. Insbesondere die ländliche Bevölkerung steht der NAFTA skeptisch gegenüber (Aufstände in Chiapas). Die Landreform ist bisher nur teilweise umgesetzt. Landflucht und (illegale) Immigration in die USA sind keineswegs bearbeitet. Dies gilt auch für die Drogenkriminalität. Auf Legitimitätssicherung durch Leistungen kann das System nur partiell setzen. Dies wird allerdings im kommunistischen China versucht.

4. China

Die Gesamtfläche Chinas entspricht in etwa der Europas. Auf ihr leben rund 1,5 Milliarden Menschen. Das Land wies in der ersten Hälfte des 20. Jahrhunderts viele typische Merkmale von Unterentwicklung auf. Im Unterschied zu den lateinamerikanischen, afrikanischen und sonstigen asiatischen Ländern hatten die europäischen Großmächte, die USA und später Japan in China jedoch nicht eine Ausbeutung der reichen Rohstoffe oder die Nutzung zusätzlicher Lebensräume für Besiedlung gesucht. Vielmehr ging es um die Erschließung neuer Märkte. Dadurch wurde China nicht in eine internationale Arbeitsteilung eingebunden. Das späte Interesse an China bedeutete, dass die Gesellschafts- und Wirtschaftsstrukturen bis ins 19. Jahrhundert erhalten blieben,[838] dann aber dem ausländischen Ansturm nichts entgegenzusetzen hatten.[839] Das Jahr 1900 markierte den Abschluss der hektischen Aufteilungsphase und gleichzeitig mit dem Boxeraufstand den Versuch des chinesischen Volkes, sich gegen die imperialistische Aggression zur Wehr zu setzen – ohne Erfolg.[840]

China hatte sich zu einem bürokratischen Zentralstaat entwickelt, der seine Ursache in der Bearbeitung des Bodens hatte. Die notwendige Bewässerung erforderte Regulierungsarbeiten, die den Rahmen der Einzelwirtschaft und der Dorfgemeinschaft sprengten und vom Staat organisiert werden mussten. Außerdem nahm

836 Zovatto G., in: Naßmacher 2001: 375; Magaloni 2006: 94.
837 Brinegar u. a. 2006: 79 ff.
838 Weede 2000: 89 ff.
839 Menzel 1978: 10 f., 21.
840 Ebenda: 55.

der Staat vielfältige Aufgaben im Bereich der Infrastruktur wahr, z. B. die Errichtung von Schutzbauten gegen das immer wiederkehrende Hochwasser.[841] Darüber hinaus führten die Dörfer ein Eigenleben, in dem sich die konfuzianistische Hochkultur entwickelte.[842] Traditionell genossen die Bauern hohes Prestige. Bis Mitte des 19. Jahrhunderts kam es nicht zu tiefgreifenden Reformen. Die mächtige Beamtenschaft verhinderte, dass sich ein unternehmerisch engagiertes, städtischesGroßbürgertum erst Anfang des 20. Jahrhunderts entwickeln konnte.[843] Die Mittelklasse war klein, schwach und politisch abhängig. Die Industriearbeiterschaft blieb zu dieser Zeit zahlenmäßig noch gering.[844]

Als das Nationalbewusstsein im Zuge der Festlegung von Einflusssphären der Westmächte wuchs, konnte sich die „Nationale Volkspartei" formieren. Sie vertrat zunächst jene Gruppen, die nicht an einer Veränderung der Verhältnisse interessiert waren. Von der Übernahme der Regierungsgewalt 1928 bis zum Ausbruch des Chinesisch-Japanischen Krieges 1937 gelang es der Partei nicht, sich bei der ländlichen Bevölkerung zu etablieren. Unterdessen konnte die Kommunistische Partei mit großer Energie den Aufbau einer Gewerkschaftsbewegung betreiben. Obwohl von der Nationalen Volkspartei bekämpft, gewannen die Kommunisten durch den von den Nationalisten erzwungenen Langen Marsch 1934/35 auch viele Sympathien von Bauern, Bürgerlichen, Intellektuellen und Soldaten. In der Auseinandersetzung mit Japan (1937–1945) konnten sich die Kommunisten (in einer Einheitsfront mit den Nationalisten) dann als patriotische Kraft etablieren. Diese Einheitsfront zerbrach 1945 und die Kommunisten erkämpften sich bis 1949 die Macht.

Nach Maos Konzept hatte die Revolution von den Dörfern her stattgefunden. Die Rote Armee baute zuerst ländliche Stützpunkte auf. Dabei half ihnen der „Landhunger der chinesischen Bauern",[845] denn das Land befand sich überwiegend in der Hand von Großgrundbesitzern. Schließlich wurden die Städte umzingelt und eingenommen. Als dies 1949 erreicht war, orientierte sich Mao am sowjetischen Modell, in dem das Proletariat die revolutionäre Klasse darstellt und diese in der kommunistischen Partei als Avantgarde agiert. Allerdings wollte Mao keine reine „Diktatur des Proletariats", sondern ein breites Bündnis aller Volksschichten, nämlich den „Block aus vier Klassen" (Arbeiter, Bauern, Kleinbürger, nationale Bourgeoisie). Als Kommunisten in China die Macht übernahmen, standen ihnen keine starken Kirchenorganisationen gegenüber. Die traditionellen Hauptreligionen Chinas – Konfuzianismus (eher eine Gesellschafts- und Staatsdoktrin), Taoismus und Buddhismus – sind keine festgefügten Glaubenslehren mit Ausschließlichkeitsanspruch. Seit 1949 wurde jedoch die Religion aus dem öffentlichen Leben verdrängt und zu einer (nicht immer geduldeten) Privatsache erklärt.

---

841 Menzel 1978: 22; Wittfogel 1962.

842 Hartmann 1992: 16.

843 Weede 2000: 196 f.

844 Domes 1980: 24 f., 29; Moore 1969: 212.

845 Domes 1980: 36.

Obwohl die Kommunistische Partei Chinas denjenigen Parteien sehr ähnelt, wie sie in den Staaten Osteuropas bestanden, war durch die besondere Dominanz der Führungspersönlichkeiten Maos (bis 1976), dem eine kaiserähnliche charismatische Autorität zukam, und später Deng Xiaopings (1978–1997) das informelle Agieren möglich.[846] Formell herrscht der demokratische Zentralismus, also ein hierarchischer und zentralistischer Parteiaufbau, geprägt durch die Verbindlichkeit oben gefasster Beschlüsse und ein Verbot, innerhalb der Partei Gruppen zu bilden. Machtzentrum ist das Politbüro mit dem Ständigen Ausschuss des Politbüros als inneren Führungskreis. Das Politbüro hat zwischen den Tagungen des Zentralkomitees (ZK) alle Führungsbefugnisse. Gegenüber dem Politbüro ist das Zentralkomitee daher relativ unbedeutend. Der Generalsekretär hat eine ganz besonders starke Stellung, weil er den bürokratischen Apparat der Partei beherrscht. Da die marxistisch-leninistische Partei aber gleichzeitig davon überzeugt war, dass sie als Elite die wahren Bedürfnisse der Massen erkannt habe, mussten die den Massen zu eigenen gemacht werden. Daher galt es für die Führungsschicht, den „Willen der Massen" zu produzieren.[847] Durch Propaganda zu agieren wird allerdings immer weniger möglich sein. Vielmehr zählen heute mehr die wirtschaftlichen Erfolge und die Verbesserung des Lebensstandards.[848]

Wie in kommunistischen Systemen üblich, besteht eine weitgehende Verzahnung von Partei- und Staatsapparat. Die Parteiführer haben also auch gleichzeitig Leitungsfunktionen des Staates inne.[849] Dadurch stellt die Partei sicher, dass sie die Kontrolle über den Staat hat. Das chinesische politische System war früher durch seine „institutionelle Instabilität"[850] gekennzeichnet, wobei die formelle Organisation nur untergeordnete Bedeutung hatte. Erst seit den Ereignissen 1989 zeigt sich eine Institutionalisierung und stärkere Öffentlichkeit.[851]

Die chinesische Gesellschaft war 1949 noch vorwiegend agrarisch orientiert und präsentierte sich in den Städten frühkapitalistisch. Daher richtete die KP, nach Abschluss der Bodenreform (1953) und der Vergesellschaftung der Produktionsmittel (bis 1956), das Hauptaugenmerk ihrer Wirtschaftspolitik auf schnelles wirtschaftliches Wachstum. Nach dem Vorbild des sowjetischen Industrialisierungsmodells wurde zunächst die Schwerindustrie auf Kosten der Landwirtschaft entwickelt.[852] Dies war verbunden mit unerträglichen Belastungen der Bevölkerung, vor allem auf dem Lande: Der „große Sprung nach vorn" (1958 bis 1961) führte zu einer verheerenden Hungersnot, die 30 bis 43 Mio. Menschen das Leben kostete. In der Partei wurden dadurch Reformkräfte geweckt, die einen eher kapitalistischen

846 Heilmann 2002: 20 f.
847 Domes 1980: 93, 99 f., 106, 215 ff.
848 Heilmann, in: Herrmann-Pillath/Lackner 1998: 188.
849 Ebenda: 194 f.
850 Domes 1980: 92.
851 Domes 1998: 3.
852 Menzel 1978: 14; s. a. Schier 1988: 65 ff.

Weg durchsetzen wollten. Sie schickten sich an, die Macht in der Partei zu übernehmen.

Die „Große Proletarische Kulturrevolution" (1966–1969) war der Versuch Maos und seiner Anhänger, mit Hilfe der „revolutionären Massen" und Teilen des Militärs, den Aufstieg der Reformkräfte (u. a. Deng Xiaopings) zu beenden. Die Träger der Kulturrevolution waren vor allen Dingen die Roten Garden, revolutionäre Schüler, Studenten, Lehrer und Intellektuelle. „Deren Aktionen, von selbst geschriebenen Wandzeitungen bis zum Terror, richteten sich hauptsächlich gegen die Partei- und Staatsbürokratie, gegen Privilegierte und als bürgerlich verunglimpfte Lebensformen."[853] Etwa Mitte 1967 war der Partei- und Staatsapparat weitgehend zerstört.[854] „Nur die Organisation der Volksbefreiungsarmee blieb intakt."[855] Die Streitkräfte unterstützten Mao und übernahmen fast alle wichtigen Funktionen in Partei und Verwaltung, disziplinierten die Roten Garden und ermöglichten eine ruhigere Entwicklung. Im Jahre 1969 fand die Kulturrevolution de facto ihren Abschluss. Der Wiederaufbau der Partei erfolgte mit Hilfe des Militärs.

Aber bald darauf bildeten sich in den Provinzen Koalitionen aus Militärs und alten Parteikadern, die eine leistungsfähigere Wirtschaft anstrebten und daher die Kulturrevolution ablehnten. Als die Unterstützung durch die Streitkräfte nicht mehr gesichert war, deutete sich an, dass die kulturrevolutionäre Linke einen beträchtlichen Teil ihrer Machtpositionen in Partei, Verwaltung und Wirtschaft eingebüßt hatte. Die Reformpolitiker versuchten nun, die außenpolitische Selbstisolierung zu beenden, eine wirksamere Verwaltung aufzubauen und durch wirtschaftliche Stärke ihren weltpolitischen Einfluss zu erhöhen. Als sich die dogmatisch eingeschworene Parteilinke widersetzte, unter anderem die sogenannte Viererbande, holte Deng Xiaoping, als er sich wieder etabliert hatte, zum Schlag gegen diese Gruppe aus. Durch hohe Gefängnisstrafen und zwei Todesurteile wurden diese „Konterrevolutionäre" ausgeschaltet. Die Kommunistische Partei rückte schrittweise von ihrem großen Vorsitzenden Mao ab. Ungeachtet dessen hielt sie aber fest am Ziel einer sozialistischen Gesellschaft, der Diktatur des Proletariats, der Führung durch die Kommunistische Partei, am Marxismus-Leninismus und an den grundlegenden Ideen Maos.

Reformen bezogen sich vor allem auf die Wirtschaft. Seit 1978 werden Märkte reaktiviert und Privateigentum zur Förderung der Produktivkräfte erlaubt. Der dabei einsetzende Wandel der Gesellschaft hat sich zunächst in den Städten bzw. den Sonderwirtschaftszonen an der Küste, später auch auf dem Lande abgespielt. Konsequenterweise wurde 1993 die Maxime der Planwirtschaft aus der Verfassung gestrichen. Die Ergebnisse dieser Wirtschaftsreformen sind beachtlich.[856] Weitere Schritte in Richtung Marktwirtschaft einschließlich dem Schutz des privaten Eigen-

853 Pfennig u. a. 1983: 26.
854 Domes 1980: 83.
855 Ebenda: 29.
856 Sandschneider, in: Merkel u. a. 1996: 418.

tums sowie die kontinuierliche außenwirtschaftliche Öffnung der Märkte brachten weitere Fortschritte. Ausländisches Kapital wurde aber vor allen Dingen in die Sonderwirtschaftszonen gelenkt. Die Entwicklungsschübe vollziehen sich wiederum vor allem in den Städten und es gibt bereits erhebliche Wanderungen dorthin. Denn die Einkommenssituation auf dem Lande verschlechterte sich. Das Pro-Kopf-Einkommen der Städter war bereits 1996 um das 2,6fache höher als das der Landbevölkerung[857] und die Schere scheint sich noch weiter zu öffnen. Die Privatisierungswelle erfasste aber auch den ländlichen Raum,[858] ohne dass die Landbevölkerung davon Vorteile hat, denn Landverlust war meist nicht mit angemesserer Entschädigung verbunden. Einerseits wird die Wirtschaftsentwicklung nach wie vor durch veralterte Betriebe belastet, anderseits durch Rationalisierung Arbeitkräfte freigesetzt. Eine neue Klassengesellschaft bildet sich heraus.[859]

Von den Modernisierungsprozessen der Wirtschaft geht ein erheblicher politischer Transformationsdruck aus. Neue Gruppeninteressen drängen zur Bildung von funktionsfähigen Berufsverbänden bzw. Interessenvertretungsorganisationen, „die zunehmend Partizipationsdrang entfalten."[860] Gleichzeitig erfolgt eine Veränderung der Gesellschaft vom Lande her, die neue Eliten hervorbringt. Dem versucht sich das System durch Inklusion zu stellen. Auf der kommunalen Ebene wurden Direktwahlen der Bürgermeister für ein Drittel der Gemeinden eingeführt, in denen konkurrierende Wahlen stattfinden.[861] Individualismus und Interessenpluralismus, der sich neben oder gegen die Herrschaftsform entwickelt und das System herausfordert, wird bislang allerdings nicht geduldet. Eine Kommunikation mit der Opposition findet nicht statt. „Das Potential für spontane Organisationsbildung ist vorhanden und jederzeit politisch aktivierbar …"[862] Hier wird möglicherweise der Test stattfinden, ob wirtschaftlicher und sozialer Wandel notwendig auch politischen Wandel bewirken kann. Die ökonomische Entwicklung, die eine breitere Bildung und breitere Information der Bevölkerung vor allem über das Internet möglich macht, könnte die Transformation zur Demokratie einleiten.[863]

Die Ereignisse im Zusammenhang mit den Studentendemonstrationen auf dem Platz des Himmlischen Friedens 1989 haben wiederum gezeigt, dass die Herrschenden auch bereit sind, mit militärischer Gewalt brutal gegen Andersdenkende vorzugehen. Phasen der Systemsicherung wurden bisher immer wieder durch solche der Liberalisierung abgelöst. So deuteten bereits die Ergebnisse und Prozeduren des Volkskongresses 1993 auf eine geistige Entkrampfung hin. Sie dient offenbar dazu, das Image Chinas im Ausland zu verbessern.[864] Allerdings scheint bis-

857 Heberer 1998: 386 f.; s.a. Heilmann 2002: 218 f.
858 Heberer 1995: 27 ff.
859 Domes 1998: 8 ff.
860 Heberer 1996: 292.
861 Diamond 1999: 264.; kritisch dazu Heilmann 2002: 224.
862 Sandschneider, in: Merkel u. a. 1996: 418, 428.
863 Diamond 1999: 263; Heilmann 2002: 216 f.
864 Gu 1995.

lang die Rechtsstaatlichkeit gegenüber Andersdenkenden nicht realisiert. Weiterhin zeigt sich auch in China, dass die Selbstbedienung von Funktionären der Partei und ihrer Familien sowie Korruption mangels Kontrolle Gang und Gäbe sind.[865]

Literatur

(Im **Fettdruck** besonders wichtige Titel zum Thema des Kapitels)

Ai Camp, Roderic (1999): Politics in Mexico, New York und Oxford, 3. Aufl.

Beyme, Klaus von (1971): Vom Faschismus zur Entwicklungsdiktatur – Machtelite und Opposition in Spanien, München.

Briesemeister, Dietrich/Zimmermann, Klaus (Hrsg.) (1992): Mexiko heute, Frankfurt a. M.

Brinegar, Adam u. a. (2003): The PRI's Choice. Balancing Democratic Reform and its Own Salvation, in: Party Politics, 12 (2006) 1, S. 77–97.

Carpizo, Jorge (1987): Das Mexikanische Präsidialsystem, München.

Chadda, Maya (2000): Building Democracy in South Asia. India, Nepal, Pakistan, Boulder und London.

Croissant, Aurel/ Thiery, Peter (2000): Defekte Demokratie: Konzept, Operationalisierung und Messung, in: Lauth, Hans-Joachim u. a. (Hrsg.): Demokratiemessung, Wiesbaden, S. 89–111.

Deutsch, Karl W. (1969): Politische Kybernetik, Freiburg i. Br.

Diamond, Larry u. a. (Hrsg.) (1988/89): Democracy in Developing Countries, 4 Bände, Boulder Col. und London.

Diamond, Larry (1999): Developing Democracy, Baltimore und London.

Doeker, Günther (1971): Vergleichende Analyse politischer Systeme, Freiburg i. Br.

Domes, Jürgen (1980): Politische Soziologie der Volksrepublik China, Wiesbaden.

Domes, Jürgen (1998): Die politische Lage in der Volksrepublik China, in: APUZ, B 27, S. 3–11.

Elsenhans, Hartmut (1985): Der periphere Staat: Zum Stand der entwicklungstheoretischen Diskussion, in: Nuscheler, S. 135–156.

Elsenhans, Hartmut (1987): Nord-Süd-Beziehungen, Stuttgart, 2. Aufl.

Emminghaus, Christoph (2003): Politische Parteien im Demokratisierungsprozeß. Struktur und Funktion afrikanischer Parteiensysteme, Opladen.

Fengler, Wolfgang (2001): Politische Reformhemmnisse und ökonomische Blockierung Afrikas. Die Zentralafrikanische Republik und Eritrea im Vergleich, Baden-Baden.

Forje, John W. (1997): Prospects of Democracy in the Contemporary World, in: Vanhanen, Tatu: Prospects of Democracy, London und New York, S. 315–333.

Forrest, Tom (1995): Politics and Economic Development in Nigeria, Oxford. 2. Aufl.

Franke, Uwe (1995): Innenpolitischer Wandel und Wahlen, in: Lauth/Horn, S. 35–55.

Gerdes, Felix (2000): Nigeria, in: Rabehl, Thomas (Hrsg.): Das Kriegsgeschehen 1999, Opladen, S. 102–106.

865 Heberer 2003: 8 ff.; Heilmann 2002: 205.

Gieler, Wolfgang (1993): Nigeria zwischen Militär- und Zivilherrschaft, Münster und Hamburg.

Gu, Xuebu (1995): Von Mao zu Deng: Chinas Wandel vom Totalitarismus zum Autoritarismus, in: APUZ, B 50, S. 38–47.

Hartmann, Jürgen (1992): Politik in Japan, Frankfurt a. M.

Heberer, Thomas (1995): Die stille Revolution von unten. Wandlungsprozesse im ländlichen Raum Chinas, in: APUZ, B 50, S. 27–37.

Heberer, Thomas (1996): Die Rolle der Interessenvereinigungen in autoritären Systemen, in: PVS, S. 277–297.

Heberer, Thomas (1998): Zwischen Krise und Chance: Neue soziale Herausforderungen des ländlichen China, in: Herrmann-Pillath/Lackner, S. 379–406.

Heberer, Thomas/Derichs, Claudia (2003): Einführung in die politischen Systeme Ostasiens: VR China, Hongkong, Japan, Nordkorea, Südkorea, Taiwan, Opladen.

Heilmann, Sebastian (1998): Modernisierung ohne Demokratie? Zukunftsperspektiven des politischen Systems der VR China und der Kommunistischen Partei, in: Herrmann-Pillath/Lackner, S. 186–205.

Heilmann, Sebastian (2002): Das politische System der Volksrepublik China, Wiesbaden.

Herrmann-Pillath, Carsten/Lackner, Michael (1998) (Hrsg.): Länderbericht China, Bonn.

Huntington, Samuel P. (1968): Political Order in Changing Societies, New Haven und London.

Jaura, Ramesh (1993): Quo vadis Indien?, in: Das Parlament, Nr. 8–9, S. 1.

Jesse, Eckhard (1991): Typologie politischer Systeme der Gegenwart, in: Bundeszentrale für politische Bildung (Hrsg.): Grundwissen Politik, Bonn, S. 162–219.

Jürgenmeyer, Clemens/Rösel, Jakob (1998): Das Kastensystem, in: Der Bürger im Staat, S. 25–32.

Kaden, Wolfgang (1968): Das nigerianische Experiment, Hannover.

König, Claus-Dieter (1994): Zivilgesellschaft und Demokratisierung in Nigeria, Münster und Hamburg.

Lauth, Hans-Joachim (1992a): Parteien, Wahlen und Demokratie, in: Briesemeister/Zimmermann, S. 51–67.

Lauth, Hans-Joachim (1992b): Gewerkschaften in Mexiko: Zwischen Partizipation und Kontrolle, in: Briesemeister/Zimmermann, S. 69–86.

Lauth, Hans Joachim/Horn, Hans-Rudolf (1995) (Hrsg.): Mexiko im Wandel, Frankfurt a. M.

Lehr, Volker G. (1981): Der mexikanische Autoritarismus, München.

Levy, Daniel C./ Bruhn, Kathleen (2001): Mexico. The Struggle for Democratic Development, Berkeley u. a.

Lijphart, Arend (1996): The Puzzle of Indian Democracy: A Consociational Interpretation, in: APSR, S. 258–268.

Loewenstein, Karl (1969): Verfassungslehre, Tübingen, 2. Aufl.

Loewenstein, Karl (1976): Betrachtungen zur zeitgenössischen Militärregierung (1969), in: Stammen, Theo (Hrsg.): Vergleichende Regierungslehre, Darmstadt, S. 477–499.

Löwenthal, Richard (1963): Staatsfunktionen und Staatsformen in den Entwicklungsländern, in: Löwenthal, Richard (Hrsg.): Die Demokratie im Wandel der Gesellschaft, Berlin, S. 164–192.

Magaloni, Beatriz (2006): Voting for Autocracy. Hegemonic Party Survival and its Demise in Mexiko, Cambridge.

Malhotra, Joginder (1990): Indien: Wirtschaft, Verfassung, Politik, Wiesbaden.

Menzel, Ulrich (1978): Wirtschaft und Politik im modernen China, Opladen.

Merkel, Wolfgang u. a. (Hrsg.) (1996): Systemwechsel 2, Opladen.

Merkel, Wolfgang (1999): Systemtransformation. Eine Einführung in die Theorie und Empirie der Systemtransformation, Opladen.

Merkel, Wolfgang (2003): Demokratie in Asien. Ein Kontinent zwischen Diktatur und Demokratie, Bonn.

Mitra, Subrata K./ Singh, V. B. (1999): Democracy and Social Change in India. A Cross-sectional Analysis of the National Electorate, New Delhi u. a.

Mols, Manfred (1976): Zur sozialwissenschaftlichen Analyse der „Institutionalisierten Revolution“: Die Jahre nach 1940, in: Mols, Manfred/Tobler, Hans Werner (Hrsg.): Mexiko, Köln 1976, S. 49–108.

Mols, Manfred (1981): Mexiko im 20. Jahrhundert, Paderborn u. a.

Molt, Peter (1996): Politik im Afrika südlich der Sahara, in: Der Bürger im Staat, S. 190–195.

Moore, Barrington (1969): Soziale Ursprünge von Diktatur und Demokratie, Frankfurt a. M.

Newman, Karl Johannes (1963): Die Entwicklungsdiktatur und der Verfassungsstaat, Frankfurt.

Nohlen, Dieter (1987a): Autoritäre Systeme, in: Nohlen, Dieter/Waldmann, Peter (Hrsg.): Dritte Welt, München und Zürich, S. 64–84.

Nohlen, Dieter (1987b): Die politischen Systeme der Dritten Welt, in: von Beyme, Klaus u. a. (Hrsg.): Politikwissenschaft, Band I, Stuttgart u. a., S. 200–247.

Nuscheler, Franz (Hrsg.) (1985): Dritte Welt-Forschung, Opladen.

Nuscheler, Franz (2000): Reiche und arme Welt, in: Kaiser, Karl/ Schwarz, Hans-Peter (Hrsg.): Weltpolitik im neuen Jahrhundert, Baden-Baden, S. 124–136.

Pelinka, Anton (2005): Demokratie in Indien, Innsbruck u. a.

Pfennig, Werner u. a. (1983): Volksrepublik China, Berlin.

Plümper, Thomas (2001): Die Politik wirtschaftlichen Wachstums in autoritären Staaten, in: PVS, S. 79–100.

Przeworski, Adam u. a. (2000): Democracy and Development. Political Institutions and Well Being in the World, 1950–1990, Cambridge.

Pye, Lucian W. (Hrsg.) (1963): Communication and Political Development, Princeton.

Reiss, Stefanie (1999): Zivilgesellschaft und Transformation in Mexiko, St. Augustin.

Rieger, Hans Christoph (1998): Indiens Wirtschaft im Umbruch, in: Der Bürger im Staat, S. 20–24.

Rösel, Jacob (1998): Demokratie unter scheinbar aussichtslosen Bedingungen, in: Der Bürger im Staat, S. 33–36.

Rothermund, Dietmar (1993a): Eine föderalistisch-zentralistische Ordnung, in: Das Parlament, 8–9, S. 2.

Rothermund, Dietmar (1993b): Staat und Gesellschaft in Indien, Mannheim u. a.

Rothermund, Dietmar (1998): Die Macht der Geschichte, in: Der Bürger im Staat, S. 15–19.

Rüland, Jürgen/Werz, Nikolaus (1985): Von der „Entwicklungsdiktatur" zu den Diktaturen ohne Entwicklung – Staat und Herrschaft in der politikwisssenschaftlichen Dritte-Welt-Forschung, in: Nuscheler, S. 211–232.

Sandschneider, Eberhard (1996): Institutionalisierungsprobleme im Reformparadox der Volksrepublik China, in: Merkel u. a., S. 417–435.

Sangmeister, Hartmut (1998): Chile als Modell für Lateinamerika? Die Wirtschaftsreformen in Argentinien, Brasilien und Chile im Vergleich, in: APUZ, B 39/38, S. 29–41.

Schier, Peter (1988): Die wirtschaftliche und gesellschaftliche Entwicklung bis zur Kulturrevolution (1949–1966), in: Ostkolleg der Bundeszentrale für politische Bildung (Hrsg.): VR China im Wandel, Bonn, S. 61–77.

Schubert, Günter/Tetzlaff, Rainer (Hrsg.) (1998): Blockierte Demokratien in der Dritten Welt, Opladen.

Schubert, Gunter/Thompson, Mark R. (1996): Demokratisierung in Ost- und Südostasien: Verlaufsmuster und Perspektiven in Taiwan, Südkorea, Thailand und den Philippinen, in: Merkel u. a., S. 417–435.

Schwerin, Kerrin Gräfin von (1988): Indien, München.

Sommerhoff, Gerhard (1999): Mexiko, Darmstadt.

Tetzlaff, Rainer (1996): Demokratisierung unter Armutsbedingungen, in: Der Bürger im Staat, S. 196–203.

Tetzlaff, Rainer (1998): Afrika zwischen Demokratisierung und Staatszerfall, in: APUZ, B 21, S. 3–15.

Tobler, Hans Werner (1992): Die Mexikanische Revolution, Frankfurt a. M.

Vanhanen, Tatu (1998): Prospects for Democracy in Asia, New Delhi.

Wagner, Christoph (1998): Militär und Politik im Süden Lateinamerikas, in: APUZ, B 39–98, S. 19–28.

Weede, Erich (2000): Asien und der Westen, Baden-Baden.

Werz, Nikolaus (2005): Lateinamerika, Baden-Baden.

Williams, Heather L. (2001): Social Movements and Economic Transition, Cambridge.

Wittfogel, Karl A. (1962): Die orientalische Despotie, Köln und Berlin.

Zovatto G., Daniel (2001): Political Finance in Latin America, in: Nassmacher, Karl-Heinz (Hrsg.): Foundations for Democracy, Baden-Baden, S. 369–392.

Kapitel XI: Wege zur Demokratie

Die historische Entwicklung der heutigen westlichen Demokratien verdeutlicht, wie eine Demokratisierung allmählich erfolgt und sich dabei über große Zeiträume erstreckt. Dies ist besonders gut in Großbritannien zu verfolgen (s. a. Kap. VIII, A, 1). Hier wurden die ersten Schritte zur heutigen Demokratie bereits im 17. Jahrhundert getan. Demokratien, die diese langfristig gewachsenen Strukturen nicht aufweisen, sind in der Regel sehr viel instabiler. Dies zeigen Beispiele aus Südamerika, Afrika oder dem Nahen und Fernen Osten (s. a. Kap. X). Auch bei langfristiger und tendenziell kontinuierlicher Demokratisierung bedeutet das nicht, dass die Entwicklung ohne Brüche und partielle Rückschritte vonstatten geht. Jedenfalls ist zu beobachten, dass ein zu schneller politischer Wandel in der Regel dazu führt, dass die gewünschte Entwicklung nicht erzielt wird, sondern in eine andere Richtung umkippt. Dies hat zu vielen Militärdiktaturen in Südamerika und Afrika (z. B. in Nigeria, s. Kap. X, B, 2) geführt.

A) Sozialer Wandel und politische Modernisierung

Politischer Wandel ist nur vor dem Hintergrund sozialen und wirtschaftlichen Wandels möglich. Dieser kann endogen oder exogen angestoßen werden. Externe Einflüsse auf die Wirtschaftstätigkeit erfolgten zunächst nur über begrenzte Kommunikationskanäle und hatten in Ländern, die nicht dem westlichen Entwicklungsniveau entsprachen, dann eher negative soziale Folgen (s. Kap. XVIII). Die Wirtschaftshilfe der USA, verbunden mit Reedukationsmaßnahmen, führte demgegenüber in Westdeutschland nach dem Zweiten Weltkrieg zu einer stabilen Demokratie. Der amerikanische Druck bewirkte auch in Japan eine Demokratisierung und die Einführung einer parlamentarischen Regierungsform. Diese wurde – wie in Deutschland – unter dem Eindruck des Kalten Krieges auch von außen durch entsprechende Wirtschaftshilfen abgestützt. Heute sorgen insbesondere die Kommunikationsmedien dafür, dass die externen Einflüsse auch der breiten Bevölkerung zugänglich werden. Selbst über Sprachgrenzen hinweg wird ein Austausch gefördert, der sich in einen Wandel des Systems umsetzen kann und die Herrschenden hinwegfegt – wie in Osteuropa. Hier ist dann der Begriff „Systemwechsel" angemessen.[866]

866 S. d. Merkel u. a., in: Merkel u. a. 1996: 13.

Endogene Initiativen zum politischen Wandel können von oben (also von den Regierenden selbst) hervorgerufen werden. Beispiele dafür aus neuerer Zeit sind Spanien und Portugal.[867] Politische Veränderungen können aber auch von unten (also von der Bevölkerung her) initiiert werden, z. B. wenn Protestierende neue Rechte fordern. Dies war in einigen Staaten Osteuropas der Fall. Ob sich dann nach der Transitionsphase demokratische Systeme entwickeln, ist eine andere Frage. Von großer Bedeutung dafür ist es, ob die wesentlichen und in weiten Kreisen akzeptierten Akteure eine Demokratie wollen, sich gegen die herrschende Elite durchsetzen können oder diese erkennt, dass der Prozess der Liberalisierung nicht mehr rückgängig zu machen ist.[868] Nach Przeworski kann es nur zu einem erfolgreichen Übergang kommen, wenn Reformer der Machtelite und Gemäßigte der Opposition zusammenarbeiten. Sie müssen dann dafür sorgen, dass bürgerliche Rechte und demokratische Verfahren in den vorhandenen oder neu zu schaffenden Institutionen angewandt werden. Dabei zeigen viele Staaten eine Kontinuität ihrer Institutionen, die aber eine andere Gewichtung im politischen Prozess bekommen.[869]

Die Wahl der Institutionen ist von erheblicher Bedeutung für die Stabilität des neuen politischen Systems,[870] wobei zur Konsolidierung das parlamentarische geeigneter erscheint als das präsidentielle System (s. Kap. VIII, A).[871] Beim semipräsidentiellen System nach dem Muster der V. Republik in Frankreich (s. Kap. VIII, B, 3) besteht dann, wenn das Parlament nicht hinter der Politik des Präsidenten steht, die Tendenz, dass dieser mit Dekreten agiert. Für die Zusammensetzung des Parlaments und die Mehrheitsverhältnisse ist das Wahlsystem von entscheidender Bedeutung. In der Phase der Liberalisierung und im Vorfeld der ersten freien Wahlen werden Parteien immer bedeutender. Dies sind anfangs eher „Protoparteien“,[872] die ganz auf Personen zentriert und weder programmatisch noch organisatorisch klar abgegrenzt sind; auch die Fähigkeit zur Mobilisierung besitzen sie nicht. Diese Aufgabe wird anfangs noch durch soziale Bewegungen wahrgenommen. Erst im Laufe der Entwicklung kommt es auch zur Herausbildung von Interessengruppen, so dass einerseits die Zahl der Akteure ständig zunimmt, andererseits im Hinblick auf die Parteien eine Strukturierung stattfindet. Dabei ist strittig, ob sich die Parteien entlang der Konfliktlinien verfestigen, die sich – wie vor allem für Europa festgestellt – im Zuge der sozio-ökonomischen Entwicklung langfristig herausbildeten (s. Kap. IV, B, 4).

Seit Aristoteles (s. Kap. XIII, C) und auch in den Modernisierungstheorien wird im sozio-ökonomischen Entwicklungsstand eine wichtige Voraussetzung für Demokratisierung gesehen. Aristoteles betonte die Bedeutung eines breiten Mittel-

---

867 Vgl. dazu Stepan, in: O`Donell u. a. 1986: 64 ff.

868 Przeworski 1991: 194 f.

869 Von Beyme 1994: 230 ff.

870 Liebert 1995.

871 Lijphart, in: Lijphart 1992; Stepan/Skach 1993.

872 Von Beyme 1994: 279.

standes. Diesen Aspekt griffen auch Lipset und Dahl[873] wieder auf. Als weiterer Faktor wird die Verbreitung der Bildung benannt. So wurden große Teile der Bevölkerung in den westeuropäischen Ländern lese- und schreibkundig, bevor der große Verstädterungs- und Industrialisierungsprozess einsetzte. Dies hatte ein Bildungsniveau zur Folge, das bei paralleler und schrittweiser Öffnung der politischen Teilnahme ein Verständnis für die schwierigen Spielregeln parlamentarischer Demokratie sicherstellen konnte. Heute wird zuweilen aber auch die These vertreten, dass es sich bei diesen Aspekten eher um eine Folge als um eine Voraussetzung der Demokratisierung handelt.[874]

Im Hinblick auf die Wirtschaftsentwicklung zeigt Moore die enge Verknüpfung mit der Auseinandersetzung sozialer Gruppen auf. Am Beispiel Englands, Frankreichs, der Vereinigten Staaten und Deutschlands wird der Wandel des Agrarsektors und der mit ihm verbundenen Schichten als eine entscheidende Voraussetzung für die demokratische Entwicklung herausgearbeitet. In diesem Prozess wurden die Landoberschichten entweder ein wichtiger Teil der kapitalistischen und demokratischen Strömung (wie in England) oder, wenn sie sich dieser widersetzten, in den Erschütterungen der Revolution (wie in Frankreich) oder des Bürgerkrieges (wie in den USA) hinweggefegt. Die Landoberschichten halfen also entweder dabei, die bürgerliche Revolution zu bewerkstelligen, oder sie wurden durch sie zerstört.[875] Überleben dagegen die vorkommerziellen Strukturen bis ins 20. Jahrhundert, so stellen sie eine erhebliche Belastung dar (s. Kap. XVIII).

Eine weitere wichtige gesellschaftliche Gruppe zur erfolgreichen Etablierung der liberalen Demokratie ist das städtische Bürgertum, das politisch und wirtschaftlich stark und unabhängig sein muss. Es geht also um die Dekonzentration der politischen und wirtschaftlichen Macht. Rokkan[876] fügt als interne Bedingung hinzu, dass die Städte in der Lage sein mussten, ausreichende Beziehungen gütlichen Einvernehmens aufzubauen, um die Entwicklung eines zentralistischen Staatsapparats zu unterbinden. Er führt dabei die Fälle Niederlande und Schweiz an. Weiterhin wird als Voraussetzung für eine glatte Entwicklung zur Massendemokratie gesehen, dass frühzeitig eigenständige rechtliche, religiöse und sprachliche Standards entwickelt werden konnten. Betrachtet man in diesem Zusammenhang die Entwicklungschancen der russischen Demokratie, so sind die Aussichten düster: Es gab nur eine relativ kleine Industriebourgeoisie. Sie und die Kaufmannschaft spielten gegenüber der Monarchie, dem Adel und der Geistlichkeit eine geringe Rolle. Schließlich haben Rueschemeyer u. a.[877] die Bedeutung der Kräfteverhältnisse zwischen demokratiefreundlichen und -feindlichen Klassen und deren Zusammensetzung betont, insbesondere die Mobilisierung der Arbeiterschaft und ihre Verbindung mit dem Bürgertum.

873 Lipset 1959; Dahl 1971.

874 Karl/Schmitter 1991.

875 Moore 1969: 429 f.

876 Rokkan, in: Tilly 1975: 562–600.

877 Rueschemeyer u. a. 1992: 77.

Die benannten sozio-ökonomischen Dimensionen führen nicht unmittelbar zur Demokratie. So betont z. B. Dahl,[878] dass es keinen sozio-ökonomischen Determinismus demokratischer Entwicklung gibt. Anstelle eines automatischen Zusammenhangs zwischen Wirtschaftswachstum und damit verbundenem gesellschaftlichen Wandel kann lediglich angenommen werden, dass eine reelle Chance besteht, eine demokratische Ordnung als Staatsform einführen zu können. Zwar wird die bisherige Staatsform durch das höhere Niveau der wirtschaftlichen Entwicklung brüchig, doch bedeutet dies nicht, dass Demokratie automatisch die Folge ist (s. China, Kap. X, B, 4).

Hinzu kommen noch andere Merkmale, z. B. die langfristige Entwicklung und die politische Kultur des jeweiligen Landes. Entwicklungen in Ländern Westeuropas, in denen die Demokratie zunächst bzw. nach kurzer Zeit scheiterte, deuten darauf hin, dass die Einbindung langfristig gewachsener sozio-kultureller Traditionen in das neue System zunächst nicht geglückt war. Hier ist z. B. an die Weimarer Republik, aber auch an Österreich (s. Kap. VIII, B, 1), Italien, Spanien und Portugal zu denken. Länder mit islamischer Tradition[879] (s. Kap. XVII, B) gelten als durchweg demokratieferner.[880] Im Prozess der Demokratisierung spielen politische Akteure – wie bereits erwähnt – eine entscheidende Rolle. Für die Stabilität des neuen politischen Systems ist die Akzeptanz der Institutionen und der Entscheidungsregeln sowie die Bindung an das Recht von erheblicher Bedeutung.[881] Demokratisierung ist prinzipiell ein nie endender Prozess.

Huntington hat – die langfristige Entwicklung betrachtend – verschiedene Demokratisierungswellen unterschieden: die erste von 1828 bis 1926, die zweite zwischen 1943 und 1962 und die dritte ab 1974. Letztere begann mit dem Ende des autoritären Systems in Portugal.[882] Als wiederum eigenständige Gruppe können die Transformationsprozesse in Osteuropa angesehen werden. Vor allen Dingen die Gleichzeitigkeit (der Umbau des politischen Systems und die parallele Einführung der Marktwirtschaft)[883] gilt bei Letzteren als besonders problematisch. Neben Beispielen aus Osteuropa werden im Folgenden mit Italien und Japan zwei Länder ausgewählt, die der zweiten Demokratisierungswelle zuzuordnen sind, Spanien gehört zur dritten. Gemeinsam ist Letzteren, dass sie auf gewisse Erfahrungen mit Demokratie zurückgreifen konnten, vor der Demokratisierung aber autoritär regiert wurden.

878 Dahl 1971: 68.
879 Tibi 1991: 113 ff.
880 Huntington 1984: 193–218.
881 Dahl 1971: 124 ff.; s. d. auch Diamond 1999: 65 ff., insb. 69.
882 Huntington 1991: 16.
883 Offe 1994.

B) Postautoritäre Systeme

Japan und Italien haben gemeinsam, dass sie unmittelbar nach dem Zweiten Weltkrieg den Weg in Richtung westliche Demokratie beschritten. Über Jahrzehnte fehlte beiden Systemen aber ein wesentliches Merkmal westlicher Demokratien, nämlich der Machtwechsel. Jedoch hat es in Italien zumindest Regierungen gegeben, die nicht von der dominanten Partei, der Democrazia Cristiana, geführt wurden. In Japan fehlte bis Mitte 1993 selbst dieses Element. Spanien, nach dem Kriege noch als autoritäre Diktatur unter General Franco einzustufen, hat erst relativ spät den Übergang zur Demokratie vollzogen. Hier ist er allerdings besser gelungen als in den anderen beiden politischen Systemen.[884] Gemeinsam ist allen, dass der Staat durch Staatsunternehmen bzw. wirtschaftslenkende Maßnahmen stark in die Marktwirtschaft interveniert. In Italien und Spanien hat die Landwirtschaft noch eine erheblich höhere Bedeutung als in anderen westlichen Demokratien und Disparitäten sind gravierender.

1. Italien

Italien wurde erst in der Mitte des 19. Jahrhunderts zu einem Staat verbunden. Die oktroyierte Verfassung einer konstitutionellen Monarchie konnte noch nicht als parlamentarische Verfassung bezeichnet werden.[885] Obwohl sich die italienischen Ministerpräsidenten zum britischen Parlamentarismus bekannten, trugen sie doch wenig dazu bei, dass das System nach britischem Vorbild arbeitete. Spätestens nach dem Ersten Weltkrieg hat dieses System nicht mehr funktioniert.[886] So hatten die Faschisten leichtes Spiel und konnten 1922 ohne Revolution die Macht übernehmen und ausbauen. Nach dem Zusammenbruch des faschistischen Systems arbeiteten die Führer der Christlichen Demokraten, der Liberalen, der Demokratischen Partei der Arbeit, der Aktionspartei, der Sozialisten und der Kommunisten zusammen und bewirkten die Etablierung einer republikanischen Verfassung. Die Frage der Staatsform wurde durch das Referendum von 1946 endgültig entschieden.

Die institutionellen Rahmenbedingungen der italienischen Verfassung von 1948 entsprechen der republikanischen Variante des Typs parlamentarische Regierung ohne föderalistische Gewaltenteilung. Eine vom Vertrauen der Parlamentsmehrheit (Deputiertenkammer und Senat) getragene Regierung (Ministerrat) mit schwachen Ministerpräsidenten sowie ein von beiden Kammern gewählter Präsident der Republik als formelles Staatsoberhaupt sind die wichtigsten politischen Institutionen. Die Machtfülle des Senats als zweite Kammer ist in parlamentarischen Systemen einzigartig. Er stellt quasi eine Verdoppelung der Deputiertenkammer dar. Zwischen beiden Kammer werden Gesetze hin und hergeschoben, bis eine Einigung

884 Genauer Liebert 1995: 129.

885 Von Beyme 1970b: 13.

886 Ebenda: 15 f.

erfolgt.[887] Da in Italien bis 1993 das Verhältniswahlverfahren ohne Sperrklausel angewendet wurde, umfasste das Parteiensystem zwei große (Democrazia Cristiana DC, Kommunisten PCI), zwei mittlere (Sozialistische Partei PSI, Neofaschisten MSI) und eine Vielzahl von kleinen Parteien, u. a. PSDI, PRI, PLI. Parlamentarische Mehrheiten kamen nur durch Koalitionsbildung zustande; eine von Christdemokraten geführte Fünfparteienkoalition (DC, PSI, Republikanische Partei PRI, Sozialdemokratische Partei PSDI, Liberale Partei PLI) war jahrelang der koalitionspolitische Normalfall. Die möglichen Volksabstimmungen (Referenden) haben unterschiedliche Wirkungen. In der spezifischen Form des Einspruchs gegen geltende Gesetze (abrogatives Referendum) haben kleine Parteien ein Instrument zur Verfügung, um die eigene politische Bedeutung weit über die Stärke der parlamentarischen Repräsentanz hinaus – zumindest vorübergehend – zu vergrößern. In Einzelfragen (Eherecht, Wahlrechtsreform) hat die direkte Demokratie dazu beigetragen, Blockaden zu beseitigen.[888]

Besonderheiten im Demokratisierungsprozess erschließen sich über das Konzept der politischen Kultur.[889] Diese ließ sich in Italien vor allem durch drei Begriffe beschreiben: Katholizismus, Kommunismus, Klientelismus.[890] Sie bescherten dem politischen System trotz mancher Krisenerscheinungen, z. B. Regierungen mit den kürzesten Amtszeiten,[891] über vier Jahrzehnte beachtliche Stabilität. Der politische Katholizismus war in der italienischen Nachkriegsdemokratie ununterbrochen in führender Position an der Regierungsmacht beteiligt. Nur vorübergehend stellten die kleineren Koalitionspartner mit Spadolini (PRI), Craxi und Amato (PSI) den Ministerpräsidenten. Aber selbst in diesen Kabinetten lag die Mehrheit der Ministerien bei der Democrazia Cristiana. Da ein Machtwechsel in mehr als vier Jahrzehnten nicht stattgefunden hatte, konnte Italien als „blockierte" Demokratie[892] bezeichnet werden. Die Kommunisten mit ihrer über Jahrzehnte wähler- und mitgliederstärksten Partei, der PCI, waren auf die Oppositionsrolle festgelegt.

Die wichtigste Ursache dieses Strukturproblems lag in der vorherrschenden ideologischen Polarisierung. Mit dem Kommunismus und dem Katholizismus standen sich im politisch-sozialen Leben zwei „Kirchen" gegenüber. Im 19. Jahrhundert hatte der Einigungsprozess des Staates die Distanz der katholischen Kirche zum liberalen Staat bewirkt: Der Papst verbot (nach dem Verlust weltlicher Macht) den gläubigen Katholiken die Stimmabgabe in der konstitutionellen Monarchie. Der italienische Nationalstaat wurde von Liberalen gegründet und bis zum Aufkommen der Sozialisten auch dominiert. Daraus ergab sich eine Entfremdung katholischer Bürger vom liberalen Staat. Erst zur Abwehr des Sozialismus wurde eine

887 Seisselberg, in: Riescher u. a. 2000: 202 f.
888 Köppl 2007: 114 ff., 116 ff.
889 Almond/Verba 1963; LaPalombara, in: Pye/Verba 1965: 282 ff.
890 Fritzsche 1987: 20.
891 Müller/Strøm 2000: 585.
892 Ebenda.

katholische Partei, die spätere DC, begründet und das päpstliche Verbot der Stimmabgabe widerrufen.

Die Distanz der katholischen Staatsbürger gegenüber dem laizistischen Staat pflegten auch die engagierten „Gläubigen" der „anderen Kirche", die überzeugten Anhänger der PCI. Der Wunsch, den durch allmähliche Stimmengewinne absehbaren Machterwerb der Kommunisten zu verhindern, kam deren schärfsten Gegnern, den Neofaschisten, zugute. Die Öffnung der Regierungsmehrheit zur Linken trieb militante Neofaschisten zum Terrorismus. Ziel dieses rechten Terrorismus, der etwa 1969 begann, war es vor allem, durch ungezielte Anschläge Angst zu erzeugen und damit die Notwendigkeit eines starken Staates zu demonstrieren. Der linke Terrorismus wollte zwischen 1974 und 1982 vor allem den kommunistischen Revisionismus bekämpfen.[893]

Nach dem Militärputsch gegen Allende in Chile (1973) formulierte die PCI die Strategie des historischen Kompromisses (compromesso storico);[894] die gesellschaftliche Veränderung in Italien sollte nicht gegen den politischen Katholizismus, sondern in Zusammenarbeit mit ihm betrieben werden. Auch wenn führende Politiker der DC zeitweilig dieser Strategie zuneigten, wurde die PCI niemals in die Regierung aufgenommen. Dies bedeutete aber nicht, dass die Partei in Städten und Regionen nicht in wichtige Führungspositionen hineinwachsen konnte und insofern in das politische System integriert wurde.[895] In beiden „politischen Kirchen", der katholischen ebenso wie der kommunistischen, ist eine deutliche Säkularisierung erfolgt. Für die katholische Kirche kann dies durch die Kirchgangshäufigkeit (sie ging von 60 auf 28 % zurück) anschaulich gemacht werden.[896] Bei der PCI wurde inzwischen der „Sozialdemokratisierung" vollzogen.

Wichtigstes Merkmal der politischen Kultur Italiens ist weiterhin der Klientelismus. Als informelles Beziehungsgeflecht zum Austausch gegenseitiger Gefälligkeiten tritt der Klientelismus neben die formalen Entscheidungsverfahren. Als Folge des Klientelismus hat sich Korruption in Italien fast zum Normalfall entwickelt. Besonders bemerkenswert war zunächst, dass die etablierten Parteien nach Korruptionsfällen keinerlei Stimmeinbußen bei Wahlen zu verzeichnen hatten. Dies änderte sich in den 1990er Jahren. Das Vertrauen der Bürger in Politiker und Parteien schien nachhaltig erschüttert zu sein. Eurobarometerumfragen wiesen die Italiener als am unzufriedensten mit ihrer Demokratie aus.[897] Allenthalben wurde nach vielfältigen Korruptionsskandalen[898] von einer tiefgreifenden Krise des politischen Systems gesprochen. Die gesamte politische Führungsschicht des Landes wurde mit Ermittlungen überzogen.[899]

---

893 Fritzsche 1987: 35; s.a. Köppl 2007: 44 ff., 55.

894 S. a. Liebert 1995: 113 f.

895 Merkel 1999: 233.

896 Fritzsche 1987: 156 ff.; Brettschneider u. a., in: Gabriel/Brettschneider ^{2}1994: 574.

897 Inglehart 1998: 260 f.

898 Liebert 1995: 121.

899 Grasmück 2005: 62 ff.

Zunächst erwuchs der DC im Norden eine ernsthafte Konkurrenz durch die Lega Nord.[900] Den Vertrauensverlust versuchte die DC durch eine Namensänderung in Volkspartei (Partito Populare Italiano PPI) zu bearbeiten, was ihr keineswegs gelang. Eine Spaltung in mehrere neue Parteien folgte. Ein parteiübergreifender Zweckzusammenschluss erreichte per Referendum, dass 1993 zunächst die Mehrheitswahl für den Senat durchgesetzt wurde,[901] in der Hoffnung, dadurch Blockaden im politischen System aufzuheben. Schließlich wurden beide Kammern zu Dreiviertel durch Mehrheitswahl bestimmt. Die Wahlen nach diesem System führten zu einer völligen Veränderung der Parteienlandschaft, wobei seither zwei Allianzen miteinander konkurrieren. Nach der Rückkehr zur Verhältniswahl mit Mehrheitprämie 2005 wird der Zusammenhalt der Bündnisse wieder schwächer: Dem Bündnis der rechten Mitte des Medienmoguls Berlusconi und seiner neugegründeten Forza Italia[902] gehören auch die Lega Nord und die postfaschistische Alleanza Nazionale an. In der Allianz der Linken Mitte sind auch die ehemaligen Kommunisten als eigenständige Partei (PRC) vertreten. Die Handlungsfähigkeit beider Regierungsbündnisse ist nicht nur durch ihre Zusammensetzung aus vielen u. a. auch radikalen Parteien, sondern auch durch die Aktivitäten der Regionalisten und Gewerkschaften gefährdet, die quasi über die ihnen nahestehenden Parteien mitregieren. Insgesamt ist eine Übergangsphase eingeleitet, deren Dauer und Ergebnis nicht abzusehen sind. Die politische Elite wurde völlig ausgewechselt. Häufig ist vom Übergang in die „zweite Republik" die Rede.[903] Dem Staatspräsidenten wuchs daher eine stärkere Rolle bei der Regierungsbildung zu.[904]

Regionalparteien (insbesondere die Lega Nord) drängen zu weiterer Dezentralisierung. Traditionell gibt es fünf autonome Regionen (Sizilien, Sardinien, Trentino-Südtirol, Valle d'Aosta und Friaul-Julisch-Venetien) von insgesamt 20. Reformen waren eher bescheiden geblieben bis 2001 eine Revision der Verfassung im Sinne einer Föderalisierung des Systems erfolgte.[905] Inzwischen verschärft sich die Spannung zwischen dem reichen Norditalien und dem armen Süden (Mezzogiorno),[906] die vor allem von der Lega Nord geschürt wird.

Der Süden ist auch das traditionelle Gebiet der Mafia. Während bei der Korruption die klientelistische Beziehung durch Geldleistung erlangt wird, zeichnet sich diese Form des Klientelismus dadurch aus, dass die Gewaltbereitschaft als notwendiges Element hinzukommt. In den letzten Jahren hat sich als bemerkenswerte Entwicklung ein Erfolg der Staatsmacht gegenüber der Mafia gezeigt. Ursache dafür ist eine neue Generation von sehr mutigen Juristen und Journalisten, die persönliche Gefährdungen durch Angriffe gegen die Mafia in Kauf nehmen. Wie

900 Bordon 1997.
901 S. d. Jünemann, in: Ferraris 1995: 107 ff.; Grasmück 2005: 66 f.
902 Grasmück 2005: 104 ff.
903 Ferraris 1995.
904 Trautmann/ Ulrich, in: Ismayr ^{3}2003: 555–557.
905 Köppl 2007: 176–190.
906 Zu den unterschiedlichen Traditionen s. Putnam 1992.

bei der DC haben Korruptionsskandale auch erheblich zum Vertrauensverlust von Politikern in Japan beigetragen.

2. Japan

Bei Japan haben wir es mit einer östlichen Gesellschaft und politischen Kultur zu tun, der ein westlicher Regierungsaufbau verordnet wurde: Nach dem Zweiten Weltkrieg musste unter massivem Einfluss der amerikanischen Militärregierung das britische Demokratiemodell übernommen werden. Dies erfuhr wiederum in der asiatischen Gesellschaft eine spezifische Ausgestaltung, die gesellschaftlichen Traditionen Raum gab. Daher weist das japanische System doch eine große Kontinuität auf.

Japan hatte sich jahrhundertelang gegenüber Kontakten mit dem Westen abgeschottet. Zu einer Öffnung kam es erst in der Mitte des 19. Jahrhunderts.[907] Ein Handels- und Industriebürgertum entstand erst als Folge der staatlich initiierten gesellschaftlichen Veränderungen.[908] Reformen der Klassenstruktur, Lockerungen der Kontrolle über das Verkehrs- und Kommunikationssystem, der Aufbau eines modernen Bankwesens und der Verkauf staatlicher Betriebe an private Interessenten führten Ende des 19. Jahrhunderts zu einer Annäherung an westliche Verhältnisse.

Die neuen Teileliten, die Parteien, die Regierungsbürokratie und die Großunternehmen waren eng miteinander verbunden. Wenige große Industriekonzerne dominierten die größeren Parteien, die Bürokratie definierte ihre Interessen weitgehend im Einklang mit den beiden. Lediglich das Militär nahm eine Sonderstellung ein und stand in Opposition zu den übrigen Teileliten. Das Militär versuchte dann, Wirtschaftsprobleme und solche der Überbevölkerung durch äußere Expansion zu lösen. Die Kriegspolitik mündete in die militärische Niederlage 1945 ein.

Im Zuge der Anpassung an westliche Verhältnisse waren die nationalen und kulturellen Eigenheiten Japans beibehalten worden. Die Modernisierung der Gesellschaft wurde durch die hohe Wertschätzung von Bildung und Erziehung erleichtert. Obwohl sich bereits seit Anfang des 20. Jahrhunderts im Zuge des Industrialisierungsprozesses Gewerkschaften und Parteien formierten, blieben soziale Auseinandersetzungen wie auch die Herausbildung einer Opposition aus. Dies wird auf das ganzheitliche (holistische) Weltbild, das religiös im Shintoismus und Konfuzianismus begründet ist, zurückgeführt. Diesem ist das individualistische Denken des Liberalismus wie das klassendichotomische der sozialistischen Ideologie fremd. Die tradierten Sozialnormen stellen auf Konsens ab. Im Mittelpunkt steht der Nutzen für bestimmte Kollektive: die Familie, die Firma, die Kollegen oder

907 Bellers/ Demuth 1993 :156 ff.; Hartmann 1992: 22 ff.

908 S. d. auch Weede 2000: 292 ff.

Japan als Nation.[909]. Inzwischen lässt sich Japan heute als fortschrittliche, postindustrielle Gesellschaft beschreiben.[910]

Nach 1945 wurde in Japan ein parlamentarisches Regierungssystem eingeführt. Der Kaiser verzichtete bereits 1945 auf den Status, Oberhaupt der shintoistischen Religion zu sein, die als Staatsreligion ebenfalls aufgehoben wurde. Als Staatsoberhaupt hat der Kaiser heute nur noch zeremonielle Befugnisse. Nach den Regeln eines parlamentarischen Regierungssystems wählt die Parlamentsmehrheit einen Premierminister, der von der Mehrheit im Parlament vorgeschlagen wird. Er hat das Recht, Minister seines Kabinetts zu ernennen und zu entlassen. Weiterhin steht dem Premierminister die Parlamentsauflösung zu, um die Handlungsfähigkeit durch Neuwahlen sicherstellen zu können. Neben dem Unterhaus gibt es noch ein Oberhaus.[911] Ihm kommen jedoch mindere Rechte im Vergleich zum Unterhaus zu: Im Gesetzgebungsprozess entscheidet bei Nichtübereinstimmung mit dem Oberhaus letztlich die Zweidrittelmehrheit des Unterhauses.

Im parlamentarischen Regierungssystem Japans ist problematisch, dass seit 1955 die konservative Liberaldemokratische Partei (LDP) in der Regierungsverantwortung war und ein Machtwechsel bis Mitte 1993 nicht stattgefunden hatte. Destabilisiert wurde das System nur dadurch, dass die LDP in Faktionen (habatsu) gespalten ist und der Regierungschef die Unterstützung der „Bosse" dieser Faktionen haben musste.[912] Der Kandidat für das Amt des Regierungschefs wurde durch Auseinandersetzungen zwischen den einzelnen Faktionen der LDP um die Parteipräsidentschaft bestimmt. Der starke Einfluss der dominanten Partei kam auch dadurch zum Ausdruck, dass alle Gesetzesinitiativen, die im Parlament vorgelegt wurden, die Zustimmung des LDP-Parteibeirates und des LDP-Parteivorstandes benötigten. Dem konsensualen Stil der japanischen Gesellschaft entsprach es, dass die LDP-Mehrheitsfraktion parlamentarische Übereinkünfte mit den Oppositionsfraktionen suchte. Da politische Entscheidungen vor allem auf Übereinstimmung der Gruppen beruhten, bezeichnete Kevenhörster Japan als „Konkordanzdemokratie"[913] (s. Kap. V, B). Zuweilen kam es aber auch zu einer Verweigerung der Opposition gegenüber solchen Übereinkünften. Beharrte die Regierungsmehrheit auf ihren Vorstellungen, betrieben die Oppositionsparteien häufig Obstruktion, d. h. sie versuchten, Abstimmungen zu verzögern oder zu sabotieren, die Regierungspartei am Reden zu hindern, Sitzungsabläufe zu blockieren u. ä.

Die seit 1955 dominante Partei heißt zwar Liberaldemokratische Partei, ist aber nach europäischen Maßstäben eine konservative Partei. Sie setzt sich für eine Synthese aus Industrialisierung und kapitalistischer Wirtschaftsverfassung mit den traditionellen Elementen japanischer Kultur ein. Insofern sind die Beziehungen zur

909 Hartmann 1992: 14 ff.; 44 ff.; Kevenhörster 1993: 32 ff.

910 Kevenhörster u. a. ²2010: 242, 249 f.

911 Zur Zusammensetzung s. Narita 1995: 84 f.

912 Kevenhörster 1993: 25; Hartmann 1992: 115 f., 140 f.

913 Kevenhörster 1993: 46.

Wirtschaft eng. Die LDP findet zwar ihre Anhänger in allen Kreisen der Bevölkerung, im ländlichen Bereich ist sie allerdings stärker. In der Partei waren lange die Abgeordneten dominierend,[914] nun verschiebt sich das Gewicht auf die Parteien.[915] Die wichtigsten Akteure betrachten sich zudem als Vertreter der verschiedenen Faktionen. Letztere haben förmliche Willensbildungsprozesse. Diese Gruppen sind keine Richtungsgruppen, sondern personalzentrierte, die sich um einen Führer scharen und in Abstimmungsprozesse ihre Stimmenpakete einbringen. In den Wahlkreisen, in denen nach dem japanischen Mehrheitswahlrecht bis 1994 mehrere Kandidaten gewählt wurden, standen sich Repräsentanten der Faktionen konkurrierend gegenüber. Diese pflegten die Anhängerschaft mit persönlichen und materiellen Vorteilen.

Die Opposition war traditionell zersplittert. Hierzu gehört die Sozialistische Partei Japans (SDPJ), die zunächst eine sozialistische Umgestaltung der Gesellschaft anstrebte, sich nach dem Umsturz in Osteuropa aber sozialdemokratisierte.[916] Diese Partei ähnelt europäischen Mitgliederparteien. Faktionen sind hier eher Richtungsgruppen. Mehr im politischen Spektrum der Mitte ist die buddhistische Komeito angesiedelt. Ziel dieser Partei ist es, sich für mehr Moral und Religiösität einzusetzen. In diesem Zusammenhang kritisiert sie vor allen Dingen die Korruption im Staat und in der LDP. Die Kommunistische Partei Japans befindet sich nach den Entwicklungen in Osteuropa und China in Argumentationsschwierigkeiten.[917]

Trotz Korruptionsskandalen schien ein Machtverlust der LDP bis in die neunziger Jahre nicht anzustehen. Als Ursachen wurden die hohe Anpassungsfähigkeit der Partei an wechselnde innen- und außenpolitische Konstellationen genannt, während der Opposition geringere Kompetenz zugeschrieben wurde. Aber auch vielfältige Klientelbeziehungen und Netzwerke verankern die Partei fest in der Bevölkerung. So hatte sich in Japan ein „Eineinhalb-Parteiensystem" fest etabliert.[918] Erst 1993 begann durch erhebliche Abspaltungen von der LDP eine neue Ära. Diese neuen Gruppierungen sahen sich als Protestbewegungen und Motoren der politischen Erneuerung.[919] Koalitionsregierungen sowie die LDP kurzzeitig in der Opposition waren die Folge. Völlig überraschend war, dass die LDP 1994 die Sozialdemokraten als Partei duldete, die vorübergehend den Regierungschef stellte. Unter den wichtigen Reformen dieser Zeit war ein neues Wahlrecht, das Einerwahlkreise einführte, in denen durch Mehrheitswahl 300 Mitglieder des Unterhauses gewählt werden, 200 weitere werden durch Verhältniswahl über Parteilisten bestimmt.[920]

914 Hartmann 1992: 112 ff.
915 Kevenhörster u. a. ^{2}2010: 257.
916 Kevenhörster 1993: 63.
917 Kevenhörster u. a. ^{2}2010: 262.
918 Kevenhörster u. a. ^{2}2010 : 251 ff.
919 Ebenda: 263 f.
920 Ebenda: 266 f.

Weiterhin sollen neue Parteienfinanzierungsregelungen Korruption bekämpfen.[921] Die LDP hat zwischenzeitlich mit wechselnden kleineren Koalitionspartnern regiert. Sie wurde schließlich sogar als Regierungspartei durch die Demokratische Partei abgelöst, die sich aus Abspaltungen der LDP und deren Fusion mit kleineren Parteien gebildet hat.[922]

Die engen Verbindungen der LDP zu den Repräsentanten der Wirtschaft bleiben allerdings bestehen. Die Wirtschaft ist dadurch in einzelnen Politikfeldern besonders einflussreich, aber auch, weil die Interessenvermittlung vor allen Dingen durch die Unternehmen selbst erfolgt. Die für Japan typischen Unternehmensgewerkschaften großer Unternehmen werden in den Betrieben selbst domestiziert. Großinteressengruppen werden dagegen nach korporatistischen Prinzipien von der Bürokratie in Entscheidungsprozesse eingebunden. Die Rolle des MITI (Ministerium für Internationalen Handel und Industrie)[923] wurde hier besonders hervorgehoben.[924] Die Bedeutung der Bürokratie in Japan hat auch zur Bezeichnung „bürokratische“ Konkordanzdemokratie geführt. Durch die Rotation zwischen den Führungsgruppen von Politik und Verwaltung bzw. von Verwaltung und Wirtschaft entstanden informelle Kommunikationsnetzwerke, die es der Regierung möglich machen, bei der Gesetzesplanung breiten fachlichen Rat einzuholen und bei der Umsetzung politischer Programme Widerstände zu überwinden.[925]

Das politische System zeigte lange „Züge der Stagnation und der Selbstzufriedenheit“. Zwar können sich Gesellschaften mit einem hohen Konsensniveau mit einer Politik des Wandels durch Wachstum begnügen. Diese Position scheint aber durch die weltwirtschaftlichen Entwicklungen gefährdet.[926] Das lange Ausbleiben eines Machtwechsels in Japan begünstigte, wie die nicht abreißende Kette von Skandalen zeigt, Stagnation und Korruption.[927] Die langfristigen Wirkungen der Reformen sind noch schwer abzuschätzen.

3. Spanien

Spanien hat sich nach Jahren der autoritären Regierung relativ schnell zu einer stabilen Demokratie entwickelt. Dies war sicherlich nur vor dem Hintergrund der sozio-ökonomischen Veränderungen seit dem 19. Jahrhundert möglich, die eine kontinuierliche Industrialisierung und Demokratisierung einleiteten. Entscheidende Voraussetzung scheint der gut durchdachte Übergang vom autoritären Franco-Regime[928] zur parlamentarischen Demokratie gewesen zu sein.

---

921 Narita 1995: 86 f.

922 Kevenhörster [2]2010: 272.

923 heute METI (Ministerium für Wirtschaft, Internationalen Handel und Industrie)

924 S. d. Hartmann 1992: 87, 104.

925 Foljanti-Jost/Thränhardt 1995: 117; Narita 1995: 128 ff.

926 Weede 2000: 315.

927 Blechinger 1998.

928 Von Beyme 1970a: 186.

Erst das Franco-Regime (1939–1975) hat Spanien von einem Agrarland zu einem Industrie- und Dienstleistungsland entwickelt. Dies geschah durch eine Politik der Autarkie und des Staatsinterventionismus. Bis 1950 waren damit starke Belastungen der Industriearbeiter und des Kleinbürgertums verbunden. Als die Isolation Spaniens im Zuge des Kalten Krieges aufgegeben wurde und Spanien aufgrund von militärstrategischen Erwägungen Wirtschaftshilfe der USA erhielt, verbesserte sich die wirtschaftliche Situation des Landes. Die Folge war ein sozialer Wandel. Die bessergestellten Teile der Gesellschaft, die neuen Mittelschichten, verlangten nach mehr Freiheit, die Arbeitnehmer nach effizienterer Vertretung ihrer Interessen und sozialer Umverteilung. Die „historischen Nationalitäten" der Basken und Katalanen forderten ein Ende der Repression sowie die Anerkennung des Rechts auf Selbstbestimmung.[929] Die wirtschaftliche Krise seit 1973 bewirkte einen Problemlösungsdruck. Weiterhin verstärkte das Ausland Tendenzen in Richtung Demokratisierung.[930]

Der friedliche Übergang wäre nicht möglich gewesen, wenn nicht innerhalb des francistischen Lagers bereits seit den 1960er Jahren Auseinandersetzungen über politische Entwürfe für die Zeit nach Franco im Gange gewesen wären. In der Spätphase seiner Herrschaft wurde als Nachfolger Juan Carlos aufgebaut, der dann nach dem Tode Francos 1975, unterstützt von den liberaleren Mitgliedern der Elite und gegen den Widerstand ultrakonservativer Anhänger des francistischen Systems, den Übergang zur Demokratie einleitete. Die Führungsqualitäten des Königs und seines von ihm 1976 eingesetzten Premiers Adolfo Suarez sicherten wesentlich den reibungslosen Übergang. Letzterer bewirkte, dass das francistische System seiner Abschaffung selber zustimmte.[931] Ein Referendum sicherte breite Zustimmung. Die dann folgenden freien Wahlen 1977 brachten ein demokratisch gewähltes Parlament hervor, das aus dem Parlament eine „Kommission für Verfassungsfragen" bildete, die eine neue Verfassung erarbeiten sollte. Der Entwurf wurde nicht nur in den politischen Institutionen diskutiert und schließlich angenommen, sondern auch die Bevölkerung stimmte der neuen Verfassung in einem Referendum 1978 mit großer Mehrheit zu (87,8 % Ja-Stimmen).[932] Damit wurde der vermutlich demokratischste Weg zu einer neuen Verfassung gewählt.[933] Die junge Demokratie überstand den Putsch von rechts 1981 durch das besonnene Verhalten des Königs.

Maßgebend für den Erfolg war sicher auch, dass sich, anknüpfend an die Zeit vor dem Bürgerkrieg, zwei linke Parteien herausbildeten, die Kommunistische Partei Spaniens (PCE) und die Sozialistische Arbeiterpartei Spaniens (PSOE). Die PCE war die führende Kraft der innerspanischen illegalen Opposition gegen Fran-

929 Nohlen/Hildenbrand 1992: 5.
930 Ebenda: 276 f.
931 Liebert 1995: 416.
932 Nohlen/Hildenbrand 1992: 277 f.
933 Merkel u. a., in: dies. 1996a: 23.

co. Wie die italienische Kommunistische Partei hat sie das parlamentarische System und den Parteienpluralismus anerkannt. Die PCE erlebte in den 1980er Jahren aufgrund interner Führungsprobleme und der Zielorientierung eine Spaltung; 1986 erfolgte ein Zusammenschluss von PCE und sonstigen linken Parteien zur Vereinigten Linken (IU).[934] Die PSOE, deren Wähler Arbeiter, Teile der Mittelschichten, Kleinbauern und Landarbeiter sind, postuliert den demokratischen Sozialismus. Ihr Vorbild sind sozialdemokratische Parteien Westeuropas, namentlich die SPD. Die Partei hat als langjährige Regierungspartei unter Felipe Gonzalez die Geschicke des Landes bestimmt. Sein Nachfolger im Parteivorsitz, Zapatero, konnte die Tradition fortführen.

Die spanischen Bürgerlichen taten sich zunächst schwer, aus dem Schatten des Franco Regimes herauszutreten. Ihre Union de Centro Democratico (UCD) spielte beim Übergang in die Demokratie eine wichtige Rolle. In ihr war auch der vom König ernannte Premierminister Suarez aktiv und verlieh ihr dadurch Gewicht. Inzwischen ist die Partei aufgrund interner Probleme auf eine Kleinpartei zurückgefallen. Suarez hat 1982 das Demokratisch-Soziale Zentrum (CDS) gegründet; diese Partei schloss sich 1988 der Liberalen Internationale an.[935] Die Rechte Spaniens wurde dann durch die Volksallianz (AP) und die Volkspartei (PP) repräsentiert. Zunächst hatte die AP mehr Wählerresonanz; heute ist die PP die führende Kraft des ehemaligen francistischen Lagers. Die Partei hat inzwischen ein liberaleres und europäisch orientiertes Image, konnte die PSOE 1996 in der Regierungsverantwortung mit absoluter Mehrheit ablösen und zwei Legislaturperioden regieren.

Die parlamentarische Monarchie, so wird die spanische Staatsform in der neuen Verfassung von 1978 definiert, gleicht anderen parlamentarischen Demokratien mit der Krone als Staatsoberhaupt. Diese ist nämlich auf repräsentative Funktionen beschränkt. Ihr kommt, wie der britischen Krone, dann eine Bedeutung zu, wenn die Mehrheitsverhältnisse im Parlament nicht klar sind und der König durch Sondierungen feststellen muss, wer als Regierungschef eine Mehrheit hinter sich sammeln könnte. Der Regierungschef muss durch die absolute Mehrheit der Mitglieder des Parlaments gewählt werden. Erst im zweiten Wahlgang genügt eine einfache Mehrheit. Die Regierung kann nur durch ein konstruktives Misstrauensvotum, wie in Deutschland vorgesehen, abgelöst werden. Dies bedeutet, dass das Parlament mit Mehrheit einen neuen Regierungschef wählen muss. Im Unterschied zum deutschen Bundeskanzler hat der Regierungschef in Spanien allerdings das Recht, das Parlament aufzulösen, falls er Neuwahlen für sinnvoll hält. Damit ist die Stellung des spanischen Regierungschefs stärker als die des deutschen Bundeskanzlers. Einer Zersplitterung des Parteiensystems im Abgeordnetenhaus wirkt die Verhältniswahl in unterschiedlichen großen Wahlkreisen[936] entgegen, deren effektive Zu-

934 Nohlen/Hildenbrand 1992: 350.
935 Ebenda: 352.
936 Nohlen ^{3}2000: 91; 102 f.

gangsbeschränkung in den meisten Wahlkreisen weit über 3 % liegt. Dieser Prozentsatz wurde zudem als Sperrklausel auf Wahlkreisebene festgeschrieben.[937] Durch das Wahlsystem können auch Regionalparteien im Abgeordnetenhaus vertreten sein. Die katalanischen Regionalisten (CiU) spielten bei der Regierungsbildung mehrfach eine entscheidende Rolle.

Neben dem Abgeordnetenhaus gibt es noch den Senat als zweite Kammer. Dieser ist an Gesetzgebung und Kontrolle der Regierung beteiligt, gegenüber dem Abgeordnetenhaus aber eindeutig schwächer. Der Senat hat Gesetzesinitiativrecht, im Hinblick auf eine vom Abgeordnetenhaus verabschiedete Gesetzesvorlage ist er nur befugt, ein aufschiebendes (suspensives) Veto einzulegen. Dieses kann das Abgeordnetenhaus mit qualifizierter Mehrheit außer Kraft setzen. Der Senat ist damit eher ein Oberhaus und nicht – wie der deutsche Bundesrat (s. Kap. IX, D, 1) – eine Kammer, die die einzelnen Landesteile vertritt. Im Hinblick darauf (und bei internationalen Verträgen) hat der Senat jedoch die größten Rechte: Bei Uneinigkeit zwischen Abgeordnetenhaus und Senat in Fragen, welche die „Autonomen Gemeinschaften" betreffen, ist die Errichtung von gemischten Ausschüssen vorgesehen, denen eine gleiche Zahl von Abgeordneten und Senatoren angehört.[938]

Das Gebiet des spanischen Staates ist seit 1983 in 17 Regionen eingeteilt, die „Autonome Gemeinschaften" heißen. Traditionell war Spanien zentralistisch organisiert. Erst im Zuge der Demokratisierung meldeten historische Nationalitäten, so die Basken und die Katalanen,[939] Selbstbestimmungsansprüche an. Besonders radikal werden die von der baskischen Untergrundorganisation Eta mit Terror durchzusetzen versucht. Dies führte zu einer Dezentralisierungspolitik, die allerdings die separatistischen Tendenzen (insbesondere der baskischen Nationalisten) nicht stoppen konnte. Die Autonomen Gemeinschaften lieferten im Hinblick auf ihre geographischen, sozio-ökonomischen, sprachlich-kulturellen und/oder historisch-politischen Besonderheiten unterschiedliche Begründungen für eine Selbstregierung. So kann man grob zwischen den historischen Nationalitäten (Katalonien, Baskenland und Galicien) und anderen Regionalismen unterscheiden. Die Autonomen Gemeinschaften umfassen in der Regel mehrere Provinzen.

Beim Bestreben nach Selbstregierung spielte eine wesentliche Rolle, mehr Gelder für die Lösung der Wirtschaftsprobleme zu erhalten. Die Kompetenzen der einzelnen Autonomen Gemeinschaften sind unterschiedlich, es gibt solche mit höherem und solche mit niedrigerem Kompetenzniveau.[940] Generell ist aber eine Entwicklung hin zu einer föderalistischen Struktur erkennbar.[941] Im Zusammenhang mit der Demokratisierung und Dezentralisierung konnten sich viele Regionalparteien etablieren.

---

937 Nohlen/Hildenbrand 1992: 286.
938 Cordes, in: Riescher u. a. 2000: 144.
939 Liebert, in: Gerdes u. a. 1987: 138 ff.
940 Nohlen/Hildenbrand 1992: 320.
941 Wendland 1998: 243.

Im Gegensatz zu Spanien müssen die postkommunistischen Staaten in Osteuropa und Asien den Aufbau von Rechtsstaat, Marktwirtschaft und Demokratie unter ungünstigeren Bedingungen vollziehen.

C) Postkommunistische Systeme in Europa

Gemeinsam ist der Transformation in Osteuropa, dass die politische Revolution der wirtschaftlichen voranging. Für die Darstellung der wichtigsten Elemente des Übergangs von einer kommunistischen Parteidiktatur mit Zentralverwaltungswirtschaft zu einem demokratischen System mit Marktwirtschaft werden hier drei Beispiele herangezogen. Russland gehört als größter Nachfolgestaat der zerfallenen Sowjetunion und imperialer Kern des ehemaligen „sozialistischen Weltsystems" (Zweite Welt genannt) schon deshalb zu den unverzichtbaren Beispielen der wirtschaftlichen, sozialen und politischen Transformation, weil hier nach der Oktoberrevolution 1917 der Aufbau des Sozialismus in einem Land begann. Darüber hinaus ging auch der Zusammenbruch des sozialistischen Weltsystems von Moskau aus, der u. a. zu einem eigenständigen Russland als Erbe der Weltmachtrolle der Sowjetunion führte. Eine eigenständige Entwicklung der ehemaligen Satelliten wäre nicht möglich gewesen, ohne dass Gorbatschow 1989 auf die Breschnewdoktrin verzichtet hätte, also ohne das Versprechen der Sowjetunion, sich nicht mehr in die inneren Angelegenheiten von „Freunden und Alliierten" einzumischen. Von den ehemaligen Satellitenstaaten der Sowjetunion in Osteuropa werden hier Polen sowie Tschechien und die Slowakei als Nachfolgestaaten der Tschechoslowakei (CSFR) vorgestellt. Diese Staaten sind unmittelbare Nachbarn des vereinten Deutschland. Gemeinsames Problem dieser Staaten ist, dass der Aufbau einer funktionierenden Marktwirtschaft auch wegen der jahrzehntelangen, zwischenstaatlichen Spezialisierung im Ostblock schwierig war. In Polen waren die wirtschaftlichen Voraussetzungen dafür noch am günstigsten.

In den vorzustellenden Staaten vollzog sich die Abkehr vom bestehenden System in unterschiedlicher Weise: in Russland durch einen gelenkten Wandel unter Führung der alten Kader der sogenannten zweiten Reihe, in der CSFR durch Kollaps oder Implusion und in Polen, dem Vorreiter des Wandels, durch eine ausgehandelte Revolution.[942] Zu den spezifischen nationalen Einflussfaktoren auf den andauernden Transformationsprozess gehört in Russland die starke Stellung der Nomenklatura-Funktionäre und Oligarchen der Wirtschaft und im Parlament. Ein weiteres Problem ist die fehlende Rechtstradition, was auf die ununterbrochene Geltung des autokratischen Prinzips zurückgeführt wird. Russland hat keinen Gesellschaftswandel durchlebt, der für die Demokratisierung günstig ist: Der Adel war eng mit der Bürokratie verbunden, ein Bürgertum konnte nicht entstehen.[943]

942 Von Beyme 1994: 94.
943 Ennker 1996: 95 f.

Für den polnischen Übergang in die Transformation muss die herausragende Bedeutung der katholischen Kirche und ihr gewerkschaftlicher Arm, die Solidarnosc, gewürdigt werden. In der CSFR hat der durch Fortgeltung der kommunistischen Föderativverfassung stabilisierte Nationalitätenkonflikt sogar zu einer „politischen Zellteilung" geführt: Die beiden Nachfolgestaaten Tschechische Republik und Slowakische Republik gestalten seit Anfang 1993 ihre eigenen Wege der politischen, wirtschaftlichen und sozialen Transformation.

1. Polen

Die strategische Leistung des polnischen Aufstandes am Beginn der 1980er Jahre liegt darin, dass seine zentrale Forderung unterhalb der 1953 in der DDR, 1956 in Ungarn und 1968 in der Tschechoslowakei („Prager Frühling") offensichtlich überschrittenen Schwelle für ein militärisches Eingreifen der Sowjetunion verblieb. Die landesweite Streikbewegung im August 1980 stellte weder die Anwesenheit sowjetischer Truppen und das Verbleiben im Warschauer Pakt noch die politische Rolle der herrschenden KP (Polnische Vereinigte Arbeiter-Partei) in Frage. Dennoch traf die im „Danziger Abkommen" vom 31. August 1980 von der kommunistischen Staatsführung zugestandene Bildung einer unabhängigen, von der katholischen Kirche unterstützten Gewerkschaft (Solidarnosc) das politische System an einer empfindlichen Stelle. Der selbsternannten Avantgarde der „bewusstesten Teile der Arbeiterklasse", der Kommunistischen Partei, trat eine landesweite, freiwillige Organisation der real existierenden Arbeiterschaft gegenüber.[944]

Nach dem massenhaften Zulauf zur unabhängigen Gewerkschaft (binnen eines Jahres 10 Mio. Mitglieder) entwickelte sich eine für Gewerkschaftsführung und System gleichermaßen unkontrollierbare Situation. Der Armeegeneral Jaruzelski übernahm die Partei- und Staatsführung und verhängte im Dezember 1981 für ganz Polen das Kriegsrecht (dadurch einer sowjetischen Militärintervention zuvorkommend) und verbot die Solidarnocs. Gleichzeitig bemühte sich der Staat, Reformen voranzubringen.[945] Eine neue Streikbewegung im Frühjahr 1988 (ungeachtet des Kriegsrechts) demonstrierte die anhaltende Stärke der polnischen Opposition. Ihr innenpolitischer Druck bei zunehmenden wirtschaftlichen Schwierigkeiten zwangen die KP, mit den Vertretern der aufgelösten Solidarnosc Kontakt aufzunehmen, wobei die späteren Verhandlungen am „Runden Tisch" vorbereitet wurden.

Der Runde Tisch wurde zum Symbol der polnischen Variante einer konkordanten Entscheidungsfindung und zur vielfach nachgeahmten Institution „des evolutionären Systemwechsels vom realen Sozialismus zur pluralistischen Demokratie".[946] Das Paket der Vereinbarungen zwischen kommunistischen Machthabern und der um die Gewerkschaft Solidarnosc und ihren charismatischen Führer Walesa gruppierten Opposition verdient durchaus die Bezeichnung „historischer Kom-

944 Ziemer, in: Ziemer 1986: 162.

945 Grotz 2000: 93 ff.

946 Weiß/Heinrich 1991: 15.

promiß".[947] Dieser Kompromiss trug sowohl der innenpolitischen Situation Polens als auch den internationalen Rahmenbedingungen des Landes im Frühjahr 1989 Rechnung. Aus heutiger Sicht bildete Polen den „Eisbrecher des politischen Wandels" in Osteuropa.[948]

Das neugeschaffene Präsidentenamt für den KP-Chef Jaruzelski war einerseits Garantie für politische Kontinuität, andererseits eine wesentliche Neuerung im Institutionensystem und bereitete den Weg für eine Entwicklung zur semipräsidentiellen Regierungsform nach dem Muster der V. Republik Frankreichs (s. Kap. VIII, B, 3). Bei den halbfreien Wahlen konnte die Opposition alle vereinbarten Mandate (35 % der Sitze für Solidarnosc und andere Bürgergruppen) im Sejm gewinnen. Weiterhin gelang es ihr, die neu eingerichtete zweite Kammer der Nationalversammlung, den Senat, vollständig zu kontrollieren. In der Allparteienregierung des Solidarnoscberaters Tadeusz Mazowiecki konnten Vertreter der Solidarnosc die meisten der für eine wirtschaftliche Umgestaltung notwendigen Ministerien (mit Ausnahme von Außenhandel und Landwirtschaft) übernehmen. Die kommunistischen Machthaber behielten mit der Leitung des Innen- und des Verteidigungsministeriums die Kontrolle über Polizei und Armee. Damit wurde zugleich möglichen Befürchtungen der Sowjetunion entgegengewirkt.

Die Ereignisse in den anderen osteuropäischen Ländern im Herbst und Winter 1989 bewirkten, dass auch in Polen die politische Umgestaltung weiter voran ging. Ende Januar 1990 beschloss der Parteitag der PVAP die Auflösung dieser Partei und die Gründung einer Nachfolgepartei (Sozialdemokratie der Republik Polen – SdRP).[949] Sie erlitt in der ersten wirklich freien Wahl 1991 eine empfindliche Niederlage. Damit war der als Vorreiter in der Demokratisierung gestartete Staat des ehemaligen Ostblocks derjenige, in dem, abgesehen von den Nachfolgestaaten der Sowjetunion, zuletzt die ersten freien Wahlen stattfanden. Dies sagt allerdings noch wenig über den abgelaufenen Transformationsprozess.

Das zentrale politische Ereignis des Sommers 1990 war der Konflikt innerhalb der Solidarnosc-Bewegung über die Geschwindigkeit der gesellschaftlichen und wirtschaftlichen Reformen. Der Regierung Mazowiecki ging es vor allen Dingen um eine Weiterentwicklung des Rechtsstaates, während Walesa auf schnellere wirtschaftliche Erfolge abzielte. Dies führte zu einer internen Polarisierung und schließlich zur Spaltung der Solidarnosc. Zudem verlor die Reformbewegung die Zustimmung der Arbeitnehmer.[950] Bei den vorgezogenen Präsidentschaftswahlen im November/Dezember 1990[951] konkurrierenten zwei Kandidaten aus der Solidarnosc (Walesa und Mazowiecki) um das Amt.

947 Garton Ash 1990: 313; vgl. auch: 239 und 295.
948 Ebenda: 366.
949 Mackow, in: Thaysen/Kloth 1992: 76.
950 Ost 2005.
951 Hirsch, in: Hatschikjan/Weilemann u. a. 1994: 57 ff. s. d. zu den Konflikten auch Grotz 2000: 113 ff.

Das Ergebnis war, dass ein starker Präsident Walesa im Parlament 26 Parteien gegenüberstand, wobei der Einfluss der Solidarnosc-Parteien ständig sank und der der Exkommunisten größer wurde. Mit der Rückkehr der ehemaligen Kommunisten an die Macht und der Wahl ihres Kandidaten Kwasniewski zum Präsidenten (1995) wurde die Cohabitation beendet. Die Amtsausübung Walesas im Rahmen der Übergangsverfassung und der kleinen Verfassung von 1992 hatten zu ständigen Konflikten zwischen dem Präsidenten, der Regierung und dem Parlament geführt.

Bis zur endgültigen Verfassung dauerte es noch bis 1997. Sie wurde durch Volksabstimmung verabschiedet. Durch die neue Verfassung von 1997 sollte der Präsident zugunsten des Ministerpräsidenten und der Regierung an Bedeutung verlieren,[952] so dass eine Annäherung an das parlamentarische System erreicht wurde (s. Kap. VIII, A, 1). Dieses Ziel wurde jedoch verfehlt, da der Präsident noch jedes Gesetz mit seinem Veto blockieren kann. Mit der Einführung der 5 %-Klausel konnte einer Zersplitterung der Parteienlandschaft Einhalt geboten werden. Im Sejm fanden sich die Parteien 1997 zu keineswegs stabilen[953] Wahlbündnissen zusammen. Erstmals wurde eine bipolare Struktur des Wettbewerbs[954] erkennbar: Dem sehr heterogenen Wahlbündnis Solidarnosc (AWS) mit christlich-sozialen, konservativ-liberalen und klerikalen Gruppierungen stand das Bündnis um die Sozialdemokratie der Republik Polen SLP, die für Säkularisierung steht,[955] gegenüber. Dies ist aber auch schon wieder überholt, da sich das Wahlbündnis AWS ausdifferenzierte. Die rechtskonservative Partei der Zwillinge Kaczynski „Recht und Gerechtigkeit“ (PiS) konnten für zwei Jahre mit ihrer europafeindlichen Politik das Bild Polens prägen, bis die skandalträchtige Regierung Kaczynski 2007 durch eine liberale Gruppierung (Bürgerplattform) abgelöst wurde, aber noch stärkste Oppositionspartei ist. Die Linken Demokraten (LiD) (Postkommunisten und linke Solidarnosc-Nachfolger) sind stark geschwächt. Die SLP diskreditierte sich durch Korruptionsskandale. Mit der Entscheidung für die sozialdemokratisierten Exkommunisten hatte die Bevölkerung zunächst die Hoffnung verbunden, dass der Übergang zur Marktwirtschaft in sanfterer Weise vonstatten gehen werde.

Ein wesentliches Problem ist, dass die Parteien wenig in der Bevölkerung verwurzelt sind. Die Phase der euphorischen Organisationsbereitschaft in der Solidarnosc konnte nur kurzzeitig[956] herübergerettet und für die neuen Parteien nutzbar gemacht werden. Die sozialistischen Organisationen waren diskreditiert und die katholische Kirche hat an Einfluss und an Integrationskraft verloren.[957] Durch Reformmaßnahmen in verschiedenen Bereichen wurde versucht, die Institutionalisierung der Parteien im politischen System zu unterstützen. Hierzu gehören deren Verankerung in der Verfassung, die Erhöhung der öffentlichen Parteienfinanzie-

952 Widmaier u. a. 1999: 124 f.; s.a. Ziemer/ Matthes, in: Ismayr 2002: 191 f.

953 Ebenda: 218.

954 Widmaier u. a. 1999: 130, 132; Grotz 2000: 174; Ziemer/ Matthes, in: Ismayr 2002: 215 f.

955 Jörs 2006: 260 f.

956 Ekiert/ Kubik 1999: 184, 193.

957 Ziemer 1993: 33 f.

rung, das Vorschlagsmonopol für Parlamentswahlen und der Ausbau der Selbstverwaltung durch Provinzen (Wojewodschaften), die an historische Regionen anknüpfen, Kreise und Gemeinden.

Völlig anders stellte sich in den späten 1980er Jahren die Situation bei dem anderen östlichen Nachbarn Deutschlands, der Tschechoslowakei bzw. ihren Nachfolgestaaten, dar.

2. Tschechien und Slowakei

Sieht man von Rumänien und Albanien ab, so waren die tschechoslowakischen KP-Führer des Jahres 1989 die letzten „Stalinisten" im östlichen Mitteleuropa. Mit leichter Zeitverzögerung wurden die Machthaber durch den schnellsten Transformationsprozess in einem Land des Warschauer Paktes hinweggefegt: „In Polen dauerte es 10 Jahre, in Ungarn 10 Monate, in der DDR 10 Wochen; vielleicht wird es in der Tschechoslowakei nur 10 Tage dauern!"[958] Die zeitliche Vorgabe des Revolutionsbeobachters Garton Ash wurde zwar um fast zwei Wochen verfehlt; grundsätzlich jedoch trifft seine „Zahlenmagie" einen wichtigen Aspekt des Prozesses. Der Prager Frühling und sein gewaltsames Ende (1968) hatten zwei unbeabsichtigte Spätfolgen gehabt. Die eine besteht in der Aufteilung des gemeinsamen Staates (zunächst in zwei Gliedstaaten, seit 1993 in zwei getrennte Nationalstaaten), die andere in der Samtenen Revolution des Spätherbstes 1989.

Der oppositionellen Bewegung, die zum Träger der Samtenen Revolution wurde, standen zwei Integrationsfiguren zur Verfügung, die zugleich beide Landesteile repräsentierten: Der Slowake Alexander Dubcek war als Held des Prager Frühlings von 1968 in Erinnerung, der Tscheche Vaclav Havel gehörte zu den Unterzeichnern des oppositionellen Manifests „Charta 77". Die Gruppe um Havel bestimmte die Strategie der Opposition, die auf einen Dialog mit den bisherigen Machthabern hinauslief. Wichtiges Ergebnis war, dass der damalige Regierungschef unabhängig von der Partei agierte[959] und versprach, gegen die Demonstranten keine Gewalt anzuwenden und keinen Ausnahmezustand zu verhängen. Schließlich kam es zur Bildung einer neuen Regierung aus nicht kompromittierten Mitgliedern der Kommunistischen Partei, Reformkommunisten, Aktivisten des Jahres 1968 und Vertretern der Opposition (mit Havel an der Spitze).[960]

Die politischen Akteure orientierten sich zunächst in der Verfassungsgebung an der Zwischenkriegsverfassung und konnten dabei an demokratische Traditionen anknüpfen.[961] Inzwischen sah die Verfassung allerdings eine (zunächst ausschließlich semantische) Föderation vor. Dieses einzige Überbleibsel des Prager Frühlings erwies sich beim Übergang zur Demokratie als Sprengsatz. Vielfältige Empfindlichkeiten und historische Belastungen (u. a. die zahlenmäßige Unterlegenheit der

958 Garton Ash 1990: 401.

959 Otahal, in: Thaysen/Kloth 1992: 127.

960 Ebenda: 128 ff.

961 Merkel, in: Merkel u. a. 1996: 82.

Slowaken) setzten Prozesse in Gang, an deren Ende zwei selbständige Staaten (seit dem 1. Januar 1993) standen.[962] Bereits nach der Revolution signalisierte die Auseinandersetzung über den Staatsnamen (bzw. über einen Bindestrich) den später dominant gewordenen Nationalitätenkonflikt.

Die wirtschaftlichen Folgen des Wandels wurden bald sichtbar: In der kommunistischen Zeit war das westliche Gebiet, Böhmen und Mähren, eine verlorene E-cke an der Grenze zum Westen. Nun verlagerten sich die Handelsbeziehungen und das ostslowakische Exportzentrum stand leer. Die einseitige Industrialisierung der Slowakei unter kommunistischer Herrschaft (Schwer- und Rüstungsindustrie) erwies sich als wenig flexibel. Die Veränderungen trafen also die Slowakei zunächst härter als die westliche Hälfte des Landes.[963] Diese Probleme konnten aber überraschend schnell überwunden werden.[964] Konsensorientierte Versuche in der Phase des Aufbruchs von den Eliten akzeptiert, erwiesen sich dagegen als kurzlebig.[965] Das Scheitern der Bindestrich-Nationen (Tschechoslowakei und Jugoslawien) bestätigt, dass eine föderalistisch organisierte Demokratie beträchtliche Anforderungen stellt. Alle beteiligten Volks-, Sprach- oder Religionsgruppen müssen den gemeinsamen Staat wollen. Ein funktionierender Föderalismus erfordert mehr als zwei Gliedstaaten und überlappende Konfliktlinien. In der Tschechoslowakei deckten sich die Grenzen der Sprachen, der Wirtschaftsstruktur und der politischen Prioritäten (rascher oder abgefederter Umbau zur Marktwirtschaft) jeweils mit der Grenze der beiden seit 1968 auch staatlich verfassten Landesteile.

Das Parteiensystem trug nicht dazu bei, das Zusammenwachsen zu fördern. Vielmehr bildete sich ein tschechisches und ein slowakisches Parteiensystem heraus. Das (tschechische) Bürgerforum und die (slowakische) Gruppe „Öffentlichkeit gegen Gewalt“ errangen 1990 einen eindeutigen Sieg. Die rechte „Demokratische Bürgerpartei“ (ODS) von Klaus konnte die Mehrheit in Tschechien gewinnen. In der Slowakei entwickelte sich die „Bewegung für eine demokratische Slowakei“ (HZDS) zur Mehrheitspartei unter dem linksnational und populistisch agierenden Meciar. Die sich daraus entwickelnden Parteien verfolgten unterschiedliche Prioritäten. Klaus steuerte einen streng marktwirtschaftlichen Kurs und damit eine rasche wirtschaftliche Umgestaltung. Meciar ging es um eine Stabilisierung der nationalen Identität.

Wie in allen Transformationsfällen ergeben sich auch in den beiden Nachfolgestaaten der CSFR einige Restprobleme. Beide Staaten haben parlamentarische Systeme eingerichtet. Elemente der parlamentarischen Minderheit sind in beiden Staaten eine regionale bzw. ethnische Minderheit (Mähren bzw. Ungarn). In der Tschechischen Republik gibt es einen Senat (Oberhaus), der erstmals 1996 gewählt wurde. Die Parteiensysteme sind dank der 5%-Klausel gemäßigt ausdifferenziert.[966]

962 Zu den Ursachen der Trennung s. Vodicka, in: Kipke/Vodicka 2000: 132 ff.

963 Sokol, in: Thaysen/Kloth 1992: 136.

964 Kipke 2002a: 140 f.

965 Merkel, in: Merkel u. a. 1996: 89 f.

966 Grotz 2000: 363 f.; Blahoz u. a., in: Lawson u. a. 1999: 123 ff.; Kipke 2002a: 102.

Eine Besonderheit Tschechiens ist, dass es – unter Rückgriff auf die demokratischen Traditionen – eine echte Sozialdemokratische Partei gab, die sich zur zweiten Kraft entwickeln konnte, während die Reform der Kommunistischen Partei scheiterte.[967] Aber inzwischen sind die Sozialdemokraten auf deren Unterstützung angewiesen. Das Wiedererstarken der Sozialdemokratie verhinderte in Tschechien zunächst die Konfliktkonstellation aus der Endphase kommunistischer Herrschaft: Gegner versus Anhänger und Nutznießer des Systems.

Während sich Tschechien dank der Wirtschaftsentwicklung[968] unter Ministerpräsident Klaus bald auf einem stabilen Weg zur Demokratie befand (1993 konnte es sich auf doppelt so hohe Vertrauenswerte stützen wie andere Regierungen Osteuropas),[969] zeigte die Slowakei (wie Russland) infolge des autoritären Führungsstils Meciars (HZDS) deutliche Züge der kommunistischen Vergangenheit. Anzeichen dafür waren die rigide Majorisierung des Parlaments, die Kolonialisierung der Justiz und der staatlichen Bürokratie durch Meciars Koalitionsregierung.[970] Die HZDS wurde dann aber durch ein konservativ-liberales Parteienbündnis von der Macht verdrängt.[971] Dies brachte die wirtschaftliche Entwicklung insbesondere durch Technologietransfer aus dem Ausland voran, so dass die Maastricht-Kriterien zur Aufnahme in den Euro-Raum (2009) erfüllt wurden. Aber das Parteiensystem bleibt von Populisten geprägt. Traditionell spielt die katholische Kirche in der Slowakei eine wichtige Rolle, wobei eine obrigkeitsstaatliche Grundhaltung gefördert wird. Wie in Russland besetzten auch hier viele ehemalige Kommunisten Schlüsselpositionen des Staates und der Wirtschaft.

3. Russland

Bis in die 1980er Jahre hinein gehörte Russland (RSFSR, heute Russländische Föderation RF) als Teil der UdSSR zu den kommunistischen Systemen, in denen die KPdSU unangefochten die Geschicke des Landes dominierte. Die politischen Entwicklungen in Russland sind daher auch mit dem Untergang der UdSSR untrennbar verbunden.

Die Nachfolger Breschnews, Andropow und Tschernenko, hatten die Unbeweglichkeit und Stagnation der Breschnewzeit nicht überwinden können.[972] Dies gelang erst Gorbatschow. Seine Wahl zum Generalsekretär der KPdSU fiel nicht einstimmig. Sein Führungsstil unterschied sich sehr stark von denjenigen seiner Vorgänger. Vor allen Dingen versuchte Gorbatschow mit Hilfe der Massenmedien, die Distanz zu den Bürgern zu überwinden. Diese Strategie wurde unter der Bezeichnung „Glasnost" bekannt. Sie brachte Gorbatschow gleichzeitig Popularität ein: er

967 Widmair u. a. 1999: 65; Grotz 2000: 360 f.
968 Kipke 2002a: 92 f.
969 Plasser/Ulram 1993: 13; zur weiteren Entwicklung s. Kipke 2002a: 128 f.
970 Merkel, in: Merkel u. a. 1996: 102; Kipke 2002a: 120 f.; Kipke, in: Ismayr 2002: 282.
971 Widmair u. a. 1999: 84; Kipke, in: Kipke/Vodicka 2000: 24 ff., 40 f.
972 Meissner, in: Göttinger Arbeitskreis 1983: 62–66.

benutzte die Medien auch als wirksames Gegengewicht zum konservativen Parteiapparat und gewann dadurch Handlungsspielraum. So gelang es ihm – trotz politischer Widersacher – gewisse Umstrukturierungen in Gang zu setzen. Gorbatschow sah die Besonderheit und Stärke der „Perestroika" darin, „dass sie gleichzeitig eine Revolution von oben und von unten"[973] sei. Ein neues Denken und Handeln sollte alle staatlichen, wirtschaftlichen und gesellschaftlichen Organe und Organisationen erfassen.

Wichtigste Neuerung Gorbatschows war 1988 eine neue Verfassung, die einen Volksdeputiertenkongress vorsah.[974] Diese Reform wurde auch von den Teilrepubliken übernommen. Die Wahlen zum Volksdeputiertenkongress, 1989 noch weitgehend autoritär geprägt, legitimierten diese Institution formal mehr als die KPdSU und ihre Führung. Der Machtverfall der Partei konnte danach nicht mehr aufgehalten werden. Wichtiger Schritt in diesem Zusammenhang war der Beschluss des ZK-Plenums im Februar 1990, den Führungsanspruch der KPdSU aus der Verfassung zu streichen. Aber Gorbatschow vermochte sich noch nicht von den Fesseln der Partei freizumachen: sie sollte in eine Art sozialdemokratische Partei umgewandelt werden.[975] Einem Mehrparteiensystem stand er skeptisch gegenüber.

Gorbatschow ließ sich vom Kongress der Volksdeputierten 1990 zum Präsidenten wählen. Die Machtkonzentration in seinen Händen wurde u. a. durch den Rücktritt des damaligen Außenministers Schewardnadse heftig kritisiert, der vor einer möglichen Diktatur warnte. Militäraktionen in Litauen zeigten Probleme der Machtausübung auf. Es kam zu Protestmärschen, Streiks und der ersten öffentlichen Forderung nach dem Rücktritt Gorbatschows durch Jelzin am 19. Februar 1991.[976] Auch außenpolitische Erfolge konnten nicht mehr über innenpolitische Schwierigkeiten hinwegtäuschen. Ablösungsversuche einzelner Sowjetrepubliken wurden deutlicher. Die politischen Entwicklungen in den Republiken überholten den Stand der Entwürfe zu neuen Unionsverträgen. Es folgten die ersten Unabhängigkeitserklärungen. Im Putsch vom August 1991 konnte sich Jelzin zur Symbolfigur des Widerstandes der demokratischen Kräfte aufbauen, während Gorbatschow aufgrund des innenpolitischen Drucks sein Amt als Generalsekretär der KPdSU niederlegen musste. Gleichzeitig empfahl er dem Zentralkomitee die Selbstauflösung. Noch im gleichen Jahr ging die UdSSR unter und die Gemeinschaft unabhängier Staaten (GUS) trat die Nachfolge an mit Russland als mächtigstem Nachfolgestaat.

Die wesentlichen Grundlagen für den Übergang zum demokratischen System in Russland waren 1991 noch schwach entwickelt. „Anstelle der symbolischen Neugründung des politischen Gemeinwesens durch Gründungswahlen" erfolgte ein „sukzessiver machtpolitischer Umbau" durch eine Kette von Wahlen und Referen-

973 Gorbatschow 1987: 69.

974 Meissner, in: Adomeit u. a. 1990.

975 Schneider 1999: 23.

976 Meissner, in: Adomeit u. a. 1990.

den. Dabei wurden die Wahlen zunehmend freier. Der erste noch kommunistisch dominierte Volksdeputiertenkongress Russlands, das Parlament, kam im Frühjahr 1990 ins Amt. Zu den wichtigsten Revisionen der Verfassung in dieser Phase gehörten auch hier die Streichung des Führungsanspruchs der KPdSU, die Schaffung eines Verfassungsgerichts sowie die Einrichtung des Präsidentenamtes 1991. Der Präsident wird ebenso wie der Vizepräsident auf fünf Jahre direkt vom Volk gewählt. Bei der ersten, freien Präsidentschaftswahl im Juni 1991 setzte sich Jelzin unter sechs Bewerbern mit 57 % der Stimmen durch, der Kandidat der Kommunisten erhielt nur 17 % der Stimmen.[977]

Die Zeit zwischen dieser Wahl und der neuen Verfassung (1993) ist von Mommsen[978] als „Baustelle" beschrieben worden. Sie war von dauerhaften Auseinandersetzungen zwischen dem Parlament und dem Präsidenten gekennzeichnet. Der Machtkampf wurde mit Hilfe von Änderungen der nach russischem Vorbild konzipierten Verfassung von 1978 ausgetragen, „die mehr als 300mal geändert wurde,"[979] wobei unterschiedliche Verfassungsprinzipien an Bedeutung gewannen.[980] Der Machtkampf erreichte einen Höhepunkt im April 1993. Jelzin wandte sich mit einem Referendum an die Russen, um seine Verfassungsvorstellungen durch ein Plebiszit absegnen zu lassen.[981] Daraus ging der Präsident als Sieger hervor. Allerdings hatte sich der Präsident (1993) nur per Staatsstreich (Auflösung des Parlaments, Suspendierung des Verfassungsgerichts) bei Anwendung von Gewalt (Erstürmung des Parlamentes) durchsetzen können.[982]

Die neue Verfassung[983] von 1993 ist nach dem Muster der V. Republik in Frankreich angelegt (s. Kap. VIII, B, 3): Der Präsident darf zwar nur die allgemeinen Richtlinien der Innen- und Außenpolitik bestimmen. Jelzin schuf sich aber mit den wichtigsten Ressorts der Regierung eine „Präsidialexekutive"[984], die auch vom Nachfolger Putin (ab 2000) genutzt wurde. Nach dessen Ausscheiden aus diesem Amt wurden diese aber wieder reduziert.

Im Parlament, der Staatsduma, waren zunächst neben Kommunisten als stärkste Fraktion die Extremisten von rechts und links stark vertreten.[985] Die sozialliberalen Parteien sind zersplittert und damit schwach. Überwiegend gab es in der Duma eher Gruppierungen, die sich um eine Führungspersönlichkeit scharen, diese aber auch wechselten, was hohe Fluktuationen hervorrief. Immer wieder kam es zu Parteigründungen „von oben", die sich um bekannte Persönlichkeiten bildeten. Hier ist besonders die Präsidentenpartei „Einiges Russland" zu nennen, die ein Re-

---

977 Meissner, in: Adomeit u. a. 1990.

978 Mommsen 2003: 35.

979 Schneider 1999: 24; Meyer 2001b: 103 ff.

980 Mommsen 2003: 28.

981 Bos, in: Merkel u. a. 1996: 188 ff.

982 S. d. von Beyme 1994: 249 ff.

983 Schneider 1999.

984 Mommsen 2003: 43 ff.

985 S. d. Meyer 2001a: 96; Schneider 1999: 113.

tortenbaby der „Kreml-Familie“ Jelzins ist.[986] Sie ist inzwischen die Partei Putins. Für die Wahl 2007 wurde nur eine begrenzte Anzahl von Parteien zugelassen und eine zweite Kreml-Partei links von der Mitte ins Rennen geschickt. Die der Ausdifferenzierung entgegenwirkende 5% Hürde[987] wurde auf 7 % erhöht, die Anforderungen für die Beteiligung an Wahlen verschärft.[988] Nach der „gelenkten“ Wahl zur Duma 2007 konnte der Wechsel an der Spitze des Staates von Putin zu seinem von ihm ausgesuchten Nachfolger Medwedjew reibungslos vollzogen werden und Putin selbst Regierungschef werden. Putin verfügt über eine Zweidrittelmehrheit in beiden Kammern.

Denn neben der Staatsduma besteht noch ein Föderationsrat (Senat), dem die regionalen Einheiten mit unterschiedlichem Rechtsstatus (Republiken, autonome Kreise/Gebiete, Regionen und Verwaltungsgebiete) sowie nach einem Vertretungsmodus angehören, der häufig geändert wurde.[989] Die großen wirtschaftlichen Disparitäten, überlagert von ethnischen Problemen,[990] führen zu Konflikten zwischen Zentrum und Regionen und zwischen den Regionen. Insofern sieht sich der russische Vielvölkerstaat mit ähnlichen Auflösungstendenzen konfrontiert wie die ehemalige UdSSR. Allerdings versucht Putin hier gegenzusteuern.[991] U. a. werden die Gouverneure inzwischen vom Kreml ernannt.[992] Der Einfluss derjenigen, die die Einheit Russlands befürworten, ist im Senat stark.

In der Politik herrscht immer noch eine „Kopflastigkeit“. Unabhängige Medien und Gerichte sind nach wie vor Ziel, nicht Realität.[993] Auch in der Wirtschaft wird ein Beharrungsvermögen der alten Eliten[994] festgestellt bzw. vermutet.[995] Der Staat ist stark in die Wirtschaftstätigkeit involviert. Ausländische Investoren werden eher restringiert. Die Korruption ist beachtlich, der Einfluss des Militärs noch unübersehbar. Insbesondere die militärisch-industrielle Nomenklatura erschwert den Übergang zur Marktwirtschaft. Dazu trägt auch die Deformation der Wirtschaft bei (Dominanz der Rüstungsindustrie und der großen Betriebseinheiten vs. Unterentwicklung der Verbrauchsgüterindustrie). Neue Wirtschaftseliten zeigen maffiaähnliches Verhalten. Dennoch wurden unter der Präsidentschaft Putins Fortschritte in der Wirtschaft, insbesondere im Energiesektor, erzielt und die Stabilität des Systems scheint durch autoritäre Züge weniger gefährdet. Die Akzeptanz der Demokratie ist in vergleichenden Untersuchungen am geringsten.[996]

---

986 Mommsen, in: Ismayr 2002: 373.
987 Ebenda: 370; Mommsen 2003: 50 f.
988 Simon 2005: 226.
989 Mommsen, in: Ismayr 2002: 382 f.
990 Brie, in: Merkel u. a. 1996: 159 ff.; Meyer 2001b: 103 ff.
991 Luchterhandt-Midaleva 2001: 120 f.; Mommsen 2003: 110 f.
992 Simon 2005: 229.
993 S. d. Mangott 2002a: 122–128; derselbe 2002b: 196 f., 199 ff.
994 Ennker 1996: 100 ff.
995 Meyer 2001a: 95.
996 Diamond 1999: 178, 184.

D) Gemeinsame Strukturen des Wandels

Der westliche Entwicklungsweg hat die auftretenden Probleme bei der Demokratisierung nacheinander bearbeitet: Durchsetzung des Rechtsstaates, Ablösung kirchlicher Vorrechte, Aufbau nationaler Märkte für Inlandsprodukte, Entmachtung der traditionellen/agrarischen Oberschichten, Einbindung des städtischen Bürgertums, breite Volksbildung, friedliche Austragung sozialer Konflikte, Wettbewerb von Gruppen und Parteien, allgemeines Wahlrecht, Durchführung regelmäßiger freier Wahlen und die Akzeptanz des ersten Machtwechsels.[997] In Osteuropa gibt es das Problem, dass viele dieser Schritte gleichzeitig in die Wege geleitet werden mussten. Formal ist dies inzwischen überall geschehen. Trotzdem scheinen sich manche Systeme (von den hier vorgestellten vor allem Russland) nach wie vor im Übergang mit zum Teil ungewissem Ausgang zu befinden.

Die Stabilität des politischen Systems ist wesentlich mit seiner Verankerung in der Gesellschaft verbunden. Dazu soll ein pluralistisches Spektrum von organisierten Gruppen und Parteien beitragen, das eine gewisse Kontinuität aufweist. Hier gibt es vor allem in Russland die größten Defizite. Bisher ist das politische Spektrum durch ständige Umstrukturierungen gekennzeichnet: durch Spaltungen und neue Koalitionen, durch Gründung neuer Parteien und Sammlungsbewegungen, durch Neuorientierung bei den Hauptthemen und den herrschenden Ideen, durch die Suche nach einer festen sozialen Basis in den verschiedenen gesellschaftlichen Schichten und Gruppen, die aber im Wesentlichen noch fehlt. Die Zersplitterung wird durch die Kreml-Partei überdeckt.

Auch in den anderen politischen Systemen Osteuropas haben sich im politisch-sozialen Transformationsprozess die spezifischen Konfliktlinien möglicherweise erst vorläufig verfestigt, die Volatilität ist im Vergleich zu den etablierten Demokratien hoch.[998] Die wichtigste Konfliktlinie verlief zunächst zwischen den neuen Gruppierungen der früheren Opposition und den ehemaligen Blockparteien des kommunistischen Machtsystems. Die KP-Nachfolgeparteien sind inzwischen fast überall eine reformsozialistische Alternative. In der Polnischen, der Tschechischen und der Slowakischen Republik gelang die Umwandlung der Reformbewegung in eine politische Partei nur durch Spaltung. Hauptdimension der Auseinandersetzung zwischen den Parteien scheint vor allem die Art und Weise und die Geschwindigkeit des Übergangs zur Marktwirtschaft zu sein (Protektionismus vs. Marktliberalismus). Darüber hinaus wirken auch Einstellungen zu spezifisch nationalen Bedingungen der Demokratisierung (u. a. zur Bedeutung der Kirche[999], Nomenklatura sowie Nationalitäten- und Zentrum/Peripherie-Konflikte) nach oder werden aktualisiert und sind z. T. parteibildend. Dabei wird dem Zentrum/Peripherie-Konflikt

---

997 Von Beyme 1994: 99.

998 Kitschelt u. a.1999: 400 f.

999 Von Kitschelt u. a. (1999: 64) im Gegensatzpaar secular „libertarian" vs. religious „authoritarian" auf den Begriff gebracht.

wesentliche Bedeutung zugemessen.[1000] Die Wahlsysteme (Verhältniswahl) haben Vielparteiensysteme begünstigt und damit die Regierungsbildungen wesentlich erschwert.

Im unmittelbaren Übergang von den kommunistischen Machtsystemen zur neuen demokratischen Struktur wurden Konflikte vielfach durch charismatische Präsidenten (Walesa, Havel, Jelzin) überdeckt, die alle ehemalige Oppositionsführer waren und zumindest zeitweilig zu nationalen Integrationsfiguren wurden. Diese hegen bzw. hegten eher Skepsis gegenüber den Parteien und setzen zum Teil auf plebiszitäre Elemente. Dabei konnten sie sich der Anti-Parteienhaltung der Wähler sicher sein. Als Integrationsformel dient zuweilen der Nationalismus. Dies kann bei unterschiedlichen Ethnien aber auch eine Desintegrationsformel sein.[1001] Die Tendenz zu starken Leitfiguren führte in Polen und Russland zu semi-präsidentiellen Systemen, die ihre typischen Schwächen zeigen bzw. zeigten: die Machtspiele zwischen den Institutionen. Im Gegensatz dazu wurden in den anderen vorgestellten Ländern parlamentarische Systeme eingeführt, deren Funktionstüchtigkeit allerdings durch den Machtanspruch einzelner Führungspersönlichkeiten leidet.

Ein Vergleich der osteuropäischen Entwicklung mit den Transformationsprozessen in Japan, Italien und Spanien zeigt, dass für eine politische Modernisierung nach dem Muster westlicher Demokratien sehr viel Zeit erforderlich ist. Die Parteien dürfen nicht nur persönliche Rivalitäten in der politischen Elite parlamentarisch abbilden. Parteien müssen aus der Gesellschaft heraus erwachsen, um eine dauerhafte Mobilisierung der Wählerschaft zu sichern. Vielparteiensysteme schaden der Stabilität des Systems. Darüber hinaus muss ein Institutionenvertrauen an die Stelle der Gefolgschaft für populäre Führer treten. Hier zeigen sich in Osteuropa noch wesentliche Defizite. Um diese zu bearbeiten wäre es erforderlich, dass die institutionellen Rahmenbedingungen für längere Zeit unverändert bleiben und von tagespolitischen Konstellationen unabhängig sind.

Im Hinblick auf die Entscheidungsfähigkeit (verbunden mit stabilen Mehrheiten im Parlament) hat sich das parlamentarische System in Tschechien bewährt. Hier war auch die für die Übergangsphase weitere wichtige Dimension – wirtschaftliche Leistungsfähigkeit – am ehesten sichergestellt. Die Befriedigung von Erwartungen in einem Bereich weckt Hoffnung für die anderen Bereiche („Tunneleffekt"). Es ist daher nicht verwunderlich, dass die Unzufriedenheit mit den politischen Systemen in den meisten anderen Ländern Osteuropas größer ist als in Tschechien. Hier besteht die akute Gefahr, dass der Bevölkerung der Weg zur Demokratie und zur Marktwirtschaft als mit zu großen Opfern verbunden und zu langwierig erscheint, dass sie die Geduld verliert und schließlich die Demokratie als Nebensache sieht. Denn die Bevölkerung erlebt eher die negativen Seiten der Marktwirtschaft, die mit den Stichworten Entsolidarisierung und Ellenbogengesellschaft ohne das im Westen übliche Solidaritätsbewusstsein charakterisiert werden können. Beruhigend ist

1000 Von Beyme 1994: 295.
1001 S.d. ebenda: 161.

allenfalls, dass die Bevölkerung im Moment Systemalternativen nicht als attraktiv empfindet. Aber es sind auch gegenläufige Prozesse denkbar. Dies ist vor allen Dingen deshalb eine Gefahr, weil die Entwicklung zum Rechtsstaat – vor allen Dingen in Russland – nur langsam vorankommt. Schuld daran ist auch die alte Elite, die sich im Übergang zur Marktwirtschaft ihre Positionen in der Wirtschaft sichern konnte, während die Bannerträger des Wandels eher ein distanziertes Verhältnis zur Wirtschaft haben.[1002] Der EU-Beitritt mag hier als wesentliches Stabilisierungsinstrument dienen.[1003]

Weiterhin gilt es, Selbstreinigungsprozesse des politischen Systems sicherzustellen. Hier scheint Spanien durch die reelle Chance des Machtwechsels trotz aktueller Korruptionsskandale die besten Voraussetzungen für eine stabile Demokratie zu bieten. Die Stabilität politischer Systeme ist ein altes Problem der politischen Philosophie.

Literatur

(im **Fettdruck** besonders wichtige Titel zum Thema des Kapitels)

Almond, Gabriel A./Verba, Sidney (1963): The Civic Culture, Princeton.

Bellers, Jürgen/ Demuth, Andreas (1993): Außenwirtschaftspolitik im Vergleich, Münster und Hamburg.

Beyme, Klaus von (1970a): Vom Faschismus zur Entwicklungsdiktatur – Machtelite und Opposition in Spanien, München.

Beyme, Klaus von (1970b): Das politische System Italiens, Stuttgart u. a.

Beyme, Klaus von (1994): Systemwechsel in Osteuropa, Frankfurt a. M.

Blahoz, Josef u. a. (1999): Czech Political Parties and Cleavages after 1989, in: Lawson, Kay u. a. (Hrsg.): Cleavages, Parties and Voters. Studies from Bulgaria, the Czech Republic, Hungary, Poland, and Romania, Westport CP und London, S. 123–140.

Blechinger, Verena (1998): Politische Korruption in Japan, Hamburg.

Bordon, Frida (1997): Lega Nord im politischen System Italiens, Wiesbaden.

Bos, Ellen (1996): Verfassungsprozeß und Regierungssystem in Russland, in: Merkel u. a., S. 179–211.

Brettschneider, Frank u. a. (1994): Materialien zu Gesellschaft, Wirtschaft und Politik in den Mitgliedstaaten der Europäischen Gemeinschaft, in: Gabriel, Oscar W./Brettschneider, Frank (Hrsg.): Die EU-Staaten im Vergleich, Opladen, 2. Aufl., S. 445–624.

Brie, Michael (1996): Russland: Das Entstehen der „delegierten" Demokratie, in: Merkel u. a., S. 143–177.

Cordes, Sandra (2000): Der spanische Senat – Wandel territorialer Repräsentation zwischen dezentralem Einheitsstaat und Föderalstaat, in: Riescher u. a., S. 144–162.

1002 Von Beyme 1994: 270 f.

1003 Lemke 2001: 156.

Dahl, Robert A. (1971): Polyarchy, New Haven und London.

Diamond, Larry (1999): Developing Democracy, Baltimore und London.

Düke, Helmut (1986): Italien. Wirtschaft – Gesellschaft – Politik, Opladen.

Ekiert, Grzegorz/ Kubik, Jan (1999): Rebellious Civil Society. Popular Protest and Democratic Consolidation in Poland, 1989–1993, Ann Arbor.

Ennker, Benno (1996): Historisch blockierte Demokratisierungschancen?, in: Der Bürger im Staat, S. 94–102.

Ferraris, Luigi Vittorio Graf u. a. (1995): Italien auf dem Weg zur „zweiten Republik"?, Frankfurt a. M. u. a.

Foljanti-Jost, Gesine/Thränhardt, Anna-Maria (Hrsg.) (1995): Der schlanke japanische Staat, Opladen.

Fritzsche, Peter (1987): Die politische Kultur Italiens, Frankfurt a. M. und New York.

Garton Ash, Thimothy (1990): Ein Jahrhundert wird abgewählt, München und Wien.

Gerdes, Dirk u. a. (1987): Region und Regionalismus in Westeuropa, Stuttgart.

Glaeßner, Gerd-Joachim (1994): Demokratie nach dem Ende des Kommunismus, Opladen.

Gorbatschow, Michael (1987): Perestroika, München.

Grasmück, Damian (2005): Die Forza Italia Silvio Berlusconis, Frankfurt a. M.

Grotz, Florian (2000): Politische Institutionen und post-sozialistische Parteiensysteme in Osteuropa, Opladen.

Hartmann, Jürgen (1992): Politik in Japan, Frankfurt a. M.

Hirsch, Helga (1994): Der problematische Rollenwechsel. Macht, Parteien und Politik in Polen 1989–1992, in: Hatschikjan, Magardisch A./Weilemann, Peter R. (Hrsg.): Parteienlandschaften in Osteuropa, Paderborn, S. 41–64.

Huntington, Samuel P. (1984): Will More Countries Become Democracies?, in: Political Science Quarterly, S. 193–218.

Huntington, Samuel P. (1991): The Third Wave, Norman.

Inglehart, Ronald (1998): Modernisierung und Postmodernisierung. Kultureller und wirtschaftlicher Wandel in 43 Gesellschaften, Frankfurt und New York.

Ismayr, Wolfgang (Hrsg.) (2002): Die politischen Systeme Osteuropas, Opladen.

Ismayr, Wolfgang (Hrsg.) (2003): Die politischen Systeme Westeuropas, Opladen, 3. Aufl.

Jörs, Inka (2006): Postsozialistische Parteien. Polnische SLD und Ostdeutsche PDS im Vergleich, Wiesbaden.

Jünemann, Annette (1995): Vom Movimento per la Reforma Elettorale zum Patto per L'Italia: Erfolg und Mißerfolg der Referendumsbewegung Mario Segnis, in: Ferraris u. a., S. 107–122.

Karl, Terry Lynn/ Schmitter, Philippe (1991): Modes of Transition in Latin America and Southern and Eastern Europe, in: International Social Science Journal, 269–284.

Kevenhörster, Paul (1993): Politik und Gesellschaft in Japan, Wiesbaden.

Kevenhörster, Paul u. a. (2010): Japan . Wirtschaft – Gesellschaft – Politik, Wiesbaden, 2. Aufl.

Kipke, Rüdiger (2000): Die Slowakische Republik, in: Kipke, Rüdiger/Vodicka, Karel: Slowakische Republik, Münster u. a., S. 3–79.

Kipke, Rüdiger (2002a): Die politischen Systeme Tschechiens und der Slowakei, Wiesbaden.

Kipke, Rüdiger (2002b): Das politische System der Slowakei, in; Ismayr, S. 273–308.

Kitschelt, Herbert u. a. (1999): Post-Communist Party Systems. Competition, Representation, and Inter-Party Cooperation, Cambridge.

Köppl. Stefan (2007): Das politische System Italiens. Eine Einführung, Wiesbaden.

Kubin, Miroslav (1992): Zur Überlast der untrainierten Demokraten, in: Thaysen/Kloth, S. 139–144.

LaPalombara, Joseph (1965): Italy: Fragmentation, Isolation and Alienation, in: Pye, Lucian W./ Verba, Sidney (Hrsg.): Political Culture and Political Development, Princeton, S. 282–329.

Lemke, Christiane (2001): Transformation der politischen Systeme in Mittel- und Osteuropa, in: Leggewie, Claus/ Münch, Richard (Hrsg.): Politik im 21. Jahrhundert, Frankfurt a. M., S. 141–158.

Liebert, Ulrike (1987): Spanien, in: Gerdes u. a., S. 138–162.

Liebert, Ulrike (1995): Modelle demokratischer Konsolidierung, Opladen.

Lijphart, Arend (1992): Introduction, in: ders. (Hrsg.): Parliamentary versus Presidential Government, Oxford, S. 1–27.

Lipset, Seymour Martin (1959): Some Social Requisites of Democracy, in: APSR, S. 69–105.

Luchterhandt-Michaleva, Galina (2001): Russlands Regionen in der Politik, in: Der Bürger im Staat, S. 116–121.

Mackow, Jerzy (1992): Polens Weg in die Dritte Republik, in: Thaysen/Kloth, S. 69–101.

Mangott, Gerhard (2002a): Zur Demokratisierung Russlands. Band 1: Russland als defekte Demokratie, Baden-Baden.

Mangott, Gerhard (2002b): Zur Demokratisierung Russlands. Band 2: Leadership, Parteien, Regionen und Zivilgesellschaft, Baden-Baden.

Meissner, Boris (1983): Der Führungswechsel im Kreml, in: Göttinger Arbeitskreis (Hrsg.): Die Sowjetunion im Übergang von Breschnew zu Andropow, Berlin, S. 59–66.

Meissner, Boris (1990): Partei und Parteiführung unter Gorbatschow, in: Adomeit, Hannes u. a. (Hrsg.): Die Sowjetunion unter Gorbatschow, Stuttgart u. a., S. 30–64.

Merkel, Wolfgang u. a. (1996a): Einleitung: Die Institutionalisierung der Demokratie, in: Merkel u. a., S. 9–36.

Merkel, Wolfgang (1996b): Institutionalisierung und Konsolidierung der Demokratien in Osteuropa, in: Merkel u. a., S. 73–112.

Merkel, Wolfgang u. a. (Hrsg.) (1996): Systemwechsel 2, Opladen.

Merkel, Wolfgang (1999): Systemtransformation. Eine Einführung in die Theorie und Empirie der Transformationsforschung, Opladen.

Meyer, Gerd (2001a): Russland – Auf dem Weg zur Demokratie? in: Der Bürger im Staat, S. 94–102.

Meyer, Gerd (2001b): Parteien, Wahlen und Wählerverhalten, in: Der Bürger im Staat, S. 103–111.

Mommsen, Margareta (2002): Das politische System Russlands, in: Ismayr, S. 355–407.

Mommsen, Margareta (2003): Wer herrscht in Russland? Der Kreml und die Schatten der Macht, München.

Moore, Barrington (1969): Soziale Ursprünge von Diktatur und Demokratie, Frankfurt a. M.

Müller, Wolfgang C./Strøm, Kaare (Hrsg.) (2000): Coalition Governance in Western Europe, Oxford.

Narita, Norihiko (1995): The Diet, Elections, and Political Parties, Tokyo.

Nohlen, Dieter/Hildenbrand, Andreas (1992): Spanien, Opladen.

Nohlen, Dieter (2000): Wahlrecht und Wahlsystem, 3. Aufl.

O'Donell, Guillermo u. a. (Hrsg.) (1986): Transitions from Authoritarian Rule, Baltimore und London.

Offe, Claus (1994): Der Tunnel am Ende des Lichts, Frankfurt a. M. und New York.

Ost, David (2005): The Defeat of Solidarity: Anger and Politics in Postcommunist Europe, Ithaka NY.

Otahal, Milan (1992): Die „samtene" Revolution – ohne Alternative?, in: Thaysen/Kloth, S. 125–130.

Plasser, Fritz/ Ulram, Peter A. (1993): Transformation oder Stagnation?, Wien.

Przeworski, Adam (1991): Democracy and the Market, Cambridge.

Putnam, Robert D. (1992): Making Democracy Work. Civic Tradition in Modern Italy, Princeton.

Riescher, Gisela u. a. (Hrsg.) (2000): Zweite Kammern, München und Wien.

Rokkan, Stein (1975): Dimensions of State Formation and Nation-building, in: Tilly, C. (Hrsg.): The Formation of National States in Western Europe, Princeton, S. 562–600.

Rueschemeyer, Diedrich u. a. (1992): Capitalist Development and Democracy, Cambridge.

Schneider, Eberhard (1999): Das politische System der russischen Föderation, Opladen/ Wiesbaden.

Schneider, Eberhard/ Vogel, Heinrich (1999): Strukturschwächen der russischen Innenpolitik, in: APUZ, B 42, S. 3–13.

Seisselberg, Jörg (2000): Der italienische Senat: Machtvoller Zwillingsbruder der Abgeordnetenkammer, in: Riescher u. a., S. 202–219.

Simon, Gerhard (2005): Der Funke der „Orangenen Revolution", in: Der Bürger im Staat, 55 (2005) 4, S. 224–229.

Sokol, Jan (1992): Osteuropa: ein Prüffeld demokratischer Institutionen, in: Thaysen/Kloth, S. 131–138.

Stepan, Alfred (1986): Paths Towards Redemocratization, in: O'Donell u. a., S. 64–84.

Stepan, Alfred/ Skach, Sindy (1993): Constitutional Frameworks and Democratic Consolidation, in: World Politics, S. 1–22.

Thaysen, Uwe/Kloth, Hans Michael (Hrsg.) (1992): Wandel durch Repräsentation – Repräsentation im Wandel, Baden-Baden.

Tibi, Bassam (1991): Die Krise des modernen Islams, Frankfurt a. M.

Trautmann, Günter/ Ulrich, Hartmut (2003): Das politische System Italiens, in: Ismayr, S. 553–607.

Vodicka, Karel (2000): Die slowakische Republik, in: Kipke, Rüdiger/Vodicka, Karel: Slowakische Republik, Münster u. a., S. 79–209.

Weede, Erich (2000): Asien und der Westen, Baden-Baden.

Weiß, Robert/Heinrich, Manfred (1991): Der Runde Tisch: Konkursverwalter des realen Sozialismus, Berichte des Instituts für ostwissenschaftliche und internationale Studien, Heft 4.

Wendland, Kirsten (1998): Spanien auf dem Weg zum Bundessstaat? Baden-Baden.

Widmaier, Ulrich u. a. (1999): Regierungssysteme Zentral- und Osteuropas: Ein einführendes Lehrbuch, Opladen.

Ziemer, Klaus (1986): Gewerkschaften, in: Ziemer, Klaus (Hrsg.): Sozialistische Systeme, München und Zürich, S. 156–165.

Ziemer, Klaus (1993): Quo Vadis, Polonia?, in: Der Bürger im Staat, S. 29–35.

Ziemer, Klaus/ Matthes, Claudia-Yvette (2002): Das politische System Polens, in: Ismayr, S. 185–237.

Dritter Teil:
Politische Ideengeschichte

Kapitel XII: Dimensionen der politischen Ideengeschichte

Bisher standen die wichtigsten Ergebnisse der modernen politischen Theorie[1004] im Hinblick auf das einzelstaatliche politische System im Mittelpunkt der Ausführungen. Weder ein ausgeprägter Gegenwartsbezug, noch die zunehmende Orientierung an der mathematisch-naturwissenschaftlichen Methode veranlasst die Politikwissenschaft aber, auf eine fachspezifische Form der Rückbesinnung zu verzichten. Die Auseinandersetzung mit politischen Analysen der Vergangenheit behauptet sich als legitimer Teilbereich. „Keine andere Sozialwissenschaft räumt der Beschäftigung mit den prämodernen Theorien soviel Raum ein wie die Politikwissenschaft".[1005] Bezeichnung sowie Stellenwert sind zwar umstritten, die Einordnung in den Gesamtzusammenhang des Faches nicht. Zwischen der Bezeichnung für diesen Teilbereich und der ihm eingeräumten Bedeutung besteht ein enger Zusammenhang. Wer den tradierten Analysen zentrale Relevanz beilegt, bevorzugt die Bezeichnung politische Theorie(n), im Englischen „political theory". Andere wählen den Begriff „politische Ideengeschichte." Im Fach scheint sich allerdings heute als Grundkonsens abzuzeichnen, dass politische Ideengeschichte nur ein Teil der politischen Theorie ist: Die politische Ideengeschichte wird als Theoriegeschichte dem Oberbegriff Politische Theorie untergeordnet.[1006] Dabei war die Trennung der Ideengeschichte und der politischen Philosophie immer fließend.[1007]

Die Tendenz zur mathematisch-naturwissenschaftlichen Vorgehensweise, wie sie in der empirisch-analytischen Politikwissenschaft – insbesondere der verhaltenswissenschaftlichen Ausrichtung (Behaviorismus) (s. Kap. XX, B, C) – eine Rolle spielt, war in den USA bereits in den 1920er und 1930 Jahren bemerkbar. Dennoch erschien 1937 das wohl wichtigste Werk zu dem hier vorgestellten Wissenschaftszweig, nämlich das Buch von Sabine.[1008] „Wissenschaftstheoretisch ein historischer Relativist, verschränkt Sabine die Struktur der politischen Theoriegeschichte mit der Struktur der politischen Geschichte. Folgerichtig kristallisiert sich die Theorie um die drei großen Formen der Vergesellschaftung der westlichen Geschichte: Polis, Imperium, Nationalstaat."[1009]

1004 Von Beyme ^{8}2000: 11 f.
1005 Von Beyme ^{2}1992: 13.
1006 Waschkuhn 1998: 292; vgl. Druwe ^{2}1995: 13.
1007 Vgl. von Beyme ^{2}1992: 11.
1008 Sabine 1937 (^{3}1971).
1009 Gebhardt, in: Bermbach 1984: 142.

„Der Verlust der historischen und der philosophischen Dimension des Faches wurde von weniger Forschern akzeptiert als die Dominanz der behavioristischen Bewegung in der ‚American Political Science Review‘ vermuten“ ließ.[1010] An den deutschen Universitäten ist die politische Ideengeschichte vor allem dort sehr verbreitet, wo es verschiedene Lehrstühle für Politikwissenschaft gibt. Angesichts der starken empirischen Orientierung und verhaltenswissenschaftlichen Ausrichtung der Politikwissenschaft stellt sich die Frage, welche Aufgaben einer politikwissenschaftlichen Theoriengeschichte abverlangt werden können.[1011] Dabei müssen auch Auswahlentscheidungen getroffen und begründet werden.

A) Aufgaben der Ideengeschichte

Als Aufgaben der Ideengeschichte zeichnen sich zwei Funktionen ab:
- die historische Fundierung systematischer Theoriebildung und
- eine Rekonstruktion historischer Theoriekonzepte.

Für beide Positionen gibt es gute Argumente. Der pragmatische Zwischenweg wird vor allem aus forschungspraktischen Gründen Elemente beider Alternativen verbinden.

Die erste Dimension hebt darauf ab, dass es für die Politikwissenschaft notwendig sei, sich ihrer theoretischen Grundlagen selbst zu versichern. Nur dann könne sie aus dem politisch-unverbindlichen, weltläufig-provinziellen, soziologisierenden Szientismus herauskommen.[1012] Dabei wird die Ideengeschichte als rückverlängerte komparative Analyse verwendet: Die politischen Ideen werden in ihrem historisch variablen Spannungsfeld zur jeweiligen Realität begriffen. Am Beispiel spezifischer Problemstellungen können Lösungsmodelle und -versuche, die angesichts der jeweiligen historischen Bedingungen aufgestellt wurden, untersucht werden.[1013] Möglicherweise sind sie dann als Korrektive für aktuelle Problemlösungen oder Handlungsstrategien geeignet. Dabei wird davon ausgegangen, dass es bei der Organisation menschlichen Zusammenlebens immer wieder ähnliche Probleme zu lösen gibt. So werden die ideengeschichtlichen Beiträge auf ihre institutionenbezogenen Konfigurationen oder Arrangements durchforstet. Dabei geht es um Institutionen „als Ausbildung sozialer Zusammenhänge in ihren Entstehungszusammenhängen und Funktionsbedingungen, ihren Sinnbezügen und Legitimationsmustern, ihren Verfestigungen und Veränderungspotentialen,“ die erklärt und bewertet werden sollen.[1014] Der Vergleich soll dazu beitragen, Maßstäbe zu erlangen. Die Einsichten zur Erklärung, Begründung und Kritik politischer Institutionen sind „auch

1010 Von Beyme, in: Bermbach 1984: 181.
1011 Bermbach, in: Bermbach 1984: 24 f.
1012 Ebenda.
1013 Weber-Schäfer, in: Nohlen/Schultze 1985: 766 ff.
1014 Göhler, in: Göhler u. a. 1990: 8.

heute noch diskussionswürdig ..."[1015] Denn jede gegenwärtige Existenz verwirklicht sich unter Bedingungen der bisherigen Entwicklung.

Die Lösungsmodelle der Vergangenheit können allerdings nie alle Probleme der Zukunft bewältigen; dies gilt bereits für die der Gegenwart. Aber ein Rahmen wird bestimmt, „innerhalb dessen jene Grundspannung der ‚conditio humana' in jedem Falle ausgetragen wird."[1016] So ist es auch möglich, angebliche Innovationen in der Wissenschaft daraufhin zu prüfen, ob sie nicht tatsächlich die immer schon diskutierten Lösungsmöglichkeiten für Probleme in einem neuen Zusammenhang wieder aufgreifen. So könnte das Ergebnis lauten, dass in einem bestimmten historischen Kontext immer schon ähnliche Ideen entwickelt wurden, z. B. in Zeiten eines Bürgerkrieges oder einer Wirtschaftskrise nach einer starken Hand zu rufen. Daraus allerdings den Schluss zu ziehen, „es gäbe nichts Neues unter der Sonne", ist auch wieder verfehlt. „Sinnvoll ist es einzig, sich 'klassische' Problemstellungen und -lösungen neu anzueignen; zu erwarten ist sicherlich nicht ein Königsweg, eher eine Menge von Warnschildern vor Irrwegen. Im besten Fall lassen sich – gewissermaßen in der Art einer negativen Selektion – jene Schneisen erkennen, auf denen theoretisch und/oder praktisch begehbare Pfade angelegt werden können."[1017]

Der hier charakterisierten enthistorisierten Ideengeschichte, die vom Primat des Überzeitlichen ausgeht, steht die historische, betont geschichtswissenschaftliche Einordnung der politischen Ideen gegenüber. Die Ideengeschichte wird als historische Teildisziplin verstanden. „Politische Theorien werden primär in ihrer spezifisch historischen Situation gesehen ..."[1018] Erkenntnisziel ist dabei die Rekonstruktion des sozialen und intellektuellen „Klimas", in dem politische Theorien entstanden sind. In der Forschungspraxis werden die Schriften der analysierten Theoretiker also als historische Quellen betrachtet und ihre Autoren als Exegeten gesellschaftlicher und politischer Systeme.[1019]

Eine andere Richtung knüpft an die historische Fundierung systematischer Theoriebildung an. Gemeinsam hat sie mit ihr, dass sie die Texte benutzt, um fallweise eine historische Stützung der Argumentation zu erlangen. Dieses Steinbruchprinzip dient aber zur Erarbeitung einer systematisch-philosophischen Perspektive. Die Richtung betont also die philosophische Bedeutung der Ideengeschichte.[1020] Die Autoren, die dieser Richtung zuzuordnen sind, haben das Ziel einer praktisch-philosophischen Politikwissenschaft (s. Kap. XX, B, 1). Im Vordergrund steht die Klärung grundlegender politischer Begriffe und dauerhafter politischer Normen. Erklärungsgegenstand des Politischen ist die Reflexion über Sinn und Wesen von Mensch und Gesellschaft. Die Überlieferung und Interpretation der Resultate philosophischen Denkens über politische Phänomene stellt die Grundlage für die Ent-

1015 Ebenda: 10.
1016 Willms, in: Bermbach 1984: 48.
1017 Nonnenmacher, in: Bermbach 1984: 245.
1018 Margedant, in: Mickel 1983: 380.
1019 Ebenda.
1020 Bermbach, in: Bermbach 1984: 20.

wicklung einer politischen Ethik dar. So wird prinzipiell über Vernunft, Freiheit, Gerechtigkeit und Menschenwürde reflektiert.[1021]

Die verschiedenen Zielvorstellungen, die einzelne Forscher in der politischen Ideengeschichte verfolgen, haben dennoch Gemeinsamkeiten. Allen geht es darum, Beurteilungsmaßstäbe für das politische Handeln zu gewinnen. In unterschiedlicher Weise wird dabei reflektiert, dass die jeweiligen Texte auch im Kontext eines bestimmten Umfeldes entstanden sind. Jedenfalls tragen die Erörterungen dazu bei, Verkürzungen des Denkens zu verhindern. Alle Fragen, die in der Politikwissenschaft eine Rolle spielen, können eingebettet werden „in die philosophische Frage nach den Bedingungen, Zielen und Normen der menschlichen Existenz überhaupt (praktische Philosophie/ Ethik). Deren Beantwortung wiederum ist abhängig von einem Bild des Menschen (philosophische Anthropologie) und der Welt (Ontthologie, Kosmologie, Theologie), d. h. von der Bestimmung der Stellung des Menschen in der Welt.“[1022] Wenn im Rahmen der politischen Philosophie nach Strukturformen von Politik gefragt wird, so muss immer bedacht werden, dass politisches Handeln auch in konkreten Situationen und Zusammenhängen stattfindet, von diesen beeinflusst wird und diese selbst beeinflussen kann. „Daran kann die politikphilosophische Reflexion nicht vorbeigehen. So sehr sie normative Feststellungen trifft – und d. h.: jeweils Aussagen von allgemeinem Anspruch macht – so deutlich ist sie jedoch selbst eine historische Disziplin.“[1023] Die politische Ideengeschichte ist immer eine Beschäftigung mit der Geschichte politischer Reflexionen, Entwürfen und Konzeptionen.

B) Auswahlprobleme

Eine weitere Frage ist, wie aus der Vielzahl der Schriften eine Auswahl getroffen werden soll. Um auswählen zu können, ist ein Maßstab erforderlich. Weiterhin spielt sicher eine Rolle, dass für die verschiedenen Epochen jeweils einige Autoren herangezogen werden müssen. Denn ihre Ausführungen sind ja auch Ausdruck der Epoche. Unterschiedliche Autoren haben sie jeweils auf Begriffe gebracht und die Texte haben eine bestimmte Wirkung hervorgerufen. Im Hinblick auf die zeitliche Dimension ist zunächst zu berücksichtigen, dass die Theorie der Politik im antiken Griechenland (ab 1100 v. Chr.) ihren Ausgang nahm. Hier wurde erstmals der Übergang von der Praxis des Politischen zur Theorie der Politik bewältigt. Die wichtigsten Autoren dieser Epoche sind Platon und Aristoteles. Auch für die weiteren Epochen hat sich ein gewisser Grundkonsens darüber herausgebildet, welche Autoren als Klassiker zu bezeichnen sind. „Ein Klassiker der politischen Ideen ist ein

1021 Weber-Schäfer, in: Nohlen/Schultze 1985: 766 f.
1022 Schwan/Schwan, in: von Beyme u. a. 1987, I: 37.
1023 Ebenda.

Autor, der aus der Geschichte in einem genauen Sinne nicht wegzudenken ist."[1024] Maier schreibt: „... von einem Klassiker des politischen Denkens sprechen wir nur dann, wenn sein Werk *einmal*, und sei es nur für eine kurze Frist, im Mittelpunkt der politischen Ideen und Vorstellungen einer Epoche stand, wenn es repräsentativ wurde für eine Gesellschaft, und wenn es – eine weitere nicht unwichtige Bedingung – sowohl die Möglichkeit universeller Verbreitung wie auch die Kraft gesellschaftlichen Weiterwirkens in sich trägt."[1025] Dieser Auffassung stimmt auch Willms zu.[1026]

Ein anderes Auswahlprinzip kann sich aus der Aktualität ergeben. „Wenn sich die Geschichte retrospektiv von der Gegenwart her strukturiert, und das tut sie in jedem Fall, so kann nicht Klassizität das Kriterium sein, vielmehr eher ein Begriff von Aktualität, der sich nicht darin erschöpft, dass die Darstellung über die sogenannten Klassiker hinaus bis Mao, Guevara und Ho Tschi Minh vorgetrieben wird."[1027] Die Bedeutung kann sich aber auch aus der aktuellen politiktheoretischen Diskussion ergeben. „Zu behaupten, ein Klassiker sei relevant, heißt daher, Probleme zu benennen, zu denen er ein Argument oder gar ein Lösungskonzept geliefert hat."[1028] Auch unter dem Gesichtspunkt der Aktualität kommt der Forscher an bestimmten Autoren nicht vorbei, die als Klassiker immer wieder in fast jeder Auswahl auftauchen, z. B. Hobbes, Locke, Montesquieu, Rousseau, Marx. Die Aktualität wird nahelegen, die Aussagen der Autoren unter anderem Gesichtspunkt zu analysieren, also „den Stellenwert des Denkens in der von der Gegenwart her strukturierten Entwicklung aufzuzeigen, von daher das Wesentliche hervorheben."[1029]

Die hier vorgenommene Auswahl folgt den verschiedenen Prinzipien. Im Mittelpunkt steht die Diskussion über die Bedeutung des Staates für den e inzelnen Menschen und die der staatlichen Organisation bzw. der politischen Systeme. Die Sicherung des Staates nach außen und die Beziehungen der Staaten untereinander spielen bei dieser Betrachtungsweise nur eine untergeordnete Rolle.[1030] Bei dem hier gewählten Schwerpunkt des Zugriffs erscheint es fruchtbar, bis zur gesellschaftlichen Organisationsform des antiken Stadtstaates zurückzugehen und die im Anschluss daran formulierten Ideen zu reflektieren. Auch bei den in der Folgezeit entwickelten grundsätzlichen Erkenntnissen über die Organisationsform von Staaten und deren Wirkungsweise lassen sich die Einsichten nicht vom jeweiligen Erfahrungshintergrund des politischen Denkers ablösen. Dennoch haben die Begründungen von Staaten, die Befunde zu den Ordnungen und deren Wirkungen überzeitliche Bedeutung erlangt (s.d. Kap. VII).

1024 Willms, in: Bermbach 1984: 43.
1025 Maier, in: Maier [6]1986: 11.
1026 Willms, in: Bermbach 1984: 43.
1027 Willms 1971: 11.
1028 Druwe [2]1995: 92.
1029 Ebenda.
1030 Zur Fundierung außenpolitischen Denkens s. Bellers 1996; van der Pijl 1996.

Als Kernfrage erweist sich immer wieder, welche Stellung der Mensch gegenüber den vorfindbaren oder zu schaffenden Ordnungen haben soll. Der Siegeszug des christlichen Glaubens seit dem 4. Jahrhundert bewirkte bis ins Mittelalter hinein, dass der Ordnungsbegriff auch den weltjenseitigen, also göttlichen Bereich umfaßte.[1031] Für den Menschen ergibt sich daraus eine gottbestimmte Einordnung. „Die klassische Philosophie war vom Gedanken einer Rangordnung des Seelenvermögens beherrscht, dem ein ebenso gestuftes politisches Vermögen und schließlich die Einteilung der Stände … entsprachen.“[1032] Diese Philosophie konnte ohne Schwierigkeiten den hierarchisch geordneten Verhältnissen des mittelalterlichen Feudalismus angepasst werden. Renaissance und Reformation trugen dann allmählich den hierarchischen Bau des Feudalismus ab. Auch in der Philosophie trat der Mensch aus der „göttlichen Ordnung“ heraus und erschien als isoliertes von seiner Vernunft und seinen Trieben bestimmtes Wesen.[1033]

In diesem Zusammenhang wird dann die Frage nach dem Wesen des Menschen zentral. Daraus ergeben sich entscheidende Konsequenzen für die Bestimmung der Prinzipien und Ziele konkreter politischer Ordnungen. So nimmt die philosophische Anthropologie in der politischen Ideengeschichte eine zentrale Stellung ein. Aber auch wenn z. B. in der klassischen (antiken und mittelalterlichen) Philosophie und in verschiedenen neuzeitlichen Philosophien der Mensch übereinstimmend als ‚animal rationale‘ definiert wird, so ergibt sich daraus – bedingt durch die grundlegende Differenz zwischen klassischem und modernem Vernunftbegriff – noch „keine inhaltliche Übereinstimmung der ‚Menschenbilder‘ klassischer und moderner Philosophie.“[1034]

Im klassischen Fall wird menschliche Vernunft als *Partizipationsvernunft*, d. h. als an der göttlichen Vernunft partizipierende Vernunft gesehen. Im modernen Falle gilt menschliche Vernunft als *Setzungsvernunft*, d. h. als menschliches Vermögen, das die Autonomie des Menschen auch als politisches Wesen begründet.[1035] Daraus ergeben sich grundsätzlich verschiedene Ansätze zur Bestimmung des Wesens des Menschen und letztlich auch der politischen Ordnung. Philosophische Anthropologie ist also die Grundlage oder die Bedingung der Möglichkeit zu einer rationalen Konstruktion politischer Ordnung. Denn die politische Ordnung soll ja eine dem Menschen angemessene Ordnung sein, sie soll „zur Verwirklichung seines (wie immer gedachten) Wesens beitragen.“[1036] So wird der Mensch einmal als soziales Wesen gedacht, im anderen Falle hat der Mensch nur eine Fähigkeit, sozial zu werden. In den seit der Aufklärung formulierten Theorien erscheint der Mensch jedenfalls durchweg asozial oder zumindest unsozial.

1031 Nitschke 2002: 38 f.

1032 Euchner 1973a: 23.

1033 Euchner 1973a: 24.

1034 Ebenda: 149.

1035 Ebenda.

1036 Ebenda: 151.

Die Entwicklung der bürgerlichen, kapitalistischen Gesellschaft bildet den Hintergrund für diese Überlegungen. Der Abbau überlieferter Privilegienordnungen und die Verweltlichung der Gesellschaft setzten neue Kräfte frei. Der Kampf aller gegen alle musste wiederum gezügelt werden. Durch die dann entwickelten Ordnungen wurde nicht unmittelbar Gleichheit realisiert. Die wirtschaftliche Dynamik schuf vielmehr neue Formen von Ungleichheit und Macht, die erst allmählich durch gleiche Partizipationsmöglichkeiten im politischen Bereich und durch Gegenmaßnahmen in Form staatlicher Regelungen und Kontrollen begrenzt werden mussten.

C) Entwicklungsgeschichtliche Einordnung ausgewählter Autoren

Moderne Staaten beruhen auf einem Mosaik unterschiedlicher Prinzipien (s. Kap. VII und VIII), die historisch verortet werden können und die eine verschieden lange Tradition haben. Wichtige Aspekte lassen sich sogar bis in die Antike zurückverfolgen. Daher müssen die Gedankengänge von Platon und Aristoteles, die vor dem Hintergrund der Demokratie in der griechischen Polis formuliert wurden, den Ausgangspunkt der Betrachtung bilden (s. Kap. XIII). Im Folgenden soll versucht werden, den Zusammenhang zwischen politischen Ideen, Demokratietheorie und sich entwickelnder politischer Praxis aufzuzeigen. Von Platon[1037] und Aristoteles stammt die Idee, dass eine „gemischte Verfassung“ die beste Staatsform sei. Sie soll nach den Vorstellungen des Aristoteles aus demokratischen, aristokratischen und monarchischen Elementen bestehen.[1038] „Alle modernen rechtsstaatlichen Verfassungen sind insoweit gemischte Verfassungen, als das in ihnen verwirklichte Prinzip der funktionalen Gewaltentrennung … das Zusammenwirken dieser Elemente impliziert. In der Organisation der Gesetzgebung dominiert das demokratische, in der Organisation der Rechtsprechung das (wahl-)aristokratische und in der Organisation von Regierung und Verwaltung das (wahl-)monarchische Element.“[1039] Die Zeit zwischen der klassischen Antike bis etwa 500 n. Chr. und der Neuzeit (ab 1500) scheint für die Weiterentwicklung dieser Grundgedanken bemerkenswert unbedeutend zu sein. Erst neuerdings wird dem Einfluß der Kirche auf das Recht (Weitergabe des römischen Rechts) und der Auseinandersetzung zwischen Kirche und Staat wieder mehr Aufmerksamkeit geschenkt.[1040] Sie führte mit der Reformation zur Unterwerfung der Kirche durch den Staat und schließlich zur Trennung von Kirche und Staat in unterschiedlichen Varianten.[1041] Luthers

1037 Riklin 2006: 33.
1038 Vgl. Aristoteles ^{4}1981: 136 ff.; aus: Mayer-Tasch 1991: 39.
1039 Ebenda.
1040 Reinhard ^{2}2000: 259 ff.
1041 S. d. Brocker u. a. 2003: 14.

Gedanken und Taten waren Meilensteine auf dem langen Weg zur Entsakralisierung und Profanisierung des Politischen. Erst infolge dessen konnten die politischen Institutionen als Produkte menschlichen Tuns und Handelns sichtbar werden. Versuche zur Resakralisierung der königlichen Autorität scheiterten in den Flächenstaaten.[1042]

1. Entwicklung des Rechtsstaates

Die Anfänge des modernen Verfassungsstaates bilden sich bis ins 16. Jahrhundert heraus. Als Ursachen für die Genese des neuzeitlichen Staates werden einerseits die konfessionellen Bürgerkriege des 16. und 17. Jahrhunderts, andererseits sozioökonomische Prozesse benannt.[1043] Vor dem Hintergrund dieser Entwicklungen in Italien bzw. denen in Großbritannien entwarfen Niccolo Machiavelli und Thomas Hobbes eine völlig neue, rational begründete Gesellschaftsanalyse (s. Kap. XIV, A). Während es Machiavelli vor allen Dingen um das rationale Verhalten des regierenden Fürsten geht, versucht Hobbes eine rationale Begründung des Staates. Mit seiner erstmals formulierten Lehre vom Sozialvertrag ist Hobbes der eigentliche Begründer der Verfassungen der Neuzeit. Diese Grundidee einer politischen Legitimation des Staates durch einen hypothetischen Vertrag wurde von vielen Denkern, u. a. Locke, Rousseau und Kant[1044] übernommen. Auch in der modernen Vertragstheorie gehen die Autoren davon aus, dass ein legitimer Staat nur entstehen könne, „wenn er (hypothetisch) auf freiwilliger Zustimmung bzw. freiwilliger Selbstverpflichtung der Individuen beruht. Damit ist bereits die Idee des Konstrukts ‚Gesellschaftsvertrag' umschrieben: gleichberechtigte Parteien gehen eine freiwillige Übereinkunft ein, die jeder Seite Rechte und Pflichten auferlegt."[1045] Weiterhin ist der Gedanke, dass der konfessionell neutrale Staat für Ruhe, Sicherheit und Ordnung zu sorgen habe, für die folgenden Überlegungen von Bedeutung. Eine Ausdifferenzierung konnte allerdings durch Hobbes noch nicht geleistet werden.

Den Weg zum Rechtsstaat haben erst Locke und viel deutlicher Montesquieu (s. Kap. XIV, B) mit ihrer Gewaltenteilungslehre aufgezeigt. „Das Prinzip der Gewaltentrennung ist nicht zuletzt auch deshalb eine der Hauptsäulen der Rechtsstaatlichkeit, weil sich die meisten anderen rechtsstaatlichen Grundsätze um dieses Prinzip herumranken."[1046] Rudimentäre Formen der Rechtsstaatlichkeit waren in Großbritannien durch die Magna Charta (1215) eingeführt worden. Darin hieß es bereits, dass kein freier Mann verhaftet, gefangengehalten, enteignet, geächtet, verbannt oder auf eine andere Art zugrundegerichtet werden soll, „es sei denn aufgrund gesetzlichen Urteilsspruchs von seinesgleichen oder aufgrund des Landes-

1042 Münkler, in: Göhler u. a. 1990: 84; Nitschke 2002: 48 ff.; zusammenfassend Waschkuhn 2002: 78 ff.

1043 Münkler, in: Göhler u. a. 1990: 81.

1044 Kersting 1996: 109 ff.; zu Kant s. von Beyme 2002: 148–154.

1045 Druwe ^{2}1995: 228; Kersting 1996: 262.

1046 Mayer-Tasch 1991: 40.

rechts.“[1047] Vier Jahrhunderte später wurden ähnliche Formulierungen im Habeas Corpus Act (1679) gegen willkürliche Verhaftungen verwendet. Sie finden sich auch in der Bill of Rights, die der amerikanischen Verfassung 1791 angehängt wurde. In der französischen Menschen- und Bürgerrechtserklärung (1789) heißt es, dass eine Gesellschaft dann keine Verfassung habe, wenn nicht die (Grund-) Rechte zugesichert und die Trennung der Gewalten festgelegt seien (s. a. Kap. VII, B, 2).[1048]

Die konfessionellen Bürgerkriege des 16. und 17. Jahrhunderts hatten also zunächst zum Ergebnis, dass ein „Leviathan“ (in Form der absolutistischen Herrscher) für Ordnung sorgte. Dem waren dann die Freiräume abzutrotzen, in denen sich die Bürger technisch-ökonomisch entfalten konnten, um damit eine moderne Zivilisation zu entwickeln. Hier erwies sich England als der Vorläufer, während auf dem europäischen Kontinent in der Zeit des Absolutismus Ordnungsvorstellungen und legitimierende zunächst aufeinanderprallten. Aber selbst Hobbes Gedanken enthalten bereits „den Keim einer rechtsstaatlichen Entwicklungsdynamik ... Das Individuum, das sich – in einem ersten logischen Schritt – in die ‚Schutzhaft‘ eines allmächtigen Ordnungshüters begibt, um Leib und Leben vor der Zügellosigkeit seiner Mitmenschen zu sichern, wird sich – in einem zweiten logischen Schritt – auch vor potentiellen Übergriffen dieses Ordnungshüters zu schützen versuchen.“[1049]

Der Rechtsstaat war vor allen Dingen auf die Interessen des Dritten Standes zugeschnitten. Seine Maßnahmen trugen dazu bei, den Abstand zwischen dem Dritten und dem Vierten Stand aufrecht zu erhalten. Der in Staatsverwaltung und Armee dominierende Adel und das den Markt beherrschende Bürgertum billigten sich in einer Art „compromesso storico“ wechselseitige Aktionssphären zu,[1050] wobei sich das Bürgertum in den einzelnen Staaten unterschiedlich vom Adel abgrenzte: in Deutschland eher noch stärker als in England und Frankreich.[1051] In dieser bürgerlichen Gesellschaft ist „der private ökonomische Bereich ständisch abgestuft eingelagert“ und steht der politischen Staatsgewalt gegenüber.[1052] Das Bürgertum bildet erste politische Zusammenschlüsse heraus. Freiheit blieb also auf die wirtschaftlich Starken beschränkt, die ihre Wirtschaftstätigkeit unter Ausbeutung der wirtschaftlich Schwachen vollführen konnten. Jean-Jacques Rousseau stellte die Legitimationsfrage des Staates. Nicht mehr die Rechtmäßigkeit einer – von Gottes Gnaden gewährten – dynastischen Herrschaftsfolge könne Legitimationsgrundlage sein. Vielmehr sei das Volk – bzw. diejenigen, die nun für das Volk sprechen – allein berechtigt, den Staat zu begründen. Thomas Jefferson, der Autor der Unabhängig-

---

1047 Jennings/Ritter ^{2}1970: 121.

1048 Mayer-Tasch 1991: 38.

1049 Mayer-Tasch 1991: 46.

1050 Ebenda: 54.

1051 Göhler/Klein, in: Lieber 1991: 262.

1052 Ebenda: 260.

keitserklärung der Vereinigten Staaten, bringt diese Gedanken auf die Formel „Volkes Stimme ist Gottes Stimme".[1053]

Bereits bei Aristoteles scheint der Gedanke von der Tyrannis der armen Menge auf, die den Besitz der Reichen unter sich aufteilt. Insofern hält er die Demokratie für problematisch. Er propagiert dagegen eine Herrschaftsform, „in der die Menge zum allgemeinen Nutzen regiert" wird.[1054] Diese Herrschaftsform nennt er Politie. Hobbes, der erstmals die Staatsgewalt von unten nach oben legitimieren wollte, wurde dann auch von den damals um ihre Vorrechte Kämpfenden (dem niederen Adel, der mit dem aufstrebenden Bürgertum verbunden war) nicht akzeptiert. Locke, einem Exponenten dieser Gruppierung, wird zuweilen vorgeworfen, dass es ihm um den Schutz des ungleichen Eigentums (einschließlich ungleicher Rechte) ging. Auch Montesquieu wollte mit seiner Gewaltenteilungslehre das aufsteigende Bürgertum in Schach halten. Den Vierten Stand hatte er überhaupt noch nicht im Blick.

Die Abwehr des Besitzbürgertums gegenüber der nichtbesitzenden Klasse ist auch noch bei den amerikanischen Verfassungsvätern, den Autoren der Federalist Papers (s. Kap. XV, A), am Ende des 18. Jahrhunderts erkennbar. James Madison, einer der Verfasser, schreibt zwar, dass die Hauptquelle aller Spannungen stets die ungleiche Verteilung des Eigentums gewesen sei. Sie habe die Besitzenden von den Besitzlosen getrennt und damit seien zwei verschiedene Interessengruppen entstanden. Wenn er dann aber die Begriffe „Allgemeinwohl" und „Gerechtigkeit" verwendet, so erscheinen diese eher als ideologische Hüllen für die bestehende Besitzordnung.[1055] Die Skepsis gegenüber dem Volkswillen, seiner möglichen Irrationalität bzw. einer Selbstüberschätzung, war weit verbreitet. Alexander Hamilton wollte – und hat dies auch durchgesetzt – bewusst neben die durch Wahlen legitimierten Vertreter des Volkes eine Körperschaft setzen, die vom Volkswillen unabhängig sein sollte. Das Oberste Bundesgericht wurde ausersehen, Gesetze auf ihre Vereinbarkeit mit der Verfassung zu prüfen. Das Gewicht des Verfassungsgerichts in einem liberal-demokratischen System sollte die Balance zwischen dem Recht der Mehrheit (als Ausdruck des Volkswillens) auf Gestaltung der politischen Entscheidungen und dem Schutz der Minderheiteninteressen herstellen (s. Kap. V, A).[1056]

Eine fundamentale Kritik an den Folgen der bürgerlichen Revolution und den durch die kapitalistische Entwicklung bedingten sozialen Verhältnissen hat dann Karl Marx im 19. Jahrhundert formuliert. Einerseits wurden durch den Kapitalismus außerordentliche Produktivkräfte freigesetzt, andererseits führte dies zu bisher nicht gekannten sozialen Problemen. Denn der Reichtum sammelte sich zunächst in den Händen weniger, während die große Mehrzahl verarmte und zum verelendeten

1053 Göhler/Klein, in: Lieber 1991: 78.
1054 Aristoteles ^{4}1986: 114; aus: Mayer-Tasch 1991: 82.
1055 Shell, in: von Beyme u. a. 1987, I: 114.
1056 Ebenda: 116.

Proletariat zu zählen war. Die schonungslose Beschreibung der Verhältnisse und ihre theoretische Durchdringung führten schließlich zur Prognose, dass eine Revolution unabweisbar sei. Durch die Vereinigung der Proletarier aller Länder würde es gelingen, den Kapitalismus niederzuzwingen. Der Klassenkampf wurde zum sozialrevolutionären Programm des Vierten Standes.

Marx (s. Kap. XV, B, 2) hat nicht vorausgesehen, dass das soziale Elend der europäischen Industrialisierung so unübersehbar werden würde, dass die herrschenden Kräfte des Staates etwas dagegen unternehmen mussten. Dadurch konnte der den bürgerlichen Staat zerstörende Klassenkampf entschärft werden. Es bildete sich eine weitere Dimension des demokratischen Staates heraus: die sozialstaatliche Komponente (s. Kap. XII, C, 3).

Ein weiterer Bestandteil der politischen Systeme ist die Bundesstaatlichkeit. Von einer solchen Bundesstaatlichkeit im heutigen Sinne lässt sich erst seit dem Ringen um die amerikanische Bundesverfassung 1789 sprechen. Auf europäischer Ebene gibt es Bundesstaatlichkeit erst seit Mitte des 19. Jahrhunderts. Als Beispiel ist vor allem die Vereinigung der vormals selbständigen Schweizer Kantone zu einem Bundesstaat zu erwähnen (s. Kap. VIII, B, 2). Die Bemühungen um eine Transformation des Heiligen Römischen Reiches Deutscher Nation in einen deutschen Nationalstaat brachten ebenfalls föderalistische Strukturen hervor. Während Europa also zu den Spätentwicklern zählt, konnte sich bereits in der Mitte des 18. Jahrhunderts in den englischen Kolonien Nordamerikas eine Staatsgründung nach der Unabhängigkeitserklärung vollziehen, die auf Traditionen der einzelnen Kolonien Rücksicht nehmen musste.

Die politischen Systeme der einzelnen Kolonien waren durch entsprechende Verfassungsurkunden und Regierungs- und Verwaltungsreformen auch schon weitgehend homogenisiert: Jede Kolonie hatte bereits eine Art Unterhaus (Assembly) und ein Oberhaus (Council), die wichtige Aufgaben späterer Parlamente wahrnahmen. So befanden sie über die Erhebung von Steuern und Abgaben und die sonstige Gesetzgebung. Beteiligt waren sie auch an der Verwaltung der Kolonie, an deren Spitze meistens noch ein von der Krone ernannter Gouverneur stand. Nur in Handelsfragen waren die Kolonien der Gesetzgebungskompetenz des britischen Parlaments unterworfen.[1057]

Die Auseinandersetzungen über den föderativen Kurs gestalteten sich sehr intensiv. Der Gründung eines Bundesstaates gingen freiheitliche Erfahrungen mit einem politisch handlungsunfähigen Staatenbund voraus. Die Begründung des Bundesstaates wurde in den Federalist Papers (s. Kap. XV, A) formuliert. Die Gewaltenteilung erschien nun auch in der Vertikalen als wichtige Lösung für die Erlangung eines Kompromisses zwischen den vom Kolonialstatus befreiten Einzelstaaten, um wichtige Selbstverwaltungsrechte beizubehalten. Ebenso blieb ihre gewaltenteilende Verfassungstruktur erhalten und diese fand später auch Eingang in die Bundesverfassung. Während bei Hobbes die Souveränität noch unteilbar

1057 Shell, in: Adams u. a. 1992, I: 331.

erschien, wurde hier erstmals dargelegt, wie sie zwischen Zentralstaat und Einzelstaaten sinnvoll aufgeteilt werden kann. Die Autoren der Federalist Papers zeichneten damit eine klassische Skizze der Bundesstaatlichkeit. Dagegen begann die deutsche Föderalismusdiskussion erst ab Mitte des 19. Jahrhunderts intensiver. Vorher stand Europa noch ganz im Zeichen des französischen Vormachtanspruchs, der zunächst abgewehrt werden musste. Erst nach der Befreiung ging es dann um die Alternative Staatenbund oder Bundesstaat. Eine zentralistisch-einheitsstaatliche Lösung stand nicht zur Diskussion.

Rechtsstaatlichkeit ist Vorbedingung und wesentliches Element in jeder demokratischen Ordnung. Erst bei Verwirklichung gleicher Beteiligungsrechte lässt sich von Demokratie sprechen.

2. Entwicklung der Demokratie

Im antiken Griechenland wurde erstmals der Übergang von der Praxis des Politischen zur Theorie der Politik bewältigt. Die politische Theorie der Griechen beruhte noch auf einer unmittelbaren Verbindung zwischen der Philosophie der Politik und dem politischen Leben der Philosophen. Eine Trennung zwischen wissenschaftlicher Bemühung und praktischem Handeln war noch nicht feststellbar.

In den griechischen Stadtstaaten bildete die Gesamtheit der mit allen „Mitgliedschaftsrechten“ ausgestatteten Bürger, der Demos, der demokratisch verfassten Polis nur eine elitäre Minderheit; ihr Anteil lag im Allgemeinen zwischen einem Zehntel und einem Siebentel der Gesamtbevölkerung.[1058] Neben den Bürgern und ihren Familien gab es unter den Einwohnern der Polis zwei politisch rechtlose Gruppen: die Sklaven und die Fremden (Metöken). Die Sklaverei hatte vor allem für die städtischen Gewerbetreibenden und die Bergwerke wirtschaftliche Bedeutung. Die Metöken, auf Dauer in einem Stadtstaat wohnende Fremde griechischer oder auch „barbarischer“ Abstammung, waren überwiegend im Handel, im Handwerk und im Bankwesen tätig.[1059] Das Bürgerrecht wurde durch Zugehörigkeit zu einem auf wirklicher oder fiktiver Blutsverwandtschaft basierenden Stammesverband, in der Regel also durch Geburt, ganz selten durch Einbürgerung, erworben. Die Gleichheit aller Bürger vor dem Gesetz, unabhängig von ihrer Herkunft und ihrem Vermögen, galt als sehr bedeutsam. Daher wurde die Staatsform Athens zunächst Isonomie (Gleichheit vor dem Gesetz) und erst später Demokratie (Herrschaft des Volkes) genannt.[1060]

Die Entwicklung zur Demokratie dauerte Jahrhunderte (s. Kap. VIII). Der neuen Staatsform waren zahlreiche Umwälzungen in der wirtschaftlichen Struktur der antiken Stadtstaaten, aber auch im allgemeinen Denken vorausgegangen. Der Gedanke, einen Staat zu schaffen, der nicht auf Besitz oder Herkunft seiner Bürger gegründet war, konnte nicht verwirklicht werden, ohne dass die Vorstellungen von

1058 Tarkiainen 1966: 30 f., 56.

1059 Ebenda: 49, 57.

1060 Ebenda: 20 f.

der Weltordnung und die Rechtsordnung im Leben der Bürger sich verändert hätten.[1061] Der als gottgegeben angesehene, natürliche Aufbau der Gesellschaft musste erst – beginnend mit der Renaissance – abgebaut werden. Obgleich die Auseinandersetzung zwischen den Klassen zweifellos Ursache für die Entwicklung der Demokratie in den antiken Stadtstaaten gewesen ist, wäre es falsch, die Volksherrschaft als ein Ziel anzusehen: Bei der Auseinandersetzung zwischen Armen und Reichen in der Antike ging es vor allem um soziale Fragen, weniger um politische Reformen.[1062]

Veränderungen wurden zunächst eher „von oben" vorangetrieben[1063], also von Teilen des Adels, später von Teilen des Bürgertums (wie in den USA). Die vorwärtsdrängende Bewegung wird als Liberalismus bezeichnet. Auch zum Zeitpunkt, als der moderne Staat sich bereits als Rechtsstaat und Bundesstaat darstellte, war die Demokratie noch nicht gewollt und keineswegs verwirklicht. Volkssouveränität führte nicht notwendigerweise zur Demokratie als Staatsform. Zwar wurde die Idee der Volkssouveränität – alle Gewalt geht vom Volke aus – in der amerikanischen Verfassung erstmals festgeschrieben, die Wahrnehmung politischer Rechte war jedoch auch hier an eine Reihe von Beschränkungen (Grundeigentümerqualifikation, Steuerzensus, Hautfarbe) gebunden.[1064] Dies galt auch für die europäischen Staaten.

Auf das Problem der Proletarier gehen Hobbes und Locke nur am Rande ein. Die Besitzlosen, rund die Hälfte der englischen Bevölkerung, gehörten wie selbstverständlich nicht zur bürgerlichen Gesellschaft. Nach 1700 begann sich allerdings die Dimension der Arbeiterfrage schon abzuzeichnen. Bernard Mandeville (1670–1733) hat die Bedrohung der bürgerlichen Gesellschaft durch das rapide Anwachsen des Proletariats bereits gesehen.[1065] Erst Rousseau (s. Kap. XV, B, 1) berücksichtigte in seinen theoretischen Ausführungen das gesamte Volk. Die Macht des Volkes wird keiner Beschränkung mehr unterworfen.[1066] Damit war der Weg frei für das staatsbürgerliche Gleichheitsdenken. Gegenüber Hobbes besteht Rousseau allerdings auf der Unübertragbarkeit der Volkssouveränität. Rousseau bindet die Staatsgewalt an die unmittelbare Ausübung durch das Volk selbst. Durch den Vertragsabschluss aller mit allen sind alle Menschen zugleich Herrscher und Beherrschte. Damit bringt Rousseau seine Skepsis gegenüber jedem Repräsentanten zum Ausdruck, bei dem das Volk nicht sicher sein könne, ob er den Willen des Volkes tatsächlich artikulieren könne.

Rousseaus Vorstellungen konnten nicht als Orientierung für die Organisation großer, moderner Flächenstaaten gelten. Seine Gedanken wurden allerdings unmittelbar in der Französischen Revolution relevant. So heißt es in einem 1792 verab-

1061 Möbus [2]1964: 34.
1062 Tarkiainen 1966: 63.
1063 Rosen, in: Fenske u. a. 1988: 37.
1064 Shell, in: Adams u. a. 1992, I: 331 f.
1065 S. d. Euchner, in: Kress/Senghaas 1973b: 50 f.
1066 Mayer-Tasch 1991: 88 f.

schiedeten Dekret: „Es kann nur eine Verfassung geben, der vom Volke zugestimmt worden ist.“[1067] Im 19. Jahrhundert verstärkte sich der Anspruch zur Legitimation des Staates durch das Volk immer deutlicher. „Die politische Geschichte dieses Jahrhunderts wird man geradezu auf den Nenner des Vordringens der Volksherrschaft bringen können.“[1068]

Burke, Mill und Marx formulierten die Grundzüge einer konservativen, einer liberalen bzw. einer sozialistischen Antwort auf das Verhältnis von Staat und Arbeiterschaft. Noch in der französischen Revolution hegten die Revolutionäre die Illusion, die Herrschaft des (sich mit der Menschheit identifizierenden) Bürgertums werde Freiheit, Gleichheit und Brüderlichkeit verwirklichen. Bereits dadurch sah Burke die politische Ordnung Englands bedroht. Als Repräsentant einer politischen Kultur, die sich mit der Glorreichen Revolution vom absolutistischen Herrschaftssystem des europäischen Kontinents gelöst hatte, wurde er von einem engagierten Liberalen zum Urheber einer konservativen Staatsauffassung.

Edmund Burke (1729–1797) hat die Vorstellungen zur Repräsentation gegenüber dem gesellschaftlichen Umbruch nach der glorreichen Revolution formuliert. Seine inzwischen als klassisch zu bezeichnende Auffassung war von der Abwehr übergroßer Teilnahme gekennzeichnet. Er wollte das englische Verfassungssystem nach der vollzogenen Revolution von 1688 vor einer neuen Revolution schützen. Burke sah das Parlament nicht als einen Kongress von Abgeordneten verschiedener und feindseliger Interessen, sondern als beratende Versammlung einer Nation mit einem Interesse. „Wohl wählt ihr allein einen Abgeordneten, aber wenn ihr ihn gewählt habt, dann ist er nicht mehr Vertreter von Bristol, sondern ein Mitglied des Parlaments.“[1069] Hinter diesen theoretischen Bemühungen stand aber auch das Ziel, das englische Verfassungssystem gegen alle revolutionären Angriffe abzuschirmen. Ihm war der Gedanke fremd, dass alle an der Formulierung des Volkswillens beteiligt werden sollten. Vielmehr wollte er, dass nur Menschen regieren, die selbst Eigentum (Grundeigentum) haben. Dabei diente ihm die soziale Struktur des englischen Großbürgertums, das eine natürliche Verbindung mit dem Adel hatte, als Vorbild.

Zwar kommt es mit der Französischen Revolution zu den eigentlich brisanten Herausforderungen. Das Ausmaß der Beteiligung aller an der Entscheidungsfindung blieb zu diesem Zeitpunkt noch umstritten.[1070] Allerdings wurde im 19. Jahrhundert bald erkennbar, dass das Proletariat nicht nur daran interessiert war, einen gerechten Anteil an den Früchten seiner Arbeit zu erlangen. Der Vierte Stand wollte sich auch selber in Verteilungskämpfe einschalten können. Mitwirkung aller an der staatlichen Willensbildung wurde das nächste Ziel. Sozialisten forderten das gleiche Wahlrecht. Dadurch geriet der Liberalismus – wie der Konservativismus –

1067 Ebenda: 91.
1068 Ebenda: 92.
1069 Burke, in: Oberndörfer/Jäger 1971: 48.
1070 S. d. Göhler/Klein, in: Lieber 1991: 264 f.

in eine Abwehrhaltung gegenüber diesen Mitwirkungsansprüchen. So sahen sich auch John Stuart Mill und Alexis de Tocqueville (s. Kap. XV, C) mit den Forderungen einer nach Demokratisierung strebenden Gesellschaft konfrontiert. Mills Lösung des Problems ist der allmähliche Übergang von einer Vorherrschaft der besitzbürgerlichen Minderheit auf die zumindest gebildete Bevölkerungsmehrheit in einer dem Entwicklungsstand der eigenen Gesellschaft angemessenen Staatsform. Auch er spricht sich klar für das Repräsentativsystem aus. Gegen die Gefahr einer Tyrannei der Mehrheit setzt er den bewussten Schutz des Individuums. Dies ist auch bei Tocqueville der Fall, der durch die Gleichheit der Lebensbedingungen die Einebnung der gesellschaftlichen Klassen prognostiziert, aber dadurch die Freiheit gefährdet sieht.

Die Vorstellungen zur Übernahme der Macht durch die bisher von ihr Ferngehaltenen waren noch wenig konkret. Sie mündeten zunächst in eine Diktatur des Proletariats ein, das nach einer Krise des Kapitalismus zwangsläufige Folge sein würde. Die von Marx skizzierte „Pariser Kommune", nur von März bis Mai 1871 verwirklicht, hatte trotzdem anhaltende geistig-politische „Ausstrahlung auf die europäische Arbeiterbewegung, auf Anarchisten, Syndikalisten, Sozialdemokraten, Marxisten, Leninisten und zuletzt Maoisten"[1071] In Wirklichkeit handelte es sich aber nicht um eine unmittelbare Volksherrschaft im Sinne Rousseaus. Vielmehr hat Marx hier – wie er meinte – ein zukunftsweisendes Modell entworfen.[1072]

Tatsächlich erfolgte eine Aufwertung der Parlamente, die nicht ohne Parteien funktionieren und die alle Bevölkerungskreise vertreten. Parteien bzw. dem Parlament wies Max Weber (1864–1920) als Kernfragen des politischen Geschehens die Herausbildung politischer Führungspersönlichkeiten und die Erziehung zur Urteilsfähigkeit zu.[1073] Zwar hat Weber in seiner Parteiensoziologie „die gesellschaftlich notwendige Tendenz des Wandels von der Honoratioren- zur Massenpartei aufgewiesen." An die Stelle der früher tonangebenden aristokratischen Honoratioren sah er allerdings in den Massenparteien hauptamtliche Funktionäre treten, die nicht mehr lediglich für die Politik, sondern auch oftmals sogar in erster Linie von der Politik lebten. Die Sympathie Webers gehörte aber den Honoratiorenpolitikern.[1074] Im Übergang zum parlamentarischen System (hier sehen Kritiker[1075] die Gefahr des Übergangs in die Diktatur) plädiert Weber für die Personalisierung der politischen Macht durch einen charismatischen Führer, um der bürokratischen Erstarrung zu entgehen, andererseits die drohende führerlose Demokratie abzuwenden. Die schöpferische Kraft mittels innovativer Führer soll die Mediatisierung durch Massenparteien und organisierte Interessen verhindern.[1076] Um zu erreichen, dass oberhalb der Parteimaschinen und des mediatisierten Parlaments unabhängige Füh-

1071 Neumann, in: Neumann^{2}1998: 28 ff.
1072 Ebenda: 26; vgl. auch Kevenhörster 1974: 8.
1073 Von der Gablentz 31967: 236.
1074 Lenk, in: Maier ^{5}1987: 308 f.
1075 Vergleichend Waschkuhn 2002: 7 ff.
1076 Lenk, in: Maier ^{5}1987: 307, 309.

rerpersönlichkeiten stehen, setzte Weber konsequent auf plebiszitäre Methoden der Massenbeherrschung. An die Stelle des Erbmonarchen trat gleichsam der gewählte „Monarch".[1077]

Die gegenteilige, basisdemokratische Bearbeitung der Probleme mündete in eine Übersteigerung partizipativer Forderungen: das imperativen Mandat[1078] und sonstige rätedemokratische Prinzipien (jederzeitiges Rückholrecht der Amtsträger (Recall) und Ämterrotation),[1079] vor allen Dingen in den sozialistischen Parteien. Danach soll den Vertretern kein Entscheidungsspielraum nach der Wahl zugestanden werden: Vielmehr werden sie gewählt, um bestimmte Inhalte durchzusetzen. Abgeordnete haben nach dieser Auffassung also kein freies Mandat, das sie nur ihrem Gewissen unterwirft, sondern ein gebundenes. Alle Vorschläge, die eine ständige Kontrolle der Abgeordneten durch ihre politische Partei oder die Parteimitglieder im Auge hatten, haben sich nicht durchsetzen können.

3. Demokratie und Sozialstaat

Die ersten Maßnahmen, die von Staats wegen unternommen wurden, um die Lage der Unterprivilegierten zu verbessern, nutzen diesen noch wenig. Hier sind z. B. die des Freiherrn vom Stein und von seinem Nachfolger Hardenberg initiierte Bauernbefreiung und Gewerbefreiheit in Preußen zu erwähnen. Zunächst waren die Gewinner die Großgrundbesitzer, die von den freien Bauern billig Grundeigentum erwerben konnten. Die Gewerbefreiheit war für die aus dem Handwerk aufsteigende Unternehmerschaft von Bedeutung. Die eigentliche sozialstaatliche Grundlage wurde in Deutschland erst durch Bismarcks Sozialgesetzgebung gelegt, die allerdings auch Kampfansage gegen die aufsteigende Sozialdemokratie (Verbot 1878) war.

Eduard Bernstein (1850–1932) formulierte – in Abgrenzung zum damaligen sozialistischen Krisenszenario des Kapitalismus – konkretere Vorstellungen für eine schrittweise Umgestaltung des politischen Systems. Er sah dabei eine schrittweise soziale Besserstellung der Arbeiterklasse voraus. Mit einer gewissen Skepsis betrachtete er die Sozialisierung der Produktionsmittel in einer hochkomplexen Wirtschaftsstruktur. Er prognostizierte eine Lähmung der Produktion und Gefahren für den wirtschaftlichen Fortschritt. Seine Empfehlung war daher, statt einer völligen Umgestaltung der Gesellschaft eine schrittweise, wobei das Endziel einer gleichberechtigten Teilhabe aller an den Entscheidungen in Wirtschaft, Staat und Gesellschaft nicht aus dem Auge zu verlieren sei. Die Vorstellungen Bernsteins waren eine Synthese des politischen Liberalismus und eines liberalen Sozialismus, für den die Sozialdemokratie damals noch nicht reif war.[1080]

1077 Waschkuhn 1998: 242.

1078 Kevenhörster 1975.

1079 Neumann, in: Neumann ^{2}1998: 36 f.

1080 Meyer, in: Stammen u. a. 1997: 62 ff.; von Beyme 2002: 796 f.; s.a. Saage 2005: 195 f.

Die wirtschaftliche Entwicklung gab den Beobachtungen Bernsteins Recht. Die damals bereits kapitalistischen Länder haben es verstanden, sowohl die Ansprüche des wachsenden städtischen Proletariats auf Teilhabe am steigenden gesellschaftlichen Reichtum zu befriedigen, als auch die formale Gleichheit der Staatsbürger in politische Teilhabe umzumünzen. Dies geschah, ohne dass dadurch die Eliten und jene Schichten, die sich durch die Forderungen einer sich revolutionär darstellenden Arbeiterbewegung bedroht fühlten, dem liberal-demokratischen System entfremdet wurden.[1081] Es ist damit diesen Systemen gelungen, den Klassenkampf in einen friedlichen Verteilungskampf umzuformen, um somit Freiheit und Gleichheit gleichermaßen zu befördern und zu sichern.

Die politischen Denker konnten nicht voraussehen, welche Auswirkungen die staatliche Sozialpolitik und die Bildungsrevolution haben würden. Letztere hat immer mehr Menschen die Möglichkeit gegeben, an politischen Entscheidungen mitzuwirken. Partizipatorische Elemente im repräsentativen System wurden zunächst durch die Entwicklung politischer Parteien eingeführt. Die sozialstaatliche Komponente kam in unterschiedlicher Weise in Parteieprogrammen und dem Regierungshandeln der Parteien zum Ausdruck. So wurde immer wieder bewiesen, dass sich Parteien des linken Spektrums mehr für den Ausbau des Sozialstaates einsetzen als die des rechten Spektrums.

Die Bedeutung der Parteien ist erst mit rigoroser Logik von Gerhard Leibholz analysiert worden. Er sah im Modell des „Parteienstaates“ die einzige Möglichkeit für eine moderne Massendemokratie, in der es darum geht, das Prinzip von Identität zwischen Regierten und Regierenden zu verwirklichen. „Der grundsätzliche Unterschied zwischen dem modernen demokratischen Parteienstaat und der repräsentativ-parlamentarischen Demokratie geht entscheidend darauf zurück, dass der moderne Parteienstaat seinem Wesen und seiner Form nach nichts anderes als eine rationalisierte Erscheinungsform der plebiszitären Demokratie oder, wenn man will, ein Surrogat der direkten Demokratie im modernen Flächenstaat ist.“[1082] „Surrogat meint hier: … die optimale Form, die Demokratie unter den gegebenen politisch-sozialen und verfassungsrechtlichen Verhältnissen annehmen kann.“[1083] In einer Demokratie hätten heute allein die Parteien die Möglichkeit, die Wähler zu politisch aktionsfähigen Gruppen zusammenzuschließen. Sie erscheinen geradezu als das Sprachrohr, dessen sich das mündig gewordene Volk bedient, um sich zu artikulieren und politische Entscheidungen fällen zu können. Die Parteiendemokratie – so Leibholz – ist eine der Massengesellschaft angepasste Form der plebiszitären Demokratie.

Das bedeutet für Leibholz, dass die Wahlen ein Plebiszit darstellen für ein Parteiprogramm, der Abgeordnete zum Delegierten der Partei wird und damit an Entscheidungen der Partei gebunden ist. Die Bezugnahme auf das Gewissen muss also

1081 Shell 1981: 45 ff.

1082 Leibholz, in: Kluxen 1969: 353.

1083 Neumann, in: Neumann ^{2}1998: 40.

der Fraktionsdisziplin weichen, denn in der Regel habe der Abgeordnete nicht sein Mandat seiner besonderen Qualifikation, sondern seiner Zugehörigkeit zu einer Partei zu verdanken. Dabei wird die innerparteiliche Demokratie aber ebenso zentral. Gerade hier setzen aber Zweifel an. Das Ideal der Parteiendemokratie scheint kaum realisiert zu sein (s. Kap. IV, B, 3). Weiterhin werden die Parteien und die mit ihnen sympathisierenden Teile des Volkes mit dem Volk gleichgesetzt. Dies verlangt zumindest eine äußerst intensive Verwurzelung der Parteien im Volk. Auch ist das inhaltliche Profil der einzelnen Parteien für die Wähler häufig nicht besonders klar. Dies hängt auch damit zusammen, dass die Parteien darauf aus sind, möglichst viele Wähler anzusprechen: Sie wenden sich also an den individuellen Wähler und nicht so sehr an ihre unmittelbaren Anhänger.

Parallel zu den Parteien und zum Voranschreiten des Staatsinterventionalismus entwickelten sich die Verbände. Dabei wurden viele Verbände privilegiert, indem ihnen bestimmte Funktionen übertragen werden (s. Kap. IV, A, 3 und 4). Die Wirkungen der Verteilungskoalitionen, die insbesondere die etablierten Verbände bilden, wird nach wie vor kontrovers diskutiert.

Trotz der Tendenzen einer Kontrolle der Repräsentanten durch die Parteien und trotz der direkten Kontakte von Verbänden zur Verwaltung bleibt das Parlament doch der eigentliche Ort, an dem Entscheidungen zu fällen sind. Durch die modernen Kommunikationsmittel kann auch die Regierung selber zunehmend ohne Zwischenschaltung der Parlamentarier und der Interessenvermittlungsinstitutionen Kontakt mit den Bürgern aufnehmen. Aber auch durch diese Möglichkeit ist keine stärkere Demokratisierung eingetreten. Nun sollen plebiszitäre Elemente in den Verfassungen für eine Weiterentwicklung der Demokratie sorgen, wie sie bereits in einzelnen politischen Systemen, z. B. der Schweiz, tradiert sind (s. Kap. VIII, B, 2).

Die Abwendung der Menschen von der Politik mit der Folge, dass sie möglichst Freiheiten ohne große Verpflichtungen genießen wollen (Bürger als Bourgeois) wirft neue Fragen auf. Die Veränderungen der Kommunikationsformen hatte bereits Habermas prognostiziert. Das liberale Modell bürgerlicher Öffentlichkeit, dessen Leitidee es ist, Herrschaft durch das Medium der öffentlichen Diskussion deliberativ zu rationalisieren, „besteht für Habermas normativ darin, das im allgemeinen Interesse praktisch Notwendige zu ermitteln."[1084] Als Tendenz sah Habermas dagegen nicht ein räsonierendes, sondern ein konsolidierendes Publikum und einen unpolitischen Öffentlichkeitsbereich.[1085] Eine weitere aktuelle Frage ist die nach der Qualität von Entscheidungen. Für viele Bereiche (z. B. Nutzung neuer technischer Möglichkeiten) erscheinen eher Fachleute als Politiker die geeigneten Entscheider. Neue Formen der Mitwirkung solcher Experten werden gefordert. Weiterhin erkennt der egalitäre Liberalismus, dass der Markt keine „Glücksschmiede

1084 Waschkuhn, in: Stammen u. a. 1997: 168.
1085 Habermas 1962.

für Jedermann“ ist. Die Reaktivierung des Gemeinsinns, wie ihn beispielsweise die Kommunitaristen anstreben, könnte verhindern, dass der Staat überfordert wird.

Literatur

(Im **Fettdruck** besonders wichtige Titel zum Thema des Kapitels)

Aristoteles (1986): Politik, Übersetzt und mit erklärenden Anmerkungen versehen von Eugen Rolfes mit einer Einleitung von Günther Bien, Hamburg, 4. Aufl.

Bellers, Jürgen (1996) (Hrsg.): Klassische Staatsentwürfe. Außenpolitisches Denken von Aristoteles bis heute, Darmstadt.

Bermbach, Udo (1984): Über die Vernachlässigung der Theoriengeschichte als Teil der politischen Wissenschaft, in Bermbach, S. 9–31.

Bermbach, Udo (Hrsg.) (1984): Politische Theoriengeschichte, Opladen (PVS-Sonderheft 15).

Beyme, Klaus von (1984): Die Rolle der Theoriengeschichte in der amerikanischen Politikwissenschaft, in: Bermbach, S. 181–193.

Beyme, Klaus von u. a. (1987): Politikwissenschaft, Band I: Theorien und Systeme, Stuttgart.

Beyme, Klaus von (1992): Theorie der Politik im 20. Jahrhundert, Frankfurt a. M., 2. Aufl.

Beyme, Klaus von (2000): Die politischen Theorien der Gegenwart. Eine Einführung, Wiesbaden, 8. Aufl.

Beyme, Klaus von (2002): Politische Theorien im Zeitalter der Ideologien. 1789–1945, Wiesbaden.

Brocker, Manfred u. a. (Hrsg.) (2003): Religion, Staat, Politik. Zur Rolle der Religion in der internationalen Politik, Wiesbaden.

Burke, Edmund (1971), in: Oberndörfer/Jäger, S. 25–49.

Druwe, Ulrich (1995): Politische Theorie, Neuried, 2. Aufl.

Euchner, Walter (1973a): Egoismus und Gemeinwohl. Studien zur Geschichte der bürgerlichen Philosophie, Frankfurt.

Euchner, Walter (1973b): Demokratietheoretische Aspekte der politischen Ideengeschichte, in: Kress, Gisela/Senghaas, Dieter (Hrsg.): Politikwissenschaft, Frankfurt a. M., S. 37–61.

Fenske, Hans u. a. (1988): Geschichte der politischen Ideen, Frankfurt a. M.

Gablentz, Otto Heinrich von der (1967): Die politischen Theorien seit der Amerikanischen Unabhängigkeitserklärung, Köln und Opladen, 3. Aufl.

Gebhardt, Jürgen (1984): Über das Studium der politischen Ideen in philosophisch-historischer Absicht, in: Bermbach, S. 126–160.

Göhler, Gerhard (1990): Einleitung: Politische Ideengeschichte – Institutionentheoretisch gelesen, in: Göhler u. a., S. 7–25.

Göhler, Gerhard u. a. (Hrsg.) (1990): Politische Institutionen im gesellschaftlichen Umbruch: Ideengeschichtliche Beiträge zur Theorie politischer Institutionen, Opladen.

Göhler, Gerhard/ Klein, Ansgar (1991): Politische Theorien des 19. Jahrhunderts, in: Lieber, S. 259–356.

Habermas, Jürgen (1962): Strukturwandel der Öffentlichkeit, Neuwied.

Jennings, Ivor W./Ritter, Gerhard A. (1970): Das britische Regierungssystem, Köln und Opladen, 2. Aufl.

Kevenhörster, Paul (1974): Das Rätesystem als Instrument zur Kontrolle politischer und wirtschaftlicher Macht, Opladen.

Kevenhörster, Paul (1975): Das imperative Mandat, Frankfurt und New York.

Kersting, Wolfgang (1996): Die politische Philosophie des Gesellschaftsvertrags, Darmstadt.

Lenk, Kurt (1987): Max Weber, in: **Maier, Hans u. a. (Hrsg.): Klassiker des politischen Denkens, Band II, München, 5. Aufl., S. 296–313.**

Leibholz, Gerhard (1969): Repräsentativer Parlamentarismus und parteienstaatliche Demokratie, in: Kluxen, Kurt (Hrsg.): Parlamentarismus, Köln und Berlin, S. 349–360.

Lieber, Hans J. (1991) (Hrsg.): Politische Theorien von der Antike bis zur Gegenwart, München.

Maier, Hans (1986): Einleitung, in: Maier u. a., I, S. 9–14.

Maier, Hans u. a. (Hrsg.) (1986): Klassiker des Politischen Denkens, Band I, 6. Aufl.

Margedant, Udo (1983): Politische Ideengeschichte, in: Mickel, S. 380–384.

Mayer-Tasch, Peter-Cornelius (1991): Politische Theorie, München.

Meyer, Thomas (1997): Eduard Bernstein, in: Stammen u. a., S. 61–64.

Mickel, Wolfgang W. (Hrsg.) (1983): Handlexikon zur Politikwissenschaft, München.

Miethke, Jürgen (1991): Politische Theorien im Mittelalter, in: Lieber, S. 47–156.

Möbus, Gerhard (1964): Die Politischen Theorien von der Antike bis zur Renaissance. Politische Theorien, Teil I, Köln und Opladen, 2. Aufl.

Münkler, Herfried (1990): Übergang vom Mittelalter zur Neuzeit: Einführung, in: Göhler u. a., S. 79–88.

Neumann, Franz (1998): Demokratietheorien – Modelle zur Herrschaft des Volkes, in: Neumann, Franz (Hrsg.): Handbuch Politische Theorien und Ideologien 1, Opladen, 2. Aufl., S. 1–78.

Nitschke, Peter (2002): Politische Philosophie, Stuttgart.

Nohlen, Dieter/Schultze, Rainer-Olaf (Hrsg.) (1985): Politikwissenschaft, München.

Nonnenmacher, Günther (1984): Was war wichtig? Von der Identitätspräsentationsfunktion zur Inkompetenzkompensationskompetenz, in: Bermbach, S. 237–249.

Oberndörfer, Dieter/Jäger, Wolfgang (Hrsg.) (1971): Klassiker der Staatsphilosohie II, Stuttgart.

Pijl, Kees van der (1996): Vordenker der Weltpolitik, Opladen.

Reinhard, Wolfgang (2000): Geschichte der Staatsgewalt. Eine vergleichende Verfassungsgeschichte von den Anfängen bis zur Gegenwart, München, 2. Aufl.

Riklin, Alois (2006): Machtverteilung. Geschichte der Mischverfassung, Darmstadt.

Rosen, Klaus (1988): Griechenland und Rom, in: Fenske u. a., S. 19–141.

Saage, Richard (2005): Demokratietheorien, Wiesbaden.

Sabine, George H. (1971): A History of Political Theory, London, 3. Aufl. (1. Aufl. 1937).

Schwan, Alexander/Schwan, Gesine (1987): Der normative Horizont moderner Politik I, in: von Beyme u. a., S. 36–78.

Shell, Kurt L. (1981): Liberal-demokratische Systeme, Stuttgart.

Shell, Kurt L. (1987): Westliche Demokratien, in: von Beyme u. a., I, S. 109–140.

Shell, Kurt L. (1992): Die Verfassung von 1787, in: Adams, Willi Paul u. a. (Hrsg.): Die Vereinigten Staaten von Amerika, Band 1, S. 329–339.

Stammen, Theo u. a. (Hrsg.) (1997): Hauptwerke der politischen Theorie, Stuttgart.

Tarkiainen, Tuttu (1966): Die Athenische Demokratie, Zürich und Stuttgart.

Waschkuhn, Arno (1997): Jürgen Habermas, in: Stammen u. a., S. 167–175.

Waschkuhn, Arno (1998): Demokratietheorien: Politiktheoretische und Ideengeschichtliche Grundzüge, München und Wien.

Waschkuhn, Arno (2002): Grundlegung der Politikwissenschaft, München und Wien.

Weber-Schäfer, Peter (1985): Politische Philosophie, in: Nohlen/Schultze, S. 765–770.

Willms, Bernard (1971): Die politischen Ideen von Hobbes bis Ho Tschi Minh, Stuttgart.

Willms, Bernard (1984): Politische Ideengeschichte / Politikwissenschaft und Philosophie, in: Bermbach, S. 33–64.

Kapitel XIII: Staatsformen und Verfassung

Als Hintergrund ihrer philosophischen Bemühungen diente den griechischen Klassikern, Platon und Aristoteles, der griechische Stadtstaat, die Polis. Sie ist die spezifische Organisationsform des antiken Griechenlands. Der Begriff „Polis" bezeichnet die geordnete politische Gemeinschaft der Bewohner einer Stadt und der von ihr abhängigen Gebiete, z. B. der Stadt Athen und der umliegenden Landschaft Attika. Diese politische Organisationsform erscheint den Philosophen Griechenlands, also auch Platon und Aristoteles, als die größte handlungsfähige politische Gemeinschaft. Nur bei den größten Stadtstaaten zählte die Einwohnerschaft mehrere Hunderttausend, üblich waren Größenordnungen mit mehreren Zehntausenden. Auch der Umfang des Stadtgebietes einer Polis war außerordentlich klein. Dies nützte den kommunikationstechnischen Bedingungen der Antike erheblich und hat zur Entwicklung demokratischer Systeme beigetragen. Das 5. Jahrhundert v. Chr. ist die große Zeit der Stadt Athen. Ihr innerer Wandel und die äußere Machtentfaltung waren eng miteinander verknüpft. Gleichwohl fanden in anderen griechischen Staaten vergleichbare Prozesse statt.

A) Polis und Demokratie

Den Anstoß dazu gaben zunächst innerstaatliche Veränderungen, später auch außenpolitische Zielsetzungen. Der Aufstieg zur Seemacht durch die Perserkriege 490 und 480/79 v. Chr. ließ sich nur behaupten, wenn sich die Herrscher der Gefolgschaft der einflussreichen Kräfte sicher waren. Ausgangspunkt für die Auseinandersetzungen im Innern war das geltende Gewohnheitsrecht. Weil es lediglich mündlich weitergegeben wurde, konnten es nur die Aristokraten zum eigenen Vorteil nutzen. Durch Bevölkerungswachstum und Versorgungsprobleme kam es zu konflikthaften Entwicklungen. Um gewaltsame Auseinandersetzungen zu verhindern schritt Solon (ca. 640–561 v. Chr.) zu einschneidenden Reformen. Er erließ zahlreiche neue Gesetze mit wirtschaftlichem, sozialem und politischem Inhalt: Die erste vollständige Gesetzessammlung in Attika wurde schriftlich für jedermann zugänglich. Die Tatsache, dass jeder beliebige Athener das Recht erhielt, sich selbst an einen Gerichtshof zu wenden, muss als revolutionär angesehen werden. Politische Rechte und Pflichten wurden nun an die Vermögensstufe, nicht mehr an die Herkunft geknüpft. Dies war für die nach Macht strebenden Reichen günstig.[1086] Als wichtige Neuerung erwies sich vor allem die Ausschaltung der erblichen Gerichtsbarkeit des Adels unter Peisistratos (um 600–528 v. Chr.). Damit waren die Voraussetzungen für den Übergang zu einer Verfassung geschaffen, in der die politische Gleichberechtigung aller Athener sichergestellt wurde.

Die Reform des Kleisthenes (508/7 v. Chr.) kann als entscheidender Schritt zum demokratischen System angesehen werden. Zur Sicherung seiner Macht verlieh er das Bürgerrecht auch jenen Athenern, die nicht Grundbesitzer waren, aber von athenischen Eltern abstammten. Diese Vollbürger durften sich an der politischen Willensbildung in der Volksversammlung beteiligen und auch für öffentliche Ämter kandidieren.[1087] Neben der Volksversammlung gab es als wichtige Institutionen den Rat der Fünfhundert und die Volksgerichtshöfe. Politische Führungsinstanz waren die zehn Strategen, die unmittelbar von der Volksversammlung gewählt wurden und auch mehrfach wiedergewählt werden konnten. Für die anderen Gremien (insbesondere den Rat und die Gerichte) galten relativ kurze Amtszeiten. Als Schlüssel zum demokratischen System bezeichnet Sabine[1088] die Volksgerichte, deren Entscheidungen in Fällen strittiger Rechtsanwendung denen der gesetzgebenden Volksversammlung vollkommen gleichgestellt waren. Als Perikles (um 500–429 v. Chr.) die Gewährung von Tagegeldern für die Sitzungen der Volksgerichte durchgesetzt hatte, gab es gleiche Chancen für alle, hier als Geschworene mitzuwirken. Das lockte dann minderbemittelte Bürger zur Übernahme dieses öffentlichen Ehrenamtes. Dadurch gerieten die Gerichtshöfe faktisch unter die Kontrolle der armen Bevölkerung. Die Tagegeldregelung wurde später auf alle öffentlichen Ämter, einschließlich der Volksversammlung, ausgedehnt.

In wirtschaftlichen Krisenzeiten suchten Arbeitslose leichten Gelegenheitsverdienst durch politische Partizipation. Die große Zahl der politischen Amateure wurde zum zentralen Risiko der athenischen Demokratie, da sie die leicht beeinflussbare soziale Basis für eine neue Klasse von Politikern, die Demagogen, bildete. Ihre stärkste Waffe war die Fähigkeit, durch Redekunst den Willen der Volksversammlung, des Rates und der Gerichte entscheidend zu beeinflussen.[1089] Rhetorik wurde in der Demokratie zum „wichtigsten Erfordernis einer politischen Karriere".[1090] Hier setzten die Sophisten an mit dem Versprechen, politische Tüchtigkeit zu lehren, indem sie die Staatsbürger rhetorisch befähigten. Wie sehr diese Lehrtätigkeit einem allgemeinen Bedürfnis entsprach, beweist der außerordentliche Erfolg des so-phistischen Programms politischer Pädagogik, das an die Stelle der adeligen Geburt die bürgerliche Leistung als politisches Qualifikationsmerkmal setzte.[1091] Durch ihre Arbeit trugen die Sophisten aber auch zum Niedergang der athenischen Polis bei.

1086 Rosen, in: Fenske u. a. 1988: 81.
1087 Rosen, in: Fenske u. a. 1988: 96 f.
1088 Sabine ^{3}1971: 9.
1089 Tarkiainen 1966: 173 f.
1090 Rosen, in: Fenske u. a. 1988: 37.
1091 Krockow ^{2}1977: 37.

Das Auftreten der Demagogen offenbart die innenpolitische, der Peloponnesische Krieg zwischen Athen und Sparta (431–404 v. Chr.) die außenpolitische Krise des antiken Stadtstaates. Ganz Griechenland wurde in einen Bürgerkrieg hineingerissen, der die Grundlage des gesellschaftlichen Lebens, die Gemeinsamkeit der Sitten und der Sprache aufhob.[1092] Die intellektuelle Bewältigung der Krise war das Ziel der politischen Philosophen einer Zeit, die über die Frage nach dem besten Zustand des Staates heftig diskutierte. Dabei spielten zunächst moralische Maßstäbe noch eine größere Rolle als institutionelle Mechanismen.[1093]

B) Suche nach dem Idealstaat: Platon

Platon wurde 427 v. Chr. als Sohn einer attischen Adelsfamilie geboren. Als Zwanzigjähriger lernte er den 42 Jahre älteren Sokrates kennen und schloss sich seinem Freundeskreis an. Er erlebte als Jüngling die Schreckensherrschaft der „30 Tyrannen" in Athen, von denen manche Verwandte und Bekannte Platons waren. Die Hinrichtung seines Freundes Sokrates wegen Gottlosigkeit durch die wiederhergestellte Demokratie ließ Platon an der bestehenden politischen Ordnung zweifeln. Dennoch hat er wohl auf eine günstige Gelegenheit gehofft, in die Politik einzutreten. Als „Staatsmann im Wartestand" dachte er darüber nach, wie eine Verbesserung des Staates erreicht werden könne. In Kenntnis der konkreten Schwächen des Stadtstaates, insbesondere der Unfähigkeit seiner führenden Politiker, gründete Platon die Akademie, die zum Vorbild aller Philosophenschulen der Antike und des Abendlandes wurde.[1094]

In seinen politischen Schriften, deren literarische Form das fingierte Zwiegespräch ist, entwarf er ein Gegenbild zu den Einflüssen und Strukturen, die seinen Staat, die Polis der Athener, in den Untergang zu treiben drohten. „Platons Beschreibung der Demokratie ist eine lebendige, aber bis zur Leidenschaft feindselige und ungerechte Parodie des politischen Lebens in Athen und des demokratischen Glaubensbekenntnisses, das Perikles in unübertroffener Weise ungefähr drei Jahre vor Platons Geburt formuliert hatte".[1095] Im Gegensatz zu den Sophisten, die lediglich darauf abzielen, durch rhetorische Leistung „alle möglichen Handlungen mit Gründen zu rechtfertigen", geht es Platon um eine (wenn auch offen aristokratische) politische Ethik, „die Ermittlung allgemeiner Maßstäbe für das Denken und Handeln".[1096]

Von den Dialogen Platons sind insbesondere drei als politikwissenschaftlich bedeutende Werke anzusehen: „Der Staat" (Politeia), „Der Staatsmann" (Politikos) und „Die Gesetze" (Nomoi). Sie umfassen mehr als die Hälfte des Gesamtwerkes.

1092 Möbus ^{2}1964: 29.

1093 Rosen, in: Fenske u. a. 1988: 39.

1094 Kuhn, in: Maier u. a. ^{6}1986: 16 ff.

1095 Popper ^{5}1977: 72.

1096 Schlangen 1974: 87.

Im „Staat“ entwirft Platon die beste Polis, im „Staatsmann“ beschreibt er die politische Herrscherkunst und in den „Gesetzen“ den Gründungsplan für die zweitbeste Polis. Zentralfigur der platonischen Dialoge ist Sokrates, der von einem korrupten Staat zum Martyrium getriebene Lehrer. Der platonische Sokrates verkörpert, unbeschadet seiner historischen Wahrhaftigkeit,[1097] den wahren Bürger, der dem Dienst am Staate höchsten Wert beimisst. Das Ziel Platons ist, den Repräsentanten der jungen Generation durch seine Erzählung von der idealen Polis einen Ausweg aufzuzeigen.

Im Gegensatz zu der Erwartung, die durch die Übersetzung der „Politeia“ mit „Der Staat“ geweckt wird, handelt es sich dabei allerdings nicht um einen Verfassungsentwurf für ein wohlgeordnetes Gemeinwesen oder um eine normative Abhandlung zur Staatstheorie. Vielmehr wird der Frage nachgegangen: Was ist Gerechtigkeit, und welche Bedeutung kommt ihr für die Gestaltung des menschlichen Lebens zu? Im Verlauf der Darstellung über Lehrmeinungen zur Gerechtigkeit[1098] führt Platon eine Erzählung des Sokrates über „Gründung, Ordnung und Untergang der guten Polis als Instrument der philosophischen Analyse ein“.[1099]

1. Konstruktion des idealen Staates

Die Polis ist „der großgeschriebene Mensch“, ihre Ordnung das leichter verständliche Beispiel für die Ordnung der menschlichen Seele. „Der einzelne und die Polis sind also gleichförmig. Die Polis zeigt im Großen, was der Einzelne im Kleinen ist. Die beiden gehören zusammen. Was dem Staat nützt oder schadet, das nützt oder schadet dem einzelnen Bürger, und dieser Satz gilt auch in der Umkehrung.“[1100] Der sokratische Mythos von der guten Polis hat im Rahmen der Untersuchung über das Wesen der Gerechtigkeit erklärende Funktion.[1101] „Der Beweis dafür, dass die Gerechtigkeit ein Gut an sich selbst ist, … wird dadurch erbracht, dass uns die verwirklichte Gerechtigkeit vor Augen geführt wird – verwirklicht in dem ‚besten Staat‘.“[1102] Dieser Idealzustand wird von einer Ordnung zusammengehalten, die jeden Einzelnen das Seine tun lässt. Der Ursprung des Staates ist in den menschlichen Bedürfnissen begründet: „Es entsteht also, … eine Stadt, … weil jeder einzelne von uns sich selbst nicht genügt, sondern vieler bedarf …“[1103] „Ein historisches Gebilde wie der Staat verrät bereits durch seine Entstehung und sein Wachstum etwas von seinem Wesen.“[1104] Die Gründung der guten Polis vollzieht sich in den vier Stufen der gesunden Stadt, der üppigen Stadt, der gereinigten Stadt und der schönen Stadt.

1097 S. d. Popper ^{5}1977: 169 ff.
1098 Rosen, in: Fenske u. a. 1988: 39.
1099 Weber-Schäfer 1969: 66.
1100 Kuhn, in: Maier u. a. ^{6}1986: 22.
1101 Vgl. Weber-Schäfer 1969: 2.
1102 Kuhn, in: Maier u. a. ^{6}1986: 33.
1103 Platon 1990: 106 f.
1104 Rosen, in: Fenske u. a. 1988: 76.

In der gesunden Stadt beschränkt sich jeder auf die Arbeit, zu der ihn die Natur befähigt hat. Sie ist zugleich eine glückliche Stadt. Da sie keine übermäßigen Vermögensunterschiede kennt, bedeutet in ihr das Privateigentum keine Gefahr für die Gerechtigkeit. Weil es keinen Widerspruch zwischen dem Wohl des einzelnen Bürgers und dem der Gesamtgemeinschaft gibt, kennt die gesunde Stadt weder Zwangssituationen der Herrschaft, noch einen eigenen Kriegerstand. Sie ist von Natur aus gerecht, da Gerechtigkeit in ihr ohne bewusstes Bemühen durch ein Leben in Frieden und Freude gewährleistet ist. Sie wäre die gute Stadt, wenn alle Menschen allein mit der Befriedigung ihrer Primärbedürfnisse glücklich wären.[1105]

Da die Menschen an zivilisatorischen Errungenschaften partizipieren wollen, muss die gesunde Stadt durch die üppige Stadt erweitert werden, in der es Raum für die kultivierten Annehmlichkeiten des Lebens gibt. Die üppige Stadt muss sich über ein größeres Territorium ausdehnen. Hierbei kommt es zu Konflikten und kriegerischen Zusammenstößen mit den Nachbarstaaten, so dass die üppige Stadt einen Kriegerstand braucht, der zur potentiellen Gefahrenquelle für seine Mitbürger wird. Da die Erweiterung der Polis zur Bereitstellung solcher Güter dient, die nicht lebensnotwendig sind, werden sich auch die Begierden der Bewohner in stärkerem Maße auf den Erwerb unbegrenzten Reichtums richten. Die klare Entsprechung von Leistung und Lohn verschwindet; es treten Konfliktsituationen auf.[1106] Um die Probleme der üppigen Polis zu kontrollieren, muss es zur gereinigten Stadt kommen, in der die Gerechtigkeit wieder hergestellt wird.

Die wichtigste Aufgabe der gereinigten Stadt ist die Erziehung der Krieger zu zuverlässigen Dienern der Gemeinschaft, zu Wächtern. Diese bilden den Kern des besten Staates, aus ihren Reihen sondern sich nach einer entsprechenden Ausbildung die Herrscher ab. Die Polis besteht also aus insgesamt drei Sozialschichten: den Bauern und Handwerkern der gesunden Stadt, den Wächtern der üppigen Stadt und den Herrschern der gereinigten Stadt. Gleichzeitig erfüllen diese Sozialschichten die drei für eine Polis notwendigen Funktionen der Versorgung, der Verteidigung und der Regierung,[1107] indem jeder „das Seine tut". Dies entspricht nach Auffassung Platons den drei verschiedene Anlagen im menschlichen Gemüt: dem sinnlichen Begehren, dem muthaften Ehrgeiz und der Vernunft. Dem Begehrungsvermögen ist der Nährstand zugeordnet, dem Muthaften der Stand der Wächter, dem Vernunftartigen die Leitung des Stadtstaates.[1108] Die Zuordnung der einzelnen Bürger zu diesen Ständen erfolgt nicht auf Grund ihrer Geburt oder Herkunft, sondern auf der Grundlage ihrer durch die seelischen Eigenschaften nachgewiesene Eignung.

„Um Untergang und Zerstörung der Polis zu verhindern, müssen ihre Wächter einer genau festgelegten Erziehung unterworfen werden".[1109] Dabei ergeben sich

1105 Weber-Schäfer 1969: 77 bzw. Weber-Schäfer 1976: 10.
1106 Weber-Schäfer 1976: 11.
1107 Sabine ^{3}1971: 52.
1108 Kuhn, in: Maier u. a. ^{6}1986: 35.
1109 Weber-Schäfer 1969: 79.

dann zwei Gruppen, eine größere der Gehilfen und eine kleinere, deren Mitglieder einen solchen Grad der Vollendung erreichen, dass sich aus ihnen die Herrscher der Polis rekrutieren. Auch die private Lebensführung der Wächter muss dem Reinigungsprozess unterworfen werden. Das Amt des Wächters ist nicht etwa äußerlich als eine Position mit Amtsgewalt bestimmt, sondern durch innere Überzeugung, jederzeit zu tun, was für die Polis besonders zuträglich ist. Deshalb darf die Seele des Wächters durch die äußeren Umstände seines Lebens keinem Privatinteresse ausgesetzt sein, das seine Überzeugungen verfälschen könnte.[1110] Für beide Gruppen der Wächter, für die Gehilfen ebenso wie für die Herrscher, soll deshalb der Grundsatz der Ehelosigkeit gelten. Eine „geregelte Paarung der Geschlechter" garantiert „optimale Qualität des Nachwuchses".[1111] Sobald die Kinder geboren sind, wird ihre Erziehung von den dafür eingerichteten Behörden übernommen. Die Forderung nach Frauen- und Kindergemeinschaft dient ausschließlich zur Ausschaltung von Privatinteressen der Wächter. Aus dem gleichen Grund sollen die Wächter auch nicht über Privatbesitz verfügen, der über das Lebensnotwendige hinausgeht. Sie müssen gemeinsam wohnen, nehmen die Mahlzeiten gemeinsam ein und bestreiten ihren Lebensunterhalt aus jährlichen Zahlungen der übrigen Bürger.

Durch diese Sicherungen gegen Privatinteressen trug Platon „der Gefahr der inneren Gegensätze und Kämpfe (der Herrschenden, d. V.) Rechnung, die er in den griechischen Stadtstaaten vor sich sah".[1112] Die innere Einheit der Herrschenden sah Platon als das zentrale Problem politischer Stabilität an.[1113] Denn nach dem Platon zugeschriebenen „Gesetz politischer Revolutionen" erwachsen alle sozialen Veränderungen aus Konflikten innerhalb der herrschenden Klasse und aus „ihrer vorwiegenden Beschäftigung mit ökonomischen Angelegenheiten". Die Rettung der korrupten Polis durch Errichtung der schönen Stadt kann nicht aus ihrer eigenen geistigen Substanz erfolgen.[1114] Das Erziehungsprogramm der gereinigten Stadt bleibt wirkungslos, wenn nicht ein Herrscher, dessen Seelenordnung bereits die einer guten Polis ist, die Erziehung der Gesellschaft übernimmt: „Wenn nicht ... entweder die Philosophen Könige werden in den Staaten, oder die jetzt so genannten Könige und Gewalthaber wahrhaft und gründlich philosophieren, und also dieses beides zusammenfällt, die Staatsgewalt und die Philosophie, ... eher gibt es keine Erholung von dem Übel für die Staaten ... und ich denke, auch nicht für das menschliche Geschlecht".[1115] Dies ist die Antwort auf das Kernproblem der griechischen Stadtstaaten.

Der Staat Platons ist weder utopisch noch wirklich – weder unmöglich noch wahrscheinlich.[1116] Der „zerfallenden griechischen Polis wird ein ehernes Standbild

1110 Weber-Schäfer 1976: 12.
1111 Rosen, in: Fenske u. a. 1988: 77.
1112 Möbus ^{2}1964: 53.
1113 Popper ^{5}1977: 80 ff., 89.
1114 Weber-Schäfer 1969: 83.
1115 Platon 1990: 193.
1116 Noack ^{3}1978: 30.

ihres wahren Selbst in aufrüttelndem Kontrast entgegengestellt".[1117] Auch die „schöne Stadt" trägt den Ansatz für die geschichtliche Entwicklung bereits in sich. Diese Entwicklung stellt sich für Platon als Zyklus der verschiedenen Staatsformen dar.

2. Staatsformen im Wandel

„Jeder Verfassungstyp entspricht einem bestimmten Seelenzustand seiner Bürger."[1118] In der guten Polis wird die Seelenordnung der Herrscher durch Liebe zum Wissen und das Bemühen um Weisheit, also durch eine Vorherrschaft der rationalen Elemente bestimmt. Der geschichtlichen Entwicklung liegt nach Ansicht Platons ein „Gesetz ständig zunehmender Verdorbenheit aller Dinge in dieser Welt" zugrunde. Seine „Theorie der sozialen Entwicklung" beschreibt den „typischen Ablauf der sozialen Veränderung", bezieht sich also auf die gesamte Gesellschaft und unterstellt dieser eine „historische Tendenz zum Verfall".[1119] Die einzelnen Stufen des Verfalls sind durch Veränderung der sozial dominanten Charaktertypen gekennzeichnet.[1120] „Die zeitliche Abfolge der Regimeformen im Mythos vom Untergang der Polis ist kein historisches Gesetz der Gesellschaft, sondern das Spiegelbild eines psychischen Prozesses der allmählichen Auflösung innerer Harmonie, wenn sich die Elemente der Psyche von ihrem richtigen, oder ‚gerechten', Ort entfernen und die Seele der Herrschaft ungezügelter Leidenschaften überantworten."[1121]

Nach den üblichen Einteilungen der Verfassungen ist der Idealstaat eine Aristokratie, eine „Herrschaft der Besten". Wenn diese sich nicht mehr an die Bedingungen des Idealstaats halten (Unterscheidungsmerkmale der sozialen Schichten; Verzicht auf Privateigentum), dann beginnt der politische Umsturz. Hat sich eine Polis erst einmal von der ursprünglichen Monarchie oder Aristokratie entfernt, so durchläuft sie nacheinander die Stufen der Timokratie, der Oligarchie, der Demokratie und der Tyrannis. Unersättlichkeit in bezug auf jenes Gut, das für den einzelnen Staat das Höchste ist, richtet die jeweilige Staatsform zugrunde.[1122]

Die erste Stufe, die das Absinken der Herrschergewalt erreicht, ist die Timokratie. Anstelle der Vernunft herrscht das Verlangen nach Ehre, der Ehrgeiz. Die Ehrgeizigen und Kampflustigen geben den Ton an. Ihr Ehrgeiz richtet sich zunächst nur auf den Staat, aber wird später doch materialistisch. Der Staat wandelt sich zur Oligarchie. Hier dominiert das Begehren, die zügellose Herrschaft der Reichen, die vom Erwerbstrieb dominiert sind. Werden die Armen durch entmachtete Reiche verstärkt, verjagen sie schließlich die Machthaber und richten eine Demokratie ein.

1117 Kuhn, in: Maier u. a. [6]1986: 34.
1118 Rosen, in: Fenske u. a. 1988: 79.
1119 Popper [5]1977: 66 f., 69 f.
1120 Welwei 1999: 308 ff.
1121 Weber-Schäfer 1976: 19.
1122 Zippelius [3]1976: 20.

Diese ist durch unbeschränkte Freiheit bestimmt: Es handelt sich um eine gefällige Anarchie. Jeder lässt seinem Belieben und seinem Begehren freien Lauf. Der Umschlag von anarchischer Freiheit zur Tyrannis lässt nicht lange auf sich warten. Führt ein Missbrauch der Freiheit zu inneren Unruhen, dann liegt es nahe, sie durch einen Alleinherrscher beseitigen zu lassen. Die Demokratie setzt auch die überflüssigen Leidenschaften (Anarchie und Verschwendung) frei, die Seele des Tyrannen schließlich wird von verbrecherischer Begierde beherrscht. Der Tyrann, der seinen ungezügelten Begierden nachgibt, ist das Gegenstück zum Philosophenkönig, der das Gute und Gerechte verwirklicht.[1123] Die Übereinstimmung zwischen Charaktereigenschaften und Formen politischer Systeme ergibt sich aus dem anthropologischen Ansatz Platons, den Staat als „großgeschriebenen Menschen" zu sehen. Ob sich aus der Tyrannis eine weitere Staatsform entwickelt, wird nicht gesagt.[1124]

3. Staatsmann und Gesetze als Notlösung

Wie die Umsetzung einiger Ideen in die Realität erfolgen kann, also aus dem Ruin der wirklichen Polis die wahre Polis zu retten ist, dazu lässt sich Einiges aus den Altersdialogen „Staatsmann" und „Gesetze" herauslesen. „In dem ersten wird der wahre Staatsmann mit unnachgiebiger Strenge so gezeichnet, dass er die Grenzen des Menschlichen nach dem Göttlichen hin überschreitet, im zweiten der Staat so, dass er durchaus möglich, ja, schon auf der Schwelle zur Verwirklichung zu sein scheint."[1125]

Bereits in der „Politeia" übernahm Platon von Hippokrates den Begriff der Gesundheit (das rechte Verhältnis der Teilkräfte zueinander) und bestimmte die Gerechtigkeit als Gesundheit des Staates. Von der hippokratischen Hygiene gelangte Platon zum ausdrücklichen Hinweis auf die ärztliche Aufgabe des Politikers. Die „Geschichte ist für Platon eine Geschichte des sozialen Verfalls, sie ist gleichsam die Geschichte einer Krankheit: die Gesellschaft ist Patient; und der Staatsmann soll … ein Arzt sein … – ein Heilkünstler, ein Retter."[1126] Der Vergleich des Herrschers mit dem Arzt führt zu einer politischen Konsequenz von großer Tragweite: „So wie wir die Ärzte nicht weniger dafür halten, sie mögen uns nun mit oder wider unserm Willen heilen, … und mögen es nach geschriebenen Vorschriften tun oder ohne solche, … in allen Fällen werden wir ihnen nichtsdestoweniger zugestehen, dass sie Ärzte sind, solange sie nur kunstgerecht dem Leibe vorstehen … und sie ihn … erhalten".[1127] Dasselbe soll auch für die Staatsführung gelten: das Verhältnis zwischen Regierenden und Regierten ist bestimmt durch den Unterschied zwischen dem Gelehrten und den Unwissenden.[1128]

1123 Zippelius ^{3}1976: 19.
1124 Rosen, in: Fenske u. a. 1988: 79.
1125 Kuhn, in: Maier u. a. ^{6}1986: 39.
1126 Popper ^{5}1977: 70.
1127 Platon 1959: 51.
1128 Sabine ^{3}1971: 86.

Die Tätigkeit des Staatsmannes wird als ein Handwerk oder eine Kunst dargestellt. Es ist eine handelnde Erkenntnis wie die Tischlerei oder andere Formen des Handwerks. Die Tätigkeit des Staatsmannes ist aber auch eine leitende Tätigkeit; „... sie leitet nicht durch fremde, sondern durch eigene Autorität; und sie wird nicht über unbelebte, sondern über belebte, nicht über isoliert lebende, sondern über in Gruppen lebende Wesen ausgeübt; ...“[1129] Der Staatsmann wird also als Menschenhirte bezeichnet. Im Unterschied zum Rinderhirten sind die Menschenhirten aber ihren Beherrschten weit ähnlicher: sie nähern sich ihnen durch Erziehung und Bildung. Bei den Aufgaben des Königs lassen sich Funktionen von den Hilfsfunktionen unterscheiden. Die Hilfskünste sind solche, die das Leben in der Stadt sichern, also die innere Ordnung ausmachen. Die Rivalen des Königs erheben den Anspruch, selbst die Staatskunst zu besitzen, obgleich sie Vertreter von Parteien und Gruppen sind. Es gibt aber nur eine Autorität und ein Recht: „Die Autorität und das Recht des Wissenden, der sein Wissen ohne Rücksicht auf die Zustimmung der anderen in die Praxis umsetzen darf. Die Gesetzgebung ist eine königliche Funktion, und die Begriffe des Gesetzes und des Königs sind eng miteinander verknüpft.“[1130] Der König verkörpert Weisheit. Dies ist die einzige zur Herrschaft befähigende Gabe.[1131] Das einzige Gesetz für den König ist sein Wissen, seine einzige Aufgabe die Herstellung der Gerechtigkeit in der Polis. Als Meister der politischen Kunst verkörpert der Philosoph jene Weisheit, die allein zur Herrschaft im Staat befähigt.

Da mit dem Erscheinen eines gottähnlichen Herrschers nicht zu rechnen ist, bleibt als zweitbeste Möglichkeit die Gesetzesherrschaft. Sie muss sich das Wenige, das von der wahren Herrschaftskunst zu erkennen ist, zueigen machen und es in Gesetze transformieren. „An die Stelle des lebendigen Wissens tritt das System starrer Vorschriften.“[1132] Die Weisheit des wahren Staatsmannes verhält sich zu Gesetzen wie die im Künstler lebendige Kennerschaft zu den Kunstvorschriften. Aber gleichsam wie derartige Vorschriften werden auch die Gesetze nur ein mehr oder minder vollkommener Ersatz für das Beste sein, für die herrschende Staatskunst in Aktion.[1133] Aber da die Herrschaft des Philosophenkönigs nicht realisierbar ist, ist die Herrschaft der Gesetze nötig.

Wie nun die zweitbeste Stadt zu gestalten ist, wird erst in den „Gesetzen“ (Nomoi) konkretisiert. Hier geht es darum, die Timokratie in das bestmögliche System der Herrschaft zu überführen, ein System das zwar nicht die gute Polis der Philosophen erreicht, aber dennoch besser ist als die bestehenden Verfassungsordnungen der griechischen Polis. In den „Gesetzen“ wird nicht mehr der alleinige Herrschaftsanspruch der Weisheit vertreten. Ein funktionierendes politisches System für

1129 Weber-Schäfer 1976: 25.
1130 Ebenda: 27.
1131 Kuhn, in: Maier u. a. [6]1986: 39.
1132 Ebenda: 40.
1133 Ebenda.

eine heterogene Bevölkerung „setzt eine Mischung des Führungsanspruches der Weisheit mit den anderen Formen der Überlegenheit von Menschen über Menschen voraus. … Die richtige Verfassung muss auf einer Mischung des monarchischen und des demokratischen Elements, der Weisheit und der Freiheit, beruhen, die sich in der Herrschaft weiser Gesetze und der freiwilligen Zustimmung der Beherrschten konstituiert.“[1134] Denn jede bekannte Herrschaftsform (Monarchie, Tyrannis, Oligarchie, Aristokratie, Demokratie) leidet darunter, dass in ihr ein Teil der Bevölkerung über den Rest herrscht. Zur Sicherung davor, dass partielles Gruppeninteresse gegenüber dem Gesamtinteresse vorherrschend wird, ist eine Mischung von monarchischen, aristokratischen und demokratischen Verfassungselementen von Bedeutung.[1135]

„Die monarchischen und demokratischen Elemente müssen so miteinander verbunden werden, dass sich daraus ein Gleichmaß ergibt, das im Staate Freiheit, Einigkeit und Einsicht sicherstellt.“[1136] Die gegensätzlichen Prinzipien der herrscherlichen Autorität und der bürgerlichen Freiheit heben Übertreibungen gegenseitig auf und sichern, zum rechten Maß zusammengefügt, die Gesundheit des Staates.[1137] Die Staatsmacht soll auf zwei Partner verteilt werden, eine nach athenischem Vorbild operierende Volksversammlung und eine nach persischem Vorbild organisierte Gruppe von regierenden Amtskörperschaften. Beschränkt, aber zugleich legitimiert, sind alle Körperschaften durch das Gesetz, das die Funktion aller Regierungsorgane bestimmt und dem Bürger Rechtssicherheit gewährt.

Bei Platon muss diese Mischung als Zusammenfügung konträr-konstitutiver Elemente angesehen werden. Platon begründet damit eine Tradition, die durch Aristoteles weitergeführt wurde.

C) Optimierung der Staatsform: Aristoteles

Aristoteles (384–321 v. Chr.) wurde als Sohn eines Arztes geboren. Über zwanzig Jahre gehörte er der platonischen Akademie an. Nach dem Tod seines Lehrers gründete er in Athen seine eigene Schule im Gymnasium des Lykeion, die der platonischen Akademie bald ebenbürtig wurde. Im Gegensatz zur platonischen Philosophie, die ganz von politischen Impulsen bestimmt ist, bildet das Politische im Gesamtwerk des Aristoteles nur einen „Teil seines groß angelegten Bestrebens, die Wirklichkeit des menschlichen Daseins in allen ihren Bereichen wissenschaftlich zu erfassen.“[1138]

Während Platon seinen Staat streng auf vorher gesetzte Werte – wie das Gute und die Gerechtigkeit – aufbaut und erst in seinem Spätwerk Annäherungen an die

1134 Weber-Schäfer 1976: 32 f.
1135 Ebenda: 34.
1136 Möbus ^{2}1964: 58.
1137 Sabine ^{3}1971: 79.
1138 Möbus ^{2}1964: 58.

Wirklichkeit erkennbar werden, entwickelt Aristoteles aus Erfahrung und Beobachtung die der Wirklichkeit angepassten Gesetze politischen Handelns. „Gegen die normative Philosophie Platons, der versucht, ein Idealbild gegen die Wirklichkeit zu setzen, steht die analytische Methode des Aristoteles, der, von Einzelerkenntnissen ausgehend, zu Schlussfolgerungen gelangt, die er in einen historischen Zusammenhang bringt“.[1139] Allerdings basiert die aristotelische Politik selbst dort auf platonischen Begriffen, wo sie gegen Platon polemisiert.

Die Ergebnisse der politischen Philosophie des Aristoteles wurden in einem umfangreichen Werk überliefert, dessen beide Teile unter den Titeln „Nikomachische Ethik“ und „Politik“ bekannt sind. Als Empiriker hat Aristoteles allein für seine „Politik“, ein Werk, das seine Schüler aus den Vorlesungen ihres Lehrers zusammenstellten, 158 griechische Stadtverfassungen gesammelt.[1140] Auf dieser breiten Grundlage beschreibt er den Staat als eine von Menschen geschaffene Institution besonderer Art. Dabei vermeidet Aristoteles die Übertreibungen Platons, für den sich der einzelne zu einem Bestandteil des Staates verflüchtigt hatte. In den Vorstellungen des Aristoteles bleibt Raum für menschliches Handeln der verschiedenen Art. Die beiden politischen Werke des Aristoteles enthalten zwei große Untersuchungsbereiche seiner politischen Philosophie: „Die Frage nach dem Guten als Ziel des menschlichen Handelns und die Frage nach dem Guten als Ordnungsprinzip der Gesellschaft“.[1141]

1. Mensch und Gesellschaft

Als Gegenstand der politischen Philosophie wird in der „Nikomachischen Ethik“ die Erforschung des Guten bestimmt, an anderer Stelle erscheint sie als Wissenschaft vom menschlichen Handeln. Die Politik ist „unmittelbar der praktische Teil der Ethik, weil der Lebenszweck des einzelnen nur gesellschaftlich verwirklicht werden kann.“[1142] Der Mensch als geselliges Wesen ist auf das Leben in der geordneten Gemeinschaft angelegt, er ist von Natur aus politisch. Das Gute für den einzelnen Menschen ist das gleiche wie das Gute für die Polis. Die charakteristische Leistung des Menschen verwirklichte sich erst in der Polis. „In diesem Sinn vergleicht Aristoteles sowohl die einzelnen Menschen als auch die Hausgemeinschaften mit Organen, die nur im Rahmen des Ganzen und lebendigen Organismus zu ihrer charakteristischen Leistung fähig seien.“ Politische Gemeinschaften bilden sich demnach als bewusste Eigenleistungen des Menschen heraus.[1143] Der Frage nach der besten politischen Ordnung muss die nach der richtigen Seelenordnung des Menschen vorangehen. Grundlage des Wissens um die richtige Ordnung soll

1139 Noack ^{3}1978: 32.
1140 Zippelius ^{3}1976: 18.
1141 Weber-Schäfer 1969: 95.
1142 Schlangen 1974: 92.
1143 Höffe ^{2}1999: 249 f.

also das Wissen um die richtigen, d. h. naturgemäßen, Ziele des menschlichen Handelns sein.[1144]

Jede menschliche Handlung ist auf ein Ziel, auf ein wirkliches oder vermeintliches Gut, gerichtet. Während einige Güter um ihrer selbst willen erstrebt werden, sollen andere als Mittel für die Erlangung eines wiederum höher eingeschätzten Gutes dienen. Hier zeichnet sich eine Hierarchie der Güter ab, die nur errichtet werden kann, wenn es ein höchstes Gut gibt, das nur um seiner selbst willen erstrebt wird. Obwohl Uneinigkeit darüber besteht, wie dieses letzte Ziel menschlichen Handelns inhaltlich zu bestimmen ist, sprechen nach Ansicht des Aristoteles doch alle von der Glückseligkeit als dem höchsten im Handeln erreichbaren Ziel.[1145] Allerdings sind die Meinungen darüber, wie der Mensch seine Glückseligkeit finden kann, sehr unterschiedlich. Sie lassen sich aber auf drei oder vier Grundtypen zurückführen: „Das Leben der Genusssucht … strebt die Lust …, das Leben des Staatsmanns … die Ehre … oder die Tugend …, das kontemplative (beschauliche, d. V.) Leben … des Philosophen die Schau der Wahrheit … als Ziel des Lebens an."[1146] Als vierter Typ könnte das Leben des Kaufmanns gelten. Sein Ziel des Gelderwerbs erscheint aber nur als Mittel zur Erreichung eines anderen Gutes.[1147] Obwohl das höchste Gut unterschiedlich bestimmt werden kann, können alle Menschen dieses nur im Zusammenleben mit anderen erreichen. Erst in einer Gemeinschaft der Polis kann sich das gute und tugendhafte Leben entfalten.[1148]

Es geht also um die Aktualisierung der spezifischen Tugenden der menschlichen Seele. Da es sich nicht um natürliche Fähigkeiten der Seele handelt, müssen sie dem Menschen durch einen Erziehungsprozess eingeprägt werden, der vom Vorhandensein einer institutionell richtig geordneten Umgebung abhängig ist. Die Tugenden und Tüchtigkeiten der Menschen können in zwei große Klassen eingeteilt werden: die lobenswerten Verhaltensweisen und die Begierden. Nur erstere gestatten dem Menschen die Erkenntnis der Wahrheit und des guten Handelns. Die Mehrheit der Menschen – und auch für sie ist die Polis geschaffen – wird aber von Leidenschaften und nicht von ethischen Tugenden beherrscht. Die leidenschaftliche Natur des Menschen kann nicht durch die Überzeugungskraft von Argumenten überwunden werden, sie gehorcht nur der Gewalt. Wer den Menschen die Möglichkeit des guten Lebens sichern will, muss wissen, welche institutionelle Ordnung geeignet ist. Er muss zum Gesetzgeber werden. Hier erfolgt also der Übergang von der Theorie des Menschen zu einer Theorie der Gesellschaft. Sie hat Antwort zu geben auf die Frage, welche Zwangsmittel und Institutionen vorhanden sein müssen, um die Tugend in der Seele des Menschen zu wecken und zu festigen.

1144 Weber-Schäfer 1976: 38.
1145 Weber-Schäfer 1976: 40 f.
1146 Derselbe, in: Maier u. a. ^{6}1986: 49.
1147 Ebenda.
1148 Ebenda: 50 f.

2. Gemischte Verfassung

Als Vollendung der in der „Nikomachischen Ethik“ entworfenen Theorie des menschlichen Handelns entwickelt Aristoteles in seiner „Politik“ eine Theorie der Verfassungen als Formen der Polis und eine Morphologie der Varianten einzelner Verfassungsformen. Grundlage ist u. a. ein historischer Überblick über frühere Verfassungsentwürfe. Die Frage, welche Verfassung die angemessene politische Ordnung für eine gegebene Bürgerschaft sei, wird als empirische, nicht als abstrakt-philosophische Frage bearbeitet. Sie führt zur Beschreibung der „Politie“ als der den meisten Stadtstaaten angemessenen Form.[1149] Diese ist kein Tugendideal, sondern „eine auf den durchschnittlichen Menschen zugeschnittene optimale Lebensform.“[1150]

Die Polis als menschliche Gemeinschaft gehört zur Klasse des Zusammengesetzten. Als Keimzelle des Staates wird die durch den Fortpflanzungstrieb bedingte Gemeinschaft von Mann und Frau gesehen. Eine zweite Urform ist die Gemeinschaft von Herr und Sklave. Beide Gemeinschaften bilden zusammen das „Haus“ (Haushalt/Familie).[1151] Zur Befriedigung von Bedürfnissen, die den Rahmen des täglichen Lebensbedarfs übersteigen, entsteht aus dem Zusammenschluss mehrerer Haushalte die Dorfgemeinschaft. Diese Gemeinschaft erschöpft sich jedoch im ökonomisch-materiellen, ihre geistige Substanz ist die Freundschaft um des Nutzens willen. Daher ist über ihr die vollkommene Gemeinschaft der Polis notwendig. Dieser bedürfen die Menschen zur vollen Entfaltung ihrer Anlagen, damit sie in geistiger Autarkie ein gemeinsames Leben erreichen können.

Die politische Gemeinschaft ist ein gegliedertes Ganzes, keine undifferenzierte Masse. Der Staat bildet sich aus anderen Gemeinschaften und soll diese Gliederung bewahren.[1152] In jedem Staat leben unterschiedliche Menschen, die auf Grund ihrer Unterschiede in der Lage sind, durch Austausch von Gütern und Dienstleistungen die gegenseitigen Bedürfnisse zu befriedigen.[1153] In Bezug auf die Reichweite der Staatstätigkeit spricht sich Aristoteles gegen zu viele Gemeinsamkeiten aus. Je mehr der Staat Funktionen übernimmt, die natürlicherweise der Familie zukommen, und ursprüngliche menschliche Regungen, wie das Verlangen nach Privateigentum, unterdrückt, desto größer ist die Gefahr allgemeiner Nachlässigkeit: „Denn zwei Dinge sind es, die am meisten die Sorgfalt und Liebe der Menschen auf sich ziehen: das Eigene und das Geliebte,“ und beides ist bei Bürgern eines Staates mit Frauen- und Kindergemeinschaft oder ohne Privateigentum nicht vorhanden.[1154]

Alle Bürger haben das Ziel, in der Polis den gemeinsamen Nutzen, also das gute Leben, zu erreichen. Das beste Leben des Menschen ist ein Leben der Tugend.

1149 Weber-Schäfer 1969: 116 f.

1150 Schlangen 1974: 93.

1151 Rosen, in: Fenske u. a. 1988: 85.

1152 Aristoteles 1989: 76 ff.

1153 Sabine ^{3}1971: 117.

1154 Aristoteles 1989: 113.

Diese wiederum hängt inhaltlich von der Verfassung der Polis ab. Da es viele Formen von Verfassungen und unterschiedliche Aufgaben der Bürger gibt, kann die Tugend eines guten Bürgers offenbar nicht immer und überall die gleiche sein. Die beste Polis ist diejenige, die so organisiert ist, „dass in ihr die Tugend des guten Mannes mit der Tugend des guten Bürgers zusammenfällt.“[1155] Die Verfassung ist also entscheidend. Die Wissenschaft kann erkennen, welche Verfassung die beste ist und wie jede einzelne gestaltet werden muss. Als Verfassung bezeichnet Aristoteles die Ordnung des Staates, die festlegt, wie die Herrschaft ausgeübt werden soll.[1156] Sie muss also aufzeigen, welchem Ziel die Polis dienen soll und wer in dieser Polis der Herrscher ist.

Weder der Einzelmensch noch die Polis können ihre natürlichen Anlagen unter ungünstigen äußeren Umständen voll entfalten. Die Vorschläge des Aristoteles beziehen sich zunächst auf die Bevölkerungszahl, das Territorium und die Lage der Polis sowie die Veranlagung ihrer Einwohner. Als Bevölkerungszahl für die beste Polis empfiehlt Aristoteles eine „Volksmenge“ von der Größe, die „im Hinblick auf die Selbstgenügsamkeit des Lebens leicht überschaubar ist“.[1157] Das Territorium soll zugleich doch groß und unterschiedlich genug sein, um landwirtschaftliche Produkte und Rohmaterialien zu liefern, die die Gemeinschaft zum Leben benötigt. Es muss den Einwohnern auch Muße gestatten.[1158] Die Wirkung der wirtschaftlichen Struktur des Stadtstaates ist oft entscheidend für die Gestaltung der politischen Verfassung. Die tatsächliche Arbeitsweise der Regierungsform hängt nämlich teilweise von der Ausgestaltung politischer Elemente, teilweise von den wirtschaftlichen Bedingungen ab, aber auch von der Verbindung, die zwischen beiden Faktoren hergestellt wird.[1159]

In diesem Zusammenhang ist auch die Entscheidung darüber, welche Aufgaben von den Bürgern der Polis wahrgenommen werden sollen, von Bedeutung. Wenn auch die Polis eine Gemeinschaft von Gleichen ist, so haben die Menschen doch nicht die gleichen psychischen Anlagen. Die volle Aktualisierung der menschlichen Natur ist nicht jedem Menschen in gleicher Weise möglich. Daher kann auch nicht jeder an der vollen Gemeinschaft der Gleichen teilhaben. Für das Leben in der Polis sind zwar die Funktionen der Landbestellung, der Künste, des Handwerks, der Verteidigung, des Grundbesitzes, der politischen Beratung und der Rechtsprechung unentbehrlich. Es bleibt aber die Frage, welche dieser Funktionen im günstigsten Falle von den Bürgern der Polis, den eigentlichen Mitgliedern der Gemeinschaft der Gleichen, wahrgenommen werden sollen.[1160] Da Handwerker und Kaufleute nicht über jene Muße verfügen, die zur vollen Entfaltung der

1155 Weber-Schäfer 1976: 57.
1156 Weber-Schäfer 1969: 121; Aristoteles 1989: 166.
1157 Ebenda: 332.
1158 Weber-Schäfer, in: Maier u. a. ^{6}1986: 65.
1159 Sabine ^{3}1971: 108, 110.
1160 Weber-Schäfer, in: Maier u. a. ^{6}1986: 66.

menschlichen Tugenden notwendig ist, will Aristoteles die Bürger der besten Stadt auf die Berufe des Kriegers, des Magistrats und des Priesters beschränken.[1161]

Den Grundbegriff der Tugend bestimmt Aristoteles als die Mitte zwischen zwei extremen Verhaltensweisen. Der beste Staat soll den Bürgern ein Leben des mittleren Maßes sichern. In diesem Zusammenhang sind Vermögen und Bildung von Bedeutung. In allen Staaten finden sich drei Schichten: die Reichen, die Armen und der Mittelstand. „Es liegt ganz im Zuge des aristotelischen Sinnes für das rechte Maß, wenn er als die eigentlich staatstragende Schicht einen starken Mittelstand will."[1162] Die Bürger sollen ein mittleres und ausreichendes Vermögen haben. Wo die einen sehr viel und die anderen nichts besitzen, wird entweder eine extreme Demokratie oder eine Oligarchie der Reichen entstehen. Die angemessene Vermögensverteilung ist zugleich eine Sicherung gegenüber Revolutionen und Streitigkeiten unter Bürgern.[1163] Die Tugend eines Staates gründet sich auf die Tugend seiner Bürger. Nur durch Bildung lassen sich tüchtige Bürger heranbilden. Bildungsfächer sollen neben Lesen, Schreiben und Grammatik auch Gymnastik, Zeichnen und Musik sein.[1164] Außer der idealen Sozialstruktur und der Lösung des Bildungsproblems wird auch die beste Ordnung der Gewalten, insbesondere der obersten Gewalt, im Staat dargestellt.

Die Einteilung der Verfassungen erfolgt bei Aristoteles zum einen nach der Zahl derer, die herrschen (einer, wenige, das ganze Volk). Zum anderen stellt sich die ethische Frage, wem die jeweilige Herrschaft nützt. Gute Verfassungen sind jene Ordnungen der Herrschaft, die den gemeinsamen Nutzen aller Bürger fördern. Entartungen stellen solche Verfassungen dar, die vor allem dem Nutzen der Herrschenden dienen. Diese beiden Aspekte (Zahl der Herrschenden, Nutzen der Herrschaft) überschneiden sich. Gute Staatsformen sind Königtum, Aristokratie und Politie (= gemäßigte Herrschaft des Volkes). Daneben stehen drei Entartungen: die Willkürherrschaft (Tyrannis), die Oligarchie (der Reichen) und die (extreme) Demokratie, in der die ärmsten Bevölkerungsgruppen ihre Interessen durchsetzen.[1165] Innerhalb dieser klassischen Typen unterscheidet Aristoteles eine große Anzahl von geschichtlichen Spielarten. Unterschiedliche Kombinationen der gesellschaftlichen Gruppen und soziale Dominanz der einen oder anderen ergeben immer neue Formen der Polis.[1166]

Eine weitere Frage ist, wer in der Polis herrschen soll.[1167] Der Machtanspruch könnte durch Reichtum, Abstammung, Bildung und Muße begründet sein. Aristoteles kommt allerdings zu dem Ergebnis, dass keine dieser Begründungen stichhaltig ist. Da man keine Herrscherqualitäten ermitteln könne, die den einen offen-

1161 Weber-Schäfer 1969: 127.

1162 Zippelius ^{3}1976: 32.

1163 Rosen, in: Fenske u. a. 1988: 83.

1164 Aristoteles 1989: 371 ff.

1165 Sabine ^{3}1971: 101; Aristoteles 1989: 169 f.; s. a. Bien, in: Göhler u. a. 1990: 66 ff.

1166 Weber-Schäfer 1969: 122 f.

1167 Aristoteles 1989: 183 ff.

sichtlich und unzweifelhaft über die anderen erheben, sollen alle gleichmäßig im Wechsel an der Herrschaft und am Beherrschtwerden Anteil haben. In der Politie sollen alle an Gericht und Regierung teilhaben.

Auch die beste Polis ist ein Zusammengesetztes. Sie soll Merkmale der Aristokratie und der Demokratie verbinden.[1168] Als Mittleres zwischen beiden sichert diese Verbindung den besten Staat gegen die Schwächen seiner Ursprungsformen: Je oligarchischer eine Aristokratie wird, um so mehr neigt sie zur Unterdrückung der Bevölkerungsmehrheit; je demokratischer eine Demokratie wird, um so eher wird sie vom Pöbel beherrscht. Der staatsbejahende Teil muss stärker sein als derjenige, der den Bestand der Verfassung nicht will. Da kein Staat auf Dauer bestehen kann, dem die Unterstützung der wichtigsten politischen und wirtschaftlichen Kräfte fehlt, bewirkt jedes Extrem in der Regierungsform den Untergang des Staates.[1169] Für die Demokratie gibt er den Demagogen und ihrem Kampf gegen die Reichen die Schuld. In der Oligarchie kann sich ein Zwist unter den Angehörigen der Oberschicht ergeben, sie können ihr Vermögen verprassen und verfallen dann häufig in den Ausweg, sich selbst oder einen anderen zum Tyrannen zu machen.[1170]

Diese Gefahr lässt sich nur durch eine entsprechende Struktur bannen, in der die Gesetze beachtet werden. Bei der Struktur unterscheidet Aristoteles drei Funktionselemente, die bereits die spätere Gewaltenteilungsdiskussion vorzubereiten scheinen. Vor allen Dingen geht es Aristoteles aber um tüchtige Gesetzgeber, die zu prüfen haben, was jeder Verfassung zuträglich ist.[1171] Selbst der weiseste Herrscher darf sich nicht über ein Gesetz hinwegsetzen. Allerdings kann auch kein Gesetz als allgemeine Norm so formuliert werden, dass es ausnahmslos allen Situationen gerecht wird. „Darüber hinaus gibt das Gesetz noch die Möglichkeit, verbessert zu werden, worin etwas durch die Erfahrung besser zu sein scheint als das Vorliegende."[1172] „Die Fehlerquelle liegt hier nicht in einem Missgriff des Gesetzgebers, sondern in der Natur der Sache, nämlich in der Vielfalt des Lebens".[1173] Diejenigen, die das Gerechte suchen, suchen das Mittlere, „denn das Gesetz bedeutet das Mittlere."[1174]

Auch zur Erhaltung der Staatsverfassung gibt Aristoteles Empfehlungen. „In den gut gemischten Staatsverfassungen muss man ganz besonders darauf Obacht geben, dass keine gesetzwidrigen Handlungen gesetzt werden, und da wieder vor allem auf das Kleine achten. … Eine gemeinsame Maßnahme aber sowohl für die Demokratie als auch die Oligarchie als auch für jede Staatsverfassung ist, niemanden über das Gleichmaß hinaus anwachsen zu lassen, sondern eher zu versuchen, kleine und länger dauernde Ehrenränge zu verleihen als rasch hohe … Und insbe-

---

1168 Ebenda: 274 ff.

1169 Sabine ^{3}1971: 114 f.

1170 Rosen, in: Fenske u. a. 1988: 92.

1171 Ebenda: 90 f.

1172 Aristoteles 1989: 196.

1173 Zippelius ^{3}1976: 40.

1174 Aristoteles 1989: 197.

sondere soll man versuchen, durch Gesetze so ein Gleichmaß herzustellen, dass keiner weder an Freundes- noch an Geldmacht weit hervorragt; geht das aber nicht, soll man die Verbannung dieser Leute ins Ausland veranlassen."[1175]

3. Nachwirkungen

Platon und Aristoteles gelten als Begründer der europäischen Staatslehre. Ihre Überlegungen haben das Denken über die Gestaltung der politischen Ordnung entscheidend beeinflusst. „Die klassische Philosophie war vom Gedanken einer Rangordnung des Seelenvermögens beherrscht, dem ein ebenso gestuftes politisches Vermögen und schließlich die Einteilung der Stände ... entsprach."[1176] Bis zur Schwelle des 18. Jahrhunderts, also über zwei Jahrtausende, wurden Philosophie und Wissenschaften teils durch Rezeption, teils durch Weiterentwicklung oder Kritik, „jedenfalls durch aristotelische Gedanken geprägt."[1177] Dies gilt aber auch für das in den „Gesetzen" entwickelte Modell der zweitbesten Stadt (Platon) und vor allem für die Gedanken zur „gemischten Verfassung" (Platon und Aristoteles). Die von Platon und Aristoteles entwickelten Gedanken wurden wieder aufgegriffen, als Polybios (ca. 200–160 v. Chr.) darauf hinwies, dass die klassischen Staatsformen immer wieder einem Verfall unterlagen und einander mit einer gewissen Regelmäßigkeit ablösen. Als Rezept gegen diesen Kreislauf der Staatsformen empfiehlt er eine „gemischte Verfassung", in der „monarchische, aristokratische und demokratische Faktoren sich wechselseitig kontrollieren und beschränken ..."[1178] Als Vorbild dient Polybios die republikanische Verfassung Roms.[1179] An der Funktionsweise von Magistratur, Senat und Volksversammlung (und Volkstribunat) zeigt er, dass „bei allen wesentlichen politischen Entscheidungen in Rom jeweils alle diese Institutionen beteiligt sind, so dass sich einerseits ständige wechselseitige Kontrolle, andererseits ein Zwang zu beständiger Kooperation ergebe."[1180] Dies ist nach seiner Ansicht der entscheidende Grund für den Aufstieg und die Stabilität des Römischen Reiches, dessen Herrschaft über Griechenland im 2. Jahrhundert v. Chr. begann. Das Konzept der „gemischten Verfassung" scheint später auch in der Gewaltenteilungslehre Montesquieus[1181] wieder auf.

Eine stärkere Nachwirkung musste den Lehren von Platon und Aristoteles über die beste Polis allerdings versagt bleiben, weil beide die Auswirkungen der internationalen Konstellation auf die autonomen Stadtstaaten Griechenlands vernachlässigt hatten. Obwohl der Stadtstaat selbst die Dorfgemeinschaft aufgesogen hatte, kamen sie nicht auf den Gedanken, dass auch er das Opfer eines ähnlichen Prozesses werden könnte. Schon der Aufstieg Makedoniens seit dem späten 4. Jahrhun-

1175 Aristoteles 1989: 267, 270.
1176 Euchner 1973: 23.
1177 Höffe 1999: 281.
1178 Zippelius ³1976: 37, 41.
1179 S. d. Nitschke 2002: 26 ff.; Riklin 2006: 73 ff.
1180 Nippel, in: Lieber 1991: 40.
1181 Weber-Schäfer 1976: 117 f.; s. a. Nippel, in: Lieber 1991: 40.

dert v. Chr. zwang zur Anerkennung von Tatsachen, die Platon und Aristoteles übersehen hatten: Der Stadtstaat war zu klein, um seine Selbständigkeit zu behaupten, und keine Verbesserung seiner inneren Struktur konnte ihn mit der Weltwirtschaft, in der er lebte, vereinbar machen.[1182]

Literatur

(Im **Fettdruck** besonders wichtige Titel zum Thema des Kapitels)

Aristoteles (1989): Politik, hrsg. von Franz F. Schwarz, Stuttgart.

Bien, Günther (1990): Zur Theorie der Institutionen in der praktisch-politischen Philosophie bei Platon und Aristoteles, in: Göhler, S. 54–71.

Euchner, Walter (1973): Egoismus und Gemeinwohl. Studien zur Geschichte der bürgerlichen Philosophie, Frankfurt a. M.

Fenske, Hans u. a. (1988): Geschichte der politischen Ideen, Frankfurt a. M.

Göhler, Gerhard u. a. (Hrsg.) (1990): Politische Institutionen im gesellschaftlichen Umbruch: Ideengeschichtliche Beiträge zur Theorie Politischer Institutionen, Opladen.

Höffe, Otfried (1999): Aristoteles, München, 2. Aufl.

Krockow, Christian Graf von (1977): Herrschaft und Freiheit, Stuttgart, 2. Aufl.

Kuhn, Helmut (1986): Plato, in: Maier u. a., I, S. 15–44.

Maier, Hans u. a. (Hrsg.) (1986): Klassiker des politischen Denkens, Band I, München, 6. Aufl.

Möbus, Gerhard (1964): Die Politischen Theorien von der Antike bis zur Renaissance. Politische Theorien, Teil I, Köln und Opladen, 2. Aufl.

Nippel, Wilfried (1991): Politische Theorien der griechisch-römischen Antike, in: Lieber, Joachim (Hrsg.): Politische Theorien von der Antike bis zur Gegenwart, München, S. 17–46.

Nitschke, Peter (2002): Politische Philosophie, Stuttgart.

Noack, Paul (1978): Was ist Politik? Eine Einführung in ihre Wissenschaft, München und Zürich, 3. Aufl.

Platon (1959): Sämtliche Werke 5, Hamburg.

Platon (1990): Sämtliche Werke 3, Hamburg.

Popper, Karl R. (1977): Die offene Gesellschaft und ihre Feinde, Bd. 1: Falsche Propheten, Bern, 5. Aufl.

Riklin, Alois (2006): Machtverteilung. Geschichte der Mischverfassung, Darmstadt.

Rosen, Klaus (1988): Griechenland und Rom, in: Fenske u. a., S. 19–139.

Sabine, George H. (1971): A History of Political Theory, London, 3. Aufl.

Schlangen, Walter (1974): Theorie der Politik, Stuttgart u. a.

Tarkiainen, Tuttu (1966): Die Athenische Demokratie, Zürich und Stuttgart.

Weber-Schäfer, Peter (Hrsg.) (1969): Das politische Denken der Griechen, München.

1182 Sabine [3]1971: 129.

Weber-Schäfer, Peter (1976): Einführung in die Antike Politische Theorie, Teil 2: Von Platon bis Augustinus, Darmstadt.

Weber-Schäfer, Peter (1986): Aristoteles, in: Maier u. a., I, S. 45–69.

Welwei, Karl-Wilhelm (1999): Das klassische Athen, Darmstadt.

Zippelius, Reinhold (1976): Geschichte der Staatsideen, München, 3. Aufl.

Kapitel XIV: Staatsziele und Gewaltenteilung

Die Herausbildung der Flächenstaaten in Europa war verbunden mit wirtschaftlichen und sozialen Umwälzungen. Zugleich zeichnete sich aber auch eine Akkumulation von Herrschaft an zentraler Stelle ab. Die Fragen nach den Voraussetzungen von Herrschaft sowie nach Art und Weise der Herrschaftsausübung stellten sich neu.[1183] In der Auseinandersetzung mit dem Absolutismus ging es vor allem um die Freiheit. Dabei wurden ethische Orientierungen, wie sie noch bei Aristoteles zentral waren, aufgegeben. Auch die für das Mittelalter traditionelle Vorstellung einer Regentschaft „von Gottes Gnaden" spielte keine Rolle mehr. Die hierarchische Ordnung des Feudalismus wurde, beginnend mit der Renaissance, allmählich abgetragen. Eine rationale Analyse von Politik trat in den Mittelpunkt. Die Vertreter des neuen Denkens wollten feststellen, wie die Bürger in einem modernen Staat leben können.[1184] Ziel war dabei, eine berechenbare Gesetzgebung, Verwaltung und Rechtsprechung durchzusetzen. Diese sind für die längerfristige Entfaltung wirtschaftlicher Dynamik unverzichtbar.

A) Moderner Staat

Machiavelli und Hobbes bieten den Einstieg in die rationale und funktionale Analyse von Staat und Politik. Beide markieren damit den Beginn eines modernen Problemzugriffs. Ihr gemeinsames Ziel sind stabile politische Ordnungen. Machiavelli versteht Politik als Mittel zum Zweck. Seine Zwecke sind Machterwerb und Machtsicherung.[1185] Bei Hobbes wird der Staat als Mittel zum Zweck gesehen. Zweck ist nun die Sicherung des gesellschaftlichen Friedens. Dies arbeitet Hobbes in beispielloser Klarheit und Schroffheit heraus.[1186]

Durch sein Eintreten für den autoritären, absoluten Staat als technische Voraussetzung bürgerlichen Lebens erweist sich Hobbes als bedingungsloser Sympathisant der Obrigkeit.[1187] Seine Schriften sind dennoch Formulierungen eines neuen bürgerlichen Selbstbewusstseins. Ähnliches gilt auch für die politischen Schriften der Renaissance aus den Stadtstaaten Oberitaliens, hier vertreten durch den Floren-

1183 Nitschke, in: Lietzmann/Nitschke 2000: 147 ff.
1184 Vgl. Euchner 1973: 12.
1185 Waschkuhn 1998: 193.
1186 Von Krockow ^{2}1977: 4.
1187 Mayer-Tasch 1965: 72 f.

tiner Diplomaten Machiavelli. Er nahm in der Umbruch- und Krisensituation Oberitaliens am Beginn der Neuzeit den Staatsformenzyklus des Platon und die gemischte Verfassung des Aristoteles in einer neuzeitlich modifizierten Form wieder auf.

1. Rationale Politik: Machiavelli

Niccolo Machiavelli (1469 bis 1527) lebte als in Italien ein Mosaik unzähliger, sich häufig befehdender, größerer und kleinerer Fürstentümer und Republiken bestand. Gesellschaft und Politik befanden sich in einem Zustand des institutionellen Verfalls.[1188] Als leitender Beamter der (gescheiterten) Republik Florenz konnte Machiavelli die außenpolitischen Verwicklungen der Kleinstaaten Oberitaliens an der Jahrhundertwende beobachten. Seine Erfahrungen in praktischer Politik beziehen sich aber nicht nur auf die Außenpolitik seines Heimatstaates. Er war auch ein aufmerksamer und kenntnisreicher Beobachter innenpolitischer Vorgänge. Machiavelli erlebte „die durch den Handelskapitalismus in den oberitalienischen Städten, insbesondere in Florenz, angestoßene wirtschaftliche und soziale Dynamik."[1189] Seine intellektuellen Konsequenzen hat er nach der Entlassung aus dem Staatsdienst durch die zurückgekehrten Medici in verschiedenen Schriften niedergelegt.

„Schreiben wurde für Machiavelli zum Ersatzhandeln." [1190] Von den Schalthebeln der Macht entfernt, trieb er Politik, indem er seine Erfahrungen, die er als Florentiner Staatssekretär gemacht hatte, niederschrieb, nachdem er sie anhand der Schriften römischer Historiker überprüft hatte und sie verallgemeinerte. Daraus leitete er Ratschläge und Handlungsanweisungen für die Politik ab. Mit der Aufbereitung seiner Erfahrungen strebte er zugleich eine Wiederverwendung im Staatsdienst an, hatte damit aber nicht den erwarteten Erfolg.[1191]

Als wichtigste Werke gelten die „Diskurse" (Discorsi) und „Der Fürst" (Il Principe). Die Diskurse, in den Jahren 1513 bis 1525 verfasst, bieten Betrachtungen über die ersten zehn Bücher des Titus Livius und offenbaren eine ambivalente Einschätzung der Politik im antiken Rom. Im „Fürsten", 1513 geschrieben, entfaltet Machiavelli alle wesentlichen Dimensionen von Macht und Konflikt als konkrete Ausprägungen jenes Handlungsfeldes, das auch heute mit dem Begriff Politik bezeichnet wird. Als erster hat Machiavelli Politik, „dem modernen Verständnis entsprechend, konsequent auf ihre eigenen Wirkungsgesetze, Handlungsmöglichkeiten und Kräfteverhältnisse bezogen."[1192] Das theoretische Interesse Machiavellis gilt der politischen Stabilität, der Erhaltung des Staates und der Sicherung von Herrschaft in diesem Staat.[1193] Freie Entfaltung des Einzelnen und Sicherung eines dau-

1188 Schmitt, in: Maier u. a. ^{6}1986: 165; Sabine ^{3}1971: 337.
1189 Münkler, in: Münkler 1990: 39.
1190 Ebenda: 31; s. a. Reinhard, in: Fenske u. a. 1988: 245.
1191 Möbus ^{2}1964: 96.
1192 Waschkuhn 1998: 193.
1193 Zu den zwischenstaatlichen Beziehungen s. Münkler, in: Bellers 1996: 37 ff.

erhaften Friedens bleiben als langfristige Ziele eher im Hintergrund. Machiavelli entwickelt weder ein in sich geschlossenes Konzept des zukünftigen Italiens, noch eine systematische Typisierung unterschiedlicher Herrschaftsformen. Eher sind seine Ausführungen ein Appell zu entschlossenem politischen Handeln und die Kunstlehre für eine erfolgreiche Herrschaftspraxis. Machiavelli will die Realität des politischen Lebens untersuchen: „Ich … spreche nur von der Wirklichkeit.“[1194]

Die (auch in moralischer Hinsicht) unbeschränkte Herrschaft seines Fürsten ist für Machiavelli kein Selbstzweck, sondern eine durch die zeitgenössischen Rahmenbedingungen der Politik (in Oberitalien) geprägte Voraussetzung für die Entfaltung aller Fähigkeiten der Bürger.[1195] Seine persönliche Sympathie gehört der freiheitlichen Republik; die damalige politische Situation in Italien (und in Florenz) lässt ihn aber andere Konsequenzen ziehen. Erst das Ausmaß der Krise verlieh seiner Theorie schneidende Schärfe und Bitterkeit. Machiavelli gilt daher als Exponent kalter Machtrationalität und als Inbegriff einer politischen Überzeugung, der jedes Mittel recht ist, das zum Erfolg führt. Tatsächlich formulierte er eine Theorie der Krise und bot Wege zu ihrer politischen Bewältigung an.

Machiavellis politische Theorie ist durchdrungen von der modernen kalkulierenden Rationalität, die sich zuerst im ökonomischen Bereich entwickelt hat. Diese ist losgelöst von den theologischen und naturrechtlichen Problemen, „undenkbar ohne die Idee der Konstruierbarkeit einer politischen Ordnung; sie ist durchzogen von der Vorstellung, politische Ereignisse … ließen sich … prognostizieren; und sie ist … geprägt von der Idee, durch empirische Kenntnisse lasse sich ein Problem eher bewältigen als durch metaphysische Prinzipien.“[1196] „Darin kündigt sich der Denkstil des naturwissenschaftlichen Zeitalters an.“[1197]

Als langjähriger Diplomat neigt Machiavelli dazu, die Bedeutung des politischen Spiels zu übertreiben und seine Zwecke herunterzuspielen.[1198] Politik wird unter Verzicht auf moralische Maßstäbe zu einem kunstvoll betriebenen Kräftespiel, in dem allein der Erfolg über die Wahl der Mittel entscheidet.[1199] „… wenn man alles genau betrachtet, so wird man finden, dass manches, was als Tugend gilt, zum Untergang führt, und dass manches andere, das als Laster gilt, Sicherheit und Wohlstand bringt.“[1200] Politisch ineffizientes Handelns kritisiert und verurteilt er mehr als moralisch verwerfliches. „Doch diese technizistische Analyse der Politik ist für Machiavelli nicht das letzte Wort seiner Politikbetrachtung, sondern eher deren Ausgangspunkt: Ziel ist und bleibt immer die Erhaltung, Stabilisierung und

1194 Machiavelli, in: Bergsträßer/Oberndörfer 1962: 108 f.
1195 Schlangen 1973: 82.
1196 Münkler, in: Münkler 1990: 24.
1197 Zippelius [6]1989: 82.
1198 Sabine [3]1971: 339.
1199 Möbus [2]1964: 96 f.
1200 Machiavelli, in: Bergsträßer/Oberndörfer 1962: 108 f.

womöglich sogar Vergrößerung des Gemeinwesens, dem ein Politiker jeweils verpflichtet ist.“[1201]

Machiavellis politische Theorie spiegelt den Menschen der Renaissance wider, der einerseits von den Fesseln feudaler Macht und kirchlicher Lehre befreit ist, andererseits Aufgaben gegenübersteht, die mit vielen Unwägbarkeiten und Unsicherheiten belastet sind. Diesen Anforderungen ist der moderne Mensch kaum gewachsen.[1202] Machiavellis politisches Ideal war eine Gemeinschaft gleichberechtigter Bürger, wie er sie aus den Werken antiker Autoren, vor allem der Historiker des Aufstiegs der Römischen Republik, Polybios und Livius, „herauslas, und solch bürgerliche Egalität (und relative Armut) war ihm die Bestandsgarantie dafür, dass … die bürgerliche Tugend, … das Denken und Handeln der Menschen bestimmte.“[1203] Der Bürger-Humanismus, in dessen Tradition Machiavelli steht, sah die politische Gemeinschaft nicht im Dienst eines übergeordneten Zieles, sondern die auf Freiheit begründete Gemeinschaft selbst als höchstes Ziel. „Es ist diese beständige Bedrohung des politischen Gemeinwesens durch Niedergang und Verfall, die sämtliche politischen Schriften Machiavellis wie ein roter Faden durchzieht.“[1204]

Hintergrund für eine pessimistische Weltsicht ist Machiavellis Menschenbild.[1205] Grundlegend dafür sind zwei Annahmen: zunächst einmal weist er darauf hin, dass die Natur der Menschen im Laufe der Geschichte gleich geblieben ist.[1206] Seine zweite Grundannahme wird vielfach variiert: „Man kann nämlich im allgemeinen sagen: Die Menschen sind undankbar, unbeständig, heuchlerisch, furchtsam und eigennützig.“[1207] Wer ein Staatswesen ordnen will, muss „davon ausgehen, dass alle Menschen … ihrer bösen Gemütsart folgen, sobald sie Gelegenheit dazu haben.“[1208] Obwohl „die Menschen im Prinzip zur Tugend, d. h. zur Selbstbeschränkung und Selbstkontrolle, fähig“ sind, ist an die Stelle von Tugend (virtu) Habsucht und Ehrgeiz (ambizione) „als hauptsächliches Charakteristikum des Menschen getreten; sie in Grenzen zu halten ist die Aufgabe des Staates.“[1209] Diese Erfahrungstatsachen der menschlichen Natur muss das politische Handeln beachten.[1210]

Als politischer Denker in einer modernisierten Welt (im Florenz der Renaissance) verknüpft Machiavelli die antiken Konzepte der gemischten Verfassung und des Staatsformenzyklus zu Handlungsanweisungen für die politischen Akteure seiner Zeit. In den Discorsi zeigt sich Machiavelli als begeisterter Bewunderer der

1201 Münkler, in: Münkler 1990: 36.
1202 Vgl. Sabine ^{3}1971: 338.
1203 Münkler, in: Münkler 1990: 21.
1204 Ebenda: 34.
1205 Zippelius ^{6}1989: 86.
1206 Schmitt, in: Maier u. a. ^{6}1986: 172.
1207 Machiavelli, in: Münkler 1990: 94 f.
1208 Machiavelli, zit. nach: Schmitt, in: Maier u. a. ^{6}1986: 172.
1209 Münkler, in: Münkler 1990: 39.
1210 Zippelius ^{6}1989: 87; Druwe ^{2}1995: 122 f., 240.

Römischen Republik, im Principe entwirft er Handlungsanweisungen für einen despotischen Alleinherrscher. Die Discorsi handeln also von Republiken, im Principe geht es um Fürstentümer. Dies sind die beiden Staatsformen, die Machiavelli vor allem unterscheidet.

In den Discorsi entwickelt Machiavelli zunächst den Staatsformenzyklus. Die Monarchie entartet durch unwürdige Erben zur Tyrannis, die dann von den Edelsten gestürzt und durch eine Aristokratie ersetzt wird. Auch diese wird korrumpiert und durch eine Volkserhebung beseitigt. Doch die Demokratie entartet ebenfalls bis zur Anarchie, aus der das Volk sich in die Monarchie eines großen Einzelnen flüchtet, womit dieser Kreislauf unerbittlich wieder von neuem beginnt. „Nur eine Mischung aus Fürsten-, Adels- und Volksherrschaft wie in Rom garantiert wenigstens vorübergehend größere Stabilität.“[1211] Die Adeligen mussten in Rom das Volk wegen der natürlichen Bosheit der Menschen unterdrücken, bis das Volk die Adeligen einer Kontrolle durch Volkstribunen unterwarf. „Nur so konnte das Volk die bürgerliche Freiheit sichern, die für Machiavelli eher Freiheit von tyrannischer Bedrückung als Freiheit zu politischer Partizipation ist.“[1212]

Bekannt geworden ist Machiavelli aber für den beinahe zynischen Realismus seiner rezeptartigen Empfehlungen an einen Alleinherrscher. Diese im „Fürsten“ entwickelten Techniken von Machtpolitik sind jedoch zweckbestimmt, nämlich als Therapie für die Gesundung Italiens gedacht. Nach Einschätzung von Machiavelli war die Gesellschaft verdorben, private Tüchtigkeit und bürgerliche Rechtschaffenheit waren verfallen. Daher kann Italien nicht als Republik (vom Volk) regiert werden. Große Unterschiede in Reichtum und Macht, die Zerstörung des Friedens und der Gerechtigkeit können nur durch despotischen Einsatz politischer Macht beherrscht werden.[1213] Schon wegen seiner Bewunderung für die Republik, in der ein freies Volk sich selbst regiert und durch gute Gesetze geleitet wird, hält Machiavelli den machtvollen Alleinherrscher nur in zwei besonderen Fällen für angemessen: Zur Errichtung eines neuen Staates und zur Wiederherstellung (Reform) eines verderbten Staates. Die gewalttätige Alleinherrschaft sei ein außerordentlich wirksames Heilmittel, aber dennoch ein Gift, das mit größter Vorsicht eingesetzt werden müsse.[1214]

Nach Machiavelli gibt es zwei Herrschaftensformen, die ererbte und die eroberte bzw. neu erworbene. Im Mittelpunkt des Principe steht die eroberte Herrschaft. Die Ausgangsfrage ist: Wie ist es möglich, eine mit Glück erworbene Herrschaft zu behaupten und auf Dauer zu festigen? Nicht durch Glück sollte sich der Herrscher im Falle eines plötzlichen Umschlages behaupten können, sondern aus eigener Kraft, durch eigene staatsmännische Tüchtigkeit, Kraft und Talent.[1215] Der Herr-

1211 Reinhard, in: Fenske u. a. 1988: 245.

1212 Ebenda.

1213 Sabine ^{3}1971: 343.

1214 Ebenda: 346 f.

1215 Schmitt, in: Maier u. a. ^{6}1986: 178.

scher muss die Kraft haben, die Dinge zu ertragen, die er nicht ändern kann (necessita), er muss den Mut haben, die Dinge zu verändern, die er ändern kann (virtu) und dazu den richtigen Zeitpunkt wählen, also seine politische Gelegenheit (occasione) pragmatisch und zielgerichtet (also zweckrational) nutzen.[1216] Der Herrscher soll mit allen denkbaren Mitteln dafür Sorge tragen, dass eine Krise des Übergangs so schnell wie möglich durchschritten wird, damit dem Gemeinwesen ein neuerlicher Aufstieg beschieden ist.

„Dabei sind dem neuen Fürsten nahezu alle Mittel erlaubt: … er darf lügen und sich verstellen, betrügen und notfalls sogar töten."[1217] Es sei unvermeidlich, dass ein Herrscher, „der überall rein moralisch handeln will, unter so vielen anderen, die nicht so handeln", irgendwann zugrunde geht.[1218] „Jedem ist klar, dass es lobenswert ist, wenn ein Fürst sein Wort hält und mit Rechtschaffenheit und ohne Hinterlist seinen Weg geht. Allein die Erfahrung unserer Tage lehrt, dass bloß jene Fürsten mächtig geworden sind, die es mit Treu und Glauben leicht nahmen und sich darauf verstanden, andere zu täuschen und zu betrügen, während jene, welche redlich ihre Verbindlichkeiten befolgten, am Ende übel wegkamen."[1219] Letzte Instanz ist bei Machiavelli nicht „die Technizität des Politischen, sondern der Imperativ staatlicher Selbstbehauptung."[1220] Aber der Technizismus seiner Politikanalyse zeigt sich in der Bedeutung, die Machiavelli den politischen, sozialen und ökonomischen Bedingungen beimisst. Es komme darauf an, sich den jeweiligen Umständen möglichst gut anzupassen, um Erfolg zu haben. „Man beurteilt die Handlungen aller Menschen, besonders aber die Handlungen der Fürsten, … bloß nach dem Erfolg."[1221]

Wer widerrechtlich und gewaltsam „die Herrschaft an sich reißt, muss alle Grausamkeiten auf einmal ausüben, damit er nicht nötig habe, alle Tage damit von vorne anzufangen; dann aber die Gelegenheit ergreifen, die Gemüter durch Wohltaten wieder zu versöhnen. … Die Verbrechen müssen auf einmal vollführt werden, damit sie weniger gespürt werden und darum weniger verletzen; Wohltaten aber sollten nach und nach erwiesen werden, damit man sie desto besser würdige."[1222] Wenn es darauf ankomme, die Untertanen in Einigkeit und Gehorsam zu halten, dann müsse einem Fürsten der Vorwurf der Grausamkeit sehr gleichgültig sein.

„Bekanntlich hat jeder Fürst immer zweierlei zu fürchten: die fremden Potentaten und seine eigenen Untertanen."[1223] Die beste Überlebensstrategie eines Fürsten ist die Liebe des Volkes. Dessen Hass erschüttert jede Festung.[1224] „Die Schwierig-

1216 Druwe ^{2}1995: 123 f.; Waschkuhn 1998: 196.
1217 Münkler, in: Münkler 1990: 36.
1218 Machiavelli, in: Münkler 1990: 91.
1219 Ebenda: 96.
1220 Münkler, in: Münkler 1990: 38.
1221 Machiavelli, in: Münkler 1990: 98.
1222 Ebenda: 75 f.
1223 Ebenda: 99.
1224 Ebenda: 109.

keit, Soldaten und Volk zugleich zu befriedigen, hat vielen … den Untergang bereitet. Das Volk liebt die Ruhe und wünscht sich daher einen stillen friedlichen Regenten; die Soldaten verlangen einen kriegerischen, grausamen, stolzen und raubsüchtigen Kriegsmann zu ihrem Fürsten."[1225] Auch die Wahl der Mitarbeiter ist von nicht geringer Wichtigkeit, denn man beurteilt die Einsicht und Klugheit des Fürsten nach denen, welche ihn umgeben. „Ein Fürst muss sich … als … Freund menschlicher Vorzüge zeigen und alle, die sich in irgendeinem Gewerbe auszeichnen, ehren."[1226] Große Taten und außerordentliche Unternehmungen sichern einem Fürsten allgemeine Verehrung.[1227] „Vor allem aber muss ein Fürst bestrebt sein, in allen seinen Handlungen etwas Außerordentliches und Großartiges zu zeigen."[1228] Ein Fürst, den man für inkonsequent, leichtsinnig, weibisch, kleinmütig und unentschlossen hält, wird verachtet.[1229] Einer, der in das Vermögen seiner Opfer eingreift, erzeugt durch diesen „Kunstfehler" andauernden Hass: „denn leichter vergisst der Mensch die Ermordung seines Vaters, als er den Raub und Verlust seines Erbteils verzeiht."[1230] Machiavelli, der immer wieder auf Entscheidungen drängt, „stellt das humanistische Sowohl-als-auch unter den Verdacht, bloße Rationalisierung von Entscheidungsunfähigkeit zu sein. Eine Entscheidung, … müsse getroffen werden, und der Versuch, dieser Entscheidung durch die Propagierung des Mittelweges zu entgehen, sei nur ein Aufschub, …, weil so der geeignete Augenblick des Handelns verpasst werde."[1231]

Rezipiert wurde Machiavelli, weil er Probleme der Zeit aussprach, … die nicht auf Italien beschränkt waren."[1232] Die durch Machiavelli systematisierten Kriterien der Staatsräson machten seine Schriften zu einem Kristallisationspunkt für die politiktheoretischen Diskurse im 17. und 18. Jahrhundert.[1233] Wenn die Menschen von Natur aus egoistisch sind, kann nur staatliche Macht die Gesellschaft zusammenhalten. Dieser Gedanke Machiavellis wird von Hobbes systematisiert und weiterentwickelt.[1234]

2. Absoluter Staat: Hobbes

Thomas Hobbes (1588 bis 1679) lebte in einer Zeit, in der Europa durch politische und soziale Umschichtungsprozesse sowie religiöse Konflikte gekennzeichnet war. In England verliefen diese Prozesse zwischen Revolution und Restauration. Hobbes wurde als Sohn eines Predigers geboren. Nach einer guten Ausbildung, u. a. als

1225 Ebenda: 101.
1226 Machiavelli, in: Münkler 1990: 113.
1227 Ebenda: 109.
1228 Ebenda: 112.
1229 Ebenda: 99.
1230 Ebenda: 95.
1231 Münkler, in: Münkler 1990: 37 f.
1232 Reinhard, in: Fenske u. a. 1988: 253.
1233 Nitschke, in: Stammen u. a. 1997: 300.
1234 Sabine [3]1971: 344 f.

Absolvent der Universität Oxford, hatte er Gelegenheit, Reisen durch Europa zu unternehmen, zunächst als Hauslehrer in einer der ersten Familien des Landes. Schließlich blieb Hobbes als Privatsekretär in dieser Familie, die ihm reichlich Zeit für Forschungen ließ.[1235] Er konnte dabei die Überwindung des mittelalterlich-feudalen Staatsgedankens erleben und in Frankreich den Aufbau des absolutistischen Staatsapparats und der merkantilistischen Wirtschaft beobachten. Durch seine Position konnte er Beziehungen zu führenden Gesellschaftskreisen Englands aufbauen, wurde aber in die Auseinandersetzungen zwischen Krone und Parlament hineingezogen. Hobbes nahm zunächst Stellung für die Rechte des Königs und musste aus England fliehen, als das „lange Parlament" sich anschickte, gegen diejenigen vorzugehen, die die Rechte des Königs verteidigt hatten. Während des elfjährigen Exils in Paris konnte Hobbes relativ sorgenfrei leben und den Aufstieg Cromwells beobachten. Bald war Hobbes davon überzeugt, dass das Parlament siegen werde, und hat sich daher nie fest an die königliche Familie gebunden. Sein Hauptwerk, der Leviathan, zerstörte schließlich seine guten Beziehungen zum englischen Hof. Er musste aus dem Pariser Exil in das vom Bürgerkrieg verwüstete England zurückkehren und lebte dann abgekehrt von der Tagespolitik.

Hobbes kannte die griechische Antike und ihre Autoren sehr gut. Die Schriften des Thukydides, des Aristoteles und des Cicero hinterließen aber eher einen negativen Eindruck, weil die Autoren zu erfahrungsfern und moralisierend argumentierten. Hobbes schöpfte aus seinem empfindlichen Sensorium für Zeitereignisse und hatte eher einen naturwissenschaftlichen Systematisierungswillen. Er sah nach den zerstörerischen Wirkungen des Streits um Konfessionen in blutigen Kriegen das menschliche Dasein selbst bedroht. „Was lag näher, als den Staat herbeizusehnen als großen Zwangsschlichter der aufrührerischen Religionsparteien und ihm alles zu übertragen, was bis dahin Gegenstand des religiösen und philosophischen Denkens gewesen war: Die Frage nach Gut und Böse, die Form der Verehrung Gottes, die Beziehungen unter den Menschen und zum Gemeinwesen, das Verhältnis von weltlicher und religiöser Gewalt."[1236]

Diese Gedanken entwickelt Hobbes vor allen Dingen in seinem 1651 erschienenen „Leviathan". Es handelte sich um eine Überarbeitung bereits vorher publizierter Gedanken. „Dieses Werk hat seinen Autor durch die Jahrhunderte berühmt, mehr noch berüchtigt gemacht."[1237] Zentrales Thema ist der Kampf rivalisierender Gruppen, die die öffentliche Ordnung bedrohen. Aufgrund der persönlichen Erfahrungen mit einem stark religiös akzentuierten Bürgerkrieg nimmt Hobbes an, „der Souveränität des Staates und damit der Ordnung der Gesellschaft habe zu allen Zeiten die größte Gefahr von Seiten der Kirche gedroht."[1238]

1235 Maier, in: Maier u. a. ^{6}1986: 266 f.; von Krockow ^{2}1977: 12 f.

1236 Maier, in: Maier u. a. ^{6}1986: 281.

1237 Von Krockow ^{2}1977: 23.

1238 Opitz, in: Voegelin 1968: 51.

Aristoteles hatte noch angenommen, dass der Mensch erst in der Polis ganz er selbst ist; als natürlichen Zustand des Menschen stellte Aristoteles sich das Leben in der Gesellschaft vor. Hobbes dagegen löst die soziale Realität zunächst einmal in ihre kleinsten Teile, die Menschen, auf. Als natürlichen Zustand sieht er das souveräne Individuum „ohne moralische und ähnliche Bezüge zu seinesgleichen."[1239] Der Mensch wird als Wesen beschrieben, das seinen Trieben folgt. Aus Empfindungen, Einbildungen, rationalen Erwägungen und Leidenschaften lässt Hobbes „nach und nach den konkreten Menschen entstehen, den er sodann … in einer als selbstverständlich unterstellten menschlichen Umwelt vorführt."[1240] Diese scheinbar natürliche Umwelt ist gekennzeichnet durch ständige Konflikte, als deren Ursachen Hobbes Eigennutz (Kampf um Güter), Furcht (Kampf um Sicherheit) und Ruhmsucht (Kampf um Ansehen) nennt. Aus diesem Menschenbild folgert Hobbes, dass im Naturzustand ein Krieg aller gegen alle stattfindet. Mit Krieg ist die ständige Unsicherheit gemeint.[1241]

„Die Natur hat jedem ein Recht auf alles gegeben; d. h. in dem reinen Naturzustande … war es jedem erlaubt zu tun, was er wollte und gegen wen er es wollte, und alles in Besitz zu nehmen, zu gebrauchen und zu genießen, was er wollte und konnte."[1242] Gerade derjenige, der etwas gewonnen hat, ist doppelt gefährdet, weil er Neid auf sich zieht und stets mehr erwerben muss, um den Gewinn zu erhalten.[1243] Denn es gibt für den Einzelnen kein geschütztes Recht und keine Sicherheit gegen die Übergriffe anderer. In diesem Zustand ständiger Bedrohung durch einen gewaltsamen Tod muss jeder schon zur Selbsterhaltung mit allen Mitteln nach einer Erweiterung seiner Macht streben, um einigermaßen sicher zu sein. Den Menschen im Naturzustand eröffne sich „ein tausendfaches Elend; Furcht gemordet zu werden, stündliche Gefahr, ein einsames, kümmerliches, rohes und kurz dauerndes Leben", meint Hobbes.[1244] Sein Konzept der politischen Gesellschaft beruht also auf einer psychologisch fundierten Anthropologie: Der durch seine Leidenschaften bestimmte Mensch, den Hobbes in allen politischen Bewegungen seines Jahrhunderts vorherrschen sah, bedarf einer starken Staatsgewalt.[1245] „Die Bestie Mensch mit ihren Trieben und ihrer unüberwindlichen Aggressionslust … wird gleichsam im Käfig des Rechts gefangen und gezähmt."[1246] Dabei muss der natürliche, unberechenbare Ausdehnungsdrang in seine Grenzen gewiesen werden. Der menschliche Grundantrieb, die Furcht, arbeitet der höheren Vernunft des Herrschers und des Staates unbewusst in die Hände.[1247]

1239 Link 1973: 128.
1240 Fetscher ^{3}1978: 20.
1241 Von Krockow ^{2}1977: 31.
1242 Hobbes, in: Möbus ^{2}1966: 310.
1243 Von Krockow ^{2}1977: 31.
1244 Hobbes 1974: 155 f.
1245 Henningsen, in: Voegelin 1968: 13 f.
1246 Maier, in: Maier u. a. ^{6}1986: 275.
1247 Ebenda.

Das Verlangen nach Sicherheit und das Bestreben nach einem angenehmen Leben der Menschen veranlasst also, einen Souverän einzusetzen. Aus dem lebensgefährlichen Chaos gibt es nur einen Ausweg: Eine starke Gewalt, der Staat, muss durch die Erzeugung von Schrecken alle zum innerstaatlichen Frieden zwingen. Der Staat entsteht durch einen Vertrag. „Die Menschen legen die ihnen im ‚natürlichen Zustand' zukommenden Rechte nieder, um sie ihrem ‚Repräsentanten' als souveräner Macht zu übertragen."[1248] Durch den Vertrag handeln die Menschen für ihren Gehorsam gegenüber dem Souverän Schutz vor innerer und äußerer Bedrohung ein.[1249] „Aus dem vorstaatlich gedachten Naturzustand bringt das Individuum ‚natürliche Rechte' mit, die bei der Gesellschafts- und Staatsbildung berücksichtigt werden müssen ..."[1250]

Wie der Naturzustand ist auch die Vertragsidee eine Fiktion. Es „errichtet ja der, welchem die höchste Gewalt übertragen wird, mit denen, welche sie ihm übertrugen, eigentlich keinen Vertrag, ..."[1251] Aus diesem Grunde ist der Souverän selbst durch den Vertrag nicht gebunden und kann den Vertrag auch nicht verletzen; eine Gehorsamsverweigerung wegen angeblicher Vertragsverletzung ist nicht zulässig. „Als politisch handelnder Citoyen tritt der einzelne nur im Punkte der Staatsgründung in Erscheinung, um den vom übermächtigen Souverän geschützten politischen Raum zu schaffen, in welchem er fortan als unpolitischer Bourgeois seinen Geschäften nachgehen kann."[1252]

Der Wille des Souveräns ist ohne Einschränkung Gesetz. Seine Befugnisse schließen jede Beschränkung durch seine Untertanen ebenso aus wie jeden Widerstand gegen ihn. Eine Schranke bleibt jedoch erhalten, die sich aus dem Motiv für die Einsetzung des Souveräns ergibt: Sobald der Souverän das Leben eines Untertans nicht mehr sichern kann, entfällt auch dessen Gehorsamsverpflichtung. Auch solchen Befehlen, die das Gebot der Selbsterhaltung verletzen, kann sich der Untertan widersetzen: Niemand ist verpflichtet, sich ohne Widerstand hinrichten oder verhaften zu lassen. Hobbes setzt also dem Staat dort eine Schranke, wo dieser aufhört, den durch seine hypothetische Gründung von den Menschen angestrebten Zielen zu dienen. Die Rechtfertigung des Staates erfolgt „allein aus seiner Rolle als Friedensstifter: daraus, dass er, allen Streit beendend, Entscheidungen trifft und durch Androhung oder Verhängung wirksamer Sanktionen jenen Raum ‚zureichender Sicherheit' schafft, in dem Verträge ohne Gefahr der Selbstzerstörung gehalten und damit die natürlichen Gesetze verwirklicht werden können."[1253]

Der Souverän wird seinen Untertanen auch einen Freiheitsraum überlassen und garantieren, z. B. die Freiheit gegenseitiger Verträge, die Wahl der Wohnung und des Berufes, das Recht auf religiöse Innerlichkeit, kurzum: eine Privatsphäre. Die

1248 Von Krockow ^{2}1977: 35.
1249 Euchner 1973: 25.
1250 Maier, in: Maier u. a. ^{6}1986: 274.
1251 Hobbes 1974: 158.
1252 Euchner 1973: 27.
1253 Von Krockow ^{2}1977: 36.

Freiheiten der Bürger beruhen auf dem Schweigen der Gesetze, denn jedes Übermaß an Gesetzen wird von Hobbes als problematisch angesehen, weil sich darin Unschuldige verfangen können. Die Gesetzesinflation weist eher auf eine Schwäche als auf eine Stärkung des Staates hin. Hier deutet sich also eine Allianz zwischen dem absoluten Staat und dem Wirtschaftsbürgertum an. Letzteres braucht den starken Staat, der Eigentum und Verträge zuverlässig schützt.[1254] Hobbes wollte aber durch den starken Staat das freie Spiel der wirtschaftlichen Kräfte nicht gefährdet sehen.

Der Souverän entscheidet auch über die Religion; Kirche und Staat sind identisch. Hobbes will die Kirche unter die Macht des Staates beugen. Dem Souverän falle das Recht und die Pflicht zu, alle Einzelheiten des Bekenntnisses und die Formen des Gottesdienstes festzulegen. Seine Toleranz bezieht sich auf die radikale Individualisierung und Privatisierung des Glaubens. „Mag ... der Staat die Kirche unterwerfen; für das in der Burg seiner Innerlichkeit und Privatheit unangreifbar verschanzte Gewissen bleibt das gleichgültig."[1255] Es lässt sich also resümieren, dass Hobbes den Staat durchaus modern sah, „als allumfassenden Regulator des sozialen Lebens".[1256]

Zum modernen Theoretiker machen Hobbes vor allen Dingen drei Elemente:

- die Legitimierung öffentlicher Herrschaft vom einzelnen her (Vertragstheorie),
- das funktionale Verhältnis von Schutz und Gehorsam,
- der Vorbehalt von religiöser Innerlichkeit und persönlicher Freiheit.[1257]

Keineswegs modern ist jedoch das (nur aus den Erfahrungen des englischen Bürgerkrieges verständliche) Festhalten an einer eindeutig festgelegten obersten Entscheidungsinstanz, einem absoluten Souverän: „Weil nun der höchsten Gewalt diese Rechte wesentlich und untrennbar zukommen ... bleibt alles, was abgetreten worden ist, untrennbar beieinander".[1258] Jede Form von Gewaltenteilung würde angesichts des unausrottbaren Machtstrebens der Einzelnen den Staat und seine Souveränität ständig bedrohen. Die Frage ist auch, wie sich die Untertanen gegen Übergriffe des Souveräns wehren sollen. Dem Bürger wird zwar ein Widerstandsrecht zugestanden, wenn sein Schutz nicht gewährleistet ist. Die Frage ist aber, wie er dieses Widerstandsrecht nutzen kann.

Was Hobbes als Naturzustand beschreibt, ist die von ihm beobachtete Entfesselung des Subjekts in der sich gerade entwickelnden bürgerlichen Gesellschaft ohne verbindliche Institutionen einer Zentralgewalt: politisch der Bürgerkrieg, ökonomisch die Konkurrenzgesellschaft,[1259] die Macpherson als „Eigentumsmarktgesellschaft" bezeichnet. Zu ihren wichtigsten Merkmalen gehört, dass die Menschen ständig bestrebt sind, sich fremde Vermögenswerte anzueignen und dadurch

---

1254 Ebenda: 38 f.; Döhn, in: Neumann 1995: 120.
1255 Von Krockow ²1977: 43.
1256 Ebenda: 37.
1257 Willms 1971: 37.
1258 Hobbes 1974: 154 f.
1259 Fetscher ³1978: 25 und Willms 1970: 98 f.

andere zu zwingen, sich (auch ohne offene Gewalt) am Wettlauf um mehr Macht zu beteiligen.[1260] „Die Vorstellung der späteren liberalen Theoretiker, dass sich die durch den Markt vermittelten wirtschaftlichen Beziehungen zu stabilen gesellschaftlichen Beziehungen verdichten könnten, ja dass der Mechanismus des Marktes geradezu gesellschaftliche und politische Harmonie garantiere, ist Hobbes fremd."[1261]

Hobbes wurde weder von den Vertretern des englischen Bürgertums noch von den Anhängern der absoluten Macht des Königs akzeptiert. Beide Parteien brauchten eine gewisse ideologische Verschleierung ihrer Situation. Für die Anhänger des Königs lieferte Robert Filmer mit seiner Behauptung, die politische Autorität der Fürsten gehe auf die väterliche Gewalt Adams zurück, dem diese Gewalt von Gott übertragen sei, diese ideologische Verschleierung. Für die aufsteigende soziale Schicht des Bürgertums erwies sich John Locke als der wesentliche Ideologe.

B) Begrenzte Staatsmacht

Im Gegensatz zu Machiavelli und Hobbes setzen Locke und Montesquieu nicht eine absolute Macht gegen krisenhafte Entwicklungen in einem Staate ein, vielmehr sahen sie, dass dadurch auch einem Missbrauch Vorschub geleistet werden kann. Die Amtsträger sind immer auch mit Misstrauen zu begleiten. Voraussetzung dafür ist eine wirksame Kontrolle, die Gewaltenteilung.

1. Schutz des Eigentums: Locke

John Locke (1632 bis 1704) hat einen ganz ähnlichen Erfahrungshintergrund für seine Lehre wie Hobbes. Im Gegensatz zu diesem hat er seine Vorstellungen nicht nur als theoretischen Entwurf verfasst, sondern eindeutig Partei ergriffen. Von seinen Zeitgenossen wurden seine Hauptschriften auch als politische Agitation empfunden. Locke hat darin die Vorstellungen des politischen Bewusstseins der aufsteigenden Schichten festgehalten.

Als Sohn eines Anwalts, stammt Locke aus dem puritanischen Milieu, das in England Gewerbe und Handel voranbrachte. Die damalige kapitalistische Entwicklung spiegelt sich auch in seiner Familie: Industrie und Manufaktur waren noch in den Anfängen. So war sein Großvater als Tuchverleger zu Wohlstand gekommen, sein Vater konnte als Gerichtsbeamter auch Einkünfte aus der Verpachtung von Grundbesitz ziehen. Der Sohn erhielt eine gediegene Ausbildung, u. a. in Oxford. Hier wurde er auch Tutor und Dozent für Rhetorik und Moralphilosophie. Später nahm er noch medizinische Studien auf und machte sich als Arzt einen Namen.[1262]

1260 Macpherson 1973: 74.

1261 Euchner 1973: 26.

1262 Euchner, in: Maier u. a. [5]1987: 9.

Als Locke achtzehn war, kam Cromwell an die Macht und der König wurde hingerichtet. Im Jahre 1660, also mit achtundzwanzig Jahren und zu Beginn der Restauration, verfasste Locke seine ersten politischen Abhandlungen. Zunächst zeigte er sich als Royalist. 1666 traf Locke dann Lord Ashley, der einer der Repräsentanten des Londoner Handelskapitals war. Anders als auf dem Kontinent bildete der Adel keine vom Bürgertum abgeschottete Kaste. Da nur die Erstgeborenen Titel und Besitz erben konnten, wurden die jüngeren adeligen Familienmitglieder wieder Bürger. Viele Londoner Kaufleute waren jüngere Söhne von Landedelleuten und viele in London zu Geld gekommene Kaufleute legten großen Wert darauf, sich durch Erwerb eines Gutes äußerlich der tonangebenden Schicht anzupassen und auch geadelt zu werden. Dieser kleinere Landadel, die Gentry, bildete die politische Gruppierung der Whigs (s. a. Kap. VIII, A, 1). Lord Ashley, der spätere Graf von Shaftesbury, hat Locke zu seiner Schrift „Essay Concerning Toleration" (1667) angeregt.

Aus gesundheitlichen, möglicherweise aber auch aus politischen Gründen, trat Locke im Jahre 1675 eine Frankreichreise an. Shaftesbury war in politische Schwierigkeiten geraten. Es war die Zeit der Restauration in England, in der Karl II. katholische und absolutistische Tendenzen zeigte, die vom Parlament bekämpft wurden. Shaftesbury stand damals im Kampf gegen das Königshaus und hat möglicherweise Locke beauftragt, die paternalistische Lehre Robert Filmers[1263] zu widerlegen. Danach sollte aufgrund einer göttlichen Vorschrift jeweils der nächste männliche Erbe eines Königs, also auch ein Katholik, zur Erbfolge berechtigt sein. Locke setzte sich damit in seiner wichtigsten Schrift „Two Treatises of Government", die allerdings erst 1690 erschien, auseinander. Lange Zeit hat man deshalb angenommen, dass diese Schrift zur theoretischen Rechtfertigung der Glorious Revolution des Jahres 1689 geschrieben wurde. Nachdem Locke 1679 nochmals nach Großbritannien zurückgekehrt war, musste er als Vertrauter von Shaftesbury das Land 1683 wieder verlassen, ging in die Niederlande und kehrte erst 1689 zurück, nachdem die Glorious Revolution den Sieg der von Locke verfochtenen politischen Prinzipien mit sich gebracht hatte. Er übernahm dann ein wichtiges Staatsamt im Council for Trade and Plantations. Nach anfänglicher Ablehnung seiner Lehren hat Locke noch zu Lebzeiten als Philosoph in der Welt Anerkennung gefunden. Seine politische Theorie erlangte für das Selbstverständnis des britischen Regierungssystems zentrale Bedeutung.

Locke wollte einen Staat, in dem das friedliche und gerechte Zusammenleben freier Bürger möglich ist. Sein Staat sollte „ein Government of laws not of men" sein.[1264] Das Gemeinwesen erhebt sich über einer vom Warenverkehr und von der Geldwirtschaft strukturierten Gesellschaft. Dem Problem politischer Macht nähert sich Locke, ähnlich wie Hobbes, mit den „Denkfiguren des Naturzustandes und des

1263 Hofmann, in: Stammen u. a. 1997: 151 ff.

1264 Euchner, in: Maier u. a. ^{5}1987: 14.

Gesellschaftsvertrages, die freilich hier im veränderten Begründungszusammenhang auch eine andere Funktion erhalten."[1265]

Der Naturzustand „ist für die Menschen ein Zustand völliger Freiheit, ihre Handlungen zu bestimmen und über ihren Besitz und ihre Personen zu verfügen, wie es ihnen recht erscheint ..."[1266] Die Freiheit schafft jedoch keinen Zustand der völligen Zügellosigkeit. In diesem Naturzustand hat jeder Mensch das natürliche Grundrecht auf Selbsterhaltung als Folge eines gottgegebenen Selbsterhaltungstriebes. Dennoch soll „niemand einem anderen, da alle gleich und unabhängig sind, an seinem Leben und Besitz, seiner Gesundheit und Freiheit Schaden zufügen".[1267] Zur Selbsterhaltung gehört das Recht, Eigentum zu erwerben. Privateigentum entsteht durch Bearbeitung. Das Maß der aufgewendeten Arbeit bestimmt den Wert des hergestellten Gutes. Die natürliche Befugnis, Eigentum durch Arbeit zu erwerben, führt so lange nicht zu politischen Problemen wie

- sich jeder nur so viele Nahrungsmittel aneignet, wie er mit seiner Familie verzehren kann, bevor sie verderben,
- sich jeder nur so viel Erde aneignet, wie er selbst erfolgreich bebauen kann,
- sich keiner so viel aneignet, dass für die anderen Menschen nicht mehr genügend übrig bleibt.[1268]

Mit der Einführung des Geldes wachsen allerdings die Konfliktursachen. Dadurch werden die naturrechtlichen Schranken für den Erwerb von privatem Eigentum nämlich gegenstandslos: Es ist ein Weg gefunden, „wie ein Mensch auf redliche Weise mehr Land besitzen darf, als er selbst nutzen kann, wenn er nämlich als Gegenwert für den Überschuss an Produkten Gold und Silber erhält, jene Metalle, die in der Hand des Besitzers weder verderben noch umkommen und die man, ohne jemandem einen Schaden zuzufügen, aufbewahren kann."[1269] Damit wird auch stillschweigend das ungleiche Eigentum gerechtfertigt. In der Anthropologie Lockes reduzierte sich die Leidenschaftsnatur des Menschen also auf die Gier nach Eigentum, das ein saturiertes Besitzbürgertum anzuhäufen trachtete.[1270] Locke sieht den Naturzustand aber nicht wie Hobbes als das Chaos der Bürgerkriegszeit, sondern als eine durch Privateigentum, Geldwirtschaft, Warentausch und Lohnarbeit strukturierte Gesellschaft.[1271] Der Lockesche Naturzustand darf jedoch, insbesondere unmittelbar vor der Gründung des Staates, nicht als Idealzustand gedacht werden.[1272]

1265 Schlangen 1973: 156.
1266 Locke, in: Möbus ^{2}1966: 361.
1267 Locke ^{2}1977: 202.
1268 Vgl. von Krockow ^{2}1977: 56.
1269 Locke ^{2}1977: 232.
1270 Henningsen, in: Voegelin 1968: 15.
1271 Euchner 1979: 192; Link 1973: 137; Willms 1971: 40.
1272 Euchner, in: Maier u. a. ^{5}1987: 16.

Denn im Naturzustand ist „jeder berechtigt, Übertreter des Naturrechts einerseits in dem Maße zu strafen, als geeignet ist, um seine Verletzung zu verhindern.“[1273] Jeder kann sein Leben, seine Freiheit und sein Eigentum schützen. Diese Notwendigkeit wächst im Laufe der Zeit, vor allem wenn die ökonomischen Unterschiede größer werden, weil die Menschen aus Überfluss und Habgier immer mehr Kapital anhäufen.[1274] Da Selbstjustiz auf die Dauer nicht ausreichte, Rechtsbrecher unter Kontrolle zu halten, kamen die Menschen in einer kritischen Phase des Naturzustandes überein, die ständige Gefährdung von Leben, Freiheit und Eigentum durch die Errichtung einer Staatsgewalt zu beenden.[1275] Dabei arbeitet Locke die Modalitäten des Staatsvertrages nicht klar heraus. Es heißt nur, dass die Menschen ihre natürliche Freiheit aufgeben und sich mit anderen zusammenzuschließen, um sicher und friedlich miteinander zu leben gegenüber allen, die diesem Zusammenschluss nicht angehören.

Auch Locke begründet die Errichtung des Staates also mit den Zwecken der Individuen. Während bei Hobbes (s. Kap. XIV, A, 2) der souveräne Staat als Schutz vor dem gewaltsamen Tode geschaffen wurde, steht bei Locke die Sicherung des Eigentums im Vordergrund. Der Begriff Eigentum wird von ihm allerdings keineswegs einheitlich bestimmt; zuweilen sind darin materieller Besitz, körperliche Unversehrtheit und freie Religionsausübung zusammengefasst,[1276] „manchmal ganz eindeutig nur Güter und Boden.“[1277] Dabei drängt sich verschiedenen Autoren der Eindruck auf, nicht die Erhaltung des Eigentums, sondern die Erhaltung des ungleichen Eigentums und eine staatlich gesicherte Entfaltung des Strebens nach individueller Aneignung seien die eigentlichen Aufgaben, die Locke dem Staate zuweist.[1278]

Zur Sicherung des Eigentums wird aber auch ein Riegel vorgeschoben: durch das Recht[1279] (Gesetzgebung, Rechtsprechung und Vollstreckung des Richterspruchs). Wenn die Staatsgewalt das Eigentum der Bürger schützen und die Rechtsunsicherheit des Naturzustandes überwinden soll, dann muss sie begrenzt sein. „Die Mutter des liberalen Rechtsstaates heißt also Misstrauen, Misstrauen gegen den Machthaber.“[1280] Locke will die Kontrolle und Begrenzung staatlicher Herrschaft durch Gewaltenteilung verwirklichen. Die politische Gesellschaft nach dem Naturzustand verfügt über zwei wesentliche Gewalten. „Die eine ist die *legislative*, die bestimmt, wie die Kräfte eines Staates zur Erhaltung der Gesellschaft und ihrer Glieder genutzt werden sollen. Die andere, die *exekutive*, sichert die Vollstreckung der festgelegten Gesetze im Innern. … In jeder gemäßigten Monarchie

1273 Locke, in: Möbus ^{2}1966: 362.
1274 Opitz, in: Voegelin 1968: 143.
1275 Reinhard, in: Fenske u. a. 1988: 325.
1276 Döhn, in: Neumann 1995: 122.
1277 Macpherson 1973: 279.
1278 Opitz, in: Voegelin 1968: 142; Macpherson 1973: 249, 261.
1279 Döhn, in: Neumann ^{2}1998: 171.
1280 Zippelius ^{6}1989: 123.

und in allen guten Regierungen überhaupt müssen legislative und exekutive Gewalt in verschiedenen Händen liegen. Dafür spricht schon ein praktischer Grund: Die Exekutive muss fortwährend vorhanden sein, um die Gesetze zu vollstrecken; dagegen braucht die Legislative nicht unausgesetzt zu bestehen, weil ja nicht immer Gesetze geschaffen werden müssen ...“[1281] „Die Legislative ... ist die *höchste* Macht, sie ist geheiligt ... Die exekutive Gewalt ist ... untergeordnet. ... Das Wohl der Gesellschaft verlangt, dass viele Angelegenheiten *dem freien Ermessen* desjenigen überlassen bleiben, der die exekutive Gewalt innehat ...“[1282] In der damaligen Zeit wirkte der Souverän als King in Parliament an der Gesetzgebung mit. Er ist also eingebunden, „er untersteht den mit seiner Zustimmung erlassenen Gesetzen der Legislative.“[1283] Der Exekutive obliegt es auch, die Legislative einzuberufen.

Die Gewaltenteilungslehre von Locke, die im Grunde nur zwei Gewalten kennt, ist noch recht rudimentär. Aber es wird bereits ein System von Gewichten und Gegengewichten zwischen den wichtigsten Gewalten gedacht. Da die Krone an der Legislative beteiligt ist, kann sie zu nichts gezwungen werden, dem sie nicht zustimmt. Die Legislative kann wiederum durch das Steuerbewilligungsrecht verhindern, dass die Exekutive eine aufwendige Politik betreibt, die den Interessen der Bürger zuwiderläuft.[1284] Demgegenüber hatte Hobbes noch für einen autoritären Souverän plädiert, gegen den es praktisch kein Widerstandsrecht gibt.

Bei Locke verwirken Legislative und Exekutive ihren Herrschaftsanspruch, wenn sie dem Schutz von Leben und Eigentum der Bürger zuwider handeln. Dies ist in der Regel dann der Fall, wenn sie Gesetze verletzen, z. B. in das Leben und Eigentum des Einzelnen eingreifen. Auch dann, wenn die Exekutive versucht, ohne die Legislative Gesetze zu machen, oder wenn die Exekutive die Legislative am Zusammentritt hindert, wird der Herrschaftsanspruch in Frage gestellt. In diesen Fällen besteht ein Widerstandsrecht. Dabei bleibt allerdings offen, wie die Absetzung der Legislative oder Exekutive erfolgen kann. Denn den geregelten Weg kann sich Locke nicht vorstellen. Vielmehr ist wohl daran gedacht, dass das durch langen Machtmissbrauch gereizte Volk gegen seine Oberen kämpft, wobei der oberste Richter im Kampf Gott ist.[1285]

Im Unterschied zu Hobbes geht es Locke nicht vor allem um die Sicherung des menschlichen Lebens, sondern für Locke stellt der Schutz von Leben, Freiheit und privatem Eigentum die Hauptaufgabe des Staates dar. Bringt man die beiden politischen Theorien auf Kurzformeln, dann lässt sich sagen, Hobbes empfehle die autoritäre Herrschaft über das Bürgertum zu dessen Gunsten, Locke die Herrschaft des Bürgertums über sich selbst. Unterschiedlicher Meinung sind Hobbes und Lo-

---

1281 Chevallier [2]1970: 101.

1282 Ebenda: 101 f.

1283 Euchner, in: Maier u. a. [5]1987: 21.

1284 Ebenda: 21 f.

1285 Ebenda: 23.

cke auch über die Frage, ob die Obrigkeit bestimmen kann, was der Einzelne zu glauben habe. Hier meint Locke, dass sich die Obrigkeit nicht einmischen dürfe, weil sie über den richtigen Weg zum Seelenheil selber nicht besser Bescheid wisse als der Einzelne selbst. Deshalb überschreite ein Herrscher seine Vollmacht aus dem Gesellschaftsvertrag, wenn er meine, durch Gesetz vorschreiben zu wollen, was der Einzelne zu glauben habe. Sobald die Obrigkeit in die Glaubensfreiheit des Volkes eingreift, berechtigt dies auch zum Widerstand.[1286]

„Mit dieser … Lehre hat Locke die Glorious Revolution ideologisch gerechtfertigt."[1287] Träger des revolutionären Kampfes war nicht die besitzlose Masse des Volkes, sondern das Bürgertum, dessen für Handel und Gewerbe unerlässliche Sicherheit durch die Politik der Stuarts ständig gefährdet wurde. Für die besitzende Minderheit war seitdem staatliche Macht an die Zustimmung der Machtunterworfenen gebunden, vor allem wenn es sich um Abgaben vom Eigentum (Steuern) handelte. Wie eine Gehorsamsverpflichtung der Besitzlosen zustande kommt, hat Locke nicht aufgezeigt; der Folgerung, dass ein Staat, dessen Aufgabe die Sicherung des Eigentums ist, für alle, die keine Besitztümer haben, nutzlos bleiben muss, ist Locke durch seinen ambivalenten Eigentumsbegriff ausgewichen.

Die Auffassung von Demokratie, die in England bis heute bestimmend geblieben ist, geht auf Locke zurück. Ihre wichtigsten Elemente sind:

- Der Staat hat dem Schutz der Freiheit, dem Wohlergehen und der Rechtssicherheit der Individuen zu dienen.
- Die Regierungsgewalt stellt eine Art Treuhandschaft (trust) dar, die bei schwerer Verfehlung des zugrundeliegenden Auftrags zurückgenommen werden kann.
- Die Ausübung politischer Macht durch eine bestimmte Regierung ist an die Zustimmung einer Mehrheit der Bürger (consent) gebunden.

Die Gewaltenteilungslehre ist bei Locke, der im Grunde nur zwei Gewalten, nämlich die Legislative und Exekutive, kennt, noch wenig entwickelt, wenn man sie mit der Darstellung Montesquieus vergleicht. Aber bereits bei Locke werden wie bei Montesquieu die beiden wichtigsten Gewalten, Legislative und Exekutive, auf die beiden damals mächtigsten gesellschaftlichen Kräfte verteilt.

2. Aufteilung der Staatsgewalt: Montesquieu

Charles-Louis de Secondat, Baron de la Brède et de Montesquieu (1689 bis 1755) nimmt den vom betagten Platon formulierten, von Aristoteles entfalteten und von Polybios tradierten Gedanken der gemischten Verfassung (s. Kap. XIII, C) wieder auf. Sein Modell eines Rechtsstaates, in dem die Vorstellungen Lockes weiter ausgeführt sind, hat für die Verfassungstheorie der westlichen Welt nachhaltige Bedeutung erlangt.

1286 Euchner, in: Maier u. a. ^{5}1987: 24.

1287 Euchner 1973: 28.

Die Lebenszeit von Montesquieu fällt in die Zeit, in der die absolute Monarchie in Frankreich vollendet wurde und dann ihr Niedergang begann. Die Politik von-Ludwig XIV. war auf europäische Hegemonie hin ausgerichtet. Nach dem Spanischen Erbfolgekrieg (1701–1714) zerbrach aber diese Vormachtstellung und der Hegemonieanspruch in Europa. Die Finanz- und Wirtschaftspolitik wurde durch den Merkantilismus bestimmt. Innenpolitisch bedeutete dies eine straffe Zentralisierung der Verwaltung. Die absolute Monarchie entfernte den Adel vom Zentrum der Regierung, bezog ihn aber durch die Berufung in zahlreiche Hofämter unmittelbar in die glanzvolle und kostspielige Repräsentation des Hofes ein. Dabei durfte der Adel fast vollständig die alten Privilegien behalten, vor allem die Grundherrschaft. In Frankreich (s. Kap. VIII, B, 3) lebte die grundbesitzende Oberklasse nicht von den Erträgen einer kommerziellen Landwirtschaft – wie in England (s. Kap. VIII, A, 1), sondern von den Einkünften, die sie aufgrund überkommener Verpflichtungen von der Bauernschaft erpresste. Die Hauptlast der Steuern lag auf Bauern und Bürgern, während Adel und Geistlichkeit davon befreit blieben. Die Vermehrung der Steuereinnahmen des Staates scheiterte an den steuerprivilegierten Schichten. Ein Hindernis bildeten die „Parlamente", die als Gerichtshöfe fungierten und deren Ämter käuflich und vererblich waren. Außer dem Parlament in Paris gab es noch zwölf in der Provinz. Neben der richterlichen Tätigkeit oblag diesen Parlamenten auch die Registrierung und Bekanntmachung der königlichen Gesetzgebung. Da die Generalstände nicht mehr einberufen wurden, übernahmen die Parlamente ihre Rolle als eine Art „ständische Opposition".[1288]

Durch seine Herkunft[1289] war Montesquieu eng mit den Parlamenten verbunden. Sein Großvater hatte das Präsidentenamt im Parlament von Bordeaux inne. Er erbte dieses Amt 1716 von seinem Onkel. Montesquieu gehörte also zum Amtsadel der Parlamentsjuristen. Er hatte vorher eine gründliche Ausbildung in Paris erhalten und dann in Bordeaux Rechtswissenschaften studiert. Durch seinen Eintritt ins Parlament wurde er Mitglied einer mit ausgeprägtem politischen Selbstbewusstsein ausgestatteten Körperschaft, die sowohl ihre Privilegien zäh verteidigte als auch eigenwillige Anschauungen über die französische Verfassung hatte. Zu der Zeit, als der junge Montesquieu seine parlamentarische Tätigkeit begann, lebte der alte Widerstandsgeist dieser Institution gerade wieder auf.[1290] Neben Herkunft und ererbtem Amt hatten vielfältige Erfahrungen in Paris Montesquieu beeinflusst. Wichtig für seine Entwicklung waren auch Reisen nach Italien und vor allem nach England, das er besonders bewunderte. In der Mitte seines fünften Lebensjahrzehnts fasste er dann den Entschluss, seine bisherigen politischen und nationalökonomischen Arbeiten zu einem großen staatstheoretischen Werk zusammenzufassen. Sein Buch „L'Esprit des Lois" erschien 1748 in Genf.[1291]

1288 Falk, in: Maier u. a. ^{5}1987: 46.
1289 S. d. Herdmann 1990: 29.
1290 Falk, in: Maier u. a. ^{5}1987: 45 f.
1291 Falk, in: Maier u. a. ^{5}1987: 50.

Obwohl der Ruhm seines Hauptwerkes „Vom Geist der Gesetze" bis heute vor allem auf seiner Lehre von der Gewaltenteilung beruht, wird man dem politischen Denken und Werk Montesquieus damit keineswegs gerecht. Sein Hauptwerk umfasst einunddreißig Bücher.[1292] Es behandelt „eine Fülle positiver Gesetze aus Geschichte und Gegenwart, aus Europa und aus dem Orient. Insofern erscheint das Werk des Juristen Montesquieu als ein Kompendium der Rechtsvergleichung und der Rechtsgeschichte."[1293]

Montesquieu versucht die Vielfalt der sozialen Phänomene zu verstehen, indem er die Hauptmerkmale zu Typen ordnet. Er fasst die vorher üblichen Kategorien Demokratie und Aristokratie als Republik zusammen, weiterhin unterscheidet er Monarchie und Despotie: „Drei Formen von Regierungen gibt es: die republikanische, die monarchische und die despotische … Republikanisch ist diejenige Regierung, bei der das Volk als Körperschaft beziehungsweise bloß ein Teil des Volkes die souveräne Macht besitzt. Monarchie ist diejenige Regierung, bei der ein einzelner Mann regiert, jedoch nach festliegenden und verkündeten Gesetzen, wohingegen bei der despotischen Regierung ein einzelner Mann ohne Regel und Gesetz alles nach seinem Willen und Eigensinn abrichtet."[1294]

Jede Regierungsform ist in besonderer Weise durch eines der Prinzipien, also spezifische menschliche Leidenschaften, charakterisiert, die politisches Handeln von Menschen prägen:

- die Monarchie durch Ehre, also das Bedürfnis, sich auszuzeichnen und von anderen anerkannt zu werden;
- die Republik (aristokratisch) durch Mäßigung als Folge von Repräsentation bzw. (demokratisch) durch „Tugend als Liebe zur Gleichheit";
- die Despotie durch Furcht, die das politische Handeln der Menschen, insbesondere die natürlichen Zwischengewalten, zusammenbrechen lässt.

Da – wie bei Hobbes – die Leidenschaften spezifische Triebkräfte des politischen Systems sind, muss die Erziehung die künftigen Bürger auf die Leitwerte des jeweiligen Systems ausrichten.[1295]

Die konkrete Gesellschaftsordnung eines Landes lässt sich mit diesen Typen nur beschreiben, wenn „äußere Faktoren wie etwa territoriale Größe, klimatische Verhältnisse und Charakter der Einwohner eines Landes, aber auch Faktoren wie die geschichtliche Entwicklung der Gesetze und ihre Beziehung zu handlungsorientierenden ideologischen Prinzipien" beachtet werden.[1296] So sagt Montesquieu über die Größe des Landes, dass kleine Länder am besten als Republiken, mittlere als Monarchien regiert werden, während Großreiche despotisch organisiert sein müssen, so dass große Monarchien zur Entwicklung in eine Despotie tendieren. Das

---

1292 Chevallier ^{2}1970: 110; s. a. Herdmann 1990: 51 ff.

1293 Falk, in: Maier u. a. ^{5}1987: 51.

1294 Montesquieu 1965: 104.

1295 Reinhard, in: Fenske u. a. 1988: 336.

1296 Schlangen 1973: 163.

Christentum passt seiner Meinung nach besser zur gemäßigten Verfassung, der Protestantismus zur Republik, der Katholizismus zur Monarchie, der Islam hingegen zur Despotie.[1297]

Trotz dieser Differenzierung sind die von Montesquieu vorgestellten Staatsformen weniger das Ergebnis empirischer Studien (wie bei Aristoteles – s. Kap. XIII, C) als Vorstellungen über die Gestaltung der politischen Ordnung in Frankreich: Seine Republik ist keine Republik seiner Zeit, sondern eine Idealisierung der römischen Republik, seine Despotie spiegelt Montesquieus Bild des französischen Absolutismus, seine Monarchie die von ihm gewünschte Situation des eigenen Landes.[1298] Hereth sieht die Schriften Montesquieus vor allem als Kritik am Absolutismus, der Sorge, dass die französische Monarchie in eine Despotie umschlagen könnte.[1299] Die politische Wirklichkeit Frankreichs im 18. Jahrhundert liegt also zwischen Monarchie und Despotie. Die kritische Distanz gegenüber der französischen Monarchie ist vorhanden, seine adelige Herkunft verbietet ihm aber revolutionäre Neigungen. Beides fließt zusammen in einer Theorie politischer Stabilität, die von den bestehenden Verhältnissen ausgeht.

Montesquieu legt die politischen Verhältnisse zugrunde, die er bei einem Aufenthalt in England kennengelernt hatte, rationalisiert sie, vernachlässigt Einzelheiten und gelangt so zu einer idealen Verfassung, die zwischen Beschreibung und Utopie angesiedelt ist. „Die freiheitliche englische Verfassung kennt drei Organe für die drei Kräfte der Gesellschaft, Krone, Volk und Aristokratie. Dabei kommt der letzteren dank ihrer Zwischenstellung zwischen den beiden anderen die ausgleichende Rolle zu, die die Monarchie erst zur gemäßigten und gesetzmäßigen Staatsform macht. Aus ihr rekrutieren sich die sog. ‚Zwischengewalten', die strukturell den Unterschied von Monarchie und Despotie ausmachen."[1300] Aus diesen „Zwischengewalten" kommt Montesquieu. Daher ist es nicht verwunderlich, dass er die Stellung seiner eigenen Kaste verteidigt, also der Parlamentsaristokratie.[1301]

Ziel der Betrachtungen Montesquieus ist die Sicherung der Freiheit. Mit den englischen Klassikern stimmt er darin überein, dass Freiheit nicht durch moralische Qualitäten der Bürger, sondern durch eine angemessene Organisation des Staates gesichert werden kann:[1302] „Die politische Freiheit ist nur unter maßvollen Regierungen anzutreffen. ... Eine ewige Erfahrung lehrt jedoch, dass jeder Mensch, der Macht hat, dazu getrieben wird, sie zu missbrauchen. Er geht immer weiter, bis er an die Grenzen stößt".[1303] Den Missbrauch der Macht verhindert eine Regierungsform, in der verschiedene Gewalten so zum Einsatz gebracht werden, dass eine Gewalt die andere im Zaum halten kann. Um das zu erreichen, übersetzt Montes-

1297 Reinhard, in: Fenske u. a. 1988: 336 f.
1298 Sabine [3]1971: 556 f.
1299 Hereth 1995.
1300 Reinhard, in: Fenske u. a. 1988: 335.
1301 Ebenda: 336.
1302 Sabine [3]1971: 553.
1303 Montesquieu 1965: 211.

quieu die „politische Forderung der Gewaltenkontrolle in ein organisatorisches Schema".[1304] Zunächst nennt er drei Funktionen der Staatsgewalt (gesetzgebende, vollziehende und richterliche Gewalt), die auf drei Machtträger verteilt werden müssen, damit kein Einzelner und keine Körperschaft zu mächtig wird und die Freiheit vernichtet. Mit Gewaltenteilung meint Montesquieu also die prinzipielle Gleichrangigkeit, Trennung und verfassungsrechtliche Zuordnung von Legislative, Exekutive und unabhängiger Rechtsprechung.

Die Legislative soll allein das Steuerbewilligungs- und Gesetzgebungsrecht besitzen. Sie bedarf der Wahl durch das Volk. „In einem freien Staat soll jeder Mensch, dem man eine freie Seele zugesteht, durch sich selbst regiert werden: daher müsste das Volk als Gesamtkörper die legislative Befugnis innehaben. Da dies in den großen Staaten unmöglich ist, und in den kleinen Staaten vielen Nachteilen unterliegt, ist das Volk genötigt, all das, was es nicht selbst machen kann, durch seine Repräsentanten machen zu lassen. ... Stets gibt es im Staat Leute, die durch Geburt, Reichtum oder Auszeichnung hervorragen. ... Ihre Teilnahme an der Gesetzgebung muss daher ihrer anderweitigen Vorrangstellung innerhalb des Staates angemessen sein. Das trifft zu, wenn sie eine Körperschaft bilden, die das Recht hat, Unternehmungen des Volkes auszusetzen, genau wie das Volk das Recht hat, die ihrigen auszusetzen. Auf diese Weise wird die legislative Befugnis sowohl der Adelskörperschaft als auch der gewählten Körperschaft der Volksvertreter anvertraut. Jede hat ihre Versammlungen und Abstimmungen für sich, sowie getrennte Gesichtspunkte und Interessen".[1305] Die Freistellung der Judikative von den Direktiven der Exekutive bedeutet einen entscheidenden Schritt Montesquieus über Locke hinaus.[1306] Die Gerichte müssen, da ihre Urteile den der Willkür ausgesetzten Einzelnen treffen, unabhängig, aber an das Gesetz gebunden sein. Der Monarch hat ein Vetorecht gegenüber der Legislative; die Legislative kontrolliert die Ausführung der Gesetze.

Die politischen Funktionen Exekutive, Judikative und Legislative werden den in der französischen Politik z. Zt. Montesquieus wirksamen Kräften zugewiesen: dem König, dem Adel und dem Bürgertum, soweit es in seiner ökonomischen Bedeutung nicht mehr zu übersehen ist und in das bestehende Herrschaftssystem eingebaut werden kann. Dazu entwirft Montesquieu politische Mechanismen, die ein Übergewicht des Bürgertums verhindern. Sein Konstitutionalismus ist weniger fortschrittlich im Sinne revolutionärer Ideen als vielmehr modern im Sinne der Ausbalancierung einer bestimmten geschichtlichen Situation.[1307]

Die Formulierungen Montesquieus, oberflächlich orientiert an der Situation im britischen Regierungssystem und der Situation im eigenen Land, waren wesentlich für die Entwicklung des verfassungspolitischen Denkens im bürgerlichen Staat.

1304 Zippelius [6]1989: 125.

1305 Montesquieu 1965: 215, 217.

1306 Schwan/Schwan in: von Beyme u. a. 1987, I: 49.

1307 Willms 1971: 47.

Montesquieus Werk wurde in fast alle Sprachen übersetzt und erlangte damit maximale Verbreitung.[1308] Als Ursache für die große Wirkung nennt Schlangen, dass diese Konzeption nicht nur den besonderen Interessen des französischen Adels entsprach, sondern auch als Konzeption der Freiheitssicherung durch die vom Gleichgewicht der gesellschaftlichen Kräfte beschränkte staatliche Machtausübung auf die bürgerliche Gesellschaft übertragbar war.[1309] Zunächst wurde das Prinzip der Gewaltenteilung in den Vereinigten Staaten verwirklicht. Die konstitutionelle Monarchie nach dem Entwurf Montesquieus war aber auch ein bedeutsames Modell für die deutsche Verfassungsentwicklung im 19. Jahrhundert. Schon die Herkunft dieses Prinzips aus dem politischen Denken des Aristokraten Montesquieu zeigt, dass Gewaltenteilung keineswegs ein Beweis für demokratische Politik sein muss.[1310] Dennoch wird diese Auffassung zuweilen vertreten, zumindest dem Prinzip der horizontalen Gewaltenteilung (s. Kap. VII, B, 3, a) allgemeine Gültigkeit zugesprochen.

Literatur

(Im **Fettdruck** besonders wichtige Titel zum Thema des Kapitels)

Bergsträsser, Arnold/Oberndörfer, Dieter (Hrsg.) (1962): Klassiker der Staatsphilosophie, Ausgewählte Texte, Stuttgart.

Chevallier, Jean-Jacques (1970): Denker, Planer, Utopisten. Die großen politischen Ideen, Frankfurt a. M., 2. Aufl.

Döhn, Lothar (1995/1998): Liberalismus – Spannungsverhältnis von Freiheit, Gleichheit und Eigentum, in: Neumann, Franz (Hrsg.): Handbuch Politische Theorien und Ideologien 1, Opladen, S. 107–178, 2. Aufl., S. 159–234.

Druwe, Ulrich (1995): Politische Theorie, Neuried, 2. Aufl.

Euchner, Walter (1973): Egoismus und Gemeinwohl, Frankfurt a. M.

Euchner, Walter (1979): Naturrecht und Politik bei John Locke, Frankfurt a. M.

Euchner, Walter (1987): Locke (1632–1704), in: Maier u. a., S. 9–26.

Falk, Berthold (1987): Montesquieu (1689–1755), in: Maier u. a., S. 45–57.

Fenske, Hans u. a. (1988): Geschichte der politischen Ideen, Frankfurt a. M.

Fetscher, Iring (1978): Großbritannien. Gesellschaft – Politik – Wirtschaft, Frankfurt a. M., 3. Aufl.

Henningsen, Manfred (1968): Zum englischen politischen Denken im 17. Jahrhundert, in: Voegelin, S. 7–16.

Herdmann, Frank (1990): Montesquieurezeption in Deutschland im 18. und 19. Jahrhundert, Hildesheim u. a.

Hereth, Michael (1995): Montesquieu zur Einführung, Hamburg.

1308 Chevallier ^{2}1970: 144.

1309 Schlangen 1973: 116.

1310 Willms 1971: 47.

Hobbes, Thomas (1974): Leviathan. Erster und zweiter Teil, hrsg. von J. P. Mayer, Stuttgart.

Hofmann, Wilhelm (1997): Robert Filmer, in: Stammen u. a., S. 151–153.

Kersting, Wolfgang (1996): Die Politische Philosophie des Gesellschaftsvertrags, Darmstadt.

Krockow, Christian Graf von (1977): Herrschaft und Freiheit, Stuttgart, 2. Aufl.

Link, Jochen (1973): Theorie der Gesellschaft. Kritische und historische Einführung, Starnberg.

Locke, John (1977): Zwei Abhandlungen über die Regierung, hrsg. v. Walter Euchner, Frankfurt a. M., 2. Aufl.

Macpherson, Crawford Brough (1973): Die politische Theorie des Besitzindividualismus. Von Hobbes bis Locke, Frankfurt a. M.

Maier, Hans (1986): Hobbes, in: Maier u. a., S. 266–282.

Maier, Hans u. a. (Hrsg.) (1986): Klassiker des politischen Denkens, Band I, München, 6. Aufl.

Maier, Hans u. a. (Hrsg.) (1987): Klassiker des politischen Denkens, Band II, München, 5. Aufl.

Mayer-Tasch, Peter Cornelius (1965): Thomas Hobbes und das Widerstandsrecht, Tübingen.

Möbus, Gerhard (1964): Die Politischen Theorien von der Antike bis zur Renaissance, Politische Theorien, Teil I, Köln und Opladen, 2. Aufl.

Möbus, Gerhard (1966): Die Politischen Theorien im Zeitalter der absoluten Monarchie bis zur Französischen Revolution, Politische Theorien, Teil II, Köln und Opladen, 2. Aufl.

Montesquieu (1965): Vom Geist der Gesetze, hrsg. v. Kurt Weigand, Stuttgart.

Münkler, Herfried (1990): Einleitung, in: Münkler, S. 15–47.

Münkler, Herfried (Hrsg.) (1990): Niccolo Machiavelli, Frankfurt a. M.

Münkler, Herfried (1996): Niccolo Machiavelli. Gedanken zu zwischenstaatlichen Beziehungen, in: Bellers, Jürgen (Hrsg.): Klassische Staatsentwürfe, Darmstadt, S. 37–55.

Nitschke, Peter (1997): Niccolo Machiavelli, in: Stammen u. a., S. 297–305.

Nitschke, Peter (2000): Politia, Politica und La Republique: Der Politikbegriff der Prämoderne, in: Lietzmann, Hans J./Nitschke, Peter (Hrsg.): Klassische Politik, Opladen, S. 147–160.

Opitz, Peter J. (1968): Thomas Hobbes, in: Voegelin. S. 47–81.

Opitz, Peter J. (1968): John Locke, in: Voegelin, S. 127–145.

Reinhard, Wolfgang (1988): Vom italienischen Humanismus bis zum Vorabend der Französischen Revolution, in: Fenske u. a., S. 241–376.

Sabine, George H. (1971): A History of Political Theory, London, 3. Aufl.

Schlangen, Walter (1973): Demokratie und bürgerliche Gesellschaft, Stuttgart u. a.

Schmitt, Eberhard (1986): Machiavelli, in: Maier u. a., S. 165–180.

Schwan, Alexander/Schwan, Gesine (1987): Der normative Horizont moderner Politik I, in: von Beyme, Klaus u. a. (Hrsg): Politikwissenschaft, Band I, S. 36–78.

Stammen, Theo u. a. (Hrsg.) (1997): Hauptwerke der politischen Theorie, Stuttgart.

Voegelin, Eric (Hrsg.) (1968): Zwischen Revolution und Restauration. Politisches Denken in England im 17. Jahrhundert, München.

Waschkuhn, Arno (1998): Demokratietheorien: Politiktheoretische und ideengeschichtliche Grundzüge, München und Wien.

Willms, Bernard (1970): Die Antwort des Leviathan. Thomas Hobbes' politische Theorie, Neuwied und Berlin.

Willms, Bernard (1971): Die politischen Ideen von Hobbes bis Ho Tschi Minh, Stuttgart.

Zippelius, Reinhold (1989): Geschichte der Staatsideen, München, 6. Aufl.

Kapitel XV: Bundesstaat und Demokratie

Locke und Montesquieu haben mit ihren Vorstellungen zur Gewaltenteilung die Ausgestaltung des politischen Systems der USA (s. Kap. VIII, A, 2) wesentlich beeinflusst. Die nach der Kolonialherrschaft entstehende Republik weißer Siedler hatte aber auch mit den bereits bestehenden staatlichen Organisationsformen zu rechnen. Die einzelnen Kolonien wollten ihre Selbständigkeit nicht ohne Weiteres aufgeben. Daher war es nur konsequent, dass die Gründungsväter der amerikanischen Republik der horizontalen Gewaltenteilung eine weitere Form hinzufügten: Ihre Bemühungen mündeten in einem föderativen Kompromiss (s. Kap. VII, B, 3) anstelle einer einheitsstaatlichen Lösung. Die Begründung für den damals neuartigen Bundesstaat enthalten die Federalist Papers.

Der bürgerliche Staat war zwar unzweifelhaft Rechtsstaat, ob er auch schon als demokratischer Staat bezeichnet werden konnte, ist eine andere Frage. Angesichts der unterschiedlichen Mitwirkungsmöglichkeiten der Bevölkerung, die noch im gesamten 19. Jahrhundert überwiegend an das Eigentum gebunden waren und in manchen liberal-demokratischen Systemen noch im 20. Jahrhundert an Geschlecht und Hautfarbe, muss diese Frage eindeutig verneint werden. So ist es nicht verwunderlich, dass sich politische Denker fanden, die bereits zu Zeiten der sich herausbildenden bürgerlichen Gesellschaft und des damit verbundenen Kapitalismus eine Fundamentalkritik an den Herrschaftsformen formulierten. Diese Denker haben dann wiederum andere dazu angeregt, eine Verbindung zwischen Rechtsstaat und Demokratie, zwischen Freiheit und Gleichheit zu entwickeln.

A) Bundes-Republik als Innovation: Federalist Papers

Die Gründung der USA und die Ausarbeitung der noch heute geltenden Verfassung waren keineswegs automatische Folgen des erfolgreich bestandenen Unabhängigkeitskrieges gegen die britische Kolonialmacht, der von den Amerikanern selbst als amerikanische Revolution bezeichnet wird. Die amerikanische Revolution brachte aber keine fundamentalen Veränderungen der Gesellschaftsstruktur. Ihr Haupteffekt war die Vereinigung der Kolonien zu einer politischen Einheit und deren Trennung von England. Die erfolgreiche Anwendung republikanischer, föderativer und konstitutioneller Regierung für ein nach europäischen Maßstäben riesiges Staatsgebiet muss aber auch heute noch als bedeutsames Ergebnis gewürdigt werden.[1311] Auch hat die amerikanische Revolution keine glänzenden philosophischen Entwürfe hervorgebracht. Ihre „Bedeutung für die Geschichte der politischen Ideen liegt in der erfolgreichen Synthese in praktischer Absicht, einer Synthese verschiedener Strömungen des europäischen Denkens, ...“[1312] „Das intellektuelle Instrumentarium zum konkreten Verständnis sozialer und politischer Phänomene stammt aus der klassischen Literatur der Griechen und Römer und aus dem politischen Denken der Neuzeit.“[1313]

Die Federalist Papers wurden von Mitgliedern der intellektuellen Elite der kürzlich unabhängig gewordenen Kolonien geschrieben. Deren Angehörige waren nicht Adelige, sondern Eigentümer von Produktions- und Handelskapital; denn gemeinsam war den Kolonien, dass ihnen die klassischen Merkmale der Feudalgesellschaft (also eine grundbesitzende Oberklasse und eine durch Rechtsnormen unterworfene Bauernschaft) fehlten. Die Autoren, der spätere Finanzminister Alexander Hamilton (1757–1804), der die meisten Aufsätze beitrug, der spätere Oberste Bundesrichter John Jay (1745–1829) sowie der spätere Außenminister und Präsident James Madison (1751–1836) publizierten zunächst unter dem gemeinsamen Pseudonym Publius. Ihre 85 Aufsätze erschienen zwischen Oktober 1787 und August 1788 in drei New Yorker Zeitungen, später unter dem Titel „The Federalist“ als Buch.

Unter dem überragenden politischen Einfluss der Engländer hatten sich die Kolonien politische Institutionen gegeben, an deren Spitze ein von der Krone bestellter Gouverneur stand. Die Bevölkerung wurde durch eine gewählte Versammlung vertreten und es gab ein hohes Maß an örtlicher Selbstverwaltung.[1314] Die einzelnen Kolonien arbeiteten als Konföderation nur locker zusammen. Als entscheidende Integrationsformel hatte sich zwar bewährt, dass sich die Kolonien dagegen wehrten, die Schulden Großbritanniens aus dem Siebenjährigen Krieg (1756–63) bezahlen zu müssen, ohne dass sie ein Recht hatten, dabei mitzubestimmen. Nach der Aufforderung durch den Kontinentalkongress änderten die Kolonien ihre alten Verfassungen: Die bisher durch die englische Krone kontrollierte Exekutive wurde durch einen vom Volk gewählten Gouverneur ersetzt. Weiterhin setzten sich bestimmte Formen der Machtbeschränkung durch, wie Befristung der Amtszeit, Beschränkung der Wiederwahl, gegenseitige Kontrolle der Regierungsinstitutionen und Zweiteilung der gesetzgebenden Versammlung.[1315] Damit wurden wesentliche Prinzipien bereits in den Kolonien angewandt, die später in die Bundesverfassung Eingang fanden. Der von den ehemaligen Kolonien gebildete Staatenbund war allerdings politisch wenig handlungsfähig, weil viele Staaten mit ihren Beiträgen zur

1311 Adams 1973: 21 f.

1312 Reinhard, in: Fenske u. a. 1988: 366.

1313 Gebhardt, in: Maier u. a. [5]1987: 59.

1314 Berber [2]1978: 259.

1315 Adams 1973: 248.

Bundeskasse in Verzug gerieten. Weiterhin bedurften die Wirtschafts- und Handelspolitik und die Verteilung der von England abgetretenen („unbesiedelten“) Gebiete bis zum Mississippi gemeinsamer Regelungen. Unter diesen Bedingungen waren Gläubiger von Staatsanleihen, Unternehmer aus Schifffahrt und Gewerbe sowie Personen mit Landansprüchen im (mittleren) Westen (Bodenspekulanten) daran interessiert, eine politische Neuorientierung voranzubringen.[1316] Anliegen der Autoren der Federalist Papers war es, eine Reform der Konföderation, die auf eine Stärkung der Zentralgewalt hinauslief, durchzusetzen. Gleichzeitig sollten die Argumente der Reformgegner, der Anti-Federalists, zurückgewiesen werden.[1317] Einer der prominentesten Einwände gegen die Union berief sich auf die plebiszitär-demokratische Auffassung des Republikanismus in Verbindung mit Montesquieus These, dass die „Demokratie“ nur für Territorial überschaubare, „kleine Staaten“ geeignet sei. Daher umfasst die Verteidigung der Unionsverfassung sowohl eine Rechtfertigung des Repräsentationsprinzips, eine Rechtfertigung der Union sowie den Nachweis der Bewahrung der bürgerlichen Freiheit *trotz* Repräsentation.[1318]

Madison bearbeitete die Grundfragen staatlicher Organisation (insbesondere die Gewaltenteilung und das Repräsentationsprinzip);[1319] Hamilton beschäftigte sich vor allen Dingen mit dem Versagen der Konföderation und entwickelte das bundesstaatliche Prinzip.[1320] Die wichtigste Aufgabe der neuen Verfassung war für alle drei Autoren die Sicherung der durch Auswanderung und Unabhängigkeitskrieg gewonnenen Freiheit. Bedroht sahen sie die Freiheit durch eine unterdrückende Herrschaft der Mehrheit, durch Auseinandersetzungen zwischen den Staaten und der Union und durch Kriege mit anderen Nationen.[1321]

Die politischen Institutionen werden von „Publius“ durch die Natur des Menschen begründet, da Menschen ihr Verhalten viel eher von Leidenschaften und unmittelbaren Interessen beeinflussen lassen als von allgemeinen und ferner liegenden Erwägungen rationaler Politik, Nützlichkeit oder Gerechtigkeit.[1322] Jene werden als Ordnungsstörung der Gesellschaft angesehen. Besitztrieb in verschiedenen Ausprägungen, unterschiedliche religiöse Meinungen, die Abhängigkeit von verschiedenen Führern habe die Menschheit nach und nach in verschiedene Parteien eingeteilt, die eher zu Auseinandersetzungen als zur Zusammenarbeit neigten. Hauptquelle der Auseinandersetzung sei dabei die ungleiche Verteilung des Eigentums.[1323] Die politischen Institutionen der Republik sollen daher bewirken, dass die menschlichen Fähigkeiten durch genau umschriebene staatsbürgerliche und religiöse Rechte verwirklicht werden, die Leben, Freiheit und Eigentum sichern.

1316 Beard 1974: 205 f., 382 f.

1317 Gebhardt, in: Maier u. a. [5]1987: 59.

1318 Chwaszcza, in: Lietzmann/Nitschke 2000: 165; s.a. Burgess 2006: 198 f.

1319 Dahl 1976: 4 ff.

1320 Reinhard, in: Fenske u. a. 1988: 371 f.

1321 Oppen-Rundstedt 1970: 46.

1322 Hamilton u. a. 1958: 54.

1323 Ebenda: 74.

Vor diesem Hintergrund prüft der Federalist den Verfassungsentwurf. Dabei sind die innere Organisation mit Gewaltenteilung und wechselseitigen Hemmungen und Gegengewichten, die Repräsentation des Volkes durch die gewählten Abgeordneten und die Ausdehnung der Organisation auf ein großräumiges Territorium hervorzuheben. Besonders wichtig ist die Begründung eines neuartigen Modells eines Bundesstaates.

Im Hinblick auf die Organisation der Bundesgewalt übernahmen die Anhänger der neuen Verfassung Begriffe und Argumente mit Vorliebe aus den Ausführungen Montesquieus, aber auch aus der klassischen, in verschiedenen Varianten überlieferten Lehren von der gemischten Verfassung. Das Leitbild der „gemischten Verfassung" als Mittel der Machtkontrolle durch Gleichgewicht findet seinen Niederschlag im Prinzip der Gewaltenteilung, genauer gesagt in „Hemmungen und Gegengewichten" (checks and balances). Nur dadurch, „dass die Personen, welche die einzelnen Zweige verwalten, die notwendigen verfassungsmäßigen Mittel besitzen und ein persönliches Interesse daran haben, sich den Übergriffen der anderen Zweige zu widersetzen" könne sichergestellt werden, dass keine Tyrannis eines Einzelnen entstehe oder die Legislative ihren Wirkungskreis zu sehr ausdehne.[1324] Die einzelnen Teile der Regierung müssten so gestaltet werden, dass sie kraft ihrer gegenseitigen Beziehungen sich selbst an dem ihnen zukommenden Platz erhalten. Dies soll vor allen Dingen den einzelnen Bürger vor zu viel Staatstätigkeit schützen, ihn andererseits aber auch vor willkürlichen Eingriffen, nicht zuletzt in das Eigentum, bewahren.

Publius war sich sicher, dass der Fortbestand der Unabhängigkeit und die wirksame Vertretung der amerikanischen Interessen nur durch den Übergang vom Staatenbund zum Bundesstaat erreicht werden könne. „Wir müssen die Autorität der Union auf den einzelnen Bürger selbst erstrecken, der das einzige wahre Objekt einer Regierung darstellt."[1325] Die einzelnen Staaten wurden in dieser Vervollkommnung der Union als politische und gleiche Gesellschaften vorgesehen. Eine gänzliche Unterordnung der Einzelstaaten war schon deshalb eine Illusion, weil es entschiedene Gegner einer Bundes-Republik gab. Der komplexe Gegenstand wurde so zusammengefasst: „Die vorgeschlagene Verfassung ist … genaugenommen weder eine nationale noch eine föderative Verfassung, sondern eine Verbindung beider. In ihren Grundlagen ist sie föderativ und nicht national; in Bezug auf die Quellen, aus denen sich die Machtbefugnisse der Regierung herleiten, ist sie teils föderativ, teils national; in der Auswirkung dieser Machtbefugnisse ist sie national, und nicht föderativ; hinsichtlich der Ausdehnung des Wirkungsbereiches der Machtbefugnisse ist sie dagegen föderativ und nicht national; und in bezug auf die autoritative Methode der Einführung von Abänderungen ist sie weder eindeutig föderativ noch eindeutig national."[1326]

1324 Federalist Nr. 51: 295; aus: Gebhardt, in: Maier u. a. [5]1987: 76 f.

1325 Hamilton u. a. 1958: 102.

1326 Ebenda: 226.

Trotz vieler Unklarheiten ist damit eine entscheidende Neuerung kreiert worden: der moderne Bundesstaat. „Die Bundesgewalt ist bürgerunmittelbarer geworden, sie existiert nicht mehr nur durch Vermittlung der Einzelstaaten und ist damit nicht mehr von deren gutem Willen abhängig, denn sie leitet sich unmittelbar von der Gesamtnation her. Ihre Gesetze gelten für alle Bürger vor denen der Teilstaaten. Sie hat ihre eigenen, direkt beim Bürger erhobenen Einnahmen und besitzt die Vollmacht, alle nötigen Gesetze und Maßnahmen zu erlassen, wobei Bundesrecht Landesrecht bricht“.[1327]

Das allgemeine Prinzip, dass sich die Autorität der Union oder der „Bundes-Republik“ aus der Gesellschaft herleitet, wird dadurch bewirkt, dass das föderative Prinzip mit dem repräsentativen Prinzip verschränkt wird. Kann durch das föderative Prinzip ein großräumiger Nationalstaat organisiert werden, so können durch das Prinzip der Repräsentation die Vorteile der antiken Demokratie bewahrt werden. Die Repräsentation ist ein „Substitut für ein Treffen der Bürger in Person.“[1328] Repräsentation ermöglicht die räumliche Ausdehnung, die ihrerseits eine wünschenswerte und hilfreiche Auffächerung der Interessen zur Folge hat.

Da die Menschen unterschiedliche geistige, religiöse und besonders sozio-ökonomische Interessen haben und diese unterschiedlich aktualisiert werden, ist es für Publius natürlich, dass es unterschiedliche Gruppen von Bürgern, also „Faktionen“ gibt, die ein gemeinsamer Impuls oder ein gemeinsames Interesse vereinigt. Durch die räumliche Ausdehnung und die zivilisatorische Fortentwicklung der sozial und wirtschaftlich differenzierten „Bundes-Republik“ wird die Zahl der unterschiedlichen Gruppierungen größer. Dies mindert die Gefahr von unterdrückenden Mehrheiten und zerstörerischen Cliquen. Es ist dann weniger wahrscheinlich, dass innerhalb der Gesamtheit eine Majorität durch ein gemeinsames Motiv vorangetrieben wird und einen Beweggrund hat, Rechte anderer Bürger anzutasten. Die Sicherheit religiöser und bürgerlicher Rechte wird also im Falle der Multiplizität der Interessen besser gewahrt. Gleichzeitig lassen sich radikale Tendenzen abschwächen und ungefährlich machen, und die Bildung einer freien, kompetenten Regierung wird möglich.[1329] Die Repräsentation wird zudem als Medium dienen, Herrscher zu bestellen, die weise genug sind, um zu erkennen, was dem Gemeinwohl der Gesellschaft am besten dient und tugendhaft genug sind, um dieser Erkenntnis entsprechend zu handeln.[1330]

Wesentlicher Bestandteil des durch die Federalist Papers vorbereiteten Verfassungskompromisses ist es also, eine Teilung der Souveränität zwischen den weiterbestehenden Einzelstaaten und dem neu zu organisierenden Bund zu finden. Das hier gefundene Prinzip des Föderalismus ermöglicht es, die Union der ehemaligen Kolonien gleichzeitig „national“ und „föderativ“ zu organisieren. Die Verfassung

1327 Reinhard, in: Fenske u. a. 1988: 372.

1328 Hamilton u. a. 1958: 323.

1329 Gebhardt, in: Maier u. a. ^{5}1987: 73; Oppen-Rundstedt 1970: 62.

1330 Hamilton u. a. 1958: 323.

will politisch den geschlossenen Nationalstaat, eine Nation von Bürgern unter einer mit eigener Souveränität ausgestatteten Bundesregierung. Diese Bundesregierung soll aber wiederum nicht so stark sein, dass oligarchische Neigungen führender Politiker und willkürliche Eingriffe, insbesondere in das Eigentum einzelner Bürger, möglich sind. Daher wird die Gewaltenteilung zwischen dem Präsidenten, den beiden Kammern der Volksvertretung und der Gerichtsbarkeit vorgesehen. Neben die horizontale Gewaltenteilung tritt die vertikale Gewaltenteilung zwischen Bund und Einzelstaaten zu einer die Rechte der Bürger sichernden Einheit.

In der liberalen Tradition verortet ist die Vorstellung, dass die Freiheit des Einzelnen vor allen Dingen durch die Staatstätigkeit beschränkt sein könnte. Dementsprechend wurden der neuen Regierung nur die unverzichtbaren Vollmachten übertragen: „Das Steuerrecht, die Kriegsführung, die Regelung des Handels und die Verfügung über das Land im Westen. Durch sie bestand Aussicht, die Staatsgläubiger voll zu befriedigen, den inneren Frieden aufrecht zu erhalten, im Verhältnis zu fremden Staaten Vorteile zu wahren, Gewerbe und Industrie zu schützen und die territoriale Entwicklung der Union in breitem Maße vorwärts zu treiben.“[1331] Die Freiheit des einzelnen sahen Kritiker dagegen durch diese Vorkehrungen noch keineswegs gesichert.

B) Fundamentalkritik des bürgerlichen Staates

Sowohl Rousseau als auch Marx haben mit ihren Gedanken sozialrevolutionär gewirkt, ohne dass sie selbst in die Revolutionen einbezogen waren, die ihre Gedanken vorbereiteten. Dabei sind die Gedankengänge Rousseaus eher ein theoretischer Entwurf, während sich Marx viel stärker an den vorfindbaren gesellschaftlichen Verhältnissen in der damaligen kapitalistischen Entwicklung orientierte. Bei Rousseau steht die Freiheit in der politischen Gemeinschaft im Mittelpunkt der Überlegungen, bei Marx geht es vor allem um die Entwicklungsdynamik, die durch den Kapitalismus ausgelöst wird.

1. Herrschaft des Gemeinwillens: Rousseau

Jean-Jacques Rousseau (1712–1778) wurde in eine Zeit hineingeboren, die bereits das Vernunft- und Fortschrittsvertrauen der frühen Aufklärung verloren hatte.[1332] Als Sohn eines Uhrmachers verbrachte er seine Jugendjahre in der aristokratisch geprägten Republik Genf. Er gehörte also eher zu den Kleinbürgern, einer Gruppierung, die zwar politische Rechte ausübte, aber nicht selbst regierte. Schon als Jugendlicher verließ er Genf, um eine lebenslange Wanderschaft zu beginnen. Durch

1331 Beard 1974: 233.

1332 Maier, in: Maier u. a. ^{5}1987: 80.

eine mütterliche Freundin in Savoyen, bei der er elf Lebensjahre verbrachte, erhielt er Zugang zu Adelskreisen. Er floh dann eines Tages aus diesem Haus und versuchte in Paris, „aus dieser korrumpierenden und korrupten Gesellschaft in ein Dasein als unabhängiger Intellektueller zu emigrieren.“[1333] Dabei entwickelte er einen Hass gegen die Pariser Gesellschaft und die Kultur seiner Zeit. Zunächst in den maßgeblichen Kreisen zu Hause, warf er dann der Aufklärung, der Vernunft und Wissenschaft den Fehdehandschuh hin und zog sich schließlich aufs Land zurück. 1762 erscheinen seine beiden Hauptwerke, die die Summe seiner Pädagogik und seiner Politik enthalten: der „Emile“ und der „Contrat social“. „Die Zeitgenossen haben sie, mit Recht, als einen Bruch mit der Tradition empfunden, als einen Aufruf zur gesellschaftlichen Revolution; überdies hielten sie mit deutlichen Angriffen gegen Hof, Staat und Kirche nicht zurück.“[1334] Es begannen für Rousseau Jahre der Verfolgung und des Herumirrens, bis er schließlich auf dem Landgut eines Verehrers starb.

„Der Mensch wird frei geboren, überall liegt er in Ketten … wie ist es zu dieser Wandlung gekommen?“[1335] Dies sind die berühmten Eingangszeilen des „Contrat social“. Sobald ein Verharren im Naturzustand nicht länger möglich ist, muss eine Gesellschaftsform gefunden werden, die mit der gesamten gemeinsamen Kraft aller Mitglieder die Person und die Habe jedes einzelnen Mitglieds verteidigt und beschützt. Das leistet der Gesellschaftsvertrag. Die wesentlichen Bestandteile bürgerlicher Staatstheorie, Naturzustand und Gesellschaftsvertrag, verwendet auch Rousseau. Sie erfahren aber eine charakteristische Umgestaltung. Weder die natürliche Sozialität der Menschen (Aristoteles), noch die Naturbosheit des Menschen (Hobbes) finden sich bei Rousseau. Nach Rousseau lebt der Mensch zunächst „fast isoliert, bewegt von den vormoralischen und vorrationalen Grundtrieben zur Selbsterhaltung … und zum Mitleid …“[1336] Paarung und Vermehrung der Menschen lassen Güter knapp werden. Dadurch wird die Versorgung schwieriger. Der „Sündenfall“ ist die Arbeitsteilung, weil durch sie der Mensch vom Menschen abhängig wird. Die natürliche Ungleichheit der Talente löst einen ständigen Wettstreit aus, der zwar zum Fortschritt führt, aber die Seelen korrumpiert. Der Selbsterhaltungstrieb degeneriert zur Eigensucht und zum Kampf aller gegen alle. Darunter leiden die Reichen am meisten und überreden daher die anderen zum Gesellschafts- und Herrschaftsvertrag.[1337] Dieser Verwandlung des natürlichen in den bürgerlichen Menschen ist weder ein Ausgleich der (ungleichen) Besitzverhältnisse, noch eine staatsbürgerliche Erziehung vorausgegangen. Aus diesen Mängeln entwickelte sich folgerichtig der zu Zeiten Rousseaus vorfindbare pathologische Zustand der Gesellschaft.

1333 Reinhard, in: Fenske u. a. 1988: 339.

1334 Maier, in: Maier u. a. ^{5}1987: 86.

1335 Rousseau ^{2}1995: 61.

1336 Reinhard, in: Fenske u. a. 1988: 340.

1337 Ebenda: 340 f.

Angesichts dieser Entwicklung stellt sich Rousseau die Frage, wie eine Gesellschaftsform gefunden werden kann, „die mit der ganzen gemeinsamen Kraft die Person und das Vermögen jedes Gesellschaftsmitgliedes verteidigt und schützt und Kraft dessen jeder Einzelne, obgleich er sich mit allen vereint, gleichwohl nur sich selbst gehorcht und so frei bleibt wie vorher.“[1338] Nicht Sicherheit und Eigentum, wie bei Hobbes und Locke, stehen im Mittelpunkt, sondern die Freiheit des Einzelnen. Diese Freiheit wird nun aber gesellschaftlich vermittelt als bürgerliche Freiheit, der Freiheitsbegriff ist also nicht individuell. „Wirkliche Freiheit ist nur möglich, wenn der Wille des Einzelnen und der Gemeinwille zur Deckung gebracht werden können.“[1339] Die Freisetzung des natürlichen Menschen bedeutet nicht Unterdrückung der Freiheit in einer zügellosen Staatsmacht, „sondern im Staat soll der Einzelne gerade frei werden und zu seiner Freiheit kommen.“[1340]

Die einzige legitime Begründung des Staates findet sich in der Übereinkunft aller Glieder, dass eine Gesellschaft konstituiert werden muss. Diese Übereinkunft schließt jeder sozusagen mit sich selbst, indem er sich nur an seinen eigenen Willen bindet.[1341] Durch den Vertrag entsteht also ein kollektiver Körper: „Jeder von uns stellt gemeinschaftlich seine Person und seine ganze Kraft unter die oberste Leitung des allgemeinen Willens, und wir nehmen jedes Mittel als untrennbaren Teil des Ganzen auf.“[1342] „Bürger sind der Körper und die Glieder, die die Maschine in Bewegung, zum Leben und zum Arbeiten bringt, ... das Leben des einen und des anderen bilden das gemeinsame *Ich* für das Ganze, ... der politische Körper ist ... auch ein moralisches Wesen, das einen Willen hat.“[1343] Das Volk überträgt also die Staatsgewalt nicht an einen Dritten, sondern übt sie selbst aus: Das Volk ist der Souverän, die Regierenden sind mit den Regierten identisch. Dabei verwandelt sich jedes Mitglied der politischen Gesellschaft in ein Doppelwesen. Einmal ist es als Staatsbürger unmittelbarer Teil des Souveräns; als isolierter Einzelner, der seinen Privattätigkeiten nachgeht, ist es aber Untertan, allerdings nicht mehr Untertan eines absoluten Herrschers oder einer Parlamentsmehrheit, sondern des allgemeinen Willens (volonté générale). Darunter versteht Rousseau jenen Willen der Gemeinschaft, der aufs Gemeinwohl gerichtet ist. Dieser allgemeine Wille konkretisiert sich in Gesetzen, die von allen und für alle, und das heißt zugleich im Interesse aller, verabschiedet werden.

„Die so entstandene Kollektivperson ist sich selbst gegenüber an keinerlei Grundgesetz gebunden, auch nicht an den Gesellschaftsvertrag, denn niemand kann sich durch Vertrag mit sich selber binden, sondern nur durch Vertrag mit Dritten. Der Bürger aber ist dem Staat gegenüber nie mehr Dritter, sondern stets mit ihm identisch. Umgekehrt kann der Staat der Gesamtheit seiner Angehörigen nie scha-

---

1338 Rousseau 1961: 43.
1339 Krockow ^{2}1977: 108.
1340 Maier, in: Maier u. a. ^{5}1987: 96.
1341 Chevallier ^{2}1970: 150.
1342 Rousseau 1961: 44.
1343 Rousseau ^{2}1995: 15.

den wollen, denn der Gemeinwille kann sich nicht zu sich selbst im Widerspruch befinden.“[1344] Der allgemeine Wille ist nicht einfach eine Summierung einzelner Willensäußerungen. Er ist auch nicht eine Summe der Einzelegoismen, vielmehr ein Interessenausgleich. Allgemeiner Wille bedeutet auch nicht etwa den Willen aller oder den einer Mehrheit. Der allgemeine Wille ist vielmehr immer mit dem Gemeinwohl identisch. „Wer dem Gemeinwillen den Gehorsam verweigert, muss durch den ganzen Körper dazu gezwungen werden. Das heißt nichts anderes, als dass man ihn dazu zwingt, frei zu sein.“[1345]

Die Frage ist nunmehr, wie der allgemeine Wille zustande kommt. Dies bleibt aber letztlich offen.[1346] Einmal bezeichnet Rousseau den allgemeinen Willen als mittlere Resultante aller Willensbekundungen jedes Citoyen: „Nehmt von diesem Willen die Extreme, die sich aufheben, weg, so bleibt als Summe der Differenzen der Gemeinwille.“[1347] An anderer Stelle glaubt Rousseau an die „gesunde Vernunft“ in Volksversammlungen, in denen der allgemeine Wille deutlich hervortritt. „Hätten bei der Beschlussfassung eines hinlänglich unterrichteten Volkes die Staatsbürger keine feste Bindung untereinander, so würde aus der großen Anzahl kleiner Differenzen stets der allgemeine Wille hervorgehen, und der Beschluss wäre immer gut. ... um eine klare Darlegung des allgemeinen Willens zu erhalten, ist es deshalb von Wichtigkeit, dass es im Staate möglichst keine besonderen Gesellschaften geben und jeder Staatsbürger nur für seine eigene Überzeugung eintreten soll.“[1348] Schließlich werden auch Zweifel wach, ob der Allgemeinwille tatsächlich verwirklicht werden kann. „Man müsste Götter haben, um den Menschen Gesetze zu geben!“[1349] Mindestvoraussetzung ist jedenfalls, dass das Volk aufgeklärt und informiert ist und bei seinen Entscheidungen stets das Ganze im Blick behält.

Der Gemeinwille ist für alle verbindlich. Wenn jemand zum Gehorchen gezwungen wird, heißt das nur, dass man ihn zwingt, frei zu sein, und dass er vorher zu sehr von seinen Sonderinteressen bestimmt war. Somit bedeutet die Forderung, dass sich die Minderheit den von der Mehrheit erlassenen Gesetzen beugen muss, Verwirklichung nicht Vergewaltigung der Freiheit. Denn eine Abstimmung über einen Gesetzesvorschlag bedeutet nur, dass festgestellt wird, ob er dem allgemeinen Willen entspricht. „Setzt sich also eine andere Meinung als meine eigene durch, beweist das nur, dass ich mich getäuscht habe und dass das, was ich für den allgemeinen Willen hielt, es nicht war.“[1350] Der allgemeine Wille wird also in einer kollektiven Veranstaltung durch Abstimmung festgestellt. Rousseau lehnt dabei Repräsentativversammlungen, standesgemäße Vereinigungen und Parteien ab. Er glaubt an die Unvertretbarkeit der Souveränität. „Das Volk, das Gesetzen unter-

1344 Reinhard, in: Fenske u. a. 1988: 342.
1345 Rousseau ^{2}1995: 77.
1346 Zur Diskussion s. Kersting 1996: 171 ff.
1347 Zit. nach Reinhard, in: Fenske u. a. 1988: 342 f.
1348 Rousseau 1961: 59.
1349 Maier, in: Maier u. a. ^{5}1987: 99.
1350 Rousseau 1961: 69.

worfen ist, muss auch ihr Urheber sein; nur denen, die sich verbinden, liegt es ob, die Bedingungen der Vereinigung zu regeln."[1351] Konsequent ist auch, dass Rousseau die Teilung der Staatsgewalt ablehnt.

Die Annahme Rousseaus, dass die Teilnahme aller an der Gesetzgebung es ausschließe, dass dadurch irgend jemand unterdrückt werde, weil jeder ein Interesse daran habe, die Gesetzgebung durch Teilnahme für sich selbst akzeptabel zu machen, ist problematisch. Dies mag in kleinen, sozial egalisierten Gemeinschaften gelten. In der Tat ist Rousseaus Konzept der unmittelbaren bürgerlichen Demokratie allenfalls in einem kleinen und unkomplizierten Staat zu verwirklichen, in dem alle Glieder des Souveräns die rechtlichen, außenpolitischen, wirtschaftlichen und technischen Probleme völlig überschauen können. Rousseau selbst nennt auch noch einige wesentliche Bedingungen. Einmal muss das Volk besonders aufgeklärt werden und zum Zweiten gilt es sicherzustellen, dass die soziale Ungleichheit zwischen den Bürgern nicht zu groß wird. Seine Zielvorstellung ist, dass alle etwas und keiner zuviel besitzt. Ähnlich wie bei Aristoteles sollen die Menschen in mittleren Lebensverhältnissen die Bevölkerungsmehrheit bilden.

Kritiker Rousseaus sehen insbesondere die „kleinbürgerlich-egalitäre Adaption der klassischen Politik" als problematisch an, die die gesellschaftliche Entwicklung auf dem Stand kleinbürgerlicher Besitzverhältnisse stabilisieren will. Rousseau konnte damit „zwar den Enthusiasmus intellektueller Wortführer des Kleinbürgertums entzünden, und so zum Gelingen der Revolution – wider Willen – beitragen, nicht aber die Struktur der künftigen staatlichen Ordnung in brauchbarer Weise bestimmen."[1352] Rousseau und Marx treffen sich „in dem Bemühen, der geschichtlichen Möglichkeit politischer Unterdrückung durch die Bildung einer homogenen Gesellschaft ein Ende zu bereiten."[1353]

2. Revolution des Proletariats: Marx

Karl Marx (1818–1883) wurde als Sohn eines angesehenen jüdischen Advokaten geboren. Er studierte zunächst Rechtswissenschaften, später Geschichte und Philosophie. Nach seiner Promotion mit einer philosophie-historischen Arbeit verließ er – auch aus politischen Gründen – die Universität und wurde Chefredakteur der Rheinischen Zeitung in Köln. Es war die Zeit, als die revolutionäre Bewegung wieder in restaurative Beharrung überging. Unter den immer schwieriger werdenden Bedingungen der preußischen Zensur musste Marx 1843 ins Pariser Exil gehen, wurde dann gezwungen, über Brüssel und Frankreich wieder zurück nach Deutschland zu kommen. Ursache war, dass er als Mitglied des Bundes der Kommunisten damit beauftragt worden war, das Manifest der Kommunistischen Partei zu verfassen, das unmittelbar vor Ausbruch der Revolution von 1848 in verschiedenen europäischen Hauptstädten erschien. Auf die Revolution hatte Marx dann

1351 Ebenda.

1352 Fetscher [3]1978: 255.

1353 Mayer-Tasch [2]1976: 102.

durch die Neue Rheinische Zeitung, die er mit Friedrich Engels herausgab, Einfluss. 1849 musste Marx Deutschland wieder verlassen und ging nach London, wo er bis zu seinem Tode blieb. Hier verfasste er auch sein Hauptwerk „Das Kapital". Von dem mehrbändigen Werk konnte Marx nur den ersten Band vollenden, der 1867 erschien. Den zweiten und dritten Band gab Engels aus dem Nachlass heraus.[1354] In seinem Werk kritisiert Marx den Kapitalismus als soziale Institution und macht ihn verantwortlich für die Probleme der bürgerlichen Gesellschaft. Mit seiner Analyse der Produktionsverhältnisse will Marx die Totalität von Staat und Gesellschaft erfassen.

Leitgedanke der Geschichtsphilosophie, des historischen Materialismus, ist der Satz: „Es ist nicht das Bewusstsein der Menschen, das ihr Sein, sondern umgekehrt die Gesellschaft ist Sein, das ihr Bewusstsein bestimmt."[1355] Marx kam es darauf an aufzuzeigen, dass sich die „Bewusstseinsinhalte und -formen der Menschen ... nicht eigengesetzlich entwickeln, sondern letztlich im materiellen Lebensprozess bedingt sind."[1356] Rechtsverhältnisse und politische Strukturen, Ideologie und Religion, künstlerisches Schaffen und philosophische Betrachtung finden ihre Wurzeln stets in den materiellen Lebensbedingungen der Menschen. Über der ökonomisch bedingten Sozialstruktur mit ihrer spezifischen Klassenteilung als Basis erhebt sich ein juristischer und politischer Überbau.[1357]

Ursache für die Klassenteilung sind die Produktionsbedingungen, konkreter: die Arbeitsteilung. „Die Teilung der ... Arbeit ist zunächst ... eine funktionelle, ... Sie wird erst zur Grundlage von Herrschaft und Gewalt, wenn sie zur Teilung von Kopf- und Handarbeit wird."[1358] Aus dieser Teilung entwickeln sich dann die strukturellen Widersprüche. Das Privateigentum an Produktionsmitteln bewirkt, dass die Menschen ihrer Arbeit entfremdet werden. Der arbeitende Mensch kann nicht mehr über das Erarbeitete verfügen, er erhält aber auch von den Eigentümern der Produktionsmittel nicht den ganzen Wert der Arbeit ausgezahlt. Der Mehrwert kann wieder dafür benutzt werden, dass neue Fabrikanlagen errichtet werden, die weitere Arbeiter arbeitslos machen (Verelendungstheorie). Gleichzeitig wird die Zahl derer, die Produktionsmittel besitzen, immer kleiner (Akkumulationstheorie).[1359] Die verschiedenen Klassen, die dadurch entstehen, schaffen das eigentlich bewegende Prinzip. In jeder Gesellschaft stehen sich Unterdrücker und Unterdrückte als These und Antithese des gesellschaftlichen Prozesses gegenüber. Marx war davon überzeugt, dass die Zentralisation der Produktionsmittel und des Kapitals in den Händen von immer weniger Kapitalisten immer wieder zu Krisen führen werde. Diese würden eines Tages einen solchen Grad erreichen, dass dann durch eine Revolution das kapitalistische System gesprengt werde und dabei die Über-

1354 Stammen, in: Maier u. a. [5]1987: 243.
1355 Marx/Engels [7-11]1974–76, I: 92.
1356 Kraiker, in: Neumann [2]2000: 85.
1357 Chevallier [2]1970: 272 f.
1358 Kraiker, in: Neumann [2]2000: 87.
1359 Noack 1973: 80.

nahme des Staates durch das Proletariat erfolgen könne. Dabei errichtet das Proletariat aber keine neue Klassenherrschaft. Vielmehr wird das kapitalistische Privateigentum abgeschafft. An dessen Stelle tritt das gesellschaftliche Eigentum an Produktionsmitteln und die gesellschaftliche Produktion.

Marx war also überzeugt, dass die bürgerliche Gesellschaft zugrunde gehen wird. Die Übernahme der politischen Macht führt aber zunächst zu einem Übergangsstadium: der Diktatur des Proletariats. Dessen wesentliche Aufgabe ist die bedingungslose Ausmerzung aller Reste vorrevolutionärer Lebensformen. Da das Proletariat, die letzte im historischen Prozess entstandene Klasse, eine Gesellschaft sich frei entfaltender Menschen einrichtet, ist das Ziel der historischen Entwicklung erreicht: der Klassenkampf in der Geschichte beendet. Der Staat stirbt ab; es gibt keine Herrschaft von Menschen über Menschen mehr.[1360]

Bis dahin ist allerdings ein weiter Weg zurückzulegen. Im Kapitalismus vollzieht sich die Verwandlung von Geld in Kapital durch Ausbeutung fremder Arbeitskraft „in völliger Übereinstimmung mit den ökonomischen Gesetzen der Warenproduktion und den daraus abgeleiteten Rechtsformen, vor allem dem Eigentumsrecht."[1361] Die „in der Form von Geld versachlichte gesellschaftliche Macht bindet, indem sie ihren Besitzer über fremde Arbeit verfügen hilft und so das ganze System der Produktion und des Austausches ... in Bewegung hält, dieses zu einer ... dynamischen sozialen Struktur zusammen. Sie ersetzt die Ausübung von unmittelbarer politischer Herrschaft."[1362] Obwohl die Aneignung von Mehrwert in völlig gewaltloser Form auf rechtlicher Grundlage erfolgt, bleibt das Kapitalverhältnis seinem Inhalt nach doch ein Gewaltverhältnis.[1363] Daher ist Gegengewalt der Ausgebeuteten zu befürchten. Der bürgerliche Staat muss den Fortbestand des Kapitalismus sichern: Der Einsatz von konzentrierter und organisierter Gewalt unterwirft einerseits das Proletariat der sachlichen Gewalt der gesellschaftlichen Verhältnisse und sichert andererseits die Interessen des Gesamtkapitals durch Ausgleich bei Interessenkonflikten zwischen Einzelkapitalen.

Wichtige Aufgabe des Staates ist also der Schutz des Eigentums durch Gesetz und Polizei, der Schutz der Kapitalisten untereinander, damit sie sich nicht gegenseitig vernichten, Geld- und Währungspolitik sowie die Absicherung und Erschließung des Handelsverkehrs mit dem Ausland. Obwohl der bürgerliche Staat also vorrangig den Interessen der herrschenden Klasse dient, also ein Sonderinteresse verfolgt, kann er sich den Anschein eines Allgemeininteresses geben. Der Staat ist also organisierte Gewalt einer Klasse zur Unterdrückung einer anderen, „moderne Staatsgewalt ist nur ein Ausschuss, der die gemeinschaftlichen Geschäfte der ganzen Bourgeoisklasse verwaltet."[1364] Der konzentrierte und entschlossene Einsatz

---

1360 Matz 1975: 250–438.

1361 Euchner 1973: 237.

1362 Ebenda: 245.

1363 Neumann 1974: 247.

1364 Marx/Engels $^{7-11}$1974–76, III: 61.

der Staatsgewalt reicht aber auf die Dauer nicht aus, um die sich verschärfenden Widersprüche kapitalistischer Produktionsweise zu unterdrücken. Da Konkurrenz und Profitmachen einander widersprechen, verschärfen sich die inneren Widersprüche des Kapitalismus. Der Akkumulationsprozess von Kapital einerseits, die Bildung von Klassenbewusstsein und organisiertes Kampfverhalten des Proletariats andererseits treiben den Klassenkampf auf die Spitze. Die soziale Revolution des Proletariats ist dann die äußerste Zuspitzung der Klassenlage.

Marx erwartete, dass sich die Arbeiterklasse gleichzeitig in mehreren wirtschaftlich fortschrittlichen Ländern die Staatsmacht gewaltsam aneigne. In dieser Hinsicht war die Prognose falsch. Auch die Erwartung von Marx, dass durch die Abschaffung des Privateigentums und des Staates als Unterdrückungsinstrument die Menschen wieder frei werden würden, konnte zumindest in den sozialistischen Systemen nicht vorgeführt werden. Vielmehr wurde die Freiheit dann begrenzt, wenn die Aussagen und die dabei gestellte „Prognose" in Frage gestellt wurden.

Anhänger des marxschen Gedankengebäudes betonen allerdings, dass sich der real-existierende Sozialismus in den sozialistischen Ländern von seinen Grundlagen längst entfernt hatte.[1365] Sie heben hervor, dass die von Marx vorgelegten Überlegungen für die Strukturanalyse der bürgerlich-kapitalistischen Gesellschaft nach wie vor Bedeutung haben: „Steigerung der Produktivität bei gleichzeitiger Abnahme des Anteils menschlicher Arbeit durch Technologisierung, darin und in anderen Marktmechanismen bedingte neue Formen sozialer Ungleichheit und Armut, die strukturellen Begrenzungen des politisch-administrativen Handelns gegenüber dem ökonomischen System, der Wachstumszwang trotz absehbarer ökologischer Folgen und nicht zuletzt auch das von den Kommunitaristen wieder aufgenommene Problem."[1366] Die Probleme von Gleichheit und Freiheit sind in den modernen Gesellschaften immer noch nicht gelöst, obwohl der Druck der Lohnabhängigen durch die Erlangung des allgemeinen Wahlrechts größer wurde. Aber auch die intervenierende Hilfe des Staates war Ausgangspunkt für gesellschaftliche Veränderungen. Dies erkannte bereits der Sozialist Bernstein (1850–1932). Durch ihn kam es zu einer Revision der Zusammenbruchs- und Verelendungstheorie.

C) Zwischen Verfassungsstaat und Demokratie

Kein politischer Denker hat soviel Resonanz in der politischen Wirklichkeit erfahren wie Karl Marx. Gehörten doch die Besitzlosen zu Beginn der bürgerlichen Gesellschaft nicht zu denen, die ein Recht hatten, mitzubestimmen. Noch in der Französischen Revolution hegten die Revolutionäre die Illusion, die Herrschaft des

1365 Kraiker, in: Neumann ^{2}2000: 104 f.
1366 Ebenda: 79 f.

(sich mit der Mehrheit identifizierenden) Kleinbürgertums werde Freiheit, Gleichheit und Brüderlichkeit verwirklichen. Allmählich ließ sich jedoch nicht mehr übersehen, dass durch die bloße Existenz des Proletariats das bürgerliche Modell einer harmonischen Gesellschaft gleichberechtigter, freier und gebildeter Menschen widerlegt wurde. Während Marx eine schonungslose Abrechnung mit dem Kapitalismus vornahm und dadurch revolutionäres Potential unter dem Proletariat schürte, versuchte der Nationalökonom Mill eine Verteidigung und Weiterentwicklung liberaler Positionen. Mit dem für das nachrevolutionäre Denken in Frankreich und den USA bedeutsamen Verhältnis von Freiheit und Gleichheit beschäftigt sich Tocqueville. Am Beispiel des demokratischen Amerika werden die faktischen Auswirkungen der revolutionären Forderungen diskutiert.

1. Allgemeines Wahlrecht: Mill

John Stuart Mill (1806 bis 1873) war von seinem Vater James Mill stark geprägt. Dieser führte den Sohn in die Lehren des Jeremy Bentham ein, der als klassischer liberaler Philosoph die Lehre des Utilitarismus entwickelte. Mill gilt heute als der bedeutendste Exponent des britischen Liberalismus in der Mitte des 19. Jahrhunderts.[1367]

Mill wurde einerseits von bedeutenden Denkern seiner Zeit, andererseits auch von den sozialen und politischen Bewegungen beeinflusst. Aus seiner Jugendzeit brachte er die sozial-ethische Haltung mit: Das nur Nützliche lehnte er ab. Unter dem Eindruck der Lage der arbeitenden Klasse, die nicht weit vom Verhungern entfernt war, vertrat er einen sozial-ethischen Standpunkt. Er erkannte, dass die Lösung sozialer Fragen ebenso wichtig ist wie die politischer.[1368] Dies unterscheidet Mill vom Frühliberalismus mit seinem optimistischen Fortschrittsglauben. Nachdem das Proletariat als potentiell revolutionäre Kraft gelten musste, erschien Mill ein umfassendes Reformprogramm für die kapitalistische Wirtschaft und den bürgerlichen Staat erforderlich.[1369]

Die Hauptwerke Mills sind die Schriften „On Liberty“ (1859) und „Considerations on Representative Government“ (1861). Diese und weitere Schriften entstanden nach Mills Ausscheiden aus der Ostindischen Handelskompanie, der er nach Abbruch seines Jurastudiums angehörte. In „On Liberty“ sucht Mill, den Gefährdungen der individuellen Freiheit durch mehr Mut zur Individualität zu begegnen. Die individuelle Freiheit sei zwar Selbstzweck und letztes Ziel, die Entwicklung der Persönlichkeit habe aber ihre Grenzen in der Schädigung des anderen. Eingriffe in den privaten Bereich seien nur dann erlaubt, wenn es darum gehe, Schaden von anderen abzuwenden. In den Betrachtungen über das Repräsentativsystem fasst Mill seine Überlegungen dazu und zur Demokratie überhaupt zusammen, Überlegungen, die „Enthusiasmus für die demokratische Herrschaftsform mit einem Pes-

1367 Fenske, in: Fenske u. a. 1988: 404.
1368 Rausch, in: Maier u. a. [5]1987: 200 f.
1369 Euchner 1973: 40; Fetscher [3]1978: 69 f.

simismus darüber, was Demokratie eigentlich tun könne, verbinden."[1370] Sein Pessimismus wird durch sich allmählich organisierende Arbeitermassen genährt, deren Programm konsequent auf das allgemeine Stimmrecht, geheime Wahlen und gleiche Wahlkreise abhob. Dahinter stand das Übergewicht einer zahlenmäßigen Mehrheit gegenüber der Schicht des oberen und mittleren Bürgertums. Das liberale Bürgertum schützte sich noch durch einen hohen Zensus bei der Ausübung des Wahlrechts vor den unteren Schichten: Freiheit bedeutete noch die Freiheit einer kleinen, besitzenden Schicht. „Indes, um diese bürgerliche Freiheit zu erreichen, hatte man sich des Gleichheitsarguments bedient – und so standen jetzt liberale Freiheit und bürgerliche (Rechts-) Gleichheit in einer Spannungslage, ..."[1371] Die „Tyrannei der Mehrheit", bewirkt durch die Durchsetzung der Gleichheit, wurde für Mill zu einer Bedrohung. Es galt daher, nicht nur einen Schutz gegen die Tyrannei der Obrigkeit zu installieren, sondern auch gegen die der vorherrschenden Meinungen und Gefühle.

Als beste Regierungsform sieht Mill das Repräsentativsystem an. Das „Repräsentativsystem sei die einzig mögliche Regierungsform in größeren Staaten und die beste Form für alle Völker, die zivilisiert genug seien, es auszuüben."[1372] Mill betont aber, dass es für eine solche Regierung einer innerlich gerüsteten Gesellschaft bedarf: Im Mittelpunkt der Millschen Theorie steht die Erziehung. Nur sie kann einen Staat in seinem Sinn produzieren. Mill ist nicht grundsätzlich gegen die Beteiligung der Arbeiterschaft an der Regierung. Dies erscheint ihm aber nur solange angemessen, wie die Arbeiterschaft noch nicht ein gewisses Bildungsniveau erreicht hat. Die Vermittlung dieses Wissens sieht er als Aufgabe der Oberschicht an. Während Marx also auf den unmittelbaren Übergang der Herrschaft auf die Arbeiter pocht, gesteht Mill dem Proletariat nur die Teilnahme an der Regierung durch Repräsentation zu.

Teilhabe und Kompetenz sind also die beiden Prinzipien, die Mill in der repräsentativen Demokratie als die beiden wesentlichen Aspekte sieht. Nur im Wechselspiel zwischen Teilhabe und Kompetenz ergibt sich für Mill die Möglichkeit, eine gute Regierung zu schaffen, die etwas für die Staatsbürger leistet. Sowohl die Gebildeten als auch die Ungebildeten hätten ihre berechtigten Interessen, letztere das auf Mitwirkung im politischen Prozess, erstere, ihre Freiheit zu erhalten.

Mill war also davon überzeugt, dass der Arbeiterschaft (ebenso wie den Frauen) das Recht auf politische Betätigung, speziell das aktive und passive Wahlrecht, nicht vorenthalten werden könne. Gegen die Folgen einer sofortigen und pauschalen Ausdehnung des Wahlrechts hegte er jedoch Bedenken: Die Gruppeninteressen der Kleinbürger und Arbeiter mussten nach seiner Ansicht den Wettbewerb der Meinungen voll ausgebildeter Individuen, der auch in der Politik zur An-

---

1370 Rausch, in: Maier u. a. ^{5}1987: 201.

1371 Rausch, in: Maier u. a. ^{5}1987: 204.

1372 Ebenda: 211.

näherung an das Vernünftige und Richtige führt, bedrohen.[1373] Damit das allgemeine, gleiche Wahlrecht die Vorherrschaft der aufgeklärten Vernunft nicht gefährden könne, propagierte Mill ein allgemeines, aber nach dem Grad der Bildung abgestuftes Wahlrecht.[1374] Wahlberechtigt dürfe nur sein, wer mindestens Lesen, Schreiben und Rechnen könne. Die allgemeine Verbreitung dieser Techniken sollte durch entsprechende staatliche Bildungseinrichtungen sichergestellt werden. Der allgemeine Unterricht müsse dem allgemeinen Stimmrecht vorausgehen.

Dass „jeder eine Stimme haben soll, und dass jeder die gleiche Stimme haben soll, sind zwei ganz verschiedene Sätze."[1375] Wer gesellschaftlich höherwertige Funktionen ausübe, dem müssten zwei oder mehr Stimmen zur Verfügung stehen, erst recht den freien Berufen und den Inhabern akademischer Grade. Da Arbeiter als potentielle Bürger angesehen wurden, also durch selbst erworbenen Besitz und Bildung ins Bürgertum aufsteigen konnten, schien dieses Konzept langfristig nicht auf eine Diskriminierung des Proletariats hinauszulaufen.

Die Gedanken Mills zum Repräsentativsystem enthalten also eine bereits möglichst vollkommen erzogene Gruppe von Repräsentanten. Aus dieser Gruppe sollen die Bürger die Auswahl für die obersten Staatsämter mitbestimmen. Gleichzeitig werden immer mehr Bürger befähigt, aktiv am Staatsleben teilzunehmen. Das Volk regiert also nicht eigentlich selbst, sondern es behält die letzte Kontrolle in seiner Hand. „Die Bedeutung des Repräsentativsystems besteht darin, dass das ganze Volk, oder ein zahlenmäßiger Teil von ihm, durch periodisch von ihm gewählte Abgeordnete die letzte Kontrollgewalt ausübt, …"[1376]

Mill war also bereit, die Herausforderungen seines Zeitalters anzunehmen. Er wollte durch seine Konzeption auch die Gleichheit aktiv vorantreiben. Gleichzeitig suchte er die politische und gesellschaftliche Freiheit als Element verantwortlichen Handelns sowie den Nutzen individueller Freiheit für die Gesellschaft zu betonen.[1377] Sein Konzept ist insofern überholt, als er die Bedeutung der Parteien übersah und ganz auf eine Honoratiorendemokratie setzte. Mit seinem zentralen Anliegen knüpfte Mill an Tocqueville an. Doch Tocqueville hatte die Bedrohungen durch die Tyrannei der Mehrheit noch viel dramatischer gesehen, als dies bei Mill zunächst der Fall war.

2. Gefahren der Gleichheit: Tocqueville

Der Franzose Alexis de Tocqueville (1805–1859) wurde zunächst durch seine Herkunft aus der Aristokratie stark geprägt. Seine Vorfahren hatten Ämter in der Verwaltung des Ancien Régime inne. Bei Ausbruch der Französischen Revolution kamen sie in erhebliche Schwierigkeiten. Allerdings trennte sich Tocqueville im Lau-

---

1373 Euchner 1973: 39.
1374 Ebenda: 40.
1375 Mill 1971: 127.
1376 Ebenda: 228.
1377 Sabine ^{3}1971: 714 f.

fe seines Lebens von dieser aristokratischen Tradition, indem er die Ehe mit einer Bürgerlichen einging. Er war als Jurist zunächst Richter in der bürgerlichen Monarchie, erlebte dann die Julirevolution des Jahres 1830 mit Skepsis und versuchte dem neuen Bürgerregime, dem er innerlich ablehnend gegenüberstand, dadurch zu entfliehen, dass er sich für einen Amerikaaufenthalt beurlauben ließ. Seine dortigen Erfahrungen legte er in seinem Hauptwerk „Über die Demokratie in Amerika“ (1835) nieder, das ihm Weltruhm eintrug. Er konnte seine Beamtentätigkeit verlassen und sich Jahre später in der zweiten französischen Republik als Politiker engagieren.[1378]

In seinem Buch wollte der Verfasser seinen Lesern ein demokratisches Volk vorführen, „um den Verklärern der Demokratie darzutun, dass ihr Bild mit falschen Farben ausgemalt sei, und um gleichzeitig den Gegnern der Demokratie zu zeigen, dass auch in demokratischen Formen ein Volk regiert werden könne, ohne dass Besitz, Recht, Freiheit und Glaube angetastet würden.“[1379] Die Beobachtungen in Amerika bilden allerdings lediglich den Rahmen für die allgemeine Erkenntnis, dass dieselbe Demokratie, die in Amerika herrscht, in Europa rasch zur Macht gelangt.

Denn Tocqueville sah eine gewaltige, weltweite Umwälzung voraus. Auch die Französische Revolution betrachtete er nicht als ein abgeschlossenes Ereignis, sondern vielmehr als Ausdruck einer unabsehbaren, sich selbst fortsetzenden Revolutionierung aller Verhältnisse. Der Prozess der demokratischen Revolution finde in ihr weder einen sichtbaren Beginn noch ein sichtbares Ende. Der Weg der Umwälzung bestehender gesellschaftlicher Verhältnisse werde auf Gleichheit aller hinauslaufen. Durch Verbindung seiner französischen und amerikanischen Erfahrungen gewann Tocqueville ein Bild „der politischen Kultur in der egalitären Gesellschaft. Unter den Werten, deren Verwirklichung im Staat sie anstrebt, steht nicht die Freiheit, sondern die Gleichheit an vorderster Stelle.“[1380] Da das weltgeschichtliche Prinzip der demokratischen Revolution in Amerika am weitesten vorangeschritten war, wollte Tocqueville dem alten Kontinent die Vor- und Nachteile einer voll entwickelten Volksherrschaft in einem Land ohne Privilegien vor Augen führen. Indem er die gesellschaftliche Wirklichkeit erfasste, versuchte er daraus auch, Perspektiven für die künftige Entwicklung zu erschließen.

Als wesentlichen Inhalt der globalen Umwälzung sah Tocqueville, dass die Gesellschaft in eine auf Gleichheit aller gegründete Gesellschaftsform umgewandelt wird. Alle werden die gleiche Kulturstufe, die gleiche Sprache, die gleiche Religion, gleiche Gewohnheiten und gleiche Sitten haben. Neben der Gleichheit der Lebensbedingungen wird es politische Gleichheit und Abschaffung aller ständischen Privilegien geben. Vor dem Gesetz sind alle gleich. Tocquevilles Befürchtungen gingen nun dahin, dass dieser Prozess, den er „demokratische Revolution“ nannte,

---

1378 Rausch, in: Maier u. a. [5]1987: 193 ff.

1379 Fenske, in: Fenske u. a. 1988: 403.

1380 Freund 1974: 48; s.d. Herb/Hidalgo 2005: 32–39.

vom Gleichheitsgrundsatz ausgehend eine Eigendynamik entwickelt: Die Menschen würden vor allen Dingen die Gleichheit wählen, „weil die Gleichheit eine verständlichere, dem Menschen leichter greifbare Tatsache ist. Politische Freiheit bedarf der Anstrengungen, sie muss mit Opfern erkauft werden; die Gleichheit dagegen ist jedem spürbar und allen zugänglich, ihre Genüsse bieten sich von selbst dar.“[1381]

Durch diese Gleichheit sieht Tocqueville aber die Freiheit gefährdet. Sein Anliegen ist es, die Freiheit zu bewahren. „Als Aristokrat trauert er der Welt nach, die unwiederkommbar im Untergang begriffen ist und deren Geist er doch zu bewahren trachtet.“[1382] Für diese Freiheit will Tocqueville kämpfen. Dabei ist ihm bewusst, dass dies nicht durch Restauration des Vergangenen geschehen kann.

Die Gefahren einer egalitären Gesellschaft wurden von Tocqueville eindringlich dargestellt. Sie führe zur Vereinzelung des Individuums und zum Rückzug aus der Teilnahme am öffentlichen Leben in eine Privatsphäre, die immer mehr entpolitisiert werde: „Der Individualismus ist ein überlegenes und friedfertiges Gefühl, das jeden Bürger drängt, sich von der Masse der Mitmenschen fernzuhalten und sich mit seiner Familie und seinen Freunden abzusondern; nachdem er sich eine kleine Gesellschaft für seinen Bedarf geschaffen hat, überlässt er die große Gesellschaft gern sich selbst ... Mit der fortschreitenden gesellschaftlichen Einebnung wächst die Zahl der einzelnen Menschen, deren Reichtum und Macht zu gering sind, als dass sie einen großen Einfluss auf das Geschick ihrer Mitmenschen ausüben könnten, die jedoch genügend Bildung und Güter erworben oder behalten haben, um sich selber genügen zu können ... Die Gleichheit stellt die Menschen nebeneinander, ohne dass ein gemeinsames Band sie zusammenhält. ... Sie ermuntert sie, nicht an ihresgleichen zu denken, macht aus der Gleichheit eine Art öffentlicher Tugend.“[1383]

Bei zunehmender Gleichheit bestehe die Gefahr, dass die Allmacht der öffentlichen Meinung und die Herrschaft der Mehrheit einen Konformismus begünstigten, in dem der Einzelne verschwinde: Je kleiner und ähnlicher die Bürger würden, desto wehrloser lieferten sie sich der großen Zahl aus. „Die Mehrheit verlangt, dass der Einzelne sich ihrem Urteilsspruch beugt, will er nicht als Sonderling oder Außenseiter der Gesellschaft betrachtet werden. Auf diese Weise wird öffentliche Meinung zur tyrannischen Allmacht, ...“[1384] Die Gleichheit entartet also zur Diktatur der öffentlichen Meinung. Die Allgewalt der Mehrheit werde zu einer Fehler- und Gefahrenquelle im demokratischen Staat. Ihre gefährliche Konsequenz liege in einer bei angestrebter und praktizierter Gleichheit unausweichlichen Zentralisierung und Steigerung gesellschaftlicher Macht, die wiederum zu einem demokratischen Verfassungsdespotismus führte. Diese Gefahr sieht Tocqueville auch für die

---

1381 Tocqueville 1976: 111.

1382 Rausch, in: Maier u. a. [5]1987: 183.

1383 Tocqueville, in: Oberndörfer/Jäger 1971: 113 f.

1384 Rausch, in: Maier u. a. [5]1987: 188.

USA, obwohl hier ein föderalistischer Staatsaufbau vorliegt. Die Vorstellung vom allgegenwärtigen Staat, der die Versorgung der Gesellschaft und die Gestaltung der Sozialordnung übernimmt, ist für Tocqueville eine akute Bedrohung.

Tocqueville hielt die gefährlichen Entwicklungsmöglichkeiten einer egalitären Gesellschaft durchaus nicht für unausweichlich. Aber er sah, dass Freiheit in der bürgerlichen Gesellschaft permanent und bewusst als politischer Anspruch vorgebracht werden muss.[1385] Für die politische Freiheit müssen auch Opfer gebracht werden. Hier zeigt sich der Doppelcharakter der Freiheit als Recht und Pflicht: „Freiheit ist nur möglich, wo sie durch gemeinsame Werte begrenzt und mit einem Ziel versehen wird."[1386] Als Mittel zur Sicherung der Freiheit empfahl Tocqueville eine Stärkung aller freiheitlichen Institutionen, z. B. lokale Selbstverwaltung, unabhängiges Rechtswesen, Pressefreiheit. Um die Gefahr einer Begrenzung der Freiheit zu verkleinern, unterstich Tocqueville die institutionellen Gegengewichte. Die Forderung nach einer offenen Aristokratie und der politischen Bildung als Voraussetzung für politische Beteiligung erinnern an Mill.

„Tocqueville war ein großer Theoretiker der Demokatie und der Prophet des Massenzeitalters, aber er war es aus kritischer Distanz, ein Liberaler, der erkannte, dass der Liberalismus sich der Demokratie öffnen musste, um die besten Traditionen des Liberalismus, die Sicherung der Freiheit, in das Zeitalter der Gleichheit retten zu können."[1387]

Literatur

(Im **Fettdruck** besonders wichtige Titel zum Thema des Kapitels)

Adams, Willi Paul (1973): Republikanische Verfassung und bürgerliche Freiheit, Darmstadt und Neuwied.

Adams, Angela/Adams, Willi Paul (Hrsg.) (1994): Alexander Hamilton/ James Madison/ John Jay: Die Federalist-Artikel. Politische Theorie und Verfassungskommentar der Amerikanischen Gründungsväter, Paderborn u. a.

Beard, Charles A. (1974): Eine ökonomische Interpretation der amerikanischen Verfassung, Frankfurt a. M.

Berber, Charles A. (1978): Das Staatsideal im Wandel der Weltgeschichte, München, 2. Aufl.

Burgess, Michael (2006): Comparative Federalism. Theory and Practice, London und New York.

Chevallier, Jean-Jacques (1970): Denker, Planer, Utopisten. Die großen politischen Ideen, Frankfurt, 2. Aufl.

1385 Willms ^{2}1972: 111.

1386 Freund 1974: 54.

1387 Fenske, in: Fenske u. a. 1988: 404.

Chwaszcza, Christine (2000): Politisches Handeln und Politik-Wissenschaftliches Denken in den Federalist-Papers, in: Lietzmann, Hans J./Nitschke, Peter (Hrsg.): Klassische Politik, Opladen, S. 161–174.

Dahl, Robert A. (1976): Vorstufen zur Demokratie-Theorie, Tübingen.

Euchner, Walter (1973): Egoismus und Gemeinwohl, Frankfurt a. M.

Fenske, Hans (1988): Politisches Denken von der Französischen Revolution bis zur Gegenwart, in: Fenske u. a., S. 379–567.

Fenske, Hans u. a. (1988): Geschichte der politischen Ideen, Frankfurt a. M.

Fetscher, Iring (1978): Großbritannien, Frankfurt a. M., 3. Aufl.

Freund, Dorrit (1974): Alexis de Tocqueville und die politische Kultur der Demokratie, Bern und Stuttgart.

Gebhardt, Jürgen (1987): The Federalist (1787/88), in: Maier u. a., S. 58–79.

Gebhardt, Jürgen (1990): Selbstregulierung und republikanische Ordnung in der politischen Wissenschaft der Federalist Papers, in: Göhler, Gerhard u. a. (Hrsg.): Politische Institutionen im gesellschaftlichen Umbruch, Opladen, S. 310 ff.

Hamilton u. a. (1958): Der Föderalist, Wien.

Herb, Karlfriedrich/Hidalgo, Oliver (2005): Alexis de Tocqueville, Frankurt und New York.

Kersting, Wolfgang (1996): Die politische Philosophie des Gesellschaftsvertrags, Darmstadt.

Kraiker, Gerhard (2000): Theorie von Karl Marx und Friedrich Engels. Gegen Dogmatisierung und Marginalisierung, in: Neumann, S. 75–110.

Krockow, Christian Graf von (1977): Herrschaft und Freiheit, Stuttgart, 2. Aufl.

Maier, Hans (1987): Rousseau (1912–1778): in: Maier u. a., S. 80–100.

Maier, Hans u. a. (Hrsg.) (1986): Klassiker des politischen Denkens. Bd. I: Von Plato bis Hobbes, Band I, München, 6. Aufl.

Maier, Hans u. a. (Hrsg.) (1987): Klassiker des politischen Denkens. Band. II, München, 5. Aufl.

Marx, Karl/Engels, Friedrich (1974–76): Studienausgabe I–IV, hrsg. von I. Fetscher, Frankfurt a. M., 7.–11. Aufl.

Matz, Ulrich (1975): Politik und Gewalt, Freiburg und München.

Mayer-Tasch, Peter Cornelius (1976): Hobbes und Rousseau, Aalen, 2. Aufl.

Mill, John Stuart (1971): Betrachtungen über die repräsentative Demokratie, hrsg. von K. L. Shell, Paderborn.

Neumann, Franz (Hrsg.) (1974): Politische Theorien und Ideologien, Baden-Baden.

Neumann, Franz (Hrsg.) (2000): Handbuch Politische Theorien und Ideologien 2, Opladen, 2. Aufl.

Noack, Paul (1973): Was ist Politik? Darmstadt und Zürich.

Oberndörfer, Dieter/Jäger, Wolfgang (Hrsg.) (1971): Klassiker der Staatsphilosophie II. Ausgewählte Texte, Stuttgart.

Oppen-Rundstedt, Catharina von (1970): Die Interpretation der amerikanischen Verfassung im Federalist, Bonn.

Rausch, Heinz (1987a): Tocqueville (1805–1859), in: Maier u. a., S. 181–198.

Rausch, Heinz (1987b): J. S. Mill (1806–1873), in: Maier u. a., S. 199–218.

Reinhard, Wolfgang (1988): Vom italienischen Humanismus bis zur Vorabend der Französischen Revolution, in: Fenske u. a., S. 241–376.

Rousseau, Jean-Jacques (1961): Der Gesellschaftsvertrag oder die Grundsätze des Staatsrechts, hrsg. von H. Weinstock, Stuttgart.

Rousseau, Jean-Jacques (1995): Politische Schriften, Paderborn u. a., 2. Aufl.

Sabine, George H. (1971): A History of Political Theory, London, 3. Aufl.

Stammen, Theo (1987): Marx (1818–1883), in: Maier u. a., S. 240–275.

Stammen, Theo u. a. (Hrsg.) (1997): Hauptwerke der politischen Theorie, Stuttgart.

Tocqueville, Alexis de (1976): Über die Demokratie in Amerika, Stuttgart.

Willms, Bernard (1972): Die politischen Ideen von Hobbes bis Ho Tschi Minh, Stuttgart, 2. Aufl.

Vierter Teil:
Internationale Beziehungen

Kapitel XVI: Dimensionen internationaler Beziehungen

Die wissenschaftliche Lehre von den internationalen Beziehungen (s. Kap. I, C) entwickelte sich zunächst in Nordamerika: Sie verdankte ihren Entwicklungsstand, ihre Ausbreitung und die nach Zahl und Anspruch imponierenden Beiträge zum Problemkreis „International Relations" zunächst im Wesentlichen Angehörigen der nordamerikanischen Lehr- und Forschungsstätten. Der Forschungsbereich wird aber inzwischen auch in Deutschland intensiv gepflegt.[1388]

Als „Internationale Beziehungen" werden häufig Beziehungen zwischen Staaten bezeichnet. „Internationale Politik" kann in idealtypischer Betrachtungsweise zum einen als Politik angesehen werden, deren Aktionsbereich im Zwischenraum der Staaten liegt, zum anderen, als Politik, deren Akteure Nationalstaaten sind.[1389] Die traditionelle zwischenstaatliche Politik befindet sich aber stets in Austauschprozessen mit anderen Politikfeldern. Auch grenzüberschreitende Interaktionen zwischen Einzelpersonen und Gruppen müssen mit untersucht werden. Nicht immer sind es die Regierungen, die durch Entscheidungen das Leben der Bürger beeinflussen. Generell wird das wirtschaftliche Geschehen durch die Wirtschaftspolitik von Regierungen und die Geldpolitik von Zentralbanken Regeln unterworfen. Allerdings zeigt die weltweite Wirtschaftsentwicklung seit 2008, dass u. a. durch grenzüberschreitende Aktionen der Banken eine Weltwirtschaftskrise hervorgerufen werden kann. Manche Autoren gehen sogar so weit, dass sie eine Zunahme transnationaler Beziehungen auf der nichtstaatlichen Ebene sehen, die letztlich in eine „Privatisierung der Weltpolitik" einmünde.[1390] Dadurch werde die staatliche Souveränität unterlaufen. Immer häufiger wird von „Entgrenzung des Staates" gesprochen. Die Folge sei, dass die traditionelle Untersuchungseinheit Staat in den internationalen Beziehungen an Bedeutung verliere: „Für das System der westlichen Industriestaaten ist das traditionelle Modell der Welt als einer Welt von Staaten … hinfällig geworden."[1391] Am ehesten passe das Modell noch auf die Dritte Welt.[1392] Statt dessen schlägt Zürn die Betrachtung der internationalen Beziehungen als „komplexes Weltregieren" vor.[1393]

1388 S. zum Stand der Forschung Zürn, in: Hellmann u. a. 2003: 21–46.
1389 Kaiser, in: Czempiel 1969b: 81; Seidelmann, in: Neumann ²2000: 461.
1390 Brühl u. a. 2001.
1391 Czempiel 1986: 30; auch Czempiel 2003: 7; dem widerspricht Link ³2001: 67, 99.
1392 Ebenda: 31.
1393 Zürn, in: Leggewie 1994: 77 ff.; s. a. Rittberger u. a. 2010.

Versucht man, das zentrale Anliegen der Teildisziplin „Internationale Beziehungen“ innerhalb der Politikwissenschaft zusammenzufassen, so geht es darum, die Beziehungen zwischen politischen Akteuren zu analysieren, soweit die nationalen Grenzen überschritten werden. Ziel ist es, durch die vergleichende Erfassung von Strukturen und Verlaufsmustern gestaltende Elemente und deren Zusammenwirken zu erkennen. Diese können dann genutzt werden, um Sicherheit und Freiheit in der Welt zu erreichen. So müssen Versuche von international agierenden Akteuren analysiert werden, die zu Übereinkünften und gemeinsamen Institutionen geführt haben.

Für eine kritische Rezeption der wichtigsten Ergebnisse bisheriger Forschungsbemühungen bieten sich als Raster die zentralen gesellschaftstheoretischen Kategorien Konflikt, Herrschaft und Integration an.[1394] Diese symbolisieren zugleich unterschiedliche Denkschulen, die realistische und die idealistische. In der „realistischen Schule“ werden die Nationalstaaten und ihre Interessen in den Mittelpunkt der Überlegungen gestellt, das internationale System wird über den Nationalstaaten angeordnet gesehen.[1395] Die „idealistische Denkschule“ geht demgegenüber davon aus, dass das nationalstaatlich-machtpolitische Grundmuster überwunden werden muss, um über Kooperations- und Integrationsprozesse zu einer höheren zivilisatorischen Entwicklungsstufe, nämlich einer Weltinnenpolitik, zu gelangen.[1396] Wichtige Ziele sind Abrüstung und eine internationale Schiedsgerichtsbarkeit, die nationale Interessen zügeln helfen. Diese Vorstellungen basieren entweder auf einem internationalen Harmoniemodell und einem positiven Bild der Menschen, die sich freiwillig moralischen Vorstellungen unterwerfen,[1397] oder auf rationalen Kosten-Nutzen-Überlegungen.[1398] Beide Schulen lassen sich weit zurückverfolgen, die realistische Schule unter anderem auf Machiavellis Überlegungen, die idealistische Denkrichtung auf Kant, der den Frieden durch eine völkerrechtliche Ordnung schaffen wollte.[1399] Nach dem Ersten Weltkrieg wurde die Idee der Friedensordnung durch Wilson wieder aufgegriffen. In den verschiedenen Forschungsrichtungen spielte die friedliche Beilegung von Konflikten immer eine wesentliche Rolle.

1394 Vgl. Tudyka 1971: 16.

1395 So bei Morgenthau 1963, Waltz 1979; s. d. Jacobs und Schörnig, in: Schieder/Spindler 2003: 35–60; 61–88.

1396 Seidelmann, in: Neumann ^{2}2000: 454–456; Lauth/ Zimmerling, in: Mols u. a. 1994: 149.

1397 Ebenda: 147.

1398 Spindler, in: Schieder/ Spindler 2003. 100 f.

1399 Waschkuhn 1998: 307; Link ^{3}2001: 2 f.; differenzierter zu den Denkschulen und unterschiedlichen Theorieansätzen Lemke 2000: 17–57.

A) Internationale Beziehungen als Konfliktsystem

Die Handlungsalternativen in den internationalen Beziehungen werden oft mit den Extremen „Krieg“ und „Frieden“ umschrieben.[1400] Hintergrund der Konflikte sind sowohl Werte- als auch Verteilungskonflikte (s. Kap. XVII und XVIII).

1. Krieg und Frieden

Die Abgrenzung von Krieg und Frieden ist schwierig. So definiert Gantzel[1401] einen internationalen Krieg als Verhalten des internationalen Systems, bei dem folgende Merkmale vorhanden sind. Mindestens ein Staat muss als Kriegsgegner auf einer Seite auftreten und auf beiden Seiten muss ein Mindestmaß an zentral gelenkter Organisation der Kriegführenden und des Kampfes gegeben sein. Die Operationen sollen sich in einer gewissen Kontinuität ereignen. Insgesamt gesehen handelt es sich also beim Krieg um einen gewaltsamen Massenkonflikt.[1402] Massenkonflikte können aber auch andere mit Waffengewalt ausgetragene Konflikte sein, also z. B. innerstaatliche zwischen Regierungstruppen und militanten Bevölkerungsgruppen, die dann als Kriege bezeichnet werden.[1403] Die Ausweitung des Kriegsbegriffs,[1404] der sich ursprünglich nur auf die bewaffnete Auseinandersetzung zwischen mindestens zwei Staaten bezog, macht die Abgrenzung von allen Arten von gewaltsamen Auseinandersetzungen immer schwieriger.

Die Anwendung militärischer Gewalt bleibt zudem ein unbefriedigendes Kriterium für die Kennzeichnung internationaler Konflikte. Wirtschaftliche Kampfmaßnahmen und Unrechtszustände, wie z. B. die Blockade eines wichtigen Hafens, könnten danach noch als Frieden bezeichnet werden.[1405] Unterhalb der Schwelle des Krieges sind mannigfaltige Möglichkeiten nichtmilitärischer Gewalttätigkeit aufzuzählen, z. B. Okkupation ohne Gegenwehr, Drohung, Terrormaßnahmen, alle Arten von ökonomischen Sanktionen oder der Entzug von Hilfe. In dieser Vielfalt ist Krieg nur die manifeste und gewalttätige Form von Konfliktverhalten. Die Grenze zwischen Krieg und Frieden wird fließend. Die internationale Krise markiert den potentiellen Übergang. Sie bricht aus, wenn es eine Verhaltensänderung bei mindestens einem Staat oder einem sonstigen Akteur gibt, die zu feindseligeren Interaktionen führt (s. a. Kap. XVII, B, 2).

Zunächst bedeutet Frieden ein Schweigen der Waffen. „Im Frieden wird das Leben des einzelnen und der Völker vor offener militärischer Gewaltanwendung be-

1400 Pfetsch 1994: 225 ff.

1401 Gantzel/Schwinghammer 1995: 20.

1402 Gantzel/Siegelberg, in: Rittberger 1990: 227.

1403 Z. B. von Bredow 1994; Pfetsch 1998: 76 ff.; Rabehl 2000: 9 ff.

1404 S. zur Diskussion Daase, in: Hellmann u. a. 2003.

1405 Forndran 1971: 13.

wahrt".[1406] Bei dieser Feststellung werden aber andere Formen von Gewalt nicht berücksichtigt. Daher definiert Czempiel Frieden „als ein Prozessmuster des internationalen Systems, das gekennzeichnet ist durch abnehmende Gewalt und zunehmende Verteilungsgerechtigkeit. Beide sind voneinander abhängig, beeinflussen sich gegenseitig und können daher reziprok zur Steuerung eingesetzt werden."[1407] Senghaas fügt noch die Freiheit als Merkmal des Friedens hinzu.[1408]

Beide Begriffe, Krieg und Frieden, kennzeichnen also bestimmte Situationen in den internationalen Beziehungen. Ein latent vorhandener Konflikt droht, wenn er nicht in anderen Formen bearbeitet wird, sich schließlich zum Krieg zu steigern. Dabei gewinnen Fragen nach den Ursachen von Kriegen und nach Möglichkeiten, kriegerische Konflikte zu vermeiden, zentrale Bedeutung. Sie sind Gegenstand der Friedens- und Konfliktforschung.[1409]

2. Vermeidung von Kriegen

Hat der Krieg als politisches Instrument ausgedient?[1410] Diese Frage hat Czempiel zumindest für den Einzugsbereich des Ost-West-Konfliktes bejaht.[1411] Die Hoffnung auf eine fortschreitende Zurückdrängung von gewalttätigen Auseinandersetzungen baut u. a. darauf, dass im Zuge des Zivilisationsprozesses die Anwendung von Gewalt unbrauchbar wird. Bei rationalen Überlegungen wird Krieg dann unterbleiben, wenn er dem, von dem die Gewalt ausgeht, mehr Schaden bringt, als er (nach seinem eigenen Urteil) Nutzen stiften könnte. „Dieses Kalkül scheint im Atomzeitalter zwingend".[1412] Czempiel weist aber auch darauf hin, dass die Waffentechnik flexibel ist, dass sie „einsatzfähig" gemacht werden kann.[1413]

Für die Vermeidung von Kriegen scheinen *Verflechtungsprozesse* von Bedeutung zu sein, die sich insbesondere zwischen liberal-demokratischen Staaten entwickelten. „Dadurch wird einer politischen Selbstabkapselung von Entscheidungsträgern und einer Polarisierung der politischen Beziehungen entgegengewirkt und die Disposition zu bedingungsloser Interessendurchsetzung abgeschwächt".[1414] Die Überlegungen der Konvergenztheorie knüpften an diese Erwartungen an: Durch Ausbau von Verflechtungsbeziehungen zwischen westlichen Demokratien und sozialistischen Systemen und durch Umgestaltung der innerstaatlichen Strukturen sollte der Ausgangspunkt für eine friedliche Entwicklung der internationalen Beziehungen geschaffen werden. Als wichtiger Schritt in diese Richtung wurde die

---

1406 Brock, in: Rittberger 1990: 72.

1407 Czempiel 1986: 47.

1408 Senghaas 1988: 12 f.; zu sonstigen Friedensursachen s. Müller, in: Hellmann u. a. 2003: 224 ff.

1409 Zusammenfassend zu den verschiedenen Richtungen s. Pfetsch 1994: 255 ff.

1410 Zu historischen Dimensionen s. Meyers 1994: 72 ff.

1411 Czempiel 1986: 13. Dies gilt vor allem für Kriege zwischen Staaten.

1412 Brock, in: Rittberger 1990: 74.

1413 Czempiel 1986: 13.

1414 Brock, in: Rittberger 1990: 75.

Entwicklung der sozialistischen Staaten zu Industriegesellschaften gesehen, die eine zunehmende strukturelle Gleichartigkeit aller Gesellschaften zur Folge haben würde. Kritiker dieser Prognosen wiesen vor allem darauf hin, dass die Bedeutung der Gesellschaftsordnung ignoriert werde. Die Gleichheit der Produktionsbedingungen oder des Lebensstandards genüge nicht, um Frieden zwischen Staaten und Ideologien herzustellen. (s. a. Kap. XIX, B).

Auch wachsende Verflechtung schließt nicht aus, dass es zwischen den Gesellschaften zu Auseinandersetzungen kommt. Das Konfliktverhalten kann aber in der Regel unterhalb von kriegerischen Auseinandersetzungen stabilisiert werden. Gilt es, einen Ausbruch kriegerischer Konflikte zu verhindern, so müssen Problemlösungen gesucht werden, die Interessendurchsetzung ohne Anwendung von Gewalt ermöglichen und den Kontrahenten ihr Gesicht wahren lassen.

Eine Auseinandersetzung mit Waffen scheint in der westlichen Welt immer weniger akzeptiert zu werden. Dies deutet darauf hin, dass Demokratien weniger bereit sind, den Krieg als Mittel der Konfliktlösung zu nutzen. Bereits Kant hielt die *demokratische Staatsform* für eine der ersten und wichtigsten Bedingungen für eine verlässliche Friedensordnung.[1415] Kant schreibt zwar ‚republikanische' Verfassung, allerdings besteht kein Zweifel, dass er die repräsentative Demokratie meint. Als Begründung führt Kant an, dass die Bürger die Kosten und Folgelasten eines Krieges zu tragen hätten, weshalb „sie sich sehr bedenken werden, ein so schlimmes Spiel anzufangen."[1416] Inzwischen haben viele empirische Forschungen bewiesen, dass Demokratien untereinander keine Kriege führen. Einer dieser Forscher, der diese These mit quantitativen Methoden verifiziert hat, ist Russett.[1417] Die Wechselwirkungen zwischen Herrschaftsordnung und Konfliktverhalten scheinen eindeutig. „Diktaturen können einen temporären Gewaltverzicht leisten, aber nicht die für den Frieden erforderliche andauernde Gewaltfreiheit der Konfliktlösung institutionalisieren, weil dadurch ihre Herrschaftsinstrumente obsolet und ihr Herrschaftssystem destabilisiert werden würde."[1418]

Czempiel sieht Verteilungsgerechtigkeit innerhalb der Staaten als zusätzliche Bedingung zur Kriegsvermeidung. Die Verteilungsgerechtigkeit sei zwar nicht hinreichend zur Verhinderung von Kriegen; zahlreiche andere Bedingungen müssten hinzutreten. Sie sei aber notwendig, wenn der Friede andauern solle. „Je verteilungsgerechter der Anforderungs-Umwandlungs-Prozess organisiert ist, desto geringer sind die internen Anlässe und die Möglichkeiten, in der internationalen Umwelt gewaltsame Wertallokationen vorzunehmen."[1419] Gewalthaltige Konfliktaustragungsmuster würden von einer solchen Gesellschaft nur dann akzeptiert,

---

1415 S. d. Mühleisen, in: Stammen 1997: 251–255.

1416 Zitat aus Gerhardt 1995: 88.

1417 Russett 1993; Kaltefleiter 2001: FN 6 und 7; Pfetsch 1998: 78; zur Diskussion Link ^{3}2001: 24 ff., insbes. 26.

1418 Czempiel 1986: 43.

1419 Ebenda.

wenn sie ihr durch die internationale Umwelt oktroyiert würden, also in einem reinen Verteidigungskrieg.

Das Aufstauen von Konflikten bzw. das Anwachsen des Konfliktpotentials kann zunächst durch *rhetorische Auseinandersetzungen* („Debatten", Verhandlungen, Diplomatie), die Veränderungen der Wirklichkeitsbilder und Motivationen zulassen, verhindert werden.[1420] „Echte Verhandlungen sind eine Mischung aus Wettspiel, gemeinsamer Entdeckungsreise und Erziehungskampagne auf Gegenseitigkeit mit dem Ziel, die Auffassungen und Präferenzen einiger oder aller Beteiligten zu verstehen und gegebenenfalls zu korrigieren."[1421] „Um gut zu spielen, muss ein Spieler deshalb wissen, was er will, er muss wissen, was er weiß und was nicht, und er muss wissen, was er tun kann und was nicht."[1422] Jeder Spieler versucht zu gewinnen oder wenigstens nicht zu verlieren. Deshalb wählt er seine einzelnen Züge und ihre kurzfristige Abfolge, seine Taktik, und auch seine längerfristigen Maßnahmen und deren Zusammenhang, seine Strategie, wobei diese alle taktischen Züge als Bestandteile einschließt. Diese muss nicht zur Deeskalation führen.[1423]

Immer häufiger wird bei der Konfliktbeilegung auf Moderatoren zurückgegriffen. Hier übernimmt eine dritte Partei die Vermittlung (Mediation). Sie unterbreitet auch einen Vermittlungsvorschlag, der allerdings keine bindende Wirkung hat. Nach einer Studie von Billing, der insgesamt 288 internationale Krisen, Konflikte und Kriege zwischen 1945 und 1990 untersucht hat, wurden in zwei Dritteln der Fälle Mediationsversuche unternommen. Davon verlief ein Viertel der Initiativen erfolgreich.[1424] Versuche zum Konfliktmanagement waren besonders dann erfolgreich, „wenn sich der Streit um Territorialfragen, Grenzverläufe, den Zugang zu Ressourcen oder die Beendigung von Kolonialherrschaft drehte."[1425] Andere Strategien sind z. B. die Konferenzdiplomatie und völkerrechtliche Streitbeilegungsverfahren im Rahmen eines internationalen Gerichtshofs.

Als Strategie zur Kriegsvermeidung werden zuweilen auch *gewaltfreie Aktionen* gesehen. Die soziale Verteidigung ist eine solche gewaltfreie Form zur Verhinderung von Aggressionen von außen bzw. der Reaktion darauf. Kampfmittel der sozialen Verteidigung sind die Nichtzusammenarbeit und direkte Aktionen, z. B. Protestdemonstrationen. Maßnahmen, mit denen der Angreifer in den Funktionszusammenhang des sozialen Lebens einzugreifen sucht, müssen die Verteidiger durch eine gewaltfreie Intervention wieder korrigieren oder durch eine zusätzliche Leistung an einer anderen Stelle kompensieren.[1426] Hinzu müssen Demonstrationen und permanente Diskussionen mit Besatzungstruppen kommen, die zu deren Verunsicherung führen sollen.

1420 Junne 1972: 146; Pfetsch 1994: 178 ff.
1421 Deutsch 1971: 188.
1422 Ebenda: 164.
1423 Literatur dazu und zu konkreten Beispielen bei Brecher 1996: 132 ff.
1424 Billing 1992: 57–58.
1425 Debiel 1994: 9.
1426 Ebert, in: Kaiser 1971: 234.

Bei der sozialen Verteidigung sind – im Gegensatz zum Konzept des Guerillakrieges – alle Mitglieder der zivilen Bevölkerung, also nicht nur Untergrundorganisationen, Guerillaverbände und Territorialmiliz, aktive Träger der Verteidigung. Die Bevölkerung muss bestimmten Wertvorstellungen verpflichtet sein: Unbedingt erforderlich ist eine weitgehende Übereinstimmung über soziale und rechtliche Grundvorstellungen sowie geschlossenes Auftreten (nicht erst im Angriffsfall). So verbindet soziale Verteidigung dynamische Weiterarbeit ohne Kollaboration mit öffentlicher Konfrontation, wobei der Spielraum dieser Verteidigung zwischen Anpassung ohne Kollaboration und direkter Verweigerung liegt.[1427] Nicht der Generalstreik, sondern die völlig normale Weiterarbeit ohne Zusammenarbeit mit den Okkupanten ist Mittel des gewaltfreien Widerstandes. Die Besatzungsmacht muss, wenn sie die Wirtschaft beherrschen will, eigene Fachkräfte einsetzen, was sie wiederum im eigenen Land schwächt. Der mögliche Aggressor muss einsehen, dass die Kosten seiner Aggression bedeutend höher sind als der Nutzen seiner Handlung.[1428]

Zur Umstellung auf soziale Verteidigung gehört die einseitige Abrüstung als ein entscheidender Schritt zur Veränderung der internationalen Beziehungen. Das Konzept geht bewusst schrittweise vor, ist also gradualistisch (s. Kap. XVII, A, 1, c). Es beginnt mit der Abrüstung der neutralen Staaten und Randstaaten der Militärblöcke, wobei keine Honorierung dieses Schritts durch die Großmächte erwartet wird. Durch diese Maßnahmen einseitiger Abrüstung soll aber kein Machtvakuum entstehen, sondern nur militärische Macht durch zivile Macht der widerstandsbereiten Bevölkerung ersetzt werden.[1429] Der Schritt zu einer umfassende Teilnahme der Bevölkerung (s. Kap. II, A, 2) erweist sich als besonders schwierig.[1430]

Umfassende Kritik am Konzept der sozialen Verteidigung hat Forndran[1431] geübt, indem er denkbare Ziele eines militärischen Angreifers diskutiert. U. a. gibt er zu bedenken, dass ein sozial verteidigter Staat zum Kampffeld zweier militärisch gerüsteter Staaten werden könnte. Ein Gegner, der soziale Verteidigung erwarten muss, könnte sich auf seine Aufgabe, Ersatzleute für Führungsaufgaben im besetzten Land zu stellen, entsprechend vorbereiten. Auch hätte der Angreifer die Möglichkeit, das besetzte Land aufzulösen oder zu annektieren. Durch Deportation großer Bevölkerungsteile, Ansiedlung eigener Bevölkerung und Ausrichtung des kulturellen Lebens auf Vorbilder der eigenen Gesellschaft könnte ein Angreifer jedes Eigenleben der ursprünglichen Bevölkerung unterbinden. Forndran erscheint das Konzept der sozialen Verteidigung zudem als zu wenig konkret: „Die entscheidende Frage bleibt offen, ob und wie es gelingen kann, einen Einbruch des Gegners in das Sozial-, Wirtschafts- und Verwaltungssystem des Verteidigers zu verhin-

1427 Ebenda.
1428 Ebenda: 233.
1429 Forndran 1971: 65 f.
1430 Ebenda: 68.
1431 Ebenda: 86 ff.

dern."[1432] Alle historischen Beispiele einer sozialen Verteidigung gegen auswärtige Aggressoren zeigten bestenfalls begrenzte Erfolge, allerdings waren auch die Ziele derartiger Aktionen (z. B. im Ruhrkampf 1923 und in der Tschechoslowakei 1968) beschränkt. Gerade weil das Konzept utopisch erscheint, lohnt es sich, Strukturmodelle in die Betrachtung einzubeziehen.

Das älteste dieser Konzepte ist das *Machtgleichgewicht*[1433] („balance of power"). In der Gleichgewichtstheorie wird die Weltpolitik ausschließlich als ein System von Beziehungen zwischen Nationen gedeutet. Das Gleichgewichtsmodell ist aus der Mechanik entlehnt. Es geht nicht um ein vollkommenes Gleichgewicht, sondern eine beständige wechselseitige Schwankung, die durch Gegengewichte geregelt wird und nicht über gewisse Grenzen hinausschweifen kann. Der Mechanismus des Gleichgewichts greift dann korrigierend ein, wenn ein Element über das andere den Ausschlag gewinnt und dessen Rechte und Interessen beeinträchtigt oder zerstört. Ein wichtiger Vorteil jedes Gleichgewichtssystems wird gerade darin gesehen, dass Allianzen je nach Bedarf geschlossen oder aufgekündigt werden, bevor es zum „Kräftemessen" mit Waffengewalt kommt, „also aufgrund einer kühlen Einschätzung und Berechnung potentieller Macht".[1434] Link bezeichnet das Gleichgewicht als „freiheitserhaltendes Prinzip, so wie innerstaatlich die ‚checks and balances' Freiheit gewährleisten."[1435] Durch das Gleichgewicht soll das internationale System erhalten bleiben, ohne dabei seine Systemelemente zu zerstören.

Das System des Gleichgewichts braucht kein einheitliches Mehrstaaten-System zu sein; es kann auch aus einer Anzahl kleinerer Ordnungen bestehen, die zwar zueinander in Wechselbeziehung stehen, jedoch zugleich ihr eigenes Gleichgewicht herstellen. Im 16. Jahrhundert bildeten Frankreich und das Habsburger Reich das herrschende Gleichgewichtssystem, während die italienischen Städte ein autonomes System darstellten. Kleine Staaten verdanken ihre Unabhängigkeit dem Gleichgewicht der Mächte (z. B. die Balkanstaaten zwischen den beiden Weltkriegen) oder der Vormachtstellung einer Schutzmacht (z. B. die Staaten in Mittel- und Südamerika). „Je enger ein lokal begrenztes Gleichgewicht mit einem herrschenden verknüpft ist, desto weniger Aussicht hat es, selbständig zu funktionieren, und desto mehr neigt es dazu, bloßer Schauplatz der Auswirkungen des herrschenden Gleichgewichts zu werden".[1436] Im 19. Jahrhundert galt das Gleichgewicht auf dem Balkan als Voraussetzung für die Erhaltung des Gleichgewichts in Europa. Sobald dort das Gleichgewicht gefährdet erschien, griffen die damaligen Großmächte ein.

Werden die wichtigsten Merkmale des Strukturmodells „Gleichgewicht der Mächte" zusammengefasst, so ergeben sich folgende Elemente:

1432 Ebenda: 80.
1433 S. Naßmacher ^{2}1979: 2–7.
1434 Frei 1973: 47 ff.
1435 Ebenda.
1436 Morgenthau 1963: 176.

a) eine möglichst große Zahl einander gleich mächtiger Staaten, die sich im internationalen Interessenstreit befinden,
b) eine ausgleichende Macht, die in den Auseinandersetzungen der Staaten regulierend wirkt und
c) das Ausweichen nationaler Machtpolitik in bis dahin „politisch leere" Räume.

Für eine kritische Untersuchung des Gleichgewichtsmodells sind alle drei Merkmale von besonderer Bedeutung.

Zu a) Für die Stabilität des Gleichgewichts ist die Anzahl der nationalen Hauptakteure wichtig. Sobald nur drei Akteure mit weitgehend gleichem Machtpotential vorhanden sind, ist es verhältnismäßig wahrscheinlich, dass zwei Akteure versuchen werden, den dritten zu vernichten.[1437] In einem mehrpoligen System kann das Gleichgewicht „durch Verminderung des Gewichts auf der schwereren Seite oder durch Vergrößerung des Gewichts auf der leichteren Seite der Waagschale ins Schwanken gebracht werden".[1438] Theorie und Praxis der Gleichgewichtspolitik verwendeten Gebiete, Bevölkerung und Rüstung als Kriterien nationalstaatlicher Macht, die von einer „Waagschale" in die andere gelegt werden konnten. Selbst wenn keiner der verschiedenen nationalen Akteure die Absicht hat, das Gleichgewicht zu zerstören, kann das System in ein Ungleichgewicht geraten. Ursache dafür ist die Ungewissheit, insbesondere über die Berechnung der jeweiligen nationalen Macht. Die Ungewissheit steigert sich noch, wenn die Gewichte in beiden Waagschalen nicht nur aus einzelnen Staaten, sondern aus Bündnissen bestehen. Ihren Höhepunkt erreicht die Ungewissheit, wenn man nicht mit Sicherheit sagen kann, wer im Kriegsfalle eigener Verbündeter und wer Verbündeter des Gegners sein wird.

Kann das Gleichgewicht der Mächte zwischen zwei isolierten Staaten nicht erreicht werden, ergeben sich drei außenpolitische Möglichkeiten: Staaten können ihre Macht vergrößern, ihre Macht mit der Macht anderer Staaten verbinden oder die Macht anderer Staaten dem potentiellen Feind vorenthalten. Ein Mittel, mit dessen Hilfe ein Staat seine Macht bewahren, wiederherstellen oder vergrößern kann, ist die Rüstung. Damit gewinnen Strategien der Androhung (Abschreckung) oder Anwendung von Gewalt an Bedeutung (s. Kap. XVII, A, 1). Kennzeichnendes Merkmal eines instabilen und dynamischen Gleichgewichts der Mächte ist das Wettrüsten. Reicht die Rüstung nicht aus, um die eigene Unabhängigkeit gegen Herrschaftspläne anderer Staaten zu schützen, werden Bündnisse geschlossen.

Zu b) Wenn das Gleichgewicht der Mächte durch Bündnisse hergestellt wird, besteht das System meist aus zwei Waagschalen und einem dritten Faktor. Dieses „Zünglein an der Waage" („holder of the balance") hat keine ständigen Freunde, aber auch keine ständigen Feinde; es verfolgt nur das ständige Ziel einer dauerhaften Erhaltung des Gleichgewichts. „Dem ausgleichenden Element kommt im System des Gleichgewichts eine Schlüsselstellung zu, bestimmt es doch durch sein

---

1437 Kaplan, in: Haftendorn 1975: 301 f.

1438 Morgenthau 1963: 156.

Gewicht das Ergebnis des Machtkampfes".[1439] Hier wird deutlich, dass „Gleichgewichtspolitik" nicht lediglich „Machtpolitik um der Macht willen" ist, sondern zumindest durch eine andere Zweckbestimmung (Friedenssicherung durch Machtgleichgewicht) verfeinert wird.[1440] Das klassische Beispiel für ein Zünglein an der Waage, das zuweilen auch „Schiedsrichter" genannt wird, war bis etwa 1900 Großbritannien. Überlegenheit zur See und Immunität gegen fremde Angriffe haben es Großbritannien mehr als zwei Jahrhunderte ermöglicht, eine ausgleichende Funktion zu erfüllen.

Zu c) Das Gleichgewicht der Mächte verdankt seinen mäßigenden Einfluss auf die europäische Politik in hohem Maße dem Umstand, dass die beteiligten Staaten kaum ihre ganze Energie in den Kampf werfen mussten. Es gab immer die Möglichkeit, Kompromisse zu schließen, ohne die eigenen Lebensinteressen zu verletzen. Es handelte sich also um eine Art des Regierens in den internationalen Beziehungen. Im 18. und 19. Jahrhundert war vor allem der Gebietsausgleich ein beliebtes Mittel, das Gleichgewicht der Mächte wiederherzustellen, wenn es durch Gebietserwerbungen eines Staates gestört worden war. Das Prinzip des Ausgleichs fehlt in keiner politischen Vereinbarung dieser Zeit. Die Politik der Kompensationen konnte vor allem deshalb mit einem Maximum an Erfolg wirksam werden, weil es so viel „politisches Niemandsland" gab. Solche Gebiete fanden die Großmächte des Gleichgewichtssystems im 18. Jahrhundert in den Kleinstaaten des europäischen Kontinents, seit dem 19. Jahrhundert vor allem in den außereuropäischen Kolonialgebieten.

Viele Autoren setzten sich kritisch mit der heutigen Fortgeltung des Gleichgewichtsmodells auseinander. Sie verweisen auf das Anwachsen mächtiger abweichender Akteure, neue internationale Ideologien und vor allem das Wachsen und die Bedeutung internationaler Organisationen und Regime[1441] (s. Kap. XIX). Die Vorstellung von einer Welt des Machtgleichgewichts entspreche eher bestimmten Epochen der Zeitgeschichte, nicht aber der gesamten Geschichte. Fetscher[1442] stellte fest, das Gleichgewichtsmodell könne die enge Interaktion von Innen- und Außenpolitik nicht berücksichtigen. Tudyka betonte, es handele sich um ein ausgesprochen konservatives Prinzip, das an der gegebenen Herrschaftsverteilung orientiert sei: „Es stilisiert einen Politikbegriff, der dem traditionellen Primat der Außenpolitik und der Staatsräson komplementär ist."[1443] Tatsächlich sei aber eine Entgrenzung des Staates in wichtigen Bereichen (Wirtschaft, Technik) eingetreten, die die internationalen Beziehungen wesentlich bestimmten. Dagegen haben Anhänger der „realistischen Schule" (z. B. Morgenthau, Link) die fortgesetzte Gültigkeit der klassischen Verhaltensregeln behauptet. In den USA ist auch heute noch

1439 Morgenthau 1963: 171.
1440 Haas, in: Frei 1973: 53 ff.
1441 So Czempiel, in: Kohler-Koch 1992: 203 ff.; Kohler-Koch, in: Böhret/Wewer 1993: 126 ff.
1442 Fetscher 1972: 36, 38.
1443 Tudyka 1971: 44.

die Diskussion in Kategorien des Machtgleichgewichts üblich. Strategien wie Abschreckung und Rüstungskontrolle (s. Kap. XVII, A, 1 b und c) beruhen auf dem Grundgedanken eines zu erhaltenden oder herzustellenden Gleichgewichts, das Kriege verhindern soll.

3. Kriegsursachen

Kriegsursachen lassen sich nicht von den jeweiligen historischen Bedingungen trennen. Sonst besteht die Gefahr, dass durch Gleichsetzung Unvergleichbares betrachtet wird. Fraglich ist auch, ob die bisherigen Ergebnisse der Kriegsursachenforschung vergleichbar sind. Systematisch vergleichende Studien weichen u. a. hinsichtlich der Problemaspekte, der theoretischen Hintergründe, der Variablenauswahl, der Beobachtungszeiträume, der analysierten Indikatoren und der Verlässlichkeit ihrer Daten erheblich voneinander ab. Als Wirkung komplexer Ursachenkonstellationen erscheinen Kriege grundsätzlich abhängig von

a) den internen Bedingungen der beteiligten Akteure, ihrer Einbindung in politische Systeme mit spezifischen Herrschafts- und Wirtschaftsstrukturen, ihren Interessen und Verhaltensweisen und
b) der Eigenart des internationalen Systems.

Zu a) Die traditionelle Betrachtungsweise sah Kriege als Folge von individuellen Motiven der Herrscher und Staatsmänner. So wurden Bösartigkeit, autoritäre Neigungen, Angstkomplexe, Rivalitätsdenken, Grausamkeit, Egoismus oder Dummheit der Individuen für Kriege verantwortlich gemacht.[1444] Psychoanalytische und ethnologische Triebtheorien begreifen Aggression gleichsam als ererbt und instinktiv. Seit der Französischen Revolution galten zunehmend die Staaten als einheitliche, kollektive politische Handlungsträger. Kritiker der vielen auf nationalstaatlicher Ebene ansetzenden theoretischen Deutungen der Kriegsursachen wenden sich vor allem gegen die Betrachtung der Staaten als einheitliche Akteure. Manche Forscher konzentrieren ihre Analyse deshalb auf die Eliten, und stellen fest, dass deren Einstellung zum Krieg sich verändert. Die vermeintliche Geschlossenheit der Eliten wurde in den letzten Jahren zugunsten einer differenzierten Betrachtung vielfältiger gesellschaftlicher Bedingungen aufgegeben. Dies geschieht vor allem dann, wenn der Kriegsbegriff auf die gewaltsame Auseinandersetzung gesellschaftlicher Akteure ausgeweitet wird. Insbesondere in den Staaten der Dritten Welt mit schwacher Staatlichkeit gewinnen Kriegsunternehmer an Bedeutung[1445] und sind vor allem verantwortlich für die Auseinandersetzung mit Waffen.

Konflikte im Innern können durch die Eliten nach außen projiziert und dadurch ihre Bedeutung für eine Gruppe oder die Gesellschaft selbst entschärft werden.[1446] In politischen Systemen gibt es komplizierte innere Netzwerke zwischen Gruppeninteressen, Organisationen, Bürokratien und Kommunikationsmedien. Diese innere

1444 Gantzel 1972: 292.
1445 Münkler 2004: 7.
1446 Brock, in: Rittberger 1990: 82.

Komplexität wird durch die der internationalen Umwelt noch gesteigert. Da jedes Entscheidungssystem versucht, Komplexität möglichst zu reduzieren, kann es zur verstärkten Selbstbezogenheit und zur Vernachlässigung von Umwelteinflüssen kommen („Autismus"). Dieses Verhalten führt zum Abbau von Kommunikationsbeziehungen mit der Außenwelt und zum gleichzeitigen Aufbau von Feindbildern.[1447]

Nicht so weitreichend wie die Autismusthese ist diejenige, die davon ausgeht, dass die Überlastung politischer Systeme mit aktuell zu lösenden Aufgaben zu „Stress" führt, der Krieg nach sich ziehen kann. Als potentielle Stressfaktoren werden z. B. die Arbeitslosigkeit und Industrialisierung in Betracht gezogen. Die empirische Überprüfung der Bedeutung dieser Faktoren beruht jedoch nur auf einer geringen Zahl von Beobachtungseinheiten, so dass eine weitreichende Generalisierung nicht möglich ist.[1448] Jedenfalls korrelierte dabei Arbeitslosigkeit positiv, aber schwach, mit Kriegshäufigkeit. Dagegen ist eine weit verbreitete Annahme, dass die Produzenten von Rüstungsgütern kriegerische Auseinandersetzungen eher forcieren. Dies wird neuerdings vor allem im Hinblick auf die Herstellung von Waffen betont, die auch Jugendliche in der Dritten Welt leicht bedienen können.[1449] Sie können zu gewaltsamen Auseinandersetzungen zwischen gesellschaftlichen Gruppen, den sogenannten „neuen Kriegen" führen. Krippendorff betont, dass Rüstungswettläufe zu 82 % zu Kriegen führen.[1450] Tatsächlich sind glücklicherweise bisher Rüstungswettläufe (wie sie im Rahmen des Ost-West-Konfliktes zu beobachten waren (Kap. XVII, A, 2)), nicht außer Kontrolle geraten, was nicht bedeutet, dass davon nicht Gefahren ausgehen.

Gerade im Hinblick auf Stressfaktoren müsste die Art des politischen Systems mitbeachtet werden. So wird seit langem die These vertreten, dass Diktaturen zu Kriegen neigen, um von ihren innerstaatlichen Problemen abzulenken. Nun scheinen die Demokratien westlichen Typs (liberal-demokratische Systeme) für aggressives Verhalten ebenso anfällig zu sein wie die Diktaturen der Länder mit sozialistischem Anspruch oder die Entwicklungsländer. Aber nach dem Zweiten Weltkrieg fanden die weitaus meisten Kriege in verschiedenen Regionen der Dritten Welt statt.[1451] Dies verstärkt die Vermutung, dass nur in bestimmten Segmenten der Staatenwelt Frieden möglich ist.[1452] In der Dritten Welt wurden auch Kriege zwischen liberal-demokratischen und nicht-demokratischen Staaten ausgetragen. Von den Westmächten haben seit 1945 Großbritannien, Frankreich und die USA viel mehr Kriege geführt als die sozialistischen Großmächte Sowjetunion und die VR China.[1453]

1447 Senghaas 1969: 176 ff.
1448 Ebenda: 248.
1449 Münkler 2004: 132.
1450 Krippendorff 1985: 9.
1451 S. d. Rabehl 2000: 17.
1452 Rittberger 1987: 3 f.; Pfetsch 1998: 79.
1453 Rittberger 1987: 4.

Die Einzelforschung müsste klären, ob kriegsbeteiligte Demokratien eher als „Opfer" oder als „Täter" in Erscheinung getreten sind. Die Ergebnisse von Pfetsch zeigen, dass Demokratien – genauso wie Nichtdemokratien – mit hohem Machtrang im internationalen System in besonderem Maße kriegsanfällig sind,[1454] und zwar durchaus in der Rolle des „Täters", allerdings nicht im Verhältnis zu anderen liberal-demokratischen Staaten. Dabei ist zu beachten, dass sich machtranghöhere Staaten häufiger an Kriegen beteiligen als machtrangniedrigere. „Kriege gegen Nichtdemokratien werden also vor allem von den liberal-demokratischen Großmächten initiiert, wohingegen kleinere Demokratien kaum die Initiative zu militärischem Konfliktaustrag ergreifen, wohl aber gelegentlich eine liberal-demokratische Großmacht auch militärisch unterstützen."[1455] Offenbar besteht aber auch gegenüber Nichtdemokratien bei den liberal-demokratischen Staaten keine von den Binnenstrukturen des Systems ausgehende Kriegshemmung, d. h. der auf die Gleichartigkeit der Gesellschaft gründende Respekt ist gegenüber Nichtdemokratien nicht vorhanden.[1456] Die schnellere Bereitschaft zur Anwendung militärischer Gewalt ist dort häufiger vorzufinden, wo die politische Entwicklung nicht der der westlichen Industrieländer entspricht (s. Kap. XVIII).[1457]

Andere Forscher haben sich mit dem zyklischen Auftreten von Kriegen befasst. So vermutete schon Wright,[1458] dass in den vergangenen drei Jahrhunderten alle fünfzig Jahre eine Konzentration der zwischenstaatlichen Kriegsaktivitäten festzustellen war. Er sieht als Ursachen psychologische Faktoren sowie ökonomische und politische Ursachen, wie die hohen Kosten der Kriegführung, die längere Verschnaufpausen für den ökonomischen Wiederaufbau erfordern. Andere Autoren haben keine (Small/Singer) oder nur schwache (Gantzel) zyklische Tendenzen entdeckt.[1459] Münkler bezeichnet Kriege zwischen Staaten sogar als „Auslaufmodell".[1460] Stattdessen sieht er die „neuen Kriege" als typisch an (s. a. Kap.XVIII, B, 2), in denen nichtstaatliche Kriegsunternehmer die wesentlichen Akteure sind und es um individuelle Bereicherungsinteressen geht.[1461]

Zu b) Über die Betrachtung von Einzelakteuren und ihre internen Bedingungen hinaus führen Strukturmodelle, in denen internationale Beziehungen als Systeme latenter oder manifester Krisen begriffen werden. Die Anwendung des ursprünglich aus der Mechanik entlehnten Gleichgewichtsmodells hatte in Europa zwischen den Religions- und den Revolutionskriegen einen ersten Höhepunkt. Von der Ära Metternich bis zur Amtsperiode Wilsons erlebte es eine weitere und seit der Potsdamer

---

1454 Pfetsch 1998: 78.

1455 Rittberger 1987: 11.

1456 Zu den spezifischen Ursachen für die aktuellen Konflikte unter historisch-machtpolitischer Perspektive in den verschiedenen Teilen der Welt s. Hubel 2005.

1457 Gantzel/Siegelberg, in: Rittberger 1990: 222; s. a. Krell, in: Knapp/Krell 21991: 230 ff.

1458 Wright 1942.

1459 Bornschier/Suter, in: Rittberger 1990: 188.

1460 Münkler 2004: 7.

1461 Ebenda: 34.

Konferenz seine dritte Blüte.[1462] Im Verlaufe der vierhundertjährigen Geschichte gelang es mit Hilfe einer Politik des Gleichgewichts, Staaten daran zu hindern, die Weltherrschaft zu erlangen. Allerdings wurde dies nur durch Kriege erreicht, die fast ohne Unterbrechung von 1648 bis 1815 dauerten und im 20. Jahrhundert zweimal praktisch die ganze Welt ergriffen.[1463] Deshalb liegt es nahe, dass politische Denker, die den souveränen Nationalstaat als unabdingbare Größe akzeptieren, den Frieden nur als Waffenstillstand zwischen zwei Kriegen ansehen. Friedenssicherung ist für sie die Erhaltung des Status quo durch ein militärisches oder ökonomisches Kräftegleichgewicht.

Falls ein Akteur sich nicht in Übereinstimmung mit den Regeln verhält, müssen die anderen den abweichenden Akteur zu einem konformen Verhalten zwingen. Denn kein Akteur soll stärker werden als die Übrigen zusammen. Die Stabilität des Gleichgewichts ist immer in Gefahr, zerstört zu werden, internationale Macht unterliegt ständigen Veränderungen. Im System des Gleichgewichts stellt sich das Hegemoniestreben eines beliebigen Mitgliedes als Angriff auf das gesamte System dar.[1464] Der Gegensatz zwischen Nationen, die eine Politik des Status quo verfolgen, und imperialistischen Mächten führt notwendig zum Krieg, weil das wachsende Gewicht imperialistischer Mächte von den am Status quo interessierten Nationen nur durch einen Krieg korrigiert werden kann. Diese Berichtigung trägt jedoch den Keim neuer Zerstörung in sich: Wer gestern noch den Status quo verteidigte, gelangt heute durch den Sieg zur Vorherrschaft und wird damit zum potentiellen Imperialisten.

Das Gleichgewicht der Mächte wirkte früher in der Hauptsache durch wechselnde Bündnisse zwischen einer Anzahl von Staaten, wobei alle Beteiligten der gleichen Größenordnung angehörten. Dieser Aspekt hat in den Jahren nach dem Zweiten Weltkrieg eine radikale Umformung erfahren: Das Gleichgewicht der Mächte hatte sich von einem multipolaren in ein bipolares verwandelt. Die Ära der wechselnden Allianzen und der neuen Kombinationen schien vorbei zu sein. Das zweite Element des Wandels war der Wegfall einer ausgleichenden Macht, eines „Halters" des Gleichgewichts. Es standen sich dann einige Jahrzehnte lang zwei Supermächte gegenüber; jede dieser beiden Mächte war stärker als die anderen. Den Ost-West-Konflikt (s. Kap. XVII, A, 3) haben inzwischen neue Formen der Kooperation und neue Konflikte ersetzt.

1462 Tudyka 1971: 39.
1463 Morgenthau 1963: 178 f.
1464 Haas, in: Frei 1973: 51.

B) Internationale Beziehungen als Integrationsgefüge

„Integrieren“ bedeutet allgemein das Herstellen eines Ganzen aus Teilen, also die Umwandlung vormals getrennter Einheiten in Bestandteile eines zusammenhängenden Systems. „Integration ist mithin eine Beziehung zwischen Einheiten, die voneinander abhängig sind und zusammen Systemeigenschaften hervorbringen, die jede von ihnen allein nicht besitzt.“[1465] Integration kann daher als Zustand gesehen werden, aber auch als Prozess, durch den eine Systembildung erfolgt. Neuerdings wird die Welt als Geflecht von Interaktionsbeziehungen unterschiedlicher Intensität und Qualität gesehen. Neben den klassischen internationalen Beziehungen, für die in der Regel die Außenminister zuständig sind, gibt es solche zwischen anderen Ministerien und Parlamenten. Hinzu kommt eine Vielzahl von Handlungsträgern aus den Bereichen Wirtschaft und Gesellschaft. Weiterhin werden neben den nationalen und transnationalen Akteuren internationale Organisationen und transnationale Verbände als Akteure berücksichtigt.[1466] Konsens besteht darüber, dass bei weitgehender Offenheit der Volkswirtschaften und infolge der technologischen Entwicklungen (Transport und Kommunikation) wirtschaftliche, soziale und politische Gegebenheiten in einem Land sich nicht auf dieses beschränken. Vielmehr werden dadurch auch Veränderungen in anderen Ländern innerhalb des Verflechtungsraumes hervorgerufen.

Offen bleibt zunächst, ob intensive Kommunikations- oder Verflechtungsbeziehungen zwischen Staaten und Gesellschaften schon als Integration zu bezeichnen sind oder ob der Integrationsbegriff notwendig das Bestehen gemeinsamer Institutionen einschließt. Sicher gibt es auch Verflechtungsprozesse ohne gemeinsame Institutionen, so dass bei Integrationsprozessen nicht nur internationale Organisationen betrachtet werden dürfen. Weiterhin sind auch alle Arten von Übereinkünften in bestimmten Politikfeldern, z. B. in der Regionalentwicklung, im Verkehrs- und Kulturbereich sowie beim Umweltschutz zu beobachten. Diese werden neuerdings als Verregelungsprozesse bezeichnet und unter dem Regimebegriff zusammengefasst. „Die Unterscheidung zwischen internationaler Integration und internationaler Organisation ist dabei nur analytisch zu verstehen. In der Realität liegen beide Formen als Elemente auf einem historischen Kontinuum, in dessen Rahmen sie sich nach der Intensität internationaler Vergesellschaftung unterscheiden, d. h. danach, wieviel staatliche Funktionen international-gemeinschaftlich wahrgenommen und gegebenenfalls erfüllt werden.“[1467] In der bisherigen Weltgeschichte gibt es vielleicht vier Dutzend Fälle von politischer Integration, aus denen sich unmittelbare Lehren für ähnliche Gegenwartsprobleme ergeben. An

1465 Deutsch 1971: 224.

1466 Kohler-Koch, in: Rittberger 1990: 116.

1467 Bellers/Häckel, in: Rittberger 1990: 287.

diesen Beispielen sind die Abläufe von Integrationsprozessen, aber auch deren auslösende Bedingungen zu untersuchen.

1. Bedingungen der Integration

Integrationsvorgänge werden durch machtpolitische, wirtschaftliche und ideelle Faktoren gefördert. Der machtpolitische Faktor ist auch „geographisch" bedingt. Nachbarschaft und Geschlossenheit der Territorien können die Grundlage bilden für das Gefühl einer gemeinsamen Bedrohung. Äußere Bedrohung hat z. B. zum Zusammenschluss von nichtnuklearen Mächten mit nuklearen Mächten geführt (NATO).

Die Globalisierung führt zu Zusammenschlüssen von Staaten, die damit diesen Herausforderungen besser gewachsen sein wollen. Vorbedingung für wirtschaftliche Integrationsprozesse scheinen intensive Handelsbeziehungen zu sein. Daraus ergibt sich offenbar eine Zunahme des multilateralen Regelungsbedarfs.[1468] Dabei ist es zunächst nicht wesentlich, ob die betroffenen Länder Agrarstaaten einerseits und Industriestaaten andererseits sind. Eine Integration wird aber vor allem zwischen überwiegend industriell orientierten Ländern beobachtet (z. B. in Europa), nämlich dann, wenn die Interessen der Länder gleichgerichtet sind. Im Ergebnis erwarten die beteiligten Länder, dass durch Integration ohne größere Investitionen oder Anstrengungen ein höheres Volkseinkommen erzielt werden kann.

Eine gemeinsame Kultur erleichtert die Integration,[1469] kann aber kaum als treibende Kraft angesehen werden. Bedeutsamer ist es für den Einigungsprozess, wenn homogene Eliten in verschiedenen Ländern regieren. Fortlaufende Konsultationen zwischen den Regierungen fördern den Wunsch, die Entscheidungsfindung zu institutionalisieren. Auch die allgemein verbreitete Absicht der Bevölkerung verschiedener Staaten, untereinander keine Gewalt anzuwenden, trägt wesentlich zur Integration bei. Ein Beispiel für diese wachsende Abneigung gegen Gewaltanwendung ist die schrittweise Entwicklung einer gewaltfreien Gemeinschaft in Europa.

Deutsch[1470] fasste die nach seiner Ansicht relevanten Bedingungen der Integration in vier Punkten zusammen:

a) gegenseitige Relevanz der zu integrierenden Einheiten als Folge sozialer Kommunikation, z. B. durch Handel und Reiseverkehr,
b) Vereinbarkeit der Werte zumindest in Bezug auf einen Teil der gemeinsam erzielbaren Integrationsvorteile,
c) gegenseitige Ansprechbarkeit als Folge nachweislich vorhandener Möglichkeiten der Kommunikation sowie
d) ein gewisses Maß an gemeinsamer Identität oder Loyalität.

– Link verweist zu Recht darauf, dass bei der intensiven Zusammenarbeit zwischen Staaten auch die machtpolitischen Erwägungen nicht außer Acht bleiben

1468 Brock, in: Rittberger 1990: 84; Beispiele in: Rittberger ^{2}1995: 42 ff.
1469 Etzioni 1965: 26 f.
1470 Deutsch 1971: 273 f.

dürfen.[1471] Sie dienen z. B. der Einhegung von dominanten Staaten, wie in Europa dem wiedervereinigten Deutschland. Ein anderes Motiv ist, dass eine dominante Macht seine Position absichern will, wie z. B. die USA bei der NAFTA und Rußland bei der GUS.[1472]

Intensive horizontale Kommunikation zwischen Staaten führt so lange nicht zu transnationaler Politik, wie nicht ein Mindestmaß an vertikaler Interaktion vorhanden ist, also eine Verbindung zwischen den Gesellschaften und ihren jeweiligen Regierungen besteht. Dies sollte in westlichen Demokratien der Fall sein und dann, wenn eine permanente Intervention der Regierungsinstitutionen in das soziale und wirtschaftliche Leben der Gesellschaft zum unverzichtbaren Element des politischen Systems wird, also in Sozialstaaten. Die Beteiligung an transnationaler Politik ist also abhängig von horizontaler und vertikaler Kommunikation.[1473]

Diese kann zu einer Verregelung in den Beziehungen zwischen den Gesellschaften führen, so zu einer wie auch immer ausgestalteten Vereinbarung über die Konfliktaustragung[1474] bzw. schließlich zu gemeinsamen Institutionen. Dabei müssen die politisch relevanten Schichten aber bereit sein, gemeinsame Institutionen zu akzeptieren, der integrierten Gemeinschaft ihre umfassende Loyalität zu geben und die gemeinsamen Institutionen im Geiste angemessener gegenseitiger Achtung und Aufgeschlossenheit für die Ansichten und Bedürfnisse aller beteiligten Einheiten zu betreiben.[1475] Dies ist um so einfacher, je mehr sich die Werthaltungen und Einstellungen der Beteiligten einander annähern.[1476]

Einen Fortgang der Verflechtungsprozesse kann es nur geben, wenn im Verlauf des Verfahrens ein Interesse an der Beibehaltung (bzw. Befolgung) besteht. Dies muss allmählich ein größeres Gewicht erhalten als das Interesse der einzelnen Beteiligten, sich gegenüber den anderen ohne Abstriche auch dann durchzusetzen, wenn dafür die Existenz des Regelungssystems aufs Spiel gesetzt wird. Ein solches Interesse wiederum kann sich nur bilden, wenn über einen bestimmten Zeitraum gesehen die Verteilungsleistungen des Regelungssystems zu befriedigenden Ergebnissen führen, ohne dass diese damit auch schon gerecht sein müssen.[1477] Das bloße Verstehen und gegenseitige Kennenlernen der beteiligten Akteure und Betroffenen ist für den Ablauf von Integrationsprozessen nur von zweifelhafter Bedeutung.

2. Integrationsprozesse

Die Strukturen internationaler Integrationssysteme können im Anschluss an Tudyka[1478] wie folgt gegliedert werden:

1471 Link ^{3}2001: 81.
1472 Ebenda: 100.
1473 Kaiser, in: Czempiel 1969b: 100 ff.
1474 Rittberger/Hummel, in: Rittberger 1990: 34.
1475 Deutsch 1971: 285; s. d. auch Rittberger ^{2}1995: 34 f.
1476 Inglehart 1967.
1477 Brock, in: Rittberger 1990: 85.
1478 Tudyka 1971: 70, 81 ff.

- Ein durch Nachbarschaft zustande gekommener Zusammenschluss in Form einer territorialen Integration wird durch den Begriff Regionalismus gekennzeichnet. Regionale Zusammenschlüsse weisen unterschiedliche Intensität auf (s. Kap. XIX, A, 1 und B, 2).
- Vertikale Integration liegt dann vor, wenn Staaten entsprechend dem Grundsatz der Arbeitsteilung zusammengeschlossen werden und damit ein sogenanntes interdependentes System bilden, das durch Über- und Unterordnung gekennzeichnet ist und das unter bestimmten Bedingungen als Beispiel für (Neo-) Kolonialismus (s. Kap. XVIII, B) anzusehen ist.
- Horizontale Integration entsteht durch einen Zusammenschluss von Nationen aufgrund ihrer partiellen Ähnlichkeit und gemeinsamen Probleme.

Bei Integrationsprozessen in einem konkreten historischen Fall sind mehr oder minder alle drei Prinzipien anzutreffen, wobei ein Zusammenschluss der Staaten mit einer Integration anderer sozialer Akteure einhergeht.

Die Frage ist, in welchen Bereichen die Integration zunächst erfolgt oder erfolgen soll. Die Funktionalisten betonen als Charakteristikum der Beziehungen zwischen hochkomplexen Industriegesellschaften ihre gemeinsame Wahrnehmung von Aufgaben. Diese Einzelaufgaben (Funktionen), z. B. Handel, müssen durch spezifische Übereinkünfte oder Behörden stabilisiert werden. Der Prozess der Integration soll also in bestimmten Politikfeldern (policies) beginnen. Für spezifische gemeinsame Aufgaben werden Institutionen geschaffen: Die Form folgt also der Funktion. Die zunehmende technisch-sachliche Kooperation – so wird erwartet – werde einen Lernprozess auslösen, der eines Tages von selbst die alte durch eine neue Ordnung mit neuer Qualität ersetzt, in dem weitere Politikfelder einbezogen werden.

Die Funktionalisten beschreiben den „Integrationsprozess von unten". Sie gehen von der Annahme aus, gesellschaftliche Prozesse könnten in verschiedene Teilbereiche (also wirtschaftliche, soziale und politische) aufgeteilt werden. Als erster Schritt erfolgt eine Zusammenarbeit in einem Politikfeld, z. B. die wirtschaftliche Integration, erst im zweiten Schritt auch die politische, so dass dabei gleichzeitig durch das Übergreifen der Problemfelder und Problemlösungen wieder eine Vereinigung aller Politikbereiche stattfindet. Schließlich – so wird erwartet – übertragt die jeweilige Bevölkerung ihre Loyalitäten dem neuen System.[1479] Während die einen diese Prozesse als irreversibel ansehen, betonen die Neo-Realisten, dass es keine noch so enge Verflechtung geben könne, die nicht unterbrochen werden kann.[1480]

Der Funktionalismus sieht in der Handhabung internationaler Funktionen und Apparate rein technische, ihrem Wesen nach unpolitische, den Auseinandersetzungen von Interessengruppen, Nationen und der breiten Bevölkerung entrückte Angelegenheiten.[1481] Die wesentliche Kritik richtet sich darauf, dass die politischen Ent-

1479 Tudyka 1971: 94.
1480 Gärtner 1993: 131 f.
1481 Deutsch 1971: 238.

scheidungen unterbewertet werden. Ihre Notwendigkeit kann jedoch funktionalistisch aus der Interdependenzdichte abgeleitet werden. Die Vertreter des Neo-Funktionalismus[1482]; Haas, Lindberg, Nye, bewerteten daher auch die politische Dimension sehr viel höher. „Für den Neo-Funktionalismus gilt, dass es im internationalen System keinerlei nicht-politische Zusammenarbeit gibt. Selbst die technische Kooperation der Experten ist politisch, weil sie von den Regierungen genehmigt und bezahlt werden muss. Die Zusammenarbeit stellt sich also nicht von selbst ein, sie muss angeordnet und bewilligt werden."[1483]

Diese Einsichten sind bei den Föderalisten zentral. Sie wollen im Allgemeinen neue politische Einheiten schaffen. Indem sie gewisse Befugnisse der Gliedstaaten auf neue, gemeinsame Institutionen verlagern sind sie auch bereit, partiell auf Souveränität zu verzichten. Die Integration wird also als „bewusste, (macht-) politische Entscheidung von Politikern und Völkern …" gesehen.[1484] Das neue Gebilde müsse föderalistisch organisiert sein und die vormals selbständigen Einheiten ablösen. Durch die allgemein akzeptierten Bestimmungen über die Aufgabenverteilung und Handlungsvollmachten werde sich dann die neue Funktionsausübung durchsetzen, wenn die Interessen der vormals selbständigen Staaten nicht verletzt würden. Die Funktionen folgen also der Form: Betont wird die Relevanz der institutionellen Struktur. Als erfolgreiche Beispiele föderalistischer Integration werden meist die USA und die Schweiz (s. Kap. VIII, A, 2 und B, 2) herangezogen.[1485]

Dagegen richten sich die Konföderalisten gegen eine eigenständige Entscheidungsmacht einer neuen institutionellen Einheit. Ihr Ziel ist es, durch eine ständige Liga von Staaten, die ihre Souveränität behalten, eine zwischenstaatliche Zusammenarbeit auf wichtigen, aber genau abgegrenzten Gebieten aufzubauen. Beispiele für solche Organisationen sind die Vorläufer der amerikanischen und schweizerischen Föderation und der Deutsche Bund im 19. Jahrhundert. Das hier verwendete Begriffspaar Föderation-Konföderation entspricht also dem staatsrechtlichen Gegensatz von Bundesstaat und Staatenbund. Letzterer kann auch als Intergouvernementalismus bezeichnet werden, wobei die Interessen der Einzelstaaten viel stärkeres Gewicht haben.[1486]

Im Integrationsprozess kann nach der Startphase der weitere Integrationsvorgang nach einem gewissen Automatismus ablaufen, so jedenfalls die Vorstellung der Neofunktionalisten. Dem „take-off" folgt eine zweite Zündung („secondary priming"), die dem „Überlauf"-(spill-over-)Effekt von Haas[1487] ähnlich ist: Integration in einem Sektor löst einen ähnlichen Prozess in einem anderen aus, ohne dass ein Anstoß von außen notwendig ist. Je mehr Zwischenbeziehungen ein Sektor aufweist, desto eher ist eine „Überlauf"-Wirkung zu erwarten, doch kann nicht von

---

1482 S. d. auch Wolf, in: Bieling/ Lerch ^{2}2006: 65–74.

1483 Czempiel, in: von Beyme u. a. 1987, III: 262.

1484 Bellers, in: Boeckh 1984: 214.

1485 S. d. Große Hüttemann/ Fischer, in: Bieling/ Lerch 2006: 47–52:

1486 Bieling, in: Bieling/ Lerch 2006: 93 ff.

1487 Haas 1968: 283 ff.

vornherein bestimmt werden, was im Vergleich zu anderen der am stärksten verbundene Sektor ist, oder ob es in allen Gesellschaften der gleiche ist[1488] (s. Kap. XIX). Daher merken Kritiker an, dass als Schwäche des Erklärungsansatzes herausgestellt werden müsse, dass nicht angegeben werden kann, wann und in welcher Weise „spill over"-Prozesse auf die nächst höhere Ebene erfolgen und wann der „point of no return" erreicht ist.[1489] Funktionale Kooperation – so fand der Neo-Funktionalismus ebenfalls heraus – kann aber auch negative, kooperationsmindernde Folgen haben. „Wenn sie ein Land überlastet oder benachteiligt, kann es die Kooperation auch vermindern."[1490] Insofern ist die Betonung der politischen Entscheidung um so wichtiger. Darüber hinaus zeigt die Praxis der bisherigen Integrationsprozesse, dass es bisher kaum gelungen ist, bei den Völkern stärkere Loyalität gegenüber internationalen Behörden und Symbolen so zu entwickeln, dass nationale Bilder und Symbole an Zugkraft verlieren.

3. Innerstaatliche Auswirkungen der Integration

Die Integrationsprozesse haben Folgen für die „nationalen" politischen Systeme: Internationale Akteure (andere Staaten, internationale Organisationen und Regime) wirken auf deren politische Entscheidungen ein (Penetration) oder bestimmen sie sogar. Man spricht von „penetrierten Systemen" oder „Veränderungen der Staatlichkeit". Aber auch hier agieren bzw. reagieren die Staaten nach ihren eigenen Regeln, die auch durch das Institutionengefüge bzw. die institutionellen Arrangements bestimmt sind (s. Kap. VIII).

Dabei sind verschiedene Mechanismen zu unterscheiden. Bei Integrationsprozessen, zum Beispiel in der EU, haben sich die Beteiligten über gemeinsam zu beachtende Ziele und Entscheidungen geeinigt. Es gibt aber auch internationale Zusammenschlüsse, wo eindeutig einzelne Staaten dominieren und andere von diesen abhängig sind. Dies galt für die Bundesrepublik bis 1955 aufgrund militärischer Okkupation. Die Satelliten der Sowjetunion waren bis zu deren Untergang solche abhängigen Staaten. Die Kooperationsverhältnisse zwischen einem Entwicklungshilfe nehmenden und einem Entwicklungshilfe gebenden Staat (oder einer internationalen Organisation) stehen ebenfalls in einer solchen Beziehung. Innenpolitische Fragen werden also mehr oder weniger durch äußere Einflüsse vorbestimmt und dadurch die Handlungsmöglichkeiten im Innern verringert. Dieser Zustand wird bereits im Zuge der Integration Europas zum Teil schmerzlich empfunden und führt zu Mitwirkungsansprüchen auf überstaatlicher Ebene, die auch zu einer Änderung der staatlichen Entscheidungsstrukturen führen (s. Kap. IX, D 3).

Durch Penetration können auch interne religiöse oder ethnische Konflikte verstärkt werden, wodurch die Einführung von Konkordanzstrategien (s. Kap. V, B) im Innern an Bedeutung gewinnt. Die Anwendung dieser Handlungsmuster kann

1488 So beispielsweise schon Mitrany 1943.

1489 Gärtner 1993: 131.

1490 Czempiel, in: von Beyme u. a. 1987, III: 263.

aber auch auf das außenpolitische Verhalten eines Staates ausstrahlen: die Eliten werden dazu neigen, möglichen Belastungen durch eine neutrale Außenpolitik aus dem Wege zu gehen. „Wenn eine Konkordanzdemokratie sich außenpolitisch neutral verhält, dann verstärken sich die internen Konfliktregelungsnormen und die Normen des außenpolitischen Verhaltens gegenseitig." [1491] Die starke Internalisierung der Neutralitätsnorm hat der Schweiz mit ihrem System der Allparteienregierung lange Zeit außenpolitische Belastungen erspart. Solange die latenten konfessionellen, sprachlichen und regionalen Konflikte in der Schweiz für die internationalen Aktivitäten von Bedeutung waren, bot sich die Lösung einer außenpolitischen Neutralität an. Inzwischen hat sich die schweizerische Neutralität als Form des außenpolitischen Verhaltens von ihrem historischen Ursprung abgelöst. Damit ergibt sich aber auch das Problem, in internationalen Zusammenhängen Betroffener und nicht Mitgestalter zu sein.

C) Internationale Beziehungen als Herrschaftsverhältnis

Die Analyse der internationalen Beziehungen mit Hilfe der Kategorie „Herrschaft" muss sich auf drei wesentliche Bereiche erstrecken: die Legitimation auswärtiger und internationaler Politik, die Bedeutung der Macht für die Bestimmung und Durchsetzung außenpolitischer Interessen sowie die Frage nach Schichtung und Abhängigkeit unter den verschiedenen nationalen Akteuren.

1. Internationale Schichtung

Für eine theoretische Bearbeitung der „internationalen Beziehungen", die deren globale Strukturen, ihre Dynamik und Entwicklungstendenzen einbeziehen will, scheint ein wesentlich komplexeres Modell zugrundegelegt werden zu müssen, als es sich im überlieferten Konzept eines Systems von (mehr oder weniger penetrierten, im Prinzip aber in sich geschlossenen) Staaten anbietet. Die Betrachtung internationaler Politik müsste in eine Theorie der globalen Situation und eine Theorie des internationalen Systems als Weltkonstellation[1492], als eine Theorie des „Weltregierens"[1493] einmünden.

Nach Ansicht von Krippendorff[1494] bietet sich dafür als Ansatzpunkt eine historische Verortung der Entstehung des heutigen internationalen Systems an. Erst seit der bürgerlichen Revolution könne von einem System internationaler Beziehungen die Rede sein. Weil die bürgerliche Revolution den Angelpunkt des heutigen internationalen Systems bilde, seien alle Versuche, bei den vorrevolutionären „Klassi-

1491 Lehmbruch, in: Czempiel 1969b: 161.
1492 Houweling u. a. 1994 unter Bezug auf Wallerstein.
1493 Rittberger u. a. 2010.
1494 Krippendorff 1972: 361.

kern der Politik“ Ansätze zu einer Theorie der internationalen Politik zu finden, notwendig zum Scheitern verurteilt. Nur die kapitalistische Produktionsweise könne den Orientierungsrahmen bieten, innerhalb dessen sich internationale Politik als Ausdruck der von ihr geschaffenen Konflikte analytisch auf den Begriff bringen lasse. Das Ergebnis sind Verteilungskonflikte (s. Kap. XVIII).

In dieser Deutung erscheinen die Konflikte des Konkurrenzkapitalismus als vermittelte Form der zwischenstaatlichen Konflikte kapitalistischer Länder. Sie werden global um den weltweiten Markt als der eigentlichen Grundstruktur des internationalen Systems ausgetragen und zielen jeweils auf die Zerstörung der sozialen und ökonomischen Substanz des Gegners. Da das internationale System noch immer wesentlich das von der kapitalistischen industriellen Revolution hervorgebrachte System sei, schlägt Krippendorff[1495] vor, die „internationale Klassenanalyse“ zum Gegenstand der internationalen Beziehungen zu machen. Innerhalb der „Weltgesellschaft“ sei eine deutliche Trennung zwischen herrschenden und beherrschten Gesellschaften zu finden.

Diese hatte ihren Ursprung im Imperialismus. Seit seiner Entstehung in der Mitte des 19. Jahrhunderts wird dieser von einer „paradoxen Entwicklung“ begleitet: „der Herausbildung des Nationalstaates als Vervollkommnung der Territorialstaatlichkeit bei gleichzeitiger weltmarktlicher Unterminierung der gestaltenden Bedeutung des Staates. … Beim Imperialismus scheint es sich um das besondere Verhältnis von Nationalstaat und kapitalistischem Weltmarkt zu handeln. … Weltmarkt ist … eine Kategorie, die allseitig globale und gegenseitige Abhängigkeit voraussetzt, eine Abhängigkeit, die sich aus dem Bestehen ‚einer Welt‘ gründet, in der jedes Segment der Weltgesellschaft in einem arbeitsteiligen Verhältnis zum Ganzen steht.“[1496] Dem Weltmarkt kommt für die Weltgesellschaft demnach erst kategoriale Bedeutung zu, seitdem sich eine industrielle Arbeitsteilung international herauszubilden begann.

In der Weltgesellschaft gibt es keine klare Trennung zwischen Politik und Ökonomie. „In der Weltpolitik tritt sie als Vermischung auf, die in der Dominanz einer Weltmacht bzw. einer globalen Koalition und ihrem Bemühen sich niederschlägt, die ihr adäquaten Zivilisations- und Verkehrsformen zu mondialisieren,“[1497] d. h. weltweit zu verbreiten. Dabei werde zwar jedem Gemeinwesen gerechte Teilnahme und Teilhabe versprochen, aber in Wirklichkeit nützen die verkündeten demokratischen Formen nur denjenigen, die dadurch ihre ökonomische Überlegenheit voll zur Geltung bringen können. Insofern konnten sich im Zeitalter der amerikanischen Hegemonie innerhalb des Weltsystems im 20. Jahrhundert auch die USA antikolonial verhalten. „Es war und ist für das amerikanische Weltsystem charakteristisch, dass seine allgemeinen Prinzipien sich gegen direkte Herrschaft in Form von Kolo-

1495 Krippendorff 1972: 371.

1496 Diner, in: Fetscher/Münkler 1985: 330 f.

1497 Ebenda: 347.

nialgewalten richten.“[1498] Die USA stellen sich deshalb der Unabhängigkeit von Staaten nicht in den Weg, „weil politisch unabhängige Gemeinwesen … eine Durchdringung des Ökonomischen von außen möglich“ machen.[1499] Das Ziel der USA ist eben nicht der Territorialstaat, sondern die grenzenlose Civil Society des Weltmarktes. Für die USA stellte der Ferne Osten „das dar, was die Levante für Europa bedeutet hatte.“[1500]

Durch die Hypotheken des Kolonialismus und die geringeren Handels- und Kapitalbeziehungen zwischen dem Osten und dem Süden war der Osten zunächst nicht in das Herrschaftsverhältnis zwischen Norden und Süden eingeschlossen. Seine Propaganda konnte aber nicht verhindern, dass er von der Dritten Welt zunehmend als Teil der Welt gesehen wurde, der unter imperialistischen Weltmarktbedingungen Südhandel trieb und bei Interessenkonflikten nicht an der Seite der weniger entwickelten Länder zu finden war.[1501] In der ideologischen Kontroverse zwischen der Sowjetunion und China wurden zwei gegensätzliche Auffassungen zur Überwindung des internationalen Herrschaftssystems formuliert.

Die von der KPdSU vertretene Position sah die Hauptaufgabe des „internationalen Klassenkampfes“ nicht in der Unterstützung antikolonialer Befreiungsbewegungen durch kriegerische Intervention, sondern im wirtschaftlichen Aufbau von sozialistischen Industriegesellschaften. Die Hebung des Lebensstandards sollte das sozialistische System so attraktiv machen, dass es die Arbeiter in den entwickelten und unterentwickelten kapitalistischen Ländern zur Umwälzung und Nachahmung ermutigte.[1502] Optimale Bedingungen für den Aufbau des Sozialismus schuf nach Ansicht der KPdSU die friedliche Koexistenz zwischen Kapitalismus und Sozialismus (s. Kap. XVII, A, 2, 3).

Demgegenüber betont die chinesische Konzeption der „Städte und Dörfer im Weltmaßstab“ im internationalen Herrschaftssystem einige grundlegende, doch unterschiedlich wirksame Widersprüche: zwischen dem sozialistischen und imperialistischen Lager, zwischen Proletariat und Bourgeoisie innerhalb der kapitalistischen Länder, zwischen unterjochten Nationen und Imperialisten, zwischen den verschiedenen imperialistischen Staaten und zwischen den verschiedenen monopolkapitalistischen Gruppierungen. Die Hauptwidersprüche seien in den „ländlichen Gebieten“ der Erde konzentriert. Hier seien aber auch die Erfolgschancen der nationalen Befreiungsbewegungen gegen den Imperialismus als Voraussetzung einer sozialistischen Revolution dieser Gesellschaft am größten. Der „revolutionäre Volkskrieg“ stelle sich als Kampf der „Dörfer“ gegen die „Städte“ dar, die von ihrer Versorgungsbasis im agrarischen Hinterland abgeschnitten und ausgehungert werden sol-

---

1498 Ebenda : 348.

1499 Diner, in: Fetscher/Münkler 1985: 349.

1500 Ebenda: 350.

1501 Nuscheler, in: Fetscher/Münkler 1985: 366.

1502 Zellentin, in: Czempiel 1969b: 169.

len. Damit wird auch anderen Entwicklungsländern die Revolution Mao Tse Tungs als nachahmenswertes Modell empfohlen (s. Kap. X, B, 4).

Das sowjetische und das chinesische Konzept brachten eine bestimmte internationale „Klassenlage" zum Ausdruck, deren unterschiedliche Einschätzung sich in den theoretischen Positionen widerspiegelt. Dabei ergibt sich eine zumindest vordergründige Übereinstimmung mit dem Konzept des „nationalen Interesses" als Bestimmungsfaktor der jeweiligen Außenpolitik, das von der „realistischen Schule" in den USA vertreten wurde.

2. „Nationales Interesse"

Forscher der „realistischen Schule" betrachten internationale Politik aus der Position der Interessen des jeweiligen Staates. Dieses Interesse wird bestimmt durch den Kampf um Macht und begrenzt durch Moral. Macht, Moral und Interesse bilden gewissermaßen die interdependenten Pfeiler einer politischen Theorie, die versucht, „im Wesen des Menschen verankerte und somit transepochal unverändert bleibende Grundelemente politischer Dynamik aufzuzeigen".[1503] Internationale Politik wird als Kampf unabhängiger Einheiten gesehen, deren unmittelbarer Zweck darin besteht, Macht zu erhalten und zu vergrößern.

Die Frage nach den Bestimmungsfaktoren nationaler Macht wird unterschiedlich beantwortet. Für Morgenthau[1504] gehören die Geographie, die natürlichen Hilfsquellen, die industrielle Leistungsfähigkeit, das Militärpotential, die Bevölkerungsgröße, der Nationalcharakter, die nationale Moral und die Qualität der Diplomatie sowie die Legitimität der Regierung dazu. Meist werden wirtschaftliche, technische und soziale Ressourcen sowie die politische Struktur, die moralische Einheit des Volkes und die Qualität der Staatsführung genannt.[1505] Mit dem Zusammenwachsen von ökonomischer und technologischer Macht seit der industriellen Revolution gilt die Entwicklung der Produktivkräfte zunehmend als deckungsgleich mit militärischer Stärke und umgekehrt.[1506] Deutsch[1507] bestimmt das Machtpotential durch die materiellen und menschlichen Ressourcen, die für den Machteinsatz verfügbar sind. Aron[1508] nennt zusammenfassend Umwelt, Hilfsquellen und kollektives Handeln als Determinanten der Macht. Zweifelhaft bleibt allerdings, ob Macht als Inventarbegriff betrachtet werden kann. Außenpolitische Wirksamkeit ist nicht durch einen Vorrat verfügbarer Ressourcen zu erklären.[1509] „Differenzierte Ansätze zur Klärung des Phänomens ‚Macht' haben gezeigt, dass es Macht an sich … nicht gibt, sondern nur Macht in bestimmten Beziehungen zwi-

1503 Kindermann, in: Morgenthau 1963: 24 f.
1504 Morgenthau 1963: 132 ff.
1505 Naßmacher ^{2}1979: 15 ff.
1506 Krippendorff 1972: 367.
1507 Deutsch 1971: 35 ff.
1508 Aron 1963: 71.
1509 Tudyka 1971: 120.

schen bestimmten Machtträgern, wobei diese Macht jedesmal wieder neu zu umschreiben ist".[1510]

Im Denken der „realistischen Schule" erscheint die Lehre vom „nationalen Interesse" als zwangsläufige Ergänzung ihrer Lehre von der Macht. Das typische Grundmotiv politischen Verhaltens sei ein am Eigeninteresse orientiertes Machtstreben. Der Begriff Nationalinteresse wird zwar häufig von Politikern verwendet, ist aber keineswegs eindeutig bestimmt. Versucht man eine inhaltliche Ausfüllung, dann bieten sich Vorteile für den betreffenden Staat, Wohlergehen der eigenen Nation, kurzum: eine „auf das Volk verlagerte Eigenliebe" als Erklärungen an.[1511] Aber auch damit bleibt der Begriff eine „Leerformel".[1512] Dass sich im nationalen Interesse ebenso die jeweilige Gesellschaftsstruktur widerspiegelt wie die Vorstellungen und das Verhalten der einzelnen Akteure, erscheint einleuchtend. Zuweilen wird nationales Interesse als Gemisch der Interessen von Verbänden, Nationalitäten, Schichten, Klassen und Eliten verstanden.

Anstelle der hier erkennbaren wandelbaren Konkretisierung des „nationalen Interesses" bestimmt Morgenthau[1513] das nationale Interesse als Verbesserung der relativen Machtposition gegenüber anderen Staaten. Er geht davon aus, dass die Hierarchie nationaler Interessen der einzelnen Staaten dazu neigt, über eine lange Zeit hinweg weitgehend unverändert zu bleiben. Damit hat der Begriff der geographisch bedingten „natürlichen Interessen" der Außenpolitik eines Staates eine wichtige Modifikation erfahren.[1514] Das nationale Interesse gilt als weitgehend unabhängig von den handelnden Personen, aber relativ abhängig vom Zustand der Umwelt und von den vorhandenen Alternativen. Auch die Neo-Realisten heben auf die langfristigen Interessen ab, zu denen durchaus die (zeitweilige) Akzeptanz eines Zustandes gehören kann, der „eine ungebremste direkte Interessendurchsetzung nicht zulässt."[1515] In neuerer Sicht entpuppt sich das nationale Interesse als ein „Konzept, das nach Ausdifferenzierung verlangt, somit das Bewusstsein für Zielkonflikte schärft und die Notwendigkeit disziplinierter Prioritätensetzung unterstreicht."[1516]

Im Zuge der Verfolgung nationaler Interessen kommt es zur Über- und Unterordnung von Staaten, wobei einzelne Staaten gegenüber anderen hegemoniale Bedeutung gewinnen, während die anderen Staaten ihre Macht einbüßen. Solche Hegemonialzyklen werden einmal primär auf ökonomische Zusammenhänge zurückgeführt, wobei zudem eine enge Verbindung von politischen Hegemonieverläufen und längeren Wellen der wirtschaftlichen Entwicklung (Kondratieffzyklen) herausgearbeitet wurde. Dabei basiert „Hegemonie auf Produktivitätsvorsprüngen

1510 Frei 1973: 47.
1511 Osgood, in: Haftendorn 1975: 55.
1512 Junne 1972: 143.
1513 Morgenthau 1963: 140 f.
1514 Griepenburg, in: Abendroth/Lenk [3]1973: 163 f.
1515 Junne, in: Rittberger 1990: 356.
1516 Kreile 1996: 7.

dank der ersten Realisierung der jeweiligen technologischen, organisatorischen und sozialen Basisinnovationen."[1517] Der Vorreiterrolle Europas über Jahrhunderte ist Weede nachgegangen. Er führt sie im Anschluss an North auf die Rechtssicherheit im Hinblick auf Eigentumsverhältnisse und die Konkurrenz in Europa aufgrund der Kleinstaatlichkeit zurück.[1518] Demgegenüber betonen Vertreter einer mehr politologisch ausgerichteten Denkrichtung die Autonomie der politisch-militärischen Prozesse. So sehen sie den Aufstieg einer jeweils neuen Hegemonialmacht durch das Resultat globaler Kriege bestimmt. „Mit dem Triumph im globalen Krieg setzt sich die neue Hegemonialmacht gegen ihre Rivalen durch und schafft zur Absicherung ihrer Position eine neue Weltordnung, ..."[1519] Wenn Staaten ihre militärische Macht in Abhängigkeit von der wirtschaftlichen Basis zum Zwecke der Absicherung ihrer ökonomischen Interessen ausdehnen, können die Kosten des militärischen Engagements langfristig selbst die stärksten Ökonomien überstrapazieren, so dass es deshalb wieder zum Abstieg kommt. Der Zusammenhang zwischen Kondratieff- und Hegemoniezyklen ist aber im einzelnen noch nicht genau geklärt.[1520] Da die Staaten als Einheiten angesehen werden, wird die Frage der Legitimation von Außenpolitik vernachlässigt.

3. Legitimation der Außenpolitik

Von der herrschenden deutschen Staatsrechtslehre bis hin zu Entscheidungstheorien wurde außenpolitisches Handeln „als eine Prärogative der Exekutive dargestellt."[1521] Das Legitimationsproblem außenpolitischen Handelns blieb dabei unbeachtet. Während früher Außenpolitik ausschließlich als Angelegenheit einer Staatsmännerelite angesehen wurde, sind heute in den verschiedenen Politikfeldern besondere Minister neben gesellschaftlichen Gruppen und privaten Akteuren engagiert, z. B. in der Wirtschaftspolitik, der Rüstungswirtschaft, der Entwicklungshilfe und der Großforschung. Dadurch wird die relative Isolierung des Parlaments in der Außenpolitik stärker und das Legitimitätsdefizit internationaler Politik größer. Hier gibt es jedoch erhebliche Unterschiede zwischen dem amerikanischen politischen System und den anderen westlichen Demokratien.[1522] Insgesamt bleibt die laufende Gestaltung auswärtiger Beziehungen gegenwärtig außerhalb des Rahmens einer sich durch Akte wirksamer politischer Partizipation konkretisierenden demokratischen Legitimation.

Weil die konkrete Legitimation für bestimmte außenpolitische Handlungen fehlt, beschränkt sich die demokratische Legitimation auf den als außenpolitische Handlungseinheit auftretenden Staat. Ob sein Handeln als legitim betrachtet wird,

---

1517 Bornschier/Suter, in: Rittberger 1990: 190.
1518 Weede 2000.
1519 Ebenda.
1520 Ebenda: 191 f.; s. d. auch Kennedy 1989.
1521 Tudyka 1971: 141.
1522 Zum außenpolitischen Entscheidungsprozeß in den USA s. Medick-Krakau, in: Knapp-Krell 21991: 62 ff. und Hartmann 1988: 25 ff.

hängt davon ab, in welchem Umfang die Bevölkerung ihm zutraut, ihre ethnische und kulturelle Identität widerzuspiegeln und ihre Bedürfnisse und Interessen zu befriedigen. Dem einzelnen wird das System legitim durch eine Systemideologie, die ihm im Zuge der Sozialisation und das ganze Leben hindurch vermittelt und von ihm als Teil seiner Überzeugungen, als „belief system“ aufgenommen wird. Durch Appelle an die nationale Identität des Volkes mag eine Regierung fähig sein, gesellschaftliche Spaltungen und Ungleichheiten zu überdecken. Sobald durch außenpolitische Aktionen das einzelne politische System die Interessen einiger Gruppen stärker befriedigt als die anderer, können sich Spannungen ergeben und die außenpolitische Handlungsfähigkeit kann in Frage gestellt werden.

Literatur

(im **Fettdruck** besonders wichtige Titel zum Kapitel)

Aron, Raymond (1963): Frieden und Krieg, Frankfurt a. M.

Bellers, Jürgen (1984): Integrationstheorien, in: Boeckh, S. 214–217.

Bellers, Jürgen/Häckel, Erwin (1990): Theorien internationaler Integration und internationaler Organisationen, in: Rittberger, S. 286–310.

Beyme, Klaus von u. a. (Hrsg.) (1987): Politikwissenschaft, Band III: Außenpolitik und Internationale Politik, Stuttgart u. a.

Bieling, Hans-Jürgen (2006): Intergouvernementalismus, in: Bieling/ Lerch, S. 91–116.

Bieling, Hans-Jürgen/ Lerch, Marika (Hrsg.) (2006): Theorien der europäischen Integration, Wiesbaden, 2. Aufl.

Billing, Peter (1992): Eskalation und Deeskalation internationaler Konflikte, Frankfurt a. M. u. a.

Boeckh, Andreas (Hrsg.) (1984): Internationale Beziehungen, München und Zürich.

Böhret, Carl/Wewer, Göttrik (Hrsg.) (1993): Regieren im einundzwanzigsten Jahrhundert – Zwischen Globalisierung und Regionalsierung, Opladen.

Bornschier, Volker/Suter, Christian (1990): Lange Wellen im Weltsystem, in: Rittberger, S. 175–197.

Brecher, Michael (1996): Introduction: Crises, Conflict, War – State of the Discipline, in: IPSR, Vol. 17, No. 2, S. 127–139.

Bredow, Wilfried von (1994): Turbulente Welt – Ordnung, Stuttgart u. a.

Brock, Lothar (1990): „Frieden“. Überlegungen zur Theoriebildung, in: Rittberger, S. 71–89.

Brühl, Tanja u. a. (Hrsg.) (2001): Die Privatisierung der Weltpolitik. Entstaatlichung und Kommerzialisierung im Globalisierungsprozess, Bonn.

Czempiel, Ernst-Otto (Hrsg.) (1969a): Die Lehre von den internationalen Beziehungen, Darmstadt.

Czempiel, Ernst-Otto (Hrsg.) (1969b): Die anachronistische Souveränität, Opladen (PVS Sonderheft 1).

Czempiel, Ernst-Otto (1986): Friedensstrategien, Paderborn.

Czempiel, Ernst-Otto (1987a): Das internationale System, in: von Beyme u. a., III, S. 3–37.

Czempiel, Ernst-Otto (1987b): Die Zukunft des Nationalstaates, in: von Beyme u. a., III, S. 246–276.

Czempiel, Ernst-Otto (1992): Die Organisation der Sicherheit in und für Europa, in: Kohler-Koch, S. 195–211.

Czempiel, Ernst-Otto (2003): Weltpolitik im Umbruch. Die Pax Americana, der Terrorismus und die Zukunft der internationalen Beziehungen, München.

Daase, Christopher (2003): Krieg und politische Gewalt: Konzeptionelle Innovation und theoretischer Fortschritt, in: Hellmann u. a., S. 161–208.

Debiel, Tobias (1994): Kriegerische Konflikte, friedliche Streitbeilegung und die Vereinten Nationen, in: APUZ, B2, S. 3–17.

Deutsch, Karl W. (1971): Die Analyse internationaler Beziehungen, Frankfurt a. M.

Diner, Dan (1985): Imperialismus, Universalismus, Hegemonie, in: Fetscher/Münkler, S. 326–360.

Ebert, Theodor (1971): Verteidigung ohne Drohung. Praxeologien der gradualistischen Abrüstung und gewaltfreien Verteidigung, in: Kaiser, S. 213–256.

Etzioni, Amitai (1965): Der harte Weg zum Frieden, Göttingen.

Fetscher, Iring (1972): Modelle der Friedenssicherung, München.

Fetscher, Iring/Münkler, Herfried (Hrsg.) (1985): Politikwissenschaft, Hamburg.

Forndran, Erhard (1971): Abrüstung und Friedensforschung, Düsseldorf.

Frei, Daniel (Hrsg.) (1973): Theorien der internationalen Beziehungen, München.

Gantzel, Klaus Jürgen (1972): System und Akteur, Düsseldorf.

Gantzel, Klaus Jürgen/Siegelberg, Jens (1990): Krieg und Entwicklung, in: Rittberger, S. 219–239.

Gantzel, Klaus Jürgen/Schwinghammer, Thorsten (1995): Die Kriege nach dem 2. Weltkrieg 1945–1992, Münster.

Gärtner, Heinz (1993): Neue Theorien der Internationalen Politik im Widerstreit, in: ÖZP, 22 (1993) 2, S. 125–139.

Gerhardt, Volker (1995): Imanuel Kants Entwurf „Zum ewigen Frieden“, Darmstadt.

Griepenburg, Rüdiger (1973): Exkurs: Zum Verhältnis von Innen- und Außenpolitik, in: Abendroth, Wolfgang/Lenk, Kurt (Hrsg.): Einführung in die Politische Wissenschaft, München, 3. Aufl., S. 157–171.

Große Hüttemann, Martin/ Fischer, Thomas (2006): Föderalismus, in: Bieling/ Lerch, S. 41–63.

Haas, Ernst B. (1968): The Uniting of Europe, Stanford.

Haas, Ernst B. (1973): Gleichgewichtspolitik: Prinzip, Begriff oder Propaganda, in: Frei, S. 49–56.

Haftendorn, Helga (Hrsg.) (1975): Theorie der Internationalen Politik, Hamburg.

Hartmann, Jürgen (1988): Die Außenpolitik der Weltmächte, Frankfurt und New York.

Heidelberger Institut für internationale Konfliktforschung (HIIK) (2000): Konfliktbarometer 2000, Heidelberg.

Hellmann, Gunther u. a. (Hrsg.) (2003): Die neuen internationalen Beziehungen, Baden-Baden.

Hoffmann, Stanley (1970): Gulliver's Troubles oder Die Zukunft des internationalen Systems, Bielefeld.

Houweling, Henk u. a. (1994): Hegemonie und internationale Arbeitsteilung, Hagen.

Hubel, Helmut (2005): Weltpolitische Konflikte, Baden-Baden.

Inglehart, Ronald (1967): An End to European Integration?, in: APSR, S. 91–105.

Jacobs, Andreas (2003): Realismus, in: Schieder/ Spindler, S. 35–60.

Junne, Gerd (1972): Spieltheorie in der internationalen Politik, Düsseldorf.

Junne, Gerd (1990): Theorien über Konflikte und Kooperation zwischen kapitalistischen Industrieländern, in: Rittberger, S. 353–371.

Kaiser, Karl (1969): Transnationale Politik, in: Czempiel, S. 80–109.

Kaiser, Karl (Hrsg.) (1971): Bedrohungsvorstellungen als Faktor der internationalen Politik, Düsseldorf.

Kaltefleiter, Werner (2001): Kant versus Huntington, in: Naßmacher, Karl-Heinz (Hrsg.): Foundations for Democracy, Baden-Baden, S. 293–296.

Kaplan, Morton A. (1975): Systemtheoretische Modelle des internationalen Systems, in: Haftendorn, S. 297–317.

Kennedy, Paul (1989): Aufstieg und Fall der großen Mächte, Frankfurt a. M.

Kindermann, Gottfried-Karl (1963): Hans J. Morgenthau und die theoretischen Grundlagen des politischen Realismus, in: Morgenthau, S. 19–47.

Knapp, Manfred/Krell, Gert (Hrsg.) (1991): Einführung in die internationale Politik, München, 2. Aufl.

Kohler-Koch, Beate (1990): „Interdependenz“, in: Rittberger, S. 110–129.

Kohler-Koch, Beate (Hrsg.) (1992): Staat und Demokratie in Europa, Opladen.

Kohler-Koch, Beate (1993): Die Welt regieren ohne Weltregierung, in: Böhret/Wewer, S. 109–141.

Kreile, Michael (1996): Verantwortung und Interesse in der deutschen Außen- und Sicherheitspolitik, in: APUZ, B5, S. 3–11.

Krell, Gert (1991): Staaten und Bürgerkriege in der Dritten Welt, in: Knapp/Krell, S. 229–257.

Krippendorff, Ekkehart (1972): Internationale Beziehungen, in: PVS, S. 348–373.

Krippendorff, Ekkehart (1985): Staat und Krieg, Frankfurt a. M.

Lauth, Hans-Joachim/Zimmerling, Ruth (1994): Internationale Beziehungen, in: Mols, Manfred u. a. (Hrsg.): Politikwissenschaft: Eine Einführung, Paderborn u. a., S. 136–170.

Lehmbruch, Gerhard (1969): Konkordanzdemokratie im internationalen System, in: Czempiel (1969b), S. 139–163.

Lemke, Christiane (2000): Internationale Beziehungen. Grundkonzepte, Theorien und Problemfelder, München und Wien; Anhang mit Recherchehinweisen.

Link, Werner (2001): Die Neuordnung der Weltpolitik, München, 3. Aufl.

Medick-Krakau, Monika (1991): Die Außenpolitik der USA, in: Knapp-Krell, S. 54–103.

Meyers, Reinhard (1994): Begriff und Probleme des Friedens, Opladen.

Mitrany, David (1943): A Working Peace System, New York u. a.

Morgenthau, Hans J. (1963): Macht und Frieden, Gütersloh.

Mühleisen, Hans-Otto (1997): Imanuel Kant: Zum ewigen Frieden, Königsberg 1995, in: Stammen, Otto u. a.: Hauptwerke der politischen Theorie, Stuttgart, S. 251–255.

Münkler, Herfried (2004): Die neuen Kriege, Reinbek b. Hamburg.

Müller, Harald (2003): Begriff, Theorien und Praxis des Friedens, in: Hellmann u. a., S. 209–250.

Naßmacher, Karl-Heinz (1979): Politikwissenschaft II, Düsseldorf, 2. Aufl.

Nuscheler, Franz (1985): Dritte Welt: Welten von Reichtum, Armut und Massenelend, in: Fetscher/ Münkler, S. 361–398.

Osgood, Robert E. (1975): Idealismus und Egoismus in der Außenpolitik, in: Haftendorn, S. 52–68.

Pfetsch, Frank R. (1994): Internationale Politik, Stuttgart u. a.

Pfetsch, Frank R. (1998): Der Wandel politischer Konflikte, in: Spektrum der Wissenschaft, S. 76–79.

Rabehl, Thomas (Hrsg.) (2000): Das Kriegsgeschehen 1999, Opladen.

Rittberger, Volker (1987): Zur Friedensfähigkeit von Demokratien, in: APUZ, B44, S. 3–12.

Rittberger, Volker (Hrsg.) (1990): Theorien der Internationalen Beziehungen, Opladen (PVS Sonderheft 21).

Rittberger, Volker (1995): Internationale Organisationen. Politik und Geschichte, Opladen, 2. Aufl.

Rittberger, Volker/Hummel, Hartwig (1990): Die Disziplin „Internationale Beziehungen“ im deutschsprachigen Raum auf der Suche nach ihrer Identität: Entwicklung und Perspektive, in: Rittberger, S. 17–47.

Rittberger, Volker u. a. (2010): Grundzüge der Weltpolitik. Theorie und Empirie des Weltregierens, Wiesbaden.

Russett, Bruce M. (1993): Grasping the Democratic Peace, Princeton NY.

Schieder, Siegfried/ Spindler, Manuela (Hrsg.) (2003): Theorien der internationalen Beziehungen, Opladen.

Schörnig, Niklas (2003): Neorealismus, in: Schieder/ Spindler, S. 61–88.

Seidelmann, Reimund (2000): Weltsystem, Weltgesellschaft, Weltstaat – Zugänge zur Theorie internationaler Politik, in: Neumann, Franz (Hrsg.): Handbuch Politische Theorien und Ideologien, 2, Opladen, S. 445–480, 2. Aufl.

Senghaas, Dieter (1969): Abschreckung und Frieden, Frankfurt a. M.

Senghaas, Dieter (1988): Konfliktformationen im internationalen System, Frankfurt a. M.

Spindler, Manuela (2003): Interdependenz, in: Schieder/ Spindler, S. 89–116.

Tudyka, Kurt P. (1971): Internationale Beziehungen, Stuttgart u. a.

Waltz, Kenneth (1979): Theory of International Politics, Reading/Mass.

Waschkuhn, Arno (1998): Demokratietheorien München und Wien.

Wolf, Dieter (2006): Neo-Funktionalismus, in: Bieling/ Lerch, S. 65–90.

Weede, Erich (2000): Asien und der Westen, Baden-Baden.

Wright, Quincy (1942): A Study of War, Chicago.

Zellentin, Gerda (1969b): Außenpolitik und Ökonomie kommunistischer Staaten, in: Czempiel (1969b), S. 164–204.

Zürn, Michael (1994): Das Projekt „Komplexes Weltregieren“. Wozu Wissenschaft von den Internationalen Beziehungen?, in: Leggewie, Claus (Hrsg.): Wozu Politikwissenschaft?, Darmstadt, S. 77–88.

Zürn, Michael (2003): Die Entwicklung der internationalen Beziehungen im deutschen Raum, in: Hellmann u. a., S. 21–46.

Kapitel XVII: Wertkonflikte

Als Wertkonflikte können seit dem Ende des Zweiten Weltkrieges der Ost-West-Konflikt und neuerdings der möglicherweise sich entwickelnde „Konflikt der Kulturen"[1523] zusammengefaßt werden. Während der Ost-West-Konflikt, der die Gesamtheit der Beziehungen, Transaktionen und Interaktionen zwischen den Staaten des ehemaligen Ostblocks und den übrigen Europas und Nordamerikas bezeichnet, als überwunden erscheint, herrscht in der wissenschaftlichen Diskussion kein Konsens darüber, ob ein Konflikt der Kulturen tatsächlich existiert oder sich entwickelt.

A) Der Ost-West-Konflikt

Nach 1945 war der Ost-West-Konflikt die wesentliche Dimension der Weltpolitik. Er wurde mit dem Zerfall der Anti-Hitler-Koalition und der Herausbildung von sozialistischem Weltlager und westlichem Bündnissystem, jeweils unter Führung einer „Supermacht", zu einem weltweiten Konflikt. Dem Ost-West-Konflikt lag ein ordnungspolitischer, ideologischer Dissens zugrunde. Dabei handelte es sich um unterschiedliche Vorstellungen über eine wünschenswerte politische, wirtschaftliche und gesellschaftliche Ordnung.

1. Dimensionen des Ost-West-Konflikts

In Programmatik und Wirklichkeit konkurrierten die westlich-liberalen Demokratien mit Systemen, in denen die Diktatur einer Partei (ursprünglich gerechtfertigt als „Diktatur des Proletariats") wesentliches Merkmal war. Der dezentralen Konkurrenzökonomie stand die hochzentralisierte Planwirtschaft gegenüber.[1524] Die wissenschaftlichen Interpretationen zu den *Konfliktursachen* unterscheiden sich. Link[1525] fasste sie folgendermaßen zusammen:

1. Die liberal und gemäßigt konservative Richtung sah als Ursache die sozialistisch-kommunistische Gesellschafts- und Herrschaftsstruktur und Ideologie an. Immanent wurde die kommunistische Welteroberungsstrategie immer als entscheidende Bedrohung gesehen: Die interne Zwangsherrschaft bedinge notwendigerweise eine externe Expansion, die zwangsläufig mit der Unterdrückung fremder Völker und der Unterwerfung anderer Staaten verbunden sei. Demnach mache die kommunistische Ideologie den Kalten Krieg zu einer tra-

1523 Huntington 1993, 1996.

1524 Senghaas 1988: 31.

1525 Link ^{2}1988: 54 f.

gischen Notwendigkeit. Repräsentanten dieser Richtung sind z. B. Schlesinger und Morgenthau.

2. Die revisionistische Gegenrichtung sah umgekehrt in der kapitalistischen Produktion und Distributionsweise die Ursache. Die USA seien zur Erhaltung ihres kapitalistischen Wirtschaftssystems auf Absatzgebiete und Einflusssphären angewiesen. Die forcierte sowjetische Rüstung wurde als Reaktion auf den amerikanischen Expansionsdrang, also als von außen stimulierter Prozess, gesehen. Da die Sowjetunion und die anderen sozialistischen Staaten einen wesentlichen Teil ihres Bruttosozialproduktes für Rüstung aufwenden mußten, sei der Aufbau der sozialistischen Gesellschaftsordnung verhindert worden. Für Neomarxisten ist der Ost-West-Konflikt somit ein Aspekt des internationalen Klassenkampfes. Repräsentanten sind u. a. Williams sowie Aron und Jahn.
3. Die vermittelnde Position zwischen den beiden Extremen sah den Ost-West-Konflikt als Resultat langfristig wirksamer geschichtlicher Kräfte. Europa sei als Machtzentrum der internationalen Politik nach dem Zweiten Weltkrieg zerstört worden und auf diesem Territorium seien sich die USA und die Sowjetunion mit ihren unterschiedlichen Zielvorstellungen, Erfahrungen, Glaubenssätzen und Interessen unmittelbar nahegekommen. Beim Fehlen eines gemeinsamen Gegners (Hitler-Deutschland) habe dieser Konflikt eskalieren müssen.[1526]

Die entgegengesetzten Ordnungsvorstellungen sind älter als der Ost-West-Konflikt. Die ideologische und theoretische Begründung geht auf Marx und Engels zurück, die sie in der Phase der britischen Weltherrschaft entwarfen. „Erst durch die Verbindung der sozialistischen Vorstellungen (in ihrer bolschewistischen Ausprägung) mit der russischen Staatsmacht und durch die Anbindung der transnationalen Beziehungen der kommunistischen Parteien an das bolschewistische Russland mittels der Komintern wurde der Gegensatz über die weltpolitische Neuordnung (der mit dem Gegensatz über die innenpolitische Ordnung unlösbar verbunden war) international handlungsbestimmend.“[1527] Der Konflikt blieb solange schwach ausgeprägt, wie die UdSSR machtpolitisch schwach war. Erst allmählich entwickelte sich ein Gleichgewichtssystem, in dem die beiden Supermächte aufgrund vergleichbarer militärischer Stärke dominierten.

Der Ost-West-Konflikt kann durch die *Merkmale* Bipolarität, Abschreckung, Entspannung und Verregelung der Ost-West-Beziehungen gekennzeichnet werden.

Bipolarität unterscheidet sich von der „balance of power“ zunächst dadurch, dass Einzelakteure (Nationalstaaten) nicht nur getrennt, sondern auch gemeinsam mit anderen als Blockakteure, wie z. B. dem Warschauer Pakt und der NATO, oder als blockfreie Akteure innerhalb und außerhalb von Universalakteuren, wie z. B. der UNO (s. Kap. XIX), auftreten.[1528] Aufgrund des ökonomischen, militärischen

1526 Wassmund 1982: 32 ff.

1527 Ebenda: 62 f.

1528 Kaplan, in: Haftendorn 1975: 304.

und politischen Vorsprungs der USA war die Bipolarität zunächst asymmetrisch, bis sie Ende der 1960er Jahre eine strategische Symmetrie erreichte. Die Auseinandersetzung zwischen den beiden führenden politischen Systemen wurde mit allen Mitteln außer der direkten militärischen Konfrontation dieser beiden geführt. Die zunächst „antagonistische“ (spannungsgeladene, d. V.) Bipolarität entwickelte sich nach der Kuba-Krise ab 1963 zur kooperativen Bipolarität, einer partiellen Interessenidentität der Supermächte zur Vermeidung eines Atomkriegs[1529] (Kap. XVII, 2). Im System der Bipolarität wurde das Problem des Gleichgewichts bald zu einem weltweiten. Dadurch, dass direkte militärische Auseinandersetzungen zwischen den USA und der UdSSR unterblieben, wurde die bisherige Peripherie einer der Hauptschauplätze internationaler Konflikte, nachdem die Entkolonialisierung ein militärisches und politisches Niemandsland geschaffen hatte. Das bipolare System enthält zwei einander entgegengesetzte Möglichkeiten: entweder sich durch Absorbierung der ungebundenen Staaten zu stabilisieren oder sich aufgrund der zentrifugalen Kräfte von innen zu desintegrieren.[1530]

Die Sicherung des Friedens zwischen den beiden Blöcken erfolgte vor allem durch *Abschreckung*. „Unter Abschreckung wird die politische Strategie verstanden, einen feindlichen Staat durch die Androhung militärischer Gegenmaßnahmen von einem Angriff abzuhalten.“[1531] Damit stellt das Konzept der Abschreckung auf die Furcht des potentiellen Aggressors vor den Schäden und Verlusten ab, die ein Krieg ihm bringen würde. Abschreckung soll „die Kosten für potentielle Angreifer durch Aufrüstungsmaßnahmen soweit ... erhöhen, dass friedliche Strategien der Konfliktaustragung ... vorgezogen werden“.[1532] Abschreckungspolitik lässt sich dann betreiben, wenn zwischen den Akteuren neben konfligierenden auch gemeinsame Interessen existieren, ein Kommunikationsprozess über Drohungen besteht und jeder Akteur zentrale Werte des Gegners verletzen kann.

Essenz der Abschreckungspolitik ist also nicht die Anwendung von Gewalt, sondern die rationale Beeinflussung des Gegners durch Drohungen. Deshalb ist in der Theorie der Abschreckung die Frage der „Glaubwürdigkeit“ zu einem zentralen Element geworden, also das Ausmaß, in dem die Androhung einer Vergeltungsmaßnahme glaubhaft wirkt. Glaubwürdige Abschreckungspolitik ist nur im Rahmen eines einigermaßen umfassenden Gewaltspektrums durchführbar. Da als Entgegnung auf begrenzte Aktionen die Androhung massiver Vergeltung (z. B. der Einsatz von Atombomben) weder angemessen noch glaubwürdig erschien, mussten zusätzliche Verteidigungsmaßnahmen entwickelt werden.[1533] Zur Abschreckung gehören also nach Intensitätsgraden abgestufte und differenzierte Gewaltapparate, einerseits Atombomben, aber andererseits auch Waffen zur begrenzten Kriegfüh-

1529 Rittberger/Zürn 1991: 401.
1530 Morgenthau 1963: 305.
1531 Simonis, in: Boeckh 1984: 19.
1532 Senghaas [3]1981: 73.
1533 Ebenda: 88.

rung, sowohl die Fähigkeit, den ersten Schlag zu führen, als auch die Unverwundbarkeit der Waffen. „Stabile Abschreckung verlangt nicht unbedingt gleiche Potentiale. Wichtiger sind Fähigkeiten der Abschreckungswaffen zum Überleben eines Angriffes und zum Eindringen in den gegnerischen Hoheitsraum und die anschließende Möglichkeit, eine für den Angreifer unannehmbare Vernichtung anrichten zu können.“[1534] Die Verknüpfung von Gleichgewicht und Abschreckung beinhaltet nach Forndran den Irrtum, das Machtgleichgewicht mit der Parität militärischer Potentiale zu verwechseln.[1535]

Kritiker halten die Abschreckungspolitik zur Lösung internationaler Konflikte für ungeeignet. Zur Abschreckung werde ein latentes Potential an Gewalt bereitgehalten. Das „Gleichgewicht des Schreckens“ werde immer wieder zur Vervollkommnung und Modernisierung der Waffensysteme angeregt, um seine Stabilität zu erhalten.[1536] Durch ausdrückliche und unterschwellige Verteufelung des Gegners würden Feindbilder geschaffen. Eine Alternative zu dieser Politik könne sich nicht wirksam artikulieren. Etzioni[1537] kritisierte am Konzept der Abschreckung die überspannte Rationalität. So würden Bedroher und Bedrohte in einer Krise als völlig rational handelnd angesehen. Dies sei aber wenig realistisch: auch in Krisensituationen müssten komplizierte Konsensbildungsprozesse stattfinden.[1538] Außerdem werde angenommen, dass Drohpartei und bedrohte Partei ihres Verhaltens völlig mächtig seien. Schließlich bestehe die Gefahr eines Krieges aus Versehen (technisches Versagen, menschliche Fehleinschätzung, eigenmächtiges Handeln, falscher Alarm, riskante ultimative Drohung). Denn Abschreckungspolitik sei zudem gekennzeichnet durch Lernpathologie im Sinne von Deutsch:[1539] Dem Abschreckungssystem fehle für die Aufnahme neuer Informationen ein offener Realitätsbezug, eine angemessene Realitätsprüfung und eine praktische Erfolgskontrolle, was zur Selbstabkapselung sozialer Systeme führe und langfristig die Lernfähigkeit beeinträchtigen könne. Durch solche Mechanismen werde das Wachstum der Rüstungskomplexe autonom und Abschreckungspolitik zur Ursache organisierter Friedlosigkeit.[1540]

Demgegenüber betonen andere, dass die Gegner durchaus die Chance hätten, ihre Friedfertigkeit zu beweisen.[1541] Jedenfalls habe die Abschreckungspolitik die offene Gewaltanwendung und den Krieg in den Brennpunkten des internationalen Konflikts durch laufende Vervollkommnung dieses Abschreckungsinstrumentariums verhindert, z. B. in Europa. Am Rande des Abschreckungssystems haben weiterhin begrenzte Kriege und militärische Interventionen als Formen der Kon-

1534 Forndran, in: von Beyme u. a. 1987, III: 134.
1535 Ebenda: 134 f.
1536 Senghaas, in: Kaiser 1971: 100.
1537 Etzioni 1965: 40.
1538 Simonis, in: Boeckh 1984: 22.
1539 Deutsch ^{2}1972: 240.
1540 Senghaas ^{3}1981: 176 ff.
1541 Forndran 1971: 113 ff.

fliktregu-lierung und Interessenrealisierung stattgefunden. Außerdem übersahen die Kritiker der Abschreckung, dass Modelle entwickelt worden sind, die das System der hohen Rüstungspotentiale überwinden und damit Entspannung erzeugen wollten.

Entspannung beinhaltet immer den Abbau von konflikthaften Verhaltensmustern, hat also Prozesscharakter.[1542] In Europa war dieser Prozess dadurch gekennzeichnet, dass lediglich die „allianzpolitische Bipolarisierung" auf relativ hohem Niveau erhalten blieb. Daneben hatte die intersystemare Kooperation in allen Lebensbereichen, einschließlich der Rüstungskontrolle und Abrüstung, ein Netz gegenseitiger Abhängigkeiten geschaffen, das keine Seite zerstören konnte, ohne eigene Belange zu beeinträchtigen. Dadurch nahm auch die Wahrnehmung von Bedrohungen tendenziell ab.[1543] So konnten in den 1970er Jahren Feindbilder abgebaut, eine Kooperation in vielen Lebensbereichen sowie Mechanismen der multi- und bilateralen Konsultationen entwickelt werden. Eine Intensivierung von Wirtschaftsbeziehungen und Erleichterungen beim Transit- und Reiseverkehr waren zu beobachten. Auch die geringere Asymmetrie in der Verteilung der materiellen Machtpotentiale zwischen beiden Supermächten, die Globalisierung der Politik der UdSSR, der Eintritt Chinas in die Gruppe der Großmächte, sowie die Überlagerung des Ost-West-Konflikts durch den Nord-Süd-Konflikt[1544] waren von Bedeutung. Entspannungspolitik ließ sich aber nur insoweit verwirklichen, soweit wesentliche Werte und Strukturen nicht angetastet wurden. Allerdings hatten beide Seiten ein Interesse daran, „die Kosten für das Sicherheitssystem in Europa herabzusetzen bzw. zu kontrollieren."[1545] Die Folge waren Abrüstungsmaßnahmen und Rüstungskontrollpolitik.

Abrüstung umfasst alle Maßnahmen, die geeignet sind, „bestehende militärische Machtpotentiale zu kontrollieren, zu begrenzen und zu vermindern."[1546] Etzioni hebt auf die grundlegenden Voraussetzungen ab und unterscheidet zwischen Abrüstung und Rüstungsbegrenzung (Rüstungskontrolle – „Arms control"). Abrüstungsmaßnahmen sollen tendenziell einen Zustand ohne Armeen, Flotten und Luftwaffen herbeiführen, Rüstungskontrolle will lediglich den Rüstungswettlauf zähmen. Mit dem Begriff der Abrüstung werden aber auch zuweilen geringfügige Reduzierungen von Waffenarsenalen bezeichnet. Vom Fortbestand der gegebenen Sicherheitsstrukturen ausgehend, konzentriert sie sich darauf, diese zu stabilisieren und ihre Gefahren zu verringern. Das labile Gleichgewicht der Abschreckung soll in ein stabiles überführt, also das System der Abschreckung vervollkommnet werden.[1547]

1542 Willms 1974: 16.
1543 Link ²1988: 137 f.
1544 Ebenda: 169.
1545 Zellentin, in: Boeckh 1984: 126, 130.
1546 Görtemaker, in: Woyke 1977: 1.
1547 Forndran 1970: 131 ff.

Abrüstung ist bereits seit dem Ersten Weltkrieg in der politischen Diskussion. Die 14 Punkte des amerikanischen Präsidenten Wilson sowie die Satzungen des Völkerbundes und der UNO markieren wichtige, wenn auch illusionäre Stationen des bisherigen Weges. Vilmar hat allerdings den scheinbar unauflösbaren Zusammenhang zwischen Kapitalismus und Rüstungsproduktion in Frage gestellt. Da an die Stelle der Rüstungsproduktion die zivile Innovationsforschung und die Umsetzung ihrer Ergebnisse in gesellschaftliche Infrastrukturmaßnahmen treten könne, seien keine unüberwindbaren Hindernisse für eine Umstellung von Rüstungs- auf Friedenswirtschaft feststellbar.[1548] Allerdings müssen sich Abrüstungsbemühungen innerstaatlich gegen führende Gesellschaftsgruppen durchsetzen, die an der Aufrüstung interessiert sind,[1549] z. B. die Rüstungsindustrie. Auch Bevölkerungsteile, denen an Sicherheit und Stabilität gelegen ist, achten auf Symmetrie und Vergleichbarkeit der Abrüstungsmaßnahmen. Diesen Vorstellungen folgen die Gradualisten. Ihr Programm baut auf mehreren voneinander abhängigen Schritten oder Stufen und dem Prinzip des gegenseitigen Beispiels auf.

Im Gegensatz zu diesen setzen die Unilateralisten auf weitreichende (wenn nicht sogar vollständige) einseitige Abrüstung. Sie nehmen an, Hauptaufgabe der Friedenssicherung müsse die Beseitigung der Furcht sein. Sie sind überzeugt, dass vollständige einseitige Abrüstung eine erfolgversprechende Schocktherapie sein könne, um einen Bewusstseinsschub zu erreichen, der dann gleichlaufende, spiralartige Prozesse zu weniger Rüstung auslöst.[1550] Kritiker dieses Konzepts betonen, dass das durch einseitige Abrüstung entstehende Machtvakuum einen potentiellen Aggressor gerade zum Angriff reizen könnte.[1551]

Link[1552] weist auf die Bedeutung des gradualistischen Konzepts in den letzten Regierungsmonaten Kennedys hin. Dagegen kritisierte Forndran,[1553] dass die Gradualisten weder die Kontrollfragen gelöst, noch den Verlust nationaler Souveränität in der letzten Phase ausreichend diskutiert hätten. Eine grundsätzlichere Kritik betont, dass die Abrüstung nicht die militärische Macht eines Staates beseitige. „Wird die Konzeption der Abrüstung nicht auf das gesamte Syndrom des Unfriedens bezogen und werden in ihr die Prämissen einer Abschreckungspolitik nicht in Frage gestellt …, so bleibt Abrüstungspolitik im System von Abschreckung verankert.“[1554] Wenn eine Abrüstungsstrategie erfolgreich sein wolle müßten die Staaten dazu gebracht werden, Konflikte besser zu beherrschen, Bedrohung und Ungewissheit eher zu ertragen sowie ohne Identitätsverlust und unter Wahrung unverzichtbarer Werte und Traditionen auf eine innere Umgestaltung hinarbeiten.[1555] Abrüs-

1548 Für Einzelheiten siehe Vilmar ^{5}1970.

1549 Forndran 1971: 20.

1550 Vgl. dazu Seidelmann, in: Neumann ^{2}2000: 470 f.

1551 Forndran 1971: 122 f.

1552 Link, in: von Beyme u. a. 1987, III: 239 f.

1553 Forndran 1971: 130.

1554 Senghaas ^{3}1981: 285.

1555 Deutsch 1971: 216.

tungskritiker haben immer wieder betont, dass es nicht die Rüstung sei, die Spannungen verursache, sondern vorhandene Konflikte. Sie sind in einzelnen Phasen unterschiedlich intensiv zu finden.

2. Phasen und Strategien des Ost-West-Konflikts

Die unterschiedlichen Dimensionen des Ost-West-Konflikts können nur idealtypisch den verschiedenen Phasen zugeordnet werden.[1556] Nach Link zeigte das Prozessmuster der Konfliktregulierungen „eine wellenförmige Verlaufskurve, eine wechselseitige Abfolge von Verdichtungen und Verdünnungen der Beziehungen, ein Oszillieren zwischen stärkerer Zusammenarbeit und größerer Abgrenzung – mit unterschiedlichen Beimischungen konfrontativer Elemente, periodischen Richtungsänderungen zwischen einer mehr integrativ-kooperativ und einer mehr regressiv orientierten Konfliktregelung."[1557] In der Entwicklung der Strategien ist zudem von Bedeutung, dass die USA der Sowjetunion meistens überlegen waren und diese Überlegenheit auch entsprechend genutzt wurde.

In der *Herausbildungsphase* – nachdem die Wiedereingliederung der Sowjetunion in das bestehende Staatensystem nach dem Ersten Weltkrieg gescheitert war – betrieben die USA zunächst eine Strategie der Isolierung des bolschewistischen Russlands. Kleinere ost- und mitteleuropäischen Staaten sollten das Übergreifen der bolschewistischen Revolution nach Westeuropa verhindern (‚cordon sanitaire'). Die diplomatische Nichtanerkennungspolitik war darauf aus, eine Reintegration einer demokratischen Sowjetunion möglich zu machen und oppositionelle Kräfte zu ermuntern (Strategie des „rollback"). Aber eine Reihe europäischer Staaten brach bald aus: 1924 erkannten die wichtigsten europäischen Staaten die Sowjetunion an, während die USA noch bis 1933 – auch um den Preis wirtschaftlicher Nachteile – offiziell an der Isolierungspolitik festhielten.[1558] Die Politik der USA war also primär politisch bestimmt.

Die Aufnahme der diplomatischen Beziehungen zwischen den USA und der Sowjetunion (1933), der Beitritt der Sowjetunion zum Völkerbund (1934) und die Beistandspakte der Sowjetunion mit Frankreich und der Tschechoslowakei (1935) waren die sichtbarsten Zeichen dafür, „eine integrative Konfliktregelung im Rahmen des bestehenden Staatensystems zu suchen."[1559] Nachdem im Zweiten Weltkrieg die Interessenunterschiede zwischen der Sowjetunion und den USA zeitweilig überdeckt waren, brach der fundamentale Gegensatz der beiden neuen Weltmächte danach wieder auf.

Insgesamt scheinen die USA zunächst mehr versucht zu haben, alles zu tun, um eine Verfestigung der östlichen und westlichen Interessensphären in Europa hin-

---

1556 S. d. von Bredow 1992: 13.

1557 Link, in: Knapp/Krell ^{2}1991: 182.

1558 Link ^{2}1988: 69.

1559 Ebenda: 75.

auszuzögern.[1560] Demgegenüber hebt die revisionistische Argumentation darauf ab, dass bei allen entscheidenden Wendepunkten der westeuropäischen Entwicklung die großen Initiativen jeweils von den USA ausgegangen sind und die Sowjetunion nur entsprechend darauf reagieren konnte. Als Beispiele werden der Ausstieg aus der gemeinsamen Wirtschaftsverwaltung des besetzten Deutschlands und vor allem die Zerstörung aller Kooperations- und Kompromissmöglichkeiten durch die Truman-Doktrin angeführt: „Genau zu dem Zeitpunkt, als in Moskau die vier Außenminister der Kriegskoalition erneut über die Zukunft Deutschlands und des internationalen Systems verhandelten, habe der amerikanische Präsident (Truman, d.V.) jedem Land, das sich vom Kommunismus bedroht fühlte, alle erdenkliche Hilfe zugesagt.“[1561] Ziel der amerikanischen Regierung war dabei, die Ausweitung der Sowjetunion konsequent zu verhindern (Strategie der Eindämmung – containment). Damit übernahmen die USA auch die Rolle Großbritanniens als Ordnungsmacht in Europa.[1562] Beide Seiten des Konfliktsystems schickten sich zudem an, eine Änderung des anderen Systems in ihrem Sinne herbeizuführen.

Die Phase des *Kalten Kriegs* ist u. a. dadurch charakterisiert, dass die Beziehungen zwischen den beiden Supermächten reduziert wurden. Dies betraf auf der amerikanischen Seite vor allem die Handelsbeziehungen, die sich ab 1947 bzw. 1948 wesentlich verringerten.[1563] Die sowjetische Seite unterbrach vor allem die kulturellen Austauschbeziehungen. Der wichtigste Handelspartner der Vereinigten Staaten war Europa. Der Marshallplan diente zur Konsolidierung dieses Gebietes. Als multilaterales Kredit- und Wiederaufbauprogramm war er dazu bestimmt, einer Ausweitung des sowjetischen Einflusses auf die westeuropäischen Länder vorzubeugen und Europa als potentiellen Handelspartner wiederherzustellen. Die Sowjetführung sollte vor die Entscheidung gestellt werden, „ihren Einflussbereich für die westlichen Vorstellungen von Demokratie und Freihandel zu öffnen oder die Zweiteilung Europas zu akzeptieren.“[1564] Mit der sowjetischen Entscheidung gegen den Marshallplan (1947) begann die Eskalationsphase des Kalten Krieges.

Während die erste Periode noch durch die Überlegenheit der amerikanischen Kernwaffenrüstung und die Unverletzlichkeit der USA von Seiten der Sowjetunion gekennzeichnet war, endete dieses Monopol 1949 mit der Explosion der ersten sowjetischen Atombombe. Die sowjetische Rüstung beschleunigte ihr Tempo.[1565] Die Blockbildung wurde 1947 bis 1952 definitiv. Mit ihr ging nicht nur die bereits erwähnte Rückbildung der Ost-West-Beziehungen (= Regression) einher, sondern auch eine Erhöhung des Beziehungsgrades zwischen den Verbündeten (= Integration). Dabei war die jeweilige Führungsmacht Orientierung. Der Vergleich der Machtpotentiale anhand wichtiger Indikatoren (BSP, Bevölkerung, militärische

---

1560 Link [2]1988: 92; auch von Beyme 1983: 49.

1561 Wassmund 1982: 30.

1562 Link [2]1988: 109.

1563 Ebenda: 111.

1564 Loth, in: Woyke 1977: 181 f.

1565 Kaiser, in: Kaiser/Schwarz 1985: 106.

Mannschaftsstärke, nuklearstrategische Systeme, Anteil am Weltexport) weist zwar darauf hin, dass die Bipolarität noch extrem asymmetrisch zugunsten der USA war. Für Europa erschien allerdings das Übergewicht der Sowjetunion bedrohlich.[1566] Somit war unter der Zielsetzung des „containment“ die Realisierung des atlantischen Verteidigungskonzepts einschließlich der amerikanischen Truppenpräsenz in Europa (NATO 1949) nur konsequent.

Die allianzpolitische Blockbildung fand in Osteuropa zunächst ihren Ausdruck in einem engmaschigen Netz zweiseitiger Verträge zwischen der Hegemonialmacht und der Tschechoslowakei (1943), Jugoslawien (1945), Polen (1945), Rumänien (1948), Ungarn und Bulgarien (1948). Weiterhin wurden diese politischen Verträge durch wirtschaftliche und militärische Hilfsabkommen ergänzt. 1949 erfolgte die Gründung des Rates für Gegenseitige Wirtschaftshilfe (RGW – COMECON). Die UdSSR beeilte sich auch, ein militärisches Gegenpotential gegenüber der NATO aufzubauen,[1567] allerdings kam es erst 1955 zum Abschluss des Warschauer Paktes. Mit dieser Militärallianz wurde auch Herrschaft ausgeübt. So brachte die Breschnew-Doktrin von der beschränkten Souveränität der sozialistischen Länder die Allianz auf einen quasi völkerrechtlichen Nenner.[1568]

Die Höhepunkte des Kalten Krieges sind in zahlreichen Studien bearbeitet worden. Diese beziehen sich auf die Krisen, die relativ weit eskalierten. Die erste war die Berlin-Blockade (1948/49). Auf die Unterbrechungen des Berlin-Zugangs reagierten die USA, Großbritannien und Frankreich mit der Einrichtung der Luftbrücke und verzichteten darauf, den Landzugang militärisch zu erzwingen. Die Sowjetunion tolerierte diese Luftbrücke. Durch den Korea-Krieg (1950–53) konnte der Einflussbereich der Sowjetunion eingedämmt werden. Der Krieg blieb begrenzt und der machtpolitische Status quo wurde wieder hergestellt. Ein weiterer Höhepunkt des Kalten Krieges war die zweite Berlin-Krise (1958–61), die durch die ultimative Forderung der Sowjetunion ausgelöst wurde, Westberlin in eine sogenannte freie Stadt zu verwandeln. Beide Seiten waren damals bereit, ein hohes Kriegsrisiko einzugehen. Auf den Bau der Mauer (1961) wurde aber nicht mit deren gewaltsamer Beseitigung reagiert – obwohl der Vier-Mächte-Status Gesamtberlins verletzt war – sondern mit einer Verstärkung der Truppenpräsenz der Westalliierten in Berlin. Dies war wiederum Anlass für die Sowjetunion, Raketenbasen in Kuba zu stationieren. Daraus entwickelte sich die gefährlichste Eskalation des Ost-West-Konflikts: die Kuba-Krise (1962). Die Krise endete, indem der Abzug der sowjetischen Raketen gegen den amerikanischen Verzicht auf eine Kuba-Invasion vereinbart wurde.[1569] Der Krisenverlauf in der Kuba-Krise machte klar, wie gefährlich eine Eskalation und wie klein der Spielraum für diplomatischen Irrtum war. In der

---

1566 Link ^{2}1988: 122 ff.; 128 ff.

1567 Willms 1974: 157.

1568 Link ^{2}1988: 146.

1569 Ebenda: 159.

Folgezeit sind weder die USA noch die Sowjetunion ähnlich hohe Eskalationsrisiken eingegangen.

Zwischen diesen Eskalationsphasen gab es Entspannungsphasen, also solche der *Koexistenz*. Als erste wird die Zeit zwischen 1953 und 1957 genannt. Sie blieb allerdings für ein dauerhaftes Übereinkommen zur Rüstungskontrolle ungenutzt.[1570] Vielmehr veranlasste die amerikanische Überlegenheit Außenminister Dulles zur Strategie der „massiven Vergeltung". Sie beinhaltete, auch begrenzte konventionelle Aggression der Sowjetunion mit nuklearen Gegenschlägen zu beantworten.[1571] Auch die Führungskrise nach dem Tode Stalins (März 1953), die Autonomiebewegungen infolge der Entstalinisierungspolitik und wachsende Spannungen mit der chinesischen Brudermacht zwangen die UdSSR zur Zurückhaltung.[1572] Aber erst die Kuba-Krise war Anlass, eine Politik der De-Eskalation einzuleiten. Die Politik der Eskalation wurde durch eine der Entspannung ersetzt, die aus der Sicht der UdSSR als friedliche Koexistenz, aus der Sicht der USA als Politik der Détente bezeichnet wird.[1573]

Friedliche Koexistenz war zunächst Handlungsanweisung. Sie bedeutete Gleichberechtigung aller Staaten, Nichteinmischung in die inneren Angelegenheiten, Unabhängigkeit und Souveränität, territoriale Integrität und Gewaltverzicht, Lösung internationaler Konflikte lediglich auf dem Verhandlungswege. Sie war aber zugleich mit der Vorstellung belastet, für das Verschwinden des bürgerlichen Kapitalismus zu kämpfen. Ob dies auch dadurch geschehen sollte, den Klassenkampf in die kapitalistischen Länder hinein zu tragen – wie Willms[1574] betont –, wird unterschiedlich gesehen. Demgegenüber hob Krippendorff hervor, dass die friedliche Koexistenz auf den eigengesetzlichen Zerfallsprozess des kapitalistischen Imperialismus baute. Ziel der Politik der Détente war es, die Realität der Konkurrenz mit der Forderung nach Koexistenz zu vereinbaren. Es ging um die Vermeidung einer Konfrontation, das unbedingte Gebot beidseitiger Zurückhaltung, z. B. Ablehnung aller Versuche, Spannungen für einseitige Vorteile auszunutzen.[1575] Nie kam allerdings eitel Freude und Übereinstimmung auf, ganz im Gegenteil: „Die Détente konnte die Politik der Abschreckung nicht ablösen".[1576] Allerdings wurden in dieser Phase Schritte in Richtung Rüstungskontrolle eingeleitet.

Die USA und die UdSSR schlossen eine Reihe von Verträgen ab, so den zur Nichtverbreitung von Atomwaffen, zum Stopp von Atomtests, über die Denuklearisierung von Weltraum und Meeresboden sowie von Lateinamerika als kernwaffenfreie Zone. Weiterhin wurde die Krisenvermeidungspolitik mit der Einrichtung

1570 Loth, in: Woyke 1977: 183.

1571 Kaiser, in: Kaiser/Schwarz 1985: 106.

1572 Loth, in: Woyke 1977: 183.

1573 Karl, in: Woyke 1977: 86.

1574 Willms 1974: 103 f.

1575 Karl, in: Woyke 1977: 86; s. a. Wassmund 1982: 174 f.

1576 Bühl 1986: 9; Link, in: von Beyme u. a. 1987, III: 239 ff.

des Heißen Drahtes ausgebaut. Dies war nur möglich, weil man von der Respektierung eindeutig definierter Interessensphären ausging.[1577] Von besonderer Bedeutung war der Vertrag zur Nichtweiterverbreitung der Kernwaffen von 1968. Er charakterisiert jene Seite der Entspannung, die sich auf strategisch-rüstungstechnische Fragen beschränkt und gleichzeitig auf die Interessen der beiden großen Nuklearmächte abstellt. Er machte dadurch den bilateralen Charakter der Weltpolitik deutlich.[1578]

Die Schließung des Atomclubs auf der Basis der bestehenden Großmächte-Hierarchie mündete in die Politik der Stabilisierung der Beziehungen der beiden Supermächte bei einem ungefähren strategischen Gleichgewicht.[1579] Die bilateralen Gespräche zur Begrenzung der strategischen Waffen (Strategic Arms Limitation Talks – SALT), die bereits 1966/67 begannen, zeigen, dass beide Supermächte eine kooperative Rüstungssteuerung anstrebten. Sie erzielten zwei Abkommen, SALT I und II. SALT I (1972) stellte darauf ab, die Parität zwischen beiden Supermächten festzuschreiben.[1580] Allerdings konnte die Weiterentwicklung der Technologien nicht ausgeschlossen werden.[1581] „Mit dem SALT I-Abkommen wurde auch die Standing Consultive Commission gegründet, mit der beide Kernwaffenmächte einen regelmäßigen Dialog über anstehende Probleme der Kernwaffenrüstung institutionalisierten."[1582] Der Abschluss des ABM (Anti-Ballistic-Missile)-Vertrages zum Verbot von Anti-Raketen-Systemen 1972 war möglich, weil beide Seiten an der Technik der Raketenabwehr gescheitert waren. Raketenabwehrsysteme wurden allerdings weiterentwickelt und als Folge 2002 der ABM-Vertrag aufgekündigt. Kontrovers diskutiert wird ein in Mitteleuropa zu stationierendes System der USA, das sich vor allem gegen die sogenannten „Schurkenstaaten" richten soll.

Das SALT II-Abkommen von 1979 versuchte, das in Europa entstandene Rüstungspotential für Kernwaffen der Sowjetunion in den Griff zu bekommen. Mit der Verlagerung (Dislozierung) der SS-20-Rakete und späterer neuerer Raketen (SS-21, 22 und 23) unterlief die Sowjetunion nicht nur das westliche Abschreckungssystem an seinem empfindlichsten Punkt, auch die Glaubwürdigkeit der amerikanischen Abschreckung für Europa war nicht mehr vorhanden. Die erzielten Vereinbarungen blieben nicht nur unbefriedigend, auch die Ratifizierung fiel den Entwicklungen in Europa zum Opfer. Hier sind vor allem der KSZE-Prozess (s. Kap. XVII, A. 3 und Kap. XIX, B, 3) und der Einmarsch sowjetischer Truppen in Afghanistan 1979 zu nennen.

Verstärkte Aufrüstung und das Ende der Entspannungspolitik waren zunächst die Folge.[1583] Es bestand die Gefahr, dass Europa durch das Übergewicht sowjeti-

1577 Link ^{2}1988: 164.
1578 Willms 1974: 49.
1579 Link ^{2}1988: 169 f.
1580 Ruehl, in: Woyke 1977: 275.
1581 Müller/Schörnig 2006: 163.
1582 Kaiser, in: Kaiser/Schwarz 1985: 108.
1583 Czempiel 1999: 94.

scher Mittelstreckenraketen gefährdet würde. Schließlich wurden in Verhandlungen über Kernwaffen – auf Vorschlag des damaligen Bundeskanzlers Schmidt – auch solche mittlerer Reichweite einbezogen und erstmals die Stationierung amerikanischer Mittelstreckenraketen in Europa erwogen (Nato-Doppelbeschluss 1979). „Der Westen erklärte sich bereit, auf eine unmittelbare Nachrüstung zu verzichten und statt dessen mit der Sowjetunion über eine einvernehmliche Lösung bei Waffen dieser Reichweite zu verhandeln und erst dann Pershing II und bodengestützte Marschflugkörper (Cruise Missiles) zu dislozieren, falls diese Verhandlungen scheitern sollten.“[1584] Tatsächlich erfolgte eine Stationierung dann 1983. Bald nach der Machtübernahme Gorbatschows zeigte sich, dass dieser an der außenpolitischen Front Ruhe benötigte, wenn er seine Perestroika umsetzen wollte (s. Kap.XI, C, 3).[1585] Dies veranlasste Gorbatschow, die über Jahrzehnte aufrechterhaltenen Konfliktpositionen zu verlassen, so dass 1987 auch ein Abkommen über die Beseitigung nuklearer Mittelstreckenraketen (Intermediate Nuclear Forces – INF-Abkommen) zustande kommen konnte. Die Bereitschaft zu weitreichenden Inspektionen zur Überprüfung der Abkommen ließ sich als einer der grundlegenden Durchbrüche in der Rüstungsdiplomatie deuten.[1586] Schließlich wurde der Warschauer Pakt aufgelöst. Anfang der 1990er Jahre konnte es dann in bilateralen Vereinbarungen über strategische Waffenarsenale (Reduzierung der strategischen Sprengköpfe) zwischen den USA und der UdSSR bzw. Russland im Rahmen der START-Verhandlungen (Strategic Arms Reduction Talks) zum START I und START II-Vertrag kommen.[1587] Weiterhin gingen die Bemühungen darum, die Weiterverbreitung von Kernwaffen zu verhindern (s. Kap. XIX, B, 3).

Neben diesen Vereinbarungen war es bereits in den 1970er Jahren zu bilateralen Abkommen über Zusammenarbeit im Umweltschutz, der medizinischen Forschung, des öffentlichen Gesundheitswesens, der Erforschung und Nutzung des Weltraums für friedliche Zwecke, der Wissenschaft und der Technologie, der Landwirtschaft, der friedlichen Nutzung der Kernenergie, des Studiums der Weltmeere und des Verkehrswesens gekommen.[1588] Immer schon gab es ein ausgeprägtes Interesse beider Seiten, die Handelsbeziehungen zu intensivieren. Wirtschafts-Kooperation sollte beiden Seiten aber auch dazu dienen, eigene Vorteile gegenüber dem Gegner aufzubauen.[1589] Dabei wurde offenbar, dass die Machthaber der sozialistischen Staaten die Erosionswirkung für die eigenen Systeme unterschätzten.[1590] Jedenfalls ist es nicht gelungen, die nuklearstrategische Kooperation mit nichtmili-

1584 Ebenda: 109.
1585 Czempiel 1989: 227.
1586 Ebenda: 87.
1587 Von Baratta/Clauss 1991: 17.
1588 Link [2]1988: 174.
1589 Von Bredow 1992: 16 f.
1590 Von Bredow 1992: 19.

tärischen Sektoren zu verbinden (Linkage-Problematik).[1591] Die bipolaren Kooperationsformen wurden schließlich durch multipolare abgelöst.

3. Von der Bipolarität zur Multipolarität?

Einigkeit besteht darüber, dass in den ersten zwei Jahrzehnten der Nachkriegszeit eine bipolare Figur charakteristisch für den Ost-West-Konflikt war. Wann sich daraus eine multipolare oder polyarchische Figur entwickelt hat, wird unterschiedlich eingeschätzt. Czempiel[1592] sieht die Entwicklung zur Multipolarität bereits durch den Eintritt der Entwicklungsländer in die Weltpolitik als gegeben an. Der erste Schub, die asiatischen Staaten betreffend, war 1949 weitgehend abgeschlossen und dauerte lediglich in Indochina bis 1954 bzw. 1974. „Der zweite Entkolonialisierungsschub fand 1960 statt. In diesem ‚Jahr Afrikas' wurden 16 afrikanische Staaten unabhängig. Damit waren, bis auf einige Reste, alle von den Europäern beherrschten Kolonien verschwunden und durch souveräne Staaten ersetzt worden ...“[1593] Vor diesem Hintergrund hat für Czempiel der Ost-West-Konflikt bereits 1955 seine zentrale Bedeutung verloren. Dagegen sehen die meisten Autoren aufgrund von Entwicklungen in Europa erst eine Multipolarität seit den 1970er und 1980er Jahren.

Das amerikanisch-sowjetische Konkurrenzverhältnis löste in Europa opponierende und konkurrierende Reaktionen aus. „Die Nichtkernwaffenstaaten sahen zum Teil weder ihre Sicherheitslage verbessert, noch entspannte sich daraufhin ihr Verhältnis zu den Großmächten.“[1594] Daher wurden seit Anfang der 1970er Jahre verstärkte Bemühungen unternommen, eine multilaterale europäische Entspannungspolitik einzuleiten. Dabei kam es zu einem *konkurrierenden Bilateralismus*. „Die deutsch-russischen, deutsch-polnischen und deutsch-deutschen Bilateralismen, die zusammen mit den späteren deutsch-tschechoslowakischen Verhandlungen die Ost- und Deutschlandpolitik der sozialliberalen Koalition (unter Bundeskanzler Brandt, d. V.) ausmachen, liefen parallel zu dem amerikanisch-russischen Bilateralismus und dem konkurrierenden französisch-russischen Bilateralismus im Zeichen der Entspannungspolitik.“[1595] Vorschläge und Verhandlungen über multilaterale Entspannungsaktivitäten, an denen europäische Staaten maßgeblich beteiligt sein sollten, wurden allerdings anfangs in den USA nicht positiv aufgenommen. Erst die *Konferenz über Sicherheit und Zusammenarbeit in Europa (KSZE)* führte zur Anerkennung der bestehenden Macht- und Herrschaftsverhältnisse in Europa. Das schloss auch die Akzeptanz der Rolle der USA als festen Bestandteil der europäi-

1591 Bühl 1986: 12.

1592 Czempiel, in: von Beyme u. a. 1987, III: 24.

1593 Ebenda: 25 f.

1594 Willms 1974: 49.

1595 Link ^{2}1988: 182.

schen Sicherheit ein.[1596] Von Bredow sieht die KSZE beim Übergang von der Konfrontation zur Kooperation in einer entscheidenden Rolle.[1597]

Die Vereinbarungen in der KSZE-Schlussakte von Helsinki (1975), deren Korb I bis III (militärische Vertrauensbildung; wirtschaftliche Zusammenarbeit; humanitäre Situation) in sich ein eigenes Gleichgewicht der Interessen bildeten, wurden durch die alliierte Diplomatie unmittelbar mit dem Paket der Ostverträge verbunden. Die KSZE-Schlussakte, von 35 Staaten Europas (außer Albanien) und Nordamerikas (USA, Kanada) unterzeichnet, enthielt bereits wesentliche Elemente einer europäischen Friedens-[1598] oder Sicherheitsordnung, die an die Stelle der Militärbündnisse in Ost und West treten und Grundlage für eine kooperative Sicherheitspolitik sein konnte. Den USA und der Sowjetunion kamen die Rollen der Garantiemächte zu. Parallel zu den Folgekonferenzen der KSZE – damals konnte man sich noch nicht auf eine gemeinsame Organisation einigen – sind die Verhandlungen über Vertrauensbildung und Truppenreduzierungen intensiviert worden. In den Wiener Verhandlungen über Konventionelle Streitkräfte in Europa (VKSE) unter dem Dach der KSZE wurde 1990 das erste konkrete Ergebnis über konventionelle Rüstungskontrolle erzielt. Als eigentlicher Sprengsatz für die kommunistischen Staaten Osteuropas hatten sich aber die Menschenrechtsnormen der Schlussakte der KSZE erwiesen, auf die sich dort Bürger- und Menschenrechtsgruppen sowie Friedensbewegungen berufen konnten. Damit trugen sie zu einer Erosion der Legitimationsbasis der dortigen Herrschaftssysteme und schließlich zum Ende des Ost-West-Konflikts bei.[1599]

Zwischenzeitlich bestand Einigkeit darüber, dass der Ost-West-Konflikt in eine *multipolare Konkurrenz ökonomisch ungleicher Staaten* eingemündet ist,[1600] in der die USA dominiert. Dafür ist auch die Bezeichnung Unipolarität angemessen.[1601] Ob in dieser Situation Abschreckung keine Rolle mehr spielt, wird kontrovers diskutiert. Während Senghaas meinte, dass „die Wahrscheinlichkeit des nuklearen Krieges zwischen den großen Mächten dieser Welt verschwindend gering geworden ist,“ und sich der politische Zeitgeist „bedrohungssüchtig“ der Weiterverbreitungsproblematik zuwendet,[1602] wies Bertram darauf hin, dass das verbleibende Drohpotential der Nachfolgestaaten der UdSSR noch besorgniserregend sei.[1603]

Die Wiederkehr einer intensiven Konkurrenz zwischen den westlich-liberalen Demokratien und Russland erschien dennoch eher unwahrscheinlich. Verletzter russischer Patriotismus, wirtschaftliche Überlegenheit der USA und deren Eindringen in traditionelle Einflussbereiche Russlands führt allerdings zu Irritationen oder

---

1596 Link ^{2}1988: 186; von Bredow 1992: 45 ff.; von Baratta/Claus 1991: 311 ff.

1597 Von Bredow 1992: 19.

1598 Ebenda: 124.

1599 Schlotter, in: Kohler-Koch/Woyke 1996: 204.

1600 Senghaas, in: Forndran 1992: 11.

1601 Rittberger/Zürn 1991: 402.

1602 Senghaas 1992b.

1603 Bertram 1993.

sogar Mißfallen auf russischer Seite. Hier sind z. B. die NATO-Ausweitung nach Osteuropa, die Verfolgung wirtschaftlichen Interessen im Kaukasus und Zentralasien durch die USA sowie das geplante amerikanische Raketenabwehrsystem in Osteuropa gegen die „Schurkenstaaten“ (insbesondere Iran und Nordkorea) zu nennen. An die Stelle der Konfrontation ist eine „turbulente Weltordnung“ getreten mit verschiedenen mehr oder weniger stabilen Großregionen, deren Konflikte – bedingt durch weltweite Vernetzungen – rascher auf das internationale System durchschlagen können.[1604] In den USA wuchs die Neigung, ihre Präsenz in Europa zu verringern, allerdings durch die NATO die Allianz mit Europa zu stabilisieren.[1605] Der Zwang zum Überleben führte unter den Nachfolgestaaten des ehemaligen Ostblocks zur partiellen Kooperation mit den USA und Westeuropa. Das multipolare System ist weit davon entfernt, die Stabilität der bipolaren Phase zu erreichen. Die in der Endphase des Ost-West-Konfliktes erreichten Abkommen zur konventionellen Abrüstung (KSE) und zur Beseitigung von Mittelstreckenraketen (INF) sind in ihrer Geltung gefährdet. Weltweit hat der Wegfall des Ost-West-Konfliktes nicht dazu beigetragen, die intraregionale Politik friedfertiger zu gestalten, z. B. in Afrika. Auch die Bedrohungen der „alten Welt“ haben sich geändert, so dass deren Gefährlichkeit heute nicht mehr nur nach einem Nähe-Ferne-Schema geordnet werden kann.[1606]

Bei der Frage, ob eine Großmacht ohne die Bereitschaft auskommen kann, Militärpotential wirkungsvoll einzusetzen, unterscheiden sich die Beurteilungen. Die Institutionalisten, die die Staaten der Welt schon stark in Netzwerke eingebunden sehen (Organisationen, Regime; s. Kap. XIX, B, 3), sind hier zurückhaltender als die Neo-Realisten. Jedoch wurde spätestens seit dem Zusammenbruch des Ostblocks vermutet, dass die Rolle der Militärpotentiale (u. a. der nuklearen Abschreckung) an Bedeutung verloren habe. In der Tat ist es zunächst zu einem Rückgang der Militärausgaben gekommen[1607] und dem Militär werden statt Verteidigungsaufgaben friedenserhaltende Maßnahmen zugeordnet. Weiterhin nimmt die Rolle ökonomisch relevanter Aspekte (Humankapital und Technologie) ganz offenbar zu. Im multipolaren internationale System gibt militärische Macht nicht mehr in allen Fällen den Ausschlag.[1608]

Nach dem Bedeutungsverlust des Ost-West-Konflikts ergab sich die Perspektive, dass „die ‚West-West‘-Beziehungen zum Regelfall werden.“[1609] „Nicht nur die (meisten) Staaten Osteuropas bemühen sich, ihre Andersartigkeit so schnell wie möglich aufzugeben und sich den westlichen Ländern anzugleichen, auch in den Entwicklungsländern hat die Ideologie des ‚third worldism‘ stark an Boden verlo-

1604 von Bredow 1994: 18 ff.

1605 Hubel 2005: 186 f.

1606 Ebenda: 86.

1607 Ebenda: 97 ff.; s. Ergebnisse dazu bei Stockhom International Peace Research Institute (SIPRI), Yearbooks.

1608 Ebenda: 30.

1609 Junne, in: Rittberger 1990: 353.

ren. „[1610] Die Entwicklung eines eigenen Gesellschaftsmodells schien nicht mehr im Vordergrund zu stehen. Zum ersten Mal sah es also so aus, als wenn nur noch der machtpolitische Gegensatz von Bedeutung sei.

Die Unsicherheit des jetzigen multipolaren Systems ergibt sich zum großen Teil dadurch, dass neue Mächte nach Atomwaffen streben. Ob sie mittelfristig durch die OSZE oder andere Regime (s. Kap. XIX, B, 3) wirksam eingebunden werden können, bleibt abzuwarten. Allerdings ist die von den USA angestrebte militärische Zusammenarbeit zwischen Ost und West inzwischen weiter vorangeschritten. Die Einbindung von sonstigen kleineren Staaten, die sich atomar bewaffnen wollen oder solchen, die Atomwaffen bereits haben, dürfte schwierig sein. Dennoch müssen die gemeinsamen Bestrebungen darauf hinauslaufen, die Ausdehnung der Nuklearwaffen zu beschränken und eine Eskalation von Regional- zu Globalkonflikten zu verhindern. Die wirtschaftliche Entwicklung Chinas und seine Einfüsse in Afrika und im asiatischen Raum müssen weiter beobachtet werden. Kann sich daraus eine neue Bipolarität entwickeln,[1611] also ein neuer Ost-West-Konflikt?

B) Konflikt der Kulturen

Neuere Entwicklungen – dramatisch aufgezeigt durch die Ereignisse des 11. September 2001 – deuten immer stärker darauf hin, dass der „Konflikt der Kulturen“[1612] – so die These Huntingtons – den über die konkreten Ordnungssysteme (Ost-West-Konflikt) abgelöst hat.

Dabei geraten die westlichen liberalen Demokratien in eine Frontstellung gegenüber den Herrschaftssystemen im asiatischen und afrikanischen Raum.[1613] Das Harmoniedenken, die Akzeptanz von natürlichen Autoritäten in Familie und Staat sowie ein holistisches Weltbild, wie durch Konfuzianismus, Taoismus und Buddhismus tradiert,[1614] gelten als hinderlich bei der Implementation demokratischer Konfliktbearbeitungsstrategien. Allerdings haben sich in wirtschaftlich hochentwickelten Ländern (wie Japan) und solchen, die sich in einer nachholenden Wirtschaftsentwicklung befinden (kleine Tiger/ neue Tiger; s. Kap. XVIII, B, 3) und China (s. Kap. X, B, 4) westliche Leitbilder im Geschäftsleben und Konsumverhalten durchgesetzt. Dies trifft zumindest für die städtische Bevölkerung zu. In anderen Teilen des asiatischen Raumes ist die Anziehungskraft des westlichen Lebensstils zumindest bei denen, die es sich leisten können, nicht zu leugnen. Dies gilt nicht nur für Indien (Kap. X, B, 1), sondern auch für islamisch dominierte Länder. Die Weiterentwicklung einiger dieser Staaten scheint sich allerdings nur auf die Wirtschaft und nicht oder kaum auf politische und soziale Bereiche zu bezie-

1610 Ebenda: 368.

1611 Rittberger u. a. 2010: 65 ff.

1612 Huntington 2002: 24.

1613 Huntington (2002: 21) unterscheidet sieben oder acht große Kulturen der Welt.

1614 Hartmann 1995: 115 f.; zur Diskussion s. Merkel 2003: 90 f.

hen.[1615] Dies gilt vor allem dort, wo der Islam als Lebensnorm gesehen wird und allenfalls die technischen Produkte des Westens akzeptiert werden. Zwischen den islamischen Ländern und den liberal-demokratischen der westlichen Welt könnte sich der Kampf der Kulturen verstärken. Zuweilen wird schon von der dritten Variante totalitärer Diktatur (nach Nationalsozialismus und Kommunismus, s. Kap. VII, C, 2) gesprochen.[1616]

1. Probleme der Konvergenz

Es ist unübersehbar, dass in islamisch dominierten Ländern der Einfluss von religiös fundierten Werten auf die ordnungspolitischen Strukturen besonders stark ist und diese nur partiell mit denen der westlichen Welt übereinstimmen. Dies gilt ganz besonders für Fragen von Gleichheit und Freiheit. Allerdings gehen die Vorstellungen darüber, wie viele Gemeinsamkeiten zwischen den grundlegenden westlichen und islamischen Wertvorstellungen bestehen, weit auseinander. Anders als Huntington, der nur partielle Übereinstimmungen bei gewissen Grundwerten erkennt, z. B. Mord als Verbrechen,[1617] betont Tibi, dass westlich-liberale Demokratien und Staaten mit mehrheitlich islamischer Bevölkerung durchaus Gemeinsamkeiten haben.[1618] Die konkreten Ausprägungen in staatlichen Ordnungen sind allerdings sehr weit voneinander entfernt. Dies gilt vor allem für das Verhältnis von Staat und Kirche. In westlichen Ländern akzeptieren die Kirchen den Pluralismus prinzipiell.[1619] Das bedeutet, dass die Kirchen (wenn auch zuweilen sehr privilegierte) Interessengruppen unter anderen sind, die vor allen Dingen Wertfragen einbringen. „Diese Teilung der Herrschaft hat unermesslich viel zur Entwicklung der Freiheit im Westen beigetragen."[1620] Die Trennung von Kirche und Staat (Säkularisierung) fehlt in mehrheitlich islamischen Gesellschaften.

Zwar gibt es im Vorderen Orient einige Staaten, die nach säkularen Prinzipien aufgebaut sind (Syrien, Tunesien, Algerien, Jemen, Golfemirate und auch der Irak unter Saddam Hussein). Das politische System des Irak ähnelte bis zum Golfkrieg 2003 eher den sozialistischen Ein-Parteien-Staaten. Die Staatspartei wurde von regimetreuen Staatsfunktionären gelenkt. Die wichtigste Rolle spielte jedoch immer das Staatsoberhaupt, was zu einer orientalischen Despotie, also einer Form totalitärer Diktatur in der arabischen Welt, führte. Die Baath-Partei im Irak hatte sich dabei durchaus der Modernisierung des Staates verschrieben. So wurde zumindest die „Hebung des Status der Frauen"[1621] versprochen. Erfolge waren z. B.

1615 Kienle 2003: 97 ff.

1616 Wahdat-Hagh 2003: 1, 199 ff.

1617 Huntington 2002: 76.

1618 Tibi 1995.

1619 Minkenberg, in: Minkenberg/ Willems 2003: 117. Zu den unterschiedlichen Formen des Staat-Kirche-Verhältnisses und zu Maßstäben der Einordnung s. Minkenberg, in: Brocker u. a. 2003: 134 f.

1620 Huntington 2002: 100.

1621 Verfassung der arabisch-sozialistischen Baath-Partei, Artikel 7.

im Bildungssystem unübersehbar.[1622] Allerdings hat nur die Türkei den Einfluss der Religion rigoros zurückgedrängt, während im iranischen Regierungsmodell genau die entgegengesetzte Strategie verfolgt wird. Die starke Anziehungskraft der politischen Ordnung des Iran auf die islamischen Glaubensbrüder in anderen Staaten scheint unverkennbar, teilweise als Übersteigerung im Fundamentalismus, wobei totalitäre Züge an Bedeutung gewinnen, die sich insbesondere gegenüber Frauen bemerkbar machen.[1623] So sehen Norris und Inglehart[1624] die Gleichstellung von Frauen als die eigentliche Konfliktlinie zwischen den Kulturen.

Bei der Vereinbarkeit von Islam und Demokratie betonen manche, dass die Lehren des Islam Entsprechungen zu liberal-demokratischen Institutionen und Prozeduren enthalten. So wird das Prinzip der Beratung und Konsultation der Muslime untereinander (Shura) genannt, woraus sich Forderungen nach Konsultativräten ableiten ließen, sowie das Prinzip der Zustimmung der Gemeinde zu einem Führer, was der demokratischen Wahl nahekäme. Weiterhin sei das islamische Prinzip der Konsensfindung „mit der Funktionsweise von Konkordanzdemokratien zu vergleichen."[1625] Die Meinung, dass sich hieraus Demokratiepotentiale herleiten ließen, wird allerdings nur von Minderheiten vertreten. Viele religiös legitimierte politische Systeme zeigen keine Anhaltspunkte für Demokratisierung, neben dem bereits erwähnten Iran z. B. Jordanien, Marokko und Saudi Arabien.[1626] Letzterem kommt aufgrund seiner weltwirtschaftlich bedeutenden Ölfunde eine gewisse Führungsrolle in der arabischen Welt zu, die dem einflußreichen schiitischen Regime im Iran weniger zugerechnet wird. Selbst in den Staaten mit bedeutenden Bodenschätzen wie dem Iran und Saudi-Arabien ist – wie in den anderen muslimischen Ländern mit häufig weit geringeren Ressourcen – der vorhandene Reichtum nicht dazu genutzt worden, die Herausbildung eines breiten Mittelstandes zu fördern, sondern die Ressourcen kamen vor allen Dingen der Oberschicht sowie weit verzweigten Familienclans zugute, die ständig wachsen und alle wichtigen politischen Ämter besetzen.[1627] „Die Ergebnisse der Wirtschaftspolitik in Afghanistan, Sudan und Iran unter fundamentalistischer Herrschaft waren enttäuschend bis gänzlich katastrophal."[1628]

Typisch für alle islamisch dominierten Länder ist, dass vorindustrielle Strukturen vorherrschen. „Während traditionelle Wertesysteme eine statische Wirtschafts- und Gesellschaftsordnung begründeten", wurde insbesondere in den protestantischen Ländern Europas und Nordamerika und in den vom Neokonfuzianismus ge-

1622 Vgl. Ruf 2003: 112.

1623 Kreile 2003: 142.

1624 Norris/Inglehart 2003.

1625 Schlumberger 2001: 205.

1626 Zur allgemeinen Einordnung der Staaten der islamischen Welt mit Hilfe von in der vergleichenden Forschung verwendeten Index-Werten (Freedom House, HDI) s. Merkel, in: Kaiser/Leidhold 2005: 46 ff.

1627 Kienle 2003: 97.

1628 Müller, in: Minkenberg/Willems 2003: 571.

prägten Ländern Asiens eine unternehmerische Leistungsorientierung und Dynamik begründet, die in der islamisch dominierten Welt seltener vorhanden ist.[1629] Dafür fehlen diesen Ländern wesentliche Voraussetzungen, vor allem ein breites Bildungsniveau. Häufig bieten die Koranschulen für die Kinder ärmerer Schichten die einzigen Bildungschancen. Eine zu schnelle nachholende Entwicklung bringt nach Tibi[1630] jedoch „Menschen mit beschädigter Identität" hervor. Der übertriebene Individualismus in westlichen Ländern werde heute von den Bildungseliten eher als „Bedrohung" empfunden. Daher greifen sie auf ihre „autochthone" Kultur als Inhalt ihrer sozialen Identität zurück. Auch können sie darauf verweisen, dass die westlichen Einflüsse nicht zu einer Überwindung der Unterentwicklung geführt haben.

Weiterhin sind die Vorstellungen über eine Entwicklung unterschiedlich. Dies liegt auch an den verschiedenen Glaubensrichtungen. Die Sunniten (bzw. der sunnitische Mehrheitsislam) beziehen sich in ihren Wertvorstellungen auf den vom Propheten Mohammed überlieferten Brauch, also überlieferte Lebensformen mit ausdrücklichen Anordnungen und Verboten. Diese haben sich „in Tausenden seiner ... Aussprüche und Handlungen niedergeschlagen"[1631] und bilden als Ganzes die Sunna. Darauf und auf dem Koran beruht die religiös fundierte Rechtsordnung, die Scharia. Es handelt sich also um die von Gott gewollte und geoffenbarte Lebensordnung. Diese war beim Tod des Propheten jedoch keineswegs konkretisiert: erst durch die territoriale Ausdehnung des Islam entwickelte sie sich allmählich.[1632] Es handelt sich also um keinen abgeschlossenen Gesetzeskodex, sondern als Case Law um ein prinzipiell unabgeschlossenes System, vergleichbar mit dem angelsächsischen Recht, das sich auf der Grundlage von Präzedenzfällen weiterentwickelt.[1633] Die Hüter der Scharia sind die Religionsgelehrten (fugaha). Unter ihnen gibt es kein allgemein anerkanntes Oberhaupt, sondern unterschiedliche „Schulen", die mehr oder weniger Anhänger finden. Diese Rechtsgelehrten werden als Gutachter (mufti) tätig. Die Gutachten (fatwa) können unterschiedlich ausfallen, da es konservative oder fortschrittliche Antworten gibt.[1634]

Bei der anderen großen Glaubensrichtung, den Schiiten, werden ebenfalls Koran und Sunna als „transhistorisches gesellschaftspolitisches System interpretiert."[1635] Darüber hinaus verfügen die Schiiten aber über Traditionen, die sich auf das Vorbild der schiitischen Imame stützen.[1636] Die Imame gelten als aus der Familie des Propheten stammende Nachfolger desselben. Da sich der letzte Imam verborgen hält, werden die Mullahs und Ayatollahs, also Gelehrte des religiösen Rechts, stell-

---

1629 Kevenhörster ^{2}2003: 286.
1630 Tibi 1991: 14.
1631 Halm 2001: 190.
1632 Jung, in: Minkenberg/Willems 2003: 212.
1633 Richter-Bernburg 2003: 117.
1634 Ebenda: 191.
1635 Jung, in: Minkenberg/Willems 2003: 220.
1636 Ebenda.

vertretend für die rechtmäßigen Nachfolger Mohammeds als Kollektiv zur Leitung der Muslime tätig. Sie können durchaus unterschiedliche Lehrmeinungen in rechtlichen und kulturellen Angelegenheiten haben, allerdings nur innerhalb eines für die Schiiten vorgegebenen Rahmens, über den Konsens besteht.[1637] Dieser wird durch den an der Spitze der Rechtsgelehrten stehenden obersten Rechtsgelehrten sichergestellt.[1638] Auch kleinere Sondergruppen unter den Schiiten haben eindeutige, hierarchische Autoritätsstrukturen. Die unterschiedlichen Glaubensrichtungen rivalisieren miteinander, wie sich am Beispiel des Irak zeigt. Ein besonders buntes Bild bieten die verschiedenen Ausprägungen des Islam in Afrika. Der Begriff Islam umfasst hier viele Facetten, die eine Menge muslimischer Interpretationen des Glaubens einschließen.[1639]

Tendenzen, religiöse Einflüsse zu minimieren, konnten immer nur durch brutales Vorgehen zum Erfolg geführt werden, so im Irak, wo die Schiiten – obwohl mehrheitliche Glaubensrichtung – unterdrückt wurden. Dies war auch in Persien unter dem Schah-Regime der Fall. So hatte der Schah durch seine Politik der Säkularisierung die Geistlichkeit gegen sich aufgebracht.[1640] In Algerien führte der Versuch einer Pluralisierung im politischen System zur Herausbildung einer islamischen Partei, die bei den durchgeführten Wahlen dann zu so großem Zuspruch kam, dass ein Annullierung der Wahl erfolgte.[1641] Die Säkularisierung der Türkei durch das Modernisierungsprogramm Atatürks (seit 1923) hat vor allen Dingen in der städtischen Bevölkerung und insbesondere den Bildungseliten auch heute noch die größte Anhängerschaft. Nach dem Tode Atatürks (1938) entwickelte sich in der Türkei zwar ein Pluralismus, allerdings gilt das Militär als der bedeutendste Hüter der Tradition Atatürks. Der extrem weitgefasste Begriff der nationalen Sicherheit erlaubt der türkischen Armee, „die Grenzen der türkischen Politik in relativ umfassender Weise zu bestimmen."[1642] Der Aufstieg islamistischer Parteien und daraus hervorgehender Ministerpräsidenten zeigt, welche Anziehungskraft der Islam in der Türkei hat. Der bevölkerungsreichste muslimische Staat, Indonesien, stützt sich auf „eine religiöse, aber nicht explizit islamische Grundlage."[1643] Der Einfluß muslimischer Gruppierungen scheint allerdings zu wachsen.

Diese Entwicklungen verdeutlichen, dass in islamisch-dominierten Staaten die religiösen Gruppierungen nur gewaltsam von der Beteiligung an der politischen Macht ausgeschlossen werden können. Werden sie Wortführer in einem Staat, so ergibt sich meistens eine Entsprechung von Sakralem und Politischem. Dann ist die Auslegung der verschiedenen Rechtsquellen, die auch bei der Staatsordnung zugrunde gelegt werden, nur von Religionsgelehrten zu leisten. Damit dominiert ein-

1637 Jung, in: Minkenberg/Willems 2003: 190.
1638 Ebenda: 221.
1639 Haynes, in: Minkenberg/Willems 2003: 498.
1640 Tibi 1991: 168 f.
1641 Hartmann 1995: 168; Kienle 2003: 97.
1642 Jung, in: Minkenberg/Willems 2003: 218.
1643 Jung 2002: 31.

deutig in der bereits von Platon und Aristoteles vorgeschlagenen „gemischten Verfassung“ die aristokratische Komponente (Kap. XIII, B, 3, C, 2). Die Gleichheit der Menschen, wie sie in verschiedenen Schritten in der westlichen Welt durch Aufklärung, Reformation und schließlich durch die Französische Revolution durchgesetzt wurde, fehlt hier.

Welche konkrete institutionelle Struktur die Staatsordnungen in muslimisch dominierten Ländern in der Zukunft haben sollen, bleibt vollends unklar. „Ein islamisches politisches System lässt sich … aus den religiösen Quellen nicht deduzieren.“[1644] Der Koran enthält nur wenig, was dafür wegweisend wäre. Beim Schwinden des Zwangs kommen unterschiedliche Vorstellungen zum Tragen. So befinden sich unter den Schiiten nicht nur Befürworter des iranischen Modells, sondern auch Anhänger der Säkularisierung sondern auch solche, die eine kommunistischen Ordnung bevorzugen. Allerdings scheint die Vorstellung weit verbreitet, dass ein Weiser (Herrschaft des höchsten Gelehrten) Allahs Recht umsetzen soll. Dies erinnert an Platons „Philosophenkönig“, den dieser allerdings nicht als realisierbare Herrschaft sah. Doch für die von Platon anvisierte zweitbeste Lösung, die Herrschaft durch Gesetze, ist in den Ländern der islamischen Welt zunächst einmal einer Partei (Syrien, Ägypten, Tunesien, Jemen, Irak bis 2003), den Familien (Kuwait, Saudi Arabien, Jordanien), dem Militär (Pakistan) oder einem religiös zusammengesetzten Wächterrat (Iran) die Macht zu entziehen.[1645] Wo eine Liberalisierung erfolgte, war dies vorübergehend (Syrien) oder eher symbolisch (Jordanien[1646]).

Um die Systeme von innen zu erodieren, wären interne Oppositionsgruppen die geeigneten Kräfte. Chancen für die Umsetzung unterschiedlicher Zielvorstellungen könnten sich aus der Fragmentierung des Islam ergeben. Unterschiedliche gesellschaftliche Entwürfe (eher konservative und eher fortschrittliche) könnten Ausgangspunkt sein für Konfliktlinien und damit für Parteien.[1647] Ob dies ohne Hilfen von außen gelingen kann, ist mehr als fraglich. „Autoritäre Regime brechen zusammen, wenn eine schlechte wirtschaftliche Leistungsbilanz die Massenloyalität gefährdet und Gegensätze in der politischen Führungsschicht ein geschlossenes Handeln verhindern.“[1648] Die meisten Übergänge vom autoritären zum demokratischen Staat gehen mit größeren Wirtschaftskrisen einher. Die Sanktionen gegenüber dem Irak und die krisenhafte Wirtschaftsentwicklung haben das Herrschaftssystem Saddam Husseins aber nach innen eher stabilisiert, indem Fundamentalisten den Hass gegenüber ausländischen Einflüssen schüren konnten.

1644 Ebenda: 33.

1645 Andere Kategorien bei Pawelka (2003: 91):

1646 Es wurden in den 1990er Jahren politische Parteien zugelassen.

1647 Zur allgemeinen Einordnung der Staaten der islamischen Welt mit Hilfe von in der vergleichenden Forschung verwendeten Index-Werten (Freedom House, HDI) s. Merkel, in: Kaiser/Leidhold 2005: 46 ff.

1648 Kevenhörster ^{2}2003: 294.

2. Internationale Konflikte

Fundamentalisten unter den Muslimen sind inzwischen zur akuten Gefahr für die westliche Welt geworden. Wie das Christentum in längst vergangenen Jahrhunderten mit Feuer und Schwert die Christianisierung der Welt betrieb (Kreuzzüge), inzwischen aber längst auf Überzeugung und materielle Hilfen setzt,[1649] so betreiben heute die islamischen Fundamentalisten eine gewaltsame Missionierung Anders-gläubiger. Für viele ist die vollständige Islamisierung der Welt das Ziel.[1650] Von besonderer Bedeutung in der Auseinandersetzung zwischen den Kulturen sind die Gruppierungen, die eine tätige Intoleranz gegenüber Andersgläubigen praktizieren und sich dem bewaffneten Kampf verpflichtet haben. Die Frage ist, ob die Aufforderungen zum Heiligen Krieg (Djihad), z. B. in Sure 2, 190 „Und bekämpft um Gottes Willen diejenigen, die euch bekämpfen aber geht nicht zu weit ...!“, in Sure 5, 35: „Ihr Gläubigen ... führt um Gottes Willen Krieg!“ oder in Sure 43, 4: „Wenn ihr die Ungläubigen trefft, so schlagt ihnen den Kopf ab ...!“[1651], heute noch gültig sind, oder ob dabei der zeitgenössische Bezug, wie viele Kommentatoren betonen, beachtet werden muss.[1652] Jedenfalls heißt es in der Charta der islamischen Widerstandsbewegung Hamas – zunächst als Wohlfahrtsorganisation gegründet – dass der Djihad „für die Befreiung Palästinas ... die Verpflichtung jedes Muslim ...“ ist (Art. 35). Dabei geht es um die Zerstörung des zionistischen Staates Israel. Dagegen sieht sich die arabisch-sozialistische Baath-Partei zwar dem Kampf gegen den ausländischen Kolonialismus verpflichtet und dem Kampf um die Vereinigung sämtlicher Araber in einem einzigen, unabhängigen Staat (Art. 6). Die dazu anzuwendenden Mittel werden allerdings nicht genannt. Terrorgruppen – wie z. B. Al Kaida – agieren in der „Tradition einer politischen Theologie, die den säkulären Staat ablehnt und bekämpft, ...“[1653] Auch die nichtreligiös fundierten Systeme in der islamischen Welt gelten daher als abtrünnig und zu beseitigen.

Die Terroranschläge von Al Kaida wenden sich aber vor allem gegen die bestehende westliche Ordnung, den weltumspannenden amerikanischen Einfluss in Sprache, Informationsgebung, Lebensstil und Wirtschaftstätigkeit und die dahinterstehenden Werte von Gleichheit, Freiheit und Wettbewerb. Sie nutzen dabei das Missfallen in der islamischen Welt, auf die die universelle Anziehungskraft dieser Werte – die amerikanische „Softpower“, wie Nye sie nennt[1654] – stößt. Allerdings, so betont Müller, liegen „zwischen der Abneigung gegen die Arroganz der Supermacht und der Bereitschaft, sie in politisches Handeln umzusetzen und dafür Risiken für Leib und Leben einzugehen,“ Welten.[1655] Einige islamische Staaten distan-

1649 Vgl. Kallscheuer, in: Minkenberg/Willems 2003: 524.
1650 Tibi 1995: 16.
1651 Bobzin 2001: 202.
1652 Ebenda: 202 f.; Zu Interpretationen dieser Aufforderung s. Tibi [4]2003: 180.
1653 Müller, in: Minkenberg/Willems 2003: 566.
1654 Nye 2002: 8 ff.
1655 Müller, in: Minkenberg/Willems 2003: 572.

zieren sich von diesem Vorgehen auch aus wirtschaftspolitischem Kalkül. Jedenfalls variieren die Beziehungen zum Westen von Land zu Land erheblich. Ein weiteres Problem ist, dass ein Kampf muslimisch dominierter Staaten gegeneinander nicht ausgeschlossen ist, wie die Auseinandersetzung zwischen dem Irak und dem Iran zeigte.[1656] Dagegen führen westlich-liberale Demokratien keine Kriege gegeneinander. So mutet es fast so an, als wenn der muslimisch geprägte Teil der Welt auch diesbezüglich Jahrhunderte der Entwicklungsgeschichte Europas noch nachholen müsste: die friedliche Konfliktbearbeitung zwischen Staaten der gleichen politischen Kultur.

Auch wenn das Modell von Huntington stark vereinfacht ist,[1657] läßt sich nicht übersehen, dass zwischen christlich dominierten Ländern und solchen mit islamischen Traditionen Verständigungsprobleme oder Verständnisprobleme existieren, die durch die Säkularisierung der Staaten langfristig bearbeitet werden könnten. Wie bereits aufgezeigt, sind dazu erhebliche Wegstrecken zurückzulegen. Der Austausch der religiösen Werthaltungen und die Suche nach Gemeinsamkeiten zum Erreichen einer „minimalistischen Moral“ unter Verzicht auf „Universalismus“[1658] scheint angesagt. Die Förderung der Koexistenz bei kulturellem Austausch hat auch schon im Ost-West-Konflikt zur Annäherung geführt. Die Kooperation der Führungseliten und die gemeinsame Verabschiedung von Zielen ist dabei sehr wichtig, wie das KSZE-Schlussdokument gezeigt hat (s. Kap. XVII, A, 3). Tibi[1659] hofft auf eine nachholende Entwicklung, also eine Modernisierung der muslimischen Welt und damit die Beseitigung der Konfrontation. Dabei unterstellt ihm Reese-Schäfer „eine normative Verallgemeinerung des westlichen Projekts“, also genau das, wovor Huntington warnte.[1660] Wirtschaftliche und soziale Modernisierung erzeuge weder eine universale Kultur noch die Verwestlichung nicht westlicher Gesellschaften.[1661] Allzu leicht wird auch vergessen, dass es selbst die USA nach dem Zweiten Weltkrieg in Japan – anders als in Deutschland – nicht vermocht haben, das Modell westliche Demokratie 1:1 umzusetzen (s. Kap. XI, B, 2).

Die westliche Welt hat sich – wie der Irak Krieg 2003 gezeigt hat – noch nicht auf die neuen Herausforderungen eingestellt.[1662] Die unterschiedlichen Ziele, die zur Begründung des Irak Krieges genannt wurden, sprechen eine deutliche Sprache. Viele waren wohl eher aufgesetzt, wie die Beseitigung von Massenvernichtungswaffen und die Befreiung eines Volkes von einer Diktatur. Dagegen wurden die weltwirtschaftlich bedeutenden Fragen eher am Rande erwähnt. Die Herrschaft über die wichtigsten Erdölreserven der Welt sollte nicht allein einem muslimischen Land überlassen bleiben. Denn wer die Region kontrolliert, „bestimmt den Puls-

1656 Huntington 2002: 308.
1657 Reese-Schäfer 2000: 328.
1658 Ebenda: 526.
1659 Tibi 1991: 60, 68, 172, 197.
1660 Reese-Schäfer 2000: 334; Huntington 2002: 19.
1661 Huntington 2002: 19.
1662 Menzel 2004: 124 ff.; 141 f.

schlag der Weltwirtschaft."[1663] Vieles spricht dafür, dass die Sicherung geopolitisch relevanter Einflusssphären und damit Verteilungskonflikte (s. Kap. XVIII) die wichtigste Motivation für das Handeln der USA waren, die ihre weltpolitisch vielleicht einmalige Chance nutzten, einzige Supermacht der Welt zu sein (s. u. Kap. XVI, C, 2).[1664] Der Konflikt der Kulturen wäre nicht eskaliert, wenn wirtschaftsrelevante Interessen nicht tangiert gewesen wären und dieses „window of opportunity" sich nicht weit geöffnet hätte. Die Bekämpfung des internationalen Terrorismus steht weiterhin auf der Tagesordnung der Weltpolitik, wobei Staaten mit Atomnutzung sowie solche, die der Unterstützung von Terrorgruppen verdächtigt werden, vor allem in den Blick geraten.

Als Instrumente in internationalen Konflikten wurden traditionell Abschreckung und Eindämmung, neuerdings auch (unter Infragestellung der anerkannten Rechtsauffassung[1665]) Präventivkriege verwendet. Wie im Ost-West-Konflikt ging es um den Aufbau einer Drohkulisse zur Einschüchterung des Gegners und zur Durchsetzung des eigenen Willens, z. B. erzwungener Abbau von Waffenarsenalen, Einstellung von Aufrüstungsprogrammen, Zulassung von Inspektionen u. ä. (s. Kap. XVII, A, 2). Die Eindämmungspolitik setzte auf Isolation, z. B. die allgemeine Akzeptanz von Wirtschaftssanktionen gegenüber einem bestimmten Staat in der Welt bei Androhung von Nachteilen für solche Staaten, die sich nicht an diesen Sanktionen beteiligen. Diese Strategie war auch bereits im Ost-West-Konflikt (CoCom, s. Kap. XIX, B, 3) und z. B. gegenüber Kuba und Südafrika angewandt worden.

Der Abschreckungsstrategie zur Vermeidung kriegerische Auseinandersetzungen (Kap. XVII, A, 2) fehlt der militärisch gleichstarke Gegner. Vor allem die USA können ihre militärische Überlegenheit gegenüber den „Schurkenstaaten" ausspielen. Probleme unter diesen bereiten nur solche, die selbst über Atomwaffen verfügen. In der islamischen Welt trifft das bisher nur für Pakistan und in naher Zukunft den Iran zu. Dies ist eine indirekte Einladung zu Präventivkriegen. Der Terroranschlag des 11. September 2001 durch das Terrornetzwerk Al Kaida auf das World Trade Center in New York wurde als Krieg[1666] interpretiert, um die Voraussetzungen dafür zu schaffen, dass die eigenen Streitkräfte im Rahmen der NATO und der UNO (s. Kap. XIX, B, 1) mobilisiert werden konnten. Der UNO Sicherheitsrat erklärte die Terrorakte in seiner Resolution 1368 zur Bedrohung des internationalen Friedens und der Sicherheit. Damit reagierte die internationale Staatengemeinschaft mit den üblichen Mitteln auf eine Aggression, die allerdings völlig neu war.

Beim Terrorismus handelt es sich um einen unerklärten Krieg einer nichtstaatlichen Organisation. Nye spricht von einer Privatisierung des Krieges.[1667] Während weder die ökonomische noch die militärische Stärke des Gegners angreifbar sind,

1663 Herrmann 2003.
1664 Zur Einordnung s.a. Filzmaier u. a. 2006: 184–197; Nabers 2005: 321 ff.
1665 Nolte 2003: 8.
1666 Münkler 2001: 581 ff.
1667 Nye 2002: X; auch Münkler 2004: 10.

werden die Werte in den Mittelpunkt der terroristischen Handlungen gestellt. Terroristische Maßnahmen sollen untragbare Kosten an empfindlichen Punkten der hochindustrialisierten westlichen Welt verursachen. Erfolge setzen Unterstützungsbereitschaft von Geldgebern in Gang und machen neue Aktionen möglich. Es handelt sich also um eine Ersatzkriegführung schwächerer Staaten mit Hilfe von Terrorgruppen. Auch Saudi-Arabien gilt als Staat, der zumindest zunächst Al Kaida gewähren ließ oder in dem zumindest gewisse Kreise die Terrorgruppe unterstützt haben. Den westlichen Demokratien scheint nur die Möglichkeit zu bleiben, Krieg gegen die Staaten zu führen, die mit den Terrorgruppen sympathisieren oder sie gar unterstützen, z. B. den Krieg gegen Afghanistan und den Irak.

Dabei kommt es dann zu regionalen Kriegen mit unterschiedlich gerüsteten Gegnern, die auch als asymmetrische Kriege[1668] bezeichnet werden. Während der eine seine traditionelle Strategie, mit gezielten Militärschlägen vorzugehen, aus der Position der Stärke den Krieg führen kann, sieht sich der im Kampf Unterlegene genötigt, auch aus dem Hinterhalt und mit terroristischen Mitteln zu agieren.[1669] Der Angegriffene setzt auch auf Guerillataktiken, lässt Kämpfer in Zivil terroristische Strategien anwenden, z. B. Selbstmordattentate, Attentate mit biochemischen Stoffen. Weitere Mittel sind z. B. „schmutzige Bomben" (konventionelle Bomben die mit nuklearem Material angereichert sind), die nicht nur im Kriegsgebiet, sondern auch im Heimatland des Aggressors gegen die Zivilbevölkerung eingesetzt werden.

Antworten auf die Frage, ob der Aufbau einer Drohkulisse, wie sie gegenüber dem Irak durch den Aufmarsch amerikanischer Truppen praktiziert und zunächst damit begründet wurde, dass der Irak die Waffeninspektionen zulassen und kooperieren sollte, zwangsläufig zum Krieg führen musste, bleiben kontrovers. Wird, wie Münkler behauptet, der Rückzug einer überlegenen Macht zu deren politischer Niederlage? Der irakische Diktator – so Münkler – hätte als Sieger über den amerikanischen Imperialismus gegolten und hätte möglicherweise seine expansive Hegemonialpolitik (mit der er 1991 in Kuwait gescheitert war) wieder aufgenommen.[1670] Nach der Meinung Münklers wäre der Zwang zum Einsatz militärischer Mittel durch die Supermacht spätestens dann unvermeidlich geworden. Dies deutet auf weitere Präventivkriege gegen unterlegene Staaten und könnte gleichzeitig dem internationalen Terrorismus weiteren Auftrieb geben.

Um Konflikte zu verhindern wird eine gleichberechtigte Partnerschaft zwischen den wichtigen Mächten USA, Europa, Russland, Japan und China als wichtig erachtet. Diese Mächte müssten sich selbst Bescheidung in der internationalen Auseinandersetzung auferlegen und gleichzeitig militärische Konfrontation in peripheren Bereichen verhindern. Ausgangspunkt für die europäische Sicherheit könnte die Kooperation zwischen Deutschland und Frankreich werden. Ebenso wichtig ist

1668 Münkler 2004: 11.

1669 S. d. Daase 1999; s. zur Veränderung der Kriege auch Kaldor 2000: 148 ff.; Voigt 2002.

1670 Münkler 2003.

aber, eine Verbindung zu den Vereinigten Staaten zu behalten. Dies entspricht auch den Interessen der USA, die keine zu deutliche Anlehnung der europäischen Staaten an Russland befürworten. Dennoch muss über die Beteiligung der Nachfolgestaaten der UdSSR im europäischen Sicherheitssystem nachgedacht werden, so dass am Ende eine neue „Sicherheitsarchitektur" in Europa stehen kann.[1671]

Durch den militärischen Sieg über den Irak ist auch das Problem, eine stabile Nachkriegsordnung zu schaffen, keineswegs gelöst, vielmehr besteht nach wie vor die Gefahr einer Radikalisierung. Zur Verhinderung eines „Kampfes der Kulturen" wären daher international transkulturelle Koalitionen zu stärken, wie sie sich beispielsweise bei UN-Konferenzen bereits im Hinblick auf die Stellung der Frau und die Rechte der Kinder abzeichnen.[1672] Wenn auch Religion selten konfliktauslösend ist, so sind religiöse Differenzen doch häufiger Konfliktverstärker, wenn Verteilungskonflikte um Ressourcen, Territorium und Partizipation hinzutreten.

Literatur

(im **Fettdruck** besonders wichtige Titel zum Thema des Kapitels)

Albrecht, Ulrich/Hummel, Hartwig (1990): „Macht", in: Rittberger, S. 90–109.

Baratta, Mario von/Clauss, Jan Ulrich (1991): Internationale Organisationen, Frankfurt/M.

Bertram, Christoph (1993): Wechsel auf eine ungewisse Zukunft, in: Die Zeit v. 8. 1.

Betz, Joachim u. a. (2004): Die gesellschaftliche Verankerung politischer Parteien, Wiebaden.

Beyme, Klaus von (1983): Die Sowjetunion in der Weltpolitik, München.

Beyme, Klaus von u. a. (Hrsg.) (1987): Politikwissenschaft, Band III: Außenpolitik und Internationale Politik, Stuttgart u. a.

Bobzin, Hartmut (2001): Wie tolerant ist der Islam? in: Der Bürger im Staat, 4, S. 201–204.

Boeckh, Andreas (Hrsg.) (1984): Internationale Beziehungen, München und Zürich.

Brauch, Hans Günter (1992): NATO und KSZE als institutionelle Instrumente einer gesamteuropäischen Sicherheitsarchitektur, in: Kreile, S. 362–389.

Bredow, Wilfried von (1992): Der KSZE-Prozeß, Darmstadt.

Bredow, Wilfried von (1994): Turbulente Welt-Ordnung, Stuttgart u. a.

Bühl, Walter L. (1986): Das Ende der amerikanisch-sowjetischen Hegemonie?, München.

Czempiel, Ernst-Otto (1987): Das internationale System, in: von Beyme u. a., III, S. 3–37.

Czempiel, Ernst-Otto (1989): Machtprobe, München.

Czempiel, Ernst-Otto (1999): Kluge Macht. Außenpolitik für das 21. Jahrhundert, München.

Czempiel, Ernst-Otto (2002): Weltpolitik im Umbruch, München.

1671 Seidelmann, in: Kreile 1992: 340 ff. und Brauch, in: Kreile 1992: 362 ff.

1672 Müller, in: Minkenberg/Willems 2003: 575.

Daase, Christopher (1999): Kleine Kriege – Große Wirkung. Wie unkonventionelle Kriegführung die internationale Politik verändert, Baden-Baden.

Deutsch, Karl W. (1971): Die Analyse internationaler Beziehungen, Frankfurt a. M.

Deutsch, Karl W. (1972): Politische Kybernetik, Freiburg i. Br., 2. Aufl.

Etzioni, Amitai (1965): Political Unification, New York.

Filzmaier, Peter u. a. (2006): Internationale Politik, Wien.

Forndran, Erhard (1970): Rüstungskontrolle, Düsseldorf.

Forndran, Erhard (1971): Abrüstung und Friedensforschung, Düsseldorf.

Forndran, Erhard (1987): Verteidigungspolitik, in: von Beyme u. a., III, S. 128–157.

Forndran Erhard (Hrsg.) (1992): Politik nach dem Ost-West-Konflikt, Baden-Baden.

Görtemaker, Manfred (1977): Abrüstungspolitik, in: Woyke, S. 1–5.

Haftendorn, Helga (Hrsg.) (1975): Theorie der Internationalen Politik, Hamburg.

Halm, Heinz (2001): Was ist Islam und wer ist Muslim? Die Glaubensrichtungen des Islam, in: Der Bürger im Staat, 4, S. 188–192.

Hartmann, Jürgen (1995): Vergleichende Politikwissenschaft, Frankfurt a. M. und New York.

Haubold, Erhard (2003): Wo der Terrorismus wächst, in: FAZ vom 28.01.2003.

Haynes, Jeff (2003): Die Rolle der Religion im Prozess des demokratischen Übergangs in Afrika, in: Minkenbergl/ Willems, S. 494–519.

Herrmann, Rainer (2003): Strategische Reserve der Weltwirtschaft, in: FAZ v. 29.01.2003.

Hubel, Helmut (2005): Weltpolitische Konflikte, Baden-Baden.

Huntington, Samuel P. (1993): The Clash of Civilizations, in: Foreign Affairs 72, S. 22–49.

Huntington, Samuel P. (1996/ 2002): Kampf der Kulturen. Die Neugestaltung der Weltpolitik im 21. Jahrhundert, München.

Jung, Dietrich (2002): Religion und Politik in der islamischen Welt, in: APuZ, B42–43, S. 31–38.

Jung, Dietrich (2003): Staat und Islam im Mittleren Osten, in: Minkenberg/ Willems, S. 207–227.

Junne, Gerd (1990): Theorien über Konflikte und Kooperation zwischen kapitalistischen Industrieländern, in: Rittberger, S. 353–371.

Kaiser, Karl (Hrsg.) (1971): Bedrohungsvorstellungen als Faktor der internationalen Politik, Düsseldorf.

Kaiser, Karl (1985): Kernwaffen als Faktor der internationalen Politik, in: Kaiser/Schwarz, S. 102–118.

Kaiser, Karl/Schwarz, Hans-Peter (Hrsg.) (1985): Weltpolitik, Stuttgart.

Kaiser, Karl/Schwarz, Hans-Peter (Hrsg.) (1995): Die neue Weltpolitik, Bonn.

Kaldor, Mary (2000): Neue und alte Kriege. Organisierte Gewalt im Zeitalter der Globalisierung, Frankfurt a. M.

Kallscheuer, Otto (2003): Papismus und Internationalismus. Zur Rolle des Vatikan in der Weltpolitik, in: Minkenberg/ Willems, S. 523–542.

Kaplan, Morton A. (1975): Systemtheoretische Modelle des internationalen Systems, in: Haftendorn, S. 297–317.

Karl, Wolf-Dieter (1977): Entspannungspolitik, in: Woyke, S. 83–89.

Kennedy, Paul (1989): Aufstieg und Fall der großen Mächte, Frankfurt a. M.

Kevenhörster, Paul (2003): Politikwissenschaft, Bd. 1: Entscheidungen und Strukturen der Politik, Opladen, 2. Aufl.

Kienle, Eberhard (2003): Politische Systeme im Wandel, in: Der Bürger im Staat, 2/3, S. 96–103.

Knapp, Manfred/Krell, Gert (Hrsg.) (1991): Einführung in die internationale Politik, München, 2. Aufl.

Kreile, Michael (Hrsg.) (1992): Die Integration Europas, Opladen (PVS Sonderheft 23).

Kreile, Renate (2003): Geschlechterverhältnisse im Vorderen Orient im Spannungsfeld von Globalisierung und Fragmentierung, in: Der Bürger im Staat, 2/3, S. 139–144.

Link, Werner (1987): Der Ost-West-Konflikt, in: von Beyme u. a., III, S. 217–245.

Link, Werner (1988): Der Ost-West-Konflikt, Stuttgart, 2. Aufl.

Link, Werner (1991): Die Entwicklung des Ost-West-Konflikts, in: Knapp/Krell, S. 176–202.

Link, Werner (1998): Die Neuordnung der Weltpolitik, München.

Loth, Wilfried (1977): Kalter Krieg, in: Woyke, S. 180–185.

Menzel, Ulrich (2004): Paradoxien der neuen Weltordnung, Frankfurt a. M.

Merkel, Wolfgang (2003): Demokratie in Asien, Bonn.

Merkel, Wolfgang (2005): Islam, Islamismus, der Westen und die Demokratie, in: Kaiser, Andre´/Leidhold, Wolfgang (Hrsg.): Demokratie – Chancen und Herausforderungen im 21. Jahrhundert, Münster, S. 41–68.

Minkenberg, Michael (2003): Staat und Kirche in westlichen Demokratien, in: Minkenbergl/ Willems, S. 115–138.

Minkenberg, Michael (2003): Abtreibungsregime im Vergleich: Religiöse Einflüsse auf ‚Public Policy' in westlichen Demokratien; in: Brocker u. a. (Hrsg.): Religion – Staat – Politik. Zur Rolle der Religion in der nationalen und internationalen Politik, Wiesbaden, S. 127–147.

Minkenberg, Michael/ Willems, Ulrich (Hrsg.) (2003): Politik und Religion, Wiesbaden.

Morgenthau, Hans J. (1963): Macht und Frieden, Gütersloh.

Müller, Harald (2003): Kampf der Kulturen – Religion als Strukturfaktor einer weltpolitischen Konfliktformation?, in: Minkenberg/ Willems, S. 559–580.

Müller, Harald/Schörnig, Niklas (2006): Rüstungsdynamik und Rüstungskontrolle. Eine exemplarische Einführung in die internationalen Beziehungen, Baden-Baden.

Münkler, Herfried (2001): Sind wir im Krieg? Über Terrorismus, Partisanen und die neuen Formen des Krieges, in: PVS, 4, S. 581–589.

Münkler, Herfried (2003): Kann Bush noch ein Held des Rückzugs werden?, in: FAZ vom 28.02.

Münkler, Herfried (2004): Die neuen Kriege, Reinbek b. Hamburg.

Nabers, Dirk (2005): Allianz gegen den Terror, Wiesbaden.

Nolte, Georg (2003): Weg in eine andere Rechtsordnung. Vorbeugende Gewaltanwendung und gezielte Tötungen, in: FAZ vom 10. 1.

Norris, Pippa/ Inglehart, Ronald (2003): Islam & the West: Testing the ‚Clash of civilizations' Thesis, www.ksghome.harvard.edu/m pnorris.shorenstein.ksg.

Nye, Joseph S. (2002): The Paradox of American Power, Oxford.

Pawelka, Peter (2003): Funktionen politischer Parteien in nicht demokratischen Regimen des Vorderen Orients, in: Betz, S. 35–54.

Pawelka, Peter (2003): Entwicklung und Globalisierung – Der Imperialismus des 21. Jahrhunderts, in: Der Bürger im Staat, 2/3, S. 84–95.

Reese-Schäfer, Walter (2000): Politische Theorie heute, München und Wien.

Richter-Bernburg, Lutz (2003): Islamisches Religionsgesetz und säkularer Humanismus, in: Der Bürger im Staat, 2/3, S. 116–120.

Rittberger, Volker (Hrsg.) (1990): Theorien der Internationalen Beziehungen, Opladen (PVS Sonderheft 21).

Rittberger, Volker/Zürn, Michael (1991): Transformation der Konflikte in den Ost-West-Beziehungen, in: PVS, S. 399–424.

Rittberger, Volker u. a. (2010): Grundzüge der Weltpolitik, Wiesbaden.

Röhrich, Wilfried (2006): Die Macht der Religionen, München, 2. Aufl.

Ruehl, Lothar (1977): SALT (Gespräche über die Begrenzung strategischer Waffen), in: Woyke, S. 274–281.

Ruf, Werner (2003): Zur Gewaltförmigkeit des politischen Widerstands im Vorderen Orient, in: Der Bürger im Staat, 2/3, S. 110–115.

Schlotter, Peter (1996): Organisation für Sicherheit und Zusammenarbeit in Europa – OSZE, in: Kohler-Koch, Beate/Woyke, Wichard (Hrsg.): Die Europäische Union, München, S. 204–208.

Schlumberger, Oliver (2001): Sind Islam und Demokratie vereinbar?, in: Der Bürger im Staat, 4/2001, S. 205–211.

Seidelmann, Reimund (1992): Zur Neuordnung der westeuropäischen Sicherheitspolitik, in: Kreile, S. 335–361.

Seidelmann, Reimund (2000): Theorie internationaler Politik, in: Neumann, Franz (Hrsg.): Handbuch Politische Theorien und Ideologien 2, Opladen, 2. Aufl., S. 445–480.

Senghaas, Dieter (1971): Zur Analyse der Drohpolitik in den internationalen Beziehungen, in: Kaiser, S. 89–195.

Senghaas, Dieter (1981): Abschreckung und Frieden, Frankfurt a. M., 3. Aufl.

Senghaas, Dieter (1988): Konfliktformationen im internationalen System, Frankfurt a. M.

Senghaas, Dieter (1992a): Die Zukunft der internationalen Politik, in: Forndran, S. 11–40.

Senghaas, Dieter (1992b): In den Frieden ziehen, in: FAZ vom 6. 6.

Simonis, Georg (1984): Abschreckung, in: Boeckh, S. 19–26.

Tibi, Bassam (1991): Die Krise des modernen Islam, Frankfurt a. M.

Tibi, Bassam (1995): Krieg der Zivilisationen: Politik und Religion zwischen Vernunft und Fundamentalismus, Hamburg.

Tibi, Bassam (2003): Die fundamentalistische Herausforderung. Der Islam und die Weltpolitik, München, 4. Aufl.

Vilmar, Fritz (1970): Rüstung und Abrüstung im Spätkapitalismus, Frankfurt a. M., 5. Aufl.

Voigt, Rüdiger (Hrsg.) (2002): Krieg – Instrument der Politik?, Baden-Baden.

Wahdat-Hagh, Wahied (2003): Die Islamische Republik Iran. Die Herrschaft des politischen Islam als Spielart des Totalitarismus, Münster u. a.

Wassmund, Hans (1982): Grundzüge der Weltpolitik, München.

Willms, Bernard (1974): Entspannung und friedliche Koexistenz, München.

Woyke, Wichard (Hrsg.) (1977): **Handwörterbuch Internationale Politik, Opladen,** 1. Aufl., **(2008), 11. Aufl**.

Woyke, Wichard (1984): Bipolarität, in: Boeckh, S. 73.

Zellentin, Gerda (1984): Entspannungspolitik, in: Boeckh, S. 124–131.

Kapitel XVIII: Verteilungskonflikte

Die Auswirkungen der internationalen Schichtung (s. Kap. XVI, C, 1) werden seit Jahren als „Nord-Süd-Konflikt" oder neutraler als „Nord-Süd-Beziehungen"[1673] diskutiert. Es geht um die Analyse der deutlichen Unterschiede zwischen entwickelten Industrieländern und Ländern der „Dritten Welt" – früher auch unterentwickelte Länder oder Entwicklungsländer genannt. Die Zusammenfassung von Staaten zur „Dritten Welt" geht zurück auf den Ost-West-Gegensatz, in dem dieser Teil der Welt eine eigenständige Rolle gegenüber der westlich-kapitalistischen Ersten Welt und der östlich-sozialistischen Zweiten Welt zu finden suchte. Sie umfasst Länder, die einen wesentlichen Rückstand in der Entwicklung gegenüber der westlichen Welt aufweisen. Dafür werden als Indikatoren die persönliche Grundversorgung, der Zugang zur Arbeit und ihre Verteilung auf Sektoren, die Wirtschaftsleistung (Bruttosozialprodukt, Investitionsquote), die wirtschaftliche Unabhängigkeit, die Verteilung von Einkommen und Grundbesitz sowie die soziale Sicherung, Bildung, medizinische Versorgung, Kommunikation und Mobilität sowie Ökofaktoren (Immissionsbilanz, Wasserhaushalt) herangezogen.[1674] Der heutige Gegensatz von Erster und Dritter Welt ist nicht lediglich ein Überbleibsel kolonialer Herrschaft; die Wurzeln liegen vielmehr „in der Struktur des internationalen Systems selbst":[1675] Es geht um Verteilungsprobleme als Folge der internationalen Arbeitsteilung. Sie werden neuerdings als Probleme der Globalisierung diskutiert.

A) Ursachen der Abhängigkeit

Thesen über die Nord-Süd-Beziehungen als besonderem Gebiet der internationalen Beziehungen haben sich historisch in der Form der Imperialismustheorie(n) und der Dependenciatheorie(n) herausgebildet. Ihnen war die Behauptung gemeinsam, dass die Benachteiligung des Südens Folge von Interessen des Nordens sei. Damit war die Prognose verknüpft, dass die Situation des Südens nicht verändert werden könne, ohne die Stabilität des Nordens zu gefährden. „Die gegenüber einer solchen Auffassung des Nord-Süd-Konflikts kritischen Theorien mussten dann den Nachweis führen, dass die wirtschaftliche Benachteiligung des Südens für die wirtschaftliche Entwicklung des Nordens zumindest nicht notwendig ist ..., bzw. dass die Überwindung von Unterentwicklung im Süden unbeschadet der Interessenlage

1673 Elsenhans ²1987.
1674 List u. a. 1995: 144.
1675 Krippendorff 1977: 140 f.

im Norden von internen Aktoren im Süden abhängt."[1676] Die Nord-Süd-Beziehungen sind älter als der Imperialismus.[1677] Meistens wird als Beginn der Nord-Süd-Beziehungen aber der Imperialismus angenommen, der im 19. Jahrhundert zur Kolonialherrschaft weniger europäischer Länder über weite Teile Afrikas und Asiens führte. Die theoretische Deutung des Imperialismus ist jedoch weder einhellig noch abgeschlossen.

1. Theorien des Imperialismus

Der vom lat. imperium (dt. Oberbefehl, Reich) abgeleitete Begriff Imperialismus bezeichnet einerseits das Herrschaftsverhältnis zwischen einem hegemonialen Staat und den Völkern oder Nationen unter seiner Oberhoheit,[1678] andererseits eine auf „maximale Ausdehnung des eigenen Machtbereiches gerichtete Außenpolitik".[1679] Weiterhin kann zwischen altem und neuem Imperialismus (vor und nach der industriellen Revolution) unterschieden werden.

Ungeachtet verschiedener Überschneidungen lassen sich grob zwei Arten von Imperialismustheorien unterscheiden, die entweder vom Primat nicht-ökonomischer Faktoren oder vom Primat der Ökonomie ausgehen.[1680] Zu letzteren gehören sozialistische Erklärungsversuche, die nachweisen wollen, dass Imperialismus unter kapitalistischen Produktionsverhältnissen zwangsläufig ist. Generell besteht die Neigung, Imperialismus mit kapitalistischer Ausdehnung gleichzusetzen. Andere Deutungen betonen entweder die Vielfalt der wirksamen Faktoren oder den Vorrang eines einzelnen, nicht-ökonomischen Faktors. Dabei wird Imperialismus „als natürliche Folge biologischer, rassischer, technologischer Überlegenheiten, geopolitischer Vorteile oder Frustrationen oder als Extremfall eines auf die Spitze getriebenen (aber nicht primär-ökonomisch motivierten) Nationalismus" interpretiert.[1681] Auch die kulturelle Überlegenheit mit der Folge der Dominanz der westlich-europäischen Kultur spielt als Erklärungsansatz eine Rolle.[1682] Die nichtökonomischen Erklärungsansätze werden – mit Ausnahme der kulturbezogenen Erklärungsversuche – heute kaum noch beachtet. Von daher ergibt sich eine beträchtliche Dominanz politökonomisch orientierter Theorien. Ein Beispiel dafür bieten die Ausführungen von Krippendorff.[1683]

Die ökonomischen Theorien des Imperialismus lassen sich nach ihrer Interpretationsgrundlage zwei Typen zuordnen, der Unterkonsumtionstheorie und der Theorie des Export-Monopolismus. Zur Erklärung werden vorrangig entweder „die

1676 Elsenhans, in: Rittberger 1990: 331.
1677 Menzel 2004: 44–50.
1678 Lichtheim 1972: 8.
1679 Kammler, in: Wildenmann 1976: 200.
1680 Puhle, in: Woyke 1977: 132, 135.
1681 Ebenda: 132.
1682 Tibi 1991:12.
1683 Krippendorff 1986.

kapitalistische Entwicklung als solche oder die Merkmale einer bestimmten Phase dieser Entwicklung" herangezogen.[1684]

Eine erste systematische Analyse des Zusammenhangs zwischen Kapitalismus und Imperialismus lieferte Hobson (1902) mit seiner Unterkonsumtionstheorie: Imperialismus wird als Folge der ungleichen Einkommensverteilung angesehen. Dadurch bleibt die effektive Nachfrage immer hinter der Produktion zurück. Die Unterkonsumtion im Inland zwingt dazu, fremde Gebiete für den Absatz der Produkte und weitere Investitionen zu erschließen: „Überproduktion, d. h. exzessive Fabrikation von Waren und überschüssiges Kapital, zwingen Großbritannien, Deutschland, Holland und Frankreich, immer größere Teile ihrer wirtschaftlichen Mittel außerhalb ihres (politischen) Herrschaftsbereichs zu placieren und stimulieren dann eine Politik der politischen Expansion".[1685] War für den alten Kapitalismus der Export von Waren kennzeichnend, so wurde für den neuen Kapitalismus der Export von Kapital bestimmend. Der „Drang des Kapitals nach äußeren Investitionsgelegenheiten"[1686] ist für Hobson „das natürliche Produkt des wirtschaftlichen Druckes eines plötzlich vorrückenden Kapitalismus".[1687]

Die u. a. von Hilferding vertretene Theorie des Exportmonopolismus geht von einem „Funktionswandel des Schutzzolls" aus: War der Schutzzoll anfangs als Erziehungszoll eine Hilfe für die sich entwickelnde heimische Industrie, so diente er später vor allem dazu, Kartell- und Trustbildung zu erleichtern. Diesem Funktionswandel des Schutzzolls liegt eine bedeutsame Entwicklung in der Struktur des industriellen Kapitalismus zugrunde: in dieser fortgeschrittenen Phase dominiert das Finanzkapital (in industrielles Kapital verwandeltes Bankkapital). Während der an Freihandel interessierte Konkurrenzkapitalismus des frühen 19. Jahrhunderts keine Kriegs- und Eroberungspolitik verfolgte; änderte sich das mit den Monopolisierungstendenzen des Finanzkapitals. Nun konnte die Beseitigung des Freihandels Zweck von Eroberungen werden:[1688] Mit jedem Gebiets- und Bevölkerungszuwachs in der Peripherie erweiterte sich der von der eigenen Zollmauer eingeschlossene Markt, auf dem sich monopolistische Gewinnmaximierung betreiben ließ. Ebenso vergrößerte sich die Macht des imperialistischen Staates gegenüber anderen und damit die Erfolgsaussicht für künftige Eroberungen. Der protektionistische, auf Monopolisierung hinarbeitende Finanzkapitalismus betrieb die Stärkung der Staatsmacht mit allen verfügbaren Mitteln,[1689] um das möglichst große Wirtschaftsgebiet gegen ausländische Konkurrenz durch Schutzzölle abzusichern.

1684 Kammler, in: Wildenmann 1976: 203.
1685 Hobson 1968: 91.
1686 Ebenda: 86.
1687 Röhrich 1978: 16.
1688 Kammler, in: Wildenmann 1976: 214 f.
1689 Ebenda: 219.

2. Bedeutung der theoretischen Erklärungsversuche

Sowohl Hilferdings (nach empirischen Forschungen inzwischen zu modifizierende) Theorie des Finanzkapitals als auch Hobsons „auf die russische Realität hoher ausländischer Kapitalinvestitionen besonders passende Imperialismustheorie“ sind in Lenins populäre und agitatorisch angelegte Analyse des Imperialismus eingegangen.[1690] Dieser Imperialismus ist für Lenin entsprechend der weltrevolutionären Prophezeiung von Marx das letzte Stadium der kapitalistischen Entwicklung. Das Stadium des sterbenden Kapitalismus kennzeichnen danach eine zunehmende Konzentration der Produktion, die Zentralisation des Kapitals sowie ein Verschmelzen des Bank- und Industriekapitals zum Finanzkapital, das die Kontrolle über die Wirtschaft gewinnt. In den außenwirtschaftlichen Beziehungen herrscht in den fortgeschrittenen Ländern der Kapitalexport gegenüber dem Warenexport vor, wodurch eine enorme Steigerung der Profite der Kapitalisten erreicht wird. „Mit dem Wachsen des Kapitalexports entstehen … internationale monopolistische Kapitalverbände …, die den Weltmarkt unter sich aufteilen, und … eine … internationale Politik der Großmächte, die sich im Kampf um die territoriale Neuaufteilung der Welt ausdrückt.“[1691]

Die wissenschaftliche Kritik an der Verknüpfung von Kapitalismus und Imperialismus setzt an verschiedenen Punkten an. Sie richtet sich vor allem gegen eine vereinfachende Ideologisierung, mit der Kapitalismus zur notwendigen oder hinreichenden Bedingung des Imperialismus erklärt wird. Als Satz mit allgemeinem Geltungsanspruch ist die Aussage „Wenn Kapitalismus, dann stets auch Imperialismus“ empirisch ebenso wenig haltbar wie die These „Ohne Kapitalismus kein Imperialismus“. Beide lassen sich durch historische Gegenbeispiele widerlegen.[1692] Auch die begrenzte Erklärungskraft der Unterkonsumtionstheorie und der Exportmonopoltheorie werden betont. Ihre Anwendung auf das am meisten entwickelte kapitalistische Land der Jahre 1880 bis 1910, nämlich Großbritannien, führt nicht zu einer befriedigenden Deutung der historischen Tatsachen.[1693]

Die weitreichendste Kritik an den Imperialismustheorien formuliert Schweitzer[1694] mit dem Hinweis, dass eine auf Fremdbeherrschung abzielende Expansionspolitik auch von den Vollstreckern des Marxismus-Leninismus betrieben wurde, weil die von ihnen angestrebte Weltrevolution erst durch gemeinsame Aktionen der Ausgebeuteten aller Nationen, Rassen und Erdteile endgültig zum Siege hätte geführt werden können.

Als produktiven Ansatz nennt Puhle das Theorem des Sozialimperialismus. Darin werden ökonomische und außerökonomische Motivationen in konkreter Zuordnung und Vermittlung gewichtet und die Möglichkeiten zur Ableitung sozialer E-

1690 Puhle, in: Woyke 1977: 133.

1691 Calamaros 1974: 62 f.

1692 Kammler, in: Wildenmann 1976: 201 ff.

1693 Ebenda: 212, 220.

1694 Schweitzer 1973: 84.

nergien und Konflikte nach außen erkannt. Die daraus resultierenden Strategien imperialistischer Außenpolitik werden als Strukturmerkmale von Industriegesellschaften im Prozess eines ungleichmäßigen Wachstums begriffen. Dementsprechend umfasst die Analyse alle „Interdependenzen von Wirtschaftsentwicklung, Sozialstruktur, innenpolitischen Machtkonstellationen und äußerer Expansion".[1695] Die von Disraeli in England und Bismarck in Deutschland betriebene Politik der Befriedigung im Innern durch „Teilhabe" der Arbeiterschaft am nationalen Ruhm gelten als „Verwirklichungen desselben Grundkonzepts".

Neueren Forschungen geht es darum, ob die Entwicklung der Ersten Welt auf Kosten der Dritten erfolgte. Dabei lohnt sich ein Blick zurück ins Zeitalter der Entdeckungsfahrten. Als wesentliches Motiv dafür arbeitet Elsenhans heraus, dass es im 15. Jahrhundert ein permanentes Handelsbilanz-Defizit des abendländischen Europa mit den islamischen Ländern des Nahen und Mittleren Ostens gab. Die Europäer konnten – da sie nicht über ausreichende Mengen leicht transportierbarer Waren verfügten – dieses Problem nur durch die Erschließung neuer Goldquellen lösen oder dadurch, dass sie die arabischen Zwischenhändler, die die Land- und Seewege vom Nahen Osten nach Indien kontrollierten, ausschalteten. „Kern der europäischen Entdeckungsfahrten war deshalb die Suche des Seewegs nach Indien."[1696] Durch die Entdeckungen konnte Ende des 15. Jahrhunderts der direkte Zugang nach Indien, die Kontrolle über die Seeschifffahrt und über Produktionsgebiete gewonnen werden, unter anderem für Agrarprodukte und Gewürze, aber auch über Fördergebiete von Gold und Silber, insbesondere in Mittel- und Südamerika. Der Zustrom an Edelmetallen nach Europa habe nicht die Mittel für Investitionen erhöht. Vielmehr sei dieses Geld für Landkäufe, für den Kauf von Ämtern, in einzelnen Fällen auch für den Aufbau von Manufakturen, meist aber für Kriege benutzt worden.[1697]

Auch die Lieferung tropischer und subtropischer Agrarprodukte sei für die industrielle Entwicklung unbedeutend geblieben. Lediglich einige Farbstoffe könnten als Beitrag zur Verbesserung der Rohstoffversorgung im Rahmen der industriellen Revolution betrachtet werden. Vielmehr dienten die Importe zur Belieferung der europäischen Oberschichten mit Luxusprodukten. „Das Wirtschaftswachstum der heutigen westlichen Industrieländer ist also nicht auf die Ausbeutung der Dritten Welt zurückzuführen. Die Konzentration von Reichtum in den Händen von Handelskompanien hat eher die monopolistisch-bürokratischen Tendenzen gestärkt, die den Bereich der markt- und wettbewerbsorientierten Warenproduktion einzuschränken suchten."[1698] Europa wurde erst im 20. Jahrhundert mit billigen Rohstoffen aus dem Süden versorgt. Auch konnte der Süden zunächst nicht mit Produkten aus dem Norden beliefert werden. Denn im Süden bestanden noch Zentren gewerb-

1695 Puhle, in: Woyke 1977: 135.
1696 Elsenhans ^{2}1987: 14.
1697 Ebenda: 18.
1698 Ebenda: 19 f.

licher Produktion. „Zumindest für die Zeit vor der englischen industriellen Revolution gilt deshalb, dass der Süden keine nennenswerten Märkte für die gewerbliche Produktion des Westens“ bereitstellte.[1699]

Es erfolgte dann zwar eine Niederkonkurrierung der gewerblichen Produktion in der Dritten Welt. Dies war aber auch dadurch bedingt, dass die englischen Produkte billig waren.[1700] „In der Ära des Freihandels hat sich das Verhältnis zwischen den Preisen für exportierte englische Fertigwaren und den Preisen für Rohstoffe aus der Dritten Welt laufend verschlechtert.“[1701] Aber der Freihandel war dem Süden nicht nur aufgezwungen. Auch hier gab es Interessen, die die Durchsetzung des Freihandels erlaubten. Weiterhin vertritt Elsenhans die Hypothese, dass nicht die Ausbeutung die industrielle Entwicklung der Dritten Welt behindert hat, sondern gerade deren relativer Reichtum. „Der Blockierung der Entwicklung durch Rohstoffreichtum sind nur solche Länder entgangen, in denen durch breite Streuung des Bodeneigentums oder durch andere gesellschaftliche Mechanismen die hohen Einkommen aus Rohstoffexporten zur Bildung eines breiten Massenmarktes führten …“[1702] Dass diese Entwicklung nicht erfolgt ist, liegt an den Strukturen des peripheren Kapitalismus.

Auch Weede betont, dass die Wirtschaftsentwicklung Europas nicht durch Ausbeutung und Sklavenhandel erklärt werden kann. Vielmehr seien gesellschaftliche und politische Faktoren dafür maßgebend. In diesem Zusammenhang prüft er die von Weber (1920/1972) vertretene These von der Relevanz der „protestantischen Ethik“.[1703] Als besonders wichtig sieht Weede jedoch die frühe Entwicklung der Rechtsstaatlichkeit an. Die sichere Verfügbarkeit über das Eigentum besonders in den Niederlanden und England erwiesen sich als besonders wachstumsfreundlich.[1704] In England, wo Sicherheitsinteressen dank der Insellage nicht so hohe Priorität hatten, konnten zudem Infrastruktureinrichtungen zugunsten der wirtschaftlichen Entwicklung geschaffen werden (Straßenbau/Kanalbau) und nicht aufgrund militärischer Erwägungen. Die Steuerlast war geringer. Es entwickelte sich in England früher ein einheitlicher Binnenmarkt als in Kontinentaleuropa. Schließlich konnten die Engländer von Zuwanderern (Hugenotten und Juden) profitieren, die Unternehmergeist ins Land brachten. Die Produktionsfortschritte in der Landwirtschaft waren Voraussetzung für die frühe Industrialisierung und schließlich auch für die militärische Überlegenheit.

Noch vor 500 Jahren waren die chinesische und die islamisch-osmanische Zivilisation der abendländischen überlegen. Aber – so Weede – in den heutigen Ländern der Dritten Welt mangelte es an Freiheits- und Verfügungsrechten. Das osmanische Reich hat sich zu lange auf Plünderungen verlassen; das chinesische war zu

---

1699 Ebenda: 21.
1700 Elsenhans [2]1987: 23.
1701 Ebenda: 24 f.
1702 Ebenda: 26 f.
1703 Weede 2000: 68 ff.
1704 Ebenda: 248, u. a. unter Bezug auf North 1981/1988: 17.

großräumig. Im Gegensatz dazu wird den kleinen staatlichen Einheiten insbesondere in Mitteleuropa Innovation und Innovationsdiffusion zugeschrieben.[1705] Weiterhin wird das autonome Stadtbürgertum für die Entwicklung von Handel und Gewerbe als fördernd betrachtet. In den jetzigen Entwicklungsländern war dagegen das Bürgertum zahlenmäßig gering und eine Verfilzung mit den lokalen Großgrundbesitzern gegeben, so dass das Bürgertum nicht die historisch progressive Rolle erfüllen konnte, die es in westlichen Industrieländern übernommen hatte.[1706]

Trotz theoretischer Kritik und empirischer Richtigstellungen ist die Deutung Lenins die in politischer Hinsicht einflussreichste Imperialismustheorie geworden. Ihre propagandistische Sprengkraft beruhte vor allem auf ihrer Anziehungskraft für die Völker (insbesondere die Intellektuellen) der Dritten Welt. Denn Lenin stellte durch Umdeutung der auf entwickelte Industriestaaten bezogenen Lehren von Marx und Engels (s. Kap. XV, B, 2) eine Anleitung zum nationalen Befreiungskampf unterentwickelter Länder bereit. Sein Konzept hat dementsprechend in Lateinamerika kultur- und regionalspezifische Ausprägungen erfahren und ist von dort als Dependencia-Theorie inzwischen wieder nach Europa reimportiert worden.[1707] Während die Imperialismustheorien vorwiegend auf die Interessen- und Motivstrukturen der Metropolen gerichtet waren, konzentrieren sich die Dependenztheoretiker vor allen Dingen auf die vom Imperialismus bewirkten Strukturschwächen in der Peripherie. Ihre Hauptthese lautet: „Die Einbindung der Kolonien in den von den Metropolen beherrschten Weltmarkt machte diese zu verkrüppelten und fremdbestimmten Anhängseln (eben zu ‚Peripherien‘), zwang ihnen eine ‚strukturelle Abhängigkeit‘ von der wechselnden Weltmarktnachfrage auf, die … die Entwicklungsfähigkeit blockierte.“[1708]

B) Unterentwicklung durch Abhängigkeit

Wenn man – wie Krippendorff[1709] – die Schaffung eines internationalen Systems durch die kapitalistischen Zentren für eine notwendige Voraussetzung des Aufstiegs und der Expansion des Kapitalismus hält, dann ist die Ungleichheit zwischen verschiedenen Ländern, Industrieländern (Zentralen) und Entwicklungsländern (Peripherie), Folge der über den Weltmarkt vermittelten Ausbreitung der kapitalistischen Produktionsweise. Diese hatte sich zunächst im National- und Territorialstaat einen ausreichenden Markt geschaffen, drängte dann aber (aus den von den Imperialismustheorien herausgearbeiteten Gründen) dynamisch auf dessen Erweiterung.[1710]

1705 Weede 2000: 232; s. d. auch Menzel 2004: 68–90.
1706 Elsenhans ^{2}1987: 52.
1707 Puhle, in: Woyke 1977: 134 f.
1708 Nuscheler, in: Nuscheler 1985: 18.
1709 Krippendorff 1975: 75.
1710 Röhrich 1978: 12.

1. Entwicklung der Unterentwicklung

Durch die damals begründeten Kolonien begann in den Ländern Asiens, Afrikas und Lateinamerikas die „Entwicklung der Unterentwicklung".[1711] Deren Ursache ist aber nicht nur der klassische Imperialismus, sondern auch die kapitalistische Produktionsweise. Gewerbliche Fertigkeiten waren im Süden durchaus vorhanden, verkümmerten aber oder wurden von den Europäern mit Gewalt zerstört. Durch Ausbeutung und ungleiche Spezialisierung fehlen nun in der Dritten Welt gerade die Produktionszweige, die für ein breites Wirtschaftswachstum notwendig sind, nämlich Produktionsanlagen zur Herstellung von Investitionsgütern, durch die Arbeitsplätze geschaffen und Arbeitskräfte mit neuen Produktionsmitteln produktiv gemacht werden können, ohne dass zusätzliche Importe die Zahlungsbilanz belasten.[1712] Deshalb blieb die Abhängigkeit der Dritten Welt auch bestehen, nachdem sich die Kolonialherrschaft der Industrieländer allmählich aufgelöst hatte. Der nachklassische Polarisierungsprozess zwischen den Zentren und der Peripherie gipfelt im heutigen Zustand der Entwicklungsländer.[1713] Dieser ist nicht einfach Ergebnis eines (absoluten oder relativen) Stillstandes oder eines zeitlichen Hinterherhinkens der Entwicklung der Produktivkräfte in einzelnen Gesellschaften.

Vielmehr war ein z. T. über Jahrhunderte andauernder Prozess bestimmend, in dessen Verlauf sich eine Weltwirtschaft mit internationaler Arbeitsteilung zwischen Zentren und Peripherie herausbildete. Ihre Strukturen ergaben sich aus den jeweils vorherrschenden Interessenlagen der Zentren, deren Veränderung sich auch in der Peripherie auswirkten: „Die klassische internationale Arbeitsteilung, in der die Entwicklungsländer als Lieferanten von Bergbau- und Plantagenprodukten in die kapitalistische Weltwirtschaft einbezogen waren, ist heute durch eine neue internationale Arbeitsteilung ergänzt worden. In dieser werden die Entwicklungsländer zunehmend zu Standorten weltmarktorientierter verarbeitender Industrie".[1714]

Solche Veränderungen im System der internationalen Arbeitsteilung stützen die zentrale Aussage aller vorwiegend in Lateinamerika, also vom Standort der Peripherie aus, entwickelten Dependencia-Theorien: Zentren und Peripherie bilden zwei Pole des einheitlichen kapitalistischen Weltsystems, die sich zugleich komplementär und gegnerisch gegenüberstehen.[1715] Nicht die freie Konkurrenz charakterisierte das System der Weltwirtschaftsbeziehungen, sondern die monopolistische Kontrolle durch das Großkapital, die Herrschaft von Wirtschafts- und Finanzzentren sowie deren Monopol komplexer Technologien. Das führte zu einer ungleichmäßigen, ungleichen und dennoch zusammenhängenden Entwicklung, zu abhängiger Produktion und Reproduktion. Indem der Abhängigkeitsansatz die Verklamme-

1711 Frank, in: Rhodes 1970.
1712 Elsenhans [2]1987: 12.
1713 Krippendorff 1975: 164 f.
1714 Röhrich 1978: 147.
1715 Ebenda: 110.

rung von Entwicklung und Unterentwicklung betont, bestimmt er Unterentwicklung als strukturell beschränkten, durch eine Beziehung asymmetrischer Interdependenz (nämlich Abhängigkeit) geprägten Entwicklungsprozess. Unterentwicklung gilt nicht als Vorphase einer Entwicklung, sondern bereits als deren Ergebnis.

Ökonomische Grundlage dieses Prozesses der Unterentwicklung ist ein ungleicher Tausch zwischen Industrieländern und Entwicklungsländern. Die von den Entwicklungsländern produzierten Primärgüter stoßen zudem in den Industrieländern auf eine Nachfrage mit geringer Einkommenselastizität. Die Situation der Entwicklungsländer wird dabei durch starre Angebotsstrukturen für Exportgüter und gleichzeitig starren Importbedarf für Waren aus den Industrieländern geprägt. Die daraus resultierende „langfristige Verschlechterung der Handelsbedingungen (terms of trade) für Rohprodukte gegenüber Fertigwaren hat für die Entwicklungsländer einen ständigen Wertverlust ihrer Exportgüter zur Folge.“[1716] Auf dieser Grundlage vollzieht sich der internationale Austausch stets zuungunsten der unterentwickelten Länder; marxistisch gesprochen werden die Waren auf dem Weltmarkt nicht mit ihren nationalen Werten, also entsprechend der in ihnen enthaltenen Arbeitszeit, getauscht.[1717] Der ungleiche Tausch nationaler Arbeitsquanten ist auf die unterschiedliche Produktivität der Arbeit zurückzuführen und betrifft die einzelnen Länder in unterschiedlichem Maße:[1718] „Ein afrikanischer Bauer erhält z. B. für einhundert sehr schwere Arbeitstage im Jahr importierte verarbeitete Produkte, deren Wert kaum drei Wochen einfacher Arbeit eines europäischen Facharbeiters entspricht. Würde dieser Bauer mit den modernen europäischen Technologien produzieren …, würde er dreihundert Tage pro Jahr arbeiten können und dafür eine ungefähr sechsmal größere Produktmenge erhalten.“[1719] Der Tausch zwischen entwickelten und unterentwickelten Ländern bleibt auch dann ungleich, „wenn bei gleicher Arbeitsproduktivität die Arbeitseinkommen in der Peripherie niedriger sind.“[1720]

Gegen diese Erklärungen der Entwicklung der Unterentwicklung lassen sich vor allem zwei kritische Hinweise anführen: Die Abhängigkeit zwischen Metropolen und Peripherien wird zu statisch und formalistisch gesehen; im geschichtlichen Ablauf kann sich Unterentwicklung (zuweilen abwechselnd mit Ansätzen eigenständiger Entwicklung) nur wiederholen, allenfalls verstärken, aber nicht verändern. Da die Unterentwicklung nur über Verteilungsprozesse und Austauschverhältnisse bestimmt wird, bleiben die Verknüpfung von Arbeit und Produktionsmitteln, die konkrete Entwicklung der Produktionsverhältnisse in den Peripherien und deren daraus resultierende Klassenstruktur außer Betracht.[1721]

1716 Calamaros 1974: 73.
1717 Seelow, in: Narr 1975: 135, 139.
1718 Schöller, in: Narr 1975: 115.
1719 Amin 1975: 115.
1720 Ebenda: 119.
1721 Röhrich 1978: 114 f.

2. Strukturen des peripheren Kapitalismus

Die „Theorie der abhängigen Entwicklung" konzentriert sich „auf den Prozess, in dem sich die externe Abhängigkeit dialektisch mit den internen Entwicklungsbedingungen allmählich in der ökonomischen und Klassenstruktur niederschlägt".[1722]

Die Verbindung zwischen nördlichen Zentren und Peripherie wurde durch einen „Brückenkopf", die Groß- und Zwischenhändler, hergestellt. Die Dependencia-Schule nennt sie „Kompradorenbourgeoisie". Diese Brückenköpfe in Gestalt einer Elite oder von Zwischenträgern entstanden rasch, weil die Vermarktung der europäischen Produkte und der Aufkauf der lokalen Produkte bei den Produzenten im allgemeinen nicht von den europäischen Export-Import-Unternehmen durchgeführt wurde. So bindet der Brückenkopf das Zentrum des Zentrums und das Zentrum der Peripherie wechselseitig aneinander. Zum Zentrum, auch Metropole genannt, gehört eine (interne) Peripherie ebenso wie zur Peripherie ein eigenes Zentrum. Die Abhängigkeitsbeziehung ergibt sich aus der Interessengemeinschaft von „Zentren (Inhaber der Verfügungsgewalt über Kapital und Technologie in den reichen Ländern; Machteliten, Großgrundbesitzern usw. in den armen Ländern) auf Kosten der Peripherien (Gastarbeiter, alte Leute, Bergbauern in den reichen Ländern; armen Massen in der Dritten Welt)".[1723]

Als Ergebnis dieses Vermittlungsprozesses zwischen Zentren und Peripherie entstehen Gesellschaften des peripheren Kapitalismus, die durch strukturelle Heterogenität im Innern geprägt sind.[1724] Sie haben eine transnationale kapitalistische Integration ebenso hervorgebracht wie eine nationale Desintegration.[1725] Die privilegierten Schichten der Peripherie seien europäisiert, mit der Folge, dass ihre Interessen immer weniger auf nationale Unabhängigkeit und eigenständige Entwicklung gerichtet seien.[1726] Demgegenüber betont Elsenhans, dass sich die relativ egalitär erscheinenden Gesellschaften der Dritten Welt bereits auflösten, als die Europäer hier eintrafen. Weiterhin gab es bereits die tributäre Produktionsweise, wie sie an den Fällen Indien, China, Türkei und Persien analysiert wurde.[1727] Der Westen habe auf den Süden weder sein ökonomisch-gesellschaftliches noch sein politisches System übertragen.[1728] Dies deutet auch auf endogene Verursachung.[1729]

Der periphere Kapitalismus ist zudem durch unvollständige Wirtschaftskreisläufe gekennzeichnet. „Die unterentwickelte Wirtschaft … besteht aus unverbundenen Sektoren, die nur Randerzeugnisse austauschen, weil sich der Haupttausch mit dem Ausland abspielt".[1730] Die Unverbundenheit von Produktions- und

1722 Ebenda: 116.
1723 Preiswerk, in: Schmidt 1976: 23 f.
1724 Senghaas 1974: 28 f.
1725 Röhrich 1978: 118.
1726 Calamaros 1974: 85.
1727 Elsenhans [2]1987: 33.
1728 Ebenda: 37.
1729 Nohlen/Nuscheler 31993.
1730 Amin 1975: 332.

Konsumbereich in peripheren Volkswirtschaften verhindert, dass ein Sektor den anderen nachzieht. So kann eine Rückkopplung zwischen der Produktion von Produktionsgütern und der von Massengütern nicht zustande kommen, weil die Kapitalgüterindustrie in den Metropolen liegt.[1731] Die Eingliederung des landwirtschaftlichen Sektors in die periphere Wirtschaft gelang nicht: festzustellen ist ein ungenügendes Wachstum der landwirtschaftlichen Lebensmittelproduktion. Die kapitalistische Durchdringung der Wirtschaftssektoren und die fundamentalen Ungleichgewichte zwischen den Wirtschaftssektoren vertiefen sich, weil die dynamischen Sektoren der unterentwickelten Gesellschaften fremdbestimmt sind.

Für einzelne Länder ist eine spezifische Produktionsstruktur kennzeichnend: Bis in die 1950er Jahre herrschte eine Kombination exportorientierter Produktion (Rohstoff) und importorientierter Aktivitäten (Fertigwaren für gehobenen und diversifizierten Bedarf) vor. Nur 25% des Exports der Entwicklungsländer bestanden aus industriellen Halb- und Fertigwaren – meist mit einem noch verhältnismäßig niedrigen Verarbeitungsgrad. Auch heute besteht die Abhängigkeit der Entwicklungsländer vom Export von Agrargütern und Rohstoffen fort.[1732] Bei den Rohstoffen sind die Entwicklungsländer im Unterschied zu den verarbeiteten Produkten seit längerer Zeit konkurrenzfähig. Seit Mitte der 1950er Jahre werden auch die importierten Konsumgüter zunehmend durch solche aus eigener Produktion ersetzt. Dies bedingte aber einen verstärkten Import an Produktionsgütern.

Tatsächlich stiegen die Investitionsgüterimporte der Entwicklungsländer in den letzten Jahrzehnten schneller als deren Gesamtimporte. Wo es zum Aufbau einer in Teilbereichen eigenständigen Grundstoff-, Investitions- und Produktionsgüterindustrie gekommen ist, war diese zunächst auf den Export ausgerichtet bzw. an höheren Einkommensschichten orientiert und nicht an Massenkonsumgütern für breite Volksschichten des eigenen Landes. Auch die erfolgreichen Exportländer Südost- und Ostasiens, weniger Lateinamerikas und Indiens, hängen sehr stark von den westlichen Industrieländern ab. „Von der zeitweiligen Macht der ölproduzierenden Staaten abgesehen, ist … die Position der Entwicklungsländer auf den internationalen Warenmärkten verhältnismäßig schwach. Erlösschwankungen schlagen ganz anders als in den Industriegesellschaften …, auf die jeweilige Drittweltökonomie unmittelbar durch. So sind Entwicklungsländer weltwirtschaftlichen Prozessen ausgeliefert, die sie kaum zu beeinflussen imstande sind.“[1733] Insgesamt ist aber eine Verschlechterung der Austauschbedingungen zwischen Rohstoffexporten und Industriegüterimporten der Dritten Welt nicht eindeutig nachweisbar,[1734] zumal auch die Dritte-Welt-Staaten ihre Exporte sehr stark besteuern. Dies kommt den Regierungen, nicht aber den Produzenten und den Arbeitskräften zugute.

1731 Ebenda: 331 ff.

1732 Senghaas, in: von Beyme u. a. 1987, III: 188.

1733 Ebenda: 190 f., s. a. Elsenhans ^{2}1987: 70 ff.

1734 Elsenhans ^{2}1987: 71; im Unterschied zu Opitz, in: Opitz ^{2}1993: 12 ff.

Weiterhin werden multinationale Unternehmen für die Verstärkung der Abhängigkeitsbedingungen verantwortlich gemacht. Zunächst muss allerdings festgestellt werden, dass „der Beitrag von privaten Direktinvestitionen zur Bruttokapitalbildung in der Dritten Welt … auch bei Ländern gering (ist, d. V.), die gemeinhin als wichtige Empfängerländer oder als stark in die Weltwirtschaft integriert bezeichnet werden: Brasilien, Mexiko, Taiwan, Argentinien, Peru, Indonesien, Korea.“[1735] Die Fertigwarenexporteure Asiens waren zunächst nicht die Hauptinvestitionsgebiete, sondern Länder, die wie Brasilien, Mexiko und Argentinien über einen beträchtlichen Binnenmarkt verfügen. Dabei hatten die multinationalen Unternehmen dauerhafte Konsumgüter für Bezieher hoher Einkommen im Auge, wobei hohe Anteile importierter Technologie und hohe Anteile importierter Vorprodukte in den Produktionsstätten von multinationalen Unternehmen in der Dritten Welt feststellbar sind. Die Verbindung von Auslandsinvestitionen und technologischen Vorsprüngen führt in den unterentwickelten Ländern zu Blockierungen des Wirtschaftswachstums. „Die Enge des Marktes für technologisch eher komplizierte Güter erschwert die Reinvestition erzielter Gewinne. … Multinationale Unternehmen werden deshalb als positiv-negativ bezeichnet: In einer ersten Phase fördern sie Wachstum. Sobald die Aufnahmefähigkeit der Hocheinkommensmärkte erschöpft ist, blockieren sie Wachstum.“[1736]

3. Differenzierungsprozesse: Dritte und Vierte Welt

Analysen der Weltgesellschaft wie auch die Dependencia-Ansätze gingen in ihrer Überlegungen zur hierarchischen Weltordnung davon aus, dass die zur Peripherie zählenden Länder über ein hohes Maß an Gemeinsamkeiten im sozial- und wirtschaftsstrukturellen Bereich verfügen. Diese Gemeinsamkeiten sind aber nur z. T. gegeben. Tatsächlich fanden Differenzierungsprozesse statt.[1737] Es gibt Länder, die in den vergangenen Jahrzehnten noch weiter verelendeten. Nach neueren Informationen ist die Gruppe der ärmsten Länder, also der Vierten Welt oder der Least Developed Countries (LDC), größer geworden und umfasst fast ein Zehntel der Weltbevölkerung. Darunter sind dann auch die Less Least Developed Countries (LLDC).[1738] Andere Länder der Dritten Welt, wie Brasilien, Argentinien und Indien, haben eine punktuelle Modernisierung erlebt, die sich aber noch nicht ausgebreitet und vertieft hat. Ost- und südasiatische Staaten – Singapur, Südkorea, Taiwan, Hongkong (Kleine Tiger) und Thailand, Indonesien und Malaysia sowie die Südregionen Chinas (Neue Tiger)[1739] – werden zum Kreis der Schwellenländer[1740] gezählt.

1735 Elsenhans ^{2}1987: 86; Daten dazu im Weltentwicklungsbericht; zur Problematik der Verfügbarkeit von Daten s. Menzel 2004: 221–223.

1736 Ebenda: 89.

1737 Boeck, in: Nohlen/Nuscheler 31993: 116 ff.

1738 Nuscheler, in: Kaiser/ Schwarz 2000: 129–131.

1739 Kreft 1998: 3.

1740 Menzel/Senghaas, in: Nuscheler 1985: 75 ff.

Die anderen Länder haben im Hinblick auf ihre Ressourcen sehr unterschiedliche Ausgangsbedingungen für ihre Entwicklung. Sehr wesentlich ist die Unterscheidung zwischen ölexportierenden und -importierenden Entwicklungsländern, die gleichermaßen zur Dritten Welt gerechnet werden. Die OPEC-Staaten konnten durch das Kartell Reichtum erwerben, den sie allerdings z. T. durch Kriege verschleuderten (Iran, Irak, Libyen). Andere Entwicklungsländer gerieten durch die Energieverteuerung noch stärker in eine Schuldenkrise. Die Nutzung des Bodens wird durch dessen Fruchtbarkeit, durch die klimatischen und topographischen Bedingungen gefördert oder gehemmt. Auch die geographische Zuordnung der Entwicklungsländer zum Süden dürfte gerade nach den Ereignissen im Ostblock kaum noch zutreffend sein.[1741]

In ihren jüngeren Arbeiten haben Senghaas und Menzel[1742] gezeigt, dass bei gleichen Bedingungen der Weltmarktintegration verschiedene Länder stark voneinander abweichende Entwicklungswege eingeschlagen haben. Sie führen dies auf unterschiedliche Transformations- und Innovationsfähigkeiten einzelner Gesellschaften zurück und nicht mehr nur auf die Wirkungsweise des Kapitalismus.[1743] „Es zeichnete sich eine weitgehende Übereinstimmung unter Entwicklungstheoretikern ab, dass nicht der (kapitalistische) Weltmarkt allein, der von den Imperialismus- und Dependenztheoretikern zu einem alles erklärenden Popanz ... hochstilisiert wurde, sondern auch der innere Zustand der einzelnen Länder für entwicklungspolitische Fortschritte oder Rückschritte verantwortlich gemacht werden muss; dass der inkompetente und impotente Staat und die ihn tragenden ‚Staatsklassen', diese Kartelle zur Selbstprivilegierung, Entwicklung mehr blockieren als fördern."[1744] Immer häufiger wird die Bedeutung von Rechtsstaatlichkeit hervorgehoben. Insgesamt macht es einfach keinen Sinn mehr, „asiatische Hochkulturen und afrikanische Stammesgesellschaften, Länder, in denen die einheimische Bevölkerung ausgerottet wurde, und solche, wo sie sich erhalten konnte, ethnisch homogene und solche mit weißer Besiedlung oder importierter Sklaverei, große und kleine Länder, Länder mit nur kurzer oder eher randständiger Durchdringung und solche mit Jahrhunderte währender formeller Beherrschung, angelsächsisch-kapitalistisch-protestantische Siedlergesellschaften und Gebiete feudaler und katholischer Expansion über einen Kamm zu scheren."[1745]

Auch unter den ölexportierenden Ländern gibt es keine gemeinsame Interessenlage. Bevölkerungsstarke Länder wie Nigeria, Indonesien, Mexiko und Algerien wollen ihre Zukunft durch eine Diversifizierung ihrer Ökonomie sichern. „Deshalb tätigen sie weit über ihre Öleinnahmen hinausgehende Investitionen und Kapitalgüterimporte, die durch Auslandskredite finanziert werden. Also haben sie ein Inte-

1741 Menzel 2004: 223.

1742 Menzel/Senghaas 1986: 101; Menzel 1992.

1743 Boeckh, in: Nuscheler 1985: 67.

1744 Nuscheler, in: Nuscheler 1985: 9.

1745 Menzel 1992: 52.

resse an einer Optimierung des Produkts aus Preis und Fördermenge, um maximale Einnahmen zu erzielen. Unter den ölexportierenden Ländern gibt es aber auch die bevölkerungsarmen am Persischen Golf. Sie haben Schwierigkeiten, die Öleinnahmen sinnvoll zu verwenden, da sie an die Grenze der Absorptionsfähigkeit durch Importe gestoßen sind.“[1746]

In einigen Ländern ist es unbestreitbar zu einer beschleunigten Industrialisierung gekommen. Diese Entwicklung war nur zum Teil mit einer Verbesserung der Lebensbedingungen für die Masse der Bevölkerung verbunden. So ist in Lateinamerika keine homogene, das ganze Land erfassende Entwicklung zu beobachten, z. B. in Ländern wie Mexiko oder Brasilien. Dagegen steht bei den ostasiatischen Schwellenländern Hongkong, Singapur, Taiwan, Südkorea, in der Tendenz aber auch Malaysia und einigen Kleinstaaten wie Mauritius, „ein tiefgreifender Strukturwandel der internationalen Arbeitsteilung, bei der nicht mehr bloß Rohstoffe und Nahrungsmittel gegen Fertigwaren unterschiedlicher Faktorintensität getauscht werden.“[1747] Letztere Länder können aufgrund des hohen Qualifikationsniveaus ihrer Arbeitskräfte und aufgrund von niedrigen Löhnen erfolgreich mit den Industrieländern konkurrieren. Als sie sich bis in die 1980er Jahre durch ein besonders hohes Wirtschaftswachstum von 7 bis 9 Prozent auszeichneten, wurde bereits vom „pazifischen Zeitalter“ gesprochen. Wie zerbrechlich allerdings die Entwicklung war zeigt die große Asienkrise, die 1997 begann, ausgelöst von einer Reihe von Ungleichgewichten „sowie durch zu stark am Dollar orientierte Wechselkurspolitiken.“ Dadurch verloren die Länder an Wettbewerbsfähigkeit, was zu hohen Leistungsbilanzdefiziten führte und zu einer enormen Vernichtung von Kapital.[1748] In der Folge wurde deutlich, dass nicht nur eine zu hohe Abhängigkeit vom Auslandskapital, sondern auch von Problemkrediten bestanden hatte. Aber auch die internen Strukturen, die lange als spezifisch asiatisch und daher wachstumsträchtig beurteilt wurden, werden nun kritischer diskutiert: zu starke Eingriffe des Staates in die Wirtschaftstätigkeit, mangelnde Transparenz mit der Folge von Korruption und Vetternwirtschaft (s. Kap. XI, B, 2), fehlende Rechtsstaatlichkeit bei autoritären Systemen.[1749] (s. Kap. X, B, 4)

Auffällig ist, dass sich das Phänomen der Schwellenländer auf die ostasiatische Region konzentriert. Hier sind vor allem die vier kleinen Tiger (Singapur, Hongkong, Taiwan und Südkorea) zu nennen, die auch als NICs (Newly Industrialized Countries) bezeichnet werden. Möglicherweise waren hier Sonderbedingungen für die Entwicklung vorhanden, vielleicht die Tatsache, dass es sich bei Südkorea und Taiwan um Teile des ehemaligen japanischen Imperiums handelt. Weiterhin war die ostasiatische Region Schauplatz des Ost-West-Konfliktes, was u. U. die beiden Supermächte zu einem besonderen Engagement für ihre Klientelstaaten veranlasst

1746 Menzel/Senghaas 1986: 108.
1747 Menzel/Senghaas 1986: 110 f.
1748 Kreft 1998: 7.
1749 Weede 2000: 334.

haben mag. Schließlich zeichnen sich die ostasiatischen Schwellenländer durch ein hohes und breitenwirksames Bildungsniveau aus.[1750] Weiterhin muss der besondere Arbeitseinsatz der Bevölkerung in Rechnung gestellt werden, aber auch das konsequente Zurückdrängen der Interessenorganisationen, insbesondere der Gewerkschaften.[1751] Als „Schlüsselelemente der Erfolgsgeschichte" nennen Menzel und Senghaas Mangel (an natürlichen Ressourcen) und Not (Kriegszerstörungen, Flüchtlingsströme) in der Ausgangslage sowie den Zwang, sich in einem politischen Umfeld zu behaupten (gegenüber kommunistisch beherrschten Landesteilen). So wurden politische Entscheidungen mit dem unbedingten Willen zur Modernisierung getroffen.[1752] Für Taiwan benennt Weede zusätzlich die enorme Bedrohung durch China, was zu einer Disziplinierung sowohl der Elite als auch der Bevölkerung geführt habe, sowie dem Wettbewerb unter Kleinbetrieben.[1753] Für die Anfangsphase war es offenbar auch wichtig, dass der Staat in allen Bereichen durch massive direkte und indirekte Intervention die Aktivitäten der einzelnen Wirtschaftssubjekte gesteuert bzw. strategische Bereiche in eigene Regie übernommen hat. Die Exportindustrien mussten sich von Anfang an der internationalen Konkurrenz stellen, was innovationsfördernden Wettbewerbsdruck hervorbrachte. Dort, wo die ausländische Konkurrenz übermächtig war, wurden Schutzvorkehrungen getroffen,[1754] die aus heutiger Sicht möglicherweise zu lange beibehalten wurden. Neuerdings fasziniert China mit seinen hohen Wachstumsraten.

Dass sich Schwellenländer nicht unbedingt immer positiv weiterentwickeln müssen, zeigt der Fall Argentinien. Als Exportland von Agrarprodukten erlebte es zwischen 1880 und 1930 einen außerordentlichen wirtschaftlichen Aufschwung, „der ihm eine Zukunft als eine der großen und mächtigen Nationen der Welt zu versprechen schien."[1755] Ab 1950 fiel das Land in wirtschaftliche Stagnation, begleitet von wachsenden sozialen Auseinandersetzungen und politischer Instabilität. Waldmann vertritt die These, dass der Großteil der Strukturprobleme des Landes dadurch zu erklären ist, „dass der ökonomische Wandel nicht hinreichend durch einen entsprechenden sozialen Konsens abgesichert wurde."[1756] Offenbar war das Agrarexportmodell so erfolgreich, dass die Bereitschaft zur Industrialisierung und damit eine Entmachtung dominierender Gruppen nicht durchgesetzt werden konnte. Die Großagrarier versuchten, einen Teil ihrer Macht in die neue Struktur hinüberzuretten, indem sie sich mit den Industriemetropolen solidarisierten und damit den nationalen Entwicklungsinteressen eher entgegenstanden.[1757]

1750 Ebenda: 142 f.
1751 Bürklin 1994: 11.
1752 Ebenda: 157 ff.
1753 Weede 2000: 145.
1754 Ebenda: 160, s. a. 210 ff.
1755 Waldmann, in: Nuscheler 1985: 113.
1756 Ebenda: 113.
1757 Ebenda: 132.

Besonders problematisch und schwierig erscheint die Lage in Afrika. Der Kontinent wird zuweilen von Kommentatoren als bereits aufgegeben bezeichnet. Neben der korrupten Staatsklasse – wie in autoritären Diktaturen mangels Kontrolle üblich – und den zuweilen widrigen geographischen Bedingungen für die Entwicklung werden hier zunehmend ethnische Konflikte aktualisiert, die von „Kriegsunternehmern" für Auseinandersetzungen genutzt werden. Nicht die Kriege um Grenzkorrekturen scheinen von besonderer Bedeutung zu sein (wenngleich zuweilen auch die Korrektur der willkürlichen Grenzen gefordert wird), sondern es geht darum, dass über revolutionäre Bewegungen versucht wird, den Machthabern die Macht zu entreißen, um selbst an die Ressourcen zu kommen.[1758] Häufig verstehen es „Kriegsunternehmer", diese Bewegungen für eigene Zwecke zu nutzen (s. Kap. XVI, A, 3).

Fasst man vor dem Hintergrund von Differenzierungsprozessen in der Dritten Welt Folgerungen für die allgemeine Entwicklungstheorie zusammen, so lässt sich zunächst einmal feststellen, dass die sozio-strukturellen Ausgangsbedingungen und der institutionelle Rahmen für Entwicklungsprozesse von strategischem Stellenwert sind. Diese Faktoren scheinen wichtiger zu sein als die entwicklungsfördernde oder entwicklungshemmende Kultur.[1759] Kommt es, „meist als Ergebnis langwieriger gesellschaftlicher Konflikte, zur Veränderung der Herrschafts- und Gesellschaftsordnung in Richtung auf Freisetzung von status quo überwindenden Kräften, tritt die hemmende Wirkung traditionaler Kultur in den Hintergrund."[1760] Der Bezug von Kultur und Entwicklung entdramatisiert sich, je erfolgreicher die nachholende Entwicklung ist. Die Chancen, die der Weltmarkt bietet, übersetzen sich aber nicht automatisch in Entwicklungsschübe. Darauf haben immer wieder Wirtschaftswissenschaftler hingewiesen, z. B. Myrdal. Dessen These lautet, dass das freie Spiel der Kräfte zu Ungleichheit führt.[1761] Hier ergeben sich Aufgaben für die Entwicklungspolitik.

C) Entwicklungsstrategien und Entwicklungspolitik

Während der akademische Streit, ob und bis zu welchem Ausmaß die Koloniallländer für die Entwicklung des Kapitalismus in der Ersten Welt systembedingt erforderlich oder nur zweckdienlich waren, noch ungelöst ist, besteht Einigkeit darüber, dass die strukturellen Defizite in den Ländern der Dritten Welt beseitigt werden müssen. Dieser Aufgabe nimmt sich die Entwicklungshilfe an. Sie soll darauf abzielen, die Kluft zwischen reichen und armen Ländern zu überwinden. Ihre Not-

1758 Hein 1998: 106.
1759 Menzel/Senghaas 1986: 49, 79.
1760 Ebenda: 80.
1761 Myrdal 1972.

wendigkeit wird aus machtpolitischen und aus wirtschaftlichen Erwägungen abgeleitet: Als Vorteile der Entwicklungshilfe gelten eine langfristige Friedenssicherung und eine Ausweitung des Welthandels.[1762] Zunehmend wird erkannt, dass langfristig ein befriedigendes Wachstum der Weltwirtschaft unter anderem auch von der erfolgreichen Entwicklung der Dritten Welt abhängt. Beim Versagen von Hilfen besteht die Gefahr, dass die Entwicklungsländer die knappen Ressourcen dieser Welt verschleudern und damit die rohstoffabhängigen Länder u. U. um eine langfristig gesicherte Rohstoffzufuhr bringen. Zudem wird bei Fortbestehen des Wohlstandsgefälles eine Welle globaler Verteilungskämpfe erwartet. Weiterhin werden in Zukunft wirtschaftlich weiterentwickelte Drittweltländer (gemessen am Pro-Kopf-Einkommen, Pro-Kopf-Energieverbrauch, Anteil der Industrieproduktion am Gesamtprodukt), ihr Konfliktpotential gegenüber den Industrieländern ausspielen können. China ist auf dem besten Wege zur Weltmacht. Dadurch ergibt sich das Risiko einer Interessenkollision. Auch das ungezügelte Bevölkerungswachstum in den Entwicklungsländern und die u. a. dadurch ausgelösten Wanderungsbewegungen stellen eine Bedrohung der globalen Lebensbedingungen dar und können sich zum möglichen Auslöser für politische Konflikte entwickeln.

1. Entwicklungshilfe vs. Selbsthilfe

Angesichts dieser Ausgangslage können die Industrieländer eine gezielte, wirksame Entwicklungspolitik[1763] auf Dauer nicht umgehen. Entwicklungshilfe muss bei den Ursachen der Unterentwicklung ansetzen, um diese zu überwinden. Zudem darf sie eine eigenständige Entwicklung nicht behindern. Dabei sind prinzipiell zwei Zielvorstellungen denkbar:

- Anpassung der Entwicklungsländer an die Industrienationen, d. h. Anpassung an die hier gegebene Produktions- und Konsumstruktur,
- Veränderung der Konsum- und Produktionsstruktur in den Industrieländern.

Ersteres scheint nur langfristig möglich, letzteres Ziel ziemlich utopisch.

Im ersten Fall wird durch die Integration der unterentwickelten Länder in den Weltmarkt eine Überwindung der Unterentwicklung erwartet. In jedem Falle ist jedoch die Positionsdifferenz nur „durch eine kompensierende Haltung der Industriestaaten, also durch ihre Anpassung an Bedürfnisse der Entwicklungsländer“, auszugleichen.[1764]

Dagegen erwartete Frank, dass sich die Entwicklungsländer dann am stärksten entwickeln können, wenn die Bindung an die Metropolen am schwächsten ist:[1765] Jene Gebiete erscheinen heute als unterentwickelt und feudal, die in der Vergangenheit die engste Bindung an die Metropolen hatten.[1766] Daher sieht er die zeit-

1762 Czempiel, in: Haftendorn 1975: 102.

1763 Zum Einstieg in dieses Politikfeld s. Kevenhörster/van den Boom 2009.

1764 Czempiel, in: Haftendorn 1975: ebenda.

1765 Frank, in: Haftendorn 1975: 176.

1766 Ebenda: 179.

weise Isolation von den Metropolen (insbesondere der Handels- und Investitionsverbindungen), die der Peripherie gestattet, ihre autonome Industrialisierung und ihr wirtschaftliches Wachstum zu betreiben, als bedeutend an.[1767] Wer Unterentwicklung der Wirtschafts- und Sozialstruktur nur durch Überwindung der Abhängigkeit von den Industrieländern beseitigen will, übersieht, dass auch fehlende natürliche Ressourcen die Möglichkeiten einer eigenständigen Entwicklung begrenzen können. Nicht überall hat Ausbeutung stattgefunden; schon deshalb nicht, weil es dort eben nichts auszubeuten gab.

Die partielle Eingliederung in das kapitalistische Weltsystem hat den organisierten Widerstand gegen Abhängigkeit und Unterprivilegierung in der Dritten Welt verstärkt.[1768] Der Erste Weltkrieg und die Oktoberrevolution von 1917 haben dann den nationalen Bewegungen in der Dritten Welt Auftrieb gegeben. In Asien waren die nationalistischen Bewegungen auch mit sozialen Auseinandersetzungen verbunden, so in Indien und China (s. Kap. X, B, 1 und 4). In Schwarzafrika organisierte sich der Widerstand mit panafrikanischer Zielsetzung, aber geringer Breitenwirkung. Eine wichtige Rolle spielte die Bildung afrikanischer Nationalkirchen. Die Weltwirtschaftskrise der 1930er Jahre verschaffte der nationalistischen Welle Auftrieb. Schließlich hat die Schwächung der traditionellen Kolonialmächte den nationalistischen Bewegungen in den meisten Ländern Asiens zum Durchbruch verholfen. Außerhalb Chinas und Indochinas konnten die Westmächte die sozialrevolutionären Tendenzen unter Kontrolle halten. In Afrika wurde die Unabhängigkeit durch die Kolonialmächte bis in die 1950er Jahre hinausgezögert.[1769]

Die Blockfreiheit der afro-asiatischen Länder, die u. a. von Indien initiiert wurde, hat ab 1955 ein gewisses Maß an Solidarität dieser Staaten geschaffen. Die heute existierenden Zusammenschlüsse der Länder der Dritten Welt gehen auf diese Bewegung und die sogenannte Gruppe der 77 zurück.[1770] Die neuen Staaten suchten eine eigenständige Rolle in der Weltpolitik. Es ging um die Verteidigung der nationalen Souveränität sowie um eine Stärkung der politischen und wirtschaftlichen Unabhängigkeit. Dazu gehörte auch eine Ablehnung der Militärblöcke im Ost-West-Konflikt.[1771] Für die Blockfreiheit war dies aber nicht der ausschließliche Ursprung, sondern nur ein Entstehungskontext unter anderen. Vielmehr ist Blockfreiheit zu sehen als ein Reflex auf die besonderen schwierigen gesellschaftlichen, wirtschaftlichen und politischen Strukturen und Probleme der Entwicklungsländer.

Zunächst wurde von den Blockfreien immer wieder eine Position der politischen Gleichbehandlung der Machtblöcke („Äquidistanz“) gefordert. Bei der Bewegung der Blockfreien handelte es sich zunächst nur um eine mehr oder weniger ad-hoc agierende Interessengruppe. Erst seit 1970 konnte sich dieser informelle Club zu

1767 Ebenda: 177.

1768 Elsenhans ^{2}1987: 58.

1769 Clapham 1996.

1770 Tetzlaff, in: Kaiser/ Schwarz 2000: 60 ff.

1771 Meyns, in: Nuscheler 1985: 335.

einer internationalen Interessenorganisation entwickeln, in der sich eine Koexistenz zwischen Nationen verschiedener Ideologien und verschiedener politischer Systeme anbahnte. Zu dieser Zeit erlangte sie größte Entfaltungskraft. Die Spannungen nahmen zu, als die Blockfreien im Laufe der Jahre im Zuge neuartiger sicherheitspolitischer Herausforderungen auch Bindungen an die Block- und Supermächte eingingen. Dadurch war schließlich ein Gewichtsverlust der Blockfreiheit unvermeidlich. Nach dem Ost-West-Konflikt geriet sie zunächst in eine Krise.[1772]

Die Blockfreien setzten sich für Konzepte des kollektiven Selbstvertrauens (self-reliance) und eine neue Weltwirtschaftsordnung ein. Der Ansatz der self-reliance zielte darauf ab, die spezifischen Strukturmerkmale der Zentrum-Peripherie-Beziehungen zu überwinden. Das neue Weltwirtschaftssystem sollte vor allem der ökonomischen Dekolonisation und Souveränität dienen: Souveränität über Rohstoffe, Verstaatlichung ausländischen Besitzes, Kontrolle der multinationalen Konzerne und des ausländischen Privatkapitals, Erzielung eines größeren Nutzens im System der arbeitsteiligen Weltwirtschaft und Demokratisierung der internationalen Finanz- und Wirtschaftsinstitutionen im Sinne einer verstärkten Teilnahme der Entwicklungsländer an den Entscheidungen.[1773] Die Forderungen wurden auf einer Reihe von Konferenzen diskutiert und vorgetragen. Ein wesentlicher Grund für den stärkeren Zusammenhalt dieser Staaten war auch die regionale Repräsentation in der UNO (s. Kap. XIX, B, 1). „Da die Generalversammlung offiziell keine Fraktionen kennt, werden die nichtpermanenten Mitglieder des Sicherheitsrates und die Sitze in wichtigen Ausschüssen nach dem Regionalprinzip besetzt. Um an diesen Entscheidungen mitzuwirken, muss ein Land Mitglied einer Regionalgruppe sein."[1774] Konflikte konnten durch engere Zusammenarbeit nicht unter Kontrolle gehalten werden. Dies lag z. T. an der nicht hinreichenden Solidarität ressourcenreicher Staaten.[1775] Zudem waren gewaltsame Konflike zwischen den Staaten keine Seltenheit. Verschiedene Mitglieder haben immer wieder versucht, diese im Sinne des Ost-West-Konflikts zu instrumentalisieren, z. B. Kuba.[1776]

Die Gruppe der 77 geht auf die Institutionalisierung einer Sonderorganisation der Vereinten Nationen zurück, deren erste Konferenz (Konferenz der Vereinten Nationen für Handel und Entwicklung = UNCTAD I) in Genf 1964 stattfand. In den Vereinten Nationen gehört jedes Entwicklungsland automatisch zu dieser Gruppe, so dass die „Koalition der Dritten Welt" 1990 168 Mitglieder[1777] zählte. Sie versteht sich als eine auf Handels- und Entwicklungsfragen spezialisierte Interessengruppe, als Gewerkschaft der Dritten Welt.[1778] Auch in ihren Zielvorstellungen steht die Schaffung einer neuen und gerechten Weltordnung obenan. Forum

1772 Pörtner 1997: 73.
1773 Ebenda: 57.
1774 Elsenhans ^{2}1987: 104.
1775 Tetzlaff, in: Kaiser/ Schwarz 2000: 69.
1776 Menzel 1992: 40.
1777 Von Baratta/Clauss 1991: 443.
1778 Rittberger ^{2}1995: 58.

der Gruppe der 77 sind vor allen Dingen die Vereinten Nationen und die WTO. Allerdings zeigen sich aufgrund der unterschiedlichen Entwicklung dieser Staaten erhebliche Probleme der Interessenvertretung.[1779]

Die UNCTAD erlebte durch die Verfolgung radikaler und dirigistischer Forderungen eher einen Niedergang. Die lange dominierende Gruppe der 77 ist längst nicht mehr so homogen, interventionistische Forderungen werden nicht mehr vom Ostblock unterstützt. Nun wird durch Umgestaltung bzw. Straffung der Organisationsstruktur und der Arbeitsweise ein Ausweg gesucht. Die Mitgliedsländer sind inzwischen von der Marktwirtschaft eher überzeugt. Viele Entwicklungsländer versprechen sich vom General Agreement of Tariffs and Trade (GATT – heute Welthandelsorganisation WTO; s. Kap. XIX, B, 3), der Weltbank und dem Weltwährungsfond mehr Fortschritte als von der UNCTAD; die afrikanischen Staaten sind allerdings gerade in der WTO sehr schwach vertreten.[1780] Entwicklungsländer sind nun auch bereit, Menschenrechtsstandards als Vorbedingungen für Entwicklungshilfe zu akzeptieren.

Wachsende Bedeutung scheint der Zusammenarbeit auf regionaler Basis zuzukommen. Aber hier sind häufig die Entwicklungsunterschiede so groß, dass ein Interessenausgleich schwierig ist.[1781] Dennoch arbeiten Staaten der Dritten Welt schon längere Zeit in der Association of South-East Asian Nations (ASEAN), der Economic Community of West African States (ECOWAS)[1782] und der Arabischen Liga zusammen. Dabei gilt ASEAN noch am ehesten als Beispiel gelungener Süd-Süd-Kooperation. Seit der Gründung 1967 gehören ASEAN Thailand, Malaysia, Singapur, Indonesien und die Philippinen an. Inzwischen sind auch Brunei, Vietnam, Laos und Kambodscha Mitglieder. Die ASEAN-Gruppe versucht in der Wirtschaftspolitik durch pazifische Wirtschaftszusammenarbeit und mit einer Freihandelszone, deren Ausdehnung auch auf China und Japan erwogen wird, als eigenständiger Akteur Profil zu gewinnen.[1783] Die Beurteilungen bisheriger Aktivitäten sind recht unterschiedlich. Während die einen ihnen als Gruppe der Süd-Süd-Kooperation „ein außerordentlich großes politisches Gewicht …“[1784] attestieren, sehen andere sie nach der Finanzkrise Ende der 1990er Jahre kritisch. ASEAN habe sich als unfähig erwiesen, die Krise schnell zu bewältigen.[1785] Nun wird der wachsende Einfluss Chinas registriert, so dass erstere Einschätzung an Bedeutung gewinnen könnte.

In neuerer Zeit gibt es eine Reihe weiterer Anläufe zur Zusammenarbeit, so seit 1991 das Integrationsabkommen von 51 Mitgliedsstaaten der Organisation für Af-

1779 Nuscheler, in: Kaiser/ Schwarz 2000: 125.

1780 Kevenhörster 1995: 8.

1781 Franzmeyer, in: Opitz 21993: 190.

1782 Gans 2006.

1783 Sicherheitspolitisches Ziel ist eine atomwaffenfreie Zone, s. d. Feske, in: Ferdowsi 2002: 317 f.

1784 Dreis/Strauß 1995: 18.

1785 Feske, in: Ferdowsi 2002: 319 ff.

rikanische Einheit (OAU; seit 2002 Afrikanische Union AU). Im Hinblick auf den Erfolg ist hier aber eher Skepsis geboten. „In der Regel verhindert das Übergewicht des Handels mit Ländern, die der jeweiligen Gemeinschaft nicht angehören – dies ist ein bedeutender Unterschied zur EG –, dass es zu einer einheitlichen Interessenlage kommt.“[1786] Die großen Unterschiede im Entwicklungsniveau der jeweiligen Mitgliedsstaaten bewirken hier zudem eine starke Unausgewogenheit.[1787] Neuerdings steht die Konfliktbearbeitung im Mittelpunkt,[1788] aber auch hier überwiegen in der Beurteilung skeptische Stimmen.

In der Erdölpreiskrise von 1973 konnten die Ölländer des Südens ihr Gewicht ausspielen. Die Senkung der Ölproduktion nach dem Ausbruch des israelisch-arabischen Krieges vom Oktober 1973 führte zur Vervierfachung des Ölpreises in weniger als drei Monaten und damit zu einem wichtigen Gemeinschaftserlebnis des Südens. In der Folge gelang es der OPEC, die westlichen Industrieländer zu ernsthaften Verhandlungen zu zwingen und den Westen zu veranlassen, die Forderungen des Südens ernst zu nehmen. Insgesamt konnten die Länder der Dritten Welt mit ihren Organisationen nur partiell Gegenkräfte gegen die Erste Welt mobilisieren. Von daher ist Entwicklungshilfe unerlässlich.

2. Perspektiven der Entwicklungshilfe

Als wünschenswerte Entwicklungsziele sind nach dem „magischen Fünfeck“ von Nohlen und Nuscheler[1789] die gleichzeitige Bearbeitung des wirtschaftlichen Wachstums, der Beschäftigung, der Gleichheit/Gerechtigkeit, der Partizipation und der Unabhängigkeit zu sehen. Für Boeckh sind diese Ziele zu ehrgeizig angesetzt: „Es ist kein Fall bekannt, wo sich kapitalistische Entwicklungen nach ihrem Einsetzen alsbald als Institut zur Förderung des allgemeinen Wohlstandes erwiesen hätten, weder in der Vergangenheit noch heute.“ Auch in den alten Industrieländern waren „eine Absorption freigesetzter Arbeitskräfte durch den modernen, kapitalistischen Sektor und vor allem ein Abbau der Einkommensunterschiede relativ späte Phänomene der Entwicklung.“[1790]

In den 1960er Jahren wurde Entwicklung vor allem mit Modernisierung gleichgesetzt. Entwicklungspolitik stößt in dieser Hinsicht jedoch alsbald auf Barrieren: das Verwandtschaftssystem, lokale Gebundenheit, ein dichotomes System sozialer Schichtung, eine tiefe Kluft zwischen Stadt und Land.[1791] Für Lerner stellte die Modernisierung des traditionellen Lebensstils die entscheidende Bedingung für den Übergang von der traditionellen zur modernen Entwicklungsgesellschaft dar.[1792] Soziostrukturelle Probleme sowie Werte und Verhaltensmuster scheinen unter be-

---

1786 Franzmeyer, in: Opitz ²1993: 190.

1787 S. d. Clapham 1996: 117 ff.

1788 Matthies, in: Ferdowsi 2002: 347.

1789 Nohlen/Nuscheler ³1993.

1790 Boeckh, in: Nuscheler 1985: 67.

1791 Weitere Aspekte s. Nohlen/Nuscheler ³1993.

1792 Lerner 1958.

stimmten Bedingungen langfristig überwindbar, so z. B. generatives Verhalten und Gesundheitsvorsorge. Für Almond und Powell bedingt erfolgreiche Modernisierung eine Erhöhung der Leistungsfähigkeit des politischen Systems, damit es interne und externe Anforderungen befriedigend bewältigen kann.[1793] Bei Weede[1794] lautet dies konkret Rechtssicherheit.

Kritiker der Modernisierung haben betont, dass diese Strategien immer mit starker Fixierung auf westliche Entwicklungsprozesse gesehen werden. Unter anderem seien Modernisierungsstrategien mit der Nachahmung westlicher Wertsysteme, Konsummuster und pluralistisch-parlamentarischer Leitbilder verbunden, so dass sie einen Übergang zu angelsächsischen demokratischen Lebensformen idealisierten. Weiterhin wurde kritisiert, dass es zu einer Ausklammerung der historischen Entstehungsbedingungen und der bis in die Gegenwart fortwirkenden internationalen Rahmenbedingungen von Unterentwicklung gekommen sei und zu einer „Idealisierung von Kolonialismus, Weltmarkt, Integration und kapitalistischer Penetration der ‚Peripherie' als einem zivilisatorischen Missionswerk und Modernisierungsschub".[1795] Auch werde von einer idealtypischen Gegensätzlichkeit zwischen traditionellen und modernen Gesellschaften ausgegangen, wobei die Struktur- und Kulturunterschiede der Entwicklungsländer mit dem undifferenzierten Sammelbegriff der „traditionellen Gesellschaft" charakterisiert würden (s. Kap. XVII, B, 1).

Die primär auf die Volkswirtschaften der Entwicklungsländer gerichtete Entwicklungshilfe ist traditionell, aber auch heute noch, darauf gerichtet, „die Erweiterung und Verbesserung der Beteiligungschancen der Entwicklungsländer am Weltwirtschaftssystem als eine von mehreren Voraussetzungen für erfolgreiche Entwicklungspolitik im Innern dieser Länder" zu bewirken:[1796] Dabei geht es darum, durch neue Produktionsaktivitäten die Grundlage für eine Diversifikation des Exports von den Peripherien zu den Metropolen zu legen. Soll der wirtschaftliche Ausbau nicht zu weiterer Abhängigkeit führen, dann kommt es weiterhin vor allem darauf an, in den Entwicklungsländern Produktionsanlagen aufzubauen, die für den lokalen Markt produzieren. Auch wird darauf hingewiesen, dass die Entwicklung der Landwirtschaft für die Versorgung der Bevölkerung mehr Beachtung finden müsse.[1797]

Menzel und Senghaas sprechen von einem allmählichen Aufbau von Verarbeitungsstufen (forward-linkages). Dies setzt aber geeignete Infrastrukturmaßnahmen und vorgelagerte Aktivitäten (backward-linkages) voraus. Die zunächst enklavenhaft strukturierte Exportökonomie muss sich zu einer schließlich zusammenhängenden Volkswirtschaft dadurch entwickeln, dass der Übergang von der Rohstoffproduktion zur Veredelungsproduktion und deren Ausweitungseffekte auf

---

1793 Almond/Powell 41988.

1794 Weede 2000.

1795 Nuscheler, in: Nuscheler 1985: 15.

1796 Senghaas, in: Schmidt 1976: 43.

1797 Hein 1998: 229 ff.

eine stufenweise Importsubstitutions-Industrialisierung (final demand linkages) gelingt. Dazu bedürfe es auch der Steuerung durch staatsinterventionistische Maßnahmen (fiscal linkages).[1798] Der Aufbau eines Produktionsapparates für die Befriedigung von Grundbedürfnissen ist das genaue Gegenteil der herkömmlichen Industrialisierungsstrategie. Diese war – wie bereits erwähnt – von einer gegebenen (gehobenen) Nachfrage ausgegangen und musste deshalb in strukturelle Engpässe geraten.[1799]

Neben der Strategie zur Schaffung nationaler Volkswirtschaften und eines großen inländischen Marktes, die auch Ausbildung von technisch erfahrenen Arbeitskräften und einheimischen Führungskräften einschließt, dürfen langfristig auch Exportmöglichkeiten für Entwicklungsländer nicht vernachlässigt werden. Dabei geht es vor allem darum, die Orientierung am Export von Primärprodukten zu überwinden. Erforderlich sind Marktöffnung für Fertigerzeugnisse der Entwicklungsländer, Abbau von Handelsbeschränkungen, Schaffung eines wirksamen Mechanismus zur Stabilisierung der Preise für die wichtigsten, auf dem Weltmarkt gehandelten Produkte auf einem angemessenen Niveau im Vergleich zu den Industrieprodukten. In der Regel sind die positiven Wirkungen der hochgesteckten Ziele nur in einzelnen Entwicklungsländern (s. Kap. X) zu erkennen.

Nur in einzelnen Gesellschaften ist es gelungen, nachholende Entwicklung auf der Grundlage der Weltmarktintegration anzugehen, in anderen aber nicht. Dazu gehören vor allem die sogenannten Tigerstaaten in Asien sowie China und Indien, aber auch Brasilien, Argentinien und Chile. Dagegen fällt Afrika[1800] zurück. Weiterhin geht es darum, ob eine zunehmende Lohnquote an den Exporteinkommen und hohe Reallöhne realisiert werden können. Voraussetzungen sind Gewerkschaften und Arbeiterparteien. Größte Probleme werfen aber jene Länder auf, die für Privatinvestitionen in keiner Weise attraktiv und für arbeitsteilige Prozesse zu dünn besiedelt sind. Multinationale Konzerne und extrem arme Länder verweisen auf die Grenzen.

Das wesentliche Problem von Kapitalmangel für öffentliche Investitionen kann durch die Übergabe von Geld noch nicht wirksam bearbeitet werden. Neben diesen wirtschaftlichen Bedingungen müssen die sozio-strukturellen Gegebenheiten und die politischen Strukturen Beachtung finden. Dies gilt für die Besitzverhältnisse in der Landwirtschaft, die eher langfristig zu ändern sind. Die Frage einer Erweiterung des Bildungs- und Wissensstandes ist nicht nur hier zentral. Auch die politische Organisation ist für die Breitenwirksamkeit der ökonomischen Entwicklung von erheblicher Bedeutung (s. Kap. XI, A). Dafür bedarf es einer geeigneten Administration in den Entwicklungsländern. Nicht nur in den öffentlichen Verwaltungen grassiert Korruption und Nepotismus, auch die Regierenden (s. Kap. X, A) leiten Entwicklungshilfegelder an ihre klientelistischen Patronagenetzwerke zur

---

1798 Menzel/Senghaas 1986: 24.

1799 Senghaas, in: Schmidt 1976: 60 f.

1800 Kevenhörster/van den Boom 2009: 75.

Sicherung ihrer Macht weiter. Religiös-soziale Bewegungen und ethnisch-nationale Konflikte (s. Kap. XVII, B, 1) und ihre Repräsentanten besitzen zuweilen eine enorme Gestaltungskraft[1801] und sind als wesentliche interne Restriktionen zu beachten. Daher wird sehr stark auf Non-Governmental-Organizations (NGOs) gesetzt. Aber selbst bei diesen sind die Fördergelder nicht vor kriminellen Übergriffen sicher. Bei begrenzter Staatlichkeit werden u. a. „funktionale Aquivalente"[1802] gefordert, die defekte Staatlichkeit ausschalten. Eine wichtige Strategie ist es, auf der lokalen Ebene mit der Entwicklungsarbeit zu beginnen. Der Mitbestimmung der Betroffenen bei der Entwicklung von Projekten wird viel Aufmerksamkeit geschenkt. Folgerichtig verwenden Kevenhörster/van den Boom den Begriff „Entwicklungszusammenarbeit".[1803]

Inzwischen werden Reformanstöße von außen positiv beurteilt. Hier wurden bereits Modelle der Treuhandschaft entwickelt. In den Ländern des Nordens sind vielfältige Organisationen für externe Hilfen entstanden.[1804] Die Einzelmaßnahmen setzten bei strategisch wichtigen Entwicklungszielen an, einerseits der menschlichen Entwicklung (Gesundheit, Bildung, Frieden)[1805], andererseits der Förderung von Rechtsstaatlichkeit und Demokratie. Illy/Kaiser betonen allerdings, dass solche Maßnahmen der westlichen Welt begründete und zielgenaue Ausnahmen bleiben müssen. Gerade von außen herangetragene Generalreformen hätten wenig Aussicht auf Erfolg.[1806]

Zuweilen wird der gesamte Ressourcentransfer vom Verschuldungsproblem überlagert. Daraus resultiert die Forderung nach einem Schuldenerlass für die Dritte Welt, die inzwischen in konkrete Maßnahmen eingemündet ist.[1807] Diese Forderung erhält von Wissenschaft und Politik keine rückhaltlose Unterstützung. Vor allen Dingen wird ein Zusammenbruch des bestehenden Finanz- und Bankensystems befürchtet. Aber die Industrieländer haben trotzdem ein Interesse daran, dass die hohen Schulden der Entwicklungsländer abgebaut werden. Denn nur dann sind die Entwicklungsländer in der Lage, westliche Industrieprodukte zu kaufen anstatt rezessive Tendenzen in den Industrieländern zu verstärken.

Die Forderungen der Entwicklungsländer im Hinblick auf den Welthandel sind vielfältig. Neben der allgemeinen Öffnung der Märkte der Industrieländer und der Beseitigung von offenen und versteckten Handelshemmnissen fordern die Entwicklungsländer eine Vorzugsbehandlung, also einseitige Präferenzen. „Eine Öffnung der Märkte auf der Grundlage der Gegenseitigkeit (Reziprozität) – eines der Prinzipien des GATT-Regimes (s. Kap. XIX, B, 3) – hielt man in der Dritten Welt

1801 Boeckh, in: Nuscheler 1985: 57.
1802 Risse, in: Schuppert/ Zürn 2008: 163.
1803 Kevenhörster/van den Boom 2009.
1804 Pinto-Duschinsky 2001: 297–320.
1805 Kevenhörster 2006: 144 f., 148 ff.
1806 Illy/Kaiser, in: Nuscheler 1985: 205.
1807 Kampffmeyer 2000: 16 ff.

für gefährlich."[1808] Verlangt werden Sonderkonditionen, die sich aus dem Entwicklungsgefälle zwischen Industriegesellschaften und Entwicklungsländern herleiten. Unter anderem wird der Schutz der eigenen Binnenmärkte in der Dritten Welt als Voraussetzung für den Aufbau der eigenen Industrie gesehen. Manche dieser Forderungen sind unrealistisch. In Bezug auf den Rohstoffmarkt hielt man Vorkehrungen gegen drastische Preisschwankungen für vertretbar, „eine nachdrückliche Erhöhung der Preise ‚am Markte vorbei' galt jedoch immer schon als ökonomisch widersinnig."[1809] Bei der Stabilisierung der Rohstoffpreise musste man zunächst einmal feststellen, dass andere Rohstoffe nicht so kartellfähig sind wie das Öl.

Fortschritte gibt es in den Beziehungen zwischen der EU und bestimmten schwarzafrikanischen, karibischen und pazifischen Entwicklungsländern (AKP-Staaten). Die Europäische Gemeinschaft hat diesen Ländern einseitige Zollpräferenzen eingeräumt. Die seit 1975 abgeschlossenen Lomé-Abkommen haben aber nicht die erhofften Wirkungen gehabt.[1810] Die Abkommen wurden durch neue abgelöst, die mit den Regeln der WTO konform sind. Andere Entwicklungsländer sind dagegen – auch bedingt durch ihr geringes Rohstoffangebot – auf dem Weltmarkt noch unbedeutender geworden.[1811] Nach dem Ende des Ost-West-Konflikts ist auch ihr strategisches Potential weggefallen.

Ein weiteres Ziel der Entwicklungshilfe, die Transferzahlungen der Industrieländer auf 1% des Bruttosozialproduktes zu erhöhen, ist bislang nicht verwirklicht worden. Ebenso wichtig wie Geldleistungen sind weltweite soziale Verhaltensnormen, die der Ausbeutung von Arbeitskräften und insbesondere der Kinderarbeit entgegenwirken. Zur Angleichung der Standards im Hinblick auf die Achtung der Menschenrechte, des Umweltschutzes und der Verbrechensbekämpfung werden weiterer weltweite Regime gefordert.

Literatur

(Im **Fettdruck** besonders wichtige Titel zum Thema des Kapitels)

Almond, Gabriel A./Powell, G. Bingham (1988): Comparative Politics: A Developmental Approach, Boston, 4. Aufl. (1. Aufl. 1966).

Amin, Samir (1975): Die ungleiche Entwicklung , Hamburg.

Baratta, Mario von/Clauss, Jan Ulrich (1991): Internationale Organisationen, Frankfurt a. M.

Beyme, Klaus von u. a. (Hrsg.) (1987): Politikwissenschaft, Band III: Außenpolitik und Internationale Politik, Stuttgart u. a.

Boeckh, Andreas (Hrsg.) (1984): Internationale Beziehungen, München und Zürich.

1808 Senghaas, in: von Beyme u. a. 1987, III: 192.
1809 Ebenda: 196.
1810 Menzel/Senghaas 1986: 216.
1811 Nuscheler 1996: 4.

Boeckh, Andreas (1985): Dependencia und kapitalistisches Weltsystem, oder: die Grenzen globaler Entwicklungstheorien, in: Nuscheler, S. 56–74.

Boeckh, Andreas (1993): Entwicklungstheorien: Eine Rückschau, in: Nohlen, Dieter/ Nuscheler, Franz (Hrsg.) (1993): Handbuch der Dritten Welt, Bonn, 3. Aufl., S. 110–130.

Bürklin, Wilhelm (1994): Die vier kleinen Tiger, München.

Calamaros, Arthouros-David (1974): Internationale Beziehungen. Theorien – Kritik – Perspektiven, Stuttgart u. a.

Clapham, Christopher (1996): Africa and the International System, Cambridge.

Czempiel, Ernst-Otto (1975): Friede und Konflikt in den internationalen Beziehungen, in: Haftendorn, S. 89–113.

Dreis, Barbara/Strauß, Susanne Nicolette (1995): Die Außenbeziehungen der ASEAN, in: APUZ, B 13–14, S. 13–19.

Elsenhans, Hartmut (1987): Nord-Süd-Beziehungen, Stuttgart, 2. Aufl.

Elsenhans, Hartmut (1990): Nord-Süd-Beziehungen: Theorien über die Nord-Süd-Konfliktformation und ihre Bearbeitung, in: Rittberger, S. 330–352.

Ferdowsi, Mir A. (Hrsg.) (2002): Internationale Politik im 21. Jahrhundert, München.

Feske, Susanne (2002): ASEAN – Eine Wirtschafts- oder Sicherheitsgemeinschaft, in: Ferdowsi, S. 309–323.

Frank, Andre Gunder (1970): The Development of Underdevelopment, in: Rhodes, Roderick I. (Hrsg.): Imperialism and Underdevelopment, New York, S. 4–17.

Frank, Andre Gunder (1975): Die Entwicklung der Unterentwicklung, in: Haftendorn, S. 171–189.

Franzmeyer, Fritz (1993): Handel, in: Opitz, S. 176–193.

Gans, Christiane (2006): Die ECOWAS. Wirtschaftsintegration in Westafrika, Münster.

Haftendorn, Helga (Hrsg.) (1975): Theorie der Internationalen Politik, Hamburg.

Hein, Wolfgang (1998): Unterentwicklung, Krise der Peripherie, Opladen.

Hobson, John A. (1968): Imperialismus, Köln.

Illy, Hans F./Kaiser, Eugen (1985): „Entwicklungsverwaltung". Wandlungen im Selbstverständnis eines Forschungsbereichs, in: Nuscheler, S. 184–210.

Kaiser, Karl/ Schwarz, Hans-Peter (Hrsg.) (2000): Weltpolitik im neuen Jahrhundert, Baden-Baden.

Kammler, Hans (1976): Kapitalistische Expansion und Exportmonopolismus. Zur Erklärungskraft zweier Klassiker. Ansätze der Imperialismustheorie, in: Wildenmann, Rudolf (Hrsg.): Form und Erfahrung, Berlin, S. 199–221.

Kampffmeyer, Thomas (2000): Lösungsansätze für die Verschuldungsprobleme der ärmsten Entwicklungsländer, in: APuZ, B 9, S. 16–25.

Kevenhörster, Paul (1995): Im Konzert der Interessen sind die Stimmen der Armen kaum zu vernehmen, in: FAZ vom 2. August, S. 8.

Kevenhörster, Paul (2006): Politikwissenschaft. Band 2: Ergebnisse und Wirkungen von Politik, Wiesbaden.

Kevenhörster, Paul/van den Boom, Dirk (2009): Entwicklungspolitik, Wiesbaden.

Kreft, Heinrich (1998): Das „asiatische Wunder" in der Krise, in: APuZ, B 48, S. 3–12.

Krippendorff, Ekkehart (1975): Internationales System als Geschichte. Einführung in die internationalen Beziehungen 1, Frankfurt a. M.

Krippendorff, Ekkehart (1977): Internationale Beziehungen als Wissenschaft. Einführung in die internationalen Beziehungen 2, Frankfurt a. M.

Krippendorff, Ekkehart (1986): Internationale Politik, Frankfurt a. M.

Lerner, Daniel (1958): The Passing of Traditional Society. Modernising the Middle East, New York.

Lichtheim, George (1972): Imperialismus, München.

List, Martin u. a. (1995): Internationale Politik: Probleme und Grundbegriffe, Opladen.

Matthies, Volker (2002): OAU – Auf dem Weg zu einer „Pax Africana", in: Ferdowsi, S. 341–360.

Menzel, Ulrich (1992): Das Ende der Dritten Welt und das Scheitern der großen Theorien, Frankfurt a. M.

Menzel, Ulrich (1994): Der Kern des Entwicklungsdilemmas. Zur Revision der internationalen Politik, in: Leggewie, Claus (Hrsg.): Wozu Politikwissenschaft?, Darmstadt, S. 89–105.

Menzel, Ulrich (2004): Paradoxien der neuen Weltordnung, Frankfurt a. M.

Menzel, Ulrich/Senghaas, Dieter (1985): Indikatoren zur Bestimmung von Schwellenländern. Ein Vorschlag zur Operationalisierung, in: Nuscheler, S. 75–96.

Menzel, Ulrich/Senghaas, Dieter (1986): Europas Entwicklung und die Dritte Welt, Frankfurt a. M.

Meyns, Peter (1985): Einheit und Heterogenität – Ansätze zur Erklärung der Blockfreiheit in der Weltpolitik, in: Nuscheler, S. 323–348.

Moser, Beate (1985): Konflikt und Kooperation der Dritten Welt mit Industrieländern, Diessenhofen.

Myrdal, Gunnar (1972): Ökonomische Theorie und unterentwickelte Regionen, Frankfurt.

Narr, Wolf-Dieter (Hrsg.) (1975): Politik und Ökonomie – autonome Handlungsmöglichkeiten des politischen Systems, Opladen (PVS Sonderheft 6).

Nohlen, Dieter/Nuscheler, Franz (1993): „Ende der Dritten Welt"? in: Nohlen, Dieter/ Nuscheler, Franz (Hrsg.): Handbuch der Dritten Welt, Band 1: Grundprobleme – Theorien – Strategien, Bonn, 3. Aufl., 14–30.

North, Douglas C. (1981): Structure and Change in Economic History, Norton.

North, Douglas C. (1988): Theorie des institutionellen Wandels: Eine neue Sicht der Wirtschaftsgeschichte, Tübingen.

Nuscheler, Franz (1985): Einleitung: Entwicklungslinien der politikwissenschaftlichen Dritte Welt-Forschung, in: Nuscheler, S. 7–25.

Nuscheler, Franz (Hrsg.) (1985): Dritte Welt-Forschung, Opladen (PVS Sonderheft 16).

Nuscheler, Franz (1996): Gegen den entwicklungspolitischen Pessimismus, in: APUZ, B 12, S. 3–10.

Nuscheler, Franz (2000): Reiche Welt und arme Welt, in: Kaiser/ Schwarz, S. 124–149.

Opitz, Peter J. (1993): Entwicklung im Zwielicht – Anmerkungen zur Struktur und zum Profil einer Dekade, in: Opitz, S. 7–44.

Opitz, Peter J. (Hrsg.) (1993): Grundprobleme der Entwicklungsländer, München, 2. Aufl.

Pawelka, Peter (1974): Vereinte Nationen und strukturelle Gewalt, München.

Pinto-Duschinsky, Michael (2001): Supporting New Democracies, in: Naßmacher, Karl-Heinz (Hrsg.): Foundations for Democracy, Baden-Baden, S. 297–320.

Pörtner, Marie-Luise (1997): Die Blockfreien-Bewegung seit 1989, Wiesbaden.

Preiswerk, Roy (1976): Zum Bruch mit herkömmlichen Entwicklungsmodellen, in: Schmidt, S. 22–42.

Puhle, Hans-Jürgen (1977): Imperialismustheorien, in: Woyke, S. 131–136.

Risse, Thomas (2008): Regieren in „Räumen begrenzter Staatlichkeit“, in: Schuppert, Gunnar Folke/ Zürn, Michael: Governance in einer sich wandelnden Welt, PVS-Sonderheft 42, Wiesbaden, S. 149–170.

Rittberger, Volker (Hrsg.) (1990): Theorien der Internationalen Beziehungen, Opladen (PVS Sonderheft 21).

Rittberger, Volker (1995): Internationale Organisationen, Opladen, 2. Aufl.

Röhrich, Wilfried (1978): Politik und Ökonomie der Weltgesellschaft. Reinbek.

Rüland, Jürgen (1995): Die Gemeinschaft Südostasiatischer Staaten (ASEAN): Vom Antikommunismus zum regionalen Ordnungsfaktor, in: APUZ, B 13–14, S. 3–12.

Schmidt, Alfred (Hrsg.) (1976): Strategien gegen Unterentwicklung, Frankfurt a. M.

Schöller, Wolfgang (1975): Weltarbeitsteilung, Form des Surplusprodukts und gesamtgesellschaftlicher Reproduktionsprozeß in unterentwickelten Ländern als Rahmenbedingung der Rolle des Staatsapparates, in: Narr, S. 109–130.

Schweitzer, Carl-Christoph (1973): Chaos oder Ordnung? Einführung in die Probleme der Internationalen Politik, Köln.

Seelow, Frank (1975): Unterentwickelte Länder und Weltwährungssystem, in: Narr, S. 131–163.

Senghaas, Dieter (Hrsg.) (1974): Peripherer Kapitalismus, Frankfurt a. M.

Senghaas, Dieter (1976): Entwicklungspolitik am Scheideweg?, in: Schmidt, S. 43–70.

Senghaas, Dieter (1987): Internationale Regime, in: von Beyme u. a., III, S. 180–216.

Tetzlaff, Rainer (2000): Die Dekolonisation und das neue Staatensystem, in: Kaiser/ Schwarz, S. 40–71.

Tibi, Bassam (1991): Die Krise des modernen Islams, Frankfurt a. M.

Waldmann, Peter (1985): Argentinien: Schwellenland auf Dauer?, in: Nuscheler, S. 113–134.

Weede, Erich (2000): Asien und der Westen, Baden-Baden.

Woyke, Wichard (Hrsg.) (1977): Handwörterbuch Internationale Politik, Opladen.

Kapitel XIX: Internationale Organisationen und Regime

Solange nur die Nationalstaaten als Akteure der internationalen Politik galten, konnte lediglich ein Zusammenschluss von Staaten zu internationalen Organisationen als Integration angesehen werden. Inzwischen hat sich diese Betrachtungsweise aber als unzureichend erwiesen, weil heute auch der Zusammenarbeit gesellschaftlicher Gruppen und Wirtschaftsunternehmen über die Grenzen hinweg erhebliche Bedeutung zukommt. Am Nationalstaat orientierte Begriffe wie „Souveränität" verschaffen keinen Zugang mehr zu vielen Problemen der internationalen Beziehungen. Formen der Zusammenarbeit im gesellschaftlichen und wirtschaftlichen Bereich müssen daher in die Analyse grenzüberschreitender Interaktionsprozesse einbezogen werden. Der Trend geht zu weltweiten Kooperationsbeziehungen, die mehr oder weniger formalisiert sind.

Für die Phänomene im Verbindungsbereich von nationaler und internationaler Politik wurden die Begriffe „multinationale Politik", „transnationale Politik" und inzwischen für weltweite Interaktionssysteme „Global Governance" vorgeschlagen. Immer geht es um Kooperation von staatlichen und gesellschaftlichen Akteuren sowie von internationalen Organisationen und deren Wirkungen. Der Begriff „Interdependenz" soll die gegenseitige Abhängigkeit der Systeme zum Ausdruck bringen.[1812] Als wichtige Ergebnisse lassen sich penetrierte Systeme (s. Kap. XVII, B, 3) und internationale Orgsanisationen feststellen.

Unter dem Begriff „transnationale Politik" werden also auch Interaktionen von Akteuren erfasst, die weder rechtlich noch finanziell von einer nationalen Regierung abhängig sind. Dies sind z. B. die Kommunikationen und Beziehungen zwischen Wirtschaftsunternehmen verschiedener Staaten. Die auf gesellschaftlicher Ebene (z. B. durch private Investoren) relativ autonom getroffenen Entscheidungen rufen wichtige Veränderungen in den beteiligten Gesellschaften hervor. Dadurch können die Entscheidungen einer nationalen Regierung (durch Einschränkung oder Handlungszwang) maßgeblich beeinflusst werden. Neuerdings finden im Rahmen der zunehmenden Globalisierung in verschiedenen Politikfeldern im internationalen Rahmen agierende gesellschaftliche Akteure starke Beachtung. Sie sind weltweit oder regional aktiv, machen auf Probleme aufmerksam oder bringen sich selbst in Problemlösungen ein. Wirkungen der von Regierungen dominierten transnationalen Politik zeigen sich im europäischen Einigungsprozeß.

1812 Zürn, in Schuppert 2006: 122.

In der Regel werden internationale Interaktionssysteme für bestimmte Arten von politischen Entscheidungen in mittel- und längerfristiger Perspektive durch eine internationale Organisation ersetzt, wobei diese Integration von territorialen Akteuren meistens initiiert und immer vollzogen wird (s. Kap. XVII, B). Im Sinne einer Minimaldefinition kann man als internationale Organisationen solche Institutionen bezeichnen, deren Mitgliedschaft, Finanzierung und Tätigkeitsfelder mindestens drei oder mehr Staaten einbeziehen. Sind ihre Mitglieder nichtstaatliche Akteure, werden sie auch als transnationale Organisationen oder Internationale Non Governmental Organizations (INGOs) gekennzeichnet. Ihre Zahl scheint explosionsartig zu wachsen.[1813] Internationale Organisationen von Staaten stellen also nur einen von der traditionellen Forschung recht intensiv behandelten Ausschnitt aus dem Problemkreis der multinationalen Politik dar.

A) Konzeptionen internationaler Zusammenarbeit

Zusammenschlüsse nationaler Akteure zu internationalen Organisationen lassen sich nach dem Umfang der Aufgaben, der Zusammensetzung, der Entscheidungsstruktur und der räumlicher Ausdehnung unterscheiden. Nach dem Umfang der Aufgaben grenzt Deutsch[1814] spezifische Zusammenschlüsse, die sich nur auf ein bestimmtes Sachgebiet oder auf eine bestimmte Leistung beschränken, von diffusen Gemeinschaften ab, die mehr oder weniger alles tun sollen, was von den Mitgliedern erwartet wird. Teilnehmer können staatliche (gouvernementale) und nichtstaatliche (nichtgouvernementale) Akteure sein. In der Kategorie der nichtgouvernementalen Organisationen werden neuerdings diejenigen in einer Subkategorie zusammengefasst, die auf die Erzielung ökonomischer Gewinne abstellen, die Business International Non-Governmental Organizations (BINGOs). Nach der Entscheidungsstruktur internationaler gouvernementaler Organisationen können intergouvernementale von supranationalen Formen unterschieden werden, je nach dem, ob Entscheidungen der Organisation eher empfehlenden oder verbindlichen Charakter für die Mitglieder haben. Zur ersten Kategorie gehören auch die Regime. Bei den internationalen Regimen handelt es sich um eine Zusammenarbeit, die implizite oder explizite „Prinzipien, Normen, Regeln und Entscheidungsverfahren produziert, an denen sich die Erwartungen von Akteuren in einem gegebenen Problemfeld der internationalen Beziehungen ausrichten.“[1815] Hier geht es also um die Dauerhaftigkeit und Effizienz von regelgeleitetem Verhalten bzw. Selbstbegrenzung im Hinblick auf gemeinsam festgelegte Ziele,[1816] z. B. im Umweltschutz. In räumli-

1813 S. d. Union of International Associations: www.uia.org.
1814 Deutsch 1971: 257 ff.
1815 Efinger u. a., in: Rittberger 1990: 264 f.
1816 Brock, in: Lehmbruch 1995: 252.

cher Hinsicht kann sich eine internationale Zusammenarbeit auf die ganze Erde erstrecken, also universal – wie die zuweilen angestrebte Weltregierung – sein, oder auf bestimmte Länder oder Regionen beschränkt bleiben (Regionalismus).

1. Weltregierung und Regionalismus

Durch die weitere Verrechtlichung der zwischenstaatlichen Beziehungen in verschiedenen Problemfeldern soll die Übersichtlichkeit und Ordnung des internationalen Systems verbessert werden.[1817] Diese „Weltordnungspolitik" wird mit dem Begriff „Global Governance" bezeichnet.[1818] Eine universale und zugleich spezifische Form internationaler Übereinkunft bildet das Völkerrecht, der Inbegriff der Rechtsnormen, die die zwischenstaatlichen Beziehungen regeln sollen. Weite Teile des Völkerrechts beruhen auf Gewohnheitsrecht. Weitere Quellen sind völkerrechtliche Verträge. Letztlich sollen nicht nur nationale Regierungen sondern auch die gesellschaftlichen und privaten Akteure Adressaten weiterer Übereinkünfte in allen Politikbereichen sein.[1819]

Allerdings haben für den Großteil der Bevölkerung jedes Landes nationale Verlautbarungen und Symbole bei weitem mehr Gewicht und Geltung als internationale Übereinkünfte. „Infolgedessen ist das Gefühl für die Legitimität internationalen Rechts relativ schwach, das für die Legitimität nationalen Rechts und nationaler Interessen dagegen relativ stark entwickelt."[1820] Bei Zunahme der weltweiten Verflechtungen werden die Probleme bewusst.[1821] Dies zeigt sich bei den Menschenrechten. Die Vereinten Nationen versuchen seit 1950, Menschenrechte als international geltendes Recht zu verankern. Die Menschenrechte „drücken aus, dass es bei aller soziokulturellen Verschiedenheit politische Grundinteressen gibt, die allen Menschen auf der Welt gemeinsam sind."[1822] Die Wirksamkeit des Internationalen Gerichtshofes unterlaufen allerdings die USA, während China und die Länder der islamischen Welt nach wie vor eine besondere Sicht der Menschenrechte reklamieren. So wird heute – nach der Wiederentdeckung der unterschiedlichen Kulturen und möglichen Auseinandersetzungen zwischen diesen (s. Kap. XVII, B, 1) – wieder stärker über die Frage diskutiert, ob die Menschenrechtsidee nicht nur eine auf westliche Geistestradition zugeschnittene Denkfigur ist und ob es nicht in diversen politischen Kulturen unterschiedliche Menschenrechtskonzepte gibt, die auf bestimmten Traditionen beruhen. Von den westlichen Wertvorstellungen her muss allerdings von einer berechtigten Universalität ausgegangen werden, die allerdings keineswegs Realität ist.[1823]

1817 Czempiel 1986: 77.
1818 Filzmaier u. a. 2006: 294.
1819 Zürn, in: Schuppert 2006: 132.
1820 Deutsch 1971: 228.
1821 Voigt, in: Voigt 1999/2000: 18 ff.
1822 Czempiel 1986: 80.
1823 Vgl. von Bredow 1994: 141 ff.

Mit der Gründung der Vereinten Nationen wurde gleichzeitig eine Umwälzung der Denkweise in Richtung einer stärkeren globaleren Orientierung vorangebracht. Seit der Anerkennung der Volksrepublik China und der Aufnahme der damals zwei deutschen Staaten (1973) bildet die UNO eine nahezu universale Gemeinschaft. Die Vorstellung, es könne keinen dauerhaften internationalen Frieden geben ohne einen mit den Grenzen der politischen Welt übereinstimmenden Staat, ist vor allem durch die idealistische Schule der Politikwissenschaft (s. Kap. XVI) immer wieder formuliert worden.[1824] Institutionalisierung und Aufgabenstellungen eines Weltstaates orientierten sich häufig an den Merkmalen der bestehenden Nationalstaaten. Wilson als bedeutender Vertreter dieser Denkrichtung dachte dagegen an eine Weltordnung aus freien Nationen.[1825] Mit der Weiterentwicklung der Vereinten Nationen zur Weltregierung wurden große Erwartungen verbunden.

Diese Weltregierung – also ein weltweites politisches System mit dem ein weltweites Regieren (Global Governance) möglich ist – scheint bis heute Utopie. Infolgedessen sind auch die Ansätze für weltweite Übereinkünfte in einzelnen Politikfeldern bisher wenig koordiniert und Berührungspunkte sind eher beliebig.[1826] Die realistische Schule[1827] hatte immer bezweifelt, ob überhaupt ein Weltstaat möglich sei, weil eine notwendige Voraussetzung, die Weltgesellschaft oder eine „kollektive Identität", fehle. Eine andere Frage ist, ob der Weltstaat überhaupt wünschenswert ist (s. d. Kap. VII, B). Jedenfalls scheint er in absehbarer Zeit nicht realisierbar. Ein Problem auf dem Wege zum Weltstaat waren und sind die nach wie vor unterschiedlichen Weltanschauungen aber auch nationale und regionale Interessen. So beobachtet Czempiel in den 1990er Jahren wieder eine Abkehr vom Multilateralismus, wie er durch die UNO angestrebt wird, und eine Hinwendung zum Unilateralismus, also zu Regelungen zwischen Einzelstaaten.[1828] Link betont, dass internationale Organisationen, so auch die UNO, keine eigenständigen Akteure sind, sondern „Vehikel und Instrumente der Staaten". Sie seien „Widerspiegelungen der Machtverteilung der Staaten."[1829] Er kann nachweisen, dass die wichtigsten Übereinkünfte in der Sicherheitspolitik gerade ohne die Mitwirkung der UNO zustandegekommen sind.[1830]

Zudem waren regionale Konflikte in allen Teilen der Welt häufig mit der Abspaltung oder mit Separationstendenzen von Einzelstaaten verbunden. Ein Fortschritt in Richtung auf mehr Frieden wurde aber dadurch erwartet, dass mehr Einzelstaaten beseitigt und dadurch Konflikte weniger gewaltsam ausgetragen würden. Da ein Grundkonsens zwischen Nationen, deren politische Kulturen unterschied-

1824 Claude 1955: 113.
1825 Pijl 1996: 136 ff.
1826 vgl. Zürn 2006: 139.
1827 Morgenthau 1963: 427.
1828 Czempiel 1995: 37.
1829 Link 2001: 106.
1830 Ebenda: 122 f.

lich sind, schwerer erzielt werden kann, erwartete Etzioni[1831] von der Bildung regionaler Gemeinschaften einen wichtigen Beitrag zur Weltregierung. Diese sollen gewissermaßen eine „Mittelschicht zwischen dem Erdgeschoss der Nationen und dem Dach des Weltstaates" bilden.[1832] Regionale Integration wäre dann Übergangsstufe zur Weltintegration, die als Lern- und Erfahrungsmodell dienen kann.

Als Region definiert Deutsch[1833] eine Gruppe politischer Einheiten, die gründlicher zusammengehören als andere, z. B. durch Kommunikationsbeziehungen oder durch die räumliche Nähe. Heute würde der Begriff der engeren Vernetzung den gleichen Sachverhalt beschreiben. Wo die Dichte der Transaktionen zwischen den Einheiten – Besuche, Nachrichtenaustausch, allgemeiner menschlicher Kontakt – dünner wird, können Grenzen entstehen oder dauerhaft sein. Abweichend von dieser auf die Zusammengehörigkeit in einem Raum und die darauf beruhende Homogenität abstellenden Definition werden im Allgemeinen jene internationalen Organisationen, wie Militärpakte und Freihandelszonen, als Erscheinungsformen des Regionalismus bezeichnet, die einen beliebigen Teil der Erde umfassen. Verbreitet ist eine Unterscheidung dieser Organisationen nach der politischen Struktur in intergouvernementale und supranationale Organisationen.

2. Supranationale und intergouvernementale Organisationen

Internationale gouvernementale Organisationen (IGOs) unterscheiden sich wesentlich durch die Formen ihrer Willensbildung und ihre autoritativen Befugnisse (Sanktionen) gegenüber den Mitgliedsstaaten. Diese Merkmale wurden bisher vor allem für die Typen der intergouvernementalen und supranationalen Organisation herausgearbeitet. Zwischen beiden Formen sind die Blöcke oder Allianzen als politische und militärische Bündnisse angesiedelt, die stärker integriert sind als intergouvernementale Organisationen, aber weniger stark als supranationale Gemeinschaften. Die Beziehungen zwischen den einzelnen Blockmitgliedern werden auch als Interdependenz bezeichnet, die Ausdruck einer Interessenverknüpfung ist. Neben dem organisatorischen Rahmen dient zur Festigung des Verhältnisses der Mitgliedsstaaten auch die gemeinsame Ideologie, die Legitimationsanspruch, Ziele und Mittel der Außenpolitiken der Blockmitglieder durchdringt.[1834]

Bisher haben supranationale Organisationen – und hier kann die EU als am weitesten fortgeschritten gelten – eine andere Struktur als Einzelstaaten: als zentrale Institution eine Kommission aus internationalen Beamten, mit begrenzten, aber realen hoheitlichen Befugnissen, deren Autonomie durch den Gründungsvertrag der betreffenden Gemeinschaft gesichert ist. Daneben besteht ein aus Vertretern der nationalen Regierungen gebildeter Ministerrat, der die Interessen der Mitgliedsstaa-

1831 Etzioni 1965: 178 ff.

1832 Heute würden die Bezeichnungen „multilevel governance" bzw. „Mehrebenensystem" verwendet.

1833 Deutsch 1971: 257.

1834 Meyers, in: Bundeszentrale 1991: 304 f.

ten in der Willensbildung zur Geltung bringt. Seine Beschlüsse sind prinzipiell auch dann für alle beteiligten Staaten verbindlich, wenn sie mit den vertraglich festgelegten Mehrheiten, aber nicht einstimmig, zustande kommen. Eine übernationale Versammlung aus Parlamentariern wird in den Willensbildungsprozess mehr konsultierend eingeschaltet. Ein übernationaler Gerichtshof kann über die Einhaltung der vertraglichen Regelungen wachen und Streitfragen innerhalb der Gemeinschaft verbindlich entscheiden.

Supranationale Organisationen entstehen für die Bereiche, in denen die Funktionsfähigkeit der Nationalstaaten vermindert erscheint. Sie entwickeln sich im Allgemeinen in der Weise, dass allmählich weitere Aufgabenbereiche hinzukommen. Beispiele für supranationale Organisationen sind die Europäische Gemeinschaft für Kohle und Stahl (EGKS oder Montan-Union), die Europäische Wirtschaftsgemeinschaft (EWG) und die Europäische Atomgemeinschaft (Euratom), die als einheitlicher Akteur die Europäische Gemeinschaft (EG) oder inzwischen im Hinblick auf die Weiterentwicklung der Entscheidungsstrukturen und Kompetenzen die Europäische Union (EU) bilden. Bei Letzterer wird das supranationale Prinzip aber bereits durch das intergouvernementale ergänzt.[1835]

Da die nationalen Regierungen, Behörden, Verbände und Parteien Verzerrungen im Integrationsprozess ausschließlich der supranationalen Organisation zuschreiben, kommt es zu desintegrativen Phasen und offenen Krisen. Tatsächlich verursachen einzelne beteiligte Regierungen durch Verweigern gemeinsamer Lösungen (Opting Out), Zusatzvereinbarungen und Ausnahmeregelungen solche Probleme auch selbst. Für das Fortbestehen einer supranationalen Organisation ist wesentlich, dass es ihr gelingt, die mit wachsender Komplexität verbundenen Spannungen selbst zu regulieren. Diese beziehen sich vor allen Dingen auf den Nutzen und die Kosten des Zusammenschlusses. Es herrschen in der Regel konkordante Entscheidungsstrukturen vor. Dagegen sind die für demokratische Prozesse üblichen Regelungsvorgänge anfangs unterentwickelt: Aktivierung von Zustimmung durch direkte Wahlen, parlamentarische und exekutive Kompetenzen, demokratische Kontrollen (s. Kap. XIX, B, 2).

Die supranationalen Organisationen sind als Übergangsform zwischen dem nationalen Individualismus und einer Beschränkung der Souveränität oder zwischen Nationalstaat und übernationalem Föderalismus (s. Kap. VII, B, 3 b und Kap. XVI, B, 1) konzipiert. Allerdings fehlt bislang der sozialwissenschaftliche Beweis, dass supranationale Organisationen tatsächlich die Integration zu einem Staat einleiten.

Jedenfalls bildet diese supranationale Organisationsform ein wirkungsvolleres Instrument der Konfliktregelung als die intergouvernementale Organisation. Hier besteht neben dem Gremium, dem die Vertreter der Regierungen der Mitgliedsstaaten angehören, meist nur ein internationales Sekretariat. Beim Europarat wird das international zusammengesetzte Gremium durch die Außenminister gebildet, bei der Organization for Economic Co-operation and Development (OECD) durch die

---

1835 Woyke, in: Kohler-Koch/Woyke 1996: 75.

Finanz- und Wirtschaftsminister. Die Entscheidungsfindung liegt ausschließlich bei den Vertretern der Mitgliedsstaaten, die durch einstimmige Entschließungen und Empfehlungen Anregungen geben können. Solche Beschlüsse sind aber für die Nationalstaaten nicht verbindlich; ihre Souveränität wird nicht eingeschränkt.

Intergouvernementale Organisationen werden von der Bevölkerung der Mitgliedsstaaten weniger wahrgenommen als supranationale Organisationen: Integrationsbemühungen beschränken sich auf die nationalen Eliten, eine vertikale Kommunikation findet nicht statt; als kompetenzschwache Organisationen sind sie vor allem Diskussionsforen. Was Etzioni[1836] am Beispiel des Nordischen Rates herausgearbeitet hat, scheint in gewissem Maße für alle intergouvernementalen Organisationen gültig zu sein. Sie sind auf Harmonisierung hin angelegt und haben eine erfolgreiche Koordination in verschiedensten Bereichen herbeigeführt, z. B. im Handel, in der Währungspolitik, bei den Menschenrechten und dem Kulturaustausch. Die OECD erfreut sich besonderer Wertschätzung, weil sie statistische Informationen und Dokumentationen verbreitet, die u. a. in der vergleichenden Analyse politischer Systeme genutzt werden.

Der Übergang zwischen supranationalen und intergouvernementalen Organisationen ist fließend. So besteht im Zusammenschluss von lateinamerikanischen Ländern Mercosur (Gründungsmitglieder: Argentinien, Brasilien, Paraguay und Uruguay, Assoziierte: Chile, Bolivien, Peru, Venezuela und Kolumbien) zwar eine ausgeprägte Intergouvernementalität, die Beschlüsse sind jedoch bindend für die nationalen Instanzen und in ihre jeweils eigene Rechtsordnung zu übernehmen.[1837] Allerdings haben sich die Gemeinsamkeiten erheblich reduziert und die Institutionen sind schwach. Eine Abgrenzung der intergouvernementalen Organisationen von den internationalen Regimen ist ebenfalls schwierig.

3. Nichtgouvernementale Organisationen und internationale Regime

In der Gruppe der internationalen nichtgouvernementalen Organisationen (INGOs) werden alle nichtstaatlichen grenzüberschreitenden organisatorischen Zusammenschlüsse zusammengefasst. Ihre Zahl wächst ständig. Für das Jahr 2000 wurden etwa 10.800 erwartet, dagegen nur 450 internationale gouvernementale Organisationen (IGOs).[1838] Als Ursache für die Vermehrung dieser Organisationen gelten die Globalisierung verbunden mit einer Verdichtung und Beschleunigung des Kommunikations- und Transportwesens. In ihren Aktivitäten ergänzen diese Organisationen Problemlösungskapazitäten aller Ebenen. Sie haben ganz unterschiedliche Reichweiten und ihre Aktivitäten überlappen sich zum Teil. Als Beispiele sind sowohl amnesty international, Greenpeace, Welthungerhilfe, Ärzte ohne Grenzen, als auch Zusammenschlüsse von Arbeitgeberorganisationen und von Gewerkschaf-

1836 Etzioni 1965: 184 ff.
1837 Müller-Brandeck-Bocquet 1999: 34.
1838 Meyers, in: Bundeszentrale 1991: 299.

ten zu nennen. Sie können bestimmte Werte, Handlungsnormen, Handlungsinhalte und -instrumente definieren und ihre Umsetzung mitgestalten sowie überprüfen. Inwieweit das im Einzelnen bereits gelingt, ist allerdings noch nicht genau erforscht, obwohl den Aktivitäten große wissenschaftliche Aufmerksamkeit geschenkt wird. Probleme bleiben Fragmentierung, fehlende Abstimmung und Legitimation. Dies gilt auch für internationale Regime.

Bei den Regimen geht es um Übereinkünfte durch zwischenstaatliche Verflechtungen in einzelnen Politikbereichen.[1839] Generell wird davon ausgegangen, dass die Zahl der Vereinbarungen ständig ansteigt, so dass manche Wissenschaftler bereits ein Regieren jenseits der Nationalstaaten als gegeben ansehen.[1840] Als Ursachen für die Herausbildung von Regimen sind auch hier wachsende Austauschbeziehungen zwischen den unterschiedlichen Volkswirtschaften, aber auch technologische Entwicklungen und Probleme der Stabilität und Sicherheit zu sehen, die einen Bedarf an Übereinkommen und Regelungen hervorrufen. Meist ging es um die Verfügung über Ressourcen oder die Begrenzung von deren Nutzung (Atomkraft, Weltraum, Meere), die Abwehr von gemeinsamen Gefahren (Weltwirtschaftskrisen, Verbrechen, Drogenmissbrauch, Umweltbelastung) oder die Harmonisierung von Austauschbeziehungen (Handel). Dabei können Machtfragen, Interessensicherung oder wissensorientierte Absprachen zentral sein, wobei der spezifische Blickwinkel der einzelnen Forscher für die Zuordnung des jeweiligen Regimes von Bedeutung ist.[1841] Wichtig ist, dass die Kommunikation quasi auf Dauer gestellt wird, ad-hoc Abstimmungen durch kontinuierliche Verhaltensabstimmung ersetzt werden.

Internationale Regime unterscheiden sich von internationalen Organisationen dadurch, dass letztere zweckdienliche Institutionen mit der Fähigkeit zum Handeln sind und damit zielgerichtete Aktivitäten zulassen, während diese Fähigkeit bei internationalen Regimen nicht vorhanden ist. In der Regel sind Konferenzen der Ausgangspunkt, z. B. Weltkonferenzen.[1842] Es wird erwartet, dass Regime ihre Geltung durch Funktionstüchtigkeit erlangen und nicht durch den Einsatz irgendwelcher Zwangsmittel.[1843]

Bei beiden, Regimen und nichtgouvernementalen Organisationen (INGOs), handelt es sich um mehr oder weniger dauerhafte Kooperationen, die darauf abzielen, Regeln für die internationale Zusammenarbeit in bestimmten Politikfeldern zu kreieren. Internationale Organisationen können im Rahmen eines bereits existierenden Regimes bestehen oder dieses als Verhandlungssysteme hervorbringen helfen. So münden vielfach internationale Regime nach einer gewissen Zeit in Organisationen ein.

1839 Vgl. Efinger u. a., in: Rittberger 1990: 263.
1840 Zürn, in: Kohler-Koch 1998: 107.
1841 Vgl. Hasenclever u. a. 1997: 1 f.; 211.
1842 Messner/Nuscheler 1996.
1843 Kohler-Koch, in: Kohler-Koch 1989: 23.

Regime sind in den Bereichen Handel, Umweltschutz[1844] und Sicherheit entstanden. Bei der Konferenz über Sicherheit und Zusammenarbeit in Europa (KSZE)[1845] handelte es sich um ein Regime, in dem mehrere Politikfelder miteinander verknüpft wurden. Weltweite Regime dienen bzw. dienten: im Handel zur Liberalisierung (General Agreement of Tariffs and Trade – GATT)[1846] oder zur Ausgrenzung bestimmter Akteure aus dem Welthandel (Coordinating Committee for Multilateral Strategic Export Control – CoCom), im Umweltschutz zu gemeinsamem Vorgehen (z. B. Kyoto-Abkommen zur Verminderung des CO^2-Ausstosses[1847]), im Hinblick auf Atomwaffen zur Sicherung der Exklusivität ihres Besitzes und damit der Stabilität der Welt. Dank geringerer Institutionalisierung fallen Entscheidungen auf Ministerebene und werden durch mehr oder weniger häufige Konferenztätigkeiten vorbereitet. Sie produzieren zwar einen Grundkonsens, der aber je nach Interessenlage der Regimeteilnehmer mehr oder weniger verhaltensnormierend ist. So konnten einzelne Teilnehmer nicht daran gehindert werden, im Rahmen des GATT für sie vorteilhafte Handelsschranken zu errichten (z. B. im Rahmen der EG) oder Exportkontrollen zu umgehen (CoCom), im Umweltschutz die einmal unterschriebene Konvention nur dilatorisch einzuhalten. Durch das Nonproliferationsregime (Nichtverbreitungsvertrag von Atomwaffen) war nicht zu verhindern, dass sich die Zahl der Atommächte vergrößerte. Insgesamt ist aber im Hinblick auf Atomwaffen eine hohe Normakzeptanz festzustellen.

B) Beispiele internationaler Zusammenarbeit

Die verschiedenen Konzeptionen internationaler Zusammenarbeit haben bereits die Vielfalt der organisatorischen und informellen Möglichkeiten der Verflechtungen deutlich werden lassen. Als Beispiel für die besonderen Merkmale einer universalen und zugleich intergouvernementalen Organisation verdient die UNO eine weitergehende Darstellung. Gewissermaßen den Gegenpol dazu bildet eine strukturelle Skizze der EU. Da die aktuelle Entwicklung der weltpolitischen Konstellation einerseits sicherheitspolitische Probleme aufwirft, andererseits aber auch neue Formen der intersystemaren Kooperation ermöglicht, sollen beispielhaft internationale Regime in ihren verhaltensändernden Wirkungen betrachtet werden.

1. Vereinte Nationen (UNO)

Vertragliche Grundlage der UNO ist ihre Charta, die 1945 in San Francisco von fünfzig Staaten unterzeichnet wurde. Sie stellt die Aufgabe der Friedenssicherung

1844 Breitmeier u. a., in: Jacob u. a. 2007: 41 ff.

1845 Daraus hat sich inzwischen die OSZE entwickelt.

1846 Inzwischen Welthandelsorganisation (WTO).

1847 Zu Maßnahmen einer nachhaltigen Umweltentwicklung s. Rittberger/ Zangl [3]2003: 280–287; Oberthür/Ott 2000.

an den Anfang. Der Krieg wird als Mittel der Konfliktaustragung generell geächtet (Friedensvölkerrecht – Senghaas). Der Friedensbegriff umfaßt allerdings auch humanitäre, soziale und völkerrechtliche Aspekte. Daher geht es nicht nur um Maßnahmen gegen Akte militärischer Aggression, sondern auch um solche, die einer Bedrohung des Friedens vorbeugen sollen (sog. vorbeugende Diplomatie, Peace-Keeping- oder „Blauhelm"-Aktionen, Sanktionen, Post-Conflict Peace-Keeping[1848]). In der Charta ist allerdings das Prinzip der souveränen Gleichheit aller Völker verankert. Die Begründung für Eingriffe der UNO zugunsten des Weltfriedens geriet damit häufig in Konflikt. Denn auch massive Menschenrechtsverletzungen durch einzelne Staaten können zu einer Bedrohung des Weltfriedens werden und humanitäre Interventionen rechtfertigen.[1849] Weil sich diese Konflikte immer häufiger an der politischen Ethnizität entzünden und insbesondere in Zonen der Instabilität, z. B. in Afrika, auf dem Balkan und im Orient stattfinden,[1850] muss Peace-Keeping häufig durch Peace-Building und Peace-Enforcement (Friedensdurchsetzung) auch ohne Einwilligung der Betroffenen erfolgen.

Die wichtigsten Organe der UNO sind die Generalversammlung, der Sicherheitsrat und der Generalsekretär. Anderen Gremien, wie dem Treuhandrat, dem Wirtschafts- und Sozialrat und dem Internationalen Gerichtshof, gelang es bisher nicht, eine ähnlich bedeutsame Position zu erreichen. Der Gerichtshof erfreut sich noch nicht allgemeiner Anerkennung. Dagegen wird wohl die Menschenrechtskommission, ein Unterorgan des Wirtschafts- und Sozialrates, in Zukunft weitere Bedeutung erlangen.

In der Generalversammlung hat jeder Mitgliedstaat eine Stimme, wobei Mehrheitsentscheidungen möglich sind. Für die Aufnahme oder den Ausschluss von Mitgliedsstaaten, die Suspendierung ihrer Rechte und Privilegien, die Wahl von Mitgliedsstaaten zur Mitarbeit in den Hauptorganen der Vereinten Nationen und die Verabschiedung von Empfehlungen im Hinblick auf die Aufrechterhaltung des internationalen Friedens und der internationalen Sicherheit ist eine Zweidrittelmehrheit der anwesenden und abstimmenden Mitglieder erforderlich. Über andere Fragen kann mit einfacher Mehrheit beschlossen werden. Nach der Haushaltskrise in den 1980er Jahren – ausgelöst durch die USA – ist in Haushaltsfragen jetzt Einstimmigkeit in den Ausschüssen erforderlich, was de facto ein Vetorecht der großen Beitragszahler beinhaltet.[1851] In den entscheidenden Fragen von Krieg und Frieden kann die Generalversammlung nur Empfehlungen an den Sicherheitsrat oder die am Konflikt beteiligten Parteien aussprechen.

„Das Herzstück der Handlungsfähigkeit der Vereinten Nationen ist der Sicherheitsrat."[1852] Die Weltorganisation kann immer nur dann handeln, wenn ihr Sicher-

1848 Hubel 2005: 173 f.

1849 Rittberger/ Zangl ³2003: 190–197; Zangl, in: Ferdowsi 2002: 106 ff.

1850 Hubel 2005: 106 ff.

1851 Volger 1995: 9; Daase/Engert 2008: 483–485.

1852 Deutsch 1971: 249.

heitsrat handlungsfähig ist. Der Sicherheitsrat kann das Vorliegen einer Bedrohung, eines Friedensbruchs oder einer Aggression feststellen und entscheiden, welche politischen oder gar militärischen Maßnahmen zur Bewahrung oder Wiederherstellung des internationalen Friedens zu ergreifen sind. Diese sind von den Mitgliedsstaaten durchzuführen, also bei militärischem Vorgehen müssen dafür Streitkräfte und Einrichtungen zur Verfügung gestellt werden. Der Sicherheitsrat kann zur Durchführung seiner Zwangsmaßnahmen bestehende Bündnisse nutzen (z. B. die NATO oder die Militärmacht der GUS-Staaten[1853]). Bei politischen Lösungen, z. B. durch Wirtschaftssanktionen, muss ein gemeinsames Vorgehen erfolgen.[1854]

Der Sicherheitsrat besteht aus fünf ständigen Mitgliedern: den USA, (der UdSSR) Russland, China, Großbritannien und Frankreich, also den politischen Großmächten des Jahres 1945. Seit 1971 gehört die Volksrepublik China anstelle der Republik China (Taiwan) dem Sicherheitsrat an; Russland hat die Nachfolge der UdSSR übernommen. Hinter dieser Zusammensetzung und Entscheidungsmacht steht die Vorstellung, „die Großmächte sollten für ihre herausgehobene Stellung auch eine besondere Verantwortung übernehmen und gleichsam als Polizisten das internationale Verbot der Gewaltanwendung durchsetzen."[1855] Link bezeichnet dies als „Kollektivhegemonie der Großmächte – mit gewissen legitimierenden Mitwirkungsmöglichkeiten der Gefolgsstaaten …"[1856] Zusammengenommen ist dies eine extrem weitreichende, von außen so gut wie nicht kontrollierbare Machtfülle, die jedoch innerhalb des Sicherheitsrates einer starken Kontrolle unterliegt. Seine Mitglieder konnten sich nämlich über viele wichtige Problemlösungen nicht einigen, so dass der formal machtvolle Sicherheitsrat häufig gelähmt war. Hinzu kommen seit 1965 zehn nichtständige Mitglieder, die alle zwei Jahre von der Generalversammlung mit Zweidrittelmehrheit gewählt werden.[1857] Von den zehn nichtständigen Mitgliedern gehören fünf der Gruppe afro-asiatischer Staaten, eines den osteuropäischen Staaten und je zwei den lateinamerikanischen Staaten und den westeuropäischen Staaten an.

So stellt sich die Frage, ob die Zusammensetzung des Sicherheitsrates die Machtverhältnisse der Welt noch widerspiegelt. Bis zur Veränderung scheint indes einige Zeit zu vergehen: Satzungsänderungen müssen mit Zweidrittelmehrheit der Generalversammlung beschlossen werden, einschließlich der Zustimmung aller ständigen Mitglieder des Sicherheitsrates, und von jedem Mitgliedsstaat ratifiziert werden. Die Dritte Welt wollte immer wieder die Zahl der ständigen Mitglieder erhöhen, weil sie bisher nicht – oder allenfalls durch China – vertreten ist. Ob Deutschland und Japan als zweit- und drittgrößte Beitragszahler eine Chance auf Aufnahme als ständige Mitglieder in den Sicherheitsrat hätten, bleibt damit zwei-

1853 S. d. Pradetto 1999: 27.

1854 Rittberger 21995: 162 f.

1855 Noack 51981: 79.

1856 Link 1998: 110.

1857 Hüfner 1986: 103 ff.

felhaft. Zumindest sind Japan und Deutschland in einer unangenehmen Situation, weil die Teilnahme nationaler Truppen an Peace-Keeping-Aktionen umstritten ist bzw. lange Zeit umstritten war. Aber insgesamt breitet sich in der westlichen Welt Zurückhaltung im Hinblick auf Friedensmissionen aus, die vor allem in der Dritten Welt stattfinden müssen (s. Kap. XVI, A, 3).

Die Machtverhältnisse im Sicherheitsrat spiegeln immer noch die Situation nach dem Zweiten Weltkrieg wider. Wesentliche Entscheidungen des Sicherheitsrates kommen nur zustande, wenn die Mehrheit seiner Mitglieder zustimmt und darunter die „gleichlautenden Stimmen“ der fünf ständigen Mitglieder sind.[1858] Seit der Erweiterung müssen mindestens neun Mitglieder zustimmen. Jedes der ständigen Mitglieder verfügt über ein Vetorecht. Deren Vorstellungen vom Weltfrieden waren und sind noch immer unterschiedlich. Dies galt besonders für die Zeit des ‚Kalten Krieges‘ (s. Kap. XVII, A): für die UNO war es unmöglich, die USA oder die UdSSR zu zwingen, etwas gegen ihren Willen zu tun. Eine Zusammenarbeit zwischen den Großmächten, wie von den Urhebern der UNO vorgesehenen, konnte kaum ausgeschöpft werden. Die Idee der kollektiven Sicherheit ließ sich im Koreakrieg (1950–1953) nur verfolgen, weil in der entscheidenden Sitzung des Sicherheitsrates, in der das Eingreifen beschlossen wurde, die UdSSR fehlte.[1859] Selbst in Fällen, in denen sich die USA und die UdSSR zunächst in begrenzter Übereinstimmung befanden, wie z. B. in der Palästina-Frage (1947) und beim Suez-Krieg (1956), ergaben sich schließlich widerstreitende Ost-West-Konstellationen.[1860] Das Abstimmungsverhalten deutet auch auf die Kräfteverhältnisse der Supermächte hin. „Die Tatsache, dass die Sowjetunion bis 1967 mehr als 100mal von ihrem Vetorecht Gebrauch machte, die USA kein einziges Mal, ist Ausdruck dessen.“[1861] Seit 1970 hatten die USA dann infolge der Erosion ihrer hegemonialen Stellung und der neuen Mehrheitsverhältnisse in den Vereinten Nationen wesentlich häufiger Zuflucht zum Vetorecht genommen, während die Zahl der Vetos der Sowjetunion abnahm.[1862] Inzwischen hatte sich die Praxis eingebürgert, dass Abwesenheit und Stimmenthaltung ständiger Mitglieder nicht als Veto zu rechnen sind. Dadurch ist die Handlungsfähigkeit des Sicherheitsrates erweitert worden. Dies führt allerdings zu Fragen nach der Legitimation von Entscheidungen, da Großmächte diese zur Durchsetzung ihrer eigenen Interessen nutzen können.

Nach dem Ende des Ost-West-Konfliktes zeichnete sich kurzfristig die Chance ab, dass sich die Supermächte nicht mehr blockieren. Da Amerikaner, Briten und Franzosen im Sicherheitsrat dominieren, war kurzfristig Aktionsfähigkeit vorhanden – z. B. gegenüber dem Irak.[1863] Angesichts der politischen Entwicklungen in Russland und des wachsenden weltpolitischen Selbstbewusstseins Chinas ist kaum

1858 Morgenthau 1963: 399.
1859 Opitz, in: Opitz/Rittberger 1987b: 45.
1860 Deutsch 1971: 51.
1861 Schäfer, in: Ferdowsi/Opitz 1987: 207.
1862 Opitz, in: Ferdowsi/Opitz 1987a: 7.
1863 Link 1998: 114; zur aktuelleren Entwicklung Rabehl 2000: 170 ff.

zu erwarten, dass die Handlungsfähigkeit des Sicherheitsrates sich in Zukunft verbessern wird. „Nach dem Ende des Ost-West-Konflikts machen die Großmächte zwar in geringerem Maße als zuvor von ihrem Vetorecht Gebrauch. Diese Tatsache darf jedoch nicht überbewertet werden. Denn Resolutionen, die nicht konsensfähig sind, werden erst gar nicht eingebracht und nicht mehr wie früher zu propagandistischen Zwecken genutzt.“[1864] Link beobachtet, dass die führenden Mächte nach dem Ende des Ost-West-Konflikts ihre Politik in weltwirtschaftlichen und zunehmend auch politischen Fragen nicht im Rahmen der UNO koordinieren.[1865] Dies haben wieder die Krisenherde Afghanistan und Irak nach 2001 wieder gezeigt: Die einzige verbliebene Supermacht USA ließ sich nicht von den Handlungen abhalten[1866] (s.a. Kap. XVII, B, 2).

Seit der Gründung der UNO hat sich die Zusammensetzung der Generalversammlung grundlegend verändert. Die Verdreifachung ihrer Mitgliederzahl ist auch auf die Staatenbildung in der Dritten Welt zurückzuführen. Dies führte im Sicherheitsrat zu einem dritten wichtigen Machtfaktor, den „blockfreien“ Staaten (s. Kap. XVIII, C, 1). Während anfangs die Westmächte über die Mehrheit der Stimmen verfügten, ist diese seit den 1960er Jahren auf die „blockfreien“ Staaten übergegangen.[1867] Heute haben die Staaten der Dritten Welt eine solide Zweidrittelmehrheit. Eine statistische Auswertung des Abstimmungsverhaltens in der Generalversammlung zeigte, dass die Staaten der Dritten Welt seit 1963 die Mehrheitsbildung entscheidend beeinflussten. So überlagerte sich seitdem der Ost-West-Konflikt mit dem Nord-Süd-Gegensatz. Die meisten Industriestaaten gehörten zu jenem Viertel der UNO-Mitglieder, das bei Fragen von Handel und Wirtschaftsentwicklung regelmäßig die Abstimmungsminderheit bildete. So wurden sozioökonomische Fragen stärker in der Nord-Süd-Ausrichtung entschieden.[1868]

Die Generalversammlung konnte vorübergehend den Platz des gelähmten Sicherheitsrates einnehmen. Denn im Falle einer vetobedingten Lähmung des Sicherheitsrates und einer Friedensbedrohung kann die Generalversammlung mit Zweidrittelmehrheit eine Notstandssondertagung der Generalversammlung einberufen, die nach der „Uniting-for-Peace“-Resolution das Recht hat, den Mitgliedsstaaten kollektive Zwangsmaßnahmen zu empfehlen, nicht aber, wie der Sicherheitsrat, verbindlich anzuordnen.[1869] Dieses Instrument wurde weitgehend willkürlich von den Dritte-Welt-Staaten benutzt, um ihre politischen Interessen auch außerhalb der ordentlichen Generalversammlung vor der Weltöffentlichkeit zu artikulieren. Die UdSSR wusste das sozialistische Lager durch die Dritte-Welt-Staaten zu stärken. Insgesamt ist die Generalversammlung aber ein Gremium, dass „wegen seiner He-

1864 Link 1998: 113.
1865 Link 2001: 123.
1866 Hubel 2005: 176 f.
1867 Pawelka 1974: 65; Opitz, in: Opitz/Rittberger 1987b: 61 ff., insb. 63.
1868 Pawelka 1974: 65 f.
1869 Schäfer, in: Ferdowsi/Opitz 1987: 211.

terogenität strukturell nicht in der Lage ist, sich auf konkrete und insbesondere rasche und effektive Kollektivmaßnahmen zu einigen.“[1870]

Somit erweist sich die Generalversammlung als Kollektiv nicht fähiger als der Sicherheitsrat. Ihre Stärke liegt im Einfluss auf die öffentlichen Meinung der Welt und in der Früherkennung politischer Konflikte.[1871] Deshalb beauftragt die Generalversammlung den auf Empfehlung des Sicherheitsrates von der Generalversammlung auf fünf Jahre gewählten Generalsekretär, der die Verwaltung (Sekretariat) leitet, Lösungen zu finden. Nach der Charta soll der Generalsekretär nur der oberste Verwaltungsbeamte der UNO sein. Seine Stellung ist allerdings bedeutender. Er kann jede Angelegenheit vor den Sicherheitsrat bringen, die nach seiner Meinung den internationalen Frieden bedroht. Weiterhin hat er unter günstigen Umständen die Chance, dank seiner Persönlichkeit internationale Konflikte zu beruhigen.“[1872]

Bewertungen der UNO-Aktivitäten kommen zu unterschiedlichen Ergebnissen. „Gemessen an der Funktion der Konfliktlösung schneiden die Vereinten Nationen oberflächlich betrachtet schlecht ab.“[1873] Diese Einschätzung gilt auch noch nach den Erfahrungen der 1990er Jahre und den aktuellen Entwicklungen. Empirische Untersuchungen, die bis in die 1970er Jahre vorgelegt wurden, haben gezeigt, dass die Vereinten Nationen nur etwa die Hälfte aller internationalen Konflikte aufgegriffen haben. Von diesen wurden wiederum kaum ein Drittel durch ihre Aktivitäten gelöst.[1874] Misserfolge von Blauhelm-Einsätzen waren von mangelndem Friedenswillen der kriegsführenden Parteien begleitet, es bestand häufig keine Kooperationsbereitschaft zwischen den Kontrahenten (so in Somalia, Ruanda und teilweise im ehemaligen Jugoslawien) bzw. die Meinungsverschiedenheiten zwischen den Mitgliedern des Sicherheitsrates verhinderten ein entschlossenes und schnelles Eingreifen. Andere Einschätzungen kommen zu einer günstigeren Bewertung. Denn diese betonen eher den informellen Beitrag der UNO zur Dämpfung von Konflikten. Aber die Relevanz der politischen Kommunikation in diesem Rahmen lässt sich kaum messen. Das Kriegsverbrechertribunal in Den Haag als ad hoc Strafgericht trägt zumindest in der westlichen Welt zur Ächtung der Kriege bei. Auch die Bemühungen um Abrüstung sind zu erwähnen.

Weiterhin ist von Bedeutung, dass Probleme der Dritten Welt – u. a. im Rahmen der UNCTAD – aufgegriffen (s. a. Kap. XVIII, C, 1) und mit Hilfe anderer Unterorganisationen der UNO, insbesondere der Weltbank und dem Weltwährungsfond, bearbeitet werden. Allerdings schwinden nach Ende des Ost-West-Konflikts die Gemeinsamkeiten Lateinamerikas, Afrikas und Asiens.[1875] Im Zuge der neuen Aufgaben wurde das System der Vereinten Nationen institutionell weiter ausdifferen-

---

1870 Wolfrum 1991: 4.

1871 Czempiel 1995: 42.

1872 Morgenthau 1963: 413.

1873 Pawelka 1974: 84.

1874 S. d. auch Rittberger ^{2}1995: 160.

1875 Rittberger/ Zangl ^{3}2003: 135.

ziert. Die Arbeit der Neben- und Spezialorgane bzw. -agenturen und Organisationen, tätig im wirtschaftlichen, ökologischen, sozialen, humanitären, gesundheitlichen (WHO) und kulturellen Bereich (UNESCO), belegt die Aufgabenverlagerung vom Instrument kollektiver Sicherheit zum Forum, das die Problematik von Gerechtigkeit auf der Weltebene thematisiert. Die Vernetzung der Aufgabenstellungen verschiedenen Unterorganisationen und die Zusammenarbeit mit INGOs, koordiniert über den Wirtschafts- und Sozialrat (ECOSOC), wird als immer wichtiger angesehen. Große Aufmerksamkeit findet die UNO-Menschenrechtskommission. Bei deren Arbeit zeigt sich, wie unterschiedlich die Vorstellungen von den Menschenrechten noch sind. Hier sitzen vor allem die Länder der Dritten Welt auf der Anklagebank. Ein höheres Maß an Integration scheint gegenwärtig nur im regionalen Maßstab, etwa innerhalb Westeuropas, möglich zu sein.

2. Europäische Gemeinschaften/ Europäische Union

Für Bemühungen zur Integration Europas gaben nach dem Zweiten Weltkrieg im Wesentlichen vier Ziele den Anstoß: Sicherheit und Freiheit, Prosperität und Macht. Die Hoffnungen der „Europäer“ unter den westlichen Staatsmännern gingen dahin, dass diese Integration letzten Endes ähnlich derjenigen eines föderal oder unitarisch strukturierten Nationalstaates schließlich allgemeinen Zwecken dienen werde.[1876] Alle zur Integration entwickelten Konzeptionen (s. Kap. XVI, B, 2 und XIX, A, 2 und 3) sind für den Prozess der europäischen Integration zu verschiedenen Zeitpunkten wirksam geworden. Während der europäische Föderalismus sich in den Jahren 1953/54 festfuhr, machte der europäische Funktionalismus zunächst wichtige Fortschritte.

Eine funktionalistische Initiative führte 1951 zunächst zur Europäischen Gemeinschaft für Kohle und Stahl (EGKS oder Montan-Union). Sie diente einer Versöhnung Deutschlands und Frankreichs und verwirklichte gleichzeitig auch den Wunsch Frankreichs, eine Kontrolle über das wichtigste Wirtschaftszentrum Deutschlands zu gewinnen. In die gleiche Richtung ging der Vorschlag, eine Europäische Verteidigungsgemeinschaft (EVG) zu bilden, die aber 1954 an der französische Nationalversammlung scheiterte. Der funktionalistische Ansatz wurde dann mit den Römischen Verträgen über die EWG und Euratom (1957) wieder aufgenommen. Ziel war die Errichtung eines gemeinsamen Marktes sowie die Harmonisierung der Wirtschaft und der Wirtschaftsentwicklung. Damit sollten auch engere Beziehungen zwischen den Staaten gefördert werden.

Der wichtigste Vorteil funktionalistischer Integration liegt darin, dass ohne sichtbare Einschränkung der nationalen Souveränität, ohne eine politische Einigung, rasche und vorteilhafte Wirkungen erzielt werden können. Da Maßnahmen funktionalistischer Integration nur Teilbereiche betreffen, „interessieren“ sie nur Teile der Bevölkerung, stoßen nur auf geringen Widerstand in den einzelnen Staaten und bilden keine Gefahr für die nationale Machtbasis der den Integrationspro-

1876 Deutsch 1971: 263.

zess vorantreibenden Politiker. „Spill-over"-Effekte konnten verbucht werden, solange sich das Integrationsmanagement technokratischer Eliten auf sektoral begrenzte, nichtkontroverse ökonomische Sachbereiche beschränkte. Mit dem Vorrücken der europäischen Integration auf die Zentralbereiche nationalstaatlicher Politik wurde die Wirksamkeit der funktionalen Logik häufig in Frage gestellt. So hatte die Gemeinschaft seit den 1970er Jahren schon Anläufe zur Durchsetzung einer gemeinsamen Konjunktur- und Währungspolitik unternommen. Nach dem „Werner-Plan" (1970) sollte bereits für 1980 ein gemeinsames Entscheidungsgremium für Wirtschaftspolitik und ein gemeinsames Zentralbankensystem entstehen. Doch erst seit dem Vertrag von Maastricht 1991/92[1877] und der Zielperspektive Europäische Union (EU) als politische Union nimmt die Zusammenarbeit insbesondere in der Außen- und Sicherheitspolitik (GASP), der Innen- und Justizpolitik (IJ) sowie der Wirtschaftspolitik und Sozialpolitik konkretere Formen an. Da die Politikbereiche kaum präzise abgegrenzt werden können (s. Kap. VI, A), werden andere Politikfelder, z. B. die Gesundheitspolitik und die Umweltpolitik auch erfaßt. Eine Wirtschafts- und Währungsunion (WWU) mit einer gemeinsamen europäischen Währung wurde 2001 vollendet.[1878] An ihr sollten nur Staaten teilnehmen, die im Hinblick auf die Geldwertstabilität bestimmte Kriterien erfüllen.

Innerhalb der Europäischen Gemeinschaften, die seit 1967 aufgrund des Fusionsvertrages gemeinsame Organe haben (EG), hat sich eine besondere Entscheidungsstruktur herausgebildet. Immer wieder wird ein Demokratiedefizit angemahnt, aber positive Weiterentwicklungen werden auch registriert.[1879] So sprechen manche Wissenschaftler von einem politischen System ganz neuer Art (sui generis – nicht vergleichbar mit Nationalstaaten).[1880] Allerdings haben selbst die vielbeachteten neueren Fortschreibungen der Römischen Verträge auch gezeigt, dass die nationalen Regierungen nach wie vor Herren des Verfahrens sind.[1881] Innerhalb einer hierarchischen Struktur kommt es in deren „Schatten" zur Fortentwicklung in verschiedenen Politikfeldern, z. T. durch neue Verfahren bei Entscheidungen („new modes of governance").[1882]

Dabei ist die Supranationalität zwar dominant, aber GASP und IJ wiesen bisher intergouvernementale Züge auf, deren Vergemeinschaftung langsam vorangekommen ist.[1883] Der Vertrag von Lissabon, seit Ende 2009 in Kraft, hat mit der Aufwertung des Hohen Vertreters für Außen- und Sicherheitspolitik zum quasi Außenminister der EU dafür Weichen gestellt. Weiterhin zeigt die Reformdebatte über die Entscheidungsstruktur[1884] (die Zusammensetzung der Kommission, Mehrheitsent-

1877 S. d. Hrbek, in: Klatt 1995: 11 ff.
1878 S. d. Rittberger/Schimmelpfennig, in: Holzinger u. a. 2005: 42–55.
1879 Laffan, in: Cram u. a.1999: 346 f.
1880 Grande, in: Grande/ Jachtenfuchs 2000: 12.
1881 Börzel, in: Tömmel 2008: 62.
1882 Tömmel, in: Tömmel 2008: 19.
1883 Müller-Brandeck-Bocquet 1997: 22 ff.
1884 Liebert u. a. 2003; Woyke 2005: 65.

scheidungen) angesichts der Osterweiterung seit 2004 (10 neue Beitrittsländer) Problembewußtsein und Fortschritte trotz divergierender Vorstellungen, die allerdings letztlich aufgrund des Vetos kleinerer Staaten nur partiell umgesetzt werden konnten. Weiterhin verlangen die Subsysteme der Mitgliedstaaten immer mehr Mitspracherechte, da sie sich um Entscheidungsrechte beraubt sehen, und haben dabei Erfolge erzielt. So wird die EU als „Mehrebenensystem"[1885] bezeichnet.

Organe der EU sind der Rat, die Kommission, das Europäische Parlament, verschiedene beratende Ausschüsse, der Gerichtshof und die Europäische Zentralbank. Die Gipfelkonferenz der Staats- und Regierungschefs bestimmt als „Europäischer Rat" die Grundfragen der Gemeinschaft. Es bleibt abzuwarten, ob durch die neue Position des auf zweieinhalb Jahre gewählten Präsidenten, die mit dem Vertrag von Lissabon (2009) geschaffen wurde, mehr Kontinuität in der Politik erreicht wird, als mit dem halbjährlichen Wechsel der Präsidentschaft eines Mitgliedstaates. Tatsächlich erweisen sich die Regierungschefs bislang als „Schlüsselfiguren" im europäischen Prozeß.[1886]

Auch wenn der Europäische Rat in zentralen Punkten die de facto-Entscheidungen trifft, so ist doch der Ministerrat das Organ geblieben, in dem de jure die verbindlichen Entscheidungen gefällt werden.[1887] Der Ministerrat ist die Vertretung der nationalen Regierungen. Hier treffen sich die jeweils zuständigen Fachminister der Mitgliedsstaaten. „Jeder Regierungsvertreter handelt aufgrund mehr oder weniger veränderbarer Vorgaben, die ihrerseits bereits das Ergebnis von langwierigen und komplizierten nationalen Verhandlungsprozessen sind. Infolgedessen nimmt die Entscheidungsfindung im Rat die Form eines fortlaufenden Verhandlungsprozesses an …"[1888] Die Entscheidungen werden formal im Rat der „ständigen Vertreter" vorbereitet. Er tritt in zwei Ebenen zusammen: auf derjenigen der Botschafter des jeweiligen Mitgliedsstaates und auf der Ebene ihrer Stellvertreter.[1889] Gleichzeitig kommunizieren die Regierungen ständig mit Brüssel und auch untereinander. Obwohl in den Gemeinschaftsverträgen grundsätzlich die Mehrheitsregel gilt, ist deren Bedeutung in der Praxis gering geblieben. Bei Mehrheitsentscheidungen im Ministerrat genügt, wenn nicht ausdrücklich etwas Gegenteiliges bestimmt ist, die einfache Mehrheit, wobei jeder Staat eine Stimme hat. Bei „qualifizierter Mehrheit" kommt ein Verfahren der Stimmengewichtung zum Zuge, das im Zuge des Integrationsprozesses häufig geändert wurde.[1890]

Geht man von den Formulierungen der Gründungsverträge aus, dann werden bei der EU Regierungsfunktionen durch die „Kommission" wahrgenommen, die auf eine festgelegte Zeit (inzwischen für die Wahlzeit des Europäischen Parlaments) von den nationalen Regierungen durch ein Konsultativverfahren zusammengesetzt

---

1885 S. d. Grande, in: Grande/Jachtenfuchs 2000: 13 ff.
1886 Maurer u. a., in: Kohler-Koch 2003: 67.
1887 Woyke 2005: 65, 66.
1888 Wallace/Hayes-Renshaw, in: Kohler-Koch/Woyke 1996, S. 196.
1889 Ebenda, S. 196 f.
1890 S.d. Holzinger, in: Holzinger 2005: 108 ff.

und vom Europäischen Rat eingesetzt wird. Nach der Norderweiterung 1973 (Großbritannien, Dänemark und Irland) und der Süderweiterung (Griechenland, 1981; Portugal und Spanien, 1986) setzte sich die Kommission, die an der Spitze einer Superbürokratie steht,[1891] aus je zwei Mitgliedern der großen Mitgliedsstaaten (Deutschland, Frankreich, Großbritannien, Italien und Spanien) zusammen, die anderen stellen je ein Mitglied der Kommission. 1995 kamen Österreich, Finnland und Schweden hinzu. Seit der Osterweiterung 2004 bzw. 2008 ist die Kommission mit je einem Mitglied pro Staat sehr groß und daher wird über die Zusammensetzung seit Nizza (2000) neu verhandelt. Der Kommissionspräsident wurde gestärkt. Die Kommission zeigt zwar eine kollegiale Binnenstruktur, jedoch stoßen hier unterschiedliche nationale Interessen aufeinander.[1892] Obwohl die Verträge das nicht formell ausschließen, wurde die Zugehörigkeit zur Kommission bisher als unvereinbar mit der Mitgliedschaft im Europäischen Parlament angesehen. Von daher sind wichtige Übereinstimmungen zwischen dem europäischen „Regierungssystem" und dem Typ der schweizerischen Regierung (s. Kap. VIII, B, 2) festzustellen.[1893] Tatsächlich handelt es sich bei der Kommission jedoch eher um eine europäische Verwaltung für bestimmte Sachaufgaben, die von Entscheidungen des Ministerrates abhängig ist.

Die Gewichte zwischen Ministerrat und Europäischem Parlament sind immer noch zu Lasten des Letzteren verteilt. Jedoch wird zunehmend die Meinung vertreten, dass die Fortschritte im Kompetenzzuwachs des Parlaments beachtenswert sind.[1894] Nach der EEA wurde das Verfahren der Zusammenarbeit mit dem Rat eingeführt, nach Maastricht bis Nizza kamen einige Zustimmungsrechte hinzu: „Verfahren der Mitwirkung/Mitentscheidung". So muss das Parlament der Ernennung der Kommission insgesamt zustimmen. Die Befragung der Kandidaten gibt ihm Einfluß auf die Personalauswahl.[1895] Es kann der Kommission auch mit Zweidrittelmehrheit das Mißtrauen aussprechen.[1896] Das Europäische Parlament hat die Möglichkeit, bei Verordnungen oder Richtlinien Änderungen vorschlagen, die, sofern sie vom Rat nicht angenommen werden, ein förmliches Vermittlungsverfahren eröffnen.[1897] Das Vermittlungsergebnis kann von den beiden Organen dann nicht mehr geändert werden.[1898] Echte Mitentscheidungsrechte wurden dem Europäischen Parlament lediglich über Beitrittsbegehren weiterer Staaten zur EU sowie über die Assoziierung dritter Staaten eingeräumt. Dies gilt auch für den Abschluss völkerrechtlicher Verträge und die Schaffung neuer Strukturfonds. Eine gewisse Sonderstellung hat das Europäische Parlament bereits seit 1975 im Haushaltsver-

1891 Eichener 2000: 340.
1892 Tömmel, in: Tömmel 2008: 38.
1893 Naßmacher 1972: 67 ff.
1894 S. d. Rittberger/Schimmelpfennig, in: Holzinger u. a. 2005: 64.
1895 S.d. Landfried 2002:67 f.
1896 Holzinger, in: Holzinger u. a. 2005: 95 f.
1897 Hrbek, in: Klatt 1995: 16.
1898 Neunreither, in: Kohler-Koch/Woyke 1996: 110.

fahren. Während es auf die Einnahmenseite keinen Einfluß hat (hier entscheidet allein der Ministerrat) kann es für die meisten Politikbereiche Ausgabenänderungen vornehmen (bis Lissabon mit Ausnahme der Agrarausgaben), die auch gegenüber dem Ministerrat durchsetzbar sind.

Diejenigen, die Fortschritte im Hinblick auf mehr Demokratie sehen, betonen, dass Initiativen des Parlaments zu mehr als 50 % von Kommission und Rat übernommen werden und verweisen darauf, dass nationale Parlamente nicht annähernd die gleiche Erfolgsrate haben. Auch der Weg der gemeinsamen Entscheidung werde positiv genutzt, so dass die Einschätzung lautet, dass das Parlament hier zu einem gleichberechtigten Partner geworden ist.[1899] Dem steht allerdings die geringe Kontrollkompetenz des Parlaments gegenüber. Auch die Instrumente des Vertrauensvotums des Europäischen Parlaments, dem sich die Kommission stellen muss, und die Möglichkeit der Abberufung der Kommission bleiben als Waffen eher stumpf, weil die nationalen Regierungen über die Zusammensetzung der Kommission entscheiden. Ein wichtiges Problem bleibt allerdings noch die Heterogenität des Parlamentes mit ca. 80 Parteien, so dass es keineswegs den nationalen Parlamenten gleicht. Dies hat das gescheiterte Misstrauensvotum (1999) gezeigt.

Daneben bestehen weitere Gremien der Willensbildung.[1900] Traditionell als einflussreich wurde der Wirtschafts- und Sozialausschuss (WSA) eingeschätzt,[1901] in dem Arbeitgeber, Arbeitnehmer und eine sogenannte „dritte Gruppe“ (u. a. Landwirtschaft, Handel und Verbraucher), die sehr heterogen ist, vertreten sind.[1902] Der Einfluß des WSA ergab sich aus der engen Verbindung zur Kommission. Dagegen wird heute die Lobbyarbeit und Kampagnenaktivität der Verbände bzw. der zivilgesellschaftlichen Organisationen stärker betont. Der lange Weg vom Entwurf bis zur Entscheidung des Ministerrates gibt den Interessenten viele Möglichkeiten[1903] zu Einsprüchen und die Verbände sind erfahrungsgemäß auch in der Lage, ihre im europäischen Rahmen nicht berücksichtigten Interessen durch Druck auf die nationalen Regierungen gewissermaßen „national aufzuladen“. Allerdings fallen die Einflussmöglichkeiten in den verschiedenen Politikfeldern und Bearbeitungsphasen sehr unterschiedlich aus. Als besonders einflußreich gelten der Spitzenverband der europäischen Industrie und der landwirtschaftliche Dachverband.

Im Zuge der antizipierten Gefahr einer Aushöhlung teilstaatlicher Entscheidungsbefugnisse könnten die Regionen und deren Zusammenarbeit langfristig mehr Bedeutung gewinnen und damit der beratende Ausschuss der Regionen (mit dem Vertrag von Maastricht eingerichtet).[1904] Ihm gehören 222 Vertreter der regionalen und lokalen Gebietskörperschaften an. Sie sind offenbar bislang nicht in der

1899 Earnshaw/Judge 31999: 96, 124.
1900 Zur Ausschußstruktur s. Algieri/Rometsch, in: Eichener/Voelzkow 1994: 134 f.
1901 Zellentin 1962: 191.
1902 Hrbek, in: Kohler-Koch/Woyke 1996: 299; Vierlich-Jürcke 1998: 40.
1903 Heinelt u. a., in: Knoth/Finke 2005: 280 ff.
1904 Raich 1994: 58; Tömmel, in: Eichener/ Voelzkow 1994: 269.

Lage, die Nationalstaaten zu umgehen.[1905] Der Ausschuss spielt bislang eher eine Nebenrolle, erhöht allerdings die Unübersichtlichkeit der Entscheidungsabläufe.[1906]

Zu den Aufgaben des Gerichtshofs der EU mit Sitz in Luxemburg gehört die Regelung von Streitigkeiten zwischen den Mitgliedsstaaten und die verbindliche Auslegung der Verträge. Diese Institution könnte sich ähnlich wie das Oberste Bundesgericht in den USA entwickeln (s. Kap. VIII, A, 2), da die Rechtsprechung der nationalen übergeordnet ist (Vertragsverletzungsverfahren). In einzelnen Politikfeldern hat das Gericht wesentlich zu EU-Regimen beigetragen.[1907] Inzwischen lautet die Einschätzung, dass das Gericht vor allem die Kommission gestärkt hat. Allerdings ist nach dem Maastricht-Vertrag der Widerstand gegen den Gerichtshof stärker geworden.[1908] Die unabhängige Europäische Zentralbank, die nach dem Vorbild der Deutschen Bundesbank errichtet wurde, nimmt seit 1999 die Zuständigkeit für die Aufgaben einer einheitlichen Geldpolitik im Euro-Raum wahr. Sie hat die Zentralbanken der Einzelstaaten in eine Ausführungsfunktion verwiesen.[1909]

Entscheidungen werden in der EU aufgrund von Vorlagen der Kommission durch die nationalen Regierungen im Ministerrat und unter Mitwirkung des Parlaments getroffen. Die Kommission legt großen Wert auf Verständigung im Dialog mit dem Ministerrat. Im Ministerrat erfolgen häufig Zugeständnisse an nationale Regierungen. Hier gibt es z. T. jahrzehntelange Blockaden und schließlich Einigungen auf dem kleinsten gemeinsamen Nenner.[1910] Die häufigsten Blockaden sind dort zu beobachten, wo nach der Einstimmigkeitsregel entschieden wird, z. B. in der Agrar-, der Arbeits- und der Sozialpolitik. Die Abstimmungen zwischen Kommission und Rat erfolgen mit den ständigen Fachbeamten in Ausschüssen, bei Einbindung von Verbandsvertretern (Komitologie[1911]). Diese Ausschüsse werden auch als Implementationsinstanz benutzt, wenn die grundlegenden Entscheidungen gefallen sind. Dadurch wird letztlich die Kommission gestärkt.[1912] Gegenüber der Kommission können weder die nationalen Parlamente noch das Europäische Parlament eine wirksame Kontrolle ausüben. Die Legitimation der Entscheidungen erfolgt im Wesentlichen über den Output.

Die Problemlösungsfähigkeit in den verschiedenen Politikfeldern ist unterschiedlich,[1913] hoch z. B. in der Agrarpolitik sowie im Umweltschutz, niedrig in der makroökonomischen Beschäftigungspolitik bzw. der Steuerpolitik. Aber auch für die Sozialpolitik und die Kulturpolitik werden wichtige Schritte in Richtung Ge-

---

1905 Keating/Hooghe, in: Richardson 1996: 226; Hrbek, in: Straub/Hrbek 1998: 15.

1906 Kohler-Koch/ Knoth, in: Nitschke 1999: 192.

1907 Wallace/ Wallace 42000: 33; Nugent 41999: insb. 276 ff.; Rittberger/ Schimmelpfennig, in: Holzinger u. a. 2005: 60; Knill, in: Holzinger u. a. 2005: 170.

1908 Wallace, in: Kohler-Koch 1996: 154, 156.

1909 Naßmacher, in: Schubert 2005: 482 ff.

1910 Eichener 2000: 323.

1911 Sie werden nicht im Rahmen der 2. und 3. Säule eingeschaltet (Börzel, in Tömmel 2008: 68).

1912 Ebenda: 334; s. a. Wessels, in: Kohler-Koch 1996: 171 ff.

1913 Scharpf 1999: 109; Pfetsch 1997: 169 ff.

meinsamkeiten konstatiert.[1914] Jedenfalls trifft die EU Entscheidungen von beträchtlicher Tragweite.[1915] Diese „Gemeinschaftsgesetze" (Verordnungen bzw. Entscheidungen) setzen in der Gemeinschaft gleiches Recht. Dagegen werden die Mitgliedsstaaten durch die Richtlinien nur angewiesen, Maßnahmen in einer bestimmten Frist zu treffen, die zur Verwirklichung eines von den Gemeinschaften gewünschten Ergebnisses erforderlich sind. Wie dies im einzelnen geschieht, bleibt den Adressaten überlassen. Vor allem durch die Verordnungen wird weitere Integration zur Erosion demokratischer Legitimation.

Dies wird auch von den Gegnern der weiteren Integration hervorgehoben: Sie sehen eine Europäische Union bei Aushöhlung nationalstaatlicher Befugnisse und ohne ausreichende demokratische Legitimation entstehen. Von einer „Europa-Euphorie" kann keine Rede sein.[1916] Darauf deutet der gescheiterte Verfassungsvertrag und Schwierigkeiten bei der Ratifizierung des Lissabon-Vertrages hin. Hier gibt es sowohl Skepsis bei politischen Eliten (zuletzt vor allem in Polen, Großbritannien, Irland und Tschechien), als auch bei der Bevölkerung. Eine Bindung der Bevölkerung besteht noch weit mehr gegenüber ihrer Region und ihrem Nationalstaat als gegenüber der EU.[1917] Bei den Volksabstimmungen über den Verfassungsvertrag und den Vertrag von Lissabon erwies sich die Bevölkerung als Veto-Spieler und verursachte einen Reformstau. Erwartete Wohlstandsverluste sind die wesentlichen Ursachen für die Ablehnungen.[1918] Zur stärkeren Europa-Orientierung könnten auch europäische politische Parteien beitragen.[1919] Seit 2006 sind die nationalen Vertreter in sieben mehr oder weniger heterogenen Fraktionen des Europäischen Parlaments zusammengeschlossen. Eine europäische Öffentlichkeit – wie sie häufig als Voraussetzung für eine weitere Integration gefordert wird – besteht noch nicht.

Die Wirkungen der EU für die Mitgliedstaaten, vor allem die eher zentral regierten, sind gravierend.[1920] Aber auch in den anderen erheben einzelne Teilgebiete (Länder und Regionen) Ansprüche auf mehr Mitwirkung und Neuverteilung von Aufgaben. Dadurch werden Entscheidungsprozesse häufig noch komplizierter. Durch die Anerkennung des Subsidiaritätsprinzips wurde wenigstens erreicht, dass in jedem Einzelfall die Tätigkeit der EU begründet werden muss. Zumindest in Deutschland wurden den Ländern mehr Mitspracherechte eingeräumt.[1921] Jede Übertragung von Hoheitsrechten auf die EU verlangt die Zustimmung des Bundesrates. Nach der Erweiterung der Kooperation im Bereich Inneres und Justiz wirken

---

1914 Landfried 2002; zu einzelnen Politikfelder s. a. Tömmel, in: Grande/ Jachtenfuchs 2000: 165 ff.; Knill, in: Holzinger u. a. 2005: 190 ff.

1915 Börzel, in: Tömmel 2008: 75–79; Bähr u. a., in: Tömmel 2008: 97–101, 107, 112.

1916 Eichener 2000: 338 f.; zur aktuellen Entwicklung s. Eurobarometer-Umfragen.

1917 Zu den Referenden s. Luthardt, in: Steffani/Thaysen 1995, S. 65 ff.; Pfetsch 1997: 112 f.

1918 Wagschal, in: Freitag/Wagschal 2007:41, 56, 66.

1919 Zum juristischen Diskussionsstand Tsatsos/Deinzer 1998; Johansson/ Zervakis 2002.

1920 Schmidt 2005: 761.

1921 Müller-Brandeck-Bocquet, in: Kreile 1992: 173 ff.

Vertreter der Länder in Beratungsgremien des Rates und der Kommission mit. Nachdrücklich wird auch angemahnt, dass der seit 1993 vollendete Binnenmarkt (mit ungehindertem Verkehr von Waren, Personen, Dienstleistungen und Kapital) nicht nur leistungsfähigen Unternehmern dienen dürfe, sondern auch Verbrauchern und Arbeitnehmern Vorteile bringen müßte. Hier gibt die Sozialcharta den Europapessimisten Auftrieb.[1922] Am schwersten wiegt allerdings, dass eine Verantwortungszuordnung für die Ergebnisse der europäischen Politik nicht möglich ist.[1923] Wer die wesentliche Rolle in der Verteidigungspolitik künftig spielen soll, ist bisher zugunsten der NATO entschieden, wobei die EU Mittel der NATO im Rahmen der Europäischen Sicherheits- und Verteidigungspolitik (ESVP) nutzen kann.[1924] Eine weitere Option wäre, das Potential von internationalen Regimen in bereits verregelten oder weiteren Politikbereichen stärker zu nutzen.

3. Regime in Europa und in der Welt

Die Staaten Europas waren zunächst – bedingt durch den Ost-West-Konflikt – in unterschiedliche Regime eingebunden. Ein Beispiel dafür ist das CoCom-Regime (Koordinationsforum für multilaterale Exportkontrollen). Es entstand im Zuge des Kalten Krieges seit 1947, um den Ostblock aus der liberalen Weltwirtschaftsordnung auszugrenzen. Dies sollte insbesondere durch die Beschränkung des Technologietransfers in sozialistische Staaten geschehen, um die technologische und strategische Überlegenheit der USA gegenüber der Sowjetunion fortzuschreiben. Dem CoCom-Regime lag weder ein völkerrechtlich gültiger Vertrag noch eine Vereinbarung der Regierungen zugrunde; es arbeitete vielmehr auf der Basis eines ‚gentlemen's agreement'. Entscheidungen fielen in einer Koordinationsgruppe auf Ministerebene. Die wichtigsten Aufgaben waren die Erstellung von CoCom-Listen, die Begutachtung der beantragten Ausnahmen von diesen Listen und die Koordination bei der Überwachung der Vorschriften. Die Wirksamkeit des Regimes ist nach Ende der 1960er Jahre, als es zu einer Lockerung der Exportkontrollen kam, in Frage gestellt worden.

Mit der Demokratisierung im einstigen Ostblock überwiegen seit 1990 Hilfsmaßnahmen der OECD-Länder für die betroffenen Staaten. Zwar hat die EU einige Anstrengungen unternommen, um durch Abbau von politischen Hemmnissen im Osthandel die Export-Chancen der osteuropäischen Länder zu verbessern. „Sie hat sich aber auch hier den Schutz sensibler Branchen vorbehalten …"[1925] Bei der Konkretisierung der Hilfen spielen der Internationale Währungsfond (IWF)[1926] und die Weltbank die entscheidende Rolle. Die Federführung liegt bei der EU-

1922 Keller 1993: 589.

1923 Scharpf 1999: 22 ff.

1924 Diedrichs, in: Tömmel 2008: 358–360.

1925 Brock, in: Lehmbruch 1995: 242.

1926 Zu den Aufgaben des IWF s. Rittberger/ Zangl 2003: 70–72; 244–253.

Kommission, denn aus der EU kommt das meiste Geld.[1927] Die Orientierung auf Hilfe mit vom Westen vorgegebenen Normen steht dem Aufbau gemeinsamer Erfahrungshorizonte und dem Gefühl der gemeinsam geteilten Situation – die wichtig wäre für die Herausbildung eines Regimes – entgegen. Im Nachfolgeregime des CoCom-Abkommens (Wassenaar-Abkommen) verpflichten sich die meisten nuklearen Anbieter zu einer restriktiven Politik gegenüber dem Iran. Die USA verfolgen also die Eindämmungspolitik weiter.

Ein entgegengesetztes Ziel, die weitgehende Liberalisierung des Handels, haben einigermaßen miteinander vergleichbare Industriestaaten, die sogenannten OECD-Staaten, und Entwicklungsländer im Visier, die im allgemeinen Zoll- und Handelsabkommen (GATT) bzw. seit 1994 als Welthandelsorganisation (WTO; 2007: 150 Staaten) zusammengeschlossen sind. Vorteile, die zwei Handelspartner einem Dritten gewähren, sollen automatisch auf alle Mitgliedsstaaten übertragen werden (Meistbegünstigung) und ein Zollabbau sowie ein Verbot von nichttarifären Handelsbeschränkungen stattfinden. Weiterhin geht es um ein Verbot von Subventionen.

Diese Zielvorstellungen sind jedoch noch keineswegs erreicht. Im Rahmen des GATT blieb es auch möglich, Wirtschaftsgemeinschaften zu bilden (wie EG/EU, APEC (1989), NAFTA (1992) und Mercosur (1995)[1928]), „innerhalb derer eine Liberalisierung stattfand, während nach außen Zollmauern und andere den internationalen Handel hemmende oder lenkende Eingriffe durchaus erlaubt sind."[1929] Auch für krisengefährdete Branchen gibt es nach wie vor Möglichkeiten, Importe auf vielfältige Weise zu beschränken. Denn die handelspolitischen Bestimmungen sind für die Unterzeichnerstaaten nur insofern verbindlich, als sie zum Zeitpunkt der Unterzeichnung nicht mit nationalen Gesetzen in Widerspruch stehen.[1930] Hier können der Textil- und der Agrarbereich als geschützte benannt werden.[1931] Die Mitgliedsstaaten werden allerdings verpflichtet, in immer wiederkehrenden Verhandlungsrunden die Handelshemmnisse zu beseitigen. Die Industrieländer sind zudem angehalten, von den Entwicklungsländern keine Gegenleistung beim Abbau von Handelshemmnissen zu fordern.[1932] Wichtige GATT-Runden waren die Kennedy-Runde (1964–1967), die Tokio-Runde (1973–1979) und die Uruguay-Runde (1986–1993),[1933]

Die Länder der westlichen Welt haben immer mehr nichttarifäre Handelshemmnisse aufgebaut und die WTO müsste in die einzelnen Länder eingreifen, um diese Abschottung zu beseitigen. Die Aufnahme des Ziels „nachhaltige Entwicklung" in

---

1927 Ebenda: 247.

1928 Dabei scheint die Asia-Pacific-Economic Cooperation noch sehr locker, s. d. Aggarwal, in: Dosch/ Mols 2000: 6 ff.

1929 Senghaas, in: von Beyme u. a. 1987, III: 192.

1930 Heiduk, in: Boeckh 1984: 166.

1931 Franzmeyer, in: Opitz ²1993: 183 ff.

1932 Rittberger 21995: 185.

1933 Ebenda: 187.

die Präambel des WTO-Abkommens hat die Handelshemmnisse zugunsten von z. B. Umwelt- und Verbraucherschutz eher verstärkt.[1934] Bei den gefundenen Normen und Regeln bleiben immer auch Interpretationsspielräume offen.[1935] In Streitbeilegungsverfahren wird die Überwachung der festgelegten Regeln überprüft. Die Großmacht USA behielt sich aber z. B. ausdrücklich vor, in Fragen, die das nationale Sicherheitsinteresse berühren, „die Zuständigkeit der WTO und ihre Entscheidungen im Streitfall nicht anzuerkennen."[1936] Inzwischen scheint sich der Streitbeilegungsmechanismus in Richtung eines supranationalen zu entwickeln.[1937] Trotz der aufgezeigten Probleme scheint es so zu sein, dass bei hoher Regelungsdichte, relativ großer Reichweite und trotz geringer Gesamteffektivität für viele Teilbereiche „die Verankerung marktorientierter Ressourcenallokation geschaffen" worden ist.[1938]

Die Organisation hat Anziehungskraft auf weitere Staaten ausgeübt, z. B. auf China, das 2001 Mitglied wurde. Bereits frühzeitig war das GATT zum Brennpunkt für Forderungen aus Entwicklungsländern geworden, die in den Wunsch nach einer neuen Weltwirtschaftsordnung einmündeten.[1939] Auf den Konferenzen in Seattle und Cancun zeigte sich allerdings, dass sich die Erwartungen der Entwicklungsländer bisher nicht erfüllt haben (s. Kap. XVIII, C, 1). Sie konnten allerdings weltweit NGOs als Anwälte ihrer Interessen gewinnen und somit den USA und der EU die Grenzen ihrer Durchsetzungsfähigkeit aufzeigen. Die Industrieländer versuchen demgegenüber, ihr Arbeitsrecht weltweit durchzusetzen, was auf den Widerstand der Schwellenländer stößt. Damit erhoffen sich die Akteure aus den Industrieländern bessere Arbeitsbedingungen in der Dritten Welt und mehr Sicherheit für Arbeitsplätze in den Industrieländern.

Von besonderer Bedeutung für Europa sind nach wie vor Regime, die sich mit Sicherheitsfragen befassen. Hier steht das Problem obenan, die Weiterverbreitung nuklearer Waffen über die Staaten hinaus, die bereits 1967 eine Kernwaffe gezündet hatten (USA, UdSSR, China, Frankreich, Großbritannien) zu verhindern und Abrüstung in Gang zu setzen. Bei der Nichtverbreitungspolitik (Nonproliferation) unterscheidet sich die Interessenlage der Kernwaffenstaaten entscheidend von jener der Nichtkernwaffenstaaten. Dies führte zu einer ungleichen Verregelung innerhalb des Regimes und zu einer relativ schwachen Belastung der Kernwaffenmächte. Diese haben ein Interesse daran, eigene Machtprivilegien zu erhalten. Durch das restriktive Verhalten gegenüber den eigenen Verbündeten ergaben sich jedoch auch erhebliche Spannungen. Obwohl es anfänglich große Vorbehalte gegen das Regime gab, haben sich inzwischen viele Länder zu aktiven und konstruktiven Befürwor-

1934 Pflüger 1999: 14 f.
1935 Ebenda: 189.
1936 Link 1998: 123.
1937 Zürn 2006: 135.
1938 Hüttig, in: Kohler-Koch 1989: 216.
1939 Senghaas, in: von Beyme u. a. 1987, III: 182 ff.

tern entwickelt.[1940] Dies konnte allerdings nicht verhindern, dass zahlreiche mehr oder weniger verdeckte Atommächte entstanden, z. B. Pakistan, Nordkorea, Indien, Iran und Israel. Die Interessenlage der Nichtkernwaffenstaaten ist widersprüchlicher. Einerseits vermindert sich ihre Sicherheit, wenn die Zahl der Kernwaffenbesitzer steigt, andererseits ist der Kernwaffenverzicht zwar kostensparend, wirft aber besonders dann Statusprobleme auf, wenn der Verzicht nicht von einer überwiegenden Zahl der Staaten der Welt mitgetragen wird. Die Probleme der Verlängerung des „Abkommens über die Nichtverbreitung von Atomwaffen" haben gezeigt, dass die unterschiedlichen Vertragspartner, aber auch Atomwaffenstaaten und Nichtatomwaffenstaaten, vertragskonformes bzw. nichtvertragskonformes Verhalten als Mittel der Politik einsetzen, um sonstige Vorteile für das Land zu erlangen.[1941]

Der Vertrag über die Nichtverbreitung von Kernwaffen, seit 1970 in Kraft (Nichtverbreitungsvertrag NVV), verpflichtet dessen Nichtnuklearwaffenstaaten, ihre gesamten nuklearen Aktivitäten den Kontrollen der Internationalen Atomenergie-Organisation (IAEA) als einer autonomen Organisation im Rahmen der Vereinten Nationen zu unterwerfen. Hier geht es vor allen Dingen um das Problem der Exportkontrollen von Gütern sowie um die Konkretisierung und Spezifizierung der Sicherungsnormen. Für Nichtmitgliedsstaaten dieses Vertrages beschränken sich die IAEA-Maßnahmen auf jene nuklearen Anlagen, für die Kontrollabkommen mit der IAEA abgeschlossen worden sind. Alle fünf Jahre findet eine Überprüfungskonferenz statt. Wenn die Kontrollmechanismen auch bestimmte Lücken aufweisen und Sanktionen im Voraus nicht festgelegt sind, so haben sie doch eine gewisse Sicherheit bei Nichtkernwaffenstaaten geschaffen. Stellt die IAEA Verstöße fest, z. B. im Hinblick auf die Verwendung von kernwaffentauglichem Material, kann der UNO-Sicherheitsrat um Sanktionen angerufen werden. Nach dem Zusammenbruch der UdSSR haben die USA sich durch Finanzhilfen bemüht, das Nuklearmaterial der Nachfolgestaaten unter Kontrolle zu bringen.[1942] Probleme bereiten inzwischen der Iran, Nordkorea, Pakistan und Indien. Nun ergibt sich zusätzlich die Gefahr, dass Massenvernichtungswaffen in die Hand terroristischer Gruppen geraten.

Die Überwindung der Blöcke in Europa ist ein weiteres Ziel, an dem seit den späten 1950er und den 1960er Jahren gearbeitet wurde. Funktionalistische Konzepte (s. Kap. XVI, B, 2)[1943] der Friedenssicherung begreifen die europäische Friedensordnung als einen geregelten Prozess intersystemarer Interessenverflechtung, durch den sich allmählich Strukturen herausbilden, in denen eine kollektiv organisierte Gewaltanwendung zwischen den Staaten ausgeschlossen ist. Ein wichtiges Beispiel dafür ist die Konferenz über Sicherheit und Zusammenarbeit in Europa

---

1940 Schaper 1999: 5.
1941 Czempiel 32003: 163.
1942 Krause 1999: 13.
1943 Zellentin, in: Kreile 1992: 62 ff.

(KSZE) (s. a. Kap. XVII, A, 3), inzwischen (seit 1995) OSZE. Mit diesem Regime verband sich die Zielsetzung, eine europäische Sicherheitsarchitektur zu schaffen. Fortschritte dabei erschienen zunächst realistischer als das Ziel, vorhandene Organisationen fortzuentwickeln, z. B. die NATO für Staaten des Ostblocks zu öffnen. Im KSZE-Prozess gelang es schließlich auch, eine Verbindung der politischen, militärischen, ökonomischen und humanitären Dimensionen zu erreichen (Linkage-Politik).[1944] Insgesamt wurde durch das Verhandlungssystem KSZE eine Reihe von Regimen unterschiedlicher Qualität, Reichweite und Verbindlichkeit geschaffen.[1945] Dabei konnten allerdings Prinzipien und Normen oft viel differenzierter ausformuliert werden als die Regeln über Entscheidungsprozeduren. Als Implementationsinstanzen sind überwiegend die Nationalstaaten vorgesehen.

Hier bildeten die Verifikationsbestimmungen des Rüstungskontrollabkommens der Stockholmer Konferenz über Vertrauens- und Sicherheitsbildende Maßnahmen und Abrüstung in Europa (KVAE) von 1986 eine Ausnahme. Die Eindeutigkeit der Regeln für sicherheits- und vertrauensbildende Maßnahmen erlaubt es, Regelabweichungen zu beobachten und festzustellen, wenn nicht gar zu messen. Auf den Folgekonferenzen der KSZE konnten wirksame Schritte in Richtung Abrüstung getan werden, u. a. wurde 1990 in Paris der KSE-Vertrag abgeschlossen, eine Vereinbarung über die Reduktion von konventionellen Streitkräften in Europa.

Dagegen erschienen die Menschenrechtsnormen bis Anfang der 1980er Jahre rein deklaratorisch: Die sozialistischen Staaten lehnten alle Debatten über die mangelhafte Implementierung der Beschlüsse mit dem Argument ab, es handele sich dabei um eine Einmischung in die inneren Angelegenheiten. Aber die „KSZE-Folgetreffen sorgten im Zusammenspiel mit innergesellschaftlichen Bürgerrechtsbewegungen für ein bis dahin im Ost-West-Verhältnis unbekanntes normspezifisches Monitoring der Menschenrechte."[1946] In einer Zwischenstufe schufen diese Menschenrechtsnormen zunächst Rechtfertigungszwänge. So sprachen Ende der 1980er Jahre alle Anzeichen dafür, dass die Menschenrechtsnormen unmittelbare Handlungsanweisungen abgaben. In den Politikfeldern (Zusammenarbeit in Wirtschaft, Wissenschaft und Technik sowie Umwelt) waren die Interessenkonstellationen ohnehin eher komplementär. Allerdings konnte auch hier der Westen ein wenig das Ordnungskonzept des Marktes betonen. Innerhalb des westlichen Lagers bestand jedoch ein Grundkonflikt darin, ob die Wirtschaftsbeziehungen politisch instrumentalisiert werden sollten (Position der USA) oder ob ein „Wandel durch Handel" erreicht werden könne.

Seit 1990 hat sich das Regime zu einer rudimentären Organisation (daher OSZE) weiterentwickelt, und der Prozess zwischen 53 Staaten verstetigt sich. Ein gemeinsames Bekenntnis zu Rechtsstaatlichkeit, pluralistischer Demokratie und Marktwirtschaft hat die unterschiedlichen Vorstellungen von den Herrschaftsfor-

1944 Ropers/Schlotter, in: Kohler-Koch 1989: 323 ff.

1945 Ebenda: 327.

1946 Ropers/Schlotter, in: Kohler-Koch 1989: 331; auch von Bredow 1992: 71.

men in Ost und West abgelöst.[1947] Die OSZE hilft bei Demokratisierungsbemühungen in Osteuropa. Als neue Aufgaben sind die der Prävention sowie die Vermittlung und Nachsorge in Regionalkonflikten hinzugekommen, die nach dem Verfall der UdSSR und auf dem Balkan aufbrachen.[1948] Wie schwierig die Konfliktregulierung in all diesen Krisengebieten ist, zeigt sich nicht nur auf dem Balkan.[1949] Aber die Rolle der OSZE wird auch in Moskau kritisch verfolgt und sie als Instrument des Westens gesehen. Dies zeigte sich bei der Wahlbeobachtung anlässlich der Orangenen Revolution in der Ukraine. Parallel dazu konnte das Forum für Sicherheitskooperation, Rüstungskontrolle und Abrüstung auf Dauer gestellt werden.

Perspektivisch ergibt sich die Frage, wie in Zukunft ein Zusammenwirken der Organisationen und Regime denkbar ist. Die KSZE/OSZE wurde quasi[1950] zur Regionalorganisation der UNO weiterentwickelt. Solche Aufgaben hatten bereits die OAS (Organisation Amerikanischer Staaten), die OAU (Organisation Afrikanischer Staaten, inzwischen AU)[1951] und die Liga der Arabischen Staaten. Ihre Rolle gegenüber den anderen Organisationen in Europa müsste geklärt werden.

Literatur

(Im **Fettdruck** besonders wichtige Titel zum Thema des Kapitels)

Aggarwal, Vinod (2000): Withering AFEC? The Search for an Institutional Role, in: Dosch, Jörn/ Mols, Manfred (2000): International Relations in the Asia-Pacific, S. 6–24.

Algieri, Franco/Rometsch, Dietrich (1994): Europäische Union und organisierte Interessen, in: Eichener/Voelzkow, S. 131–150.

Bähr, Holger u. a. (2008): Von der Hierarchie zu Kooperation? Zur Entwicklung der Governance-Formen in zwei regulativen Politikfeldern, in: Tömmel, S. 92–115.

Beyme, Klaus von u. a. (Hrsg.) (1987): Politikwissenschaft, Band III: Außenpolitik und Internationale Politik, Stuttgart u. a.

Börzel, Tanja (2006): European Governance – nicht neu aber anders, in: Schuppert, Folke (Hrsg.): Governance Forschung, Baden-Baden, 2. Aufl., S.72–94.

Börzel, Tanja A. (2008): European Governance – Verhandlungen und Wettbewerb im Schatten der Hierarchie, in: Tömmel, S. 61–91.

Bredow, Wilfried von (1992): Der KSZE-Prozeß, Darmstadt.

Bredow, Wilfried von (1994): Turbulente Welt-Ordnung, Stuttgart u. a.

Breitmeier, Helmut u. a. (2007): The International Regimes Database: Architecture, Key Findings, and Implications for the Study of Environmental Regimes, in: Jacob, Klaus u. a. (Hrsg.): Politik und Umwelt, Wiesbaden, S. 41–59.

1947 Schlotter, in: Kohler-Koch/Woyke 1996b: 204.
1948 Schlotter 1996a: 29 f.; Tudyka 1997: 10 f.; Hubel 2005: 182–184.
1949 S. d. Czempiel 1999: 112; Wenig, in: Lutz/Tudyka 1999/2000: 91 ff.
1950 Schlotter, in: Ferdowsi 2002: 298.
1951 Kern 2001: 56 ff., insb. 57, 65 ff.

Brettschneider, Frank u. a. (Hrsg.) (2003): Europäische Integration in der öffentlichen Meinung, Opladen.

Brock, Lothar (1995): Die EU im neuen Ost-West-Verhältnis, in: Lehmbruch, Gerhard (Hrsg.): Einigung und Zerfall: Deutschland und Europa nach dem Ende des Ost-West-Konflikts, Opladen, S. 239–258.

Bühl, Walter L. (1978): Transnationale Politik, Stuttgart.

Claude, Inis (1955): Swords into Plowshares, New York.

Czempiel, Ernst-Otto (Hrsg.) (1969): Die anachronistische Souveränität, Opladen (PVS Sonderheft 1).

Czempiel, Ernst-Otto (1975): Friede und Konflikt in den internationalen Beziehungen, in: Haftendorn, S. 89–113.

Czempiel, Ernst-Otto (1986): Friedensstrategien, Paderborn.

Czempiel, Ernst-Otto (1995): Aktivieren, reformieren, negieren? Zum 50jährigen Bestehen der Vereinten Nationen, in: APUZ, B 42, S. 36–45.

Czempiel, Ernst-Otto (1999): Kluge Macht, München.

Czempiel, Ernst-Otto (2003): Weltpolitik im Umbruch, München, 3. Aufl.

Daase, Christopher/Engert, Stefan (2008): Global Security Governance: Kritische Anmerkungen zur Effektivität und Legitimität neuer Formen der Sicherheitspolitik, in: Schuppert, Gunnar Folke/Zürn, Michael (Hrsg.): Governance in einer sich wandelnden Welt, PVS-Sonderheft 41, Wiesbaden.

Deutsch, Karl W. (1971): Die Analyse internationaler Beziehungen, Frankfurt a. M.

Diedrichs, Udo (2008): Neue Dynamik in der europäischen Außen- und Sicherheitspolitik, in: Tömmel, S. 343–364.

Earnshaw, David/ Judge, David (1996). From Co-operation to Co-decision: The European Parliament's Path to Legislative Power, in: Richardson, Jeremy J. (Hrsg.): European Union, London und New York, S. 96–126.

Efinger, Manfred u. a. (1990): Internationale Regime und internationale Politik, in: Rittberger, S. 263–285.

Eichener, Volker/Voelzkow, Helmut (Hrsg.) (1994): Europäische Integration und verbandliche Interessenvermittlung, Marburg.

Eichener, Volker (2000): Das Entscheidungssystem der Europäischen Union, Opladen.

Eising, Rainer/ Kohler-Koch, Beate (2004): Interessenpolitik in Europa, Baden-Baden.

Etzioni, Amitai (1965): Political Unification, New York.

Ferdowsi, Mir A. (Hrsg.) (2002): Internationale Politik im 21. Jahrhundert, München.

Ferdowsi, Mir A./Opitz, Peter J. (1987): Macht und Ohnmacht der Vereinten Nationen, München u. a.

Filzmaier, Peter u. a. 2006: Internatinale Politik, Wien.

Franzmeyer, Fritz (1993): Handel, in: Opitz, Peter J. (Hrsg.): Grundprobleme der Entwicklungsländer, München, 2. Aufl., S. 176–193.

Fuchs, Dieter (2003): Das Demokratiedefizit der Europäischen Union und die politische Integration Europas: Eine Analyse der Einstellungen der Bürger in Westeuropa, in: Brettschneider u. a., S. 29–56.

Grande, Edgar (2000): Multi-level Governance: Institutionelle Besonderheiten und Funktionsbedingungen des europäischen Mehrebenensystems, in: Grande/ Jachtenfuchs, S. 11–30.

Grande, Edgar/ Jachtenfuchs, Markus (Hrsg.) (2000): Wie problemlösungsfähig ist die EU?, Regieren im europäischen Mehrebenensystem, Baden-Baden.

Haas, Ernst B. (1968): Beyond the Nation State, 2. Aufl.

Haftendorn, Helga (Hrsg.) (1975): Theorie der Internationalen Politik, Hamburg.

Hasenclever, Andreas u. a. (1997): Theories of International Regimes, New York.

Heiduk, Günter (1984): GATT, in: Boeckh, Andreas (Hrsg.) (1984): Internationale Beziehungen, München und Zürich, S. 166–172.

Heinelt, Hubert u. a. (2005): Zivilgesellschaftliche Partizipation im EU-Mehrebenensystem: ein Vergleich von Umwelt- und Verbraucher, in: Knoth, Michele/Finke, Barbara (Hrsg.) (2005): Europäische Zivilgesellschaft. Konzepte, Akteure, Strategien, Wiesbaden, S. 273–298.

Holzinger, Katharina (2005): Institutionen und Entscheidungsprozesse, in: Holzinger u. a., S. 81–152.

Holzinger, Katharina u. a. (2005): Die Europäische Union, Theorien und Analysekonzepte, Paderborn u. a.

Hrbek, Rudolf (1995): Der Vertrag von Maastricht über die Europäische Union: Entstehung, Inhalt, Probleme und Kontroversen, in: Klatt, Hartmut (Hrsg.): Das Europa der Regionen nach Maastricht, München, S. 11–24.

Hrbek, Rudolf (1996): Wirtschafts- und Sozialausschuss, in: Kohler-Koch/Woyke, S. 299–301.

Hrbek, Rudolf (1998): Die europäische Rolle der Landes- und Regionalparlamente, eine Einführung, in: Straub, Peter/ Hrbek, Rudolf (Hrsg.): Die europäische Rolle der Landes- und Regionalparlamente, Baden-Baden, S. 11–18.

Hubel, Helmut (2005): Weltpolitische Konflikte, Baden-Baden.

Hüfner, Klaus (1986): Die Vereinten Nationen und ihre Sonderorganisationen, Bonn.

Hüttig, Christoph (1989): Grenzüberschreitender Datenverkehr, in: Kohler-Koch, S. 203–224.

Huntington, Samuel (1993): The Clash of Civilizations, in: Foreign Affairs, Summer, S. 22–49.

Jachtenfuchs, Markus/Kohler-Koch, Beate (Hrsg.) (1996): Europäische Integration, Opladen.

Johansson, Karl Magnus/ Zervakis, Peter (Hrsg.) (2002): European Parties between Cooperation and Integration, Baden-Baden.

Keating, Michael/ Hooghe, Liesbet (1996): Bypassing the Nation State? Regions and the EU Political Process, in: Richardson, Jeremy J. (Hrsg.): European Union, London und New York, S. 216–229.

Keller, Berndt (1993): Die soziale Dimension des Binnenmarktes. Zur Begründung einer euro-pessimistischen Sicht, in: PVS, S. 588–612.

Kern, Reiner (2002): Global Governance durch UN und Regionalorganisationen. OAU und OSZE als Partner der Weltorganisation beim Konfliktmanagement, Baden-Baden.

Kohler-Koch, Beate (1989): Zur Empirie und Theorie internationaler Regime, in: Kohler-Koch, S. 17–85.

Knill, Christoph (2005): Die EU und die Mitgliedstaaten, in: Holzinger u. a., S. 153–180.

Kohler-Koch, Beate (Hrsg.) (1989): Regime in den internationalen Beziehungen, Baden-Baden.

Kohler-Koch, Beate (1992): Interessen und Integration, in: Kreile, S. 81–119.

Kohler-Koch, Beate (Hrsg.) (2003): Linking EU and National Governance, Oxford.

Kohler-Koch, Beate/ Knodt, Michele (1999): Regionales Regieren in der EU: Befunde eines empirisch vergleichenden Projektes, in: Nitschke, Peter (Hrsg.): Die Europäische Union der Regionen, Opladen 1999, S. 167–194.

Kohler-Koch, Beate/ Woyke, Wichard (Hrsg.) (1996): Die Europäische Union, München.

Kreile, Michael (Hrsg.) (1992): Die Integration Europas, Opladen (PVS Sonderheft 23).

Krause, Joachim (1999): Die Nichtverbreitungspolitik der USA unter Präsident Clinton, in: APUZ, B 50–51, S. 10–17.

Krosigk, Friedrich von (1978): Multinationale Unternehmen und die Krise in Europa, Königstein/Ts.

Kühne, Winrich (1995): Die neuen Vereinten Nationen, in: Kaiser, Karl/ Schwarz, Hans-Peter (Hrsg.): Die neue Weltpolitik, Bonn, S. 372–383.

Laffan, Brigid (1999): Democracy and the European Union, in: Cram, Laura u. a. (Hrsg.): Developments in the European Union, Houndsmills u. a., S. 330–349.

Landfried, Christine (2002): Das politische Europa. Differenz als Potential der Europäischen Union, Baden-Baden.

Liebert, Ulrike u. a. (Hrsg.) (2003): Verfassungsexperiment. Europa auf dem Weg zur transnationalen Demokratie? Münster u. a.

Link, Werner (1998): Die Neuordnung der Weltpolitik, München.

Link, Werner (2001): Die Neuordnung der Weltpolitik, München, 3. Aufl.

Luthardt, Wolfgang (1995): Die Referenda zum Vertrag von Maastricht, in: Steffani, Wilfried/Thaysen, Uwe (Hrsg.): Demokratie in Europa: Zur Rolle der Parlamente, Opladen, S. 65–84.

Matthies, Volker (1998): „Erfolgsgeschichten" friedlicher Konfliktbearbeitung, in: APUZ, B 16–17, S. 13–22.

Maurer, Andreas u. a. (2003): National Systems' Adaption to the EU System: Trends, Offers and Constraints, in: Kohler-Koch, S. 53–81.

Messner, Dirk/ Nuscheler, Franz (Hrsg.) (1996): Weltkonferenzen und Weltbericht, Bonn.

Meyers, Reinhard (1991): Grundbegriffe, Strukturen und theoretische Perspektiven der internationalen Beziehungen, in: Bundeszentrale für politische Bildung (Hrsg.): Grundwissen Politik, Bonn, S. 220–316.

Morgenthau, Hans J. (1963): Macht und Frieden, Gütersloh.

Müller, Harald (1989): Regimeanalyse und Sicherheitspolitik: Das Beispiel Nonproliferation, in: Kohler-Koch, S. 277–313.

Müller-Brandeck-Bocquet, Gisela (1992): Europäische Integration und deutscher Föderalismus, in: Kreile, S. 160–182.

Müller-Brandeck-Bocquet, Gisela (1997): Der Amsterdamer Vertrag zur Reform der Europäischen Union, in: APUZ, B 47, S. 21–29.

Müller-Brandeck-Bocquet, Gisela (1999): Der Mercosur: Partner für die Europäische Union, in: ZfP, S. 27–46.

Naßmacher, Karl-Heinz (1972): Demokratisierung der Europäischen Gemeinschaften, Bonn.

Naßmacher, Karl-Heinz (1979): Politikwissenschaft II, Düsseldorf, 2. Aufl.

Naßmacher, Karl-Heinz (2005): Zentralbanken, in: Schubert, Klaus (Hrsg.): Handwörterbuch des ökonomischen Systems der Bundesrepublik Deutschland, Wiesbaden, S. 482–487.

Neunreither, Karlheinz (1996): Europäisches Parlament, in Kohler-Koch/Woyke, S. 108–113.

Noack, Paul (1981): Internationale Politik, München, 5. Aufl.

Nugent, Neill (1999): The Government and Politics of the European Union, Houndmills u. a., 4. Aufl.

Oberthür, Sebastian/Ott, Hermann E. (2000): Das Kyoto-Protokoll. Internationale Klimapolitik für das 21. Jahrhundert, Opladen.

Opitz, Peter J. (1987a): Das System kollektiver Sicherheit vor neuen Herausforderungen, in: Ferdowsi/Opitz, S. 1–12.

Opitz, Peter J. (1987b): Die Vereinten Nationen im Wandel: Struktur- und Funktionsveränderungen, in: Opitz/Rittberger, S. 45–76.

Opitz, Peter J./Rittberger, Volker (Hrsg.) (1987): „Forum der Welt". Vierzig Jahre Vereinte Nationen, Bonn.

Pawelka, Peter (1974): Vereinte Nationen und strukturelle Gewalt, München.

Pijl, Kees van der (1996): Vordenker der Weltpolitik, Opladen.

Pfetsch, Frank R. (1997): Die Europäische Union. Eine Einführung, Paderborn.

Pflüger, Michael (1999): Umweltpolitik und Welthandelsordnung. Konfliktfelder und Lösungsansätze, in: APUZ, B 46–47, S. 13–21.

Pradetto, August (1999): Die NATO, Humanitäre Intervention und Völkerrecht, in: APUZ, B 11, S. 26–98.

Rabehl, Thomas (Hrsg.) (2000): Das Kriegsgeschehen 1999, Opladen.

Raich, Silvia (1994): Grenzüberschreitende und internationale Zusammenarbeit in einem „Europa der Regionen", Baden-Baden.

Rittberger, Berthold/ Schimmelpfennig, Frank (2005): Integrationstheorien. Entstehung und Entwicklung der EU, in: Holzinger u. a., S. 19–80.

Rittberger, Volker (Hrsg.) (1990): Theorien der Internationalen Beziehungen, Opladen (PVS Sonderheft 21).

Rittberger, Volker (1991): Zur Politik Deutschlands in den Vereinten Nationen, in: APUZ, B 36, S. 14–24.

Rittberger, Volker (1995): Internationale Organisationen, Opladen, 2. Aufl.

Rittberger, Volker/Zangl, Bernhard (2003): Internationale Organisationen. Politik und Geschichte, Opladen, 3. Aufl.

Ropers, Norbert/Schlotter, Peter (1989): Regimeanalyse und KSZE-Prozeß, in: Kohler-Koch, S. 315–342.

Schäfer, Michael (1987): Die Friedensfunktion der Vereinten Nationen, in: Ferdowsi/Opitz, S. 199–220.

Schaper, Annette (1999): Nukleare Rüstungskontrolle und Abrüstung, in: APUZ, B 50–51, S. 3–9.

Scharpf, Fritz W. (1999): Regieren in Europa: Effektiv und demokratisch? Frankfurt a. M. und New York.

Schlotter, Peter (1996a): Die Mühen der stillen Diplomatie. Konfliktprävention und Krisenmanagement durch die OSZE, in: APUZ, B 5, S. 27–31.

Schlotter, Peter (1996b): Organisation für Sicherheit und Zusammenarbeit in Europa – OSZE, in: Kohler-Koch/Woyke, S. 203–208.

Schlotter, Peter (2002): OSZE – Von „Kollektiver Sicherheit" zum „Dienstleistungsbetrieb", in: Ferdowsi, S. 293–308.

Schmidt, Vivian A. (2005): Democracy in Europe: The Impact of European Integration, in: Perspectives of Politics, 3 (2005) 4, S. 761–779.

Senghaas, Dieter (1987): Internationale Regime, in: von Beyme u. a., III, S. 180–216.

Tömmel, Ingeborg (1994): Interessenartikulation und transnationale Politikkooperation, in: Eichener/Voelzkow, S. 263–281.

Tömmel, Ingeborg (2000): Jenseits von regulativ und distributiv: Policy-Making der EU und die Transformation von Staatlichkeit, in: Grande/ Jachtenfuchs, S. 165–187.

Tömmel, Ingeborg (2008): Governance und Policy-Making im Mehrebenensystem der EU, in: Tömmel, S. 13–35.

Tömmel, Ingeborg (Hrsg.) (2008): Die Europäische Union. Governance und Policy-Making, Wiesbaden (PVS Sonderheft 40).

Tsatsos, Dimitries T./Deinzer, Gerold (Hrsg.) (1998): Europäische Politische Parteien, Baden-Baden.

Tudyka, Kurt P. (1997): Das OSZE Handbuch, Opladen.

Vierlich-Jürcke, Katharina (1998): Der Wirtschafts- und Sozialausschuss der Europäischen Gemeinschaften, Baden-Baden.

Voigt, Rüdiger (1999/2000): Globalisierung des Rechts. Entsteht eine „Dritte Rechtsordnung"? in: Voigt, Rüdiger (Hrsg.): Globalisierung des Rechts, Baden-Baden, S. 13–36.

Volger, Helmut (1995): Zur Geschichte der Vereinten Nationen, in: APUZ, B 42, S. 3–12.

Volger, Helmut (Hrsg.) (2000): Lexikon der Vereinten Nationen, München und Wien.

Wagschal, Uwe (2007): Direktdemokratie und europäische Integration, in: Freitag, Markus/ Wagschal, Uwe: Direkte Demokratie. Bestandsaufnahme und Wirkungen im internationalen Vergleich, Berlin, S. 41–70.

Wallace, Helen (1996): Die Dynamik des EU-Institutionengefüges, in: Jachtenfuchs/ Kohler-Koch, S. 141–164.

Wallace, Helen/ Hayes-Renshaw, Fiona (1996): Ministerrat, in: Kohler-Koch/Woyke, S. 195–198.

Wallace, Helen/ Wallace, William (Hrsg) (2000): Policy Making in the European Union, Oxford, 4. Aufl.

Wartjen, Andreas/Wonka, Arndt (Hrsg.) (2004): Government in Europe. The Role of Interest Groups, Baden-Baden.

Wenig, Marcus (1999/2000): Wo die Kosovo-Mission an ihre Grenzen stieß, in: Lutz, Dieter F./ Tudyka, Kurt T. (Hrsg.): Perspektiven und Defizite der OSZE, Baden-Baden, S. 81–90.

Wessels, Wolfgang (1984): Europäischer Rat, in: Woyke, S. 330–336.

Wessels, Wolfgang (1996): Verwaltung im EG-Mehrebenensystem: Auf dem Weg zur Megabürokratie? in: Jachtenfuchs/Kohler-Koch, S. 165–192.

Westle, Bettina (2003): Universalismus oder Abgrenzung als Komponente der Identifikation mit der Europäischen Union?, in: Brettschneider u. a., S. 115–152.

Wolf-Niedermaier, Anita (1997): Der Europäische Gerichtshof zwischen Recht und Politik: Der Einfluß des EuGH auf die föderale Machtbalance zwischen der Europäischen Gemeinschaft und ihren Mitgliedstaaten, Baden-Baden.

Wolfrum, Rüdiger (1991): Die Aufgaben der Vereinten Nationen im Wandel, in: APUZ, B 36, S. 3–13.

Woyke, Wichard (Hrsg.) (1984): Europäische Gemeinschaft, München und Zürich.

Woyke, Wichard (1996): Europäische Gemeinschaften, in: Kohler-Koch/Woyke, S. 75–76.

Zangl, Bernhard (2002):Humanitäre Intervention, in: Ferdowsi, S. 105–122.

Zellentin, Gerda (1962): Der Wirtschafts- und Sozialausschuss der EWG und der EURATOM, Leiden.

Zellentin, Gerda (1992): Der Funktionalismus – eine Strategie gesamteuropäischer Integration?, in: Kreile, S. 62–77.

Zürn, Michael (1989): Das Cocom-Regime, in: Kohler-Koch, S. 105–149.

Zürn, Michael (1998): Gesellschaftliche Denationalisierung und Regieren in der OECD-Welt, in: Kohler-Koch, Beate (Hrsg.): Regieren in entgrenzten Räumen, Opladen, S. 91–120.

Zürn, Michael (2006): Global Governance, in: Schuppert, Folke (Hrsg.): Governance Forschung, Baden-Baden, 2. Aufl., S. 121–146.

Fünfter Teil: Entwicklung der Politikwissenschaft

Kapitel XX: Politik als Gegenstand einer Wissenschaft

Der Versuch, die Situation der Politikwissenschaft in Deutschland zu skizzieren, muss unterschiedliche Traditionslinien berücksichtigen. Die Etablierung als selbständiges Fach an den deutschen Universitäten begann im Westen nach dem Ende des Zweiten Weltkrieges,[1952] im Osten nach dem Vollzug der deutschen Einheit. Der Aufbau des Faches in den neuen Bundesländern ist stark von der westdeutschen Politikwissenschaft beeinflusst worden. Diese blickt auf eine z. T. stürmische Entwicklung zurück.

Die vorherrschende Ausrichtung des Faches in einzelnen Zeitabschnitten lässt sich in unterschiedlicher Weise nachzeichnen. Zunächst unterliegt die Bearbeitung politikwissenschaftlicher Forschungsgegenstände einem Wandel. Dieser wurde häufig als reine Modeerscheinung abgetan, der Generationenfolge zugeschrieben oder der Tatsache, dass politische Ereignisse und gesellschaftliche Entwicklungsprozesse neue Ansätze bedingen.[1953] Tatsächlich handelt es sich aber auch um das Problem, dass bei erfahrungskontrollierter oder empirischer Forschung nur jeweils spezifische Zusammenhänge betrachtet werden können. Damit ist eine Ausdifferenzierung der Forschungsinteressen verbunden, die als *Paradigmenwechsel* in der empirisch-analytischen Politikforschung besonders deutlich wird. Neben dem empirisch-analytischen Vorgehen gibt es noch zwei weitere *Schulen*, deren Auseinandersetzung über längere Zeit gerade die deutsche Politikwissenschaft geprägt hat. Den äußeren Rahmen für die fachinterne Entfaltung wissenschaftstheoretischer Entwürfe, inhaltlicher Arbeitsschwerpunkte und methodischer Vielfalt schuf die Etablierung des Faches als *Hochschuldisziplin*.

A) Politikwissenschaft als Hochschulfach

Heute kann die Politikwissenschaft in den wissenschaftlichen Hochschulen als konsolidierter und eigenständiger Teilbereich der Sozialwissenschaften gelten. Die Identitätskrise der 1970er Jahre scheint überwunden. Wenn auch immer noch einzelne politikwissenschaftliche Einführungslehrbücher einen Pluralismus der Politikbegriffe sehen, so lässt sich doch feststellen, dass in der Forschungspraxis ein Konsens darüber herrscht, was Politik ist und welche Phänomene abgedeckt wer-

1952 Zur Entwicklung der Politikwissenschaft in ausgewählten Ländern s. Lietzmann/Bleek 1996; Eisfeld u. a., in: Eisfeld 1996: 1 ff.; zu den USA und Frankreich s. Hartmann 2003.

1953 Von Beyme, in: Nohlen/Schultze 1985: 785; Faul 1979: 74 f., 85; Massing 1980: 190.

den sollen. Die Behauptung, Politikwissenschaft sei immer noch auf der Suche nach ihrem Gegenstand, scheint abwegig. Bevor Aufbau und Ausbau der Politikwissenschaft an den deutschen Universitäten skizziert werden, soll kurz auf verschiedene Vorläufer politikwissenschaftlicher Arbeit in Deutschland eingegangen werden.

1. Vor- und Frühgeschichte (bis 1945)

Die deutsche Politikwissenschaft ist natürlich nicht aus dem Nichts entstanden. Nicht so weit wie Bechtholdt/Mogg gehen andere Autoren zurück. Sie betonen nämlich, dass die Politikwissenschaft in Deutschland eine jahrhundertelange akademische Tradition habe, die allerdings zu Beginn des 19. Jahrhunderts vollständig abgebrochen sei.[1954] „An den meisten deutschen spätmittelalterlichen Universitäten besaß die Politik, genauer: die aristotelische politische Theorie, im Lehrprogramm einen festen Platz."[1955] In Wien, Prag und Heidelberg war das Lehrprogramm Ende des 14. Jahrhunderts sogar verbindlich für einige Studiengänge. Der Aufstieg des Territorialstaates in Deutschland im 16. und 17. Jahrhundert führte zu einer Stärkung der Politikwissenschaft, insbesondere an den protestantischen Universitäten. Der frühprotestantische Staat war nach seinem Selbstverständnis eine auf den Landesfürsten zugeschnittene christliche Politie im aristotelischen Sinne (s. Kap. XIII, C, 2). Zur Lösung der neuen Probleme der Territorialstaaten in der frühen Neuzeit nach der langsamen Auflösung der mittelalterlichen Rechts- und Ständeordnung konnte die aristotelische Politik nicht viel beitragen. Die Territorialstaaten lösten ihre Probleme durch eine sich langsam ausdehnende Gesetzgebung, die sogenannten „Polizeiordnungen". Diese wurden im 16. und 17. Jahrhundert durch eine „Polizeiliteratur" begleitet, die die ganze innere Politik des deutschen Territorialstaates beschrieb. Parallel zu den Polizeiordnungen wurde auch die Verwaltung im Territorialstaat ausgebaut. Zur Bewältigung der Bewirtschaftungsprobleme im modernen Staat kam es zum Aufbau von kameralistischen Akademien. Hier wurde dann eine neue, auf die politischen Bedürfnisse des fürstlichen Territorialstaates zugeschnittene Politikwissenschaft in der Dreiheit von Ökonomie, Polizei und Kameralistik im engeren Sinne entwickelt. Erst im 19. Jahrhundert kam es zu einem Bruch dieser Tradition.[1956]

Die Gegenstandsbereiche, mit denen sich heute die Politikwissenschaft befasst, wurden in der zweiten Hälfte des 19. Jahrhunderts durch die Nationalökonomie, die Geschichtswissenschaft, die sich etablierende Soziologie und die Staatslehre bearbeitet. Das bereits vorher vorhandene fachliche Profil ging wieder verloren.[1957] Nach dem Ersten Weltkrieg gab es dann einen ernsthafteren Vorläufer der Fachwissenschaft. Es handelte sich um die Deutsche Hochschule für Politik in Berlin.

1954 Bechtholdt/Mogg 1971: 54; s. a. Maier, in: Lietzmann/Bleek 1996: insb. 6–11.
1955 Bechtholdt/Mogg 1971: 54.
1956 Ebenda: 55 ff.; Maier, in: Lietzmann/Bleek 1996: 14 f.
1957 Göhler, in: Göhler/Zeuner 1991: 8.

Dieser einzige institutionalisierte Vorläufer bundesdeutscher Politikwissenschaft ist inzwischen ins Zwielicht geraten, weil hier keineswegs eine klare Abgrenzung zum Nationalsozialismus vollzogen wurde.

Die Deutsche Hochschule für Politik hatte in der Weimarer Zeit die Aufgabe, durch Aus- und Weiterbildung zum Aufbau und zur Stärkung der neuen demokratisch verfassten Republik beizutragen.[1958] Herrschende Meinung war lange Zeit, dass die Deutsche Hochschule für Politik es abgelehnt hätte, sich dem Nationalsozialismus zur Verfügung zu stellen.[1959] Dies scheint, aufgrund von inzwischen vorliegenden Arbeiten, zumindest geschönt. In den 1920er Jahren habe sich ein „national-oppositionelles" Wissenschaftsprogramm durchgesetzt, das 1927–32 auch an der Hochschule für Politik Fuß fasste. Die Inhalte waren u. a. durch Begriffe des ganzheitlichen Volkes, des organisch-berufständischen Staates sowie des politischen Führertums zu beschreiben. Die Abkehr vom Prinzip des Mehrparteienstaates wurde bei einigen Repräsentanten deutlich. Schließlich habe die Deutsche Hochschule für Politik auch noch im Zuge der einsetzenden Gleichschaltung eine Rolle bei der Schulung im Sinne der NS-Ideologie gespielt, wobei durchaus eine Selbstgleichschaltung des Faches erkennbar wurde.[1960]

Die wissenschaftliche Einschätzung der Hochschule geht allerdings auseinander. Während Kastendiek von einer Akademisierung der Hochschule für Politik Ende der 1920er Jahre ausging,[1961] wurde diese These von Lehnert bereits bestritten und statt dessen – parallel zu den für die Deutsche Hochschule für Politik konstitutiven Parteien – auch ein richtungsspezifischer Themenproporz ausgemacht. Eine Hinwendung zum konservativen und deutsch-nationalen Spektrum unter den Lehrenden wurde herausgearbeitet.[1962] Die Hochschule wird also – im Gegensatz zu Kastendiek und ähnlich wie von Eisfeld – eher im zeitgenössischen Handlungskontext verortet.[1963]

Ende der 1920er Jahre dominierte an der Deutschen Hochschule für Politik die Auslandswissenschaft. Diese wurde auf der Basis des Volkskundegedankens zunächst als Auslandskunde betrieben[1964] und mündete dann als „pervertierte Fortführung in der NS-‚Auslandswissenschaft' im Rahmen einer auslandswissenschaftlichen Fakultät der Universität in Berlin ein".[1965] Ziel war „die Ausbildung wissenschaftlich oder politisch tätiger Kenner der einzelnen Gebiete des Auslandes und der außenpolitischen Beziehungen."[1966]

1958 Göhler, in: Göhler/Zeuner 1991: 17.
1959 Eisfeld 1991: 11.
1960 Ebenda: 16 f., 19.
1961 Kastendiek 1977: 136.
1962 Lehnert, in: Göhler/Zeuner 1991: 66, 68 f.
1963 Söllner, in: Göhler/Zeuner 1991: 43.
1964 Lehnert, in: Göhler/Zeuner 1991: 66.
1965 Ebenda: 92.
1966 Haiger, in: Göhler/Zeuner 1991: 120.

Eisfeld bestreitet deshalb auch einen völligen Neuanfang nach 1945. Göhler versucht die Frage der Kontinuität oder des Neuanfangs an einzelnen Indikatoren festzumachen. Neben der institutionellen Kontinuität (Deutsche Hochschule für Politik) zieht er die personelle, die funktionale und die durch Traditionen vermittelte Kontinuität in Betracht.[1967] Personalisiert wird die Kontinuität nach Eisfeld insbesondere in der Person Bergsträssers, des Begründers der Freiburger Schule.[1968] In diesem Zusammenhang sind aber auch die vielen Wissenschaftler zu nennen, die durch das nationalsozialistische System zur Emigration gezwungen worden waren und nach dem Krieg zum Neuaufbau des Faches beitrugen. Im Hinblick auf die funktionale Kontinuität lassen sich ebenfalls Gemeinsamkeiten feststellen: Wie die Deutsche Hochschule für Politik in der Weimarer Zeit hatte die Politikwissenschaft nach dem Zweiten Weltkrieg die Funktion der Erziehung zur Demokratie. In der ehemaligen DDR diente das Fach Marxismus-Leninismus zur Indoktrination der Studenten im Sinne der Staatsziele. Allenfalls einzelne von diesem Fach bearbeitete Themen lassen sich der Politikwissenschaft zurechnen. So existierte z. B. eine Friedensforschung, es gab Studien zu den internationalen Beziehungen und zur Arbeiterbewegung.[1969] Die folgende Entwicklung des Faches läßt sich in unterschiedliche Phasen einteilen.[1970]

2. Aufbau und Ausbau (1949–1972)

Obwohl die Politikwissenschaft Einsichten einbezieht, die eher der antiken Philosophie oder einer vergleichenden Rechtsgeschichte entstammen, ist das Fach als selbständiger Wissenschaftszweig also ein Kind der Moderne, ja des 20. Jahrhunderts. In Deutschland etablierte sich die Politikwissenschaft sogar erst in der zweiten Hälfte. Ein Wissenschaftszweig, der weder durch ein entsprechendes Fach an den allgemeinbildenden Schulen (wie Mathematik, Physik, Chemie, Biologie oder Geschichte und die verschiedenen Philologien) noch durch deutlich abgesteckte Berufsperspektiven seiner Absolventen (wie Medizin und Theologie oder Rechts-, Ingenieur- und Wirtschaftswissenschaften) als hochschulfähig legitimiert ist, braucht für seine Etablierung in allen deutschen Universitäten und vielen anderen Hochschulen gute Gründe oder mächtige Freunde. Nach 1945 hatte die Politikwissenschaft in (West-)Deutschland beides.

Nach dem Zweiten Weltkrieg sollte die wissenschaftliche Grundlegung der politischen Bildung in Deutschland Ziel sein, um solche Katastrophen mit verhindern zu helfen,[1971] also Re-Education. An den Universitäten schien politische Bildung zunächst im „Studium Generale“ auf.[1972] Politikwissenschaft sollte durch For-

1967 Göhler, in: Göhler/Zeuner 1991: 12.
1968 Eisfeld 1991: 169; zur Kritik s. Bleek 2001: 263. 291.
1969 Göhler, in: Göhler/Zeuner 1991: 22.
1970 Zum Vergleich unterschiedlicher Zuordnungen s. Arendes 2005: 86 ff.
1971 Arndt 1978: 6.
1972 Mohr 1988: 29 ff.

schung, Lehre, Bildung und Ausbildung mithelfen bei der Grundlegung, Entfaltung, Pflege und Wahrung von Staatsbürgergesinnung und Demokratieverständnis,[1973] sie ist also ein „politisches Kind".[1974] Trotz ausländischen Engagements kann aber nicht von einem Oktroi gesprochen werden. Das Fach wurde den deutschen Behörden und Hochschulen keineswegs aufgezwungen. Der deutsche Gründerkreis arbeitete die Inhalte und die einzelnen Schritte selbst aus. Er war dabei durchaus eigenständig. Die Anstöße aus Amerika fanden aktive Aufnahme durch deutsche Behörden und Fachgelehrte.[1975] Bemerkenswert ist freilich in diesem Zusammenhang, dass auch in den USA eine Betrachtung der Politikwissenschaft als „Science of Democracy" von prägender Bedeutung war.

Die Bemühungen liefen zunächst auf die Verankerung des Faches an „Hochschulen für Politik" hinaus. Dies war in Berlin, in Anknüpfung an die Weimarer Zeit, auch erfolgreich.[1976] Es handelte sich zunächst um eine Erwachsenenbildungsinstitution, die sich erst allmählich zu einer wissenschaftlichen Einrichtung wandelte und schließlich in die Freie Universität eingegliedert wurde.[1977] Veranstaltet vom Hessischen Minister für Erziehung und Volksbildung auf Anregung der US-Militärregierung fanden in Waldleiningen (1949) und Königstein (1950) Konferenzen z. T. mit in- und ausländischen Teilnehmern statt. Vertreter der Erwachsenenbildung, Ministerialbeamte und Vertreter der meisten Universitäten erörterten und empfahlen die Einrichtung eines neuen Hochschulfaches.[1978] Seit 1950 ist dann die Politikwissenschaft als selbständiger Wissenschaftszweig in das Fächerbündel der herkömmlichen deutschen Universität einbezogen worden.[1979]

Bereits in Waldleiningen wurde es als zweckdienlich angesehen, Lehrveranstaltungen der Politikwissenschaft in den Studienplan aller Studenten aufzunehmen und ggfs. sogar zum Gegenstand von Prüfungen zu machen.[1980] Das ehrgeizige Ziel dieser Initiatoren konnte jedoch nicht erreicht werden. Ein weiteres Problem war die Strukturierung des Faches selbst. Nur eine Minderheit argumentierte „gegen Pflichtvorlesungen und Pflichtprüfungen … für alle Studierenden" und betonte „die Forschung als den Kern jeder wissenschaftlichen Disziplin".[1981] Die staatsbürgerliche Erziehung der Studenten wurde als wichtig angesehen, sollte aber nicht allgemeiner Schwerpunkt der neuen Fachdisziplin sein.[1982] Vielmehr wurde mit Nachdruck das Ziel verfolgt, auch die Regierenden – also die Angehörigen der Verwaltungen – auszubilden.[1983]

1973 Arndt 1978: 15, 6.
1974 Mohr 1988: 9; s. a. 13 ff.
1975 Arndt 1978: 5, 120, 282.
1976 Mohr 1988: 35 ff.
1977 Ebenda: 53, 71.
1978 Arndt 1978: 118 f.; Mohr 1988: 110 f.
1979 Arndt 1978: 117.
1980 Ebenda: 123.
1981 Ebenda: 128.
1982 Ebenda: 127.
1983 Lietzmann, in: Lietzmann/Bleek 1996: 41 f.

Die Zahl der Hochschullehrerstellen der Politikwissenschaft stieg von zehn im Jahre 1952 auf 231 im Jahre 1976.[1984] Hinzu kamen 1976 noch 273 „Mittelbau"-Stellen, von denen mehr als die Hälfte nach 1969 geschaffen wurde. Dies ging einher mit dem Hochschulausbau. In weniger als 25 Jahren hat sich die Zahl der Universitäten von 22 auf 50 erhöht. Der Zuwachs an fachspezifischen Stellen kann nur als „Stellenexplosion" bezeichnet werden. Als neue Disziplin an westdeutschen Universitäten war die Politikwissenschaft für die Rekrutierung ihres wissenschaftlichen Personals auf „externe Wiegen" angewiesen. Hochschullehrer der Politikwissenschaft kamen zunächst aus dem Ausland (heimgekehrte Emigranten aus den USA und Großbritannien), einer praktischen Berufstätigkeit (Journalisten, aktive Politiker) oder anderen Fächern. Nach der Häufigkeitsfolge gehörten vor allem Jura, Soziologie und Geschichte zu den Herkunftsfächern. Die Politologen der ersten Generation, der Geburtsjahrgänge bis 1912, waren ausschließlich Personen, deren politische Sozialisation vor 1933 abgeschlossen wurde. Die Lebenserfahrung dieser „Lehrer" war durch Emigration[1985] und Widerstand geprägt. Die später berufene Generation der „ersten Schüler" gehörte zu den Geburtsjahrgängen 1920–33, deren Erfahrungshintergrund Arndt mit den Stichworten „Wehrmacht- und Hitlerjugend-Jahrgänge"[1986] drastisch beleuchtet.

Bereits 1950 kam es zum Zusammenschluss der Forschenden und Lehrenden des Faches. Die Gründungsgeschichte der „Deutschen Vereinigung für Politische Wissenschaft" (zunächst bis 1959 „Deutsche Vereinigung für die Wissenschaft von der Politik") nahm ihren Ausgang auf der Konferenz von Königstein (1950). Der eigentliche Anstoß kam aus der UNESCO, die eine „internationale Vereinigung für politische Wissenschaft" anregte, deren Gründung 1949 in Paris vollzogen wurde.[1987] Initiatoren in der Bundesrepublik waren Abendroth (damals Wilhelmshaven) und Suhr (Deutsche Hochschule für Politik in Berlin).[1988] Eine wichtige Streitfrage war, wer aufgenommen werden sollte. Es ging vor allen Dingen um die Aufnahme von Pädagogen, die in der politischen Bildung tätig waren. Man entschied sich gegen sie und versuchte, eine gewisse Exklusivität des Kreises zu erhalten.[1989] Erst 1977 ließ man eine Expansion des Kreises zu, indem auch Promovierte und Diplomierte aufgenommen wurden.[1990]

Die Ziele der Vereinigung wurden so beschrieben: Sie hat die Aufgabe, „Forschung und Lehre der Wissenschaft von der Politik zu fördern, auch durch Erfahrungs- und Meinungsaustausch mit dem Ausland."[1991] Zunächst hat die Vereinigung auch über einen Fonds die Forschung gefördert. Als die amerikanischen

1984 Arndt 1980: 1.
1985 Ausführlich dazu s. Bleek 2001: 246 ff.
1986 Arndt 1978: 280.
1987 Mohr 1988: 164.
1988 Ebenda: 165.
1989 Ebenda: 168.
1990 Arndt 1980: 11.
1991 Mohr 1988: 170.

Geldquellen versiegten, war das aber auch das Ende dieser Aktivität. Die Gliederung des Faches wurde nach mehreren Arbeitstagungen 1964 beschlossen: als drei Kerngebiete wurden die Theorie, die Innenpolitik und die internationale Politik bestimmt.[1992]

Eine wichtige Weichenstellung war auch der Beschluss, das Fachorgan „Zeitschrift für Politik" (ZfP), bereits zur Weimarer Zeit Organ der Deutschen Hochschule für Politik, wieder aufleben zu lassen. Die Zeitschrift erschien beim Carl Heymanns Verlag. Seit 1960 wurde mit dem Westdeutschen Verlag eine neue Zeitschrift, die „Politische Vierteljahresschrift" (PVS), vereinbart. Ihr Chefredakteur wurde Erwin Faul, der etwa 30 % politische Theorie, 50 % Innenpolitik und 20 % internationale Politik bringen wollte. Anfang der 1960er Jahre wurde die PVS offizielles Organ der Vereinigung, während die ZfP seit 1963 als Organ der Münchener Hochschule für Politik erscheint. Sie erlebte 1965 eine gründliche Erneuerung und konnte auch ausländische Herausgeber gewinnen.[1993]

Ein wichtiger Tätigkeitsbereich der Vereinigung ist es auch, sich für die Berufsperspektiven der Absolventen des Faches einzusetzen. Mit einer Verankerung der Politikwissenschaft in den Sozialwissenschaften stellte sich zunächst auch wieder die Frage, ob politologische Kenntnisse im Rahmen der Laufbahnbestimmungen von angehenden Beamten zu fordern seien. Dieses Maximalziel wurde jedoch nicht erreicht. Aber Absolventen der Politikwissenschaft sollten Zugang haben zu höheren Beamtenstellen, falls sie eine gewisse juristische Ausbildung vorwiesen. Rechtsstudenten auf ein Ergänzungsstudium Politikwissenschaft zu verpflichten, konnte auch durch die Vereinigung nicht durchgesetzt werden und die Bemühungen darum wurden im Jahre 1959 eingestellt.[1994]

Weiterhin nahm die Vereinigung auf das Curriculum in der Lehrerbildung Einfluss. Die Bemühungen liefen auf ein besonderes Unterrichtsfach hinaus. Erfolgreich war die Vereinigung damit zunächst in Hessen. Erst mit den 1960 von der Kultusministerkonferenz verabschiedeten Rahmenvereinbarungen für die Oberstufe an Gymnasien wurde Gemeinschaftskunde als verbindliches Unterrichtsfach für die Klassen 12 und 13 eingeführt. Die Richtlinien wurden 1962 beschlossen.[1995] Die Politikwissenschaft war für dieses Unterrichtsfach allerdings nur ein Zubringer neben anderen, viel etablierteren Fächern, vor allen Dingen der Geschichte. Trotzdem kann das Fach spätestens seit der Mitte der 1960er Jahre als konsolidiert angesehen werden. In den 1970er Jahren kam es dann allerdings zu einer grundsätzlichen Auseinandersetzung über die wesentlichen Forschungsperspektiven.

1992 Ebenda: 172, 175.
1993 Mohr 1988: 180 f., 186 f., 189.
1994 Ebenda: 192 f., 196.
1995 Ebenda: 200 f., 205.

3. Identitätskrise (1973–1983)

Die frühen Repräsentanten, insbesondere Fraenkel, prägten zunächst den Mainstream der Politikwissenschaft als „Demokratiewissenschaft". Dabei wurde Demokratie als ein in westlichen, pluralistischen und repräsentativ verfassten politischen Systemen erreichter Zustand erfasst, der aber ständig zu verteidigen und zu verändern war.[1996] Dabei sollten normative, empirische und pädagogische Dimensionen integriert werden. Der demokratisch-plebiszitären Ausweitung wurde dagegen energisch entgegengetreten.

Dieser Eingrenzung auf das gegebene repräsentative System und eine weitere Demokratisierung abwehrenden Demokratiebegriff galt der Angriff der Studentenrevolte der späten 1960er Jahre. Ab 1969 waren viele neugeschaffene Professuren zu besetzen. Diese Berufungswelle führte die dritte Generation (Altersjahrgänge 1934–44) in die Führungspositionen des Faches, eine Generation mit völlig anderem lebensgeschichtlichen Hintergrund.[1997] Diese Politologen waren im „Wirtschaftswunder" sozialisiert, sie hatten keine eigenen Erfahrungen mit nichtdemokratischen Systemen. Die verschiedenen Änderungen der politischen Gesamtlage und die neuen Gegenstände politikwissenschaftlicher Lehre und Forschung wirkten auf das Selbstverständnis der Politikwissenschaft ein. Diese Veränderungen bedingten für das Fach einen „unübersehbaren Richtungsschwenk".[1998]

Dies bedeutete auch, dass die Institutionen, die sich mit Demokratisierung befassten, selbst demokratisiert wurden. So wurde im Otto-Suhr-Institut in Berlin als erster deutscher Universitätsinstitution die gleichberechtigte Mitbestimmung von Studenten, Mittelbau (darunter subsumiert auch die nichtwissenschaftlichen Mitarbeiter) und Lehrstuhlinhabern (Ordinarien) praktiziert. Damit war ein radikaler Bruch mit der Ordinarienuniversität vollzogen, in der die Lehrstuhlinhaber dominierten. Diese Machtausweitung von Assistenten und Studenten führte zu neuen Interessenkämpfen, Bündnissen, Kompromissen und Regelungsmechanismen.

Zielrichtung der Reformkräfte war, die „bürgerliche Wissenschaft" zu zerschlagen. Es sollte für eine revolutionäre Berufspraxis ausgebildet werden. Die Gegner befürchteten dadurch eine Unterwanderung der Gesellschaft durch marxistisch indoktrinierte und indoktrinierende Sozialkundelehrer.[1999] Als Folge entstand eine „Versäulung verschiedener Richtungen" des wissenschaftlichen Zugriffs, die untereinander kaum kommunizierten. „Die daraus resultierende Gegnerschaft wurde vor allem deshalb nicht zum Erkenntnismodell, weil in den abstrakten Ebenen der Metadiskussion keinerlei Versuche unternommen wurden, gemeinsame Untersuchungsgegenstände zu finden, bei deren Analyse die unterschiedlichen Ansätze

1996 Zeuner, in: Göhler/Zeuner 1991: 195.
1997 Arndt 1978: 298.
1998 Ebenda: 297.
1999 Vgl. Zeuner, in: Göhler/Zeuner 1991: 196.

dann praktisch hätten konkurrieren können."[2000] Vielmehr sprachen sich die Lager wechselseitig die Wissenschaftlichkeit ab.

Die marxistisch orientierte, kritisch-dialektische Wissenschaftskonzeption (s. XX, B, 2) konnte in vielen Neubesetzungen und Universitätsneugründungen intensiv berücksichtigt werden.[2001] Dies war auch deshalb möglich, weil von 1968 bis 1972 die Zahl der Hochschullehrerstellen kräftig expandierte. Ursprungsorte waren Marburg (Abendroth) und Frankfurt mit der eigentlich der Soziologie zuzurechnenden kritischen Theorie der „Frankfurter Schule". Aber auch im Umkreis des Otto Suhr Instituts setzte sich die „kritisch-emanzipatorische Politikwissenschaft" durch.[2002] Es folgten die Standorte Bremen, Oldenburg, Osnabrück und partiell Konstanz. Im Jahre 1973 erreichte die kritisch-emanzipatorische Richtung eine Präsenz in der Deutschen Vereinigung für Politische Wissenschaft (DVPW), wie sie sie vorher und nachher nicht wieder erlangte.[2003] Dies führte dann zur Spaltung der wissenschaftlichen Fachvereinigung durch die Gründung der Deutschen Gesellschaft für Politikwissenschaft, nach Greven zu einem Zeitpunkt, als die Anhänger der kritisch-emanzipatorischen Wissenschaftsrichtung sich wieder im Rückzug befanden.[2004] Der neuen Gesellschaft gehörten vor allem die etablierten Kreise des Faches an, die sich eine stärkere Exklusivität der Mitgliedschaft wünschten. Diese Gesellschaft konnte aber keine eigentliche Konkurrenz zur Deutschen Vereinigung bieten. Aus der Deutschen Vereinigung sickerten auch die Anhänger der kritisch-emanzipatorischen Wissenschaftsauffassung wieder weitgehend aus, so dass nur noch in einzelnen Bereichen eine gewisse Mitsprache festzustellen ist.

4. Konsolidierung (seit 1984)

„Der Mainstream der Politikwissenschaft, wie kritisch auch immer mit Einzelproblemen beschäftigt, stellt grundsätzlich weder den gesellschaftsformationellen Charakter der bundesrepublikanischen Gesellschaft noch ihr politisches Institutionen- und damit auch Herrschaftsgefüge in Frage."[2005] Weiterhin kann vom Mainstream der Politikwissenschaft gesagt werden, dass eindeutig die empirisch fundierte Forschungsrichtung (s. XX, B, 3) die meisten Anhänger hat, obwohl das, was an Empirie vorgelegt wird, häufig nicht dieses Etikett verdient.

Die Deutsche Vereinigung für Politische Wissenschaft gilt wieder als einzige wissenschaftliche Fachvereinigung. Unter den Fachzeitschriften wird die von der Vereinigung herausgegebene Politische Vierteljahresschrift (PVS) als führend anerkannt. Daneben sind die Zeitschrift für Politik (ZfP), der Leviathan, die Zeit-

2000 Wildermuth, in: Göhler/Zeuner 1991: 208.
2001 Greven, in: Göhler/Zeuner 1991: 230 ff.
2002 Greven, in: Göhler/Zeuner 1991: 231.
2003 Ebenda: 234.
2004 Ebenda: 234 f.
2005 Ebenda: 237.

schrift für Parlamentsfragen (ZParl), die Zeitschrift für Politikwissenschaft (Zpol), die Zeitschrift für Vergleichende Politikwissenschaft (ZfVP), Aus Politik und Zeitgeschichte (APUZ), Der Bürger im Staat, Neue Politische Literatur (NPL), Sozialwissenschaftliche Informationen (sowi) und Neue soziale Bewegungen als deutschsprachige Fachzeitschriften zu erwähnen. Immer wichtiger werden die englischsprachigen Fachzeitschriften.

Im Hinblick auf die neuen Bundesländer machte die westdeutsche Politikwissenschaft ihren Einfluss geltend, da es dort – außer wenig ernstzunehmenden Ansätzen – das Fach nicht gab.[2006] Gleichwohl wurden die Institutionen, die Marxismus-Leninismus unterrichteten, zu politikwissenschaftlichen Institutionen umgetauft. Sie konnten sich aber unter dem Einfluss westdeutscher Politikwissenschaft sehr selten behaupten.[2007] Die Besetzungen der neugeschaffenen Stellen des Faches an ostdeutschen Universitäten erfolgte unter Beteiligung aller wichtigen parteipolitischen Fraktionen und wissenschaftlichen Seilschaften. In den Berufungskommissionen waren die wichtigsten Forschungsrichtungen (Schulen) des Faches paritätisch vertreten. Die Berufungslisten spiegeln konkordante Entscheidungsmuster (s. Kap. V, B) wider. Ungeachtet der relativ großen Stellenzahl erwies sich selbst die quotierte Berücksichtigung von Frauen als nicht möglich. Inzwischen ist eine ad-hoc-Gruppe von Politologinnen „Politik und Geschlecht" in der DVPW etabliert, die u. a. das Fach aus feministischer Perspektive aufarbeitet.

Obwohl Politikwissenschaft in der Universitätslandschaft breit vertreten ist[2008] steht dies in krassem Gegensatz zu seiner Bedeutung in der Politikberatung. Ein Indiz dafür ist, dass in Kommissionen, Sachverständigengremien und Beiräten Politikwissenschaftler meistens in der Minderheit sind, wenn sie überhaupt Repräsentanten entsenden können. Hier überwiegt immer noch der juristische Sachverstand. Nach wie vor gibt es Verständigungsprobleme zwischen Politikwissenschaftlern und Verwaltungsjuristen, die in der Regel für den „withinput" (s. Kap. III, B, 2 und 3) verantwortlich sind.

B) Ausrichtungen der Politikwissenschaft („Schulen")[2009]

Verständigungsprobleme zwischen Wissenschaftlern entstehen nicht nur durch politische Auseinandersetzungen, sondern auch aus Entwicklungstendenzen der Forschung und lassen sich an vorherrschenden Mustern des Zugriffs auf die Reali-

2006 Lehmbruch, in: Lehmbruch 1995: insb. 335, 340 f.; s. d. auch Lietzmann, in: Lietzmann/Bleek 1996: 53 ff., 57; Eisfeld, in: Eisfeld u. a. 1996: 12 f.

2007 S. a. Greven, in: Eisfeld u. a. 1996: 140 ff.

2008 DVPW Rundbrief 136/ 2007; a. a. Falter/Wurm 2003, S- 82–98.

2009 Zur Entwicklung der Schulen s. Behrmann, in: Haberl u. a. 1999, S. 595 ff., insb. 611, 612, 613.

tät festmachen. Der methodische Zugriff ist wiederum Ausdruck eines Grundverständnisses der Disziplin.

Narr unterschied 1969 drei Typen sozialwissenschaftlicher Theorien, die nach seiner Ansicht alle in der Politikwissenschaft vertreten sind: die deduktiv-empirische, die ontologisch-normative und die dialektisch-historische Theorie. Diese Bezeichnungen werden aber von den Vertretern der jeweiligen wissenschaftlichen Richtungen nicht ohne weiteres akzeptiert: Die Anhänger einer „dialektischen" Theorie bezeichnen ihr Fach als eine „kritisch-praktische Wissenschaft".[2010] Die Vertreter der „normativen" Auffassung verstehen Politikwissenschaft als „praktische Philosophie".[2011] Nur die empirische Richtung wählt – wenigstens gelegentlich – für ihren Zugriff die gleiche Bezeichnung. Wenn auch die Bezeichnungen nicht immer gleich sind, so hat sich in der fachwissenschaftlichen Diskussion die Gegenüberstellung von „drei Schulen"[2012] weitgehend eingebürgert, die auch als empirisch-analytische, kritisch-dialektische und normativ-ontologische Richtung gekennzeichnet werden. Allerdings wird nach wie vor darüber kontrovers diskutiert, ob die Verortung unterschiedlicher Schwerpunktsetzungen angemessen ist. So gibt es immer wieder Tendenzen, diese als irrelevant anzusehen.[2013]

Alle Vertreter des Faches wollen politisches Geschehen erklären und möglichst voraussagbar machen. Dabei ist eine Verbindung von Theorie und erfahrungskontrollierter Politikforschung notwendig. Tatsächlich kann empirisch-analytische Forschung ohne theoretische Fundierung nicht zu gültigen Ergebnissen kommen. Die Vertreter der anderen Schulen liefern häufig Hypothesen, die von der empirisch-analytischen Forschungsrichtung aufgegriffen werden. Andererseits versucht auch die normative Theorie, Rückgriffe auf die Lebenswirklichkeit, denen allerdings häufig eher Erfahrungen als empirische Erkenntnisse zugrunde liegen. Die Schulen unterscheiden sich also in ihren Schwerpunkten. Eine wirkliche Ergänzung ist aber in der Praxis selten. Die Folgen der Schulenbildung beschrieb Matz: „Eine produktive thema- und problembezogene Auseinandersetzung findet praktisch nicht statt; statt dessen liegt ein Hauch von Arroganz bei den einen, von Fanatismus bei den anderen, von intellektueller Verachtung auf allen Seiten über dieser Szene."[2014]

1. Normativ-ontologische Politikwissenschaft

Für Anhänger einer Politikwissenschaft, die politisches Handeln kritisch bedenken und beratend vordenken will, geht es vor allem darum zu fragen, „was im Lichte des Möglichen und wünschbar Guten geschehen solle und könne."[2015] Dieser Forschungsrichtung werden insbesondere die Freiburger (Bergsträsser, Hennis, Obern-

2010 Kammler, in: Abendroth/Lenk ^{5}1977: 10.

2011 Hennis 1963.

2012 Von Alemann (1994: 124 ff.) bezeichnet sie als „klassische Paradigmen".

2013 Von Beyme ^{8}2000: 14.

2014 Matz 1985: 4.

2015 Oberndörfer ^{2}1966: 19.

dörfer) sowie die Münchener Wissenschaftler (z. B. Maier, Hättich) und die von dort kommenden (z. B. Matz) zugeordnet.[2016]

Nach Ansicht dieser Wissenschaftler sollte politisches Handeln stets mit der Frage nach dem Rechten und Guten verbunden sein. Eine das politische Handeln vordenkende Wissenschaft kann sich „der Frage nach den letzten Zielen und Normen der Politik …, nach der guten Ordnung, die der moralisch-geistigen Natur des Menschen gemäß ist", nicht entziehen.[2017] Politikwissenschaft ist also weitgehend identisch mit politischer Philosophie, wobei also neben der guten und gerechten Ordnung das Wesen des Menschen sowie die moralischen Normen (Gerechtigkeit, Fairness, Chancengleichheit) diskutiert werden.[2018] Für das Bemühen um die gute Ordnung, ergeben sich durch neue Handlungsfelder immer wieder neue Fragen. „Das politisch zu Tuende ist nicht ‚vorgegeben', sondern ‚aufgegeben'.[2019] „Die Realität des Politischen steht immer unter einem sittlichen Anspruch …"[2020] Die ontologische Komponente geht davon aus, „dass eine Seiensordnung oder ein Sinn des menschlichen Seins existieren müsse."[2021]

Die Forschung fundiert sich vor allem aus der ideengeschichtlichen Sphäre. Einerseits gewinnen die Normativisten Bewertungen aus der Vergangenheit. Andererseits trägt ihnen die Beschäftigung mit den großen Denkern den Vorwurf ein, dass sie ihre eigene politische Philosophie in deren Denken hineinprojiziert haben.[2022] Jedes Bemühen um ein tugendhaftes Handeln und eine gerechte Ordnung muss aber in der politisch-sozialen Wirklichkeit ansetzen und auf einer genauen Kenntnis ihrer Zusammenhänge beruhen. Insofern sind auch aktuelle sozialwissenschaftliche Erkenntnisse von Bedeutung, wie sie die empirische Forschung liefert.

Die Existenzberechtigung einer so angelegten Politikwissenschaft, die durch ihre Forschungen ganz bewusst dem Gemeinwohl dienen will, kann an dem Beitrag ihrer Arbeiten geprüft werden. Die wissenschaftlichen Arbeiten haben sich vor allen Dingen mit der Fundierung der Demokratie und dem Regieren befasst.[2023] Wegen der komplizierten Zusammenhänge bei der Entscheidung politischer Sachfragen sehen die „praktischen Philosophen" eine wissenschaftliche Vorbereitung als unumgänglich an. Mit politischem Handeln ist stets ein Risiko verbunden, weil unbekannte Faktoren wirksam werden. Dennoch können wesentliche Elemente wissenschaftlich erfasst und vorher gründlich durchdacht werden.

Wenn die Politikwissenschaft ihre Chancen für ein wissenschaftliches Vordenken von politischen Entscheidungen wahrnimmt, so kann sie die Aufgabe der Politiker erleichtern. Politikwissenschaft kann aber auch helfen, die öffentliche

2016 Von Alemann/Forndran [4]1990: 50.
2017 Oberndörfer [2]1966: 21.
2018 Druwe [2]1995: 185.
2019 Von Beyme [4]1980: 26.
2020 Hennis 1963: 13.
2021 Von Alemann/Forndran [4]1990: 49.
2022 Von Beyme [4]1980: 28 ff.
2023 Z. B. Hennis 1963.

Willensbildung zu versachlichen und zu demokratisieren: „Das Gemeinwesen erhält in der Politischen Wissenschaft eine unabhängige Institution, die durch ihre Vertreter … die Zahl der zu einem sachlich begründeten Urteil über komplizierte politische Sachzusammenhänge Fähigen vermehrt und damit der politischen Willensbildung … den Charakter einer … von vielen auch in ihren Sachbezügen eingesehenen und geistig kontrollierten Leistung verleiht.“[2024] Die Vertreter dieser Richtung bezeichnen das Fach auch als eine „Orientierungswissenschaft“, zu der auch das philosophische Nachdenken über eine dem Menschen gemäße und bekömmliche Ordnung des Zusammenlebens gehört. Insofern verstehen sich diese Wissenschaftler als Warner im Hinblick auf den Verfall der Werte. Sie versuchen Spekulationen über Zeitgeist und Trends.

Im Gegensatz zu dieser betont positiven Einschätzung durch ihre eigenen Anhänger beurteilen Außenstehende die möglichen Auswirkungen der normativ-ontologischen Politikwissenschaft wesentlich vorsichtiger. Narr meinte, die Richtung habe lediglich das Verdienst, auf die Wichtigkeit des Nachdenkens über Werte und auf den Zusammenhang zwischen Werten und Erkennen hingewiesen zu haben.[2025] In diesen beiden Punkten bestehen folgerichtig wiederum Berührungspunkte mit der kritisch-dialektischen Richtung.

2. Kritisch-dialektische Politikwissenschaft

Alle Vertreter einer kritisch-dialektischen Theorie (auch als historisch-dialektischer Ansatz oder kritische Theorie bekannt) erklären die Weiterentwicklung der gegenwärtigen Gesellschaft zu einer wissenschaftlichen Aufgabe. Darunter verstehen sie eine in Praxis umschlagende Kritik, die sich an der Marxschen Gesellschaftsanalyse orientiert (s. a. Kap. XV, B, 2).

Jede praxisbezogene Kritik muss die Aufhebung von politischer und gesellschaftlicher Herrschaft anstreben. Erreichbar ist dieses Ziel in einer Demokratie, die gesellschaftlich verstandene Gleichheit verwirklicht. Gleichheit wird als Voraussetzung für die Vollendung und Sicherung von Freiheit als selbstbestimmte Entfaltung aller Einzelpersonen in der Gesellschaft angesehen. Ausgehend von der Vorstellung einer Identität von Regierenden und Regierten erweitert sich dieser Demokratiebegriff folgerichtig zur Forderung nach „Identität der gesellschaftlich Arbeitenden und derer, die die Gesellschaft in ihrer Entwicklung bestimmen.“[2026]

Politikwissenschaft als kritische Theorie der politischen Strukturen und Prozesse einer Gesellschaft gewinnt ihr Selbstverständnis und ihren Gegenstand durch Bezug zur Gesellschaft als einer sich historisch entwickelnden Ganzheit (Totalität). Der gesamtgesellschaftliche Bezug ist erforderlich, weil Herrschaft und Zwang für die kritisch-dialektische Politikwissenschaft nicht schicksalhaft mit der Gesellschaft ein für alle Mal gegeben sind, sondern vom Menschen gesellschaftlich pro-

2024 Oberndörfer ²1966: 52.

2025 Narr 1969: 43.

2026 Kammler, in: Abendroth/Lenk ⁵1977: 21.

duziert werden. Sie sind Ergebnis eines historischen Prozesses.[2027] Wissenschaftliches Bemühen entlarvt die scheinbare Objektivität des sozialen Ganzen zunehmend als eine geschichtlich durch die Wirtschaftstätigkeit (Kapitalismus) der Subjekte geschaffene – menschliche oder unmenschliche – Welt. Die Funktion des Staates wird in der Gewährleistung der regulativen und materiellen Rahmenbedingungen für die Kontinuität des kapitalistischen Verwertungsprozesses gesehen.

Aus den Widersprüchen von Produktivkräften und Klassen entsteht die geschichtliche Bewegung: Die bestehenden Verhältnisse (Position) werden abgelöst durch einen Sieg der bisher Unterlegenen (Negation). Deren Sieg wird jedoch aufgehoben durch eine erneute Umwälzung, die sich wiederum aus den Widersprüchen des Alten entwickelt hat (Negation der Negation). Mit der Dialektik von Position, Negation und Negation der Negation wird die allgemeine gesellschaftliche Entwicklungsformel erkannt. Begriffe und analytische Kategorien werden somit aus der historischen Bewegung des gesellschaftlichen Prozesses selbst gewonnen.[2028] Kritisch-dialektische Gesellschaftstheorie will die befreite (also klassenlose) Gesellschaft gedanklich vorwegnehmen.

Zumindest ist das vom Anspruch her der Fall. Ein tatsächliches Problem dieser Wissenschaftsrichtung formuliert Narr: „Das Dilemma der kritischen Theorie besteht in ihrer bloßen Hoffnung auf Praxis, ohne dass diese von der Theorie gefordert wird und ein Träger der Praxis ausmachbar wäre …“[2029] Viele ursprüngliche Anhänger dieser Forschungsrichtung haben sich inzwischen der Analyse einzelner Politikfelder zugewandt, wobei sie der empirisch-analytischen Politikwissenschaft nähergerückt sind.

3. Empirisch-analytische Politikwissenschaft

Grundlage für dieses Wissenschaftsverständnis sind die wissenschaftstheoretischen Überlegungen von Popper.[2030] Die erfahrungswissenschaftlich (empirisch) angelegte Politikwissenschaft will das politische Geschehen möglichst genau beschreiben und seine Ursachen untersuchen. Operationalisierbare und damit überprüfbare Erklärungsansätze (Hypothesen) stehen im Mittelpunkt. Dieses Wissenschaftsverständnis wird auch als positivistisch, neo-positivistisch oder als „rationalistisch“ bezeichnet.[2031] Der Ausgangspunkt dieser Wissenschaftsauffassung liegt im Positivismus des 19. Jahrhunderts – entstanden als Kritik gegen den spekulativen Idealismus. Die Erfassung der Wirklichkeit wurde als alleiniger wissenschaftlicher Weg propagiert. Eine so verstandene Wissenschaft kann sich nicht bemühen, ihr Untersuchungsfeld durch philosophische Besinnung auf ihren Gegenstand zu bestimmen. Nur positives Wissen, also das empirisch Erfassbare, genügt diesem

2027 Ebenda: 16.
2028 Kammler, in: Abendroth/Lenk ^{5}1977: 16.
2029 Narr 1969: 77 f.
2030 Popper, in: Adorno 1972.
2031 Görlitz 1972: 49.

Anspruch. Überlegungen zu Sinn, Wesen, Wert und Ziel von gesellschaftlicher Wirklichkeit wurden als Metaphysik abgetan. Als Vorbild dient dabei die naturwissenschaftliche Theoriebildung, die Beschreibung, Erklärung und Prognose der Wirklichkeit. Ziel der Forschung ist ein die Ergebnisse empirischer Untersuchung organisierendes System gesetzmäßiger Abhängigkeiten.

Dabei gibt es zwei Varianten. Das induktive Verfahren beginnt quasi voraussetzungslos und hält die beobachteten Verhältnisse oder das Verhalten in der Wirklichkeit durch Protokollsätze fest, die dann die Grundlagen für Hypothesen bilden. Diese werden dann an vergleichbaren Einzelfällen nachgeprüft. Bestätigen sich die Hypothesen an einer Reihe von Fällen, wird also eine Regelmäßigkeit entdeckt, so kann daraus ein „Gesetz" (nomologische Aussage) und aus mehreren aufeinander bezogenen Gesetzen eine Theorie gebildet werden, die besagt, dass unter ähnlichen Umständen mit bestimmter Wahrscheinlichkeit dasselbe Ergebnis oder Verhalten auch in Zukunft erwartet werden kann.[2032] Die deduktive Variante – von Popper vertreten – bezweifelt die Möglichkeit, voraussetzungslos eine Beschreibung der Wirklichkeit liefern zu können. „Die Erkenntnis beginnt nicht mit Wahrnehmungen oder Beobachtungen oder der Sammlung von Daten und Tatsachen, sondern sie beginnt mit Problemen".[2033] Die Auswahl eines Wissenschaftlers, mit der er sein Forschungsobjekt erfasst, basiert auf bestimmten Interessen und Perspektiven. Induktion ist deshalb im Grunde nicht reflektierte Deduktion. Deduktives Vorgehen bedeutet deshalb von vornherein die Aufstellung allgemeiner, generalisierter Annahmen oder Hypothesen, die dann in überprüfbare Bestandteile umgesetzt (operationalisiert) und an der Wirklichkeit getestet werden. Hält die Hypothese stand, kann sie vorläufig als richtig gelten, hält sie nicht stand, wird also falsifiziert, so muss sie fallengelassen, modifiziert oder neu überprüft werden. Mehrere Hypothesen ergeben eine Theorie.

Die Erfassung der Wirklichkeit wird in diesem Wissenschaftsverständnis zu einem nie endenden Annäherungsprozess. Das bedeutet aber auch, dass man die vorhandenen, bisherigen Annäherungen zur Kenntnis nehmen und sich kritisch mit ihnen auseinandersetzen muss. Daraus und durch Wahrnehmung der Wirklichkeit sind konkrete Fragestellungen und Hypothesen zu entwickeln, über die ein Ausschnitt aus der Realität untersucht wird. Durch die Forschungsergebnisse erhält der Ausschnitt dann eine vorläufige Erklärung. Dieses Vorgehen wird von Kritikern, z. B. von Beyme,[2034] als „Stückwerkstechnologie" bezeichnet. Letztendliche Erklärungen müssten sich dem empirischen Zugang verweigern, da immer nur ein enger Bereich erfasst werden könne, den Ergebnissen somit ein innerer Zusammenhang zwischen den verschiedenen Gegenständen fehle. Ziel sind aber nicht spezielle Aussagen, sondern das Erkenntnisziel bleiben „raumzeitlose Gesetze."[2035] Daher ist

2032 Von Alemann/Forndran ^{4}1990: 47.
2033 Popper, in: Adorno 1972: 104.
2034 Von Beyme ^{4}1980: 44.
2035 Von Alemann/Forndran ^{4}1990: 53.

es wichtig, dass sich die erzielten Ergebnisse zu einem Gesamtbild zusammenfügen lassen. Dies wird deshalb möglich, weil die Aussagen im Kontext einer Theorie stehen. Die Aussagen unter genauer Kennzeichnung der Randbedingungen erlauben in gewissem Rahmen eine Prognose.[2036]

Hält eine Aussage der wissenschaftlichen Kritik stand, so gilt sie vorläufig als gültig. Hypothesen und Gesetze müssen also offen sein für Widerlegungsversuche. Bei Popper spielt die Falsifizierbarkeit eine exponierte Rolle. Diese Fixierung auf die Falsifizierung wurde in Deutschland von vielen Forschern nicht mitgemacht.[2037] Von Beyme befürchtet, dass dadurch jeglicher Forschungsdrang zerstört werden würde. Aus der Forderung nach Falsifizierbarkeit ergibt sich aber logischerweise die Forderung nach Nachprüfbarkeit von wissenschaftlichen Vorgängen. Voraussetzungen, Mittel und Operationalisierungen der Forschung müssen offengelegt werden, damit es möglich ist, den Forschungsprozess nachzuvollziehen und die Ergebnisse kritisch zu prüfen, wenn nicht gar zu widerlegen. Danach würden bei diesem Wissenschaftsverständnis alle Aussagen, die empirischer Überprüfung oder Kritik nicht zugänglich sind, von vornherein ausscheiden.

Das Sinnverständnis der geschichtlichen Wirklichkeit hat aber im analytisch-empirischen Wissenschaftsverständnis sehr wohl Bedeutung, nämlich heuristischen Wert.[2038] Grundannahmen und Bewertungen sind durchaus üblich; gefordert wird aber, dass diese benannt werden. Popper schrieb dazu: „... die Objektivität der Wissenschaft ist nicht eine individuelle Angelegenheit der verschiedenen Wissenschaftler, sondern die soziale Angelegenheit ihrer gegenseitigen Kritik ...“[2039] Objektivität bedeutet also keineswegs, dass die Wissenschaftler ohne subjektive Bewertungen arbeiten: Die subjektiven Werte müssen allerdings deutlich erkennbar werden und somit intersubjektiv nachprüfbar sein. Denn der soziale Hintergrund bzw. die subjektiven Einschätzungen sind immer verfügbar und können nicht mechanisch abgeschaltet werden. Damit werden „Relevanz, Interessen und die Bedeutung einer Behauptung relativ zu einer Problemlage“, „zu wissenschaftlichen Problemen ersten Ranges ...“[2040]

Albert[2041] hat zur Werturteilsfrage Stellung bezogen. Er versuchte, die Problematik durch Aufgliederung in drei Teilprobleme zu strukturieren. Wertungen können vorgenommen werden:

- im Objektbereich. Hier sind die Wertungen Gegenstand wissenschaftlicher Aussagen.
- als Voraussetzungen der wissenschaftlichen Forschung. Hier liegen Bewertungen dem Forschungsinteresse und der Auswahl des Gegenstandes zugrunde.

2036 Zur Kritik s. Schütt-Wetschky, in: Haungs 1990: 41 ff.
2037 Von Beyme ^{4}1980: 41.
2038 Von Beyme 1988: 54.
2039 Popper, in: Adorno 1972: 112.
2040 Ebenda: 114.
2041 Albert, in: Topitsch 1965: 181 ff.

– als Ergebnis sozialwissenschaftlicher Aussagen. Hier stellt sich die Frage, inwieweit sozialwissenschaftliche Aussagen Wertungen zum Ausdruck bringen oder selbst Werturteile sein dürfen.

Das empirisch-analytische Wissenschaftsverständnis unterscheidet sich vom normativ-ontologischen dadurch, dass es nicht bei wertenden und als philosophisch zu bezeichnenden Entwürfen stehen bleibt, sondern aus der nachprüfbar erhobenen Erfahrung Gesetzmäßigkeiten erarbeitet, die zu Vorschlägen für die gezielte Bearbeitung von Problemen führen können. Gemeinsam ist beiden, dass sie nach der Erhaltung von politischen Systemen und deren schrittweiser Veränderung fragen. Dagegen sucht der kritisch-dialektische Wissenschaftszugriff nach Widersprüchen. Das bestehende System wird an normativen Idealen gemessen, das Reale radikal relativiert und potentiell entlegitimiert. Die Fixierung auf die einseitige Determiniertheit des Staatshandelns durch die Bedürfnisse der Wirtschaft hat Wissenschaftler, die sich dieser Forschungsrichtung verpflichtet fühlen, nicht angeregt, Vergleiche zwischen internen Strukturen politischer Systeme anzustellen.[2042] Die Relevanz des Akteurs Wirtschaft für das staatliche Handeln wurde allerdings nachdrücklich betont. Jede politikwissenschaftliche Analyse hat seine spezifische Bedeutung im jeweiligen Politikprozess abzuklopfen.

C) Paradigmenwechsel in der (empirisch-analytischen) Politikforschung

Nicht nur die drei dargestellten Theorietypen und die (persönliche oder zeitbedingte) Vorliebe für einzelne Themen (z. B. für die Sozial-, Ausländer- oder Umweltpolitik) oder Untersuchungsobjekte (Parlament, Verbände, Wahlen) haben im Fach unterschiedliches Gewicht. Auf längere Sicht scheint politikwissenschaftliche Forschung geradezu konjunkturähnlichen Abläufen zu unterliegen. Forscher halten im Zeitablauf unterschiedliche Aspekte der sozialen Wirklichkeit für mehr oder weniger bedeutsam. Sie werden als abhängige oder unabhängige Variablen im Forschungsprozess berücksichtigt. Daraus ergeben sich unterschiedliche Schwerpunkte des Forschungsinteresses, die am Beispiel der empirisch-analytischen Politikwissenschaft für den Bereich der Untersuchung politischer Systeme und deren Vergleich dargestellt werden.[2043] Es wird auch der Begriff Forschungsansatz oder Paradigma verwendet. Als Paradigma gilt „eine auf bestimmte Regeln und Grundprinzipien, Verfahren und Überzeugungen beruhende Art und Weise, die von der Wissenschaft mit Aussicht auf Erfolg und Anerkennung von einer wissenschaftlichen Gemeinschaft verpflichtend betrieben wird."[2044]

2042 Naßmacher 1991.

2043 Für den Bereich der internationalen Beziehungen sind diese unterschiedlichen Sichtweisen im Kapitel XVI bereits angedeutet. S. d. auch Rittberger ^{2}1995: 82 ff.

2044 Böhret 1985: 63.

Einzelne Ansätze nehmen die Wechselwirkungen zwischen politischen Prozessen und gesellschaftlichen Strukturen in unterschiedlicher Weise in den Blick und setzen dabei eigene Schwerpunkte. Die komplexe Wirklichkeit (der Gesellschaft, des politischen Systems oder der internationalen Beziehungen) wird jeweils unter anderer Perspektive beleuchtet. Ältere politikwissenschaftliche Abhandlungen haben stärker den Handlungsrahmen (polity) in den Mittelpunkt gestellt. Später standen die Handlungsmuster (politics) im Vordergrund. Schließlich wandten sich die Forscher mit Vorrang den Handlungsgegenständen oder Politikinhalten (policies) zu. Teilergebnisse letzterer Forschungsschwerpunkte wurden in diesem Buch zur „Politischen Soziologie" (Kap. II bis VI) zusammengefasst. Die daraus resultierenden Forschungsansätze lassen sich in zeitlicher Abfolge mit den Begriffen Institutionalismus, Pluralismus, Behaviorismus, Systemtheorie, Korporatismus, Politische Kultur-Forschung und Politikfeldanalyse kennzeichnen. Inzwischen versuchen die Forscher, alle Dimensionen wieder zu verbinden – zu Lasten der Nachvollziehbarkeit des Forschungsprozesses und der Überprüfbarkeit der dargestellten Zusammenhänge.

Bis in die Mitte der 1960er Jahre wurde die westdeutsche „Demokratiewissenschaft" von der Frage beherrscht, ob und wie politische *Institutionen* politische Prozesse kanalisieren und normieren (Institutionalismus). Die Fachvertreter wollten sich von juristischen Betrachtungsweisen lösen, indem sie Analysen zur Bedeutung einzelner Verfassungsorgane (wie Regierung, Parlament, Gerichte) und zur Wirkung von Verfahrensregeln (wie Verfassungsbestimmungen, Wahlsystemen) vorlegten. Der politische Prozess wurde als Machtverteilungs- bzw. als Interessendurchsetzungsprozess gesehen. Historische Entwicklungszusammenhänge und philosophische Fragestellungen wurden in die Betrachtung einbezogen. Arbeiten zum Totalitarismus, zur Endphase der Weimarer Republik und zur repräsentativen Demokratie sollten ein demokratisches Gemeinwesen fundieren.[2045]

Das *Pluralismus*konzept dagegen interpretiert das gesellschaftliche Zusammenleben aus dem Konflikt organisierter Gruppen. Die Bildung des Gemeinwohls wurde als Ergebnis des pluralistischen Tageskampfes der organisierten Gruppen im Rahmen der parlamentarisch-repräsentativen Ordnung gedacht.[2046] Ungeklärt blieb, wie unter Druck und Gegendruck Problemlösungen zustande kommen.[2047] Spätere Kritik richtet sich vor allem gegen die Vorstellung, dass die Auseinandersetzung gesellschaftlicher Gruppen zu einem gerechten Kompromiss führen könne.[2048] Hinweise auf ein schlecht proportioniertes gesellschaftliches Machtsystem[2049] und auf die selektiven Wirkungen des pluralistischen Kräftegefüges bzw. des etablierten Verbandssystems haben Entscheidendes zur Kritik beigetragen.[2050]

2045 Von Beyme ^{4}1980: 84.

2046 Fraenkel ^{6}1964: 7.

2047 Shell 1981: 155 ff.

2048 Ebenda: 157.

2049 Sontheimer ^{2}1972: 125 f.

2050 Offe, in: Kress/Senghaas 1973: 135 ff.

Die mit dem Gruppenansatz verbundene stärkere Handlungs- und Entscheidungsorientierung (decision-making-approach) entwickelte sich auch als Protest gegen die allzu legalistische und institutionalistische Behandlung von Politikprozessen. Insofern sind Institutionalismus und Pluralismus komplementär zu sehen. Die empirische Fundierung blieb in Deutschland wesentlich hinter den theoretischen Aussagen zurück.

Die Untersuchung parlamentarischer Wahlen verdeutlicht exemplarisch die Zuwendung zu einzelnen Akteuren und deren Handlungen. Während die ältere Forschung Vorzüge und Schwächen einzelner Wahlverfahren erarbeitete, um dadurch Aussagen über Stabilität und Instabilität des Gemeinwesens zu gewinnen,[2051] verlagerte sich das Interesse nun auf das Wahlverhalten einzelner Gruppen, die Bedingungen der politischen Teilnahme oder generell auf das *Verhalten von Individuen* (Behaviorismus). Individuen reagieren auf Umwelteinflüsse, die durch soziale und psychische Zusammenhänge vermittelt sind. Damit werden soziologische (Rolle, Position) und sozialpsychologische (Einstellungen, Meinungen, Motive) Kategorien bedeutsam.[2052] Vielfach wird in theoretischen Ansätzen die Vorstellung vom Interessen maximierenden Akteur aufgegriffen (ökonomische Theorie der Demokratie, neue politische Ökonomie). Damit entfernen sich diese Forscher allerdings von den empirischen Befunden einer allenfalls begrenzten Rationalität beim Verhalten einzelner Akteure, die durch empirische Forschung nachgewiesen wurde.

Für behavioristisch orientierte Forscher erschien fast alles untersuchungsbedürftig. In Arbeiten zu immer kleineren Teileinheiten, in denen zuweilen einzelne Aspekte willkürlich aus dem Zusammenhang gelöst wurden, dominierte die Quantifizierung; der methodische Rahmen drohte die Inhalte zu überwuchern.[2053] Die Relevanz der Ergebnisse war zuweilen kaum noch erkennbar, da ihre Einordnung in theoretische Zusammenhänge häufig unterblieb.

Erst die systemtheoretische Betrachtung lieferte ein komplexeres Analyseraster. Sie hebt darauf ab, wechselseitige Abhängigkeitsbeziehungen der als Einheit betrachteten Systemteile untereinander ebenso wie zum System als Ganzem und zu seiner Umwelt zu spezifizieren. Diese Zusammenhänge werden durch Handeln (Kooperation und Konflikt) sowie Kommunikation (Informationsübertragung und -verarbeitung) gebildet. In der Betrachtung von System-Umwelt-Beziehungen können Entscheidungsprozesse differenzierter beschrieben sowie Aspekte von Organisation, Motivation und Macht eingeordnet werden.[2054] Insgesamt erwies sich die Betrachtungsweise doch als sehr komplex und Hypothesen als schwer operationalisierbar, so dass ein Ausweichen auf theoretische Erörterungen und qualitative Aussagen dominierte. Die empirische Forschung wandte sich eher Spezialaspekten zu, z. B. dem Problem der System-Umwelt-Beziehungen. Die marxistisch orientierte

2051 Maier, in: Reinisch 1971: 11.
2052 Falter, in: Nohlen/Schultze 1985: 76.
2053 Von Beyme ^{4}1980: 97.
2054 Naschold ^{3}1972: 73.

Politökonomie inspirierte das Nachdenken über die Beziehungen zwischen Wirtschaft und Politik. Effizienzprobleme staatlichen Handelns (vor allem staatlicher Interventionen in den Wirtschaftsablauf), die in pluralistischen Gesellschaften typischerweise auftreten, sollten verringert werden.[2055]

Rasch setzte sich die Erkenntnis durch, dass Unternehmerverbände und Gewerkschaften aus der Vielzahl von Interessenorganisationen herausragen.[2056] Formierungstendenzen in den Beziehungen zwischen Staat, Kapital und Arbeit gaben den Anstoß für das Konzept des „Neo-*Korporatismus*".[2057] Dem entsprach eine Konzentration auf den Tripartismus zwischen Staat, Kapital und Arbeit. Häufig wird allerdings vergessen, dass Verbreitung und Bedeutung korporatistischer Strukturen über Staaten und Politikfelder beträchtlich variieren. Das Konzept hat sich inzwischen so weiterentwickelt, dass sein Schwerpunkt bei den spezifischen Mustern der Vermittlung und Steuerung von Interessen zwischen staatlichen Entscheidungsträgern und gesellschaftlichen Organisationen liegt. Es geht also um die Governance-Strukturen.

Aus der behavioristischen und der System-Umwelt-Betrachtung wurde die Forschungsrichtung „*Politische Kultur*" entwickelt. Bei der Politischen Kultur handelt es sich um eine subjektive Eigenschaft Einzelner, die als kollektive Eigenschaft wirksam wird. Die Tradierung von Verhaltensnormen und Einschätzungen steht im Mittelpunkt des Interesses. Das durch Sozialisation erworbene Individualverhalten wirkt auf die Funktionsweise ganzer politischer Systeme zurück. Dadurch wurde das Forschungsprogramm sehr komplex und bei empirischen Forschungen kaum handhabbar.[2058] Daher hat sich die empirische Forschung auf die Dimension Einstellungen gegenüber dem politischen System und gegenüber Einzelentscheidungen konzentriert.[2059]

Alle bisherigen Forschungsansätze haben von konkreten Politikfeldern abstrahiert und nach allgemeinen Aussagen gesucht. Mitte der 1970er Jahre rückten einzelne Politikfelder, also die inhaltliche Dimension von Politik, in den Mittelpunkt der Betrachtung. Gefragt wird einerseits danach, wie Politikinhalte sich im politischen Prozess verändern, und andererseits, wie Politikinhalte sich auf Konfliktstrukturen und Entscheidungsprozesse auswirken. Das bisherige Manko der *Politikfeldanalyse* besteht in ihrer Aufsplitterung nach Bereichen und Phasen: hier eine Studie über Arbeitsmarktpolitik, dort eine über Gesundheitspolitik, hier eine Betrachtung der Politikformulierung, dort eine zu den Politikwirkungen.[2060]

Von Optimisten wurde der Policy-Forschung das analytische Potential zugeschrieben, die Trennung zwischen institutioneller und prozessualer Betrachtungsweise zu überwinden und beide mit der inhaltlichen Dimension von Politik zu ver-

---

2055 Lehner, in: Hartwich 1985: 150 f.

2056 Shell 1981: 166.

2057 S. d. Czada, in: Schmidt 1983: 212.

2058 Fenner, in: Schmidt 1983: 345; Berg-Schlosser 1981: 112; Shell/Schissler 1981: 198.

2059 Z. B. Gabriel 1987.

2060 Murswieck, in: Hartwich 1985: 81.

binden.[2061] Politikinhalte (policies) sind nicht ohne Strukturmerkmale des Systems (polity) oder den Prozess-Aspekt (politics) zu bearbeiten. Inzwischen wird nicht mehr ausgeschlossen, dass Entscheidungsprozesse nicht nur durch Politikfelder determiniert sind.[2062] In den Blick kommt, wie und von wem Politikinhalte (policies) aufgegriffen, mit welchen Prozeduren und Mitteln (politics) sie bei vorgefundenen Rahmenbedingungen (polity) durchgesetzt werden.[2063]

Von solchermaßen bestimmten Politikstilen ist es nicht mehr weit zum „aufgeklärten“ oder Neo-*Institutionalismus*. Wie sein älterer Vorläufer geht er davon aus, dass die Möglichkeiten der Strategiewahl entscheidend bestimmt sind durch die politisch-institutionellen Strukturen. Der Begriff Institutionen umfasst nun über organisatorische Arrangements und juristische Verfahren hinaus die Netzwerke gesellschaftlicher Interessenvermittlung und die mit ihnen verknüpften privaten Akteure.[2064] Es ergab sich, dass Institutionen für Akteure wichtig sind als Handlungsressourcen und als Restriktionen politischen Handelns; aber auch die Handlungskompetenz der Akteure; ihre ideologischen Ziele und die Wahrnehmung der politischen Wirklichkeit spielen beim Handeln eine wichtige Rolle. „Die Hoffnung, politische Prozesse auf Institutionen reduzieren zu können, ist vermutlich ebenso verfehlt, wie die Hoffnung, politische Prozesse ohne den Rückgriff auf institutionelle Bedingungen erklären zu können.“[2065] Ist die Betonung sehr stark auf die einzelnen Akteure gesetzt, so wird auch von akteurzentriertem Institutionalismus gesprochen.

Alle Analyseansätze haben spezifische Schwächen, die sich regelmäßig bei der Operationalisierung zeigen. Da Forscher (und selbst Forscherteams) nur eine begrenzte Analysekapazität haben, erfordert die historisch gewachsene Komplexität des Gegenstandes stets eine wissenschaftliche Reduktion. Wie Politikprozesse im einzelnen ablaufen, lässt sich genauer beschreiben, wenn Beobachtungsobjekte nach Maßgabe analytischer Erwägungen überschaubar ausgewählt werden. Man nimmt dabei allerdings häufig in Kauf, dass die Interdependenzen zwischen den beobachteten und den nichtbeobachteten Bereichen aus dem Blick geraten. Die an einem konkreten Ansatz bei einem spezifischen Untersuchungsziel zu richtende Frage ist, ob wesentliche oder unwesentliche Aspekte vernachlässigt werden. Die unvermeidbare Selektivität wissenschaftlicher Wahrnehmung (das Prinzip der teilweise beleuchteten Bühne) bedingt Unzulänglichkeiten.

Fast immer war ein Nebeneinander der Ansätze zu konstatieren. Der Paradigmenwechsel, der gleichermaßen antithetisch und spiralförmig verlaufen ist, wurde offenbar durch spezifische Defizite der jeweiligen Erkenntnismöglichkeiten angestoßen.[2066] Nicht Einvernehmen über ein allgemein verbindliches Paradigma, son-

---

2061 Wollmann, in: Hartwich 1985: 74.

2062 Lowi (1972: 299) hatte noch die These: „policies determine politics.“

2063 Naßmacher, in: Kempf u. a. 1991.

2064 Verschiedene Varianten bei Kaiser 2001: 254–261.

2065 Scharpf, in: Hartwich 1985: 166.

2066 Naßmacher 1988: 29 ff.

dern gerade Vielfalt des methodischen und theoretischen Zugriffs kann politikwissenschaftliche Forschung beleben. Trotz der unterschiedlichen Betrachtungsweisen zeichnet sich ein Grundkonsens ab: Die Frage, wie gesamtgesellschaftlich relevante Entscheidungen zustande kommen und wie diese durchgesetzt werden, steht nach wie vor im Mittelpunkt der politikwissenschaftlichen Analyse. Dies zu wissen ist wiederum Voraussetzung dafür, durch Engagement in der Politik etwas zu bewegen oder zu verändern.

Literatur

(Im **Fettdruck** besonders wichtige Titel zum Thema des Kapitels)

Albert, Hans (1965): Wertfreiheit als methodisches Prinzip, in: Topitsch, Ernst (Hrsg.): Logik der Sozialwissenschaften, Köln und Berlin, S. 181–210.

Alemann, Ulrich von (1994): Grundlagen der Politikwissenschaft, Opladen.

Alemann, Ulrich von/Forndran, Erhard (1990): Methodik der Politikwissenschaft, Stuttgart u. a., 4. Aufl.

Arendes, Cord (2005): Politikwissenschaft in Deutschland, Wiesbaden.

Arndt, Hans-Joachim (1978): Die Besiegten von 1945, Berlin.

Arndt, Hans-Joachim (1980): Die Politikwissenschaft in der Bundesrepublik Deutschland, in: Jahrbuch des öffentlichen Rechts der Gegenwart, Tübingen, S. 1–42.

Bechtholdt, Heinrich/Mogg, Walter (1971): Politikwissenschaft, Berlin und Darmstadt.

Behrmann, Günter C. (1999): Die „Drei-Schulen-Lehre“ in den Bildungswissenschaften der Bundesrepublik. Zur Entstehungsgeschichte und zum Gebrauch einer Wissenschaftstypologie, in: Haberl, Othmar Nikola u. a. (Hrsg.): Politische Deutungskulturen, Baden-Baden, S. 595–619.

Berg-Schlosser, Dirk (1981): Forum „Politische Kultur“ der PVS, in: PVS, S. 110–117.

Beyme, Klaus von (1980): Die politischen Theorien der Gegenwart, München, 4. Aufl.

Beyme, Klaus von (1985): Politische Theorie, in: Nohlen/Schultze, S. 784–788.

Beyme, Klaus von (1988): Der Vergleich in der Politikwissenschaft, München.

Beyme, Klaus von (2000): Die politischen Theorien der Gegenwart. Wiesbaden, 8. Aufl.

Bleek, Wilhelm (2001): Geschichte der Politikwissenschaft in Deutschland, München.

Böhret, Carl (1985): Vom Umgang mit der Wissenschaft, in: Verwaltung und Fortbildung, S. 63–69.

Czada, Roland (1983): Korporatismus, in: Schmidt, S. 209–218.

Druwe, Ulrich (1995): Politische Theorie, Neuried, 2. Aufl.

Eisfeld, Rainer (1991): Ausgebürgert und doch angebräunt. Deutsche Politikwissenschaft 1920–1945, Baden-Baden.

Eisfeld, Rainer (1996): Introduction: Political Science in its Social and Political Context, in: Eisfeld, Rainer u. a.: Political Science and Regime Change in 20th Century Germany, New York, S. 1–16.

Falter, Jürgen W. (1985): Behavioralismus, in: Nohlen/Schultze, S. 76–79.

Falter, Jürgen W./Wurm, Felix W. (Hrsg.): Politikwissenschaft in der Bundesrepublik Deutschland. 50 Jahre DVPW, Wiesbaden.

Faul, Erwin (1979): Politikwissenschaft im westlichen Deutschland, in: PVS, S. 74–103.

Fenner, Christian (1983): Politische Kultur, in: Schmidt, S. 343–350.

Fraenkel, Ernst (1964): Deutschland und die westlichen Demokratien, Stuttgart, 6. Aufl.

Gabriel, Oskar W. (1987): Politische Kultur, Postmaterialismus und Materialismus in der Bundesrepublik Deutschand, Opladen.

Göhler, Gerhard (1991): Einleitende Überlegungen zum Kontinuiätsproblem, in: Göhler/Zeuner, S. 8–22.

Göhler, Gerhard/Zeuner, Bodo (Hrsg.) (1991): Kontinuitäten und Brüche in der deutschen Politikwissenschaft, Baden-Baden.

Görlitz, Axel (1972): Politikwissenschaftliche Propädeutik, Hamburg.

Greven, Michael Th. (1991): Was ist aus den Ansprüchen einer kritisch-emanzipatorischen Politikwissenschaft am Ende der 60er Jahre geworden?, in: Göhler/Zeuner, S. 221–246.

Greven, Michael Th. (1996): From ‚Scientific Communism' to Political Science: The Collapse of East Germany in 1989/90 and the „Unification" of the Discipline, in: Eisfeld, Rainer u. a.: Political Science and Regime Change in 20th Century Germany, New York, S. 109–166.

Greven, Michael Th./Schmalz-Bruns, Rainer (Hrsg.) (1999): Politische Theorie heute, Baden-Baden.

Haiger, Ernst (1991): Politikwissenschaft und Auslandswissenschaft im „Dritten Reich", in: Göhler/Zeuner, S. 94–136.

Hartwich, Hans-Hermann (Hrsg.) (1985): Policy-Forschung in der Bundesrepublik Deutschland, Opladen.

Hartmann, Jürgen (2003): Geschichte der Politikwissenschaft. Grundzüge der Fachentwicklung in den USA und in Europa, Opladen.

Hennis, Wilhelm (1963): Politik und praktische Philosophie, Neuwied.

Kaiser, André (2001): Die politische Theorie des Neo-Institutionalismus, in: Brodocz, André/ Schaal, Gary S. (Hrsg.): Politische Theorien der Gegenwart, Opladen, S. 253–282.

Kammler, Jörg (1977): Gegenstand und Methode der Politischen Wissenschaft, in: Abendroth, Wolfgang/Lenk, Kurt (Hrsg.): Einführung in die politische Wissenschaft, München, 5. Aufl., S. 1–24.

Kastendiek, Hans (1977): Die Entwicklung der westdeutschen Politikwissenschaft, Frankfurt a. M.

Lehmbruch, Gerhard (1995): Die Politikwissenschaft im Prozeß der Deutschen Vereinigung, in: Lehmbruch, Gerhard (Hrsg.): Einigung und Zerfall, Opladen, S. 329–374.

Lehner, Franz (1985): Pluralismus, Paradigmen und Erkenntnisfortschritt in der Politikwissenschaft, in: Hartwich, S. 148–155.

Lehnert, Detlef (1991): „Schule der Demokratie" oder „politische Fachschule"?, in: Göhler/Zeuner, S. 65–93.

Lietzmann, Hans J. (1996): Politikwissenschaft in der Bundesrepublik Deutschland, in: Lietzmann/Bleek, S. 38–76.

Lietzmann, Hans J./Bleek, Wilhelm (1996): Politikwissenschaft. Geschichte und Entwicklung, München.

Lowi, Theodor J. (1972): Four Systems of Policy, Politics and Choice, in: Public Administration Review, S. 298–310.

Maier, Hans (1971): Politik als Gegenstand wissenschaftlicher Forschung, in: Reinisch, Leonhard (Hrsg.): Politische Wissenschaft heute, München, S. 1–13.

Maier, Hans (1996): Epochen der wissenschaftlichen Politik, in: Lietzmann/Bleek, S. 7–20.

Massing, Otmar (1980): Politikwissenschaft in Perspektive, Entwicklungspfade und Karrierechancen, in: PVS, S. 187–197.

Matz, Ulrich (1985): Bemerkungen zur Lage der Deutschen Politikwissenschaft, in: ZfP, S. 1–7.

Mohr, Arno (1988): Politikwissenschaft als Alternative, Bochum.

Murswieck, Axel (1985): Policy-Forschung und politische Institutionsanalyse – Verbindungslinien einer anscheinenden Zerrüttung, in: Hartwich, S. 80–86.

Narr, Wolf-Dieter (1969): Theoriebegriffe und Systemtheorie, Stuttgart.

Naschold, Frieder (1972): Organisation und Demokratie, Stuttgart, 3. Aufl.

Naßmacher, Hiltrud (1988): Entwicklungstendenzen in der politikwissenschaftlichen Forschung, Oldenburg.

Naßmacher, Hiltrud (1991): Vergleichende Politikforschung, Opladen.

Naßmacher, Hiltrud (1991): Politikstile in den kanadischen Provinzen, in: Kempf, Udo u. a. (Hrsg.): Politik und Politikstile im kanadischen Bundesstaat, Opladen, S. 217–241.

Nohlen, Dieter/Schultze, Rainer-Olaf (Hrsg.) (1985): Politikwissenschaft, München und Zürich.

Oberndörfer, Dieter (Hrsg.) (1966): Wissenschaftliche Politik, Freiburg, 2. Aufl.

Offe, Claus (1973): Politische Herrschaft und Klassenstrukturen, in: Kress, Gisela/Senghaas, Dieter: Politikwissenschaft, Frankfurt a. M., S. 135–164.

Plümper, Thomas/Schimmelpfennig, Frank (2007): Wer wird Prof – und wann? Berufungsdeterminanten in der deutschen Politikwissenschaft, in: PVS, S. 97–117.

Popper, Karl R. (1972): Die Logik der Sozialwissenschaften, in: Adorno, Theodor W. u. a.: Der Positivismusstreit der deutschen Soziologie, Neuwied und Berlin, S. 103–124.

Rittberger, Volker (1995): Internationale Organisationen. Politik und Geschichte, Opladen, 2. Aufl.

Scharpf, Fritz W. (1985): Plädoyer für einen aufgeklärten Institutionalismus, in: Hartwich, S. 164–170.

Schmidt, Manfred G. (Hrsg.) (1983): Westliche Industriegesellschaften, München und Zürich.

Schütt-Wetschky, Eberhard (1990): Praxisorientierte Politikwissenschaft. Kritik der empirisch-analytischen und behavioralistischen sowie der traditionellen normativen Position, in: Haungs, Peter (Hrsg.): Wissenschaft, Theorie und Philosophie der Politik, Baden-Baden, S. 19–62.

Shell, Kurt L. (1981): Liberal-demokratische Systeme, Stuttgart.

Shell, Kurt L./Schissler, Jörg (1981): Erwiderung auf Peter Reichelts Forum: Politische Kultur, in: PVS, S. 195–204.

Söllner, Alfons (1991): Gruppenbild mit Jäckh – Anmerkungen zur „Verwissenschaftlichung“ der Deutschen Hochschule für Politik während der Weimarer Zeit, in: Göhler/Zeuner, S. 41–64.

Sontheimer, Kurt (1972): Grundzüge des politischen Systems der Bundesrepublik Deutschland, München, 2. Aufl.

Wildermuth, Martin (1991): Reform und Konflikt am Otto-Suhr-Institut 1968 bis 1972, in: Göhler/Zeuner, S. 199–220.

Wollmann, Hellmut (1985): Policy-Forschung – in: Hartwich, S. 69–80.

Zeuner, Bodo (1991): Zwischenbetrachtung: Der Bruch von 1968, in: Göhler/Zeuner, S. 195–198.

Glossar

Abschreckung	Kriegsverhinderung durch Androhung: potentielle Angreifer haben unkalkulierbare Risiken zu erwarten
Agenda	die zur Entscheidung anstehenden Fragen
Agenda-Setting	Themen auf die Tagesordnung setzen
Aggregation	unterschiedliche Lösungsvorschläge zu einem Handlungsprogramm zusammenfassen
Akzeptanz	aktive oder passive Unterstützung von Entscheidungsstrukturen und Entscheidungen
Antizipation	vorausschauende Berücksichtigung von Interessen
Apathie	Mangel an politischem Interesse und Verantwortungsbereitschaft
Artikulation	öffentliche Vertretung von Interessen
Aufklärung	geistige Bewegung im 17. und 18. Jahrhundert, die gegen den Absolutismus und die ständische Gesellschaft gerichtet war und die individuelle Freiheit und Vernunft betonte
Bewegungen	greifen neue bzw. vernachlässigte Probleme und Themen auf und sind häufig Vorläufer von neuen Parteien
Deregulation	Abbau staatlicher Regulierungen zur Stärkung des Marktes
Devolution	zentral gelenkte Staaten geben Aufgaben zur eigenverantwortlichen Wahrnehmung an Teilgebiete ab
Dritter Sektor	zwischen öffentlicher Verwaltung (Staat) und Markt agierende Organisationen, die keinen Gewinn erzielen (Non-Profit-Organisationen, Stiftungen, Vereine)

Empirie	auf Erfahrung beruhendes Wissenschaftsverständnis
Evaluation	Erfassung von Wirkungen politischer Entscheidungen
Föderalismus	Organisation eines politischen Systems (Bundesstaat), das Subsystemen (Teilstaaten) Aufgaben zur selbständigen Regelung überläßt
Fragmentierung	Aufteilung einer Gesamtheit in Teile
Funktionen	Aufgaben, Aufgabenzuordnungen
Funktionalismus	übernationale Integration, ausgehend von einzelnen Politikfeldern, in der Erwartung, dass weitere im Zeitablauf hinzukommen und schließlich immer mehr Aufgaben durch eine übernationale Organisation wahrgenommen werden
Gatekeeper	derjenige, der darüber entscheiden kann, ob etwas öffentlich bearbeitet wird
Governance	Steuerung von Politikprozessen, Regieren
Gradualisten	wollen militärische Potentiale durch Abrüstung und -kontrolle schrittweise vermindern
Holismus	philosophische Weltanschauung mit ganzheitlichem Weltbild
Hypothese	widerspruchsfreie wissenschaftliche Aussage, die mit Hilfe unterschiedlicher Methoden auf ihren Wahrheitsgehalt überprüft werden soll
Impact	langfristige Wirkungen von politischen Entscheidungen
Imperatives Mandat	Bindung der Abgeordneten an die Aufträge und Weisungen der Wähler (im Gegensatz zum freien Mandat)
Implementation	Durchführung von Gesetzen, Verordnungen, Richtlinien
Inkompatibilität	Unvereinbarkeit, z. B. in präsidentiellen Systemen zwischen Mitgliedschaft in der Exekutive und der Legislative

Input	Einwirkungen auf das politische System und seine Teile
Integration	das Zusammenwachsen ehemaliger selbständiger Teile zu einem neuen Ganzen
Interdependenz	Gegenseitige Abhängigkeit
institutionelle Arrangements	formale und informelle Regelungssysteme, in denen Entscheidungsprozesse ablaufen
Interdependenz	wechselseitige Abhängigkeit von Akteuren oder Handlungen
Issue	politisches Thema
Junktim	Koppelung von Entscheidungsvorhaben aus verschiedenen Problembereichen zu einem „Entscheidungspaket", das die Ziele unterschiedlicher Gruppen befriedigt
Klientelismus	höhergestellte Personen verschaffen ihren Klienten einen Nutzen und sichern sich dadurch deren Gefolgschaft
Konföderation	Bund zweier oder mehrerer selbständiger Staaten (Staatenbund), die einzelne Aufgaben gemeinsam regeln
Kommunitarismus	Lehre, die anstelle des Individualismus die Beachtung gemeinschaftlicher Werte fordert
kompetitiv	im Wettbewerb
Konkordanz	Mitwirkung aller politisch bedeutsamen Gruppen an Entscheidungen durch Aushandeln und „gütliches Einvernehmen"
Konventionen	gesellschaftlich erwartete Verhaltensmuster
Korporatismus	Einbindung von Interessengruppen in Entscheidungsprozesse, in der Erwartung, dass diese dann die Entscheidungen offensiv mittragen
Korruption	Bestechlichkeit
Lobbying	Einflusstechnik von Interessengruppen auf Entscheidungsträger
Nepotismus	Begünstigung von Verwandten, z. B. bei Vergabe von Aufträgen, Ämtern (Vetternwirtschaft)

NGOs	Non Governmental Organizations oder Nichtregierungsorganisationen, die sich unabhängig von der öffentlichen Hand für die Belange gesellschaftlicher Gruppen einsetzen
Outcomes	Wirkungen von politischen Maßnahmen bei den davon Betroffenen
Output	Ergebnis politischer Entscheidungen
Patronage	Bevorzugung von Personen, die den Entscheidungsträgern nahestehen, z. B. bei der Vergabe von Ämtern (Günstlingswirtschaft)
Performanz	Leistungsfähigkeit
Perzeption	Wahrnehmung von Sachverhalten
Politikverflechtung	formelle und informelle Beziehungen zwischen unterschiedlichen Ebenen eines politischen Systems (vertikal) oder zwischen Subsystemen (z. B. Kommunen) der gleichen Ebene (horizontal)
Politische Kultur	Wertorientierungen, Einstellungen und Meinungen, die langfristig das politische Handeln bestimmen
Policy	Politikinhalt; Politikfeld
Politics	Ringen um politische Entscheidungen
Polity	Handlungsrahmen (je nach Typ des politischen Systems unterschiedlich), innerhalb dessen Entscheidungen ablaufen; er verschafft Handlungsoptionen und birgt Handlungsrestriktionen
Proporz	Verteilung von Sitzen und Ämtern nach den Stärkeverhältnissen von Parteien oder gesellschaftlichen Gruppen
Public Private Partnership	öffentliche Verwaltung und private Unternehmen kooperieren bei der Verwirklichung von Infrastrukturmaßnahmen
redistributive Politik	Umverteilung von Ressourcen
Recall	Abwahlmöglichkeit von Repräsentanten, die bei ihrem Handeln von den Zielen ihrer Wähler abweichen

regulative Politik	eine Politik, die mit Geboten, Verboten und Sanktionen arbeitet
Rekrutierung	Auswahl von Handlungsträgern (Akteuren) im politischen Prozess
Responsivität	Sensibilität gegenüber den Forderungen der Gesellschaft und gleichzeitig vorausschauend agierend, dafür werbend und sich rechtfertigend
Senioritätsprinzip	Vorrecht des Ältern bei der Ämterbesetzung
Staat	auch öffentliche Hand, politikwissenschaftlich meist: politisches System
Subsidiarität	die übergeordnete Organisation (EU, der Staat/die öffentliche Hand) soll nur als Reserve eingreifen, wenn eine untergeordnete gesellschaftliche Organisation (z. B. Wohlfahrtsverbände) oder ein teilstaatliches System (Kommune, Land) eine Aufgabe nicht erfüllen kann
Support	aktive oder stillschweigende Unterstützung eines politischen Systems
Symbolische Politik	Aktivitäten, die politisches Handeln vortäuschen
Transformation	Übergang eines politischen Systems in ein anderes
Unilateralisten	vollständige einseitige Abrüstung als Vorbild für andere
Veto-Spieler	Akteure, die maßgeblich politisches Handeln als Gegenspieler beeinflussen, verzögern oder gar verhindern können
Volatilität	häufiger Wechsel des Abstimmungsverhaltens bei Wahlen wegen geringer Bindung an einzelne Parteien
Window of Opportunity	günstige Gelegenheit zur Durchsetzung einer Entscheidung
Zivilgesellschaft	Gesamtheit der autonom handelnden und aktiven Bürger

Sachregister